KB273039

BM 성안당

파워포인트 바이블

2016. 3. 10. 1판 1쇄 인쇄
2016. 3. 20. 1판 1쇄 발행

지은이 | 이상훈
펴낸이 | 이종춘
펴낸곳 | **BM** 주식회사 **성안당**

주 소 | 04032 서울시 마포구 양화로 127 첨단빌딩 5층(출판기획 R&D 센터)
10881 경기도 파주시 문발로 112(제작 및 물류)

전 화 | 02) 3142-0036
031) 950-6300

팩 스 | 031) 955-0510
등 록 | 1973.2.1 제406-2005-000046호
출판사 홈페이지 | www.cyber.co.kr
ISBN | 978-89-315-5406-9 (13000)
정가 | 28,000원

**저자와의
협의하에
인지생략**

이 책을 만든 사람들
책임 | 최옥현
진행 | 염병문
교정 · 교열 | 안종군
본문 · 표지 디자인 | 디박스
홍보 | 전지혜
국제부 | 이선민, 조혜란, 김해영, 김필호
마케팅 | 구본철, 차정욱, 나진호, 이동후, 강호묵
제작 | 김유석

파워포인트 분야에서 저의 첫 번째 베스트셀러였던 '파워포인트 노하우 129'가 출간된 지 10년이 지났습니다. 초·중급 사용자를 타깃으로 한 책이 주류를 이루고 있던 때라 중·고급 사용자를 대상으로 했던 파워포인트 노하우 129는 여러분의 사랑을 듬뿍 받았습니다.

하지만 그 후 10년 동안 필자도 역시 초·중급 사용자를 타깃으로 한 책을 주로 집필하게 되었습니다. 그 이유는 모두 알다시피 '시장성' 때문이죠. 하지만 항상 마음속에는 파워포인트 노하우 수준의 중·고급 서적을 써야겠다는 생각이 있었고, 드디어 10년 만에 '파워포인트 바이블'이라는 이름의 중·고급서를 집필하게 되었습니다.

이 책은 총 10개의 테마로 구성되어 있습니다.

테마 01에는 파워포인트 작업 속도를 높일 수 있는 방법을 소개했습니다. 그리고 테마 02~06에는 텍스트, 도해, 표, 차트, 그림, 멀티미디어와 같이 파워포인트에서 사용되는 가장 중요한 다섯 가지 개체를 다루는 방법을 상세하게 수록했습니다. 그리고 테마 7에는 애니메이션과 전환 기능을 이용해 동적 프레젠테이션을 만드는 방법을, 테마 8에서는 완성된 프레젠테이션을 인쇄하고 슬라이드 쇼를 하는 방법을 소개했습니다. 마지막 테마 10에서는 슬라이드 마스터를 이용해 전달할 내용에 꼭 맞는 템플릿을 만드는 방법을 다뤘습니다.

이 책은 두께도 두껍고 수준도 낮은 편이 아니기 때문에 단기간에 마스터하기는 쉽지 않을 것입니다. 하지만 파워포인트를 어느 정도 사용하는데 그 이상의 수준을 원하는 분이나, 초보자이지만 처음부터 완벽하게 파워포인트를 다루고 싶은 분들에게 매우 가치 있는 책이 될 것이라 믿습니다.

마지막으로 출판사에서는 금기(?)시 되는 중·고급의 두꺼운 책을 발간해준 성안당과 교정만으로도 수개월이 걸린 필자의 더딘 진행을 참고 기다려준 출판사 관계자 여러분께도 지면을 빌려 감사의 말씀을 전합니다.

필자 이상훈

목

차

테마
02
텍스트 디자인의 기술

테마

03

정성적 (질적) 정보의 도해 디자인 기술

테마

05

**수치에
생명을
불어넣는
차트 디자인
기법**

테마 06

그림을 이용해 강력한 메시지 전달하기

LESSON 05

책갈피 기능으로 말풍선이 표시되는 장면을 만들어 보자! 448

LESSON 06

오디오를 삽입하고 옵션을 변경해보자! 454

LESSON 07

여러 슬라이드에서 오디오가 들리도록 해보자! 459

LESSON 08

비디오와 오디오를 연결해보자! 464

LESSON 09

슬라이드 쇼 녹화하고 비디오로 저장해보자! 472

LESSON 10

다른 파워포인트 버전에서 사용할 수 있도록 변환해보자! 477

08 테마

애니메이션과 전환으로 청중의 시선 유도하기

테마 09

**고품위
인쇄 및 멋진
슬라이드 쇼
기법**

직업이나 분야와 상관없이 대부분의 파워포인트 사용자들 중에는

지금보다 더 빠르게 프로그램을 다루는 방법이 없는지를 고민하는 사람이 많습니다.

파워포인트는 기본적으로 작업 속도를 빠르게 해주는 기능을 제공하지만

대부분 알려져 있지 않아 일반 사용자들이 이를 알아내기는 쉽지 않습니다.

이번 첫 번째 테마에서는 파워포인트의 이러한 감춰진 기능들을 비롯하여

작업 속도를 두 배 이상 빠르게 하는 방법에 대해 알아보겠습니다.

작업 속도
두 배 이상
빠르게 하기

01

인터넷에서 파워포인트
파일을 찾아보자!

P O W E R P O I N T   K N O W H O W

일반적으로 프레젠테이션을 만들 때 가장 먼저 하는 일은 자료를 확보하는 것입니다. 물론 충분한 자료가 준비되어 있다면 상관없겠지만, 만약 그렇지 못하다면 인터넷에서 내가 만들어야 할 주제와 관련된 내용이 파일을 찾고 싶을 때가 있습니다. 이럴 때 가장 유용한 것이 바로 '구글의 파일 찾기 방법'입니다.

STEP 01 | 구글에서 자료 검색하기

01 인터넷 익스플로러나 크롬과 같은 웹 브라우저를 실행합니다.

02 [주소 입력란]에 www.google.com을 입력하고 Enter 를 누릅니다.

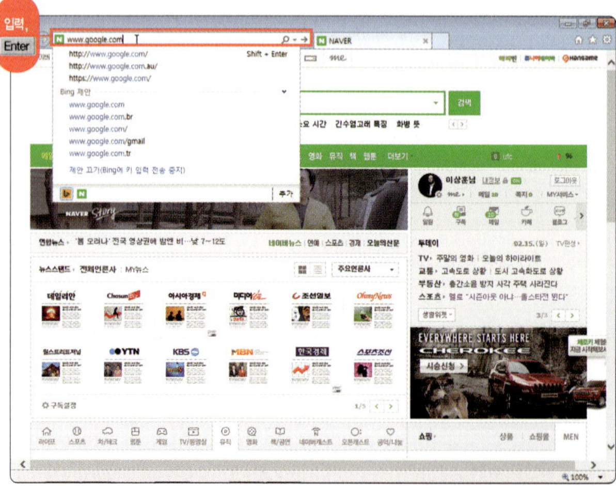

03 구글이 표시되고 검색 창에 커서가 놓인 것을 확인합니다.

04 만약 여러분이 '빅데이터 아키텍트'와 관련된 파워포인트 파일을 검색하고 싶다면 검색 창에 다음과 같은 검색어를 입력한 후 Enter 를 누릅니다.

big data architect filetype:pptx

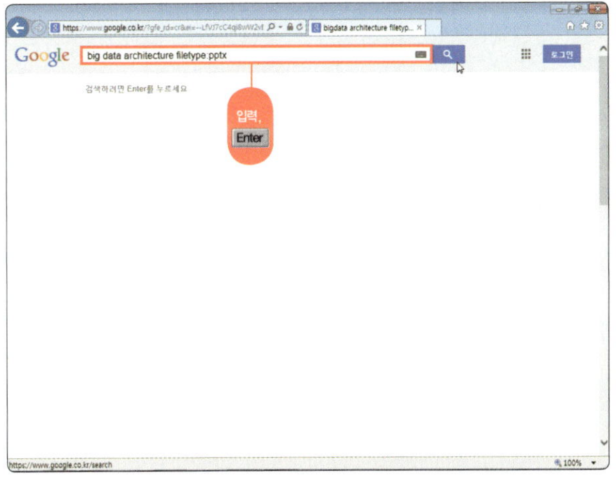

NOTE

검색 창에 입력한 검색어의 의미는?

검색 문법은 다음과 같습니다.

검색어 filetype:파일 형식

big data architect filetype:pptx는 'big data architect'라는 검색어를 가진 pptx, 즉 파워포인트 파일을 검색하라는 의미입니다.

지정한 대로 파워포인트 파일이 검색됩니다(검색 결과 화면은 검색 시기에 따라 다를 수 있습니다).

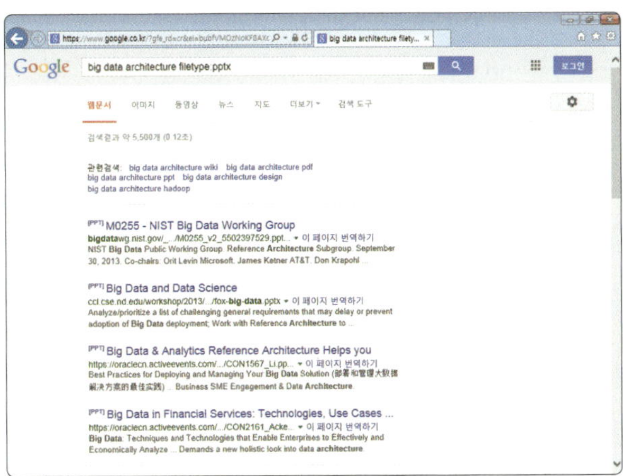

STEP 02 | 검색 기간 설정하기

01 [검색 도구]를 클릭합니다.

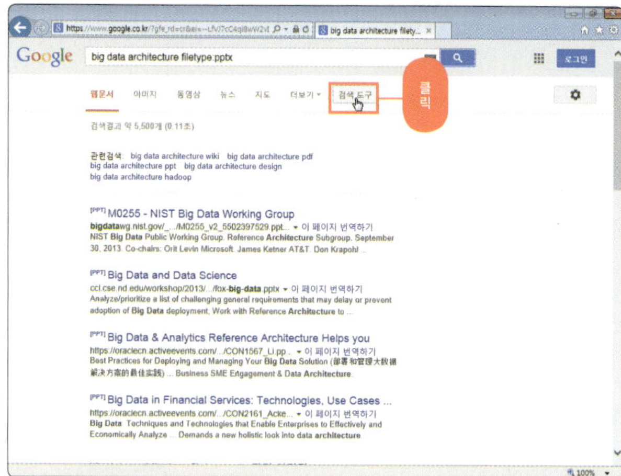

02 [모든 날짜]를 클릭한 후 [지난 1
개월]을 선택합니다.

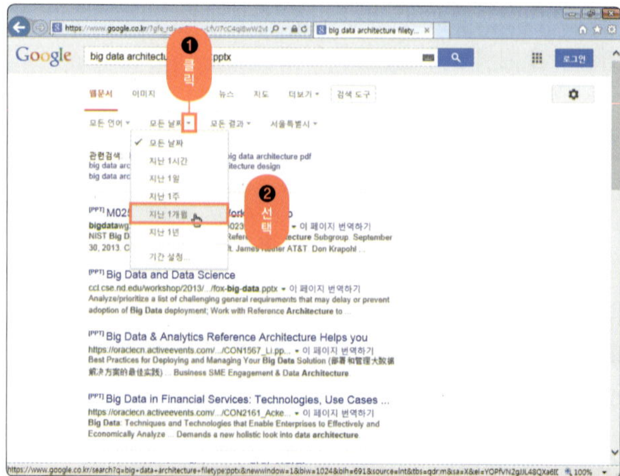

03 최근 1개월간의 자료만 표시됩
니다.

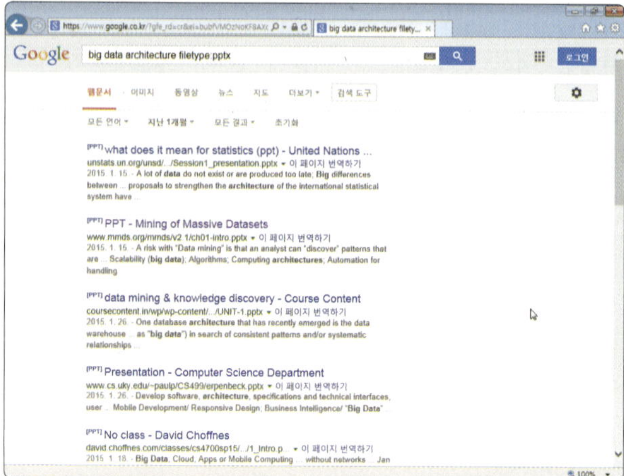

STEP 03 | 검색된 자료 다운로드하기

01 검색 항목 중 하나를 클릭합니다.

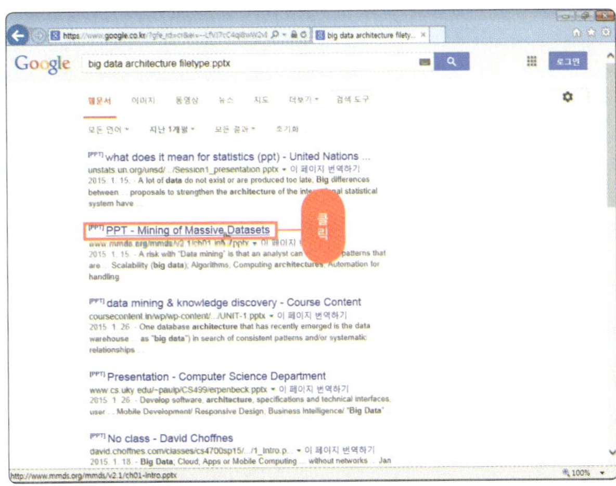

02 [다른 이름으로 저장]을 클릭합니다.

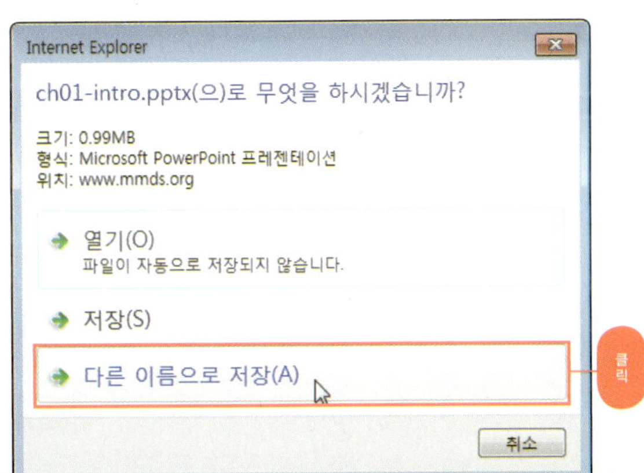

03 [다른 이름으로 저장] 대화상자가 나타나면 저장할 곳을 선택한 후 [저장]을 클릭합니다.

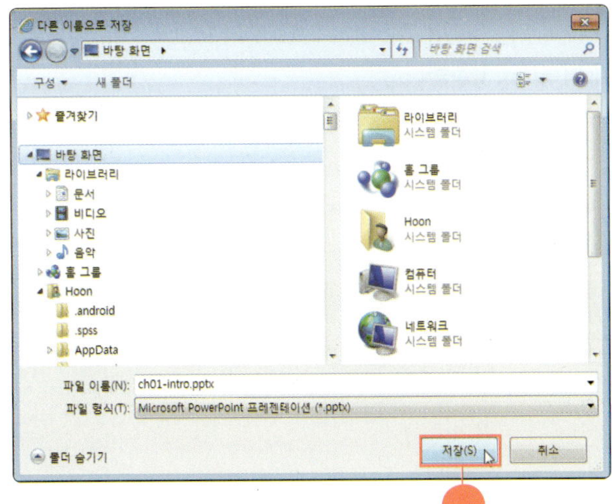

04 다운로드가 완료되면 [열기]를 클릭합니다. 파워포인트가 실행되면서 다운로드한 파일이 열립니다.

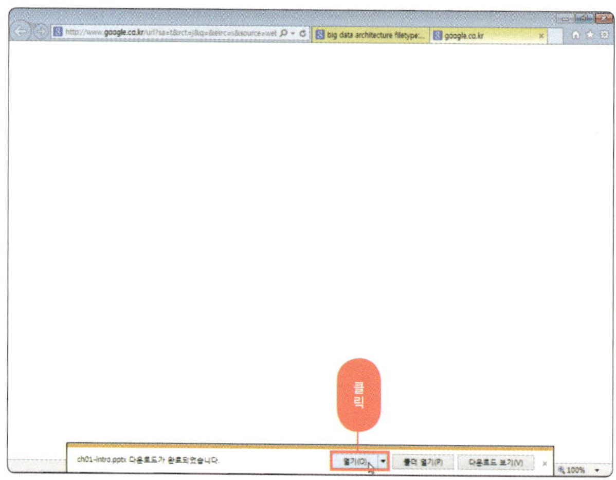

05 제한된 보기 표시가 나타나면 [편집 사용]을 클릭합니다.

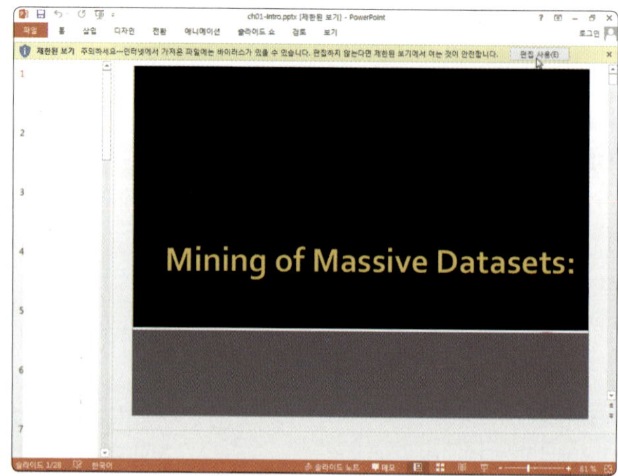

다른 형식의 파일 검색하기

만약 엑셀, 워드, 아래한글, PDF 등과 같은 특정 형식의 파일을 빠르게 검색하고 싶다면 검색 창에 다음과 같이 입력하면 됩니다.

검색어 filetype:파일 형식

- **예** 검색어가 손익계산서이고 엑셀 파일을 찾는다면

손익계산서 filetype:xlsx

- **예** 검색어가 고령 사회이고 한글 파일을 찾는다면

고령 사회 filetype:hwp

- **예** 검색어가 smartphone이고 pdf 파일을 찾는다면

smartphone filetype:pdf

복사할 때 발생하는 문제를 해결하자!

자료를 확보하면 많은 자료를 내 파워포인트로 복사하게 되는데, 문제는 복사를 했을 때 원본과 다른 결과가 나타나는 경우입니다. 즉, 글꼴, 색, 디자인이 바뀌는 것이죠. 이 문제를 해결하는 방법에 대해 알아보겠습니다.

● **실습 파일**: 부록 CD/테마01/소비자의 현재.pptx, 테마01.pptx | **결과 파일**: 부록 CD/테마01/테마01(결과).pptx

STEP 01 | 원본으로 복사하기(도형)

01 부록 CD에서 [소비자의 현재.pptx]의 파일을 연 후 [2번 슬라이드]에서 [첫 번째 그룹 개체]를 선택하고 Ctrl + C 를 눌러 복사합니다.

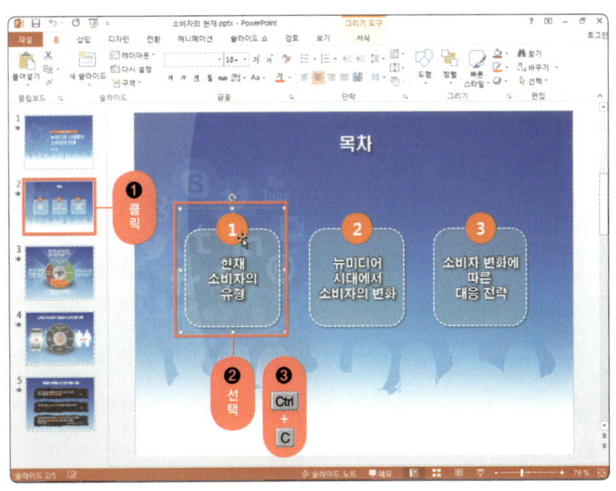

02 부록 CD에서 [테마01.pptx] 파일을 연 후 [2번 슬라이드]에서 Ctrl + V 를 눌러 붙여 넣습니다. 번호가 있는 타원의 그러데이션 색이 변경된 것을 볼 수 있습니다.

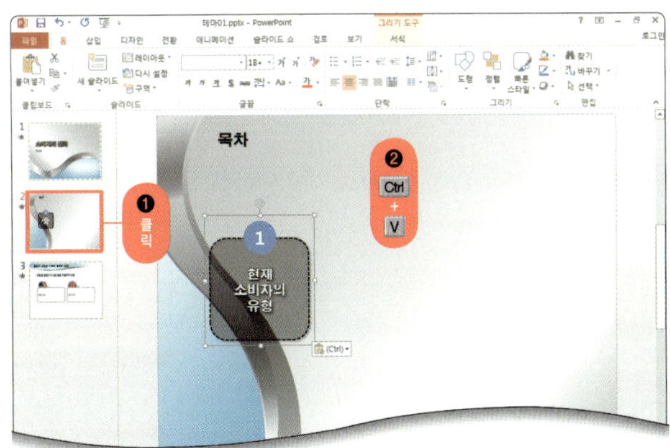

03 붙여 넣은 그룹 개체의 오른쪽 하단에 표시되는 [붙여 넣기 옵션] (Ctrl) 버튼을 클릭한 후 표시되는 메뉴에서 [원본 서식 유지]를 선택합니다.

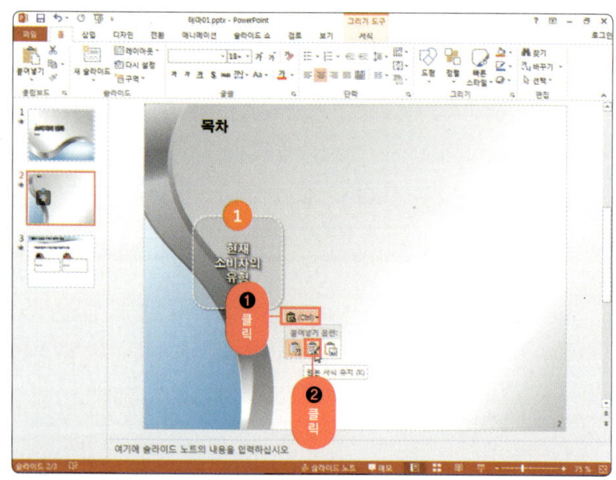

도형의 색이 원래 상태로 되돌아갑니다.

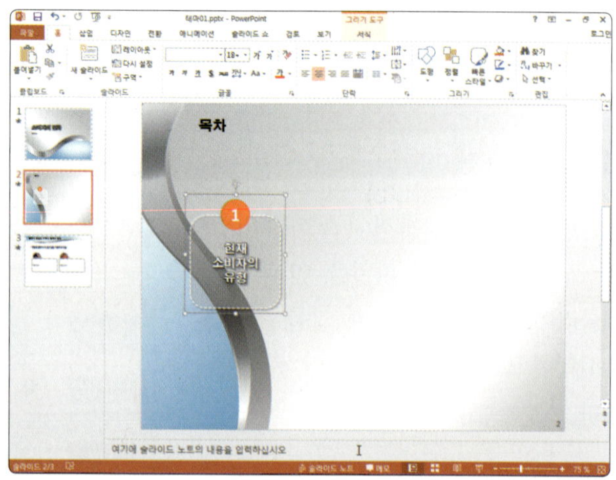

[붙여 넣기-원본 서식 유지] 명령을 실행하는 다른 방법

슬라이드를 마우스 오른쪽 버튼으로 클릭하면 나타나는 컨텍스트 메뉴 중에서 [원본 서식 유지]를 선택합니다.

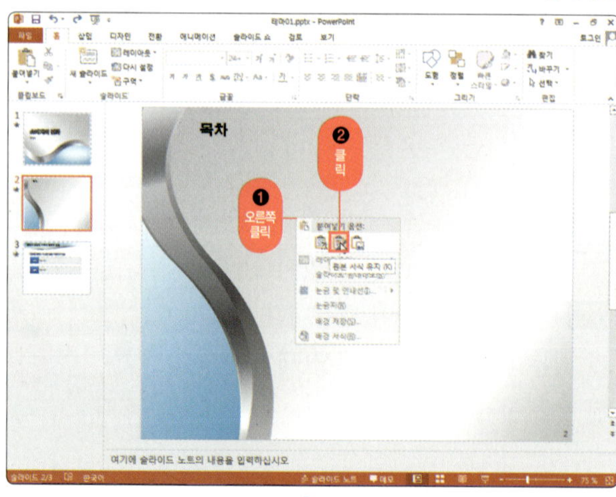

STEP 02 | 원본으로 복사하기(슬라이드)

01 [소비자의 현재.pptx]에서 [3번 슬라이드]를 클릭한 후 Ctrl + C 를 눌러 복사합니다.

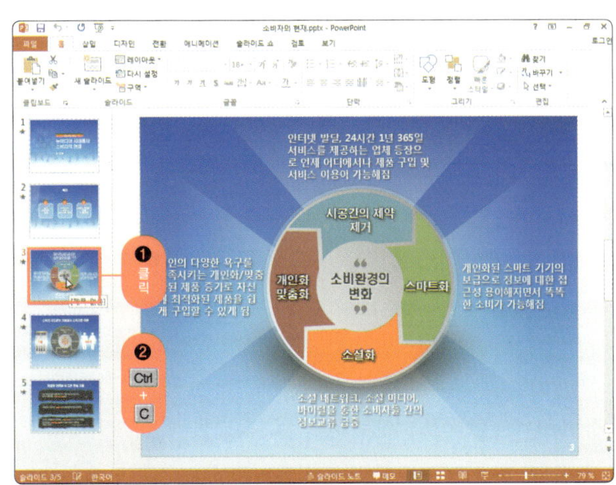

02 [테마01.pptx]에서 3번 슬라이드를 클릭합니다.

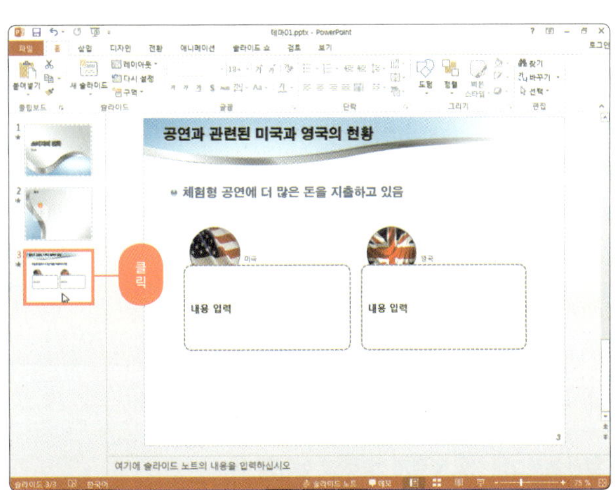

03 Ctrl + V 를 눌러 복사한 슬라이드를 붙여 넣습니다. 붙여 넣은 슬라이드의 배경과 글꼴이 모두 바뀝니다.

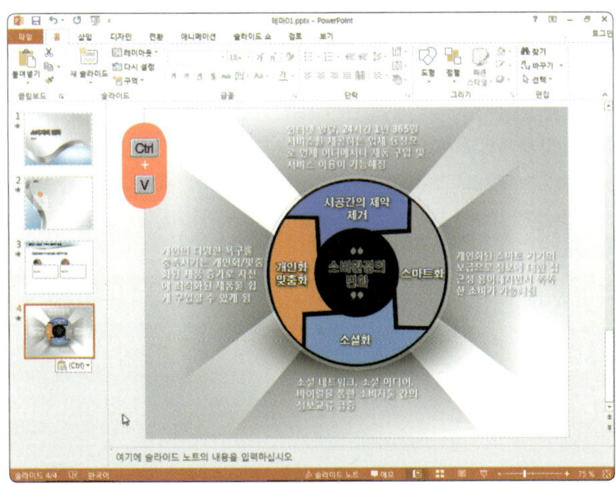

04 붙여 넣은 슬라이드 바로 밑에 표시되는 [붙여 넣기 옵션] 버튼 (Ctrl)을 클릭하면 표시되는 메뉴에서 [원본 서식 유지]를 선택합니다.

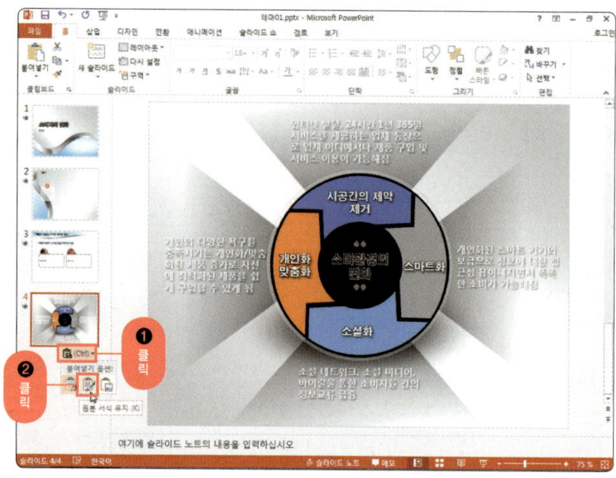

슬라이드 디자인이 원본으로 되돌아갑니다.

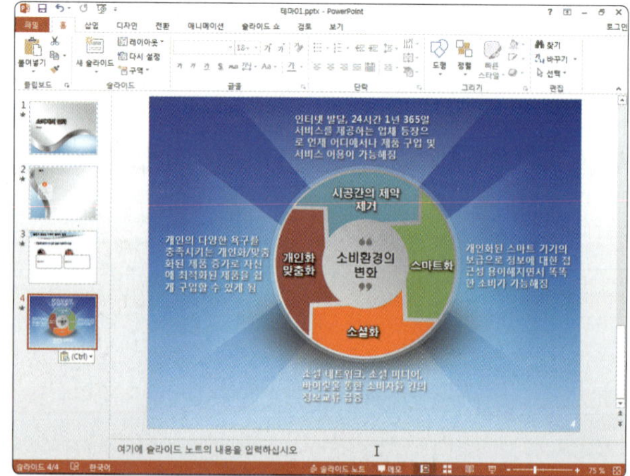

열린 프로그램 창을 빠르게 전환하고 싶다면

지금처럼 두 개 이상의 프레젠테이션이 열려 있는 상태에서 여러 프레젠테이션 사이를 전환할 때에는 일반적으로 윈도우 작업 표시줄에 나타나는 해당 창의 단추를 클릭합니다. 물론 그렇게 해도 되지만, 다음 두 개의 키를 사용하면 작업 속도를 더욱 빠르게 할 수 있습니다.

- Ctrl + Tab : 이 키를 누르면 열린 파워포인트 파일을 순차적으로 전환해줍니다.
- Alt + Tab : 파워포인트 창만이 아닌 엑셀이나 인터넷과 같은 다른 프로그램 창 간을 전환할 때 사용합니다.
  - Alt 를 누른 상태에서 Tab 을 한 번 누르면 가장 최근에 열린 창으로 전환됩니다.
  - 만약 세 개 이상의 프로그램 창이 열려 있고, 내가 원하는 것이 가장 최근에 열린 창이 아니라면 Alt 를 계속 누른 상태에서 Tab 을 누르면 현재 열려 있는 모든 프로그램 창이 아이콘 형태로 나타납니다. Alt 를 계속 누른 상태에서 Tab 을 눌렀다 뗐다를 반복하면 다른 창의 아이콘을 전환할 수 있습니다. 원하는 창의 아이콘이 선택되었을 때 Alt 와 Tab 에서 모두 손을 떼면 그 창으로 전환됩니다.

STEP 03 | 텍스트만 복사하기

01 [소비자의 현재.pptx]의 [5번 슬라이드]에서 첫 번째 항목의 텍스트만 선택한 후 `Ctrl`+`C`를 눌러 복사합니다.

N O T E

텍스트를 선택하는 방법

- 텍스트를 두 번 연속 클릭(더블 클릭)하면 단어가 선택됩니다.
- 텍스트를 세 번 연속 클릭하면 단락이 선택됩니다.
- 아무 텍스트나 클릭하고 `Ctrl`+`A`를 누르면 텍스트 상자에 있는 모든 텍스트가 선택됩니다.

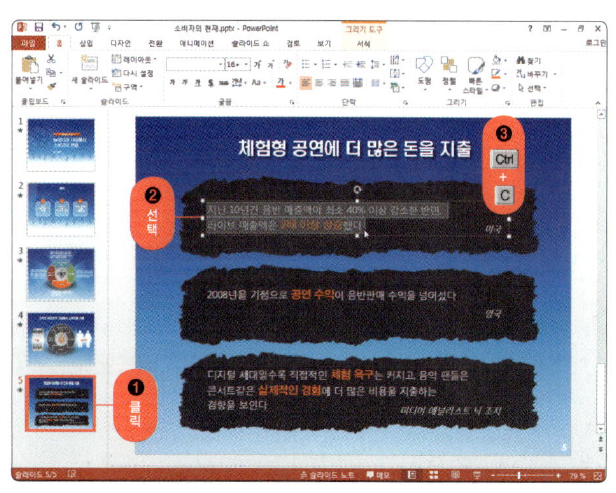

02 [테마01.pptx]의 [3번 슬라이드]에서 슬라이드 왼쪽에 있는 [내용 입력] 글자를 선택합니다.

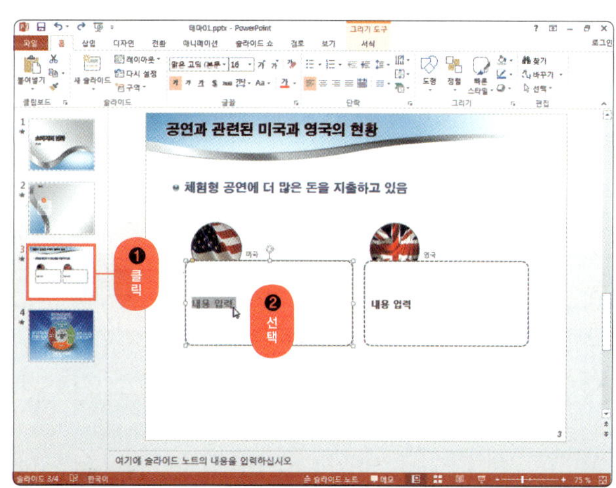

03 `Ctrl`+`V`를 누릅니다. 선택했던 '내용 입력' 글자가 지워지고, 복사했던 글자가 붙여 넣어집니다.

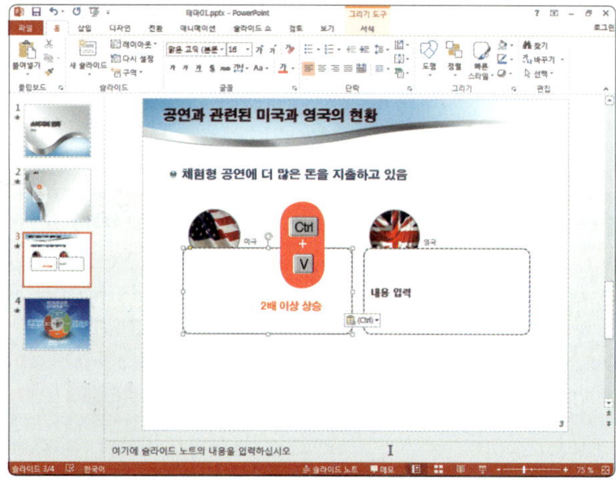

04 텍스트 아래에 표시되는 [붙여 넣기 옵션] 버튼 [] (Ctrl)▾ 을 클릭한 후 [텍스트만 유지] []를 선택합니다. 글자만 붙여 넣어지고 글꼴, 글꼴 크기 등과 같은 속성은 원래 입력되어 있던 [내용 입력] 글자의 속성을 따르게 됩니다.

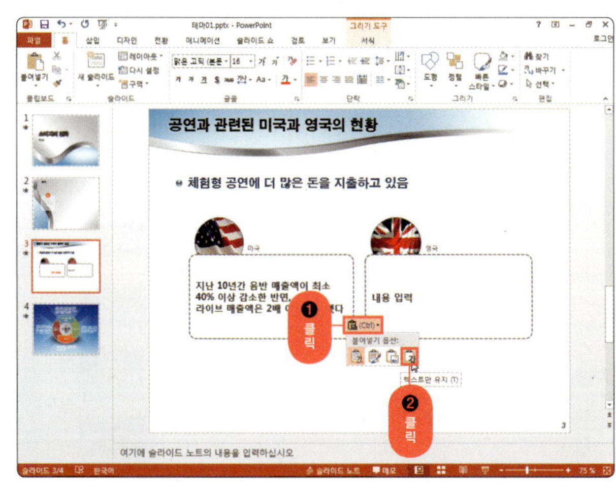

STEP 04 | 그림으로 복사하기

슬라이드의 특정 개체나 텍스트를 다른 사람이 변경할 수 없도록 하고 싶다면 그림으로 만드는 것이 좋습니다.

01 [소비자의 현재.pptx]의 [4번 슬라이드]에서 제목을 제외한 모든 개체를 선택합니다. 이 경우에는 슬라이드의 빈 곳을 드래그하면 표시되는 반투명 선택 영역을 이용하는 것이 가장 좋습니다.

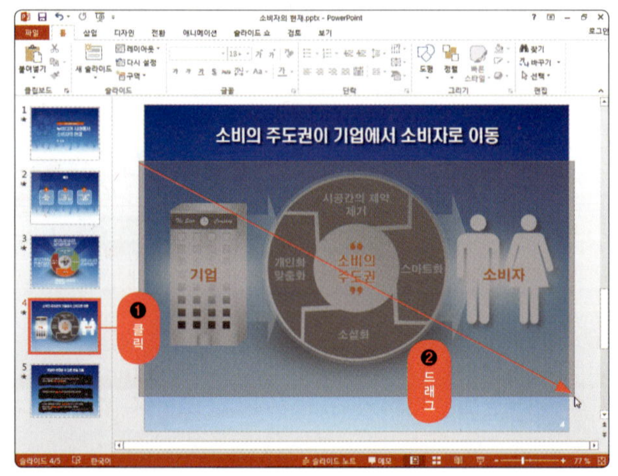

02 Ctrl + C 를 눌러 복사합니다.

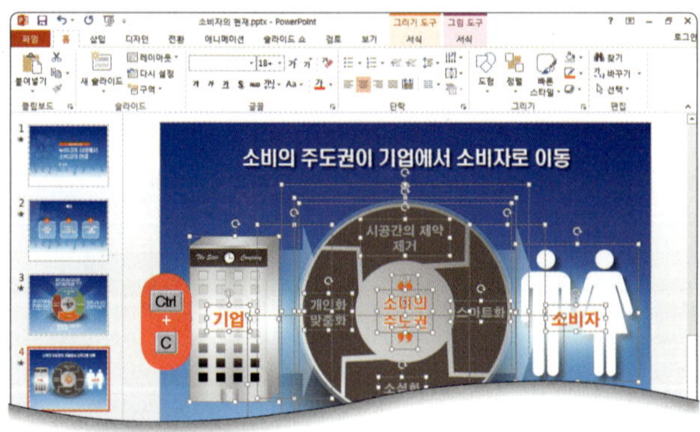

03 [테마01.pptx]의 [3번 슬라이드]에서 [새 슬라이드]를 클릭한 후 [빈 화면] 레이아웃을 선택합니다.

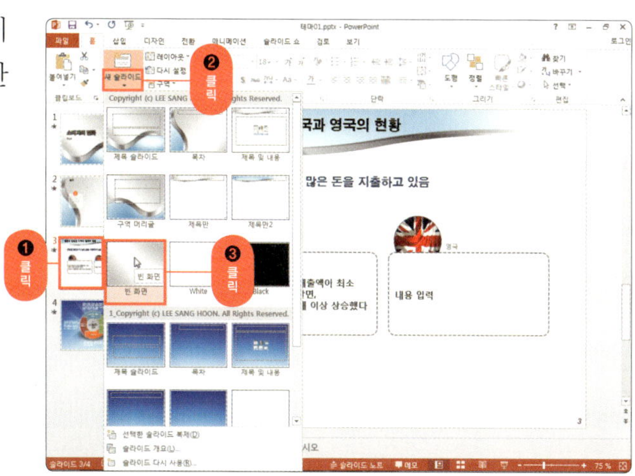

04 [빈 화면] 레이아웃 슬라이드가 만들어지면 Ctrl + V 를 눌러 붙여 넣습니다.

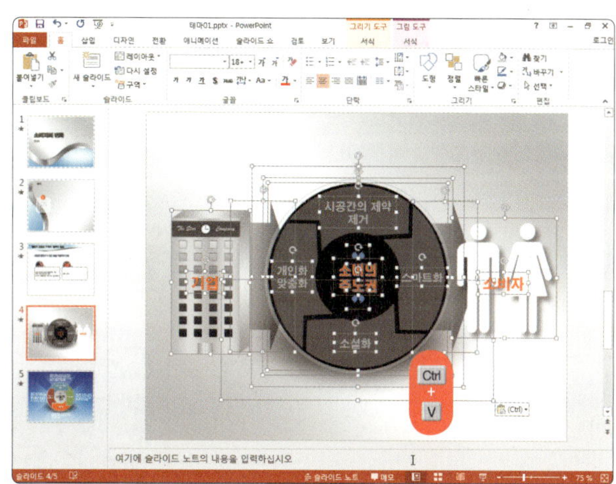

05 [붙여 넣기 옵션] 버튼을 클릭한 후 [그림]을 선택합니다.

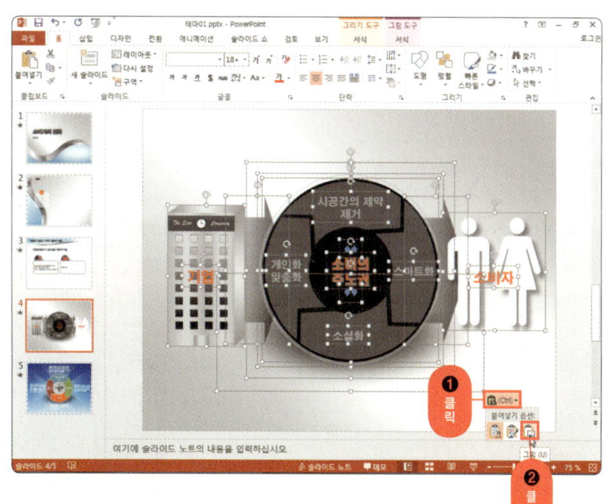

06 붙여 넣은 내용이 그림으로 변환 되어 수정할 수 없는 상태가 됩 니다.

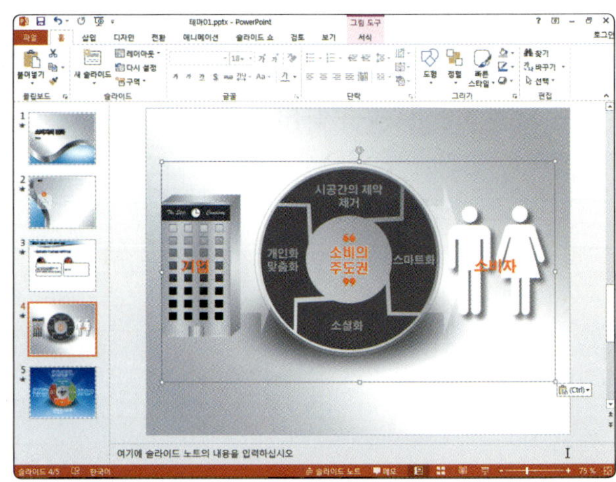

STEP 05 | [붙여 넣기] 옵션 버튼이 나타나지 않는다면?

만약 Ctrl + V 를 눌렀을 때 [붙여 넣기 옵션] 버튼 이 표시되지 않는다면 다음과 같이 옵션을 변경합니다.

01 [파일]을 클릭합니다.

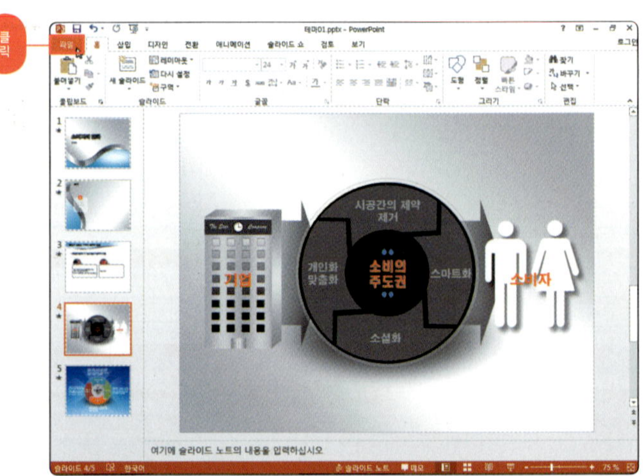

02 [옵션]을 선택합니다.

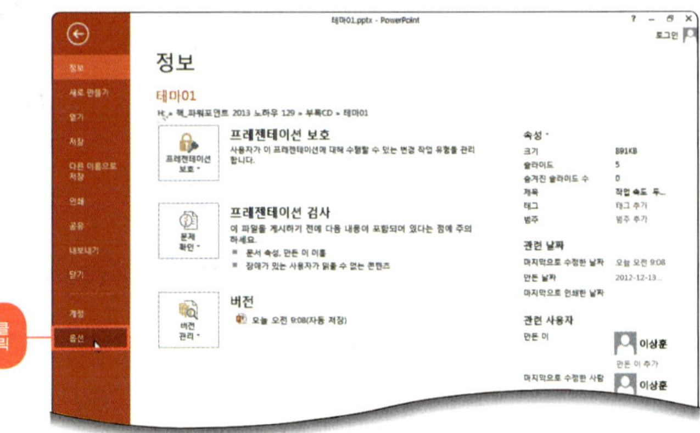

03 [PowerPoint 옵션] 대화상자에서 [고급] 탭을 열고 [잘라내기, 복사, 붙여 넣기] 옵션 중에서 [내용을 붙여 넣을 때 붙여 넣기 옵션 단축 표시] 옵션을 선택한 후 [확인] 버튼을 클릭합니다.

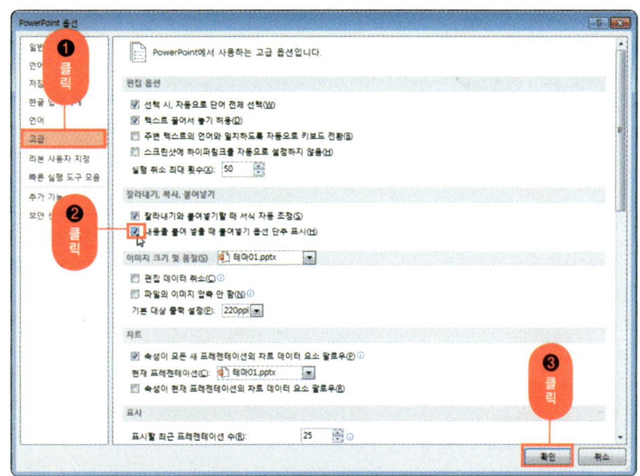

![tip] **자신만의 아이템 모음집을 만들어라!**

파워포인트에서는 도형이나 화살표 등과 같은 수많은 도해를 그려야 합니다. 따라서 자주 사용하는 도해나 도형, 개체의 경우에는 아이템 모음집으로 만들어 별도로 관리하는 것이 좋습니다.

[부록 CD/테마01] 폴더에 있는 [아이템 모음집.pptx] 파일을 열면 필자가 실제 사용하는 아이템들을 볼 수 있습니다. 이렇게 필요한 것들을 잘 관리해 놓으면 개체를 복사하기가 더욱 쉬워져 좀 더 빠르게 파워포인트 작업을 할 수 있습니다.

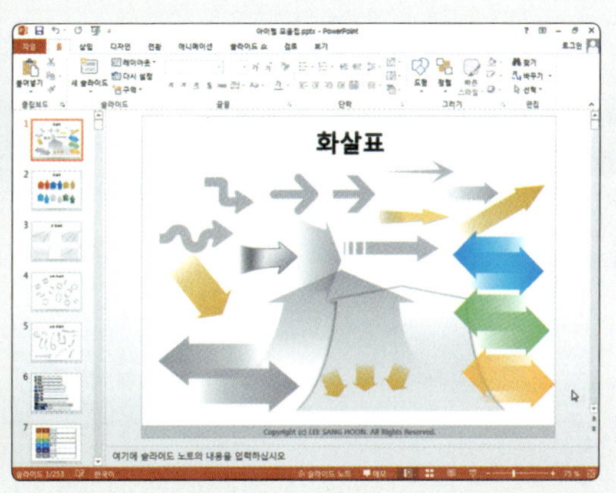

03

다른 복제 방법을 알아보자!

대부분의 사용자는 개체를 복제하는 방법이 `Ctrl` + `C` 와 `Ctrl` + `V` 만 있는 줄 아는데, 이 밖에 사용할 수 있는 복제 방법이 두 가지 더 있습니다. 특정 개체를 수평이나 수직으로 복제하는 방법과 일정 간격으로 복제하는 방법이 바로 그것입니다.

● **실습 파일**: 부록 CD/테마01/테마01.pptx | **결과 파일**: 부록 CD/테마01/테마01(결과).pptx

STEP 01 | 수평/수직 복제하기

01 [테마01.pptx]의 [2번 슬라이드]에 `Ctrl` + `Shift` 를 누른 상태에서 그룹 개체에 마우스 포인터를 위치시킵니다.

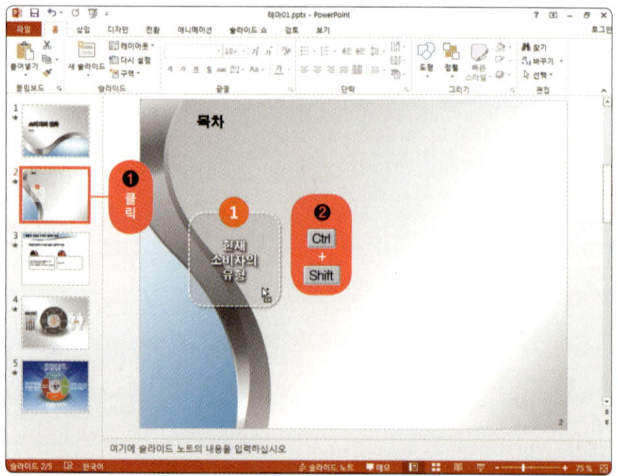

02 마우스 포인터에 + 표시가 나타나면 `Ctrl` + `Shift` 를 누른 상태에서 오른쪽으로 드래그합니다. 개체가 수평으로 복제됩니다.

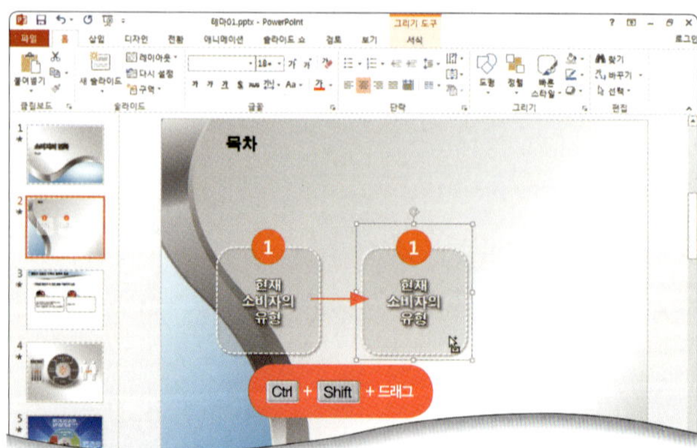

03 여전히 Ctrl + Shift 를 누른 상태에서 복제된 개체를 오른쪽으로 드래그하여 다시 한 번 수평 복제합니다.

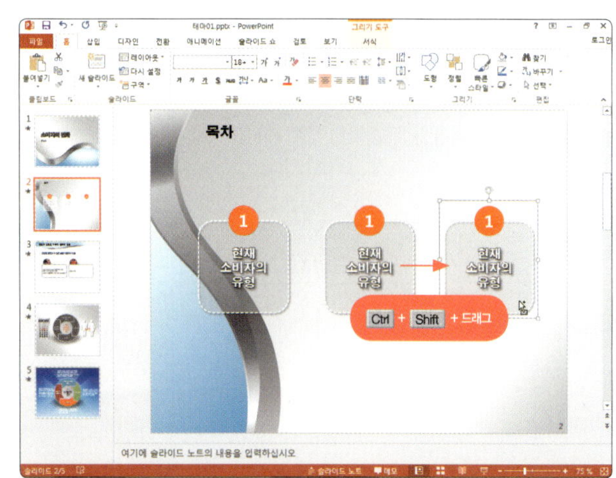

N O T E

Ctrl 과 Shift 의 역할

- Ctrl : 개체를 복제합니다. Ctrl 을 누른 상태에서 개체를 드래그하면 개체를 복제할 수 있습니다.
- Shift : 개체를 똑바로 이동합니다. Shift 를 누른 상태에서 개체를 드래그하면 수평이나 수직으로 이동할 수 있습니다.

따라서 Ctrl + Shift 를 누른 상태에서 개체를 드래그하면 수평이나 수직으로 개체를 복제할 수 있게 됩니다.

STEP 02 | 일정 간격으로 복제하기

01 [새 슬라이드]를 클릭한 후 [빈 화면]을 선택합니다.

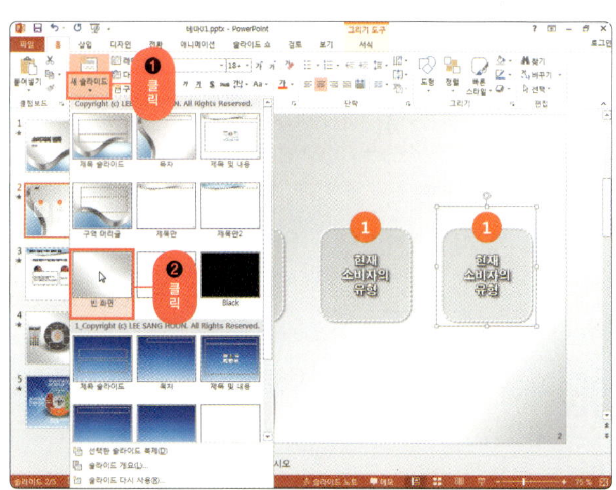

02 [직사각형]□을 클릭합니다.

03 슬라이드에서 드래그하여 직사각형을 하나 만듭니다.

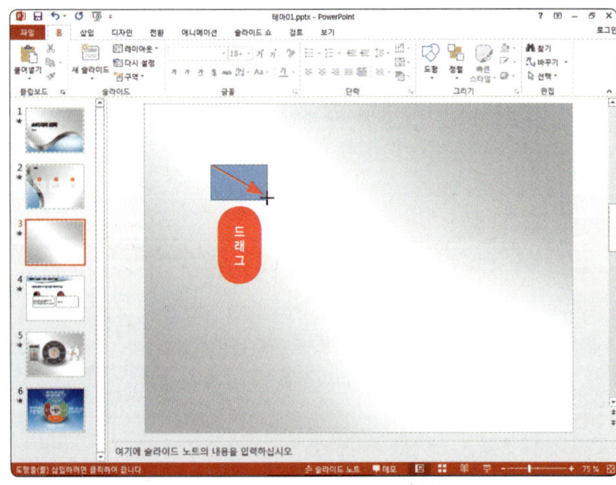

04 Ctrl + D 를 누릅니다. 선택되어 있던 직사각형이 복제됩니다.

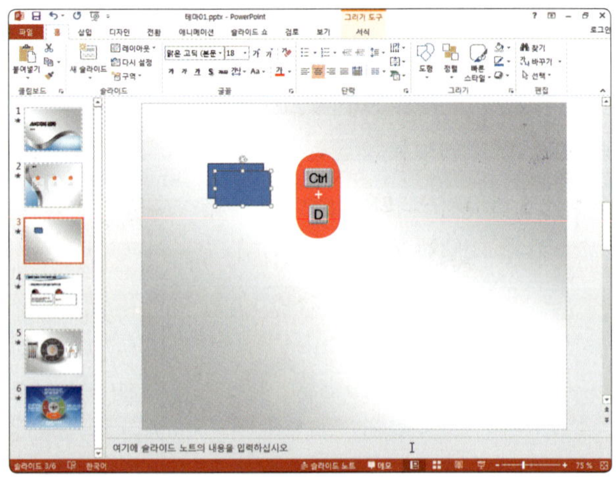

05 오른쪽 방향키 →와 위쪽 방향키 ↑를 몇 번 눌러 복제된 직사각형을 이동합니다.

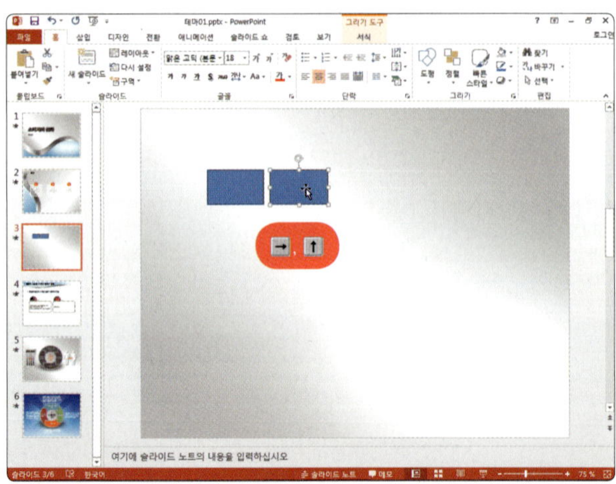

06 Ctrl + D 를 누릅니다. 선택되어 있던 직사각형이 복제되는데, 이번에는 기존 직사각형의 오른쪽에 배치됩니다.

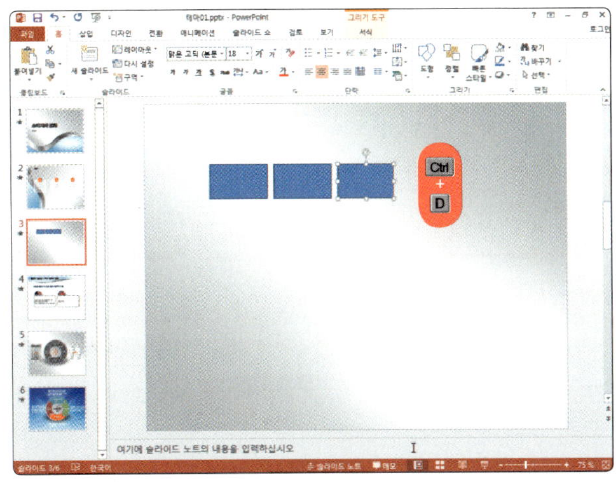

07 Ctrl + D 를 두 번 더 누릅니다. 이렇게 복제가 가능한 이유는 Ctrl + D 를 눌러 선택된 개체를 복제하고, 복제된 개체를 이동하면 파워포인트가 이동한 거리와 각도를 기억했다가 다음에 Ctrl + D 를 눌렀을 때 그 거리와 간격만큼 복제된 개체를 배치하기 때문입니다.

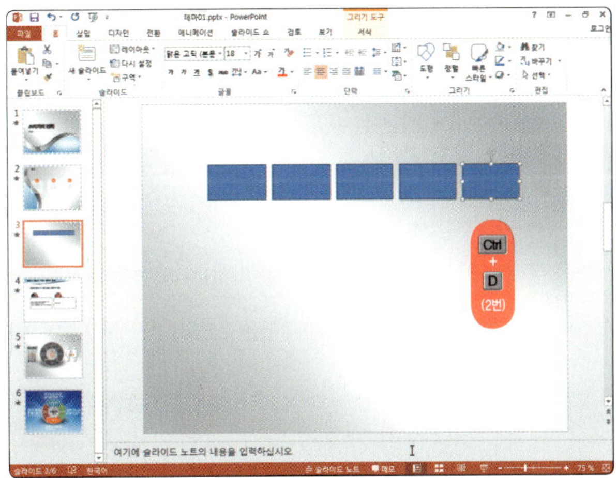

04

도형과 텍스트의
속성을 복제하자!

지금까지 물리적으로 개체를 복제하는 여러 가지 방법에 대해 알아보았습니다. 파워포인트는 이 밖에도 개체의 속성을 복사하는 '서식 복사'와 '애니메이션 복사' 기능을 제공합니다. 이 중에서 애니메이션 복사 기능은 애니메이션 편에서 알아보고, 이번 레슨에서는 도형과 텍스트의 속성을 복사하는 기능에 대해 알아보겠습니다.

● **실습 파일**: 부록 CD/테마01/서식 복사.pptx, 서식 모음집.pptx

STEP 01 | 도형 서식 복사

01 [서식 복사.pptx] 파일의 [2번 슬라이드]에서 [PT 업계 성장세]가 입력된 직사각형을 선택합니다.

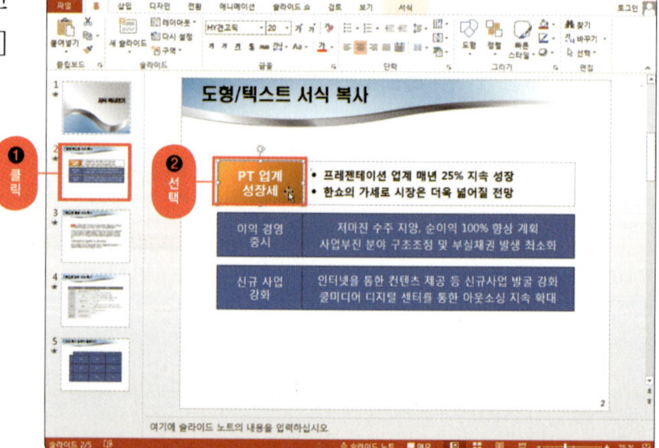

02 [홈] 탭의 [클립보드] 영역에서 [서식 복사]를 더블 클릭합니다(단축키: Ctrl + Shift + C). 선택된 도형의 모든 서식이 컴퓨터의 임시 저장 장소인 클립보드에 복사되며, 마우스 포인터에 붓이 표시됩니다.

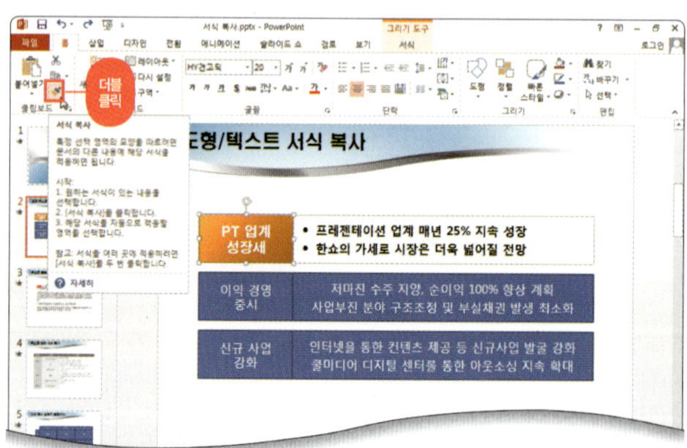

03 [이익 경영 중시] 도형을 클릭합니다(단축키: Ctrl + Shift + V).

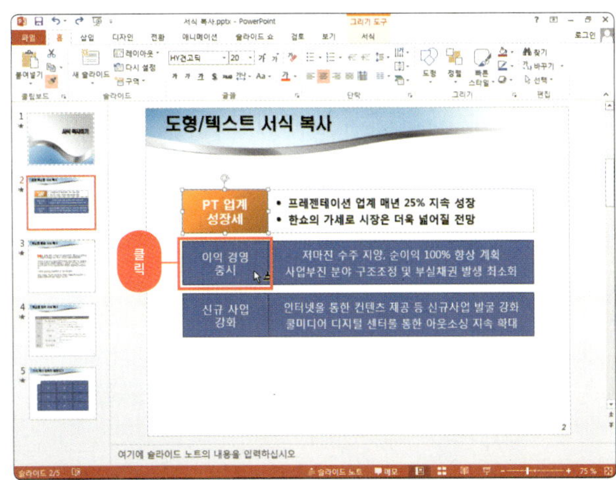

복사해두었던 도형의 속성이 붙여 넣어집니다.

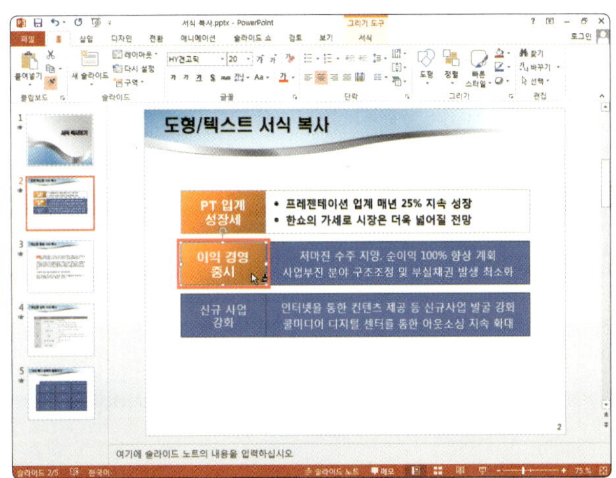

04 [신규 사업 강화] 직사각형을 클릭합니다. 복사되어 있던 속성이 붙여 넣어집니다(단축키: Ctrl + Shift + V).

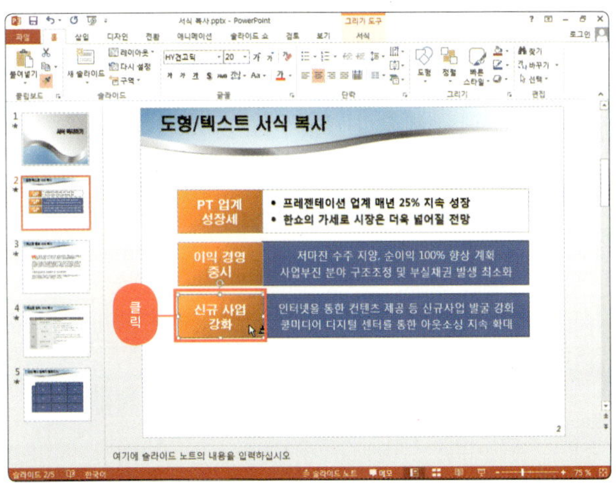

05 Esc를 눌러 서식 복사를 종료한 후 [PT 업계 성장세]의 오른쪽에 있는 글머리 기호가 설정된 직사각형을 선택합니다.

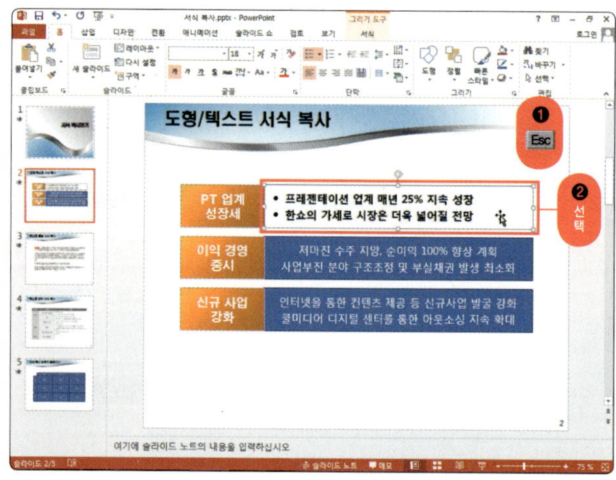

06 [홈] 탭의 [클립보드] 영역에서 [서식 복사] 를 더블 클릭합니다(단축키: Ctrl + Shift + C).

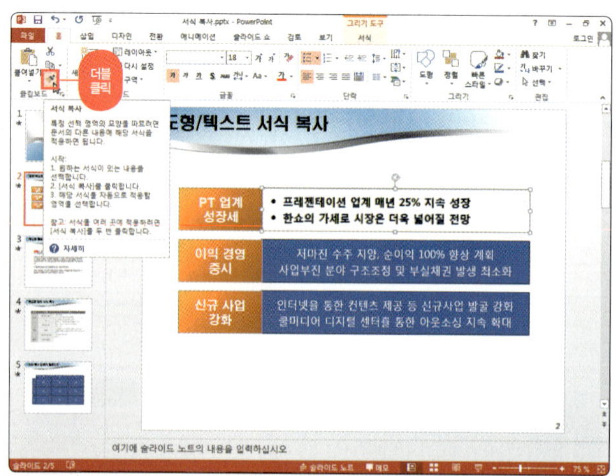

07 바로 밑에 있는 직사각형을 클릭합니다. 복사되어 있던 속성이 붙여 넣어집니다(단축키: Ctrl + Shift + V).

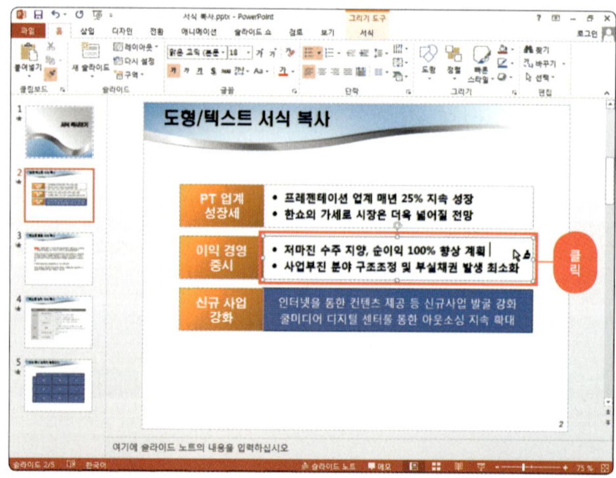

08 맨 아래에 있는 직사각형을 클릭합니다. 복사되어 있던 속성이 붙여 넣어집니다(단축키: `Ctrl` + `Shift` + `V`).

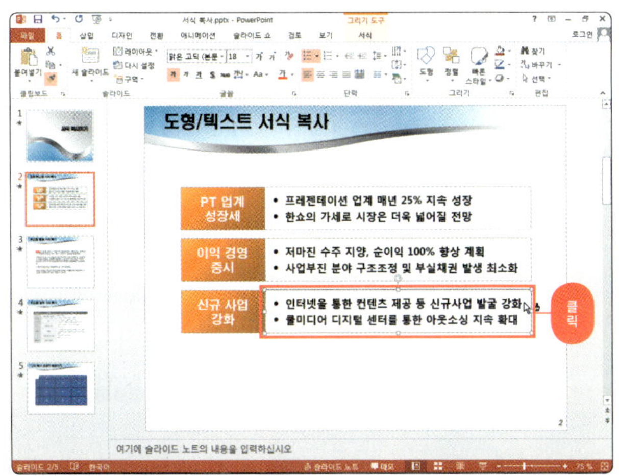

09 슬라이드의 빈 곳을 클릭하여 서식 복사를 종료합니다.

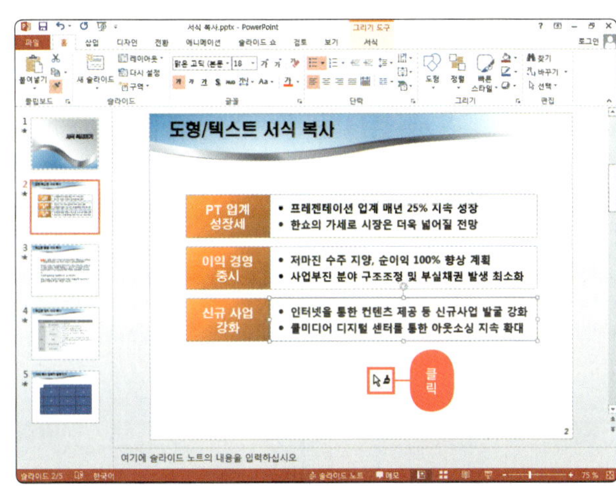

STEP 02 | 텍스트 서식 복사하기

01 [3번 슬라이드]에서 [한글]을 클릭합니다.

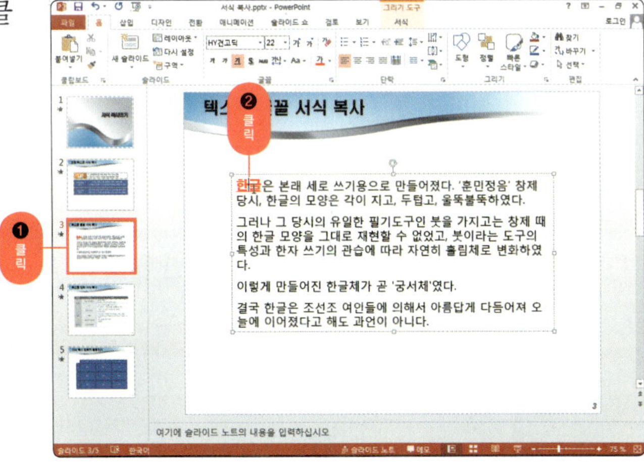

02 [홈] 탭의 [클립보드] 영역에서 [서식 복사]📋를 더블 클릭합니다(단축키: `Ctrl` + `Shift` + `C`). 한글 글자의 속성이 복사되고 마우스 포인터에 붓이 표시됩니다.

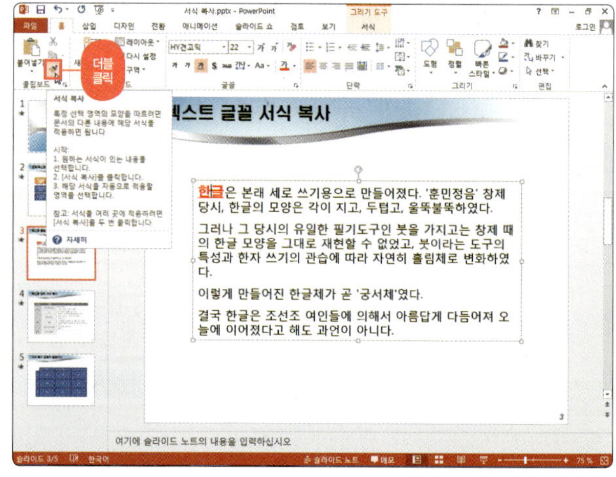

03 [훈민정음] 글자를 선택합니다. 선택한 글자에 앞에서 복사해두었던 서식이 붙여 넣어집니다.

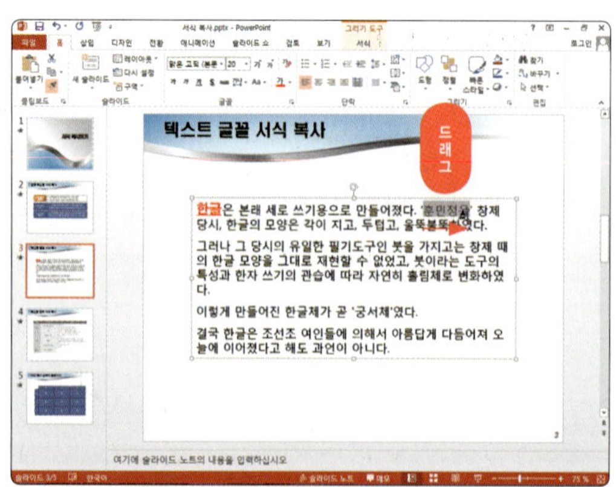

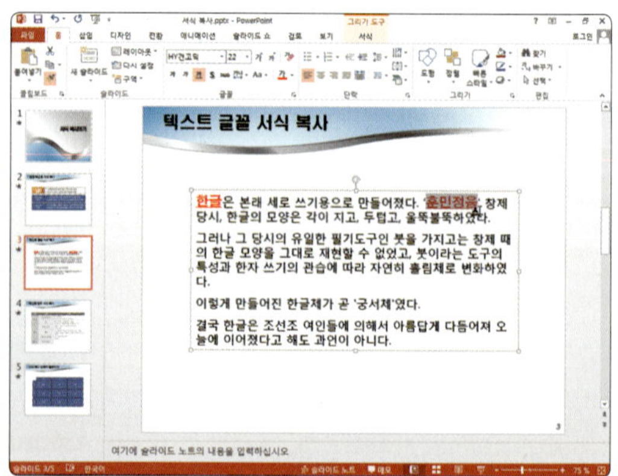

04 궁서체를 선택합니다. 궁서체에도 서식이 붙여 넣어집니다. `Esc`를 눌러 서식 복사를 마칩니다.

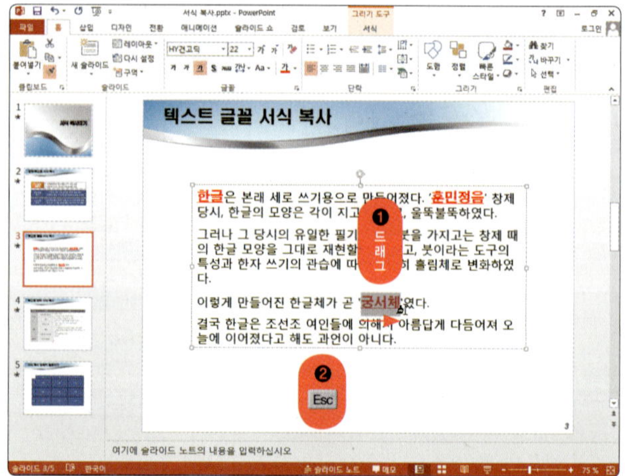

STEP 03 | 텍스트의 단락 서식 복사하기

줄 간격과 같은 단락 서식까지 복사하고 싶다면 단락 전체를 선택하고 서식 복사 명령을 실행해야 합니다.

01 [4번 슬라이드]에서 [오늘 주제는?] 단락의 끝까지 선택합니다.

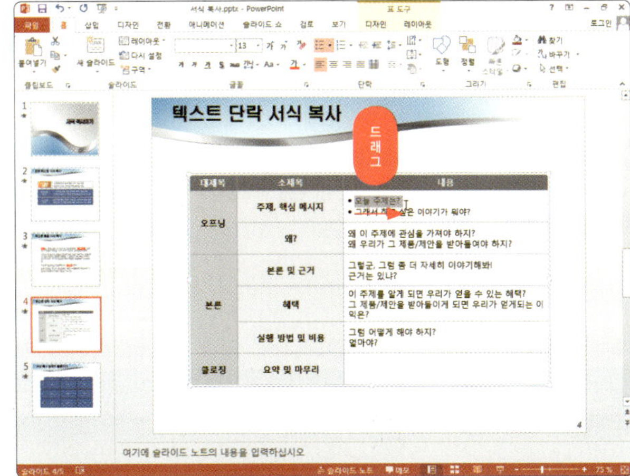

NOTE

단락 전체를 빠르게 선택하는 방법

아무 글자나 세 번 연속 클릭합니다.

02 [홈] 탭의 [클립보드] 영역에서 [서식 복사] 를 클릭합니다(단축키: Ctrl + Shift + C). 선택된 단락의 속성이 복사됩니다.

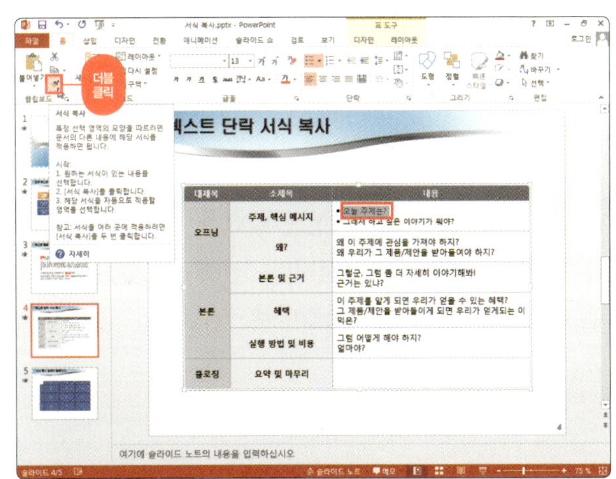

03 다른 셀에 있는 글자를 드래그하여 선택합니다.

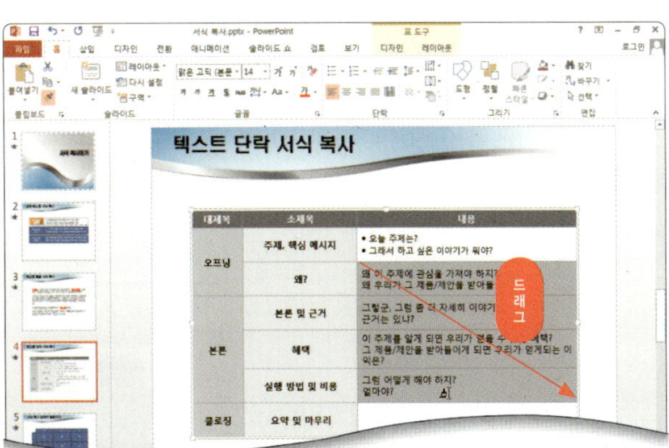

앞에서 복사해두었던 서식이 선택된 단락에 붙여 넣어집니다.

서식 복사 클릭과 더블 클릭의 차이는?

[홈] 탭의 [클립보드] 영역에서 [서식 복사] 를
- 클릭하면, 서식 붙여 넣기를 한 번만 실행할 수 있습니다.
- 더블 클릭하면, 서식 붙여 넣기를 원하는 만큼 실행할 수 있으며, Esc 를 누르거나 슬라이드의 빈 곳을 클릭하면 서식 붙여 넣기를 마칠 수 있습니다.

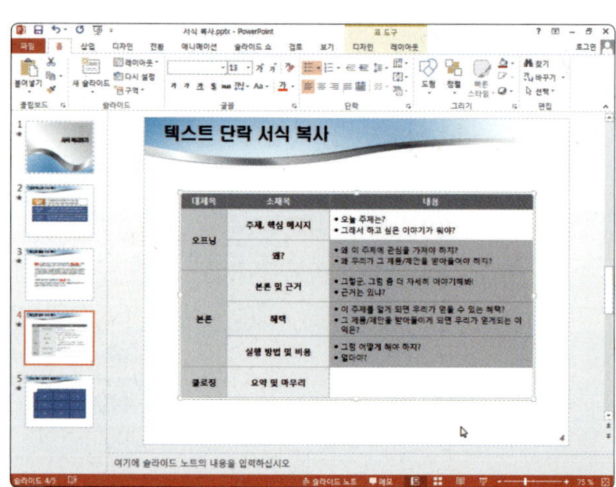

STEP 04 | 서식 모음집과 단축키를 이용하여 서식 복사하기

서식 복사는 같은 슬라이드에서만 할 수 있는 것이 아니며, 다른 슬라이드나 다른 프레젠테이션 간에도 할 수 있습니다. 또 단축키로도 실행할 수 있는데, 이번에는 이 방법에 대해 알아보겠습니다.

01 [서식 모음집.pptx]을 엽니다. 이것은 필자가 가장 많이 사용하는 서식을 모아둔 것입니다. 맨 윗줄의 왼쪽에서 두 번째 직사각형을 선택한 후 Ctrl + Shift + C 를 누릅니다. 선택된 직사각형의 서식이 복사됩니다.

02 [서식 복사.pptx] 파일로 전환한 후 [5번 슬라이드]에서 개체를 클릭합니다. 이 개체는 그룹 개체이기 때문에 전체가 선택될 것입니다.

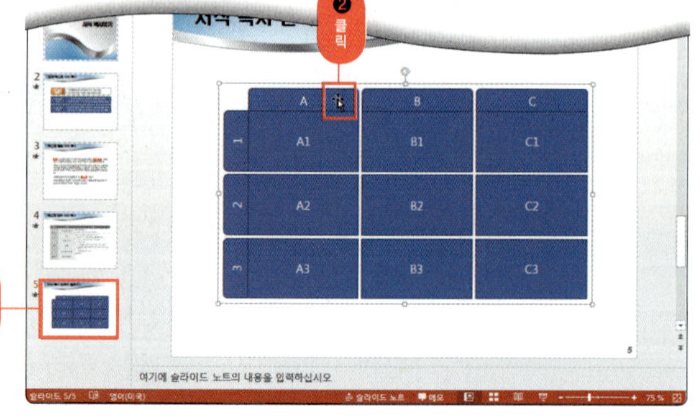

03 [A] 도형을 클릭합니다. 클릭한 [A] 도형만 선택될 것입니다.

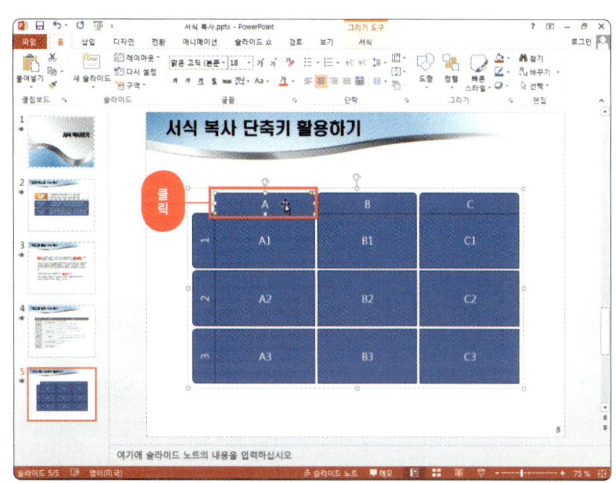

04 Ctrl + Shift + V 를 누릅니다. 복사해두었던 서식이 붙여 넣어집니다.

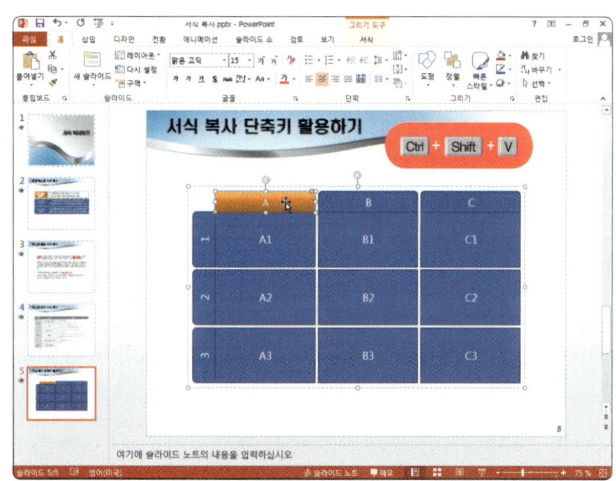

05 [B] 도형을 선택한 후 Shift 를 누른 상태에서 [C], [1], [2], [3] 도형을 클릭하여 선택합니다.

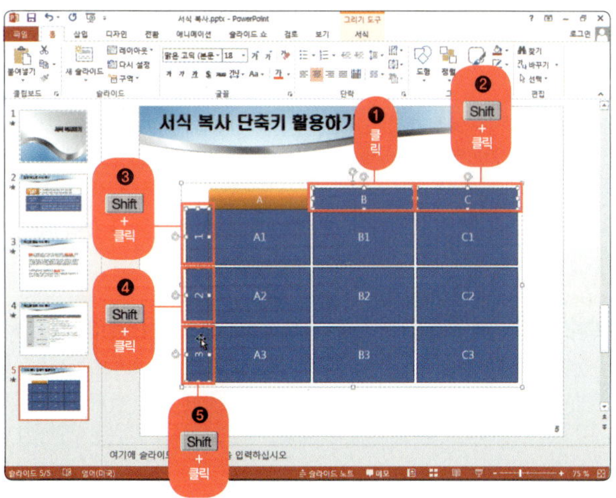

06 Ctrl + Shift + V 를 누릅니다. 복
사해두었던 서식이 붙여 넣어집
니다.

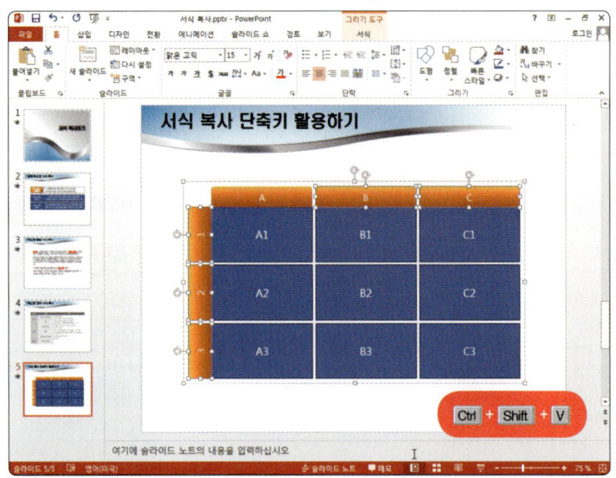

---

tip 서식 복사 단축키를 많이 사용하세요.

단축키를 사용하면 그룹핑되어 있는 개체의 하위 개체를
선택해 서식을 복사할 때나 글자의 서식을 복사할 때 매우 유용
합니다. 더욱이 한 번 복사해둔 서식은 파워포인트가 기억하고
있기 때문에 다른 작업을 하다가 도형이나 텍스트를 선택하고
Ctrl + Shift + V 만 누르면 이전에 복사해두었던 서식을 그 도
형 및 텍스트에 붙여 넣을 수 있습니다. 그리고 필자처럼 자주
사용하는 서식을 모아둔 서식 모음집.pptx를 만들어두면 필요
할 때 빠르게 색을 칠할 수 있습니다.

05

POWERPOINT KNOWHOW

빠른 실행 도구 모음에 자주 사용하는 명령을 추가하자!

파워포인트 리본은 기본적으로 선택된 개체에 따라 자동으로 전환되도록 되어 있지만, 특정 명령을 실행하기 위해 그 명령을 찾아 헤매야 한다는 불편함은 완벽하게 해결하지 못했습니다. 그 보완책이 바로 빠른 실행 도구 모음과 리본에 여러분이 가장 많이 사용하는 도구를 이 도구 모음에 추가해 놓고 사용할 수 있도록 한 것입니다. 빠른 실행 도구 모음에 자주 사용하는 도구들을 추가하는 방법에 대해 알아보겠습니다.

STEP 01 | 빠른 실행 도구 모음에 명령 추가하기

파워포인트 창 왼쪽 상단에 표시되는 빠른 실행 도구 모음에 명령을 추가하는 방법에 대해 알아보겠습니다.

빠른 실행 도구 모음 사용자 지정 버튼 사용하기

01 빠른 실행 도구 모음 맨 오른쪽에 있는 [빠른 실행 도구 모음 사용자 지정] 버튼을 클릭하면 표시되는 메뉴에서 [인쇄 미리 보기/인쇄]를 선택합니다. [인쇄 미리 보기/인쇄] 버튼이 빠른 실행 도구 모음 맨 오른쪽에 추가됩니다.

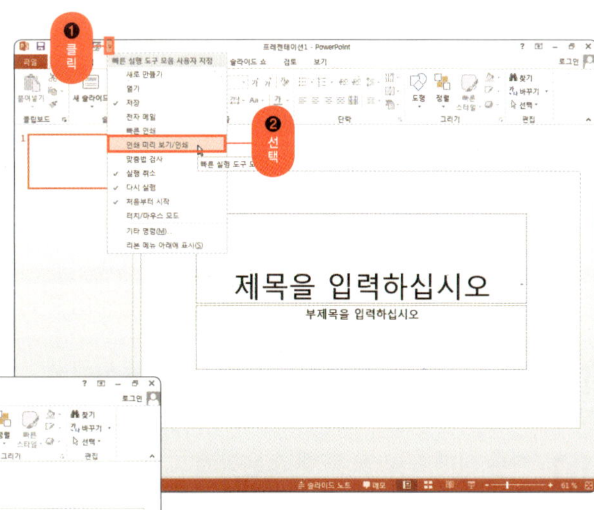

메뉴에서 체크 표시는?

메뉴에서 자주 사용하는 명령을 추가하거나 사용자 지정 명령 등을 실행할 수 있습니다. 이 메뉴에서 왼쪽에 체크 표시가 있는 것은 현재 빠른 실행 도구 모음에 표시되고 있다는 의미입니다.

명령을 마우스 오른쪽 버튼으로 클릭하기

01 [삽입] 탭을 연 후 [텍스트 상자] 버튼을 마우스 오른쪽 버튼으로 클릭하면 나타나는 컨텍스트 메뉴 중에서 [빠른 실행 도구 모음에 추가]를 선택합니다.

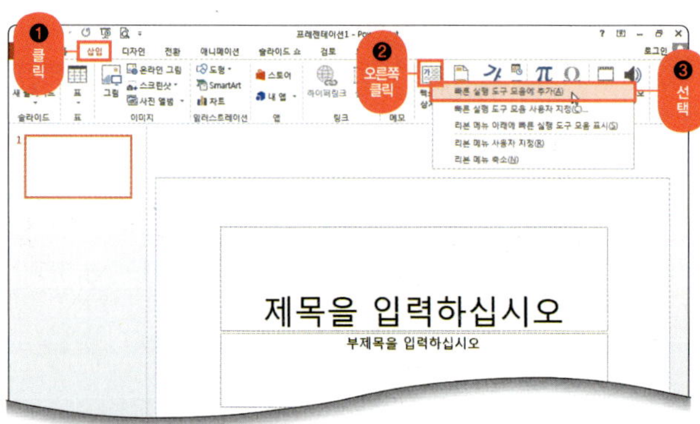

[텍스트 상자] 버튼이 빠른 실행 도구 모음 맨 오른쪽에 추가되었습니다.

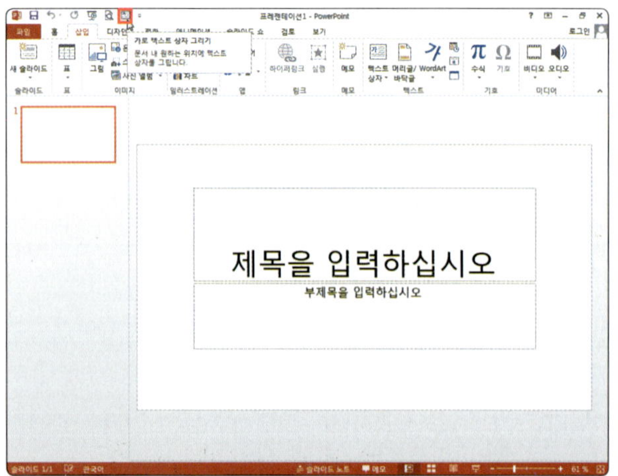

빠른 실행 도구 모음 관련 명령

리본에서 도구를 마우스 오른쪽 버튼으로 클릭하면 나타나는 컨텍스트 메뉴 중에서 '빠른 실행 도구 모음에 추가' 외에 다음과 같은 명령을 실행할 수 있습니다.

- **빠른 실행 도구 모음 사용자 지정**: 빠른 실행 도구 모음을 세밀하게 편집할 수 있습니다.
- **리본 메뉴 아래에 빠른 실행 도구 모음 표시**: 현재 리본 위에 있는 빠른 실행 도구 모음을 리본 아래로 이동합니다. 빠른 실행 도구 모음에 명령이 많아질 경우에 실행해봅니다.
- **리본 메뉴 사용자 지정**: 리본에 새로운 탭을 만들고 명령을 추가하는 등 사용자가 마음대로 리본을 변경할 수 있습니다.
- **리본 메뉴 최소화**: 리본 영역을 줄여 작업 영역을 넓혀줍니다.

[PowerPoint 옵션] 대화상자에서 명령 추가하기

01 빠른 실행 도구 모음 맨 오른쪽에 있는 [빠른 실행 도구 모음 사용자 지정] 버튼을 클릭하면 표시되는 메뉴에서 [기타 명령]을 선택합니다.

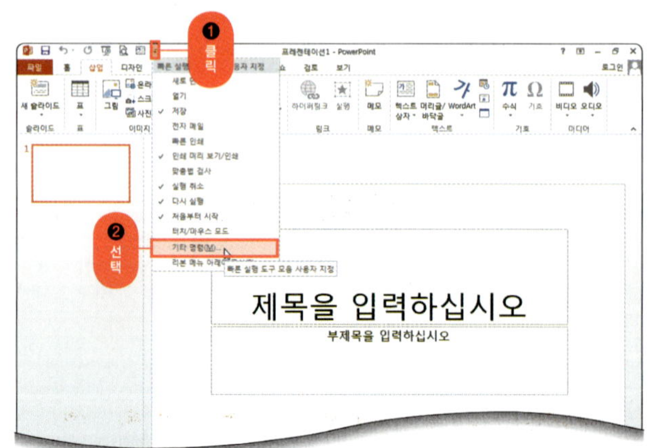

02 PowerPoint 옵션 대화상자의 [빠른 실행 도구 모음] 탭에서 [명령 선택] 메뉴를 클릭하여 열고 [모든 명령]을 선택합니다. 파워포인트에서 제공하는 모든 명령이 숫자, 알파벳, 가나다 순서로 표시됩니다.

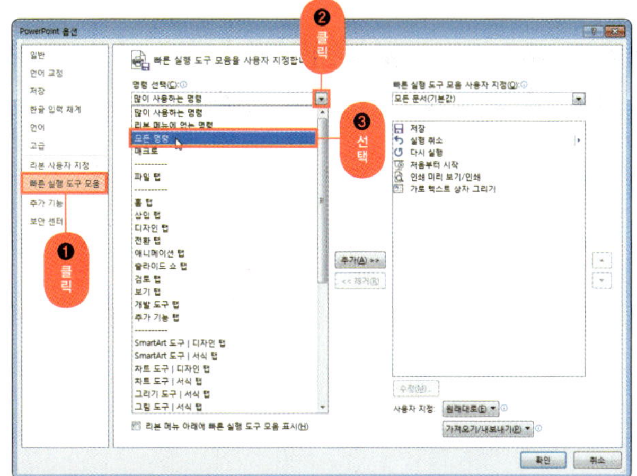

03 추가하고 싶은 명령(예 끝내기)을 선택한 후 [추가] 버튼을 클릭합니다.

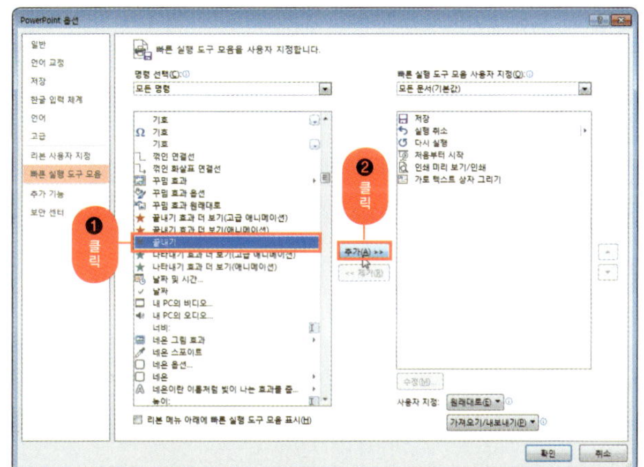

[끝내기] 명령이 오른쪽의 빠른 실행 도구 모음에 추가됩니다.

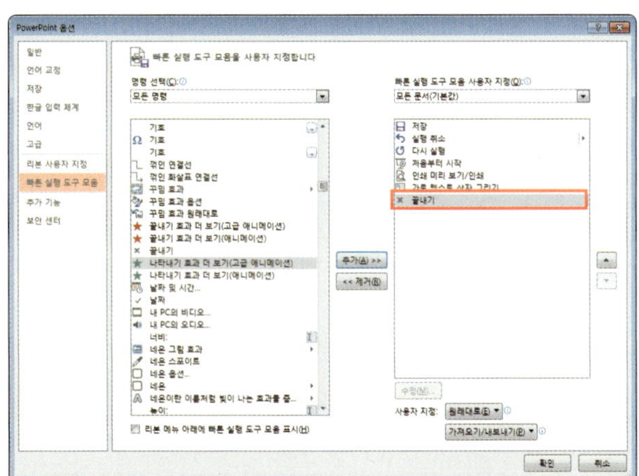

STEP 02 | 빠른 실행 도구 모음과 관련된 다른 명령들

빠른 실행 도구 모음에 명령을 추가한 후에는 사용자가 명령의 순서를 바꿀 수 있으며, 명령을 단축키로 실행할 수도 있고, 명령의 위치를 변경할 수도 있습니다.

빠른 실행 도구 모음 명령 순서 조정하기

01 [가로 텍스트 상자 그리기]를 선택한 후 [위로 이동] 버튼을 클릭합니다. 선택된 명령이 한 칸 위로 이동합니다. 이러한 방식으로 순서를 조정할 수 있습니다.

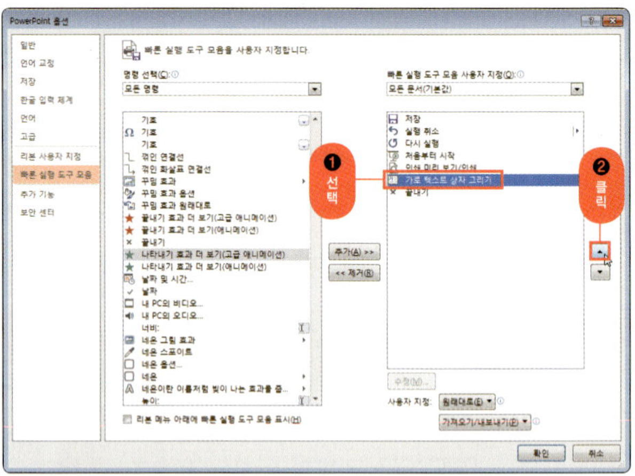

02 [확인] 버튼을 클릭합니다. 빠른 실행 도구 모음은 다음과 같이 되었을 것입니다. 이제 빠른 실행 도구 모음에서 [명령] 버튼을 클릭하면 해당 명령을 빠르게 실행할 수 있습니다.

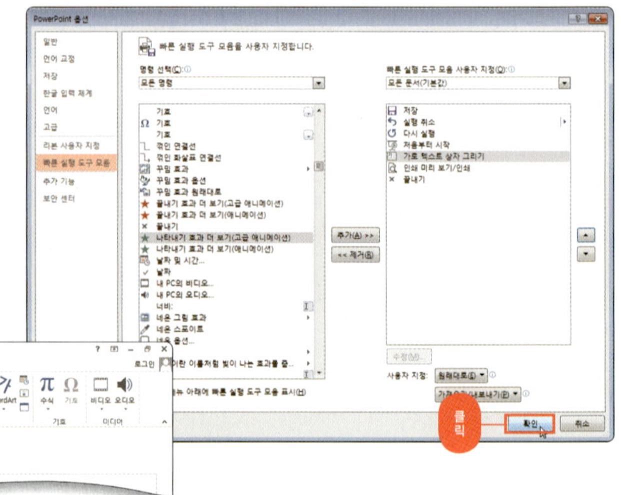

[PowerPoint] 옵션 대화상자의 [사용자 지정] 탭에서 할 수 있는 것들
- **명령 지우기**: 대화상자의 오른쪽에 있는 [빠른 실행 도구 모음]에서 명령을 선택한 후 [제거] 버튼을 클릭합니다.
- **빠른 실행 도구 모음을 원래 상태로 되돌리기**: [원래대로] 버튼을 클릭하면 표시되는 메뉴에서 [빠른 실행 도구 모음만 다시 설정]을 선택합니다.

빠른 실행 도구 모음에서 명령 삭제하기

빠른 실행 도구 모음에서 지우고 싶은 명령을 마우스 오른쪽 버튼으로 클릭하면 나타나는 컨텍스트 메뉴 중에서 [빠른 실행 도구 모음에서 제거]를 선택합니다.

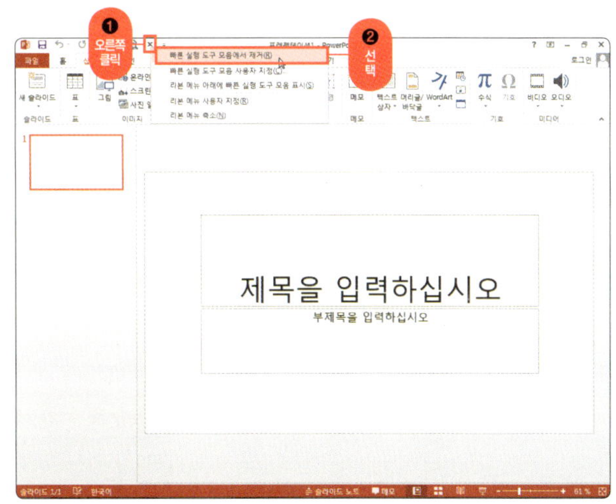

빠른 실행 도구 모음에 있는 명령을 키보드로 실행하기

빠른 실행 도구 모음에 추가된 버튼을 좀 더 빠르게 실행하고 싶다면 단축키를 이용합니다. Alt 를 누르면 빠른 실행 도구 모음의 버튼에 번호가 표시되는 것을 볼 수 있을 것입니다. 키보드에서 번호를 누르면 해당 명령이 실행됩니다. 예를 들어, Alt 를 누른 후 숫자 키 1 을 누르면 첫 번째 명령이 실행되는 것입니다. 따라서 빠른 실행 도구 모음은 가장 많이 사용하는 순서, 즉 1번을 가장 많이 사용하는 명령, 2는 두 번째로 많이 사용하는 명령 순서로 배치하는 것이 좋습니다.

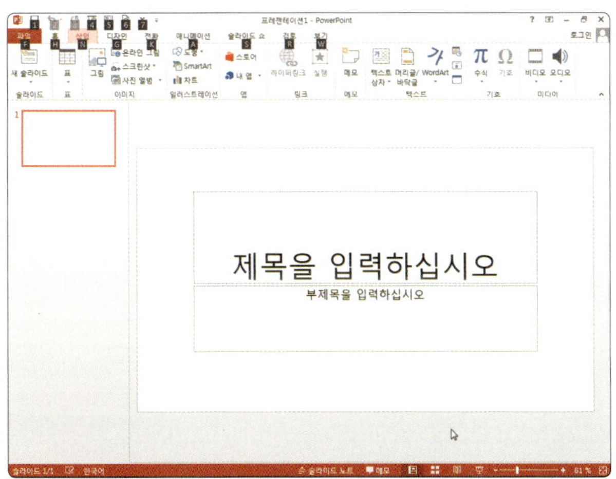

빠른 실행 도구 모음의 위치 변경하기

01 빠른 실행 도구 모음에서 [빠른 실행 도구 모음 사용자 지정] 버튼을 클릭한 후 [리본 메뉴 아래에 표시]를 선택합니다. 빠른 실행 도구 모음이 리본 아래에 표시됩니다.

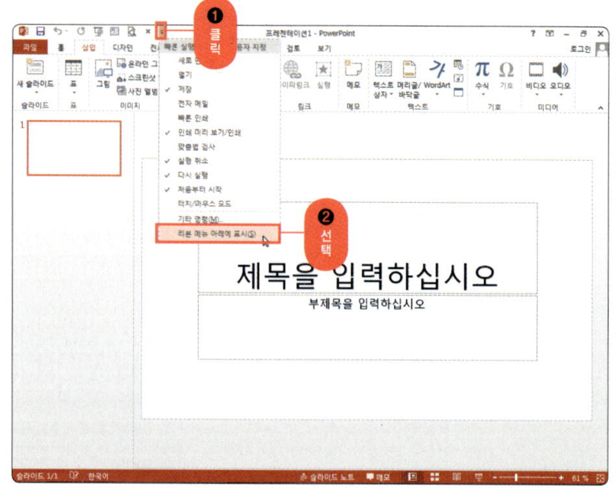

02 빠른 실행 도구 모음에서 [빠른 실행 도구 모음 사용자 지정] 버튼을 클릭한 후 [리본 메뉴 위에 표시]를 선택합니다. 빠른 실행 도구 모음이 리본 위쪽에 표시됩니다.

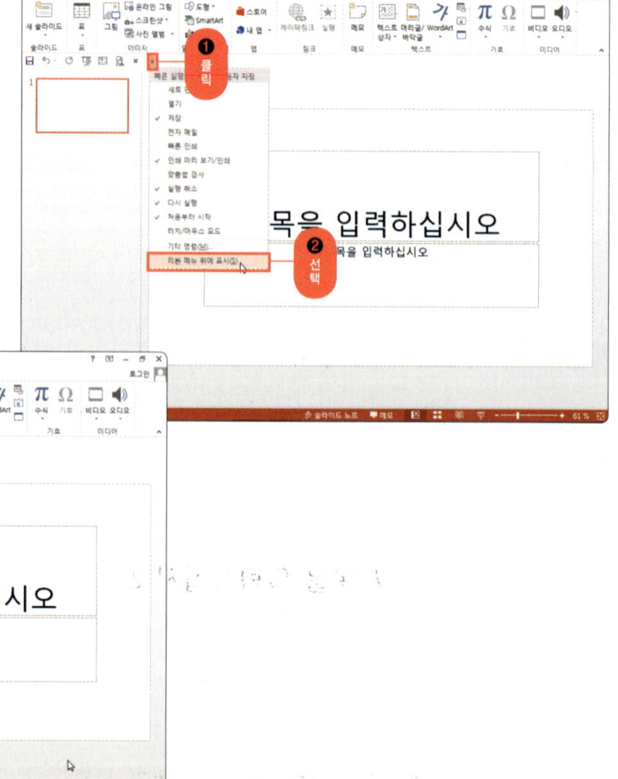

06

리본을 내 맘대로
변경해보자!

POWERPOINT KNOWHOW

파워포인트 2010 이상 버전에서 사용자는 리본에 새로운 탭, 그룹, 명령을 추가할 수 있으며, 기존 탭을 지우거나 명령을 지우는 등 리본을 작업하기 편한 상태로 변경할 수 있습니다. 만약 여러분이 리본에 새로운 탭을 만들고 그곳에 가장 많이 사용하는 명령을 모아 놓는다면 작업 속도를 현저히 빠르게 할 수 있을 것입니다.

STEP 01 | 리본에 새 탭, 새 그룹, 새 명령 추가하기

파워포인트 2010 이상 버전 사용자는 리본에 표시되는 명령을 마음대로 수정할 수 있습니다. 여기에서는 새 탭, 새 그룹, 새 명령을 추가하는 방법에 대해 알아보겠습니다.

01 리본의 아무 곳이나 마우스 오른쪽 버튼으로 클릭하면 나타나는 컨텍스트 메뉴 중에서 [리본 메뉴 사용자 지정]을 선택합니다.

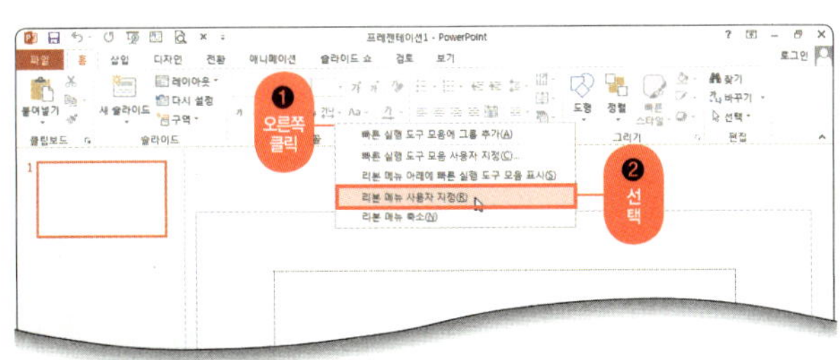

02 [새 탭] 버튼을 클릭합니다.

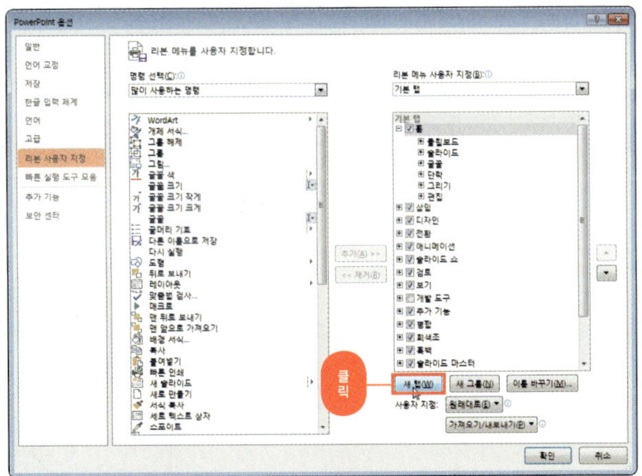

03 [새 탭(사용자 지정)]이라는 탭과 [새 그룹(사용자 지정)]이 추가됩니다. [새 탭(사용자 지정)]을 선택한 후 [위로 이동] 버튼을 클릭합니다. 새 탭이 [홈] 탭의 위로 이동할 것입니다.

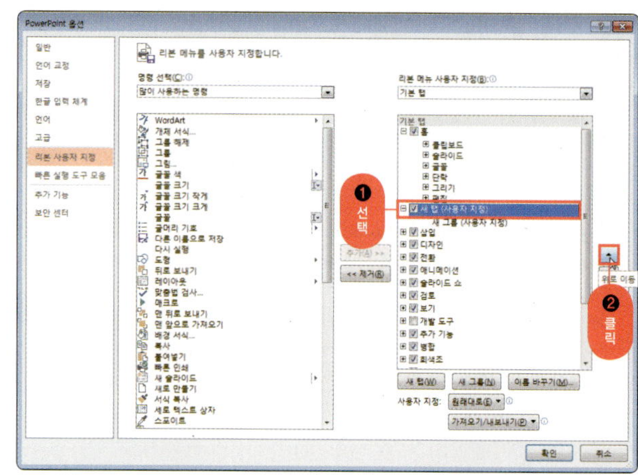

04 [이름 바꾸기] 버튼을 클릭합니다.

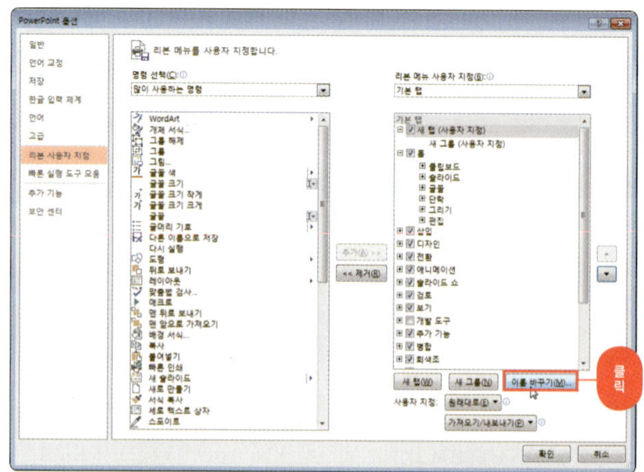

05 [이름 바꾸기] 대화상자에 [자주 사용하는 명령]이라고 입력한 후 [확인] 버튼을 클릭합니다. 선택된 탭의 이름이 변경됩니다.

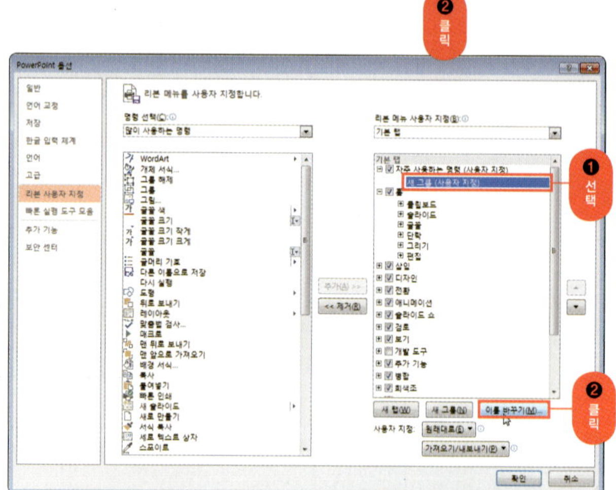

06 [새 그룹(사용자 지정)]을 선택한 후 [이름 바꾸기] 버튼을 클릭합니다.

07 [표시 이름] 입력상자에 [맞춤]이라고 입력한 후 [확인] 버튼을 클릭합니다. 그룹의 이름이 [맞춤]으로 변경됩니다.

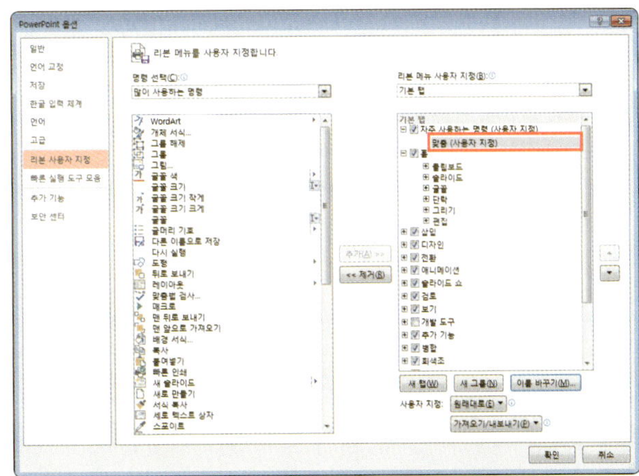

08 [PowerPoint 옵션] 대화상자의 왼쪽에서 [명령 선택] 메뉴를 연 후 [모든 명령]을 선택합니다.

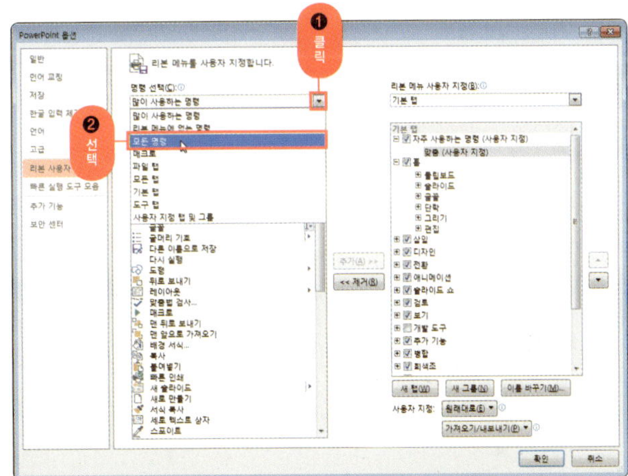

09 [가로 간격을 동일하게] 명령을 선택한 후 [추가] 버튼을 클릭합니다.

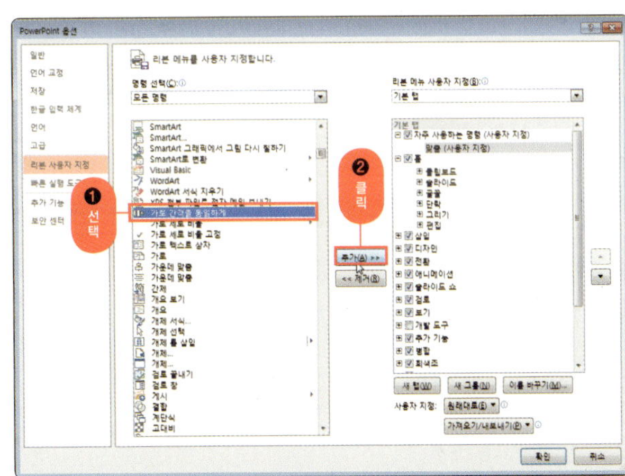

10 [가로 간격을 동일하게] 명령이 [정렬(사용자 지정)] 그룹에 추가 됩니다.

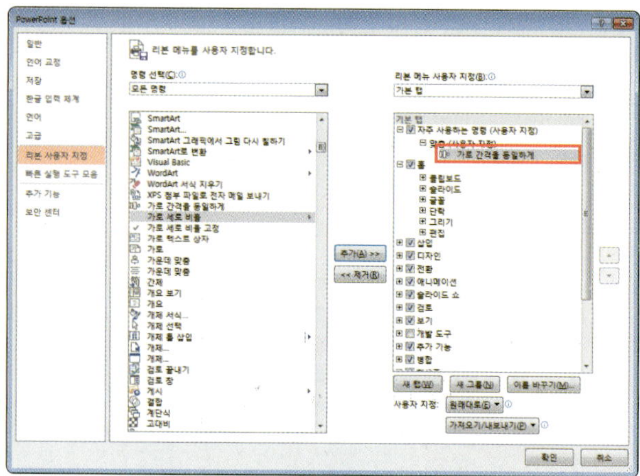

N O T E

명령, 그룹, 탭 순서 바꾸기

· 명령 또는 그룹 또는 탭을 선택한 후 오른쪽에 있는 [위로 이동] 버튼 또는 [아래로 이동] 버튼을 클릭하여 한 칸씩 이동합니다.

· 명령 또는 그룹 또는 탭 이름에 마우스 포인터를 위치시키고 위 또는 아래로 드래그합니다.

이와 같은 방법으로 가장 많이 사용되는 명령을 추가합니다. 필요한 경우 [새 그룹]을 클릭하여 그룹을 추가하고 명령을 추가합니다.

STEP 02 | 빠른 실행 도구 모음과 리본 메뉴 가져오기

현재 빠른 실행 도구 모음과 리본의 상태를 파일로 저장했다가 필요할 때 가져와 적용할 수 있습니다. 먼저 파일을 가져오는 방법에 대해 알아보겠습니다.

01 [가져오기/내보내기] 버튼을 클릭한 후 [사용자 지정 파일 가져오기]를 선택합니다.

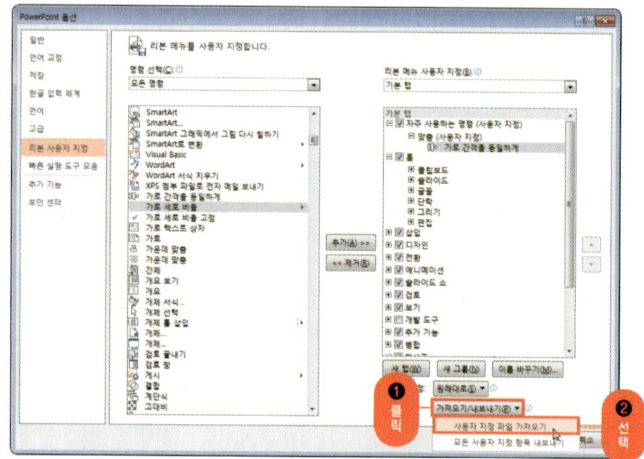

02 [부록 CD/테마01] 폴더에 있는 [파워포인트.exportedUI]를 선택한 후 [열기]를 클릭합니다.

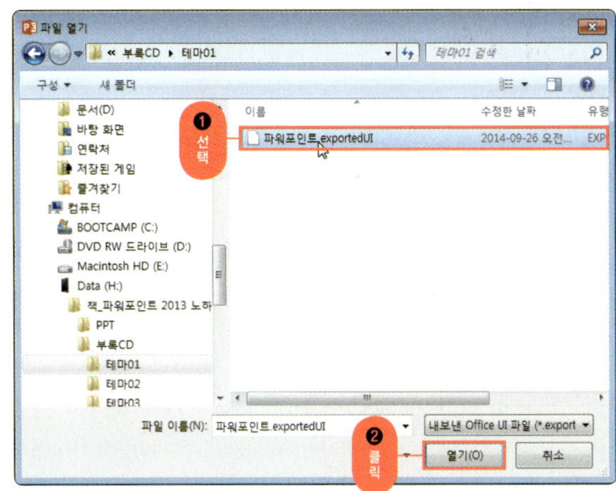

03 메시지 창에서 [예] 버튼을 클릭합니다.

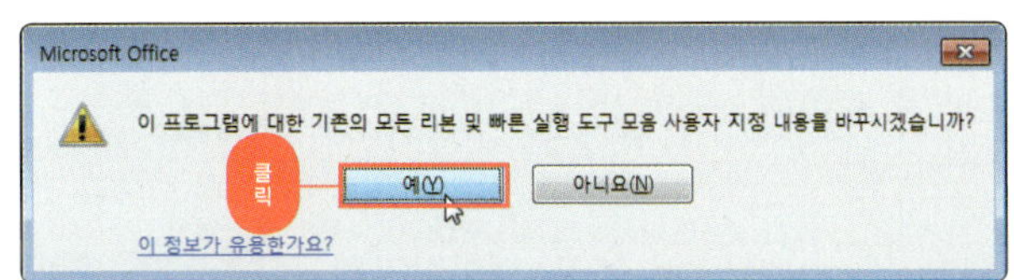

04 [자주 사용하는 명령(사용자 지정)] 탭 아래에 많은 그룹이 표시되는 것을 확인한 후 [확인] 버튼을 클릭합니다. 빠른 실행 도구 모음과 리본이 변경되는 것을 볼 수 있습니다.

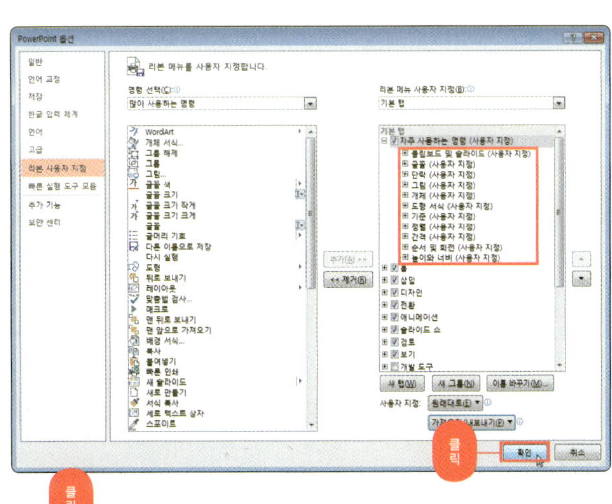

05 리본에서 [자주 사용하는 명령] 탭을 클릭하여 연 후 명령을 확인합니다. 이것이 필자가 현재 자주 사용하는 명령들입니다.

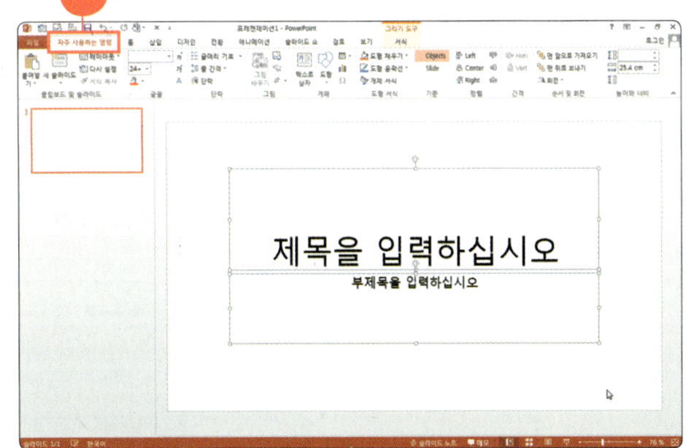

STEP 03 | 현재 빠른 실행 도구 모음과 리본 상태를 파일로 저장하기

현재 빠른 실행 도구 모음과 리본 상태를 파일로 저장할 수 있다면 필요할 때 언제든지 그 상태로 되돌아갈 수 있습니다. 파일로 저장하는 방법은 다음과 같습니다.

01 리본의 아무 곳이나 마우스 오른쪽 버튼으로 클릭하면 나타나는 컨텍스트 메뉴 중에서 [리본 메뉴 사용자 지정]을 선택합니다.

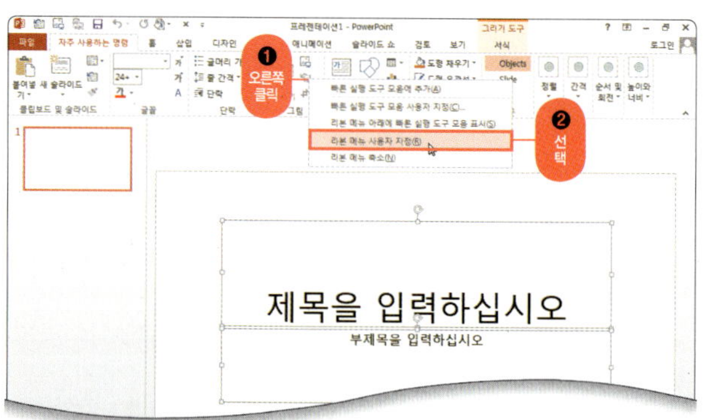

02 [PowerPoint 옵션] 대화상자의 [리본 사용자 지정] 탭에서 [가져오기/내보내기] 버튼을 클릭한 후 [모든 사용자 지정 항목 내보내기]를 선택합니다.

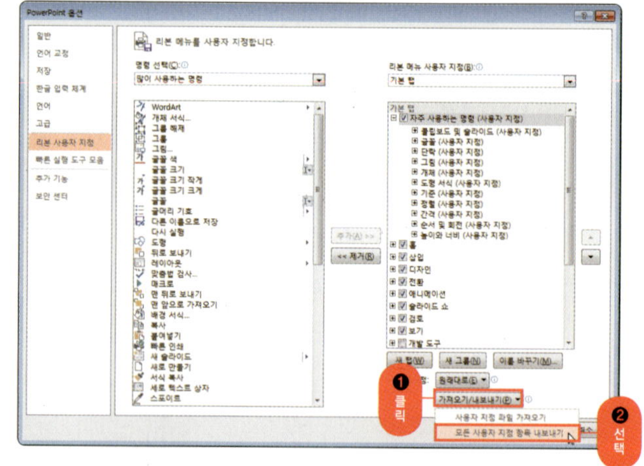

03 [파일 저장] 대화상자에서 저장할 폴더를 선택한 후 파일 이름을 입력하고 [저장] 버튼을 클릭합니다. 현재 빠른 실행 도구 모음과 리본 상태가 지정한 이름으로(*.exportedUI) 저장됩니다.

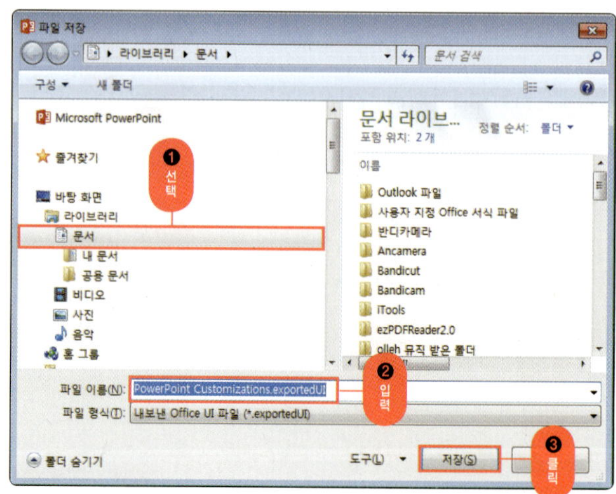

STEP 04 | 빠른 실행 도구 모음과 리본 메뉴를 초기 상태로 만들기

여러 가지 명령을 추가해 빠른 실행 도구 모음과 리본 메뉴를 수정했는데 처음 상태로 되돌리고 싶다면 다음을 실행합니다.

01 [PowerPoint 옵션] 대화상자의 [리본 사용자 지정] 탭에서 [원래대로] 버튼을 클릭한 후 [모든 사용자 지정 다시 설정]을 선택합니다.

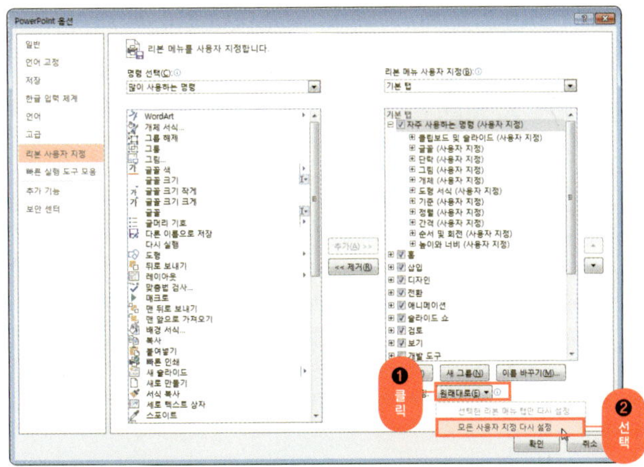

02 메시지 창에서 [예] 버튼을 클릭합니다.

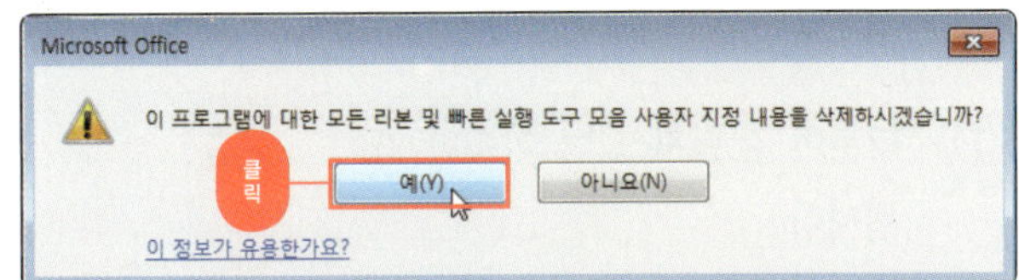

03 [확인] 버튼을 클릭하여 [PowerPoint 옵션] 대화상자를 닫습니다. 리본과 빠른 실행 도구 모음이 초기 상태로 되돌아갑니다.

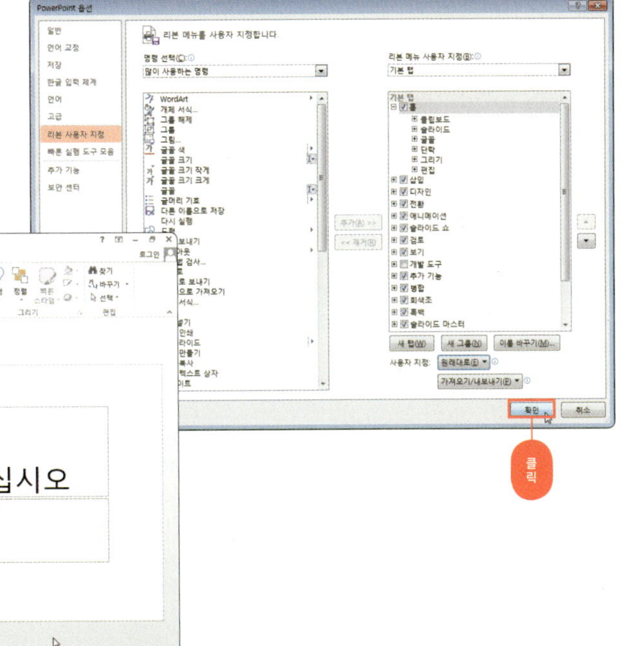

STEP 05 | 리본을 감췄다가 표시하기

컴퓨터의 모니터가 작은 경우, 커다란 리본은 너무 많은 영역을 차지하게 됩니다. 이 경우 리본을 감췄다가 필요할 때만 표시하여 사용하는 것이 좋습니다.

01 리본 맨 오른쪽에 있는 [리본 메뉴 축소] 버튼 ^ 을 클릭합니다.

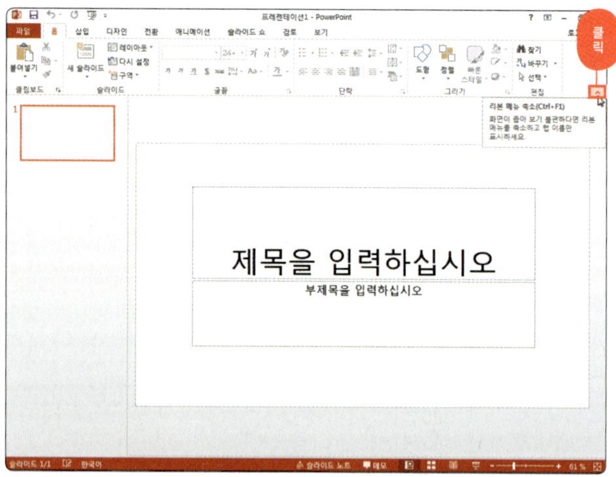

02 리본이 감춰지고 탭 이름만 표시 됩니다.

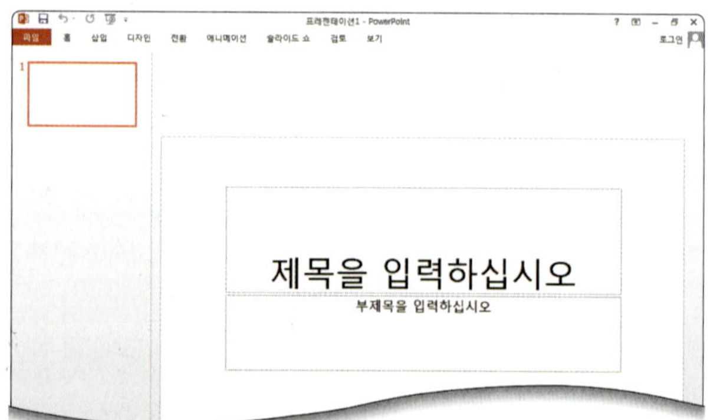

NOTE

리본을 감추는 다른 방법

• 현재 열려 있는 탭 이름(예 홈)을 더블 클릭합니다.
• Ctrl + F1 을 누릅니다.
• [리본 메뉴 표시 옵션] 버튼 을 클릭한 후 [탭 표시]를 선택합니다.

03 명령을 실행하고 싶다면 탭 이름 (예 삽입)을 클릭한 후 명령(예 그림)을 클릭합니다.

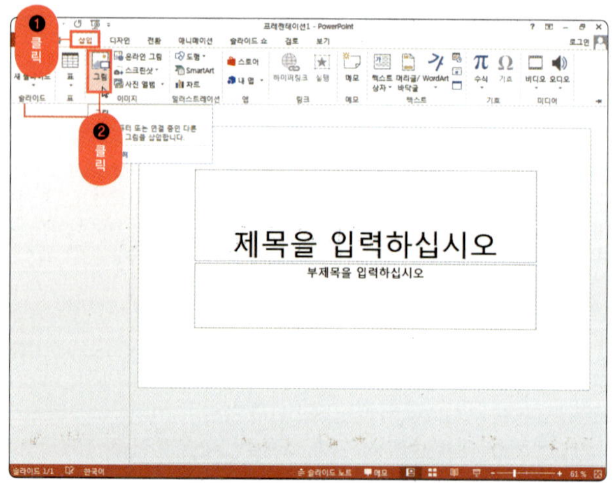

04 명령을 실행하고 나면 리본은 다시 감춰진 상태가 표시됩니다. 리본을 원래 상태인 고정된 상태로 바꾸고 싶다면 [리본 메뉴 표시 옵션]을 클릭한 후 [탭 및 명령 표시]를 선택합니다.

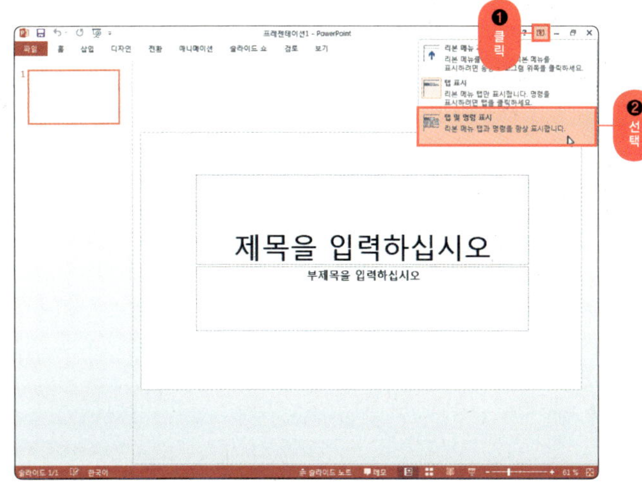

05 리본이 다시 고정된 상태가 됩니다.

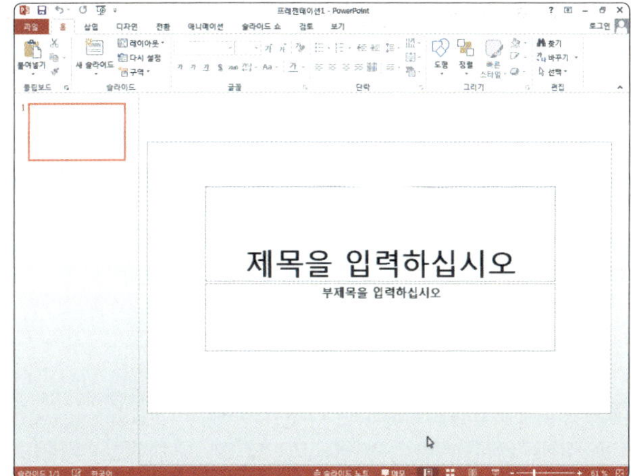

NOTE

감춰진 리본을 다시 표시하기

• 아무 탭(예 홈)이나 더블 클릭합니다.
• Ctrl + F1 을 누릅니다.

어떤 명령을 실행해야 할지 알기 힘들 때는 '마우스 오른쪽 버튼'을 눌러라!

여러분이 현재 실행해야 하는 명령이 어디에 있는지 잘 모른다면 주저하지 말고 개체를 마우스 오른쪽 버튼으로 클릭합니다. 그러면 단축 메뉴가 표시되어 선택한 개체에서 실행할 수 있는 명령이 나타납니다.

● **실습 파일**: 부록 CD/테마01/마우스 오른쪽 버튼 클릭.pptx

개체를 마우스 오른쪽 버튼으로 클릭하기

어떤 개체를 마우스 오른쪽 버튼으로 클릭하면 클릭한 개체의 종류에 따라 다른 명령이 표시되는데, 이를 'Context Menu(상황에 맞는 메뉴)'라고 합니다. 즉, 클릭한 개체에 가장 적합한 명령을 표시해줌으로써 사용자가 쉽게 명령을 실행할 수 있도록 해주는 것이죠. 예를 들어, 텍스트 상자의 테두리를 마우스 오른쪽 버튼으로 클릭하면 맨 위에 스타일, 채우기, 윤곽선을 변경할 수 있는 명령과 [기본 텍스트 상자로 설정] 등과 같은 명령을 담은 메뉴가 나타납니다.

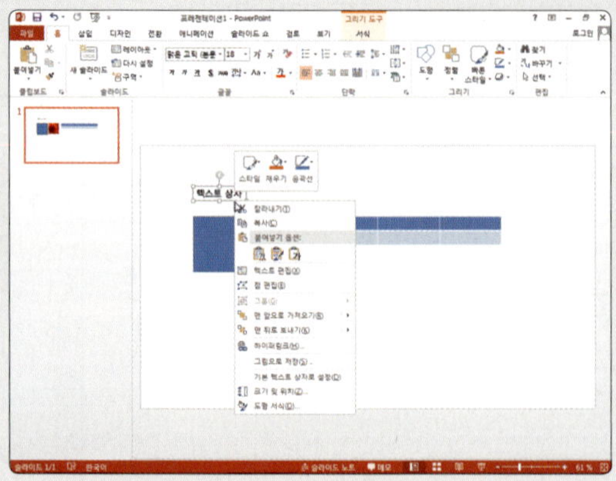

도형을 마우스 오른쪽 버튼으로 클릭하면 맨 위에 스타일, 채우기, 윤곽선을 변경할 수 있는 명령과 [하이퍼링크], [기본 도형으로 설정] 등과 같은 명령을 담은 메뉴가 나타납니다.

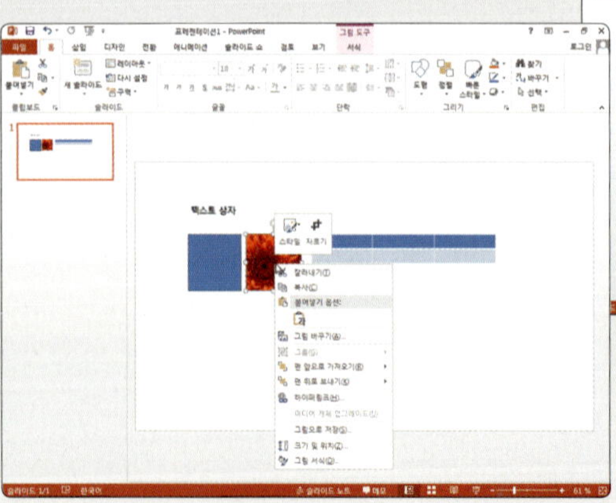

그림을 마우스 오른쪽 버튼으로 클릭하면 맨 위에 [자르기] 명령이 표시됩니다.

표를 마우스 오른쪽 버튼으로 클릭하면 표와 관련된 명령이
표시됩니다.

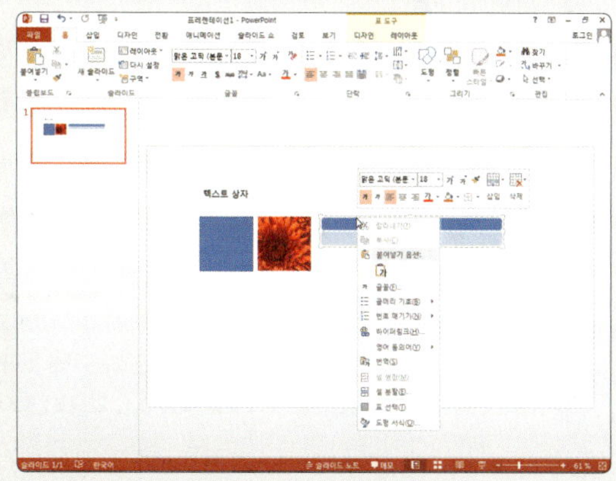

개체가 아닌 곳을 마우스 오른쪽 버튼으로 클릭하기

슬라이드를 복사하거나 슬라이드 전체와 관련된 작업을 하고
싶다면 왼쪽의 슬라이드 미리 보기를 마우스 오른쪽 버튼으
로 클릭하면 나타나는 컨텍스트 메뉴 중에서 명령을 실행합
니다.

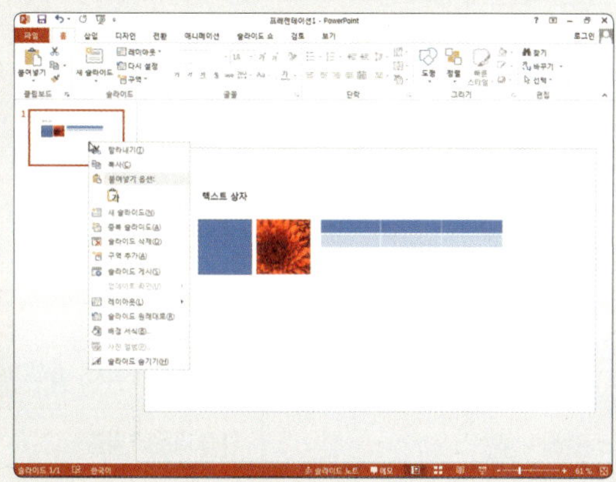

또 슬라이드에서 아무것도 없는 부분을 마우스 오른쪽 버튼
으로 클릭해도 [레이아웃]이나 [배경 서식]과 같은 명령을 담
은 메뉴가 나타납니다.

특이한 것은 슬라이드 쇼 상태에서도 마우스 오른쪽 버
튼을 클릭하여 메뉴를 나타낼 수 있다는 점입니다.

단축키를 사용하자!

파워포인트가 제공하는 수많은 단축키를 모두 외우는 것은 쉬운 일이 아니지만, 자주 사용하는 명령이 있고 그 명령에 단축키가 설정되어 있다면 그 단축키는 외워 사용하는 것이 좋을 것입니다. 파워포인트에서 제공하는 주요 단축키에 대해 알아보겠습니다.

다음 표는 파워포인트의 주요 단축키입니다. 자주 사용하는 명령이 있다면 외워두기 바랍니다.

단축키	기능	비고
Ctrl + A	모두 선택	All
Ctrl + B	굵게	Bold
Ctrl + C	복사	Copy
Ctrl + D	선택한 개체 복제, 슬라이드 복제	Duplicate
Ctrl + E	단락 가운데 맞춤	cEnter
Ctrl + F	찾기	Find
Ctrl + G	그룹	그룹 해제: Ctrl + Shift + G
Ctrl + H	바꾸기	cHange
Ctrl + I	기울임꼴	Italic
Ctrl + J	단락 양쪽 맞춤	Justify
Ctrl + K	하이퍼링크 삽입	hyperlinK
Ctrl + L	단락 왼쪽 맞춤	Left
Ctrl + M	새 슬라이드	Make slide
Ctrl + N	새 문서 생성	New
Ctrl + O	열기	Open
Ctrl + P	인쇄	Print

Ctrl + Q	파워포인트 종료	Quit
Ctrl + R	단락 오른쪽 맞춤	Right
Ctrl + S	저장	Save
Ctrl + T	[글꼴] 대화상자 표시	Type
Ctrl + U	밑줄	Underline
Ctrl + V	붙여 넣기	paste
Ctrl + W	현재 창 닫기	close Window
Ctrl + X	잘라내기	cut
Ctrl + Y	취소를 취소 또는 작업 재실행	redo
Ctrl + Z	가장 최근의 작업을 취소	undo

Shift 의 역할

Shift +드래그	수평선 / 수직선 / 정사각형/정원 그리기	도형 그리기 명령 실행 후
Shift +개체 드래그	개체를 수평 / 수직 이동	
Shift +개체 클릭	두 개 이상의 개체 선택	Ctrl +개체 클릭
Shift +크기 조정 핸들 드래그	높이 / 너비 비율을 유지한 채 크기 조정	
Shift +회전 핸들 드래그	15도 각도씩 회전	

Ctrl 의 역할

Ctrl +개체 드래그	개체를 복제	
Ctrl + Shift +개체 드래그	개체를 수평 / 수직 복제	
Ctrl +방향키	개체를 해당 방향으로 1px씩 이동	
Ctrl +마우스 휠을 앞/뒤로 굴리기	화면을 확대 / 축소	
Ctrl +텍스트 선택	산재해 있는 글자 선택	
Ctrl +개체 클릭	두 개 이상의 개체 선택	Shift +개체 클릭
Ctrl +크기 조정 핸들 드래그	개체의 가운데를 중심으로 크기 조정	

글꼴 서식 관련

Ctrl + [	글꼴 크기 작게	
Ctrl +]	글꼴 크기 크게	
Ctrl + =	아래 첨자(전환)	
Ctrl + Shift + =	위 첨자(전환)	

Enter 관련

Enter	단락 나누기	
Shift + Enter	줄 나누기	
Ctrl + Enter	다음 개체 틀로 이동 또는 새 슬라이드 만들기	

복사 관련

Ctrl + Shift + C	서식 복사	
Ctrl + Shift + V	서식 붙여 넣기	
Alt + Shift + C	애니메이션 복사	파워포인트 2010 버전 이상 가능

개체 이동

↑, ↓, ←, →	개체를 해당 방향으로 0.2cm씩 이동	눈금 설정 간격에 맞게 이동
Ctrl + ↑, ↓, ←, →	개체를 해당 방향으로 1px씩 이동	
Alt +개체 드래그	개체를 자유롭게 이동	현재 맞추기 옵션을 반대로

Tab 의 역할

Tab	단락 수준 내리기 / 표에서 다음 셀 선택 / 슬라이드에서 다음 개체 선택 / 대화상자에서 다음 옵션 선택	
Shift + Tab	단락 수준 올리기 / 표에서 이전 셀 선택 / 슬라이드에서 이전 개체 선택 / 대화상자에서 이전 옵션 선택	
Alt + Tab	창들 간의 전환	윈도우 기능
Ctrl + Tab	열린 파워포인트 창들 간의 전환	MS 오피스 기능

기능키

F1	도움말 표시	
Ctrl + F1	리본 메뉴 숨기기 / 표시하기	
F4	가장 최근의 작업을 재실행	
Alt + F4	현재 창 닫기	
F5	첫 번째 슬라이드부터 슬라이드 쇼 실행	
Shift + F5	현재 슬라이드부터 슬라이드 쇼 실행	
Ctrl + F5	슬라이드 쇼 브로드캐스트 실행	
Ctrl + F6	파워포인트 창 전환	
F7	맞춤법 검사	
Alt + F8	매크로 실행	
Shift + F9	눈금선 표시 / 숨기기	
Alt + F9	안내선 표시 / 숨기기	
F10	리본 메뉴 단축 명령 실행	Alt
Shift + F10	컨텍스트 메뉴 표시	
Alt + F10	선택 및 표시 창 표시	
F12	다른 이름으로 저장	
Ctrl + F12	열기	

슬라이드 쇼 보기 단축키

슬라이드 번호 입력 후 Enter	[슬라이드 쇼]에서 원하는 슬라이드로 이동	
Ctrl + P	[슬라이드 쇼]의 펜 기능 실행	Pen
Ctrl + I	형광펜 실행	
Ctrl + L	레이저 포인터 실행	Laser
Ctrl + E	지우개 실행	Erase
E	[슬라이드 쇼]의 펜 기능으로 작성한 내용 지우기	Erase All
B	[슬라이드 쇼] 화면을 검은색으로 설정	Black
W	[슬라이드 쇼] 화면을 흰색으로 설정	White

프레젠테이션은 커뮤니케이션(의사 전달)이고,

커뮤니케이션에서 가장 중요한 것은 '전달할 내용'이며,

전달할 내용을 표현하는 기본 중의 기본은 '텍스트'입니다.

이번 테마에서는 텍스트를 입력하는 방법에서부터 출발해

텍스트를 읽기 쉽게 만드는 방법, 텍스트를 보기 좋게 디자인하는 방법까지

텍스트의 모든 것에 대해 알아보겠습니다.

텍스트
디자인의 기술

01

텍스트 디자인 실습을 해보자!

대부분의 파워포인트 사용자는 도형, 표와 같은 개체를 사용해 디자인하는 경우가 많습니다. 하지만 텍스트만 갖고도 충분히 멋진 디자인을 할 수 있습니다. 이번 레슨에서는 텍스트 디자인의 중요도에 따라 글자의 크기, 굵기, 색 등을 변경해 '차별화'하는 방법에 대해 알아보겠습니다.

● **실습 파일:** 부록 CD/테마02/테마02_01.pptx | **결과 파일:** 부록 CD/테마02/테마02_01(결과).pptx

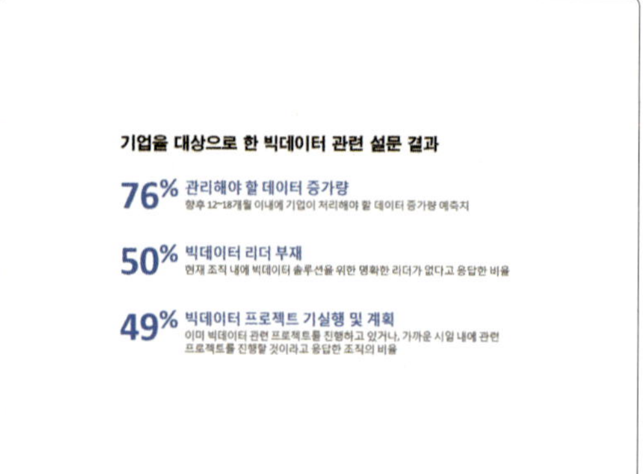

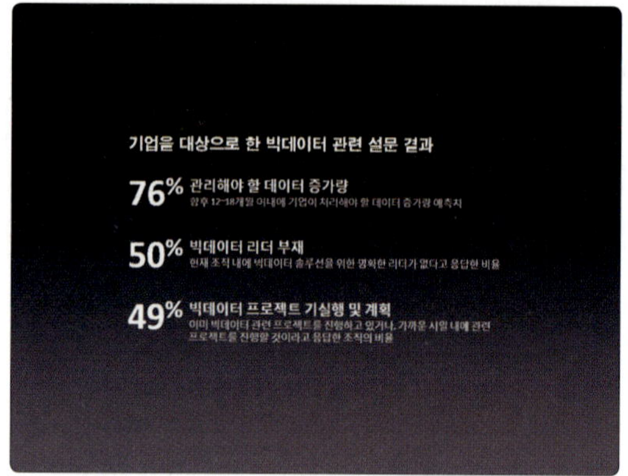

STEP 01 | 기본 텍스트 상자 만들고 글자 입력하기

01 [홈] 탭의 최근에 사용한 도형 목록에서 [텍스트 상자]를 클릭합니다.

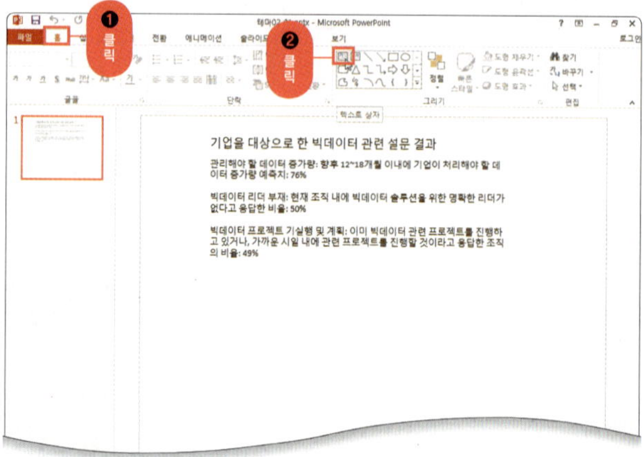

02 슬라이드의 빈 곳을 클릭합니다.

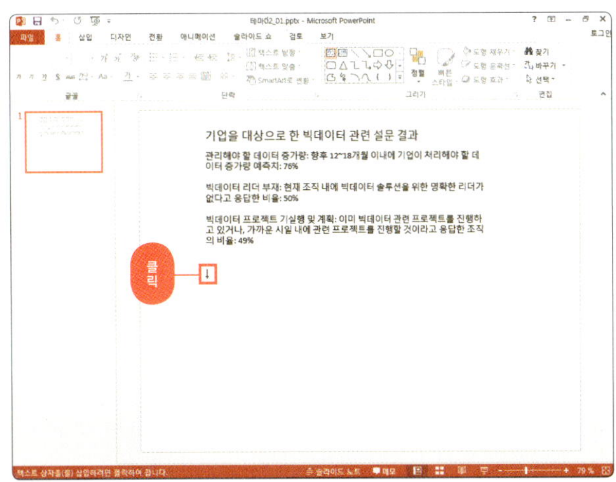

기본 텍스트 상자가 만들어집니다.

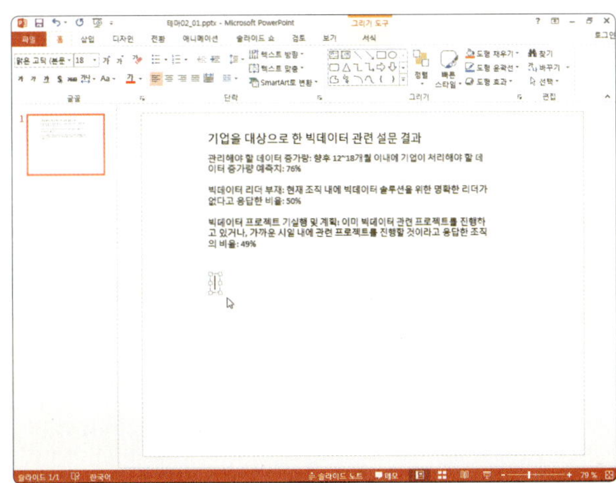

03 76%를 입력합니다. 입력된 글자
에 따라 텍스트 상자의 너비가
자동 조정됩니다.

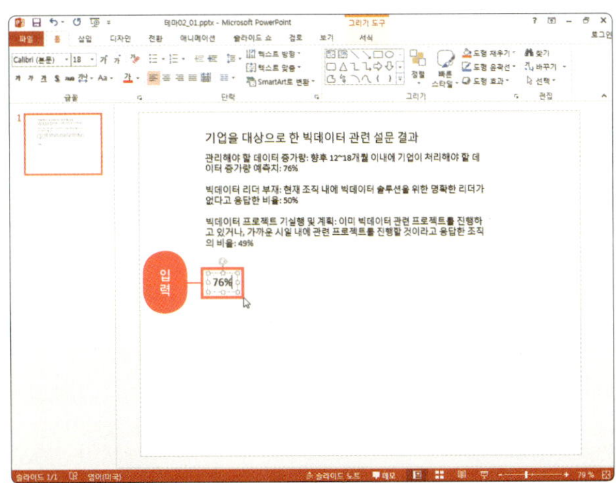

04 `Esc`를 눌러 텍스트 상자의 테두리를 선택합니다.

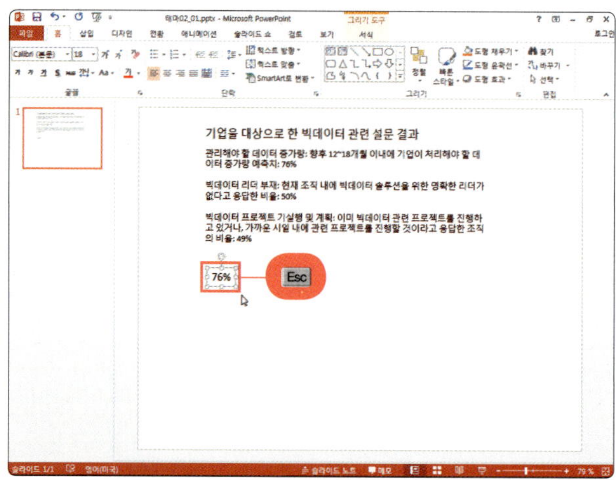

05 [글꼴 크기]를 [44]로 변경합니다.

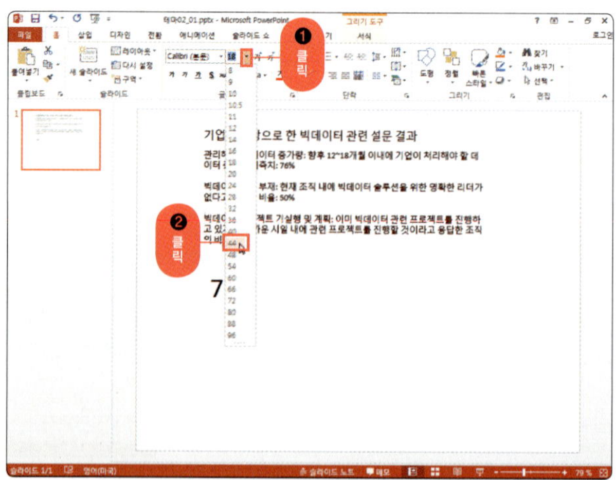

06 [굵게]를 클릭합니다.

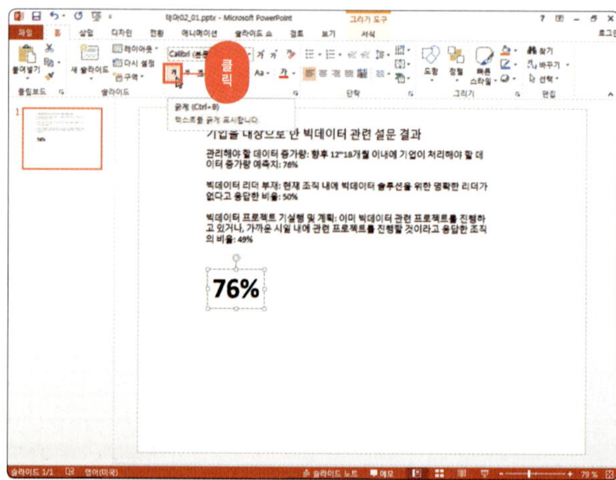

07 [글꼴 색]은 [테마 색]에서 [파랑,
강조 1, 25% 더 어둡게]를 선택
합니다.

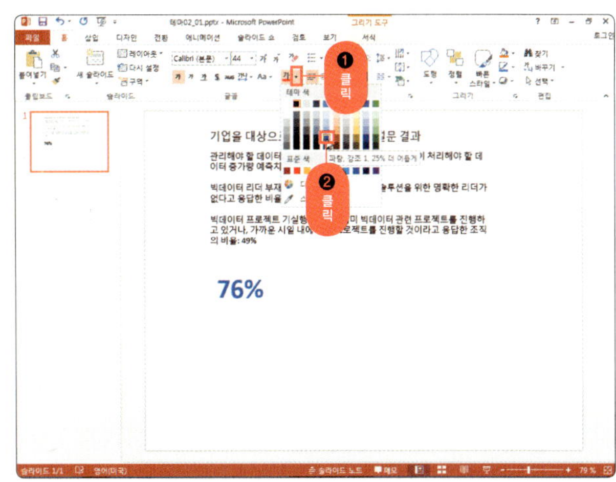

STEP 02 | 위 첨자 설정하기

01 %를 선택합니다.

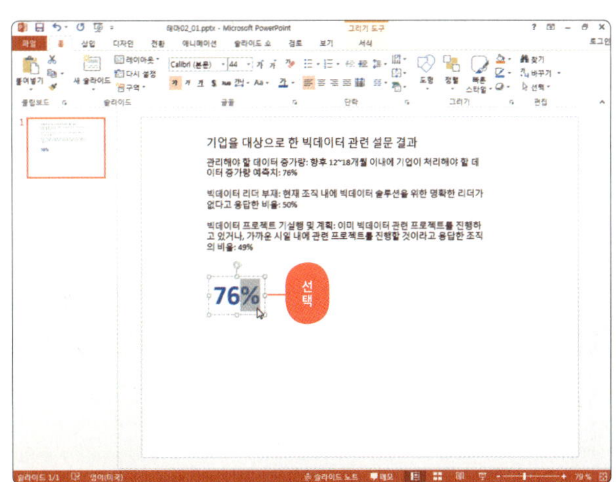

02 [홈] 탭의 [글꼴] 영역에서 [대화상
자 표시] 버튼을 클릭합니다.

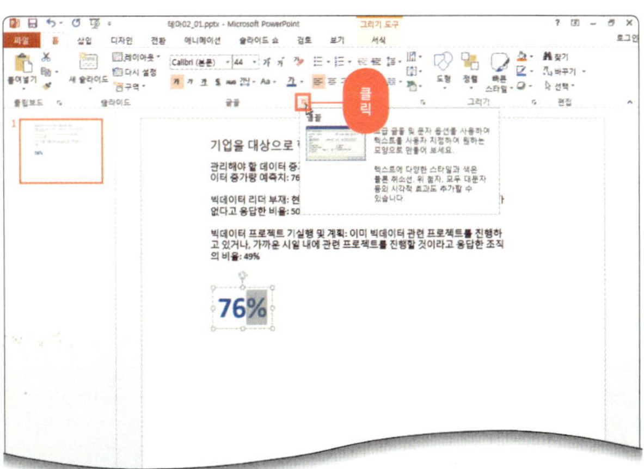

03 [위 첨자]를 선택한 후 [확인] 버튼을 클릭합니다.

선택된 %가 위 첨자가 됩니다.

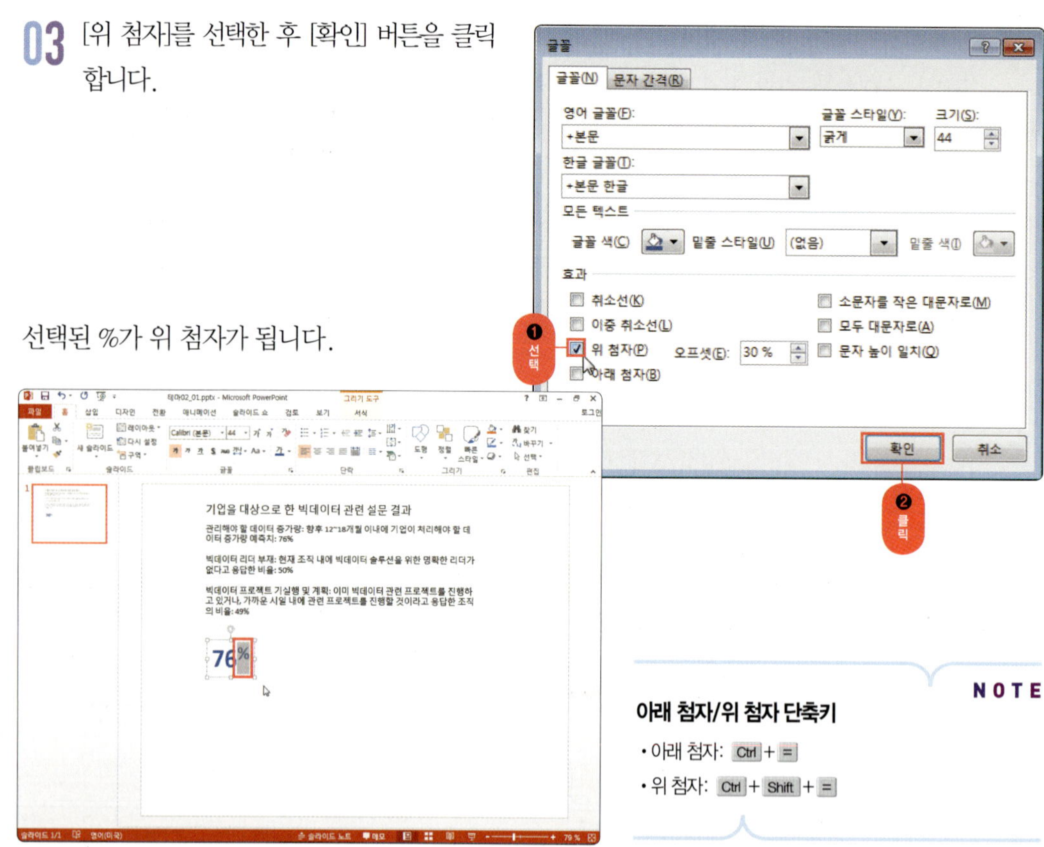

NOTE

아래 첨자/위 첨자 단축키

- 아래 첨자: Ctrl + =
- 위 첨자: Ctrl + Shift + =

STEP 03 | 두 번째 텍스트 상자 만들고 글꼴 서식 변경하기

01 [텍스트 상자]를 클릭합니다.

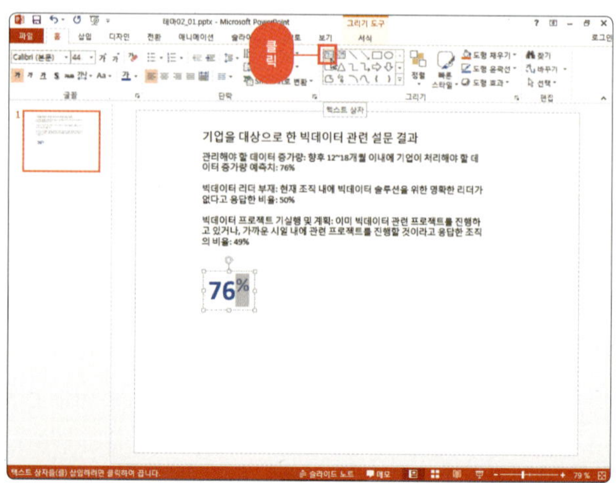

02 슬라이드의 빈 곳을 클릭합니다.

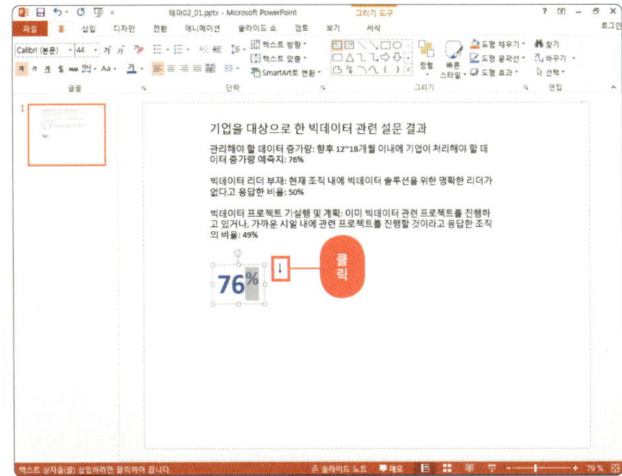

03 기본 텍스트 상자가 만들어지면 글자를 입력합니다.

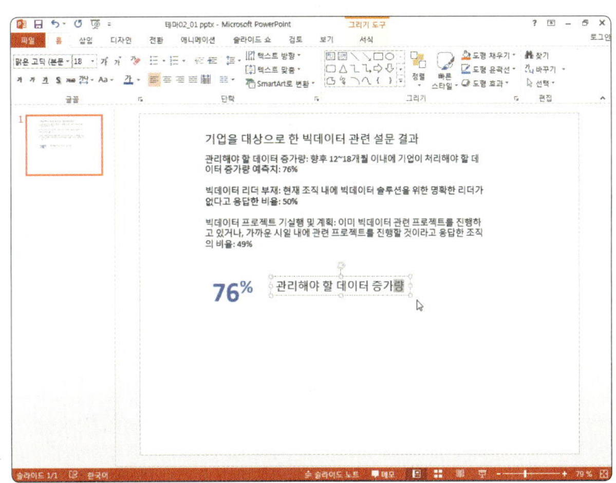

04 Esc 를 눌러 텍스트 상자의 테두리를 선택합니다.

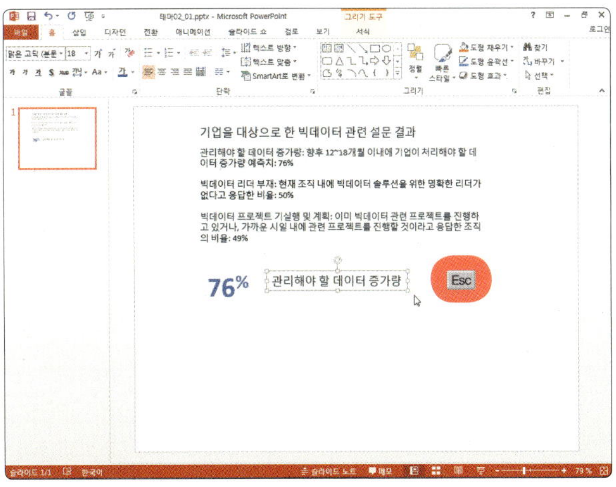

05 키보드에서 상하좌우 방향키를 눌러 이동합니다. 조금씩 이동하고 싶다면 Ctrl 을 누른 상태에서 상하좌우 방향키를 누릅니다.

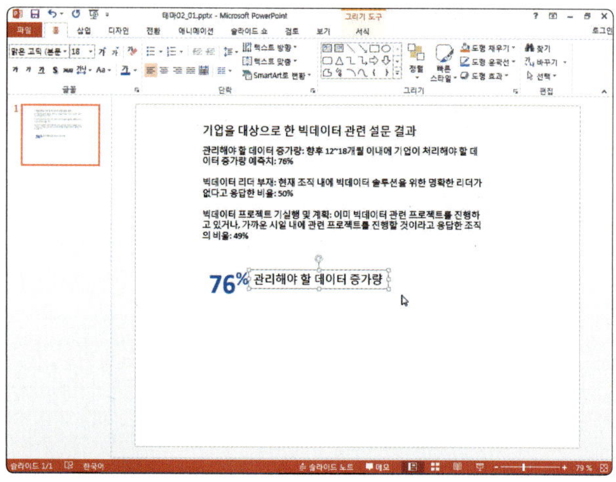

NOTE

텍스트 상자 이동 방법

- 텍스트 상자 테두리 드래그
- 텍스트 상자 테두리 선택 후 방향키 누르기
- 텍스트 상자 테두리 선택 후 Ctrl +방향키 누르기

---

06 [글꼴 크기]를 '16'으로 변경합니다.

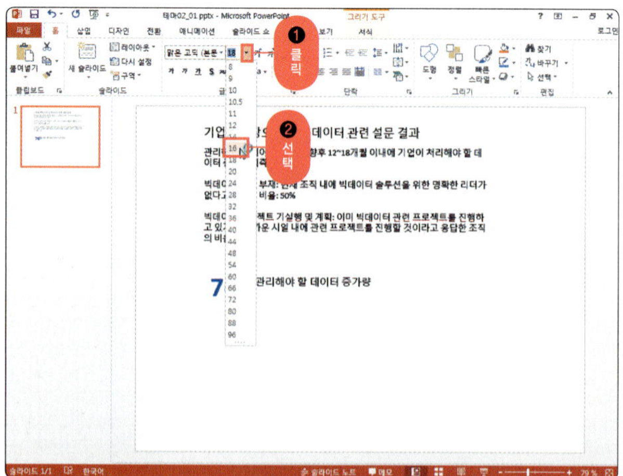

---

07 [굵게]를 클릭합니다.

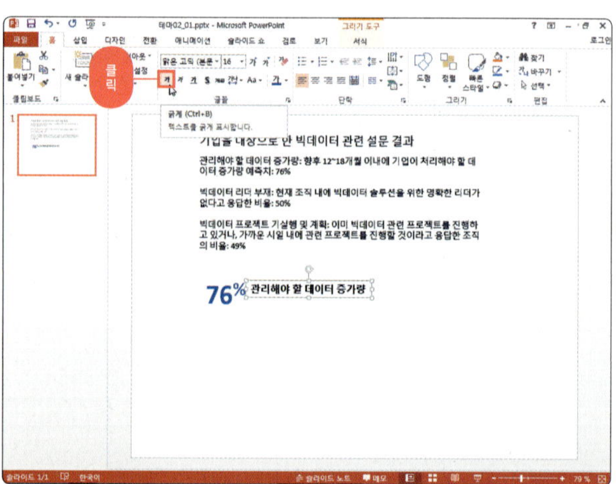

08 [글꼴 색]에서 앞에서 설정했던 색을 클릭합니다.

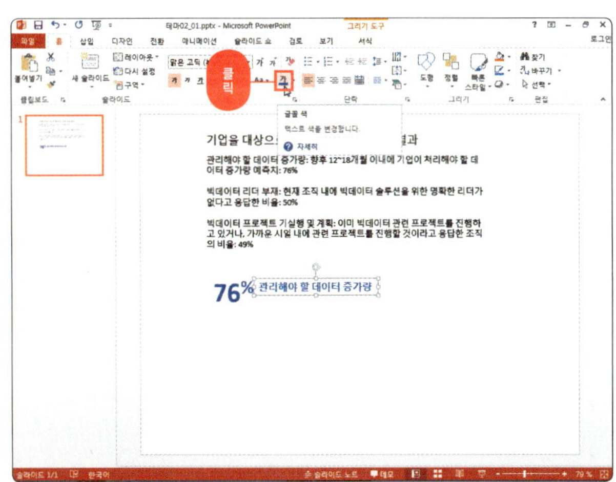

STEP 04 | 세 번째 텍스트 상자 만들고 글꼴 서식 변경하기

01 슬라이드 위쪽에 있는 글자 중에서 다음과 같이 선택한 후 Ctrl + C 를 눌러 복사합니다.

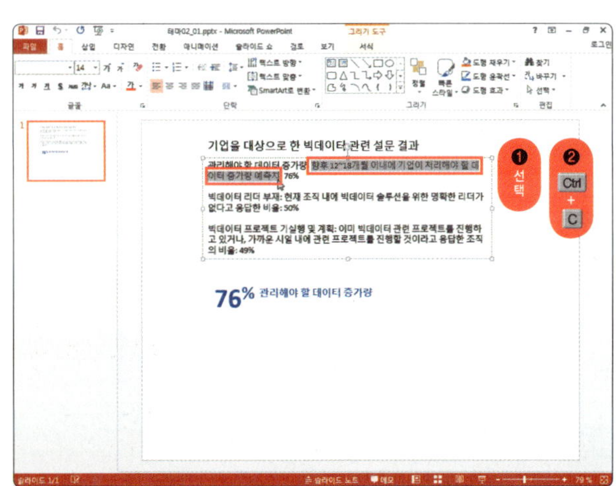

02 [텍스트 상자]를 클릭합니다.

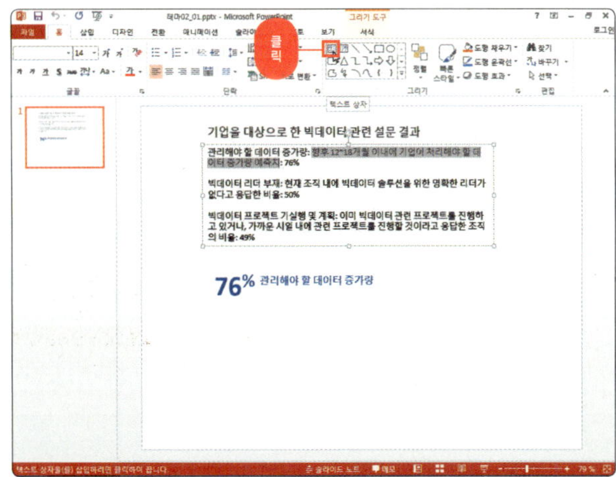

03 슬라이드의 빈 곳을 클릭합니다.
기본 텍스트 상자가 만들어집니다.

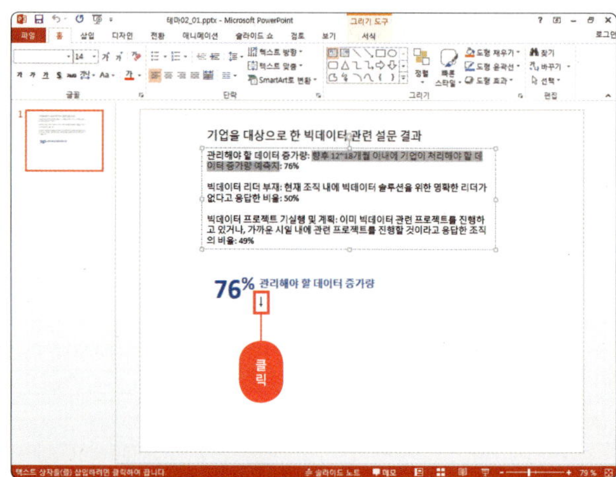

04 Ctrl + V 를 눌러 복사한 글자를
텍스트 상자에 붙여 넣습니다.

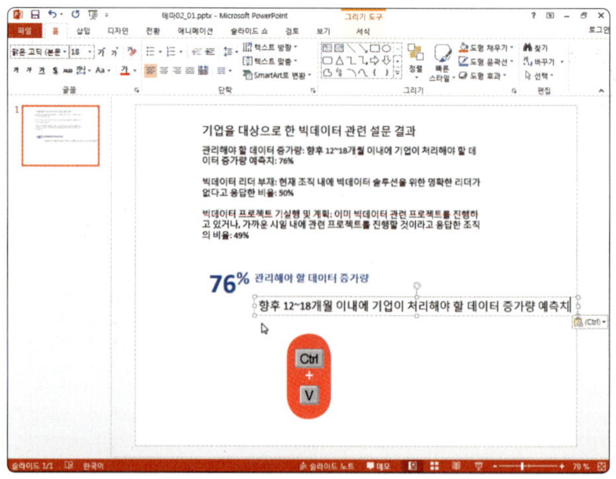

NOTE

**텍스트 상자를 만들지 않고
그냥 Ctrl + V 를 눌러 붙여 넣어도 되지 않나요?**

물론 그렇습니다. 그런데 그렇게 하면 텍스트 상자를 드래그
하여 만들 때처럼 중간에 줄이 나눠지게 됩니다. 지금처럼
텍스트 상자를 '클릭'하여 만든 후 붙여 넣기를 하면 오른쪽
으로 글자가 입력되기 때문에 그렇게 한 것입니다.

05 Esc 를 눌러 텍스트 상자의 테두
리를 선택합니다.

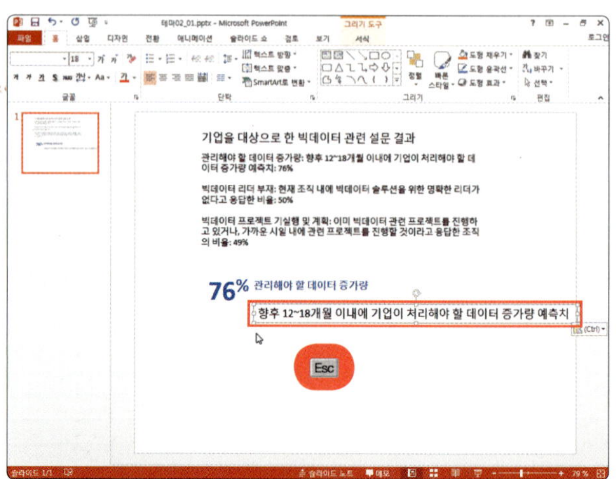

06 [글꼴 크기]를 [12]로 변경합니다.

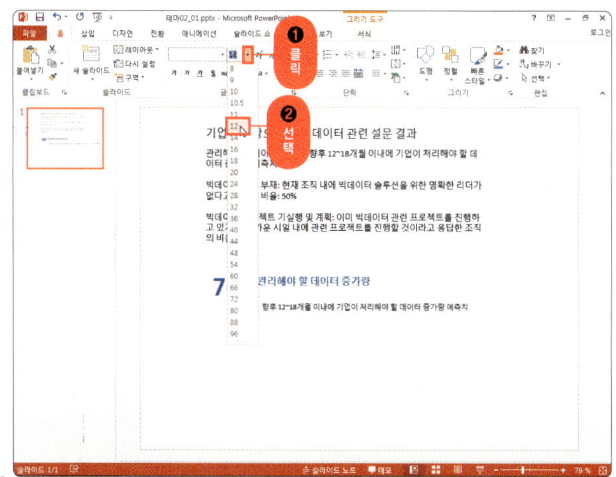

07 [글꼴] 영역에서 [문자 설정]을 클릭한 후 [기타 간격]을 선택합니다.

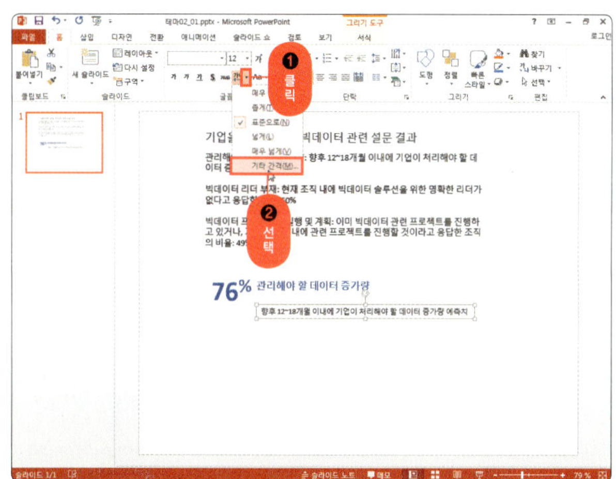

08 [간격] 메뉴에서 [좁게]를 선택합니다.

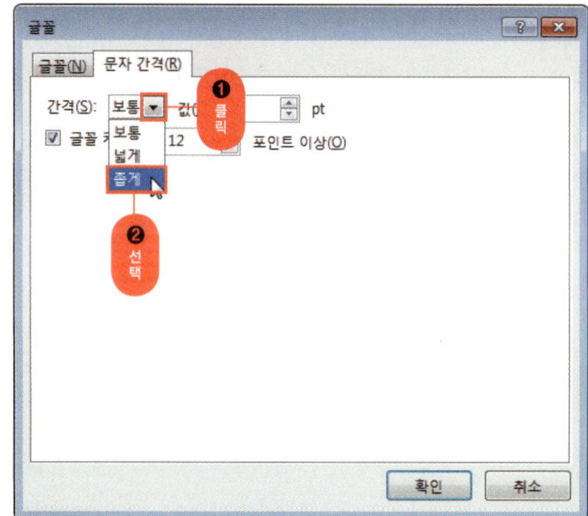

09 [값]을 '0.5'로 변경한 후 [확인] 버튼을
클릭합니다.

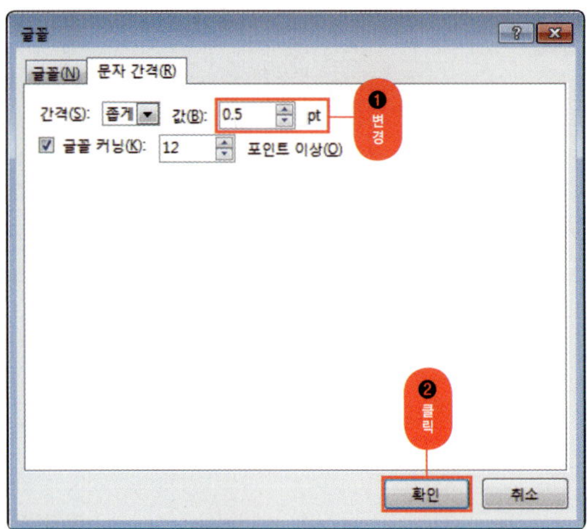

10 [글꼴 색]의 [테마 색]에서 [검정,
텍스트 1, 35% 더 밝게]를 선택
합니다.

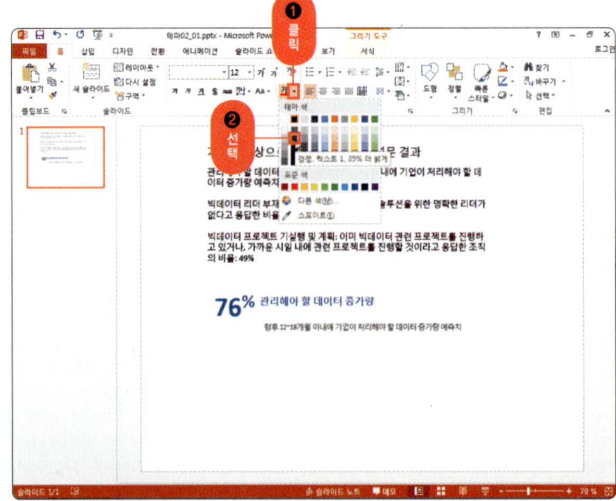

11 키보드에서 상하좌우 방향키를
누르거나 Ctrl을 누른 상태에서
상하좌우 방향키를 눌러 이동합니다.
필요하다면 다른 텍스트 상자의 위치
도 조정합니다.

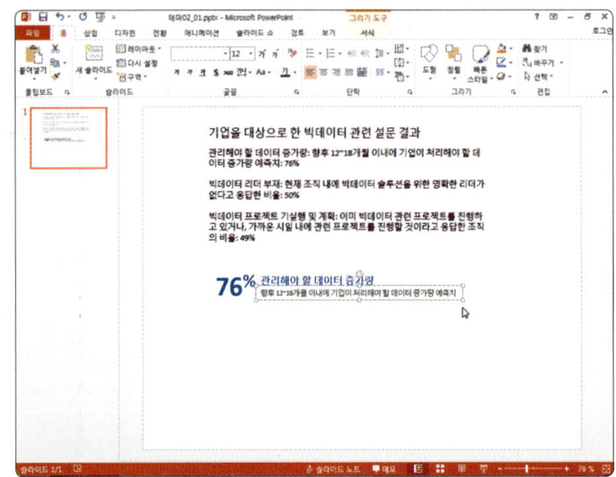

STEP 05 | 그룹핑 후 복제하고 정렬하기

01 슬라이드에서 아무것도 없는 부분에 마우스 포인터를 위치시키고 드래그하면 반투명한 직사각형이 표시되는데, 이를 '선택 영역'이라고 합니다. 이 선택 영역 안에 세 개의 텍스트 상자가 모두 포함되도록 합니다.

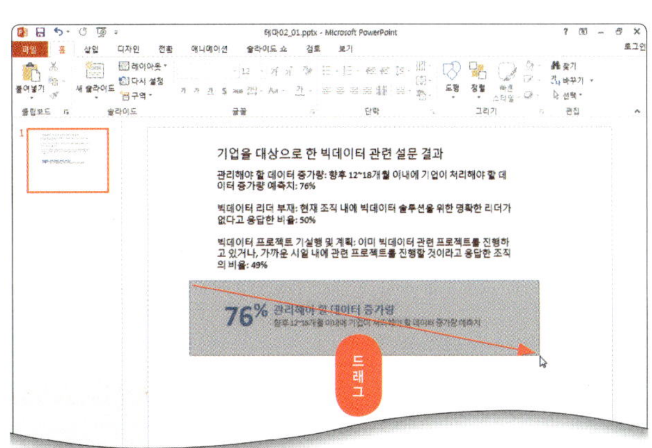

02 세 텍스트 상자가 선택되면 [정렬]을 클릭한 후 [그룹]을 선택합니다.

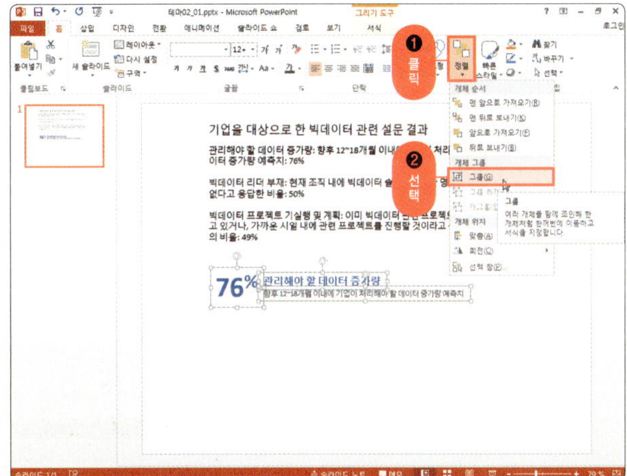

NOTE

그룹 명령을 실행하는 다른 방법

- 선택된 텍스트 상자 중에서 아무것이나 테두리를 마우스 오른쪽 버튼으로 클릭하면 나타나는 컨텍스트 메뉴 중에서 [그룹-그룹]을 선택합니다.
- Ctrl + G 를 누릅니다.

03 Ctrl + Shift 를 누른 상태에서 그룹 개체의 테두리를 아래로 드래그하여 수직 복제합니다.

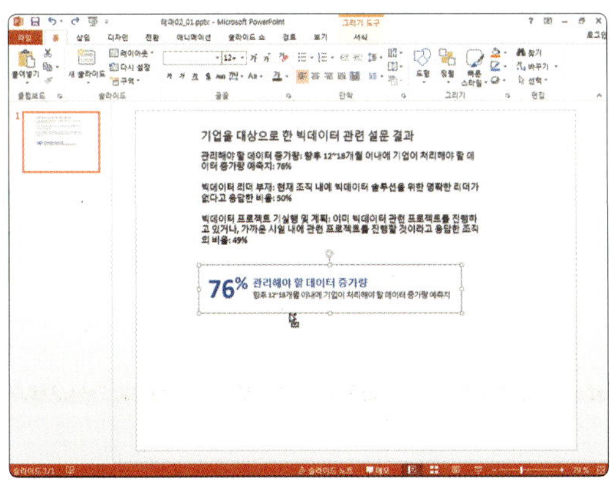

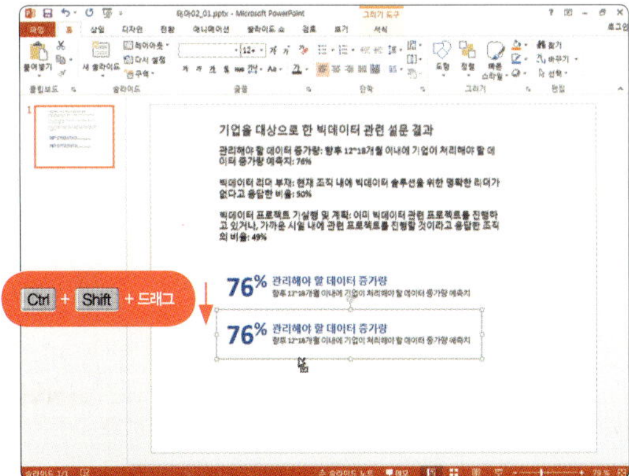

04 Ctrl + Shift 를 누른 상태에서 복제된 그룹 개체의 테두리를 아래로 드래그하여 수직 복제합니다.

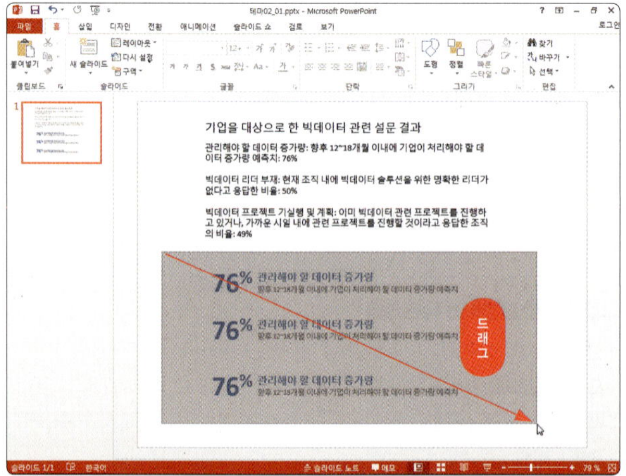

NOTE

Ctrl **와** Shift **의 역할**

- Ctrl : 복제
- Shift : 수평 또는 수직으로 이동

---

05 슬라이드 빈 곳에서부터 드래그하여 세 개의 그룹을 모두 선택합니다.

06 [정렬]을 클릭한 후 [맞춤]에서 [세로 간격을 동일하게]를 선택합니다.

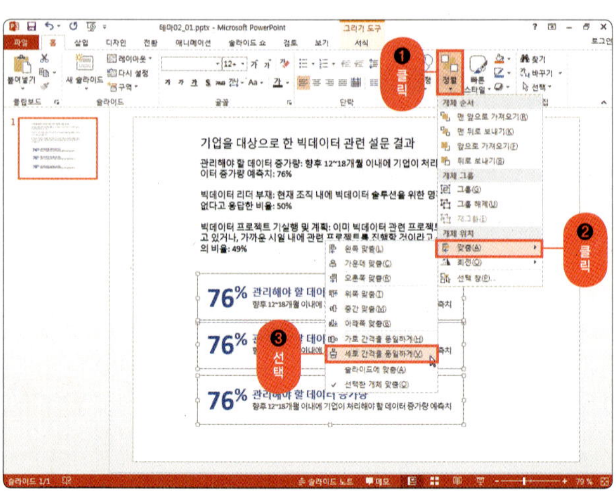

선택된 세 개의 그룹 개체 간의 수직
간격이 꼭 맞게 됩니다.

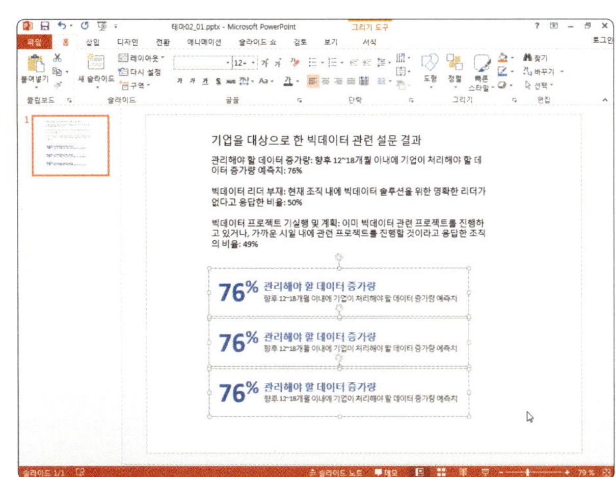

STEP 06 | 내용 변경하여 완성하기

01 두 번째 그룹의 수치를 [50]으로
변경합니다.

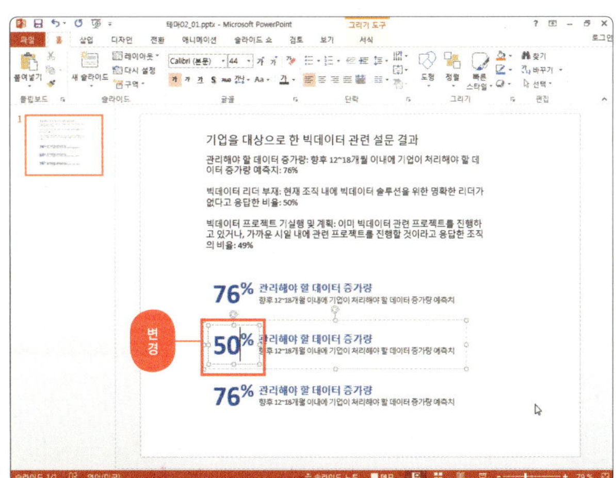

02 세 번째 그룹의 수치를 [49]로 변
경합니다.

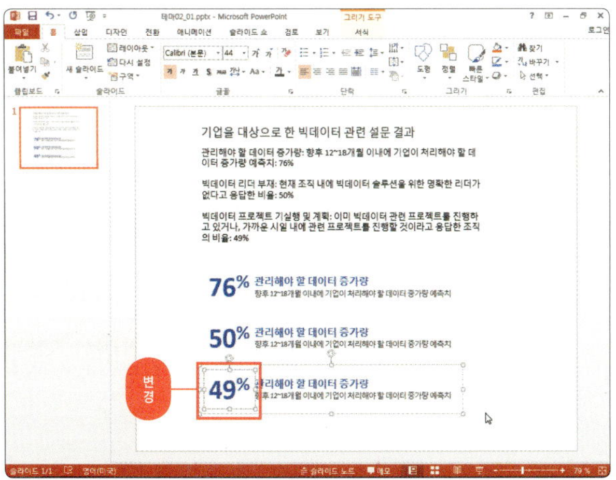

03 위쪽에서 복사할 글자를 선택하고 Ctrl + C 를 눌러 복사합니다.

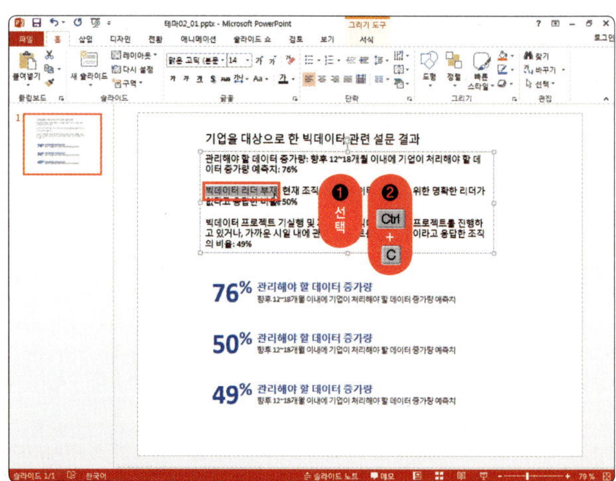

04 두 번째 그룹 개체에서 [관리해야 할 데이터 증가량]을 선택합니다.

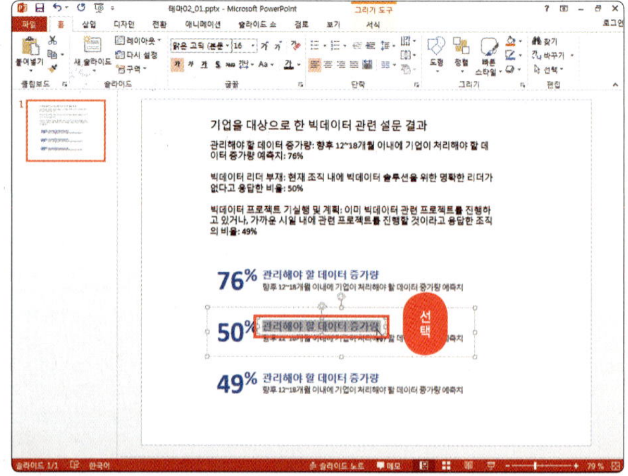

텍스트 상자에 있는 모든 글자를 빠르게 선택하는 방법

1. 텍스트 상자에 있는 아무 글자나 클릭하여 커서를 위치시킵니다.
2. Ctrl + A 를 누릅니다. A는 All의 약어입니다.

05 Ctrl + V 를 눌러 복사한 글자를 붙여 넣습니다.

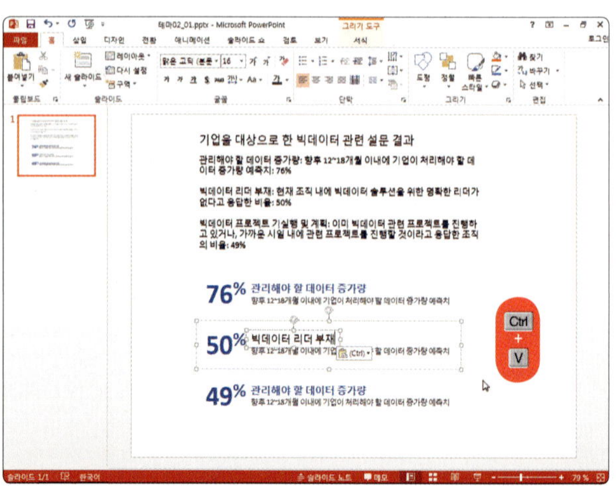

06 붙여 넣기된 글자가 검은색인 것을 확인합니다. 원래의 파란색 글자로 변경하고 싶다면 [붙여 넣기 옵션] 버튼 (Ctrl)▼ 을 클릭하고 [텍스트만 유지] 를 선택합니다.

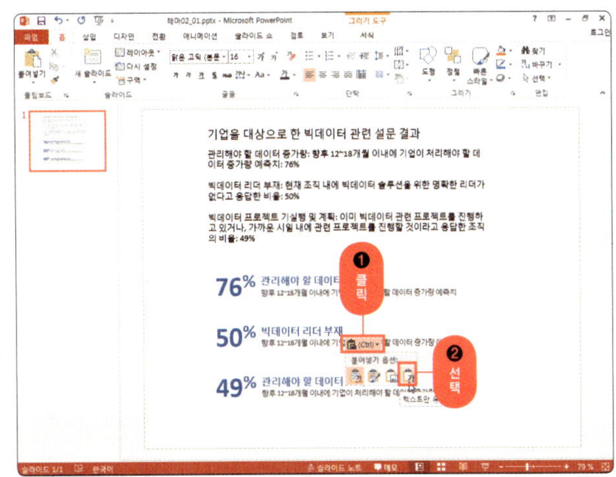

07 위쪽에 있는 다른 글자를 선택한 후 Ctrl + C 를 눌러 복사합니다.

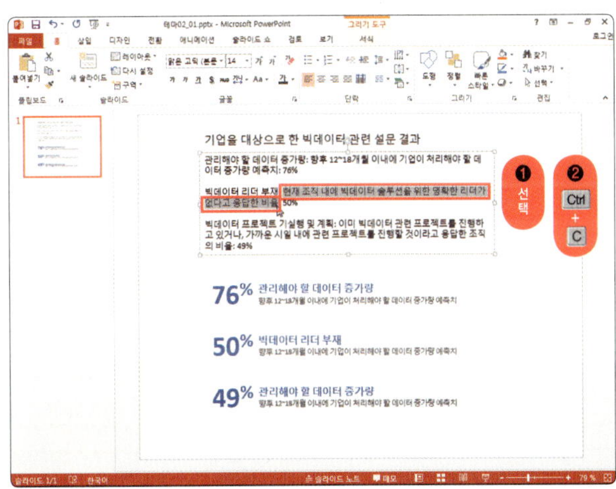

08 두 번째 그룹 개체에서 다음과 같이 글자를 선택합니다.

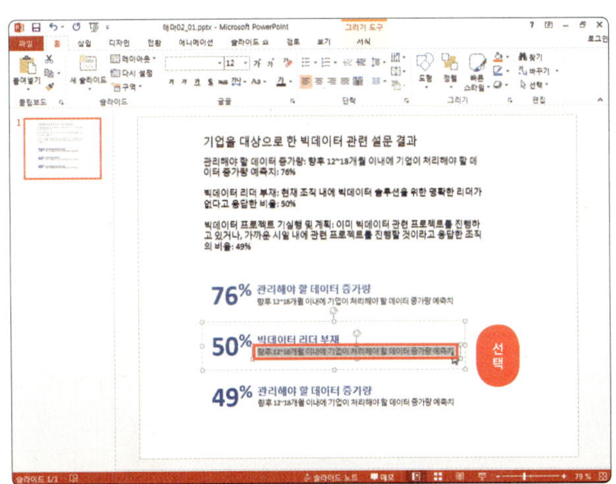

09 Ctrl + V 를 눌러 붙여 넣습니다.

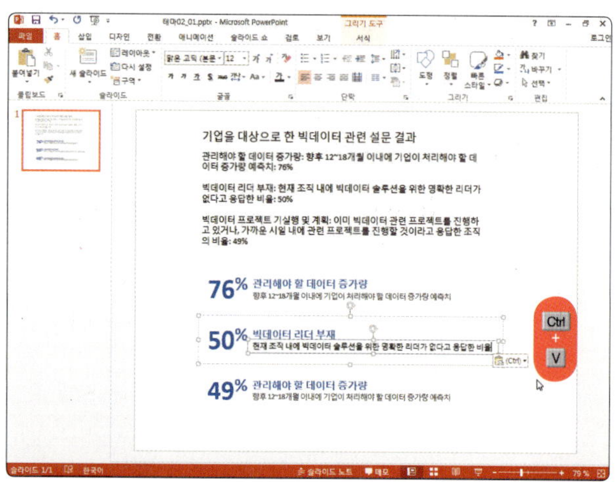

10 [붙여 넣기 옵션] 버튼 (Ctrl)▼ 을 클릭한 후 [텍스트만 유지] 를 선택합니다.

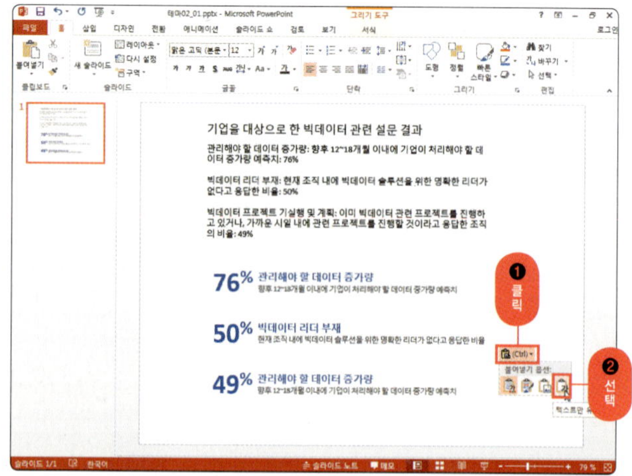

11 같은 방법으로 위쪽에서 글자를 복사하여 세 번째 그룹 개체에 붙여 넣습니다. 마지막 텍스트 상자에 글자를 붙여 넣은 후 텍스트 상자의 모서리에 있는 크기 조정 핸들을 왼쪽으로 드래그 하여 글자가 두 줄이 되도록 합니다.

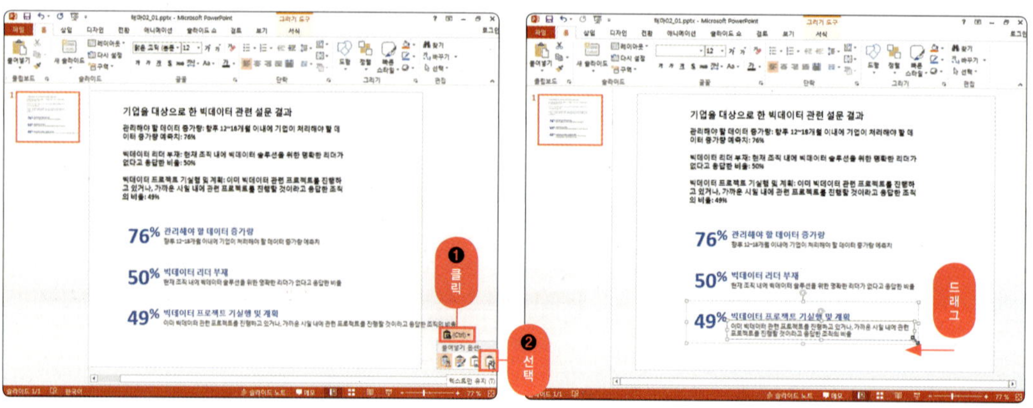

STEP 07 | 필요 없는 텍스트 지우기

01 위쪽 텍스트 상자에서 아무 글자나 클릭하여 커서를 위치시킵니다.

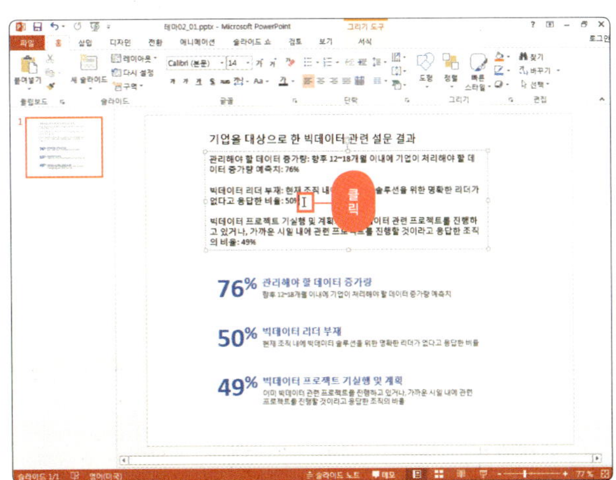

02 Esc 를 눌러 텍스트 상자의 테두리를 선택합니다.

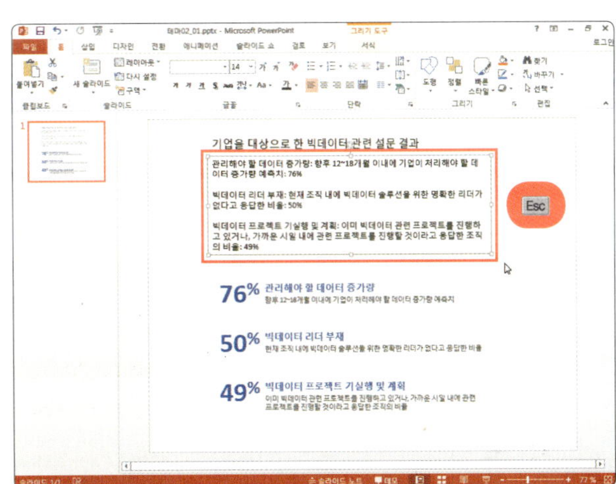

03 Delete 를 눌러 선택된 텍스트 상자를 지웁니다.

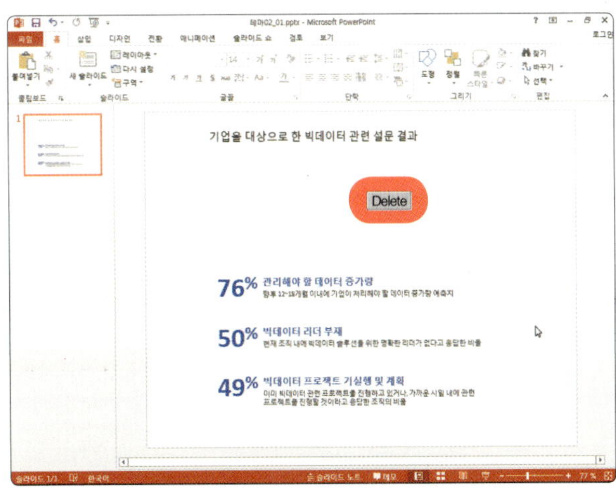

04 글자를 선택합니다.

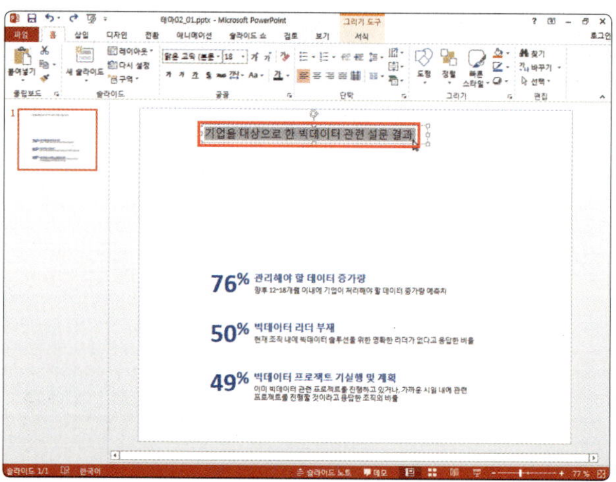

05 [글꼴]을 [HY견고딕]으로 변경
합니다.

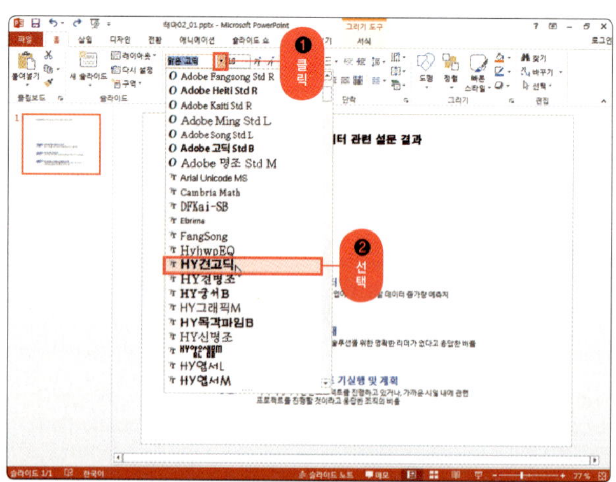

06 텍스트 상자의 테두리에 마우스
포인터를 위치시킨 후 아래쪽으
로 드래그합니다.

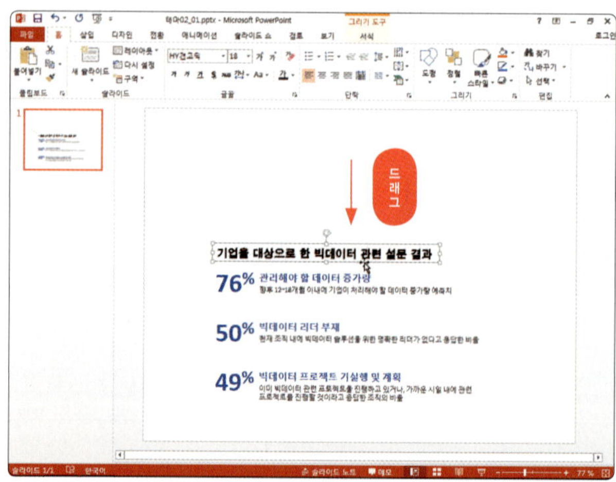

STEP 08 | 정렬하기

01 슬라이드의 빈 곳에 마우스 포인터를 위치시킨 후 드래그하여 제목 텍스트와 세 그룹 개체를 모두 선택합니다.

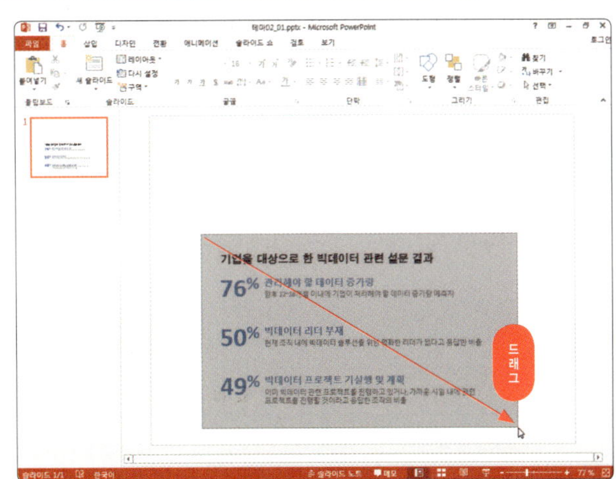

02 [정렬]에서 [그룹]을 선택합니다.

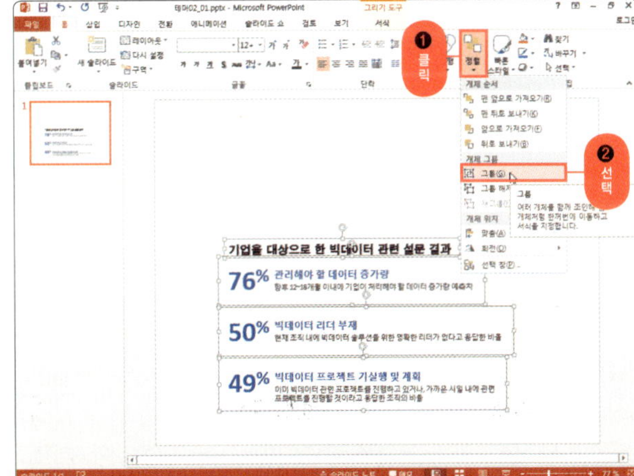

NOTE

그룹 관련 단축키

- 그룹: Ctrl + G
- 그룹 해제: Ctrl + Shift + C

03 [정렬]을 클릭한 후 [맞춤]에서 [가운데 맞춤]을 선택합니다.

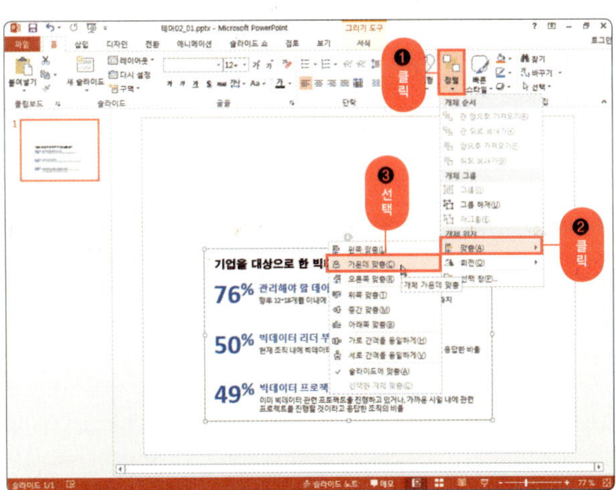

04 [정렬]을 클릭한 후 [맞춤]에서 [중간 맞춤]을 선택합니다. 개체가 슬라이드의 정가운데에 배치됩니다.

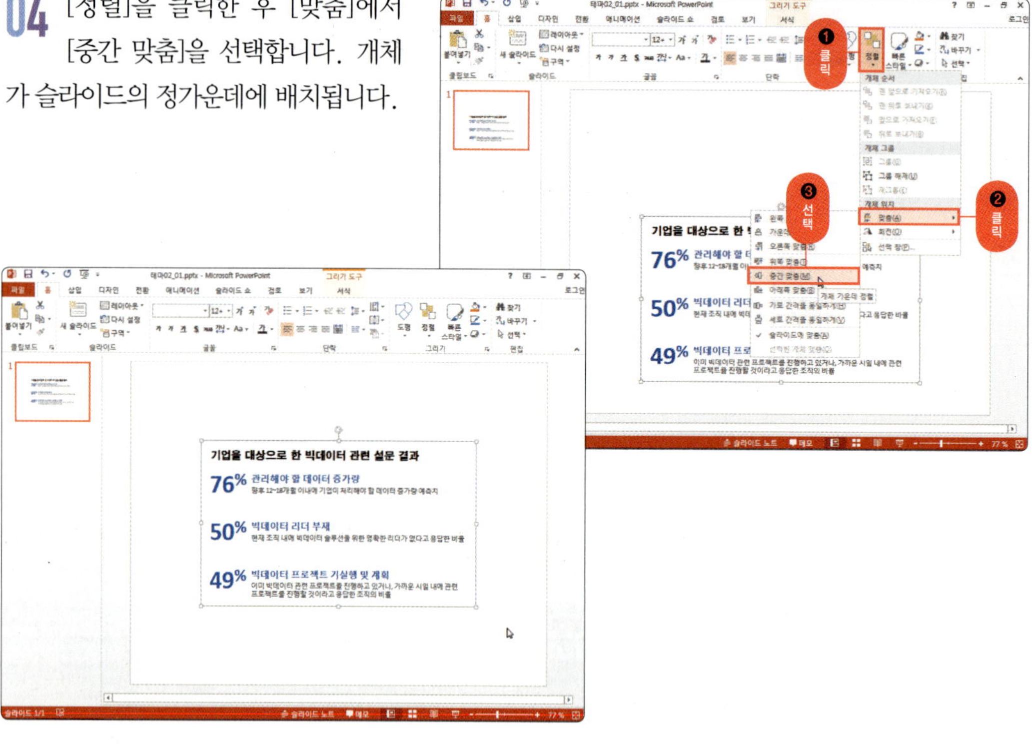

현재 슬라이드 배경을 검정으로 변경하기

1. [디자인] 탭의 [적용] 영역에서 [자세히] 버튼을 클릭합니다.

2. [배경 스타일]에서 검은색 배경을 마우스 오른쪽 버튼으로 클릭하면 나타나는 컨텍스트 메뉴 중에서 [선택한 슬라이드에 적용]을 선택합니다.

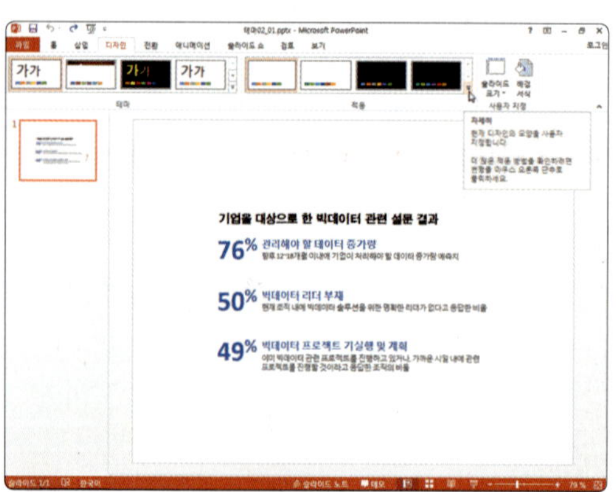

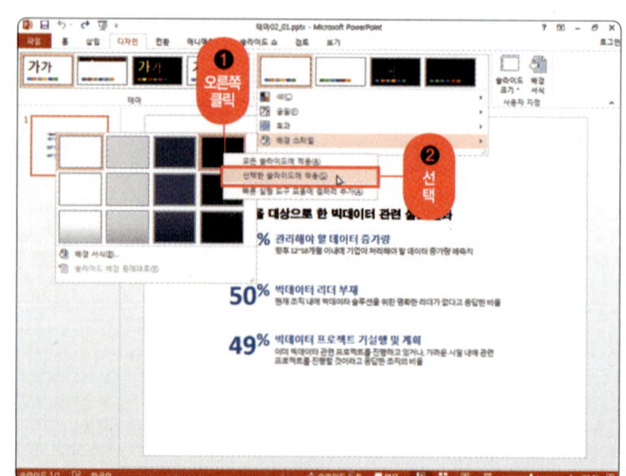

02

텍스트에 특별한
효과를 적용해보자!

POWERPOINT KNOWHOW

만약 여러분이 프레젠테이션에서 텍스트를 강조하고 싶다면 파워포인트의 특수 효과를 사용하는 것이 좋을 것입니다. 텍스트에 그라데이션과 투명도를 적용하고, 테두리를 설정하고, 그림자나 네온, 반사를 적용할 수 있다면 아주 특별한 느낌을 줄 수 있기 때문입니다. 이번 레슨에서는 바로 이렇게 텍스트에 특별한 느낌을 주는 방법을 알아보겠습니다.

● **실습 파일:** 부록 CD/테마02/테마02_02.pptx | **결과 파일:** 부록 CD/테마02/테마02_02(결과).pptx

STEP 01 | 기본 WordArt 스타일 적용하기

01 [1번 슬라이드]에서 [기본 WordArt 스타일 적용하기] 텍스트를 선택합니다.

02 [그리기 도구–서식] 탭의 [WordArt 스타일] 영역에서 [자세히] 버튼을 클릭합니다.

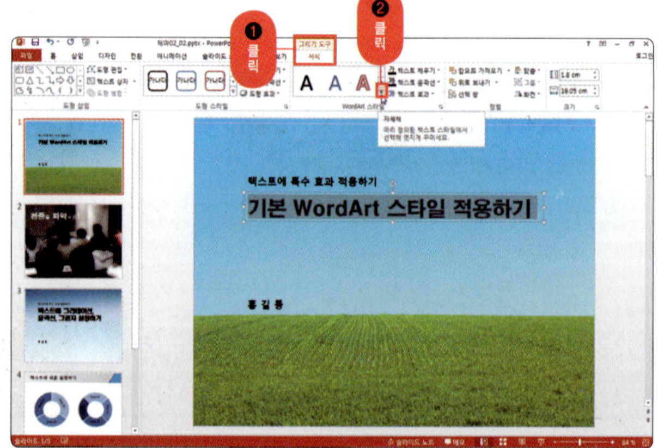

03 표시되는 파워포인트 기본 WordArt 목록에서 한 견본을 선택합니다.

STEP 02 | 텍스트에 투명도 설정하기

01 [2번 슬라이드]에서 [청중을 파악하라!] 텍스트를 선택한 후 [그리기 도구-서식] 탭을 클릭해 열고 [WordArt 스타일] 영역에서 [작업창 표시] 버튼 을 클릭합니다.

02 표시되는 작업창에서 [텍스트 채우기 및 윤곽선] 가 을 클릭한 후 [텍스트 채우기]를 클릭합니다.

03 [투명도]를 [50%]로 변경합니다.

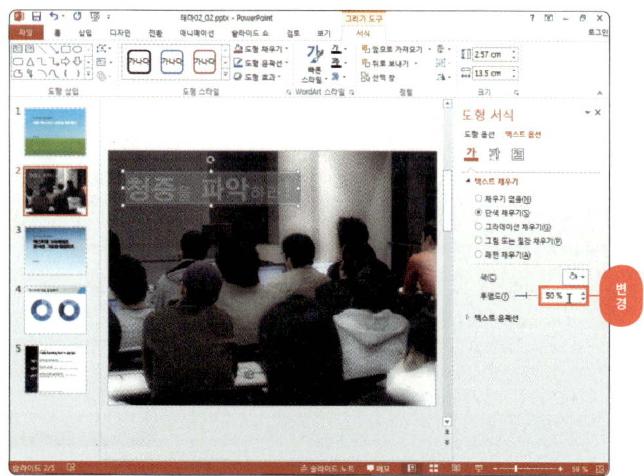

STEP 03 | 텍스트에 그라데이션 적용하기

STEP 03 | 텍스트에 그라데이션 적용하기

01 [3번 슬라이드]에서 [텍스트에 그라데이션, 윤곽선, 그림자 설정하기] 텍스트를 선택한 후 [그리기 도구-서식] 탭의 [WordArt 스타일] 영역에서 [작업창 표시] 버튼 을 클릭합니다.

02 작업창에서 [텍스트 채우기 및 윤곽선] 을 클릭한 후 [텍스트 채우기]에서 [그라데이션 채우기]를 선택합니다.

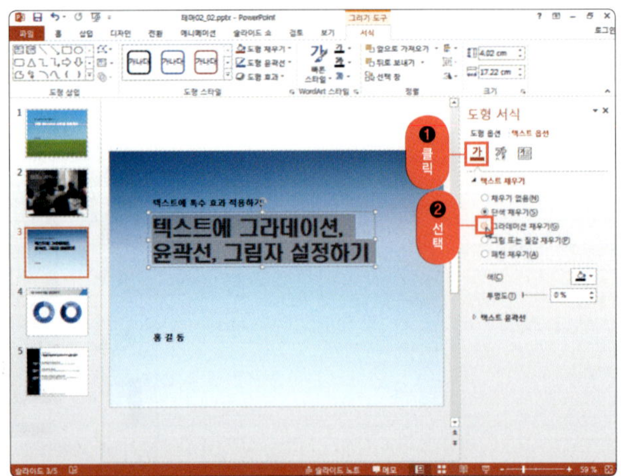

03 [그라데이션 중지점]에서 [1번 중지점]이 선택되어 있음을 확인합니다.

04 [색]을 클릭한 후 [테마 색]에서 [바다색, 강조 5, 60% 더 밝게]를 선택합니다.

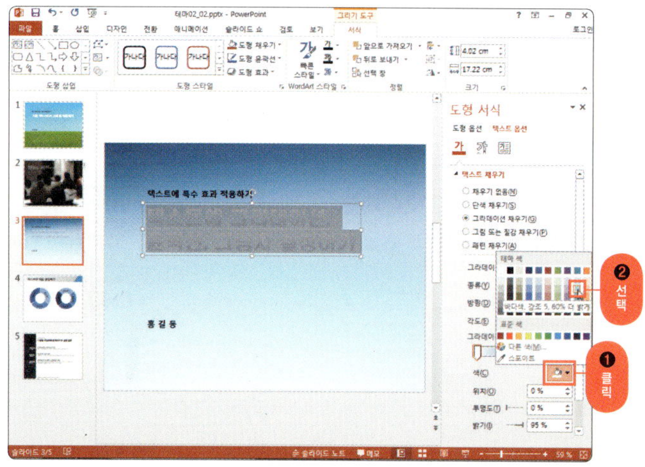

05 [2번 중지점]을 클릭합니다.

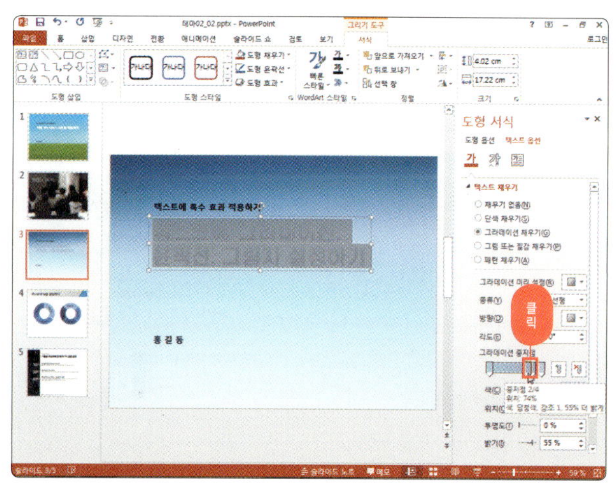

06 [색]을 클릭한 후 [표준 색]에서 [파랑]을 선택합니다.

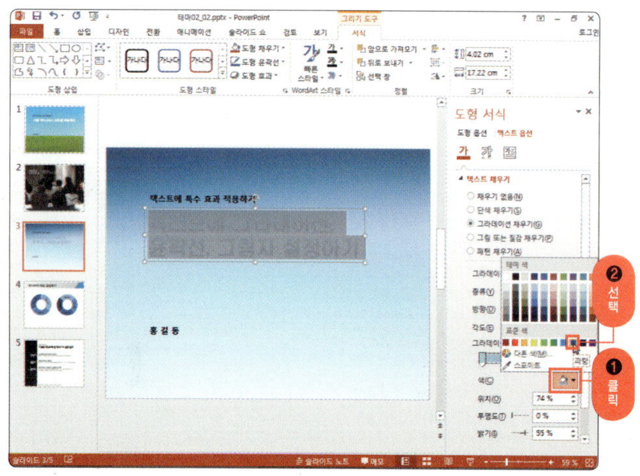

07 [3번 중지점]을 클릭한 후 [그라데이션 중지점 제거]를 클릭합니다.

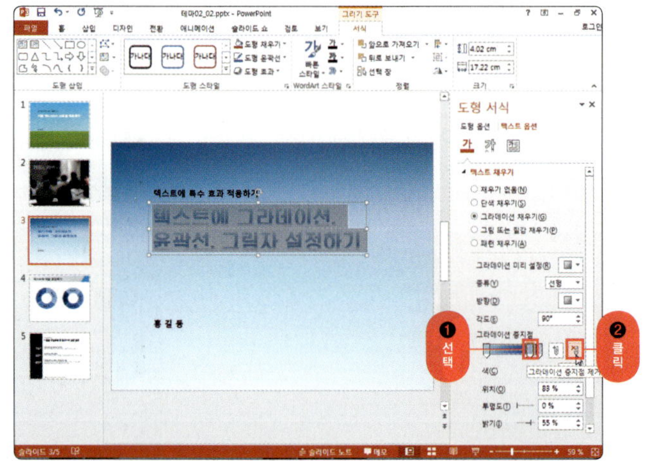

08 [3번 중지점]을 클릭합니다.

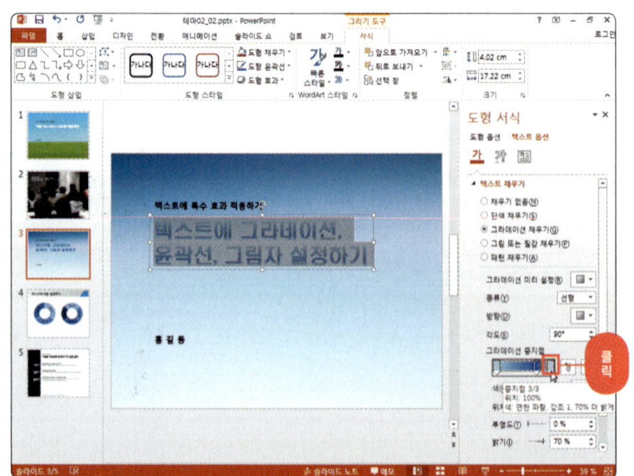

09 [색]을 클릭한 후 [표준 색]에서 [진한 파랑]을 선택합니다.

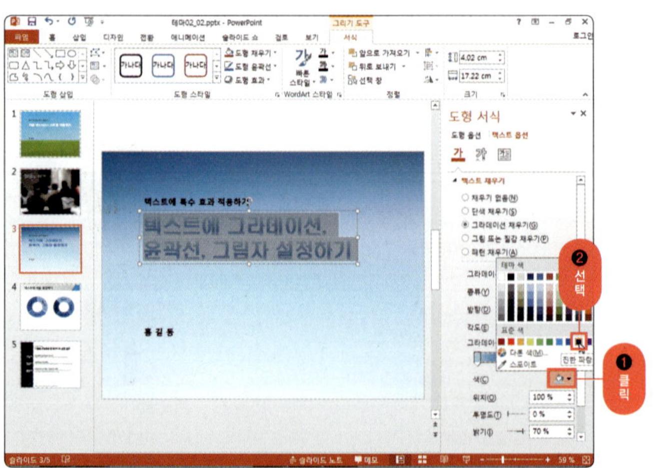

STEP 04 | 텍스트에 윤곽선 설정하기

01 작업창 아래에서 [텍스트 윤곽선]을 클릭한 후 [실선]을 선택합니다.

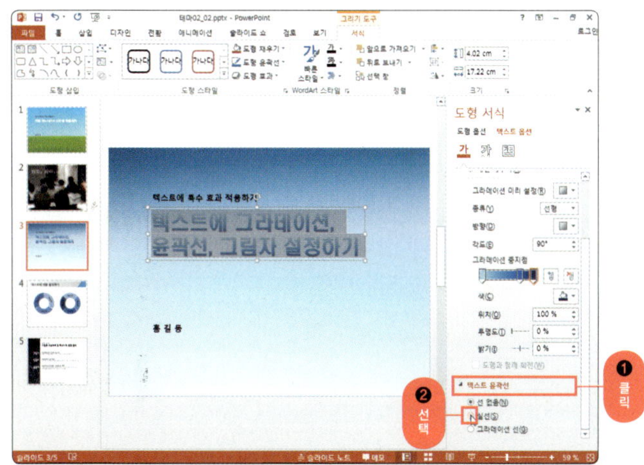

02 [색]을 클릭한 후 [흰색]을 선택합니다.

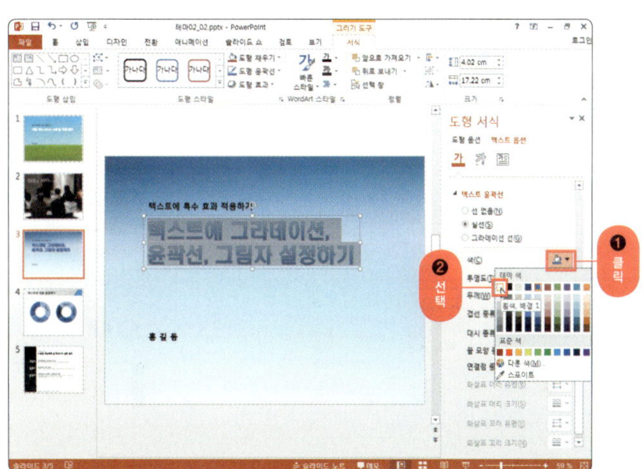

03 [두께]를 [1.25pt]로 변경합니다.

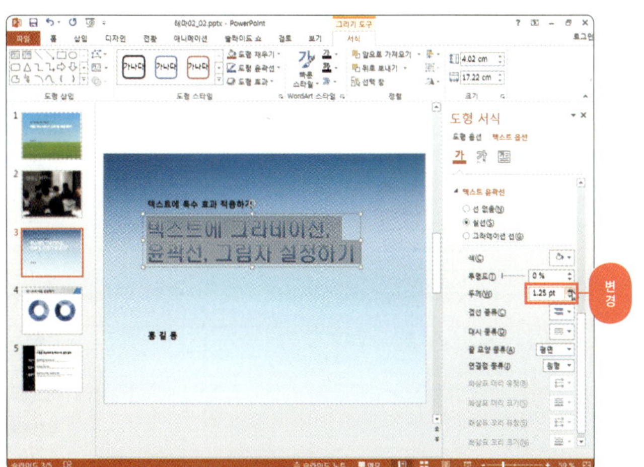

STEP 05 | 텍스트에 그림자 설정하기

01 작업창에서 [텍스트 효과] 가를 클릭한 후 [그림자]를 클릭합니다. 그런 다음 [미리 설정]을 클릭하고 [바깥쪽]에서 [오프셋 대각선 오른쪽 아래로]를 선택합니다.

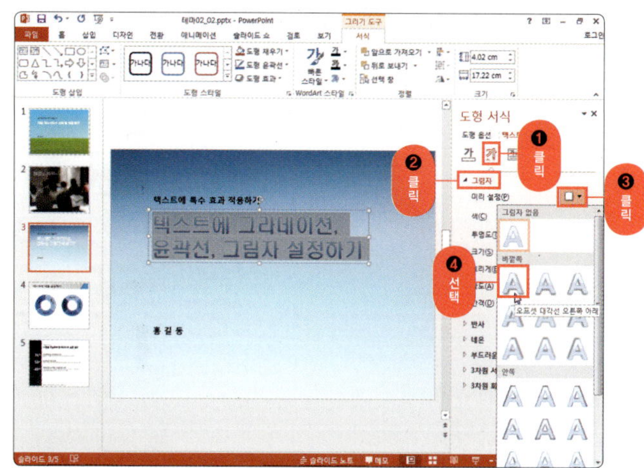

02 [흐리게]를 [10pt]로 변경합니다.

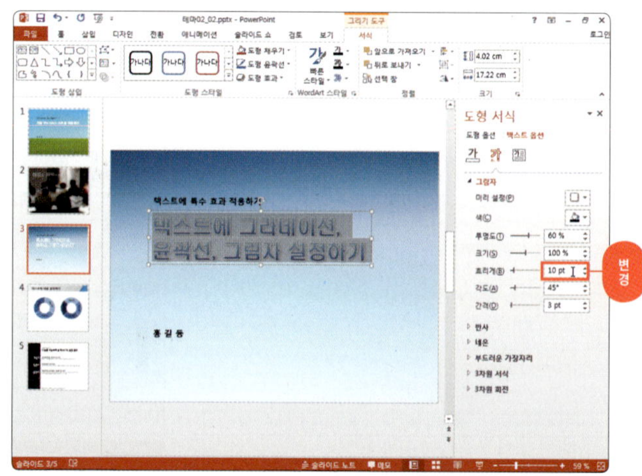

글꼴 서식 초기화

텍스트에 적용된 글꼴 서식을 한꺼번에 지우고 싶다면 [홈] 탭의 [글꼴] 영역에서 [모든 서식 지우기] 가를 클릭합니다.

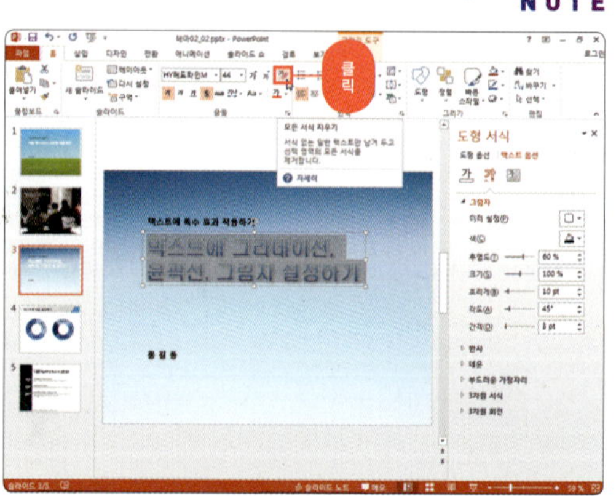

STEP 06 | 텍스트에 네온 설정하기

01 [4번 슬라이드]에서 [Step 01] 텍스트를 선택한 후 Shift 를 누른 상태에서 다른 [Step] 텍스트를 클릭해 일곱 개의 Step 텍스트를 모두 선택합니다.

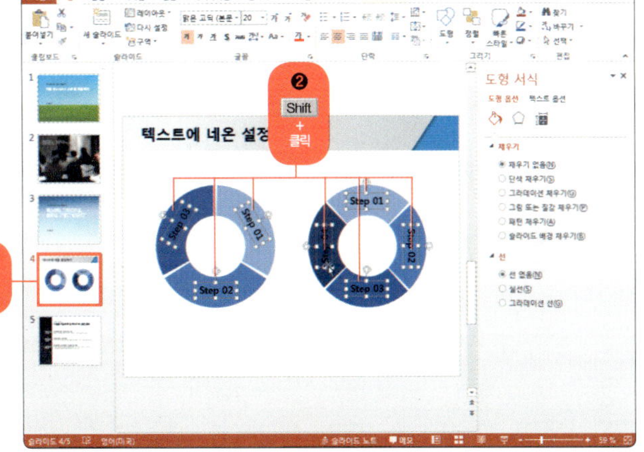

02 [홈] 탭의 [글꼴] 영역에서 [글꼴색] 메뉴를 연 후 [테마 색]에서 [흰색, 배경 1]을 선택합니다.

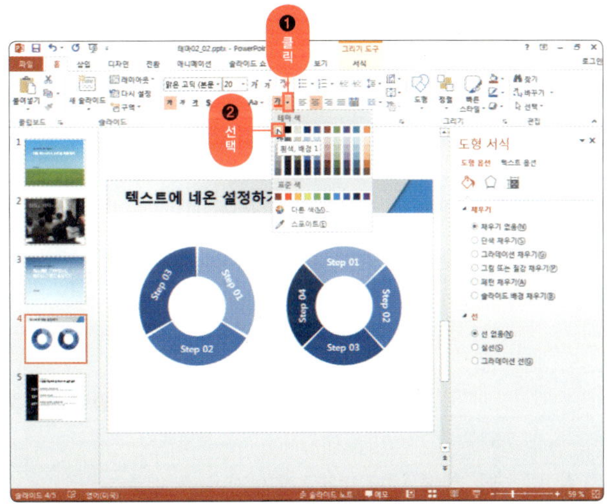

03 [그리기 도구 – 서식] 탭의 [WordArt 스타일] 영역에서 [작업창 표시] 버튼을 클릭합니다.

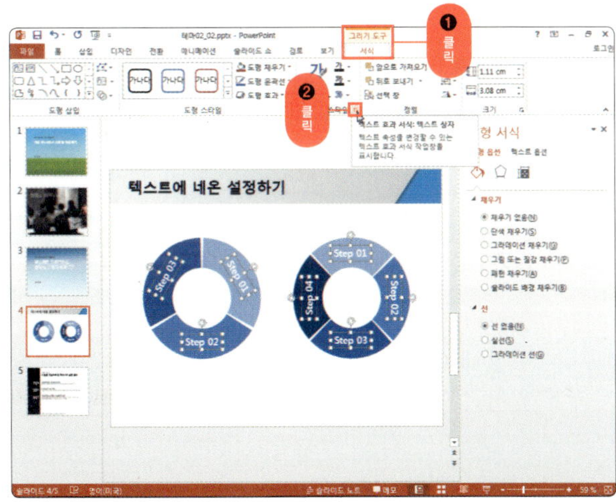

04 작업창의 [텍스트 효과]에서 [네온]을 클릭합니다.

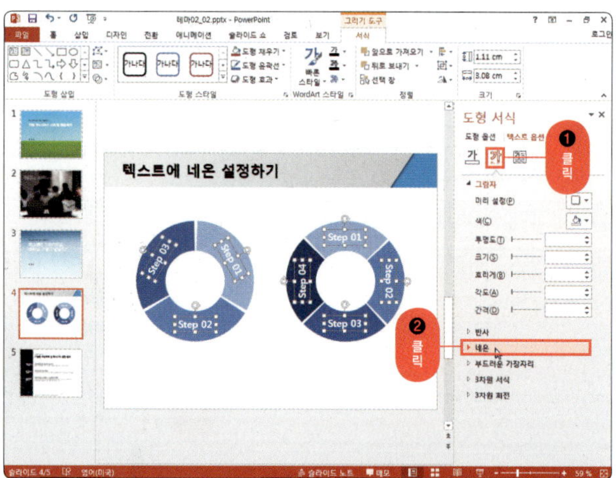

05 [색]을 클릭한 후 [테마 색]에서 [검정, 텍스트 1]을 선택합니다.

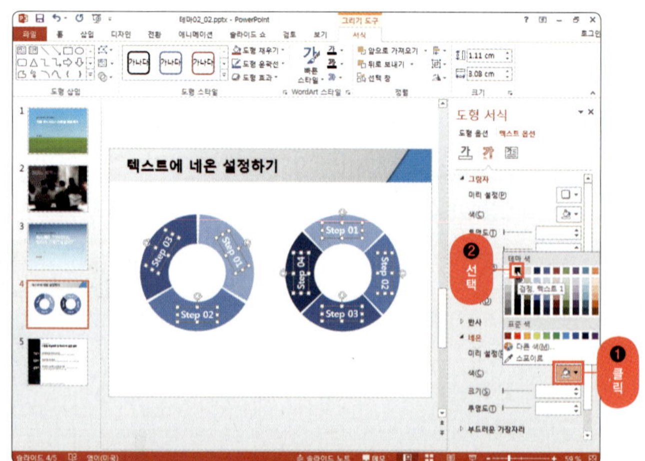

06 다음과 같이 네온 관련 옵션값을 변경합니다.

- 크기: 8pt
- 투명도: 60%

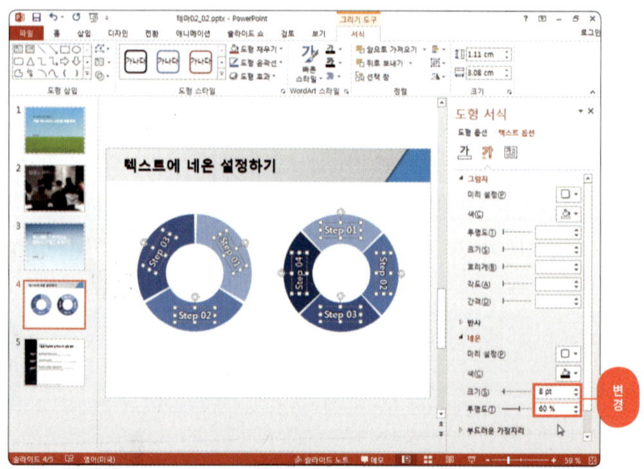

STEP 07 | 텍스트에 반사 설정하기

01 [5번 슬라이드]에서 슬라이드 왼쪽에 있는 [76%]를 선택한 후 Shift 를 누른 상태에서 [50%]와 [49%]를 선택합니다. 그런 다음 [그리기 도구-서식] 탭의 [WordArt 스타일] 영역에서 [작업창 표시] 버튼 □을 클릭합니다.

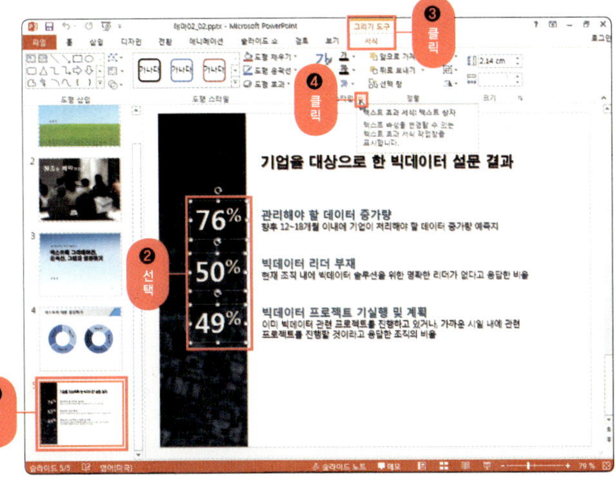

02 [텍스트 효과]에서 [반사]를 클릭합니다.

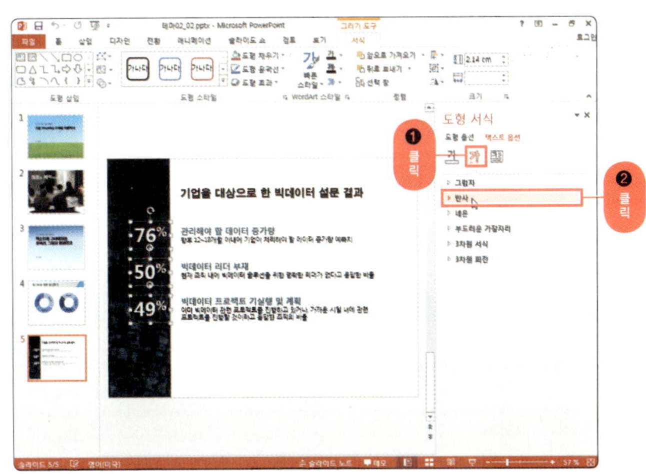

03 [미리 설정]을 클릭한 후 [근접 반사, 터치]를 선택합니다. 글자에 반사 이미지가 만들어집니다.

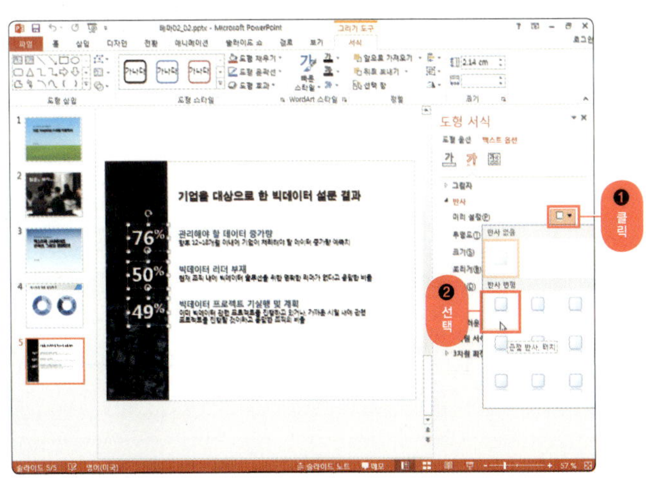

03

텍스트를 구부러트려보자!

일반적이지는 않지만 때로는 텍스트를 구부러트려야 할 경우가 가끔 발생하는데 이럴 때 방법을 모른다면 난감할 것입니다. 파워포인트에서 텍스트는 구부러트리는 것은 물론, 한쪽을 작게 하거나 삼각형, 갈매기형 수장 등과 같은 모양으로 바꾸는 등 다양한 형태로 표현할 수 있습니다. 이번 레슨에서는 텍스트 변환 기능을 이용해 텍스트를 위 또는 아래로 구부러트리는 방법에 대해 알아보겠습니다.

● **실습 파일:** 부록 CD/테마02/테마02_03.pptx | **결과 파일:** 부록 CD/테마02/테마02_03(결과).pptx

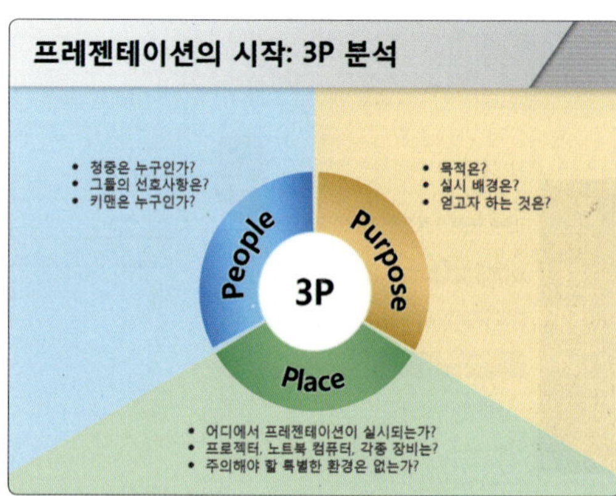

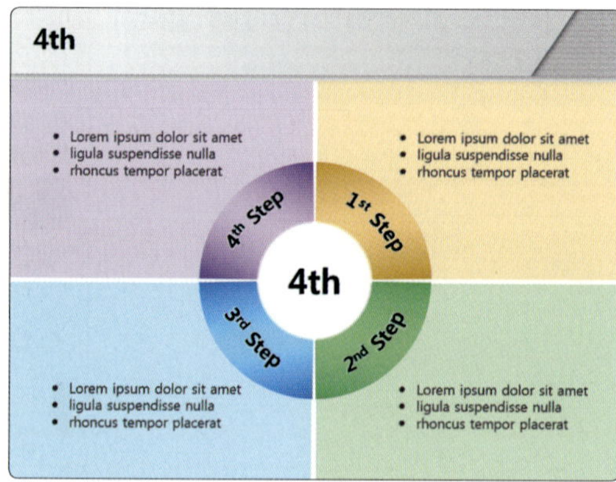

STEP 01 | Purpose 글자 구부러트리기

01 [Purpose] 글자를 클릭합니다.

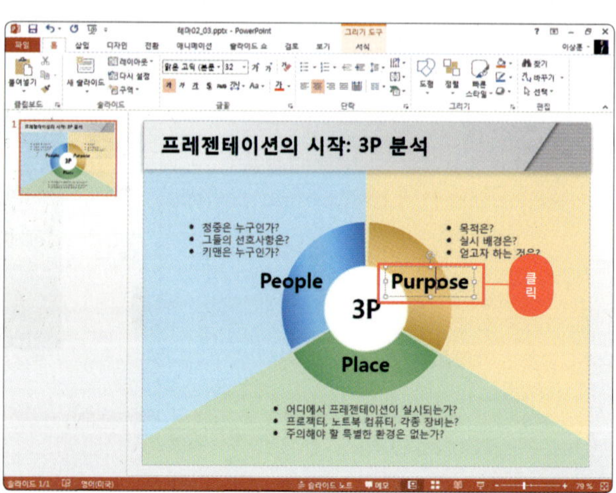

02 [회전 핸들]에 마우스 포인터를 위치시킵니다.

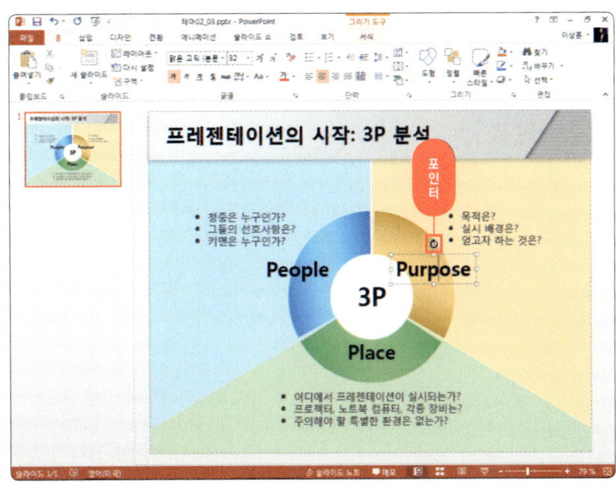

03 오른쪽으로 드래그하여 회전합니다.

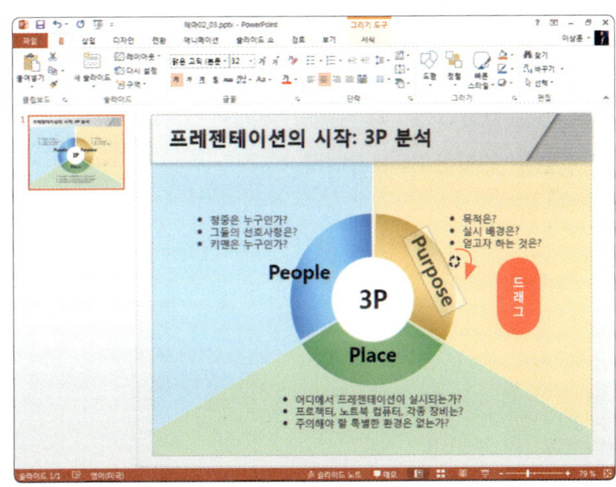

04 [그리기 도구-서식] 탭의 [WordArt 스타일] 영역에서 [텍스트 효과]를 클릭한 후 [변환]에서 [위쪽 원호]를 선택합니다.

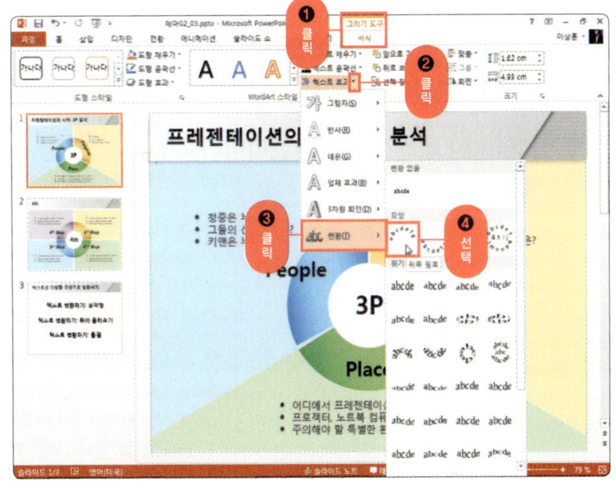

05 방향키 또는 Ctrl+방향키를 눌러 구부러진 텍스트 상자를 이동합니다.

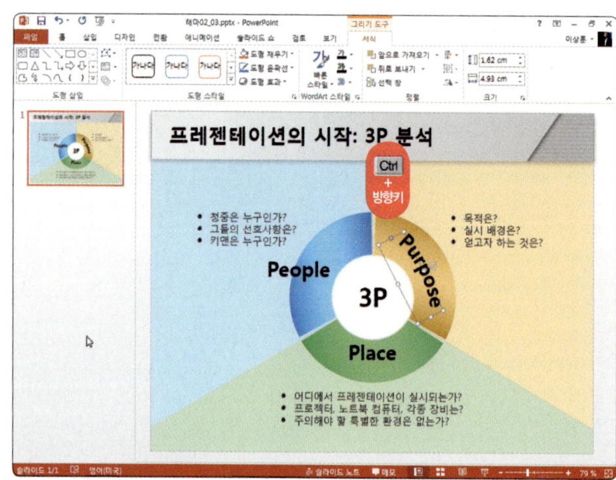

06 [그리기 도구-서식] 탭의 [크기] 영역에서 [높이]값을 [3.1cm] 정도로 조정합니다. 텍스트의 구부러진 정도를 조정할 수 있습니다.

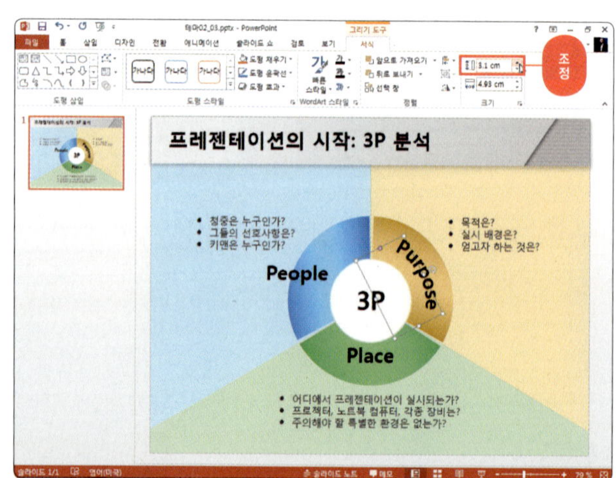

STEP 02 | People 글자 구부러트리기

01 [People] 텍스트를 클릭합니다.

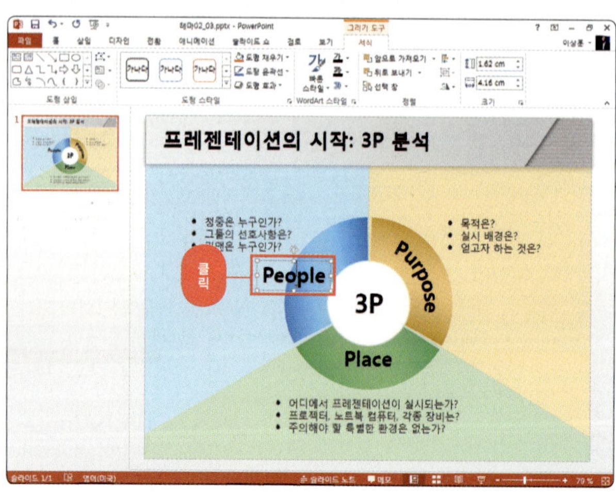

02 [회전 핸들] 에 마우스 포인터를 위치시킵니다.

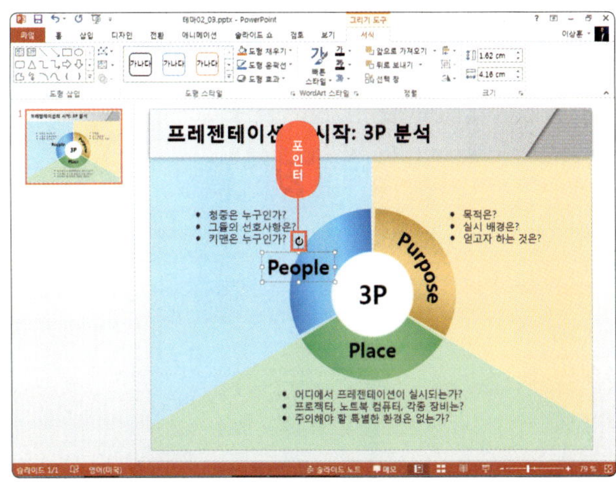

03 왼쪽으로 드래그하여 회전합니다.

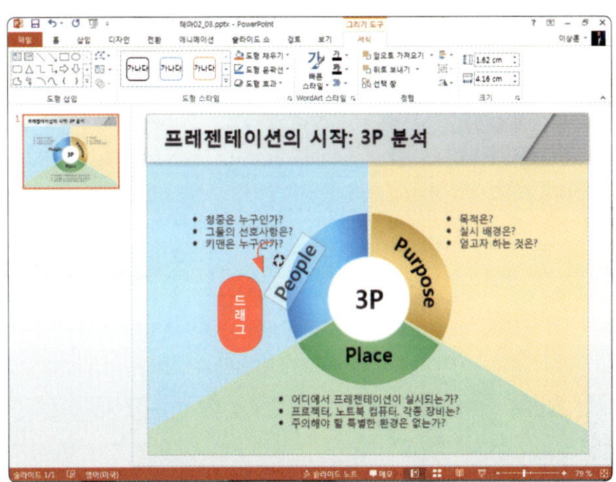

04 [그리기 도구-서식] 탭의 [WordArt 스타일] 영역에서 [텍스트 효과]를 클릭한 후 [변환]에서 [위쪽 원호]를 선택합니다.

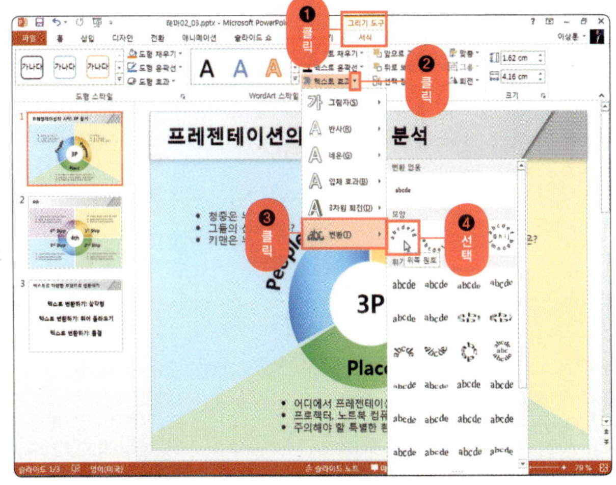

05 방향키 또는 `Ctrl`+방향키를 눌러 구부러진 텍스트 상자를 이동한 후 [높이] 값을 [1.62cm]로 조정합니다.

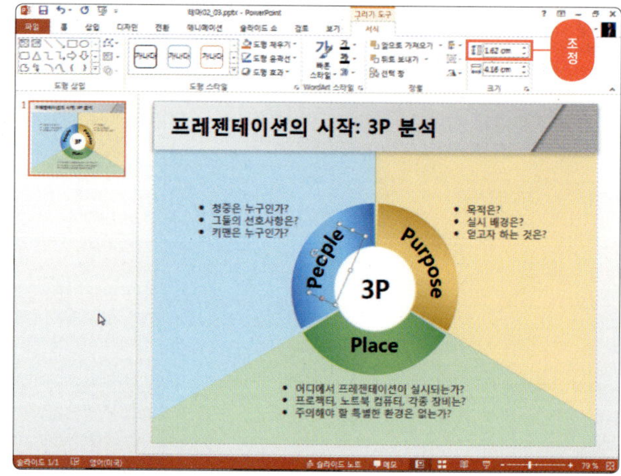

06 [홈] 탭에서 [글꼴 크기]를 [34]로 변경합니다.

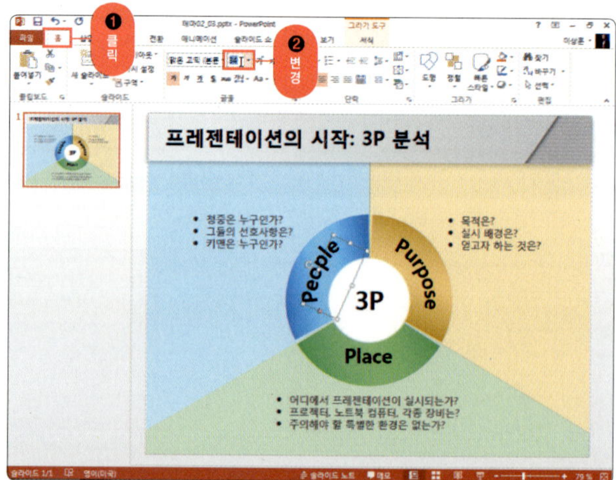

STEP 03 | Place 글자 구부러트리기

01 [Place] 글자를 클릭합니다.

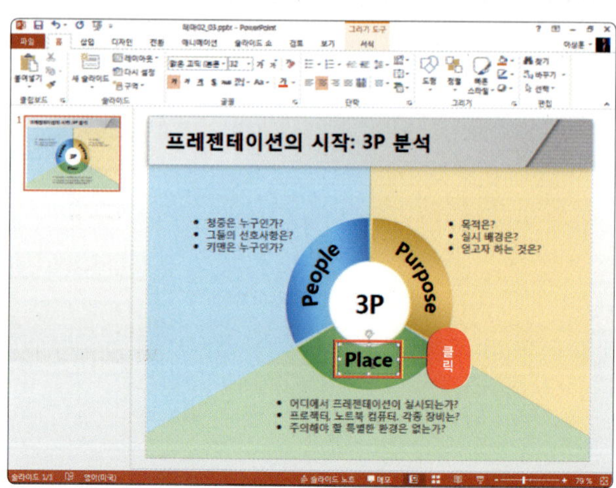

02 [그리기 도구 – 서식] 탭의 [WordArt 스타일] 영역에서 [텍스트 효과]를 클릭한 후 [변환]에서 [아래쪽 원호]를 선택합니다.

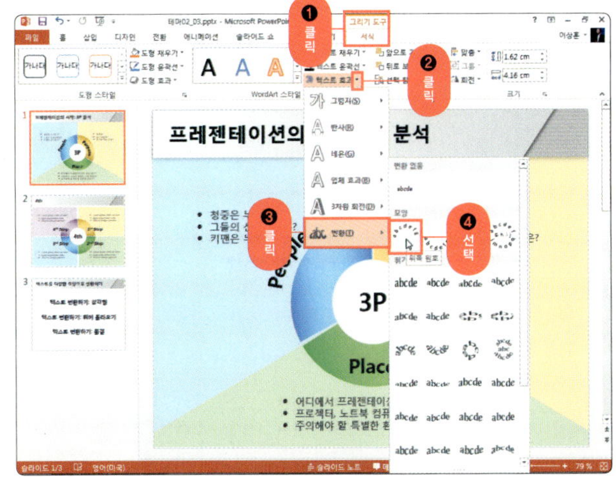

03 방향키 또는 Ctrl+방향키를 눌러 구부러진 텍스트 상자를 이동한 후 [높이] 값을 [1.3cm]로 조정합니다.

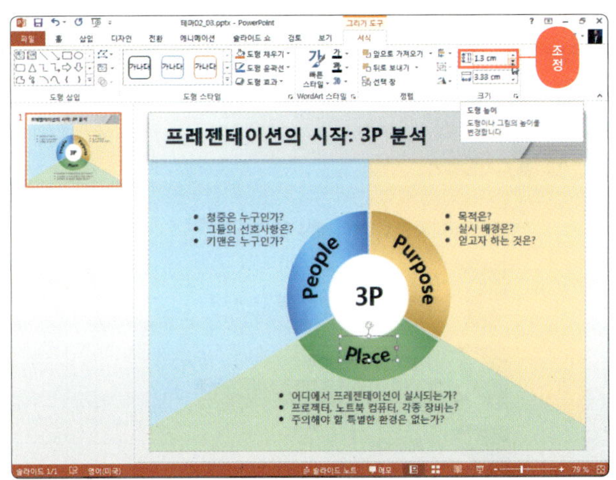

> ### tip 텍스트의 모양 변경하기
>
> 텍스트를 선택한 후 [그리기 도구]–[서식] 탭의 [WordArt 스타일] 영역에서 [텍스트 효과]를 클릭하고 [휘기] 중에서 하나(예 물결 1)를 선택해 텍스트의 모양을 흥미롭게 바꿀 수 있습니다.
>
> 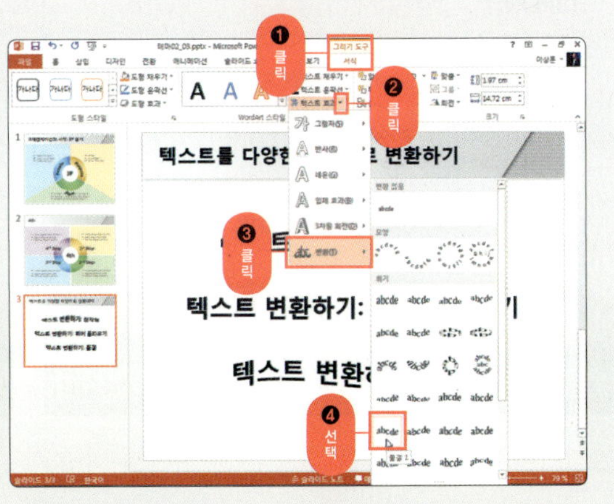

04

P O W E R P O I N T   K N O W H O W

도형과 함께 이니셜을 디자인하고 텍스트를 강조해보자!

텍스트를 강조하고 싶다면 일반적으로 굵은 글꼴을 사용하거나 글꼴 크게 하거나 눈에 띄는 글꼴 색을 적용합니다. 이러한 일반적인 방법 외에 도형과 함께 텍스트를 사용하면 청중의 시선을 끌 수 있는 디자인을 할 수 있습니다. 도형을 이용해 텍스트를 강조하는 방법에 대해 알아보겠습니다.

● **실습 파일**: 부록 CD/테마02/테마02_04.pptx | **결과 파일**: 부록 CD/테마02/테마02_04(결과).pptx

---

이니셜 디자인하기

❝ 텍스트 디자인시 기억해야 할 3가지 ❞

짧게 작성하라!
청중들은 텍스트를 읽는 것을 싫어하므로 쉬운 용어로 가능한 한 짧게 작성한다.

그림으로 표현하라!
메시지를 그림으로 표현하면 사람의 우뇌를 자극해 기억력을 현저히 높일 수 있다.

반복하라!
인간은 망각의 동물이다. 핵심 키워드는 항상 반복하고, 요약해 대뇌에 각인시킨다.

1

이니셜 디자인하기(알파벳)

3

CSR이란?

● Corporate Social Responsibility의 약어로 기업의 사회적 책임을 의미

● 기업이 지역사회와 국가와 협력하여 국민의 삶의 질을 향상시키는데 공헌하는 모든 활동

● 기업의 지속 가능성을 높이는데 도움을 주기 때문에 현재 글로벌 기업에서 CSR은 선택이 아니라 필수 요소로 인식되고 있음

CSR이란?

● Corporate Social Responsibility의 약어로 기업의 사회적 책임을 의미

● 기업이 지역사회와 국가와 협력하여 국민의 삶의 질을 향상시키는데 공헌하는 모든 활동

● 기업의 지속 가능성을 높이는데 도움을 주기 때문에 현재 글로벌 기업에서 CSR은 선택이 아니라 필수 요소로 인식되고 있음

STEP 01 | 이니셜 디자인하기

3가지 방법, 4가지 요소 등과 같이 숫자가 들어가는 경우, 이 숫자를 특별하게 디자인할 수 있다면 슬라이드를 흥미롭게 만들 수 있습니다. 그 방법을 알아보겠습니다.

01 슬라이드에서 첫 번째 모서리가 둥근 직사각형을 선택한 후 Shift 를 누른 상태에서 아래에 있는 두 개의 모서리가 둥근 직사각형을 클릭해 선택합니다.

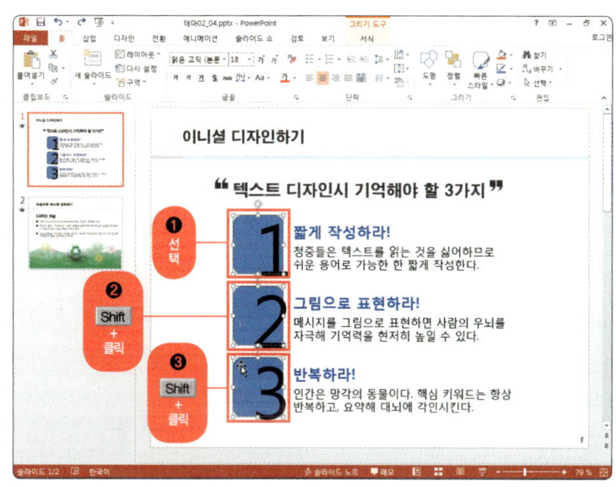

02 [홈] 탭에서 [도형 채우기]를 클릭한 후 [표준 색]에서 [파랑]을 선택합니다.

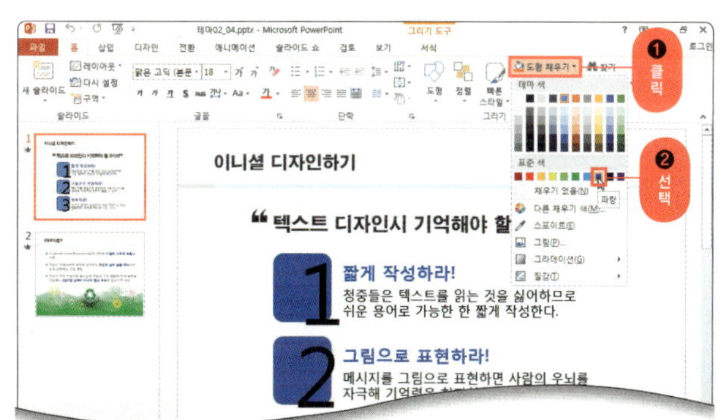

03 다시 [도형 채우기]를 클릭한 후 [그라데이션]을 선택하고 [어두운 그라데이션] 중에서 [선형 대각선 - 오른쪽 아래에서 왼쪽 위로]를 선택합니다.

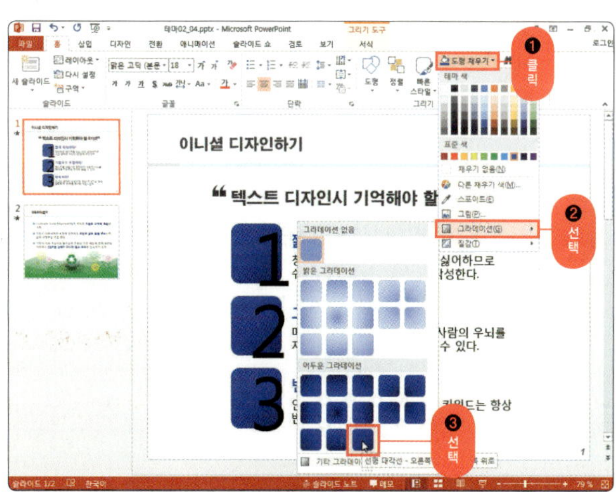

04 [도형 윤곽선]을 클릭한 후 [윤곽선 없음]을 선택합니다.

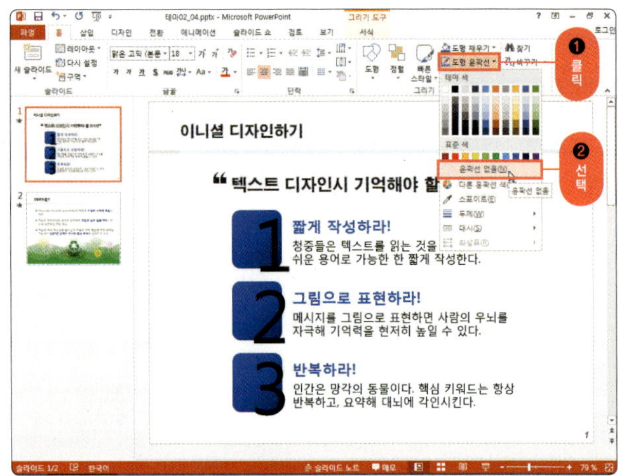

05 숫자 1을 클릭한 후 Shift 를 누른 상태에서 2와 3을 클릭해 선택합니다.

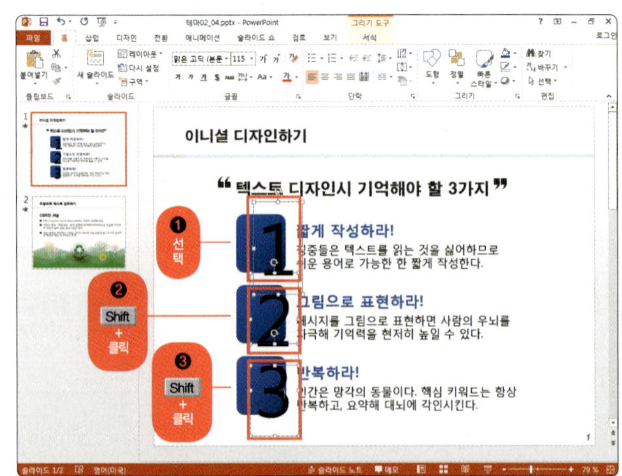

06 [글꼴]을 [Arial]로 변경합니다.

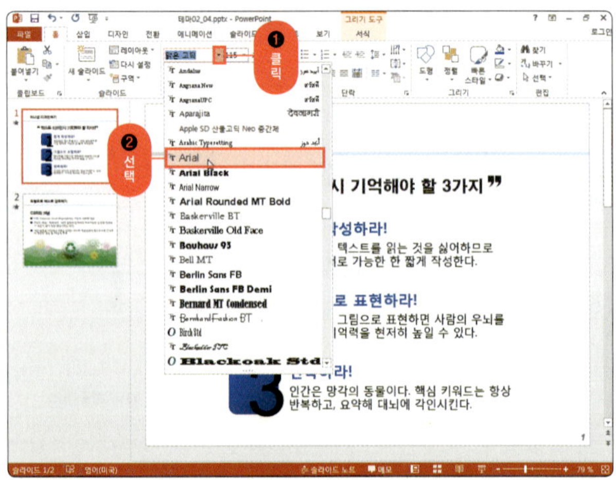

07 [굵게]를 클릭(단축키: `Ctrl` + `B`) 한 후 [글꼴 색]을 [흰색]으로 변경합니다.

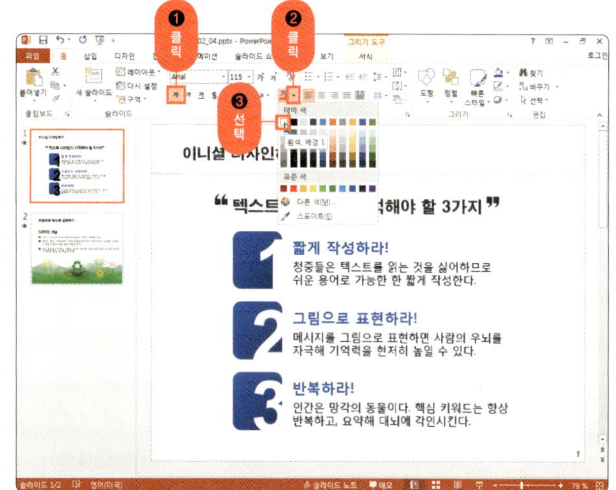

08 [그리기 도구–서식] 탭을 연 후 [텍스트 효과]를 클릭합니다. 그런 다음 [그림자]를 선택하고 [바깥쪽]에서 [오프셋 대각선 왼쪽 위]를 선택합니다.

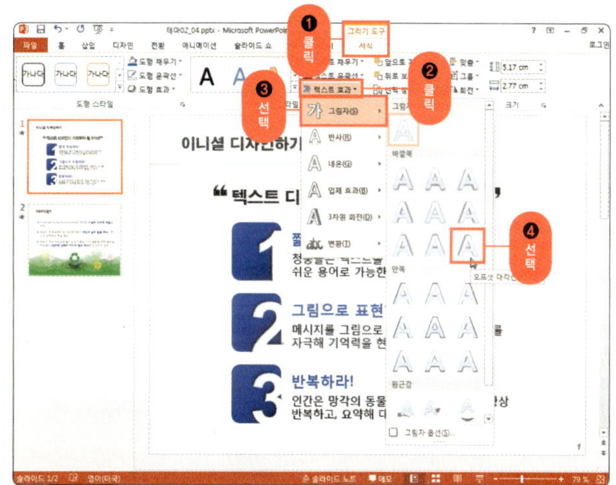

텍스트 안쪽에 그림자 설정하기

텍스트 안쪽에 그림자를 설정하면 도형에 구멍이 뚫린 것 같은 효과를 만들 수 있습니다. [그리기 도구–서식] 탭을 연 후 [텍스트 효과]를 클릭하고 [그림자]를 선택한 다음 [안쪽]에서 [안쪽 대각선 왼쪽 위]를 선택합니다.

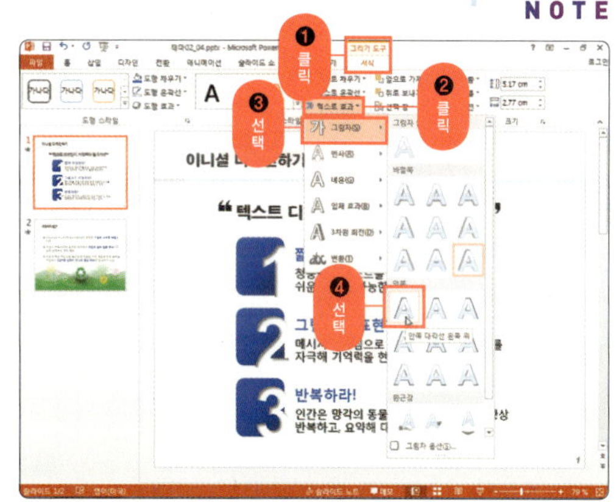

STEP 02 | 도형으로 텍스트 강조하기(1)

텍스트 뒤에 도형을 배치하고 그 도형의 색을 노랑과 같은 밝은 색으로 바꾸면 마치 형광펜을 칠한 것 같은 느낌을 줄 수 있습니다.

01 [직사각형] □을 클릭합니다.

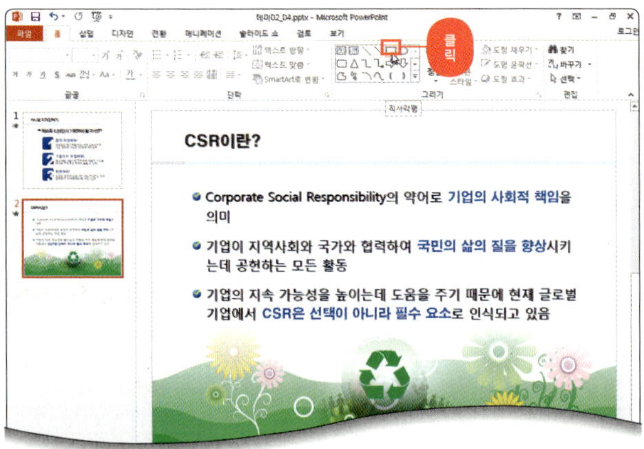

02 슬라이드에서 강조할 텍스트 주변에서 드래그해 직사각형을 만듭니다.

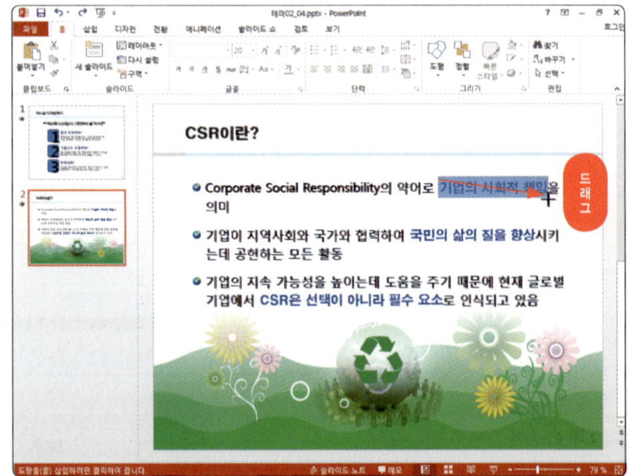

03 직사각형을 마우스 오른쪽 버튼으로 클릭하면 나타나는 컨텍스트 메뉴 중에서 [맨 뒤로 보내기]를 선택합니다.

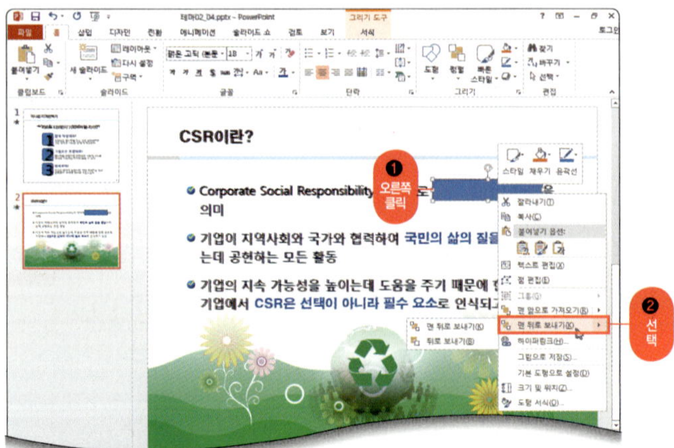

04 [도형 채우기]를 클릭한 후 [표준 색]에서 [노랑]을 선택합니다.

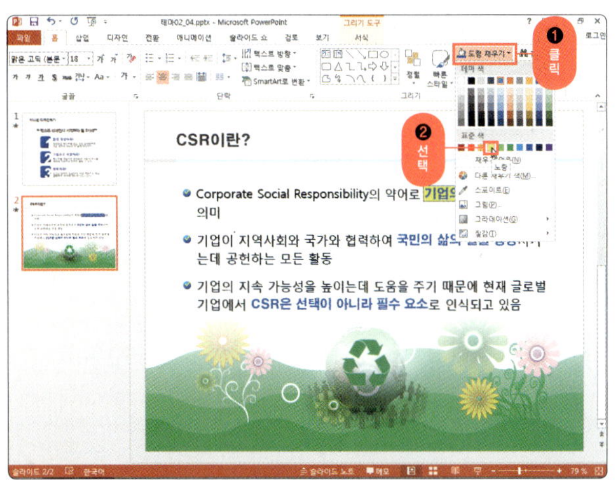

05 [도형 윤곽선]을 클릭한 후 [윤곽선 없음]을 선택합니다.

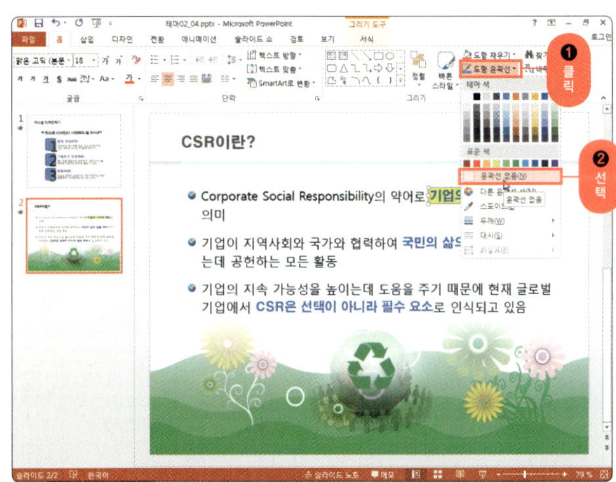

06 필요한 경우 [그리기 도구–서식] 탭의 맨 오른쪽에 있는 [크기] 영역에서 [높이]와 [너비]를 조정합니다. 도형의 크기를 텍스트에 꼭 맞게 크기를 조정했을 때 강조 효과가 높습니다.

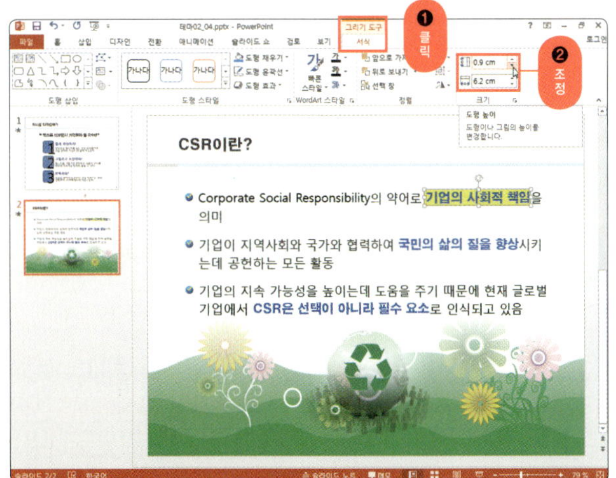

N O T E

개체 이동하기

개체를 이동하고 싶다면 방향키나 Ctrl +방향키를 누릅니다.

STEP 03 | 도형으로 텍스트 강조하기(2)

텍스트의 글꼴 색을 흰색(또는 노랑)으로 변경하고 도형의 채우기 색을 파랑이나 빨강으로 바꾸면 텍스트를 더욱 강조할 수 있습니다.

01 현재 노란색 직사각형이 선택되어 있는 상태에서 Ctrl + D 를 눌러 선택된 직사각형을 복제합니다.

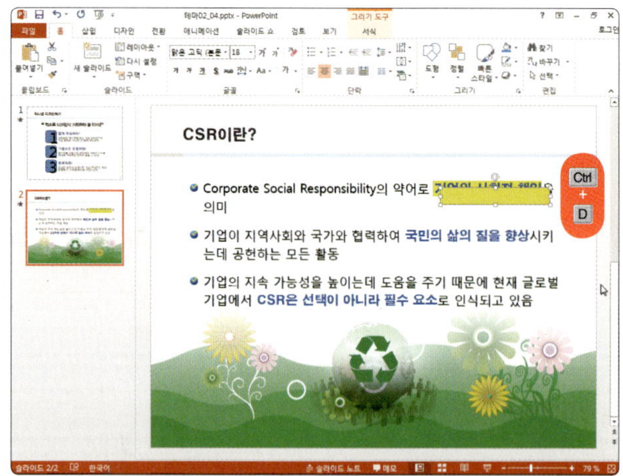

NOTE

텍스트 뒤에 있는 도형 선택하기

내용이 많은 경우 텍스트 뒤쪽에 있는 도형을 선택하기 어려운 경우가 있습니다. 이러한 경우에는 다음 중 하나를 실행합니다.

- 슬라이드의 빈 곳을 드래그해 영역 선택을 합니다.
- 슬라이드에서 선택을 모두 해제한 후 Tab 을 눌러 개체를 순차적으로 선택합니다.

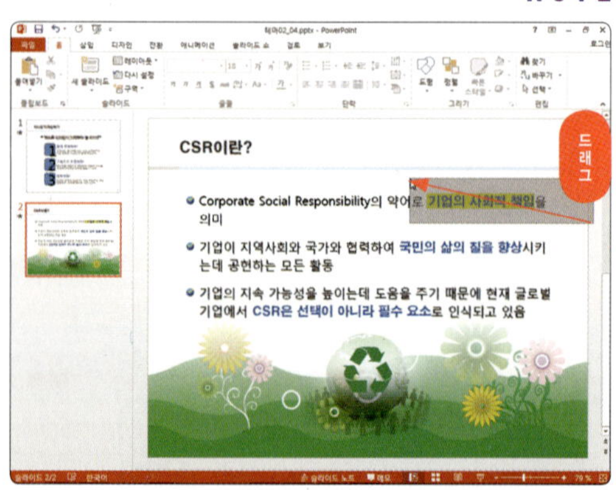

---

02 복제된 직사각형을 [국민의 삶의 질을 향상] 텍스트 위쪽으로 이동하고 크기를 조정합니다.

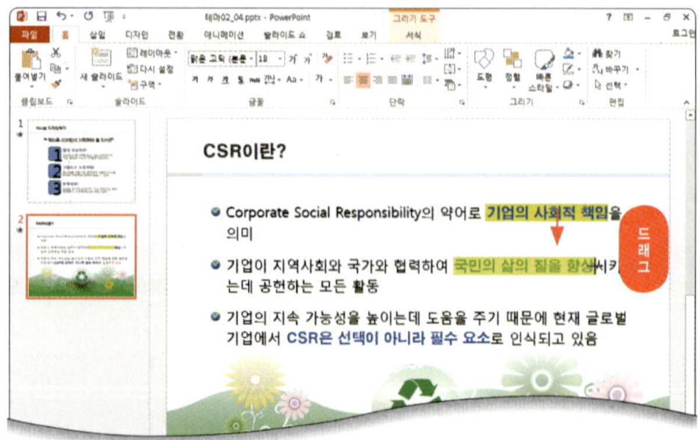

03 직사각형을 마우스 오른쪽 버튼으로 클릭하면 나타나는 컨텍스트 메뉴 중에서 [맨 뒤로 보내기]를 선택합니다.

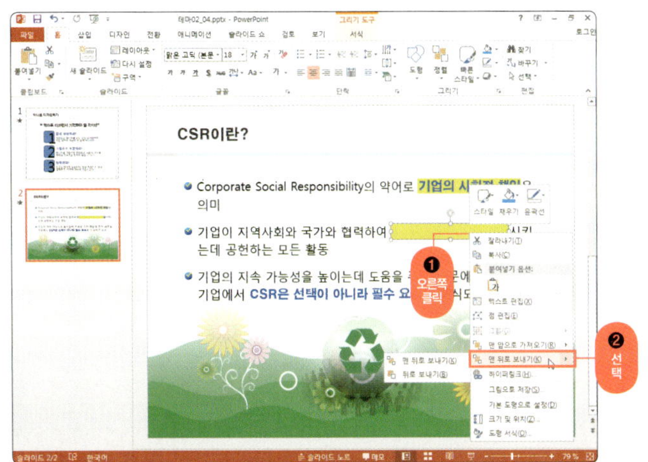

04 [도형 채우기]를 클릭한 후 [표준색]에서 [연한 파랑]을 선택합니다.

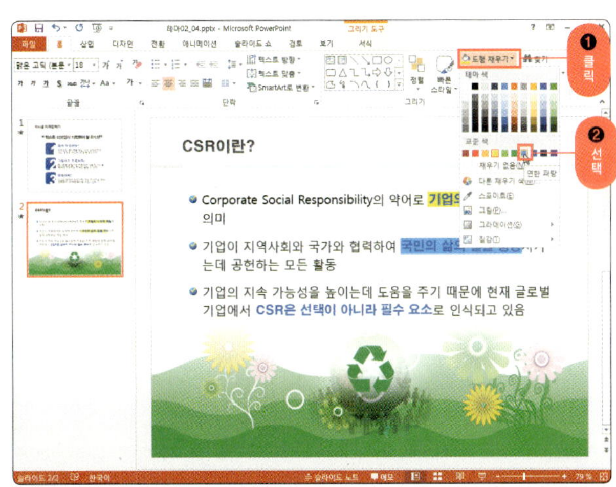

05 [국민의 삶의 질을 향상] 텍스트를 선택합니다.

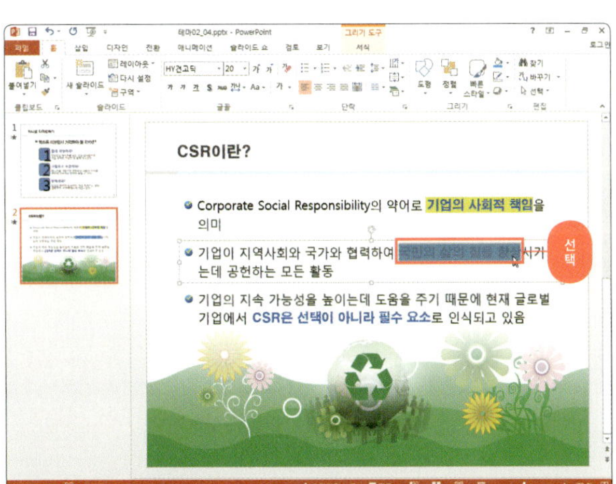

N O T E

Shift 를 이용해 텍스트를 선택하는 방법

파워포인트에서 텍스트를 드래그해 선택하다 보면 원하는 것보다 더 많은 텍스트가 선택되는 경우가 종종 발생합니다. 이러한 경우 Shift 를 사용하는 것이 좋습니다.

- 텍스트를 클릭해 커서를 위치시키고 Shift 를 누른 상태에서 왼쪽 또는 오른쪽 방향키를 눌러 해당 방향으로 한 글자씩 선택합니다.
- 텍스트를 클릭해 커서를 위치시키고 Shift 를 누른 상태에서 다른 글자를 선택합니다.

06 [글꼴 색] 메뉴를 연 후 [테마 색]에서 [흰색, 배경 1]을 선택합니다.

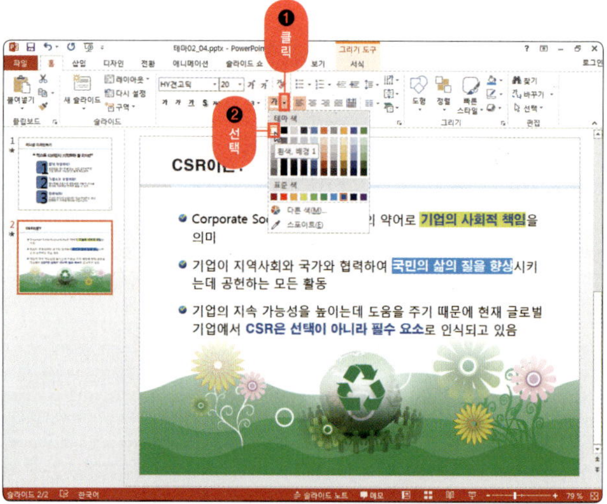

07 필요한 경우 직사각형을 선택하고 Ctrl +방향키를 눌러 위치를 변경하거나 [그리기 도구–서식] 탭의 [크기] 영역에서 [너비]를 조정합니다.

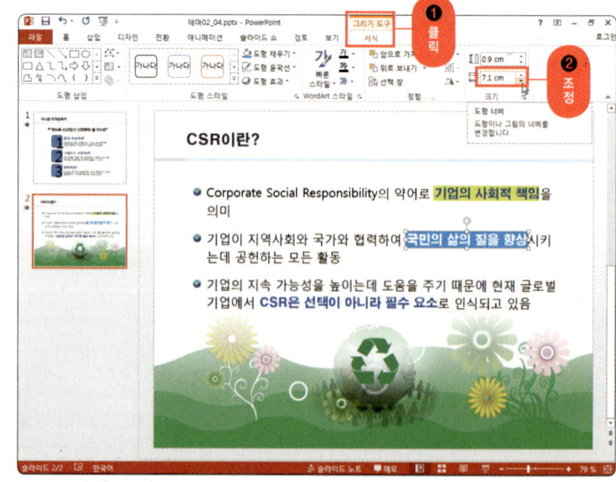

05

P O W E R P O I N T   K N O W H O W

글머리 기호를 설정해보자!

텍스트에서 가장 문제가 되는 것 중 하나가 바로 글머리 기호입니다. 글머리 기호와 텍스트의 간격이 들쭉날쭉해 줄이 안 맞는 현상이 자주 발생하기 때문입니다. 이번 레슨에서는 텍스트에 글머리 기호를 배치한 후 글머리 기호와 텍스트의 시작 위치를 조정하고, 수준을 조정한 다음 글머리 기호를 변경하는 방법을 알아보겠습니다.

● **실습 파일**: 부록 CD/테마02/테마02_05.pptx | **결과 파일**: 부록 CD/테마02/테마02_05(결과).pptx

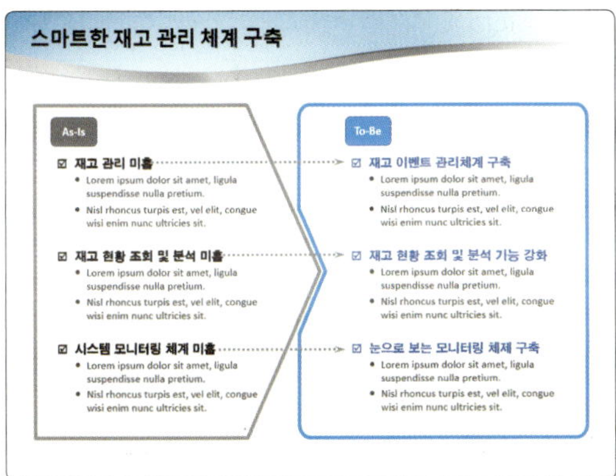

STEP 01 | 글머리 기호 설정하기

01 '재고 관리 미흡' 글자를 클릭합니다.

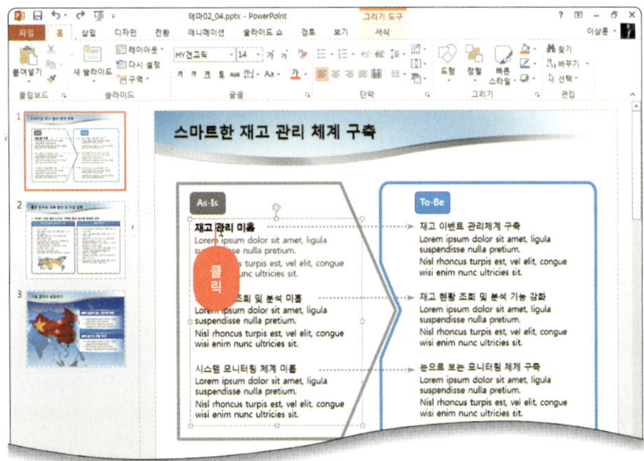

02 [글머리 기호] 메뉴를 연 후 [글머리 기호 및 번호 매기기]를 선택합니다.

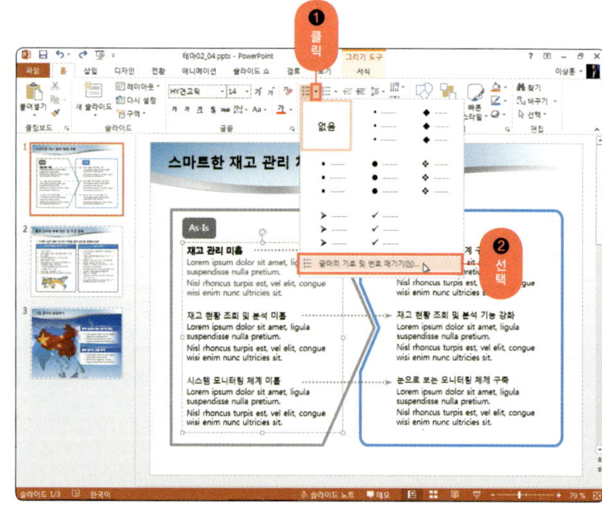

N O T E

글머리 기호 명령을 실행하는 다른 방법

글머리 기호를 설정하고 싶은 단락을 마우스 오른쪽 버튼으로 클릭하면 나타나는 컨텍스트 메뉴 중에서 [글머리 기호] 하위 메뉴에서 [글머리 기호 및 번호 매기기]를 선택합니다.

---

03 [사용자 지정]을 클릭합니다.

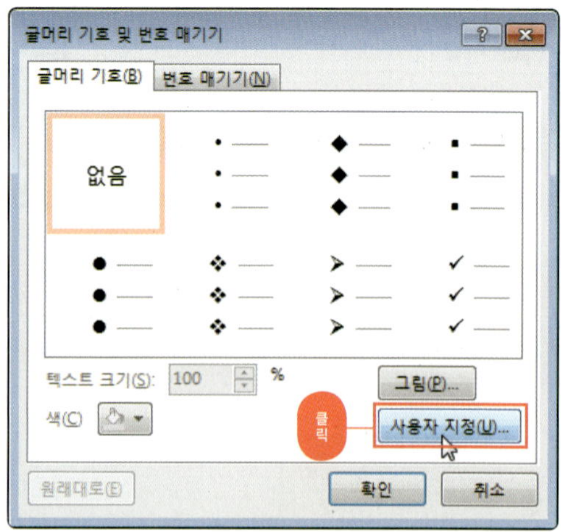

04 [글꼴] 메뉴를 연 후 [Wingdings]를 선택합니다.

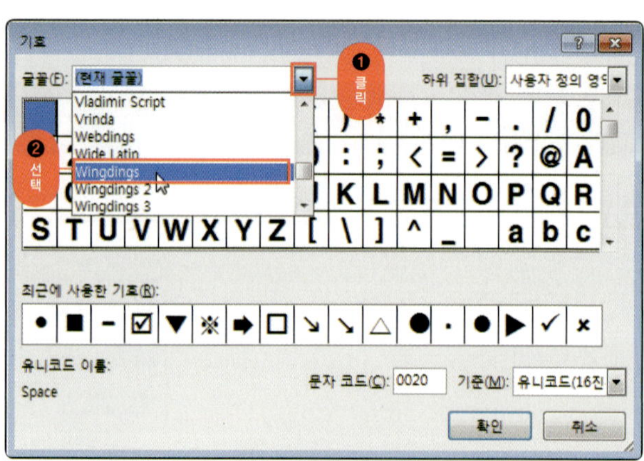

N O T E

대표적인 기호 글꼴

- Wingdings, Windings 2, Wingdings 3
- Webdings

05 기호를 선택한 후 [확인] 버튼을 클릭합니다.

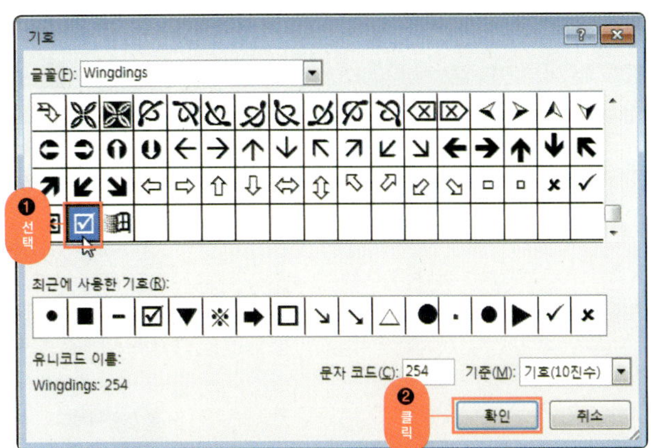

06 [확인] 버튼을 클릭합니다.

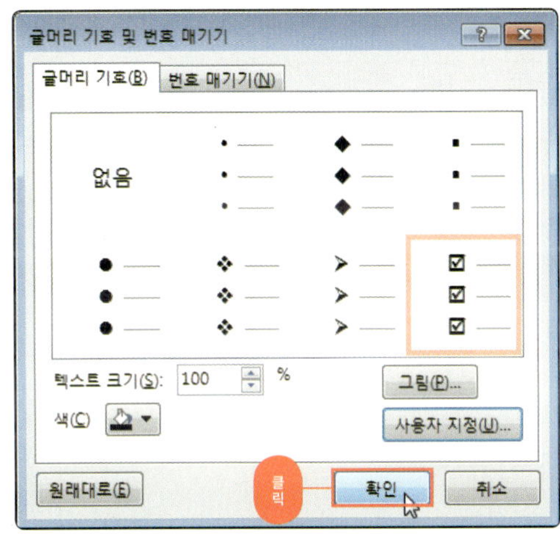

07 선택한 단락에 선택한 글머리 기호가 표시됩니다.

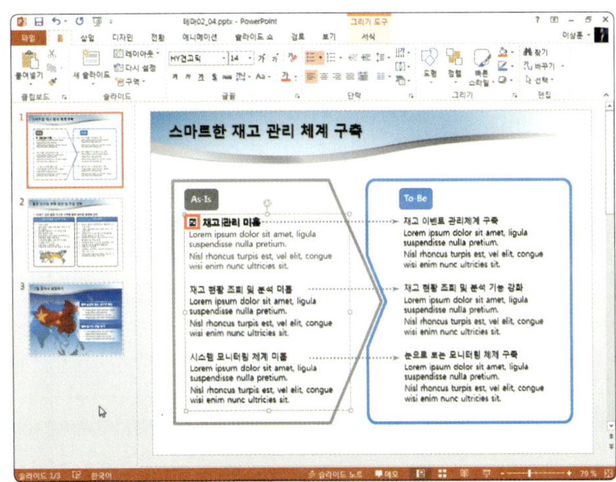

STEP 02 | 두 번째 수준 글머리 기호 설정하기

01 글머리 기호를 설정하고 싶은 단락을 선택합니다.

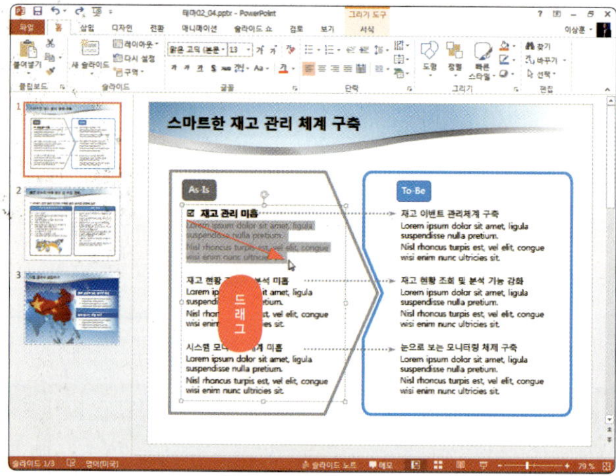

02 [글머리 기호] 메뉴를 연 후 [글머리 기호 및 번호 매기기]를 선택합니다.

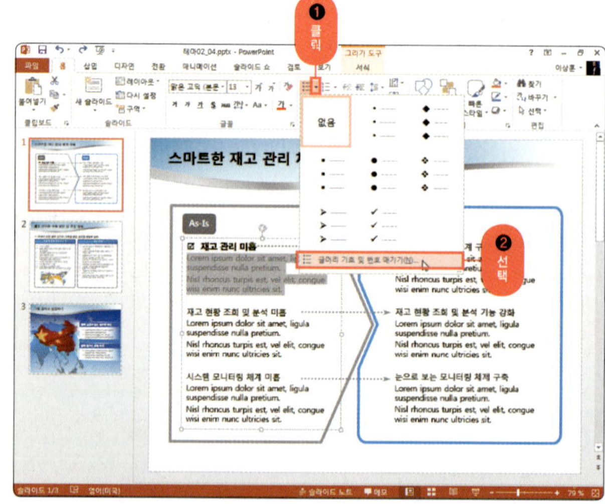

03 [사용자 지정]을 클릭합니다.

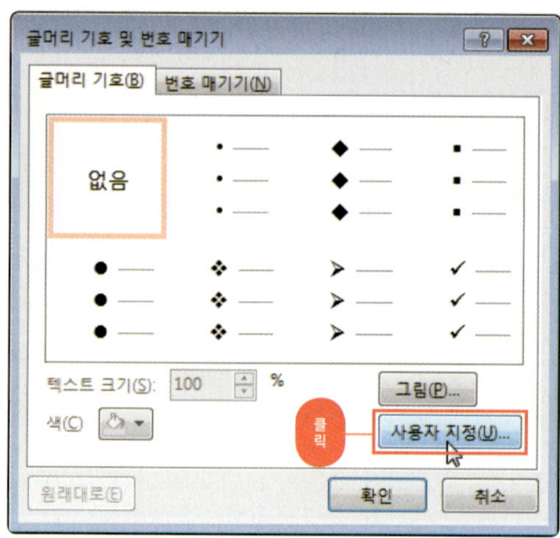

04 [글꼴] 메뉴에서 [Wingdings 2]를 선택합니다.

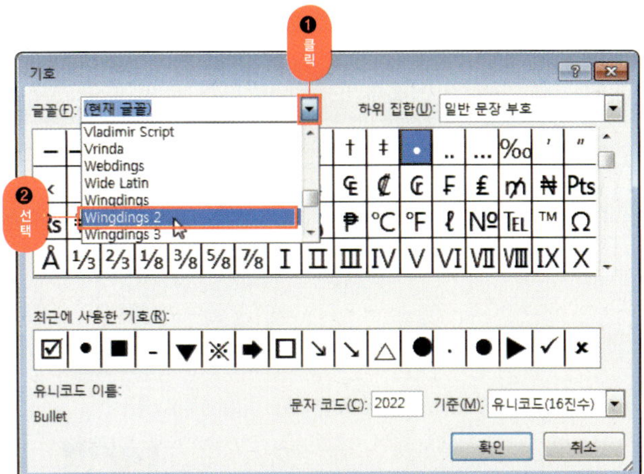

05 기호를 선택한 후 [확인] 버튼을 클릭합니다.

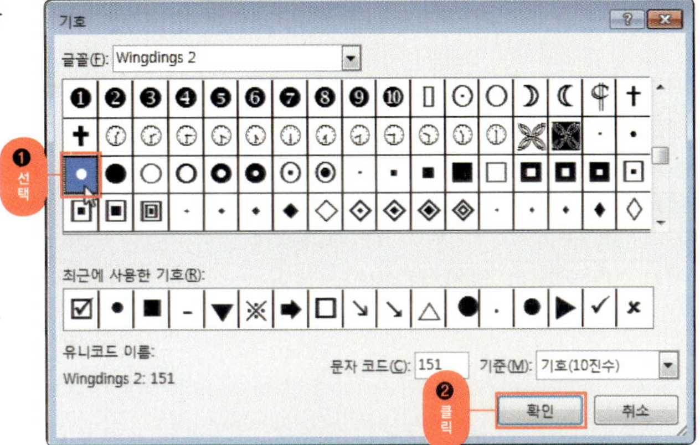

06 [확인] 버튼을 클릭합니다.

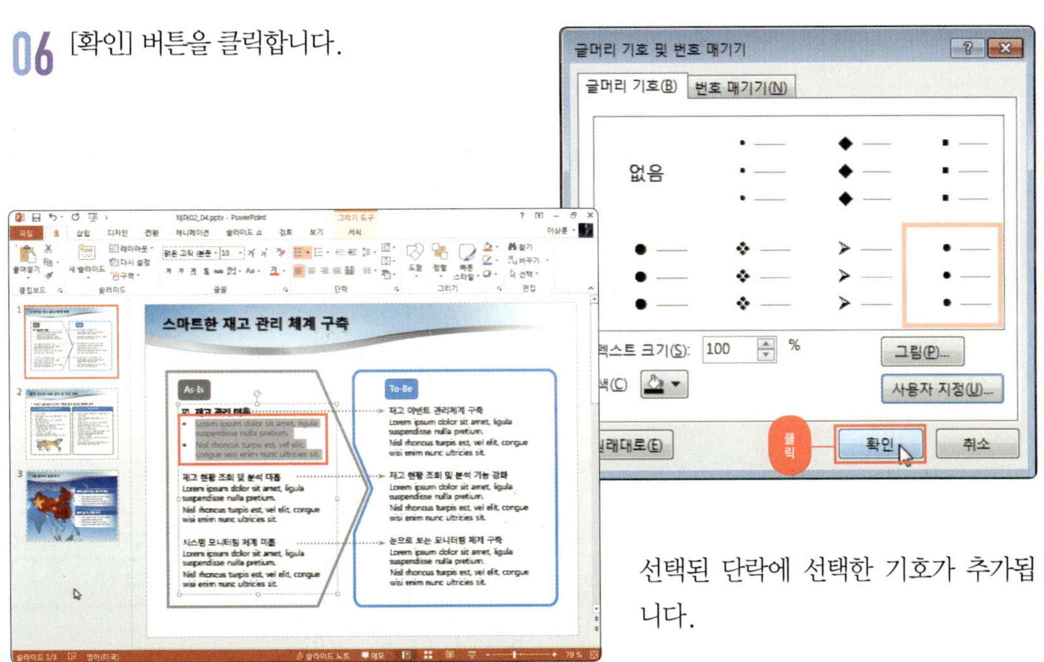

선택된 단락에 선택한 기호가 추가됩니다.

STEP 03 | 글머리 기호와 글자의 시작 위치 조정하기

01 [보기] 탭에서 [눈금자]를 선택합니다.

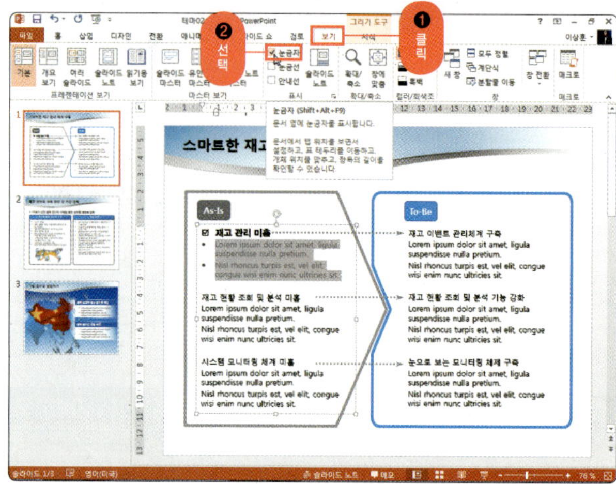

02 눈금자에서 [글자의 시작 위치]를 조정할 수 있는 아이콘에 마우스 포인터를 위치시킵니다.

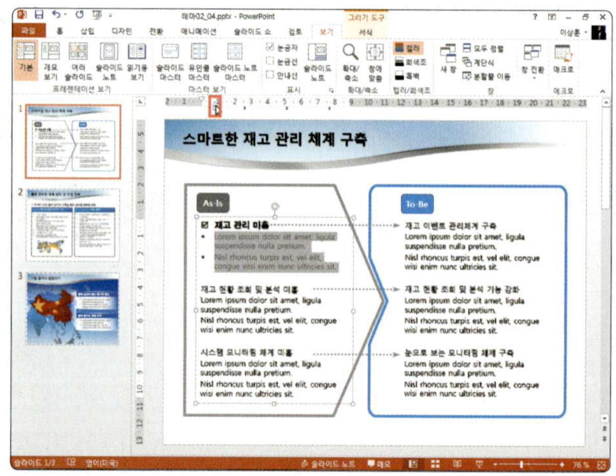

03 오른쪽으로 드래그합니다.

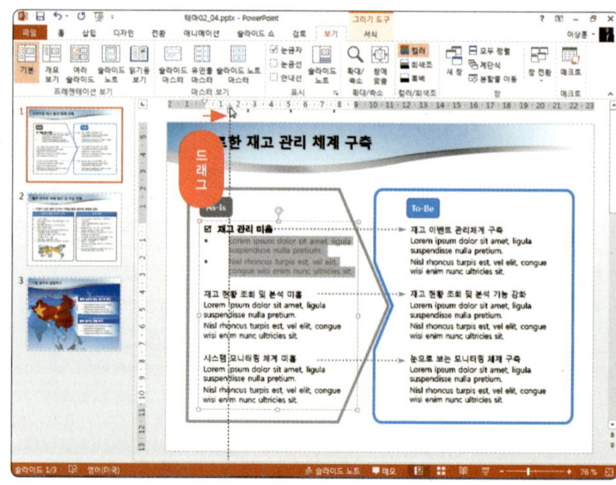

04 눈금자에서 [글머리 기호의 시작 위치]를 조정할 수 있는 아이콘 ▽에 마우스 포인터를 위치시킵니다.

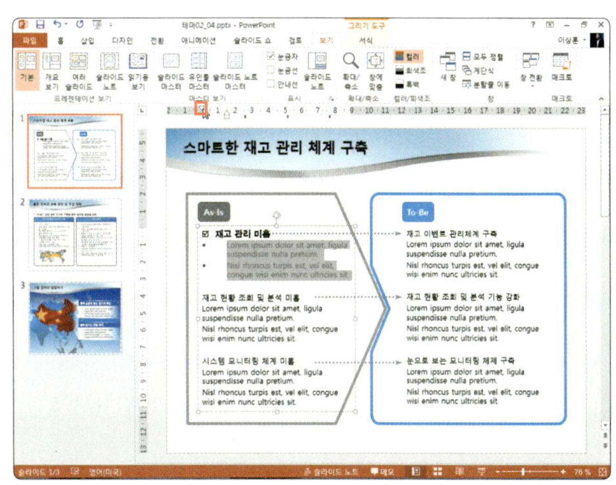

NOTE

눈금자에서 각 아이콘의 역할

- ▽ 글머리 기호의 시작 위치 조정
- △ 글자의 시작 위치 조정
- ☐ 글머리 기호와 글자 간의 간격을 유지한 채 이동

05 오른쪽으로 드래그합니다.

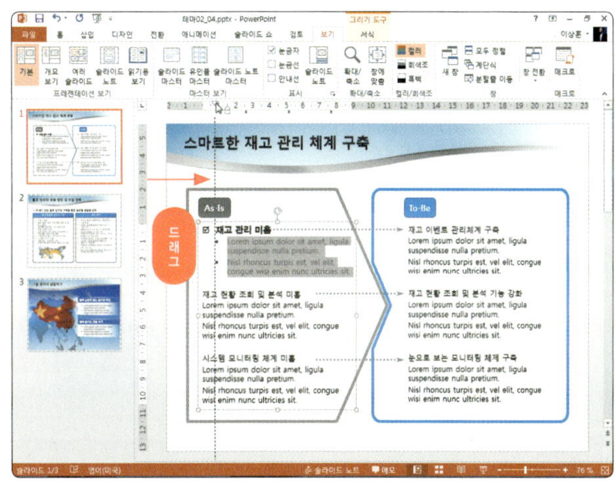

STEP 04 | 단락 서식 복사하기

앞에서 설정한 글머리 기호와 글자 사이의 간격 등과 같은 단락 속성을 다른 글자에도 적용하고 싶다면 '서식 복사'가 가장 좋습니다.

01 [재고 관리 미흡] 글자를 세 번 연속 클릭하여 단락 전체를 선택한 후 `Ctrl` + `Shift` + `C` 를 눌러 선택된 단락의 속성을 복사합니다.

NOTE

서식을 복사하는 다른 방법

[홈] 탭의 [클립보드] 영역에서 [서식 복사] 버튼을 클릭합니다.

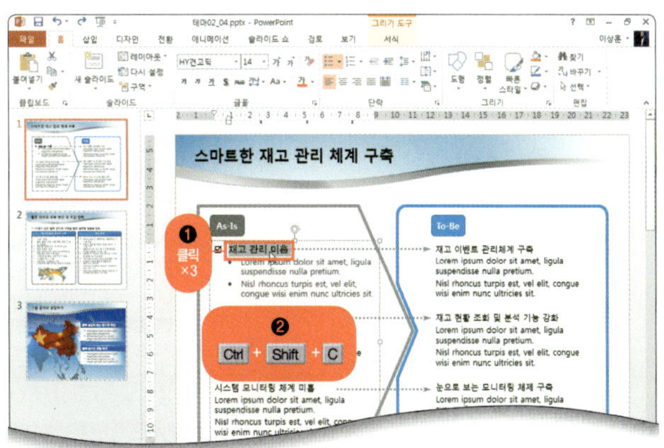

tip

단락 전체를 선택하는 이유는?

서식 복사 명령을 실행하기 전에 글자에 커서를 위치시키거나 글자를 선택하면 그 글자의 글꼴 서식, 즉 글꼴, 글꼴 크기, 글꼴 색, 문자 간격 등의 속성만 복사됩니다. 반면, 단락 전체를 선택하면 글꼴 속성은 물론, 글머리 기호, 줄 간격 등과 단락 속성까지 복사할 수 있기 때문입니다. 이때에는 글자 끝까지 선택했다고 해서 단락이 선택된 것이 아니라 글자 오른쪽에 있는 빈 칸까지 선택해야 단락이 선택된 것입니다. 여기에 단락을 나누는 Enter 가 숨어 있기 때문입니다.

☑ 재고 관리 미흡
글자만 선택된 상태

☑ 재고 관리 미흡
단락이 선택된 상태

단락을 선택하는 방법

- 단락 첫 글자부터 단락 마지막 글자까지 드래그
- 세 번 연속 클릭
- 글머리 기호 클릭

02 [재고 현황 조회 및 분석 미흡] 글자를 세 번 연속 클릭하여 단락 전체를 선택합니다.

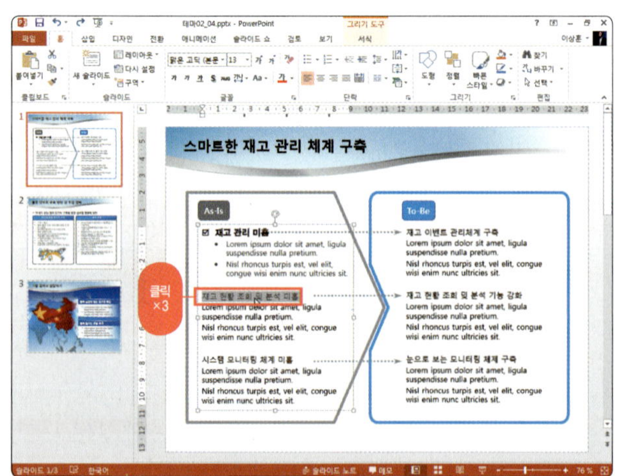

03 Ctrl + Shift + V 를 누릅니다. 앞서 복사했던 서식이 선택한 단락에 붙여 넣어집니다.

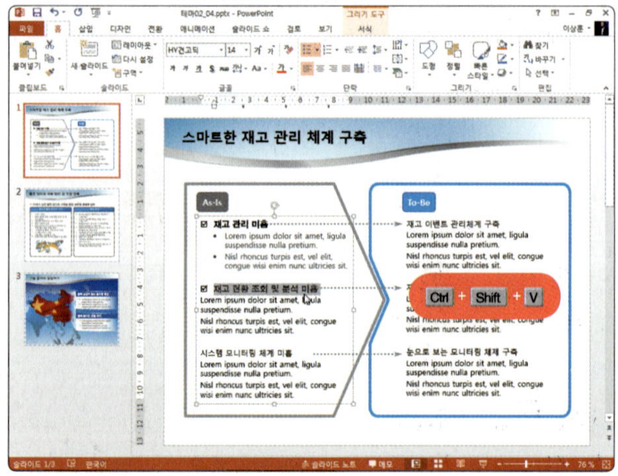

04 [시스템 모니터링 체계 미흡] 글자를 세 번 연속 클릭하여 단락 전체를 선택한 후 Ctrl + Shift + V 를 누릅니다. 앞에서 복사했던 서식이 선택한 단락에 붙여 넣어집니다.

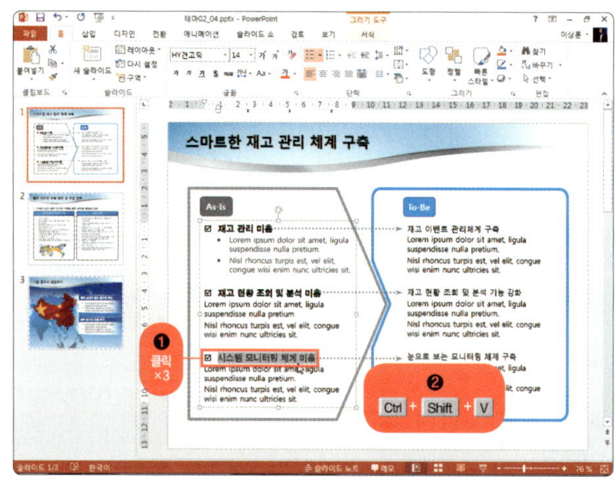

05 오른쪽에 있는 [재고 이벤트 관리 체계 구축] 글자를 세 번 클릭하여 단락 전체를 선택한 후 Ctrl + Shift + V 를 눌러 앞에서 복사했던 서식을 붙여 넣습니다.

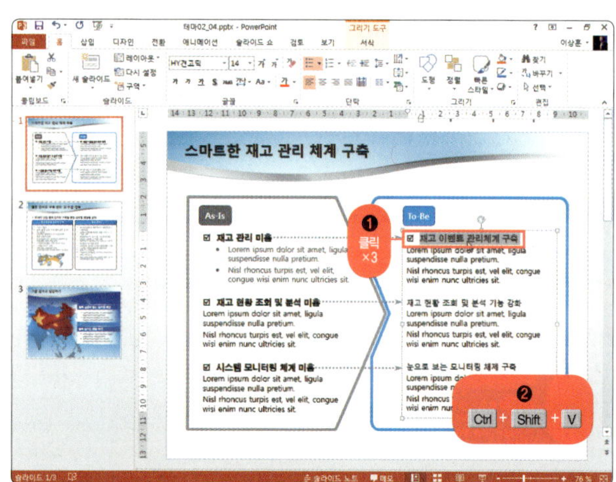

STEP 05 | 글머리 기호 색 변경하고 서식 복사하기

01 현재 단락이 선택되어 있는 상태에서 [글머리 기호] 메뉴를 연 후 [글머리 기호 및 번호 매기기]를 선택합니다.

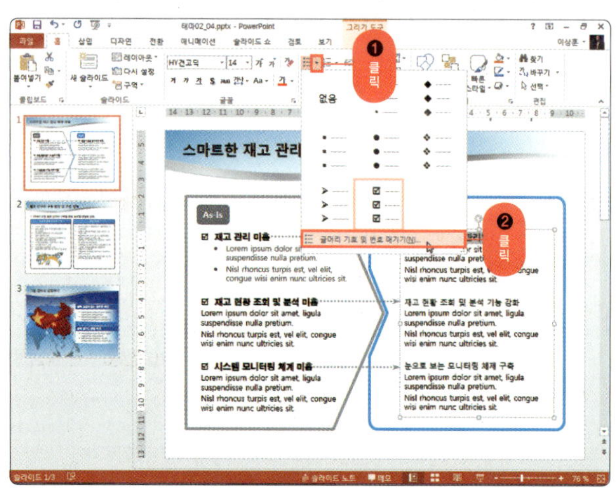

02 [색] 버튼을 클릭한 후 [표준 색]에서 [파랑]을 선택하고 [확인] 버튼을 클릭합니다.

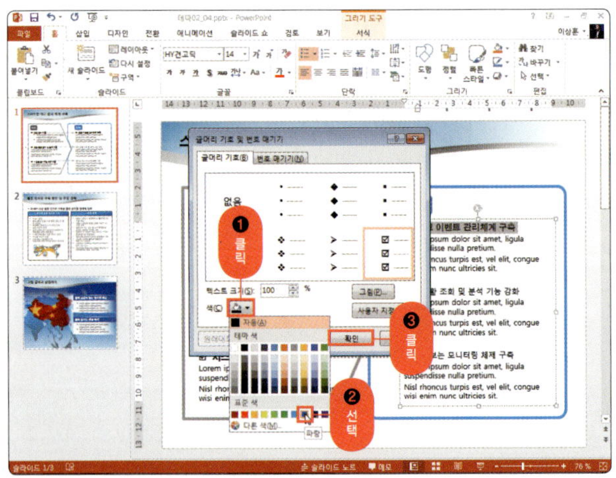

03 [글꼴 색] 메뉴를 연 후 [표준 색]에서 [파랑]을 선택하고 Ctrl + Shift + C 를 눌러 글꼴 및 단락 서식을 복사합니다.

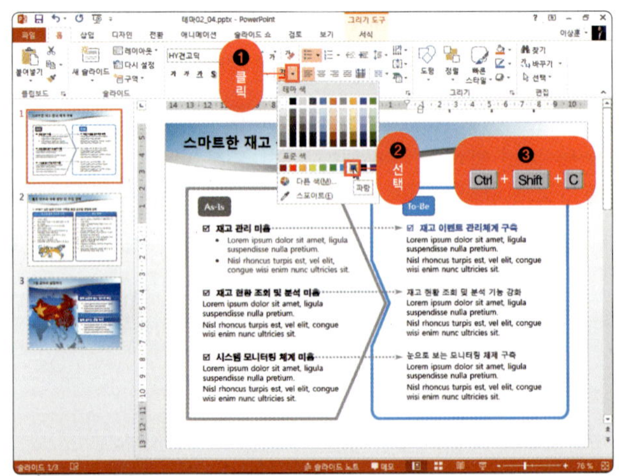

04 [재고 현황 조회 및 분석 기능 강화] 글자를 세 번 연속 클릭해 단락 전체를 선택합니다.

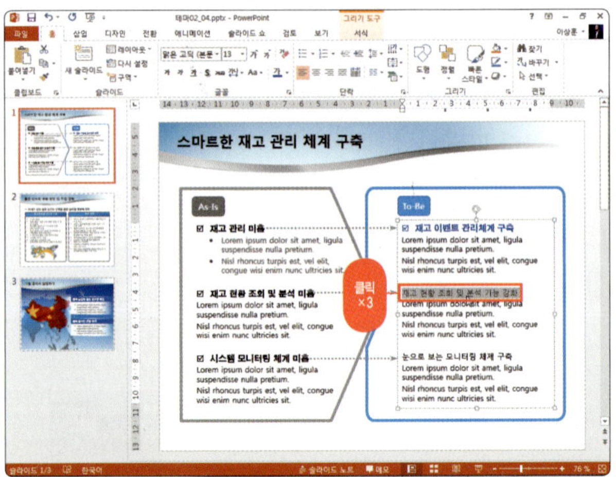

05 Ctrl + Shift + V 를 눌러 복사한 서식을 붙여 넣습니다.

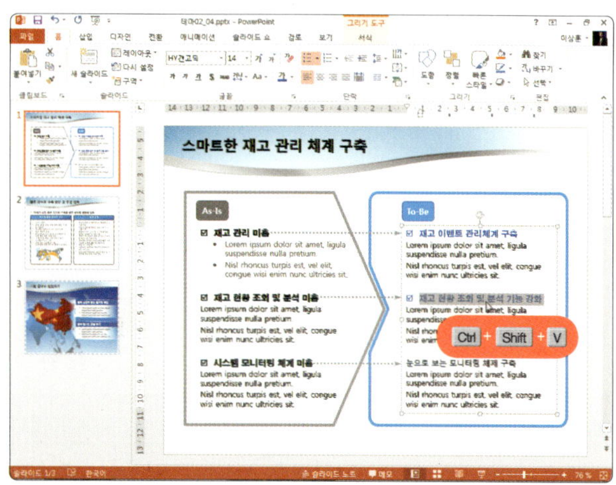

06 [눈으로 보는 모니터링 체제 구축]을 세 번 연속 클릭하여 단락 전체를 선택한 후 Ctrl + Shift + V 를 눌러 복사한 서식을 붙여 넣습니다.

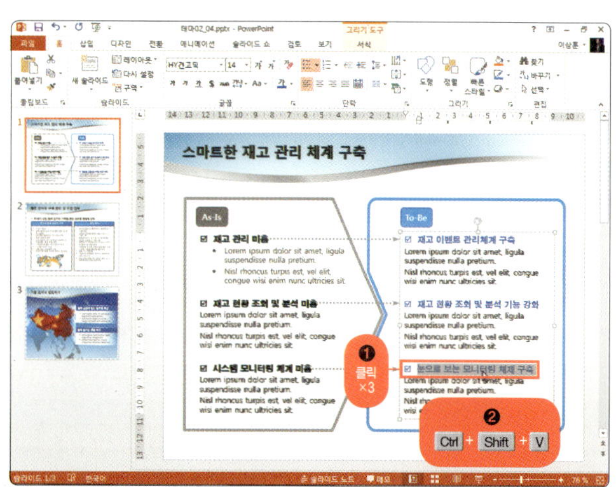

STEP 06 | 다른 단락도 서식 복사하기

01 [재고 관리 미흡] 바로 아래에 있는 단락의 글머리 기호를 클릭하여 단락 전체를 선택한 후 Ctrl + Shift + C 를 눌러 서식을 복사합니다.

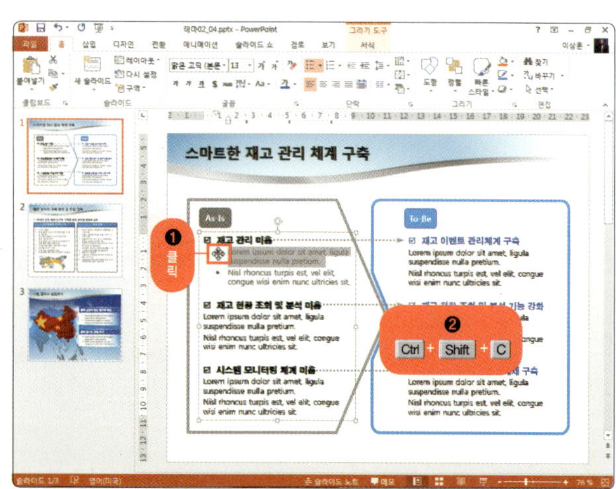

02 [재고 현황 조회 및 분석 미흡] 아래에 있는 네 줄을 선택합니다.

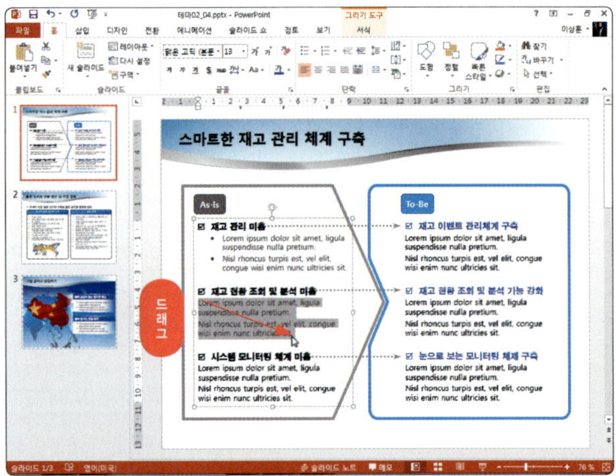

03 Ctrl + Shift + V 를 눌러 앞에서 복사해 놓은 서식을 붙여 넣습니다.

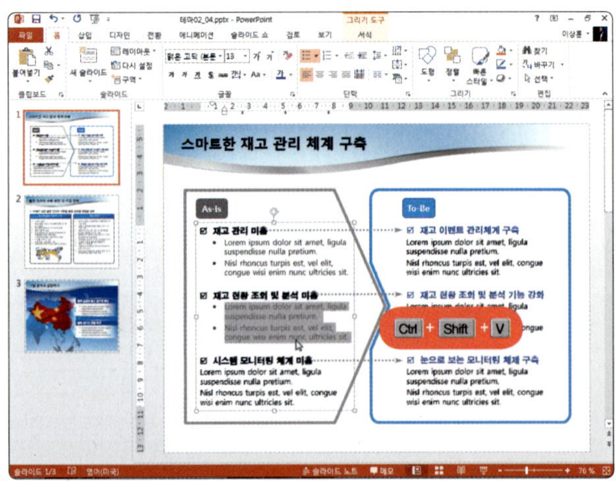

04 같은 방법으로 다른 단락도 선택한 후 Ctrl + Shift + V 를 눌러 앞서 복사해 놓은 서식을 붙여 넣습니다.

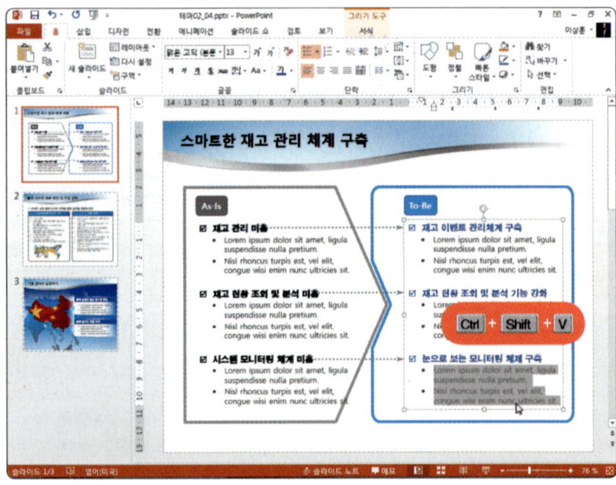

STEP 07 | 첫째 수준 글머리 기호 위치 조정 및 반복하기

01 [2번 슬라이드]에서 [스피드 향상]을 클릭하여 커서를 위치시킨 후 [홈] 탭의 [단락] 영역에서 [대화상자 표시] 버튼을 클릭합니다.

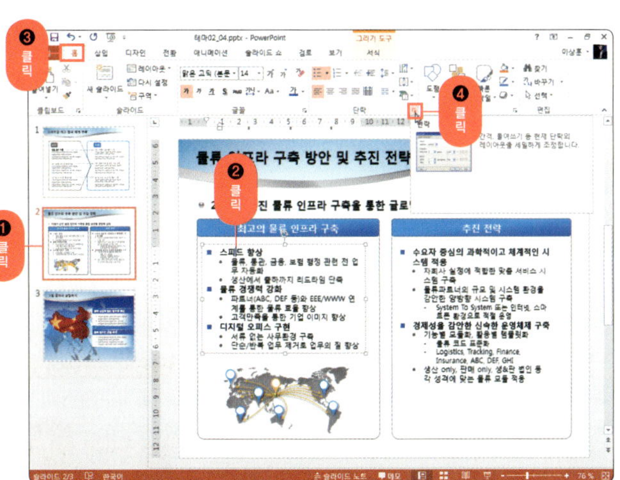

02 [들여쓰기]에서 [텍스트 앞]을 [0.5cm]로, [첫 줄]의 [내어쓰기]의 [값]을 [0.5cm]로 변경한 후 [확인] 버튼을 클릭합니다.

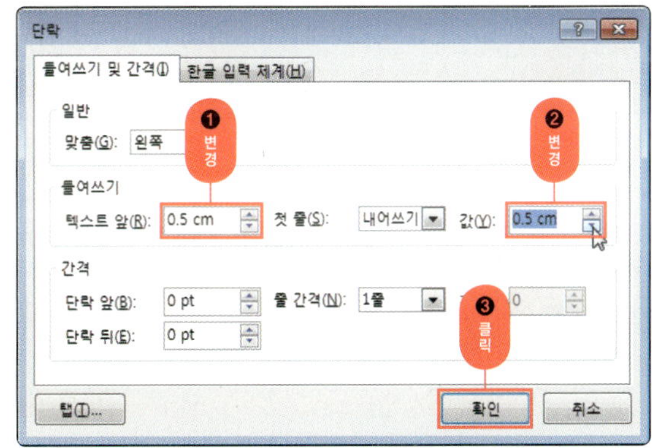

지정된 대로 글머리 기호와 글자 시작 위치가 조정되었습니다.

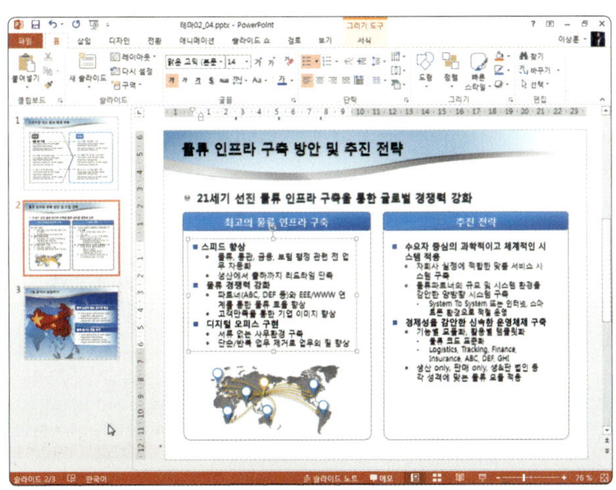

03 [물류 경쟁력 강화] 글자를 클릭하여 커서를 위치시킵니다.

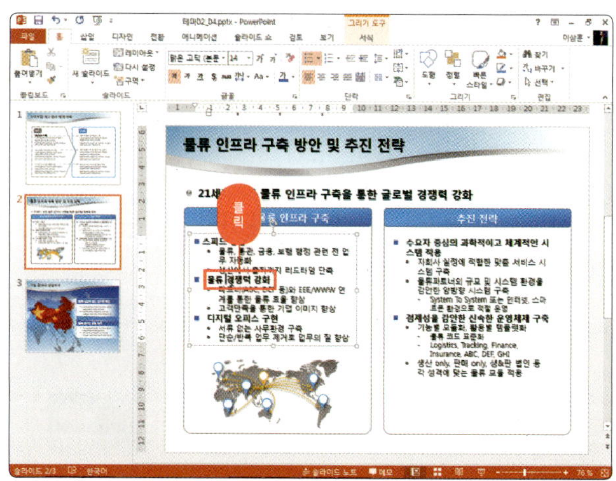

04 빠른 실행 도구 모음에서 [반복] 버튼을 클릭합니다.

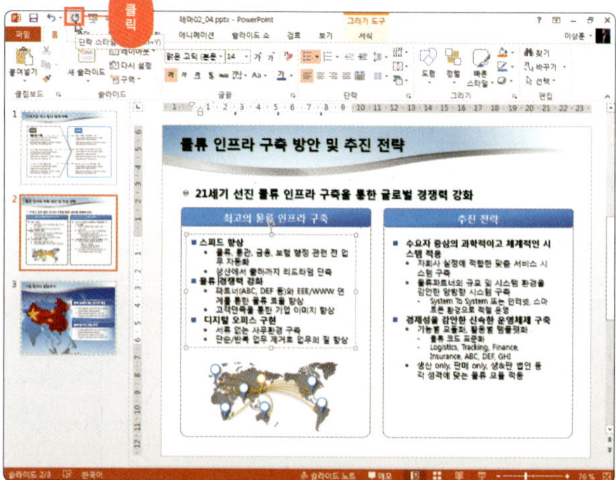

반복 명령 단축키

- Ctrl + Y
- F4

NOTE

앞에서 실행했던 작업이 현재 커서가 있는 단락에 반복됩니다.

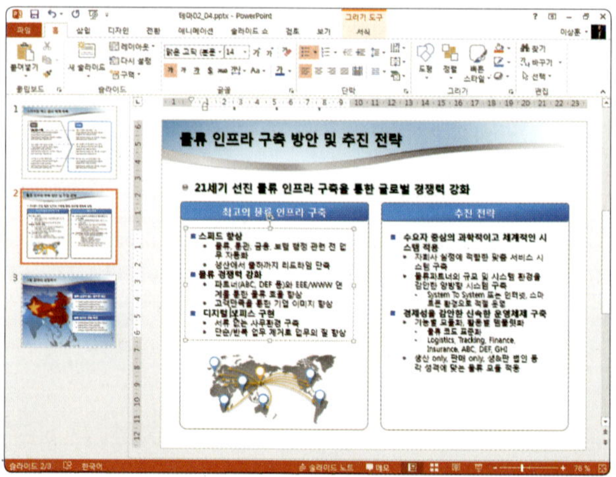

05 똑같은 글머리 기호를 갖고 있는 다른 단락을 클릭한 후 [반복] 명령 ⟳을 실행합니다.

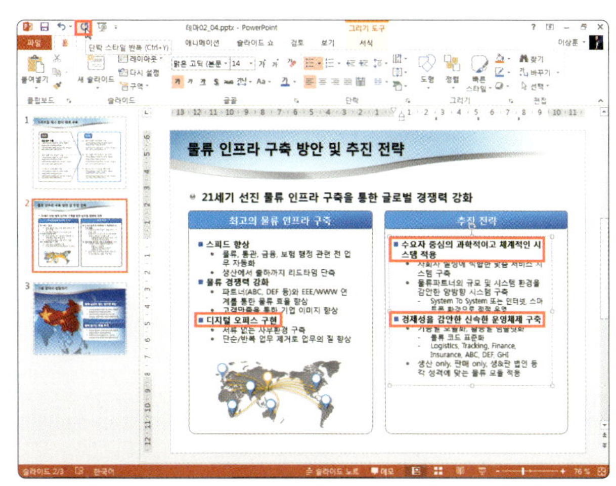

STEP 08 | 둘째 수준 위치 조정 및 반복하기

01 [스피드 향상] 밑에 있는 세 줄을 선택한 후 [단락] 영역에서 [대화 상자 표시] 버튼 ⟱을 클릭합니다.

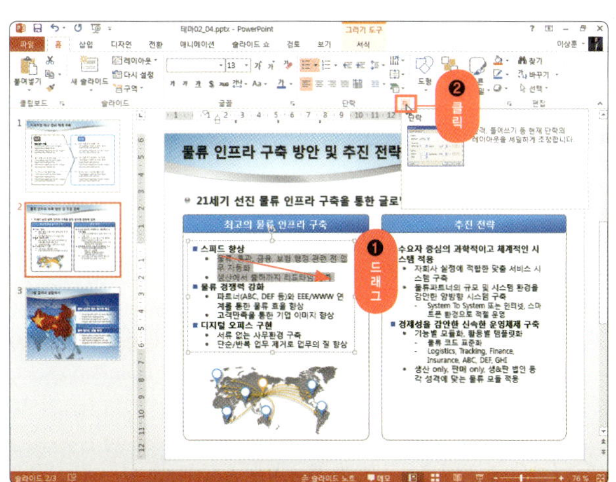

02 [들여쓰기]에서 [텍스트 앞]을 [1.1cm]로, [첫 줄]의 [내어쓰기]의 [값]을 [0.5cm]로 변경한 후 [확인] 버튼을 클릭합니다. 선택된 단락의 글머리 기호와 글자가 지정된 대로 배치됩니다.

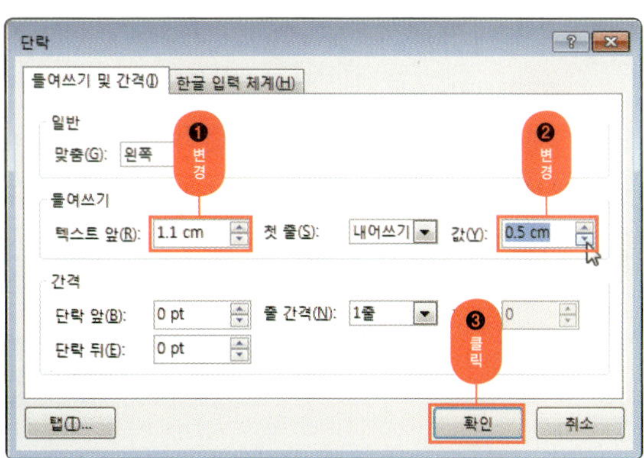

03 다른 단락을 선택한 후 빠른 실행 도구 모음에서 [반복] 버튼을 클릭합니다.

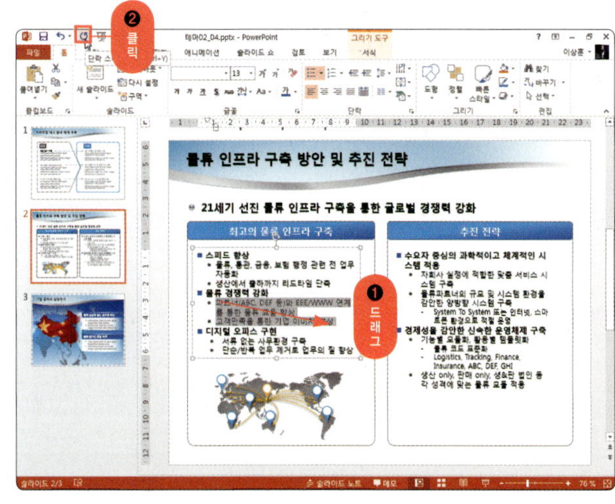

04 같은 글머리 기호를 갖고 있는 다른 단락을 선택한 후 [반복] 명령을 실행합니다.

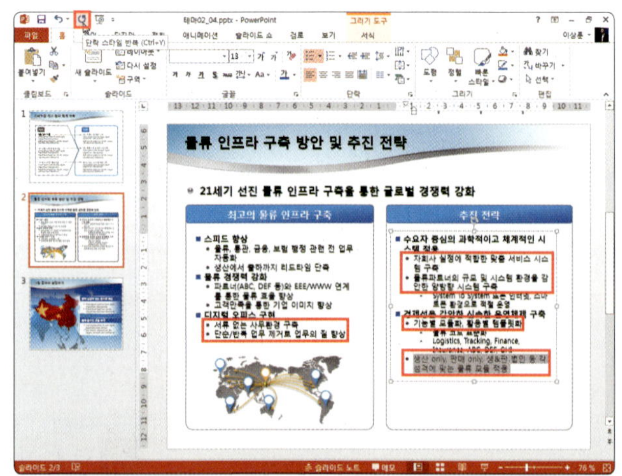

STEP 09 | 세 번째 수준 위치 조정하고 반복하기

01 오른쪽에서 [System To System]으로 시작되는 단락을 클릭하여 커서를 위치시킨 후 [단락] 영역에서 [대화상자 표시] 버튼을 클릭합니다.

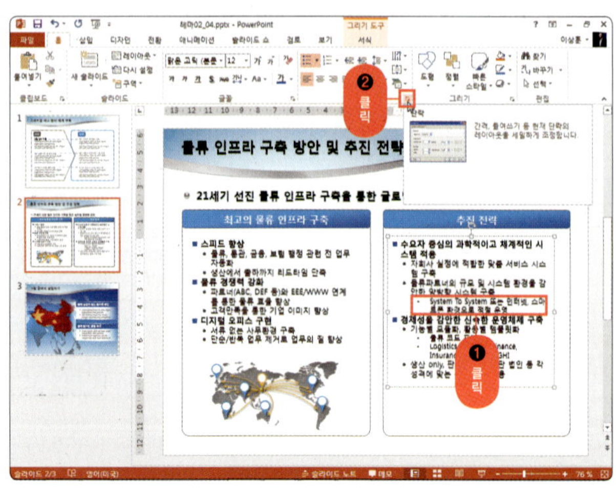

02 [들여쓰기]에서 [텍스트 앞]을 [1.7cm]로, [첫 줄]의 [내어쓰기]의 [값]을 [0.5cm]로 변경한 후 [확인] 버튼을 클릭합니다. 선택된 단락의 글머리 기호와 글자가 지정된 대로 배치됩니다.

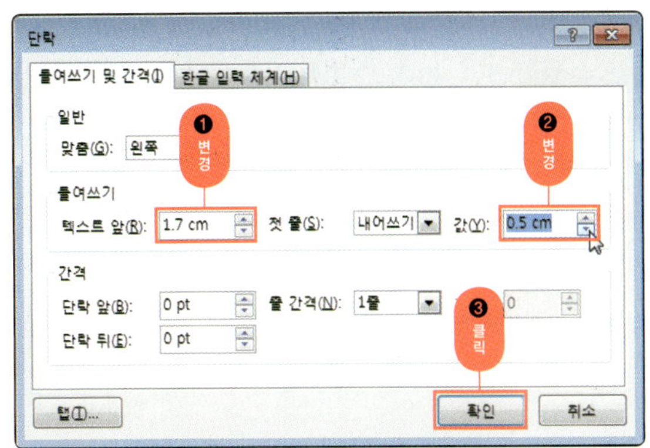

03 같은 글머리 기호를 가진 다른 단락을 선택한 후 빠른 실행 도구 모음에서 [반복] 버튼을 클릭합니다.

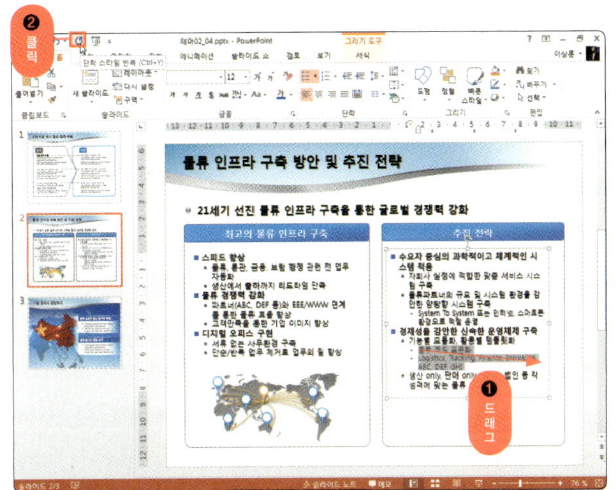

NOTE

텍스트와 글머리 기호의 시작 위치는?

[단락] 대화상자의 [들여쓰기]에서

• 텍스트의 시작 위치: 텍스트 앞

• 글머리 기호의 시작 위치: 텍스트 앞 – 첫 줄, 내어쓰기, 값

예를 들어, 텍스트 앞이 1.7cm이, 첫 줄/내어쓰기/값이 0.5cm라면

• 텍스트 시작 위치: 1.7cm

• 글머리 기호의 시작 위치: 1.7cm – 0.5cm = 1.2cm

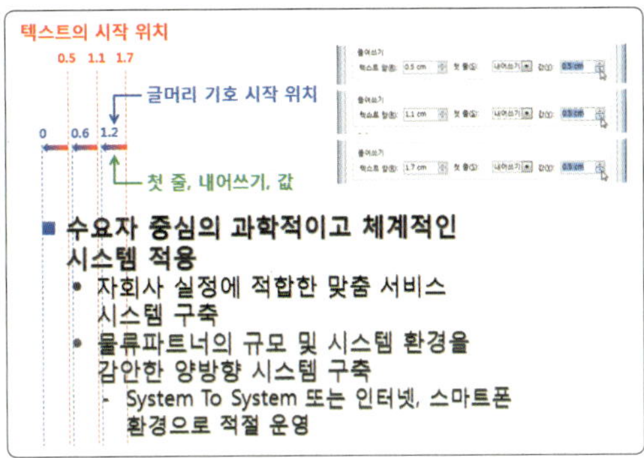

텍스트의 시작 위치와 글머리 기호의 시작 위치

STEP 10 | 강제 줄 바꾸기

01 [수요자 중심의 과학적이고 체계적인 시스템 적용]에서 [시]의 왼쪽을 클릭하여 커서를 위치시킵니다.

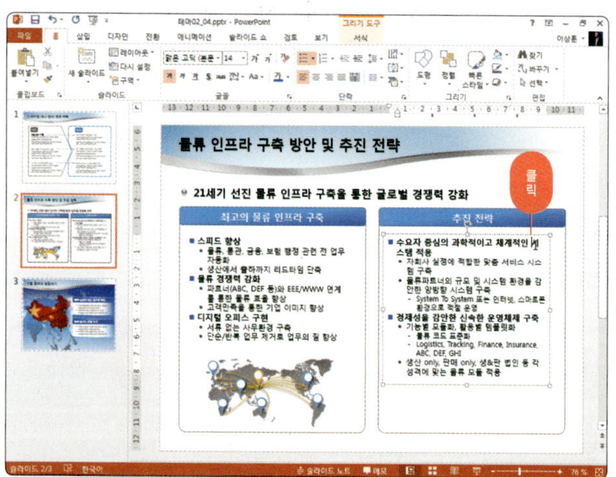

02 Enter 를 누릅니다. 단락이 나눠지면서 글머리 기호가 생깁니다.

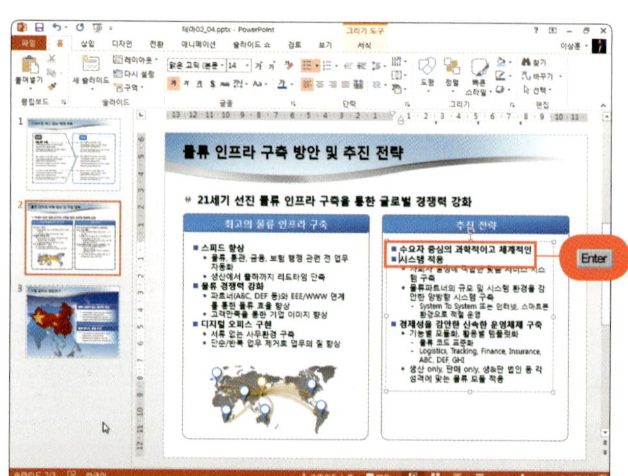

03 빠른 실행 도구 모음에서 [취소] 버튼 을 클릭합니다(단축키: Ctrl + Z).

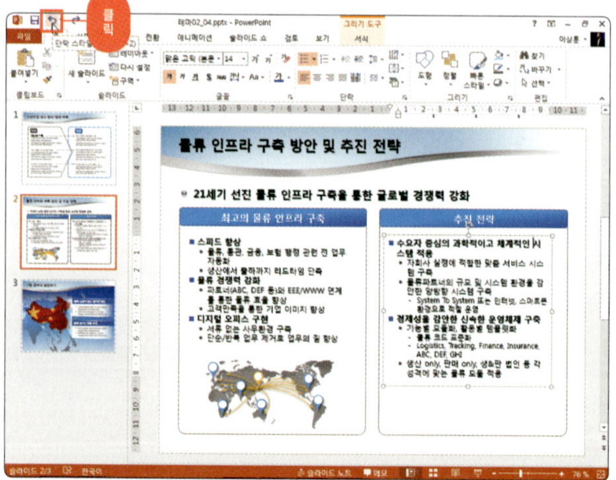

04 Shift + Enter 를 누릅니다. 줄만 나눠져 글머리 기호가 생기지 않습니다.

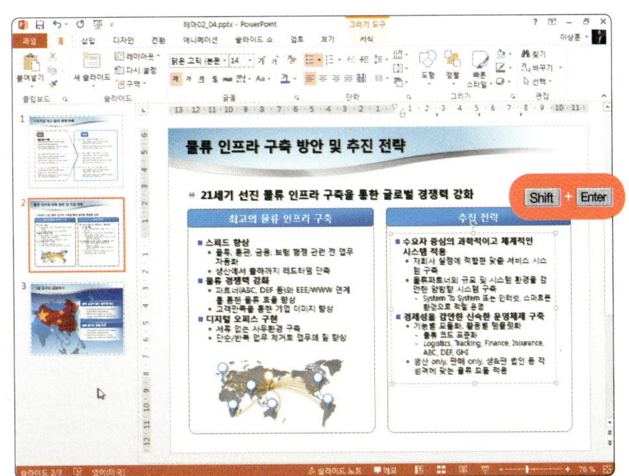

05 같은 방법으로 다른 단락에서도 줄만 나눠봅니다.

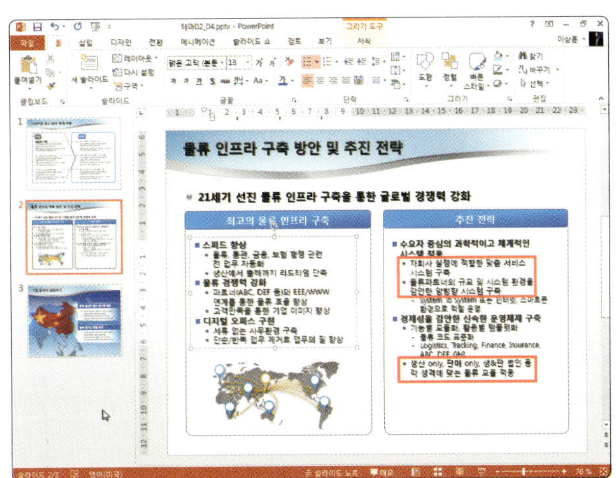

STEP 11 | 그림 글머리 추가하기

01 [3번 슬라이드]에서 [新채널의 주력성장엔진화] 글자를 클릭합니다.

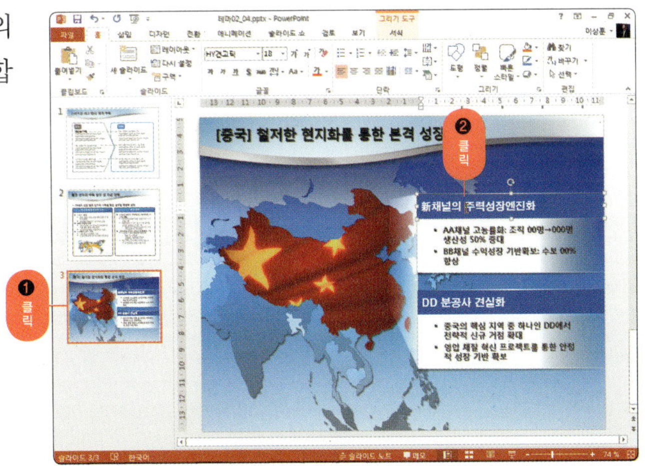

02 [글머리 기호] 메뉴에서 [글머리 기호 및 번호 매기기]를 선택합니다.

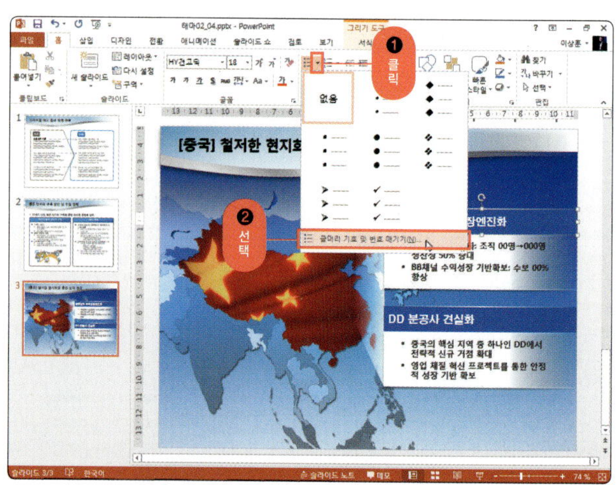

03 [그림]을 클릭합니다.

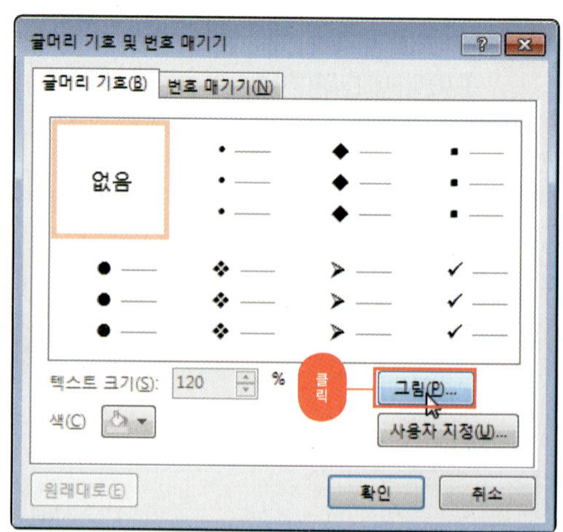

04 [그림 삽입] 대화상자에서 [파일에서]의 [찾아보기]를 클릭합니다.

05 부록 CD의 테마02 폴더에 있는 글머리 그림 중에서 하나를 선택한 후 [삽입]을 클릭합니다. 선택한 글머리 그림이 선택한 단락에 글머리로 추가됩니다.

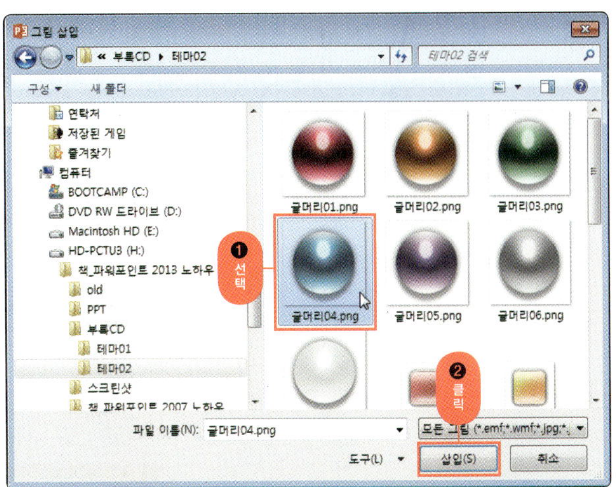

06 다른 글자를 클릭한 후 빠른 실행 도구 모음에서 [반복] 버튼을 클릭합니다(단축키: `Ctrl` + `Y` 또는 `F4`).

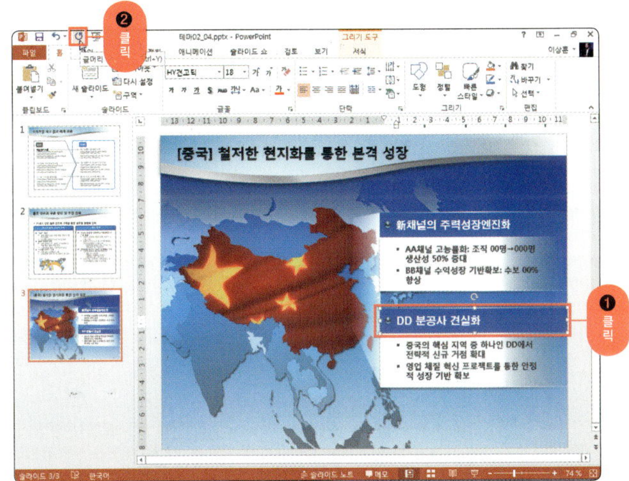

STEP 12 | 클립아트에서 글머리 그림 가져오기

01 [新채널의 주력성장엔진화] 밑에 있는 단락을 선택합니다.

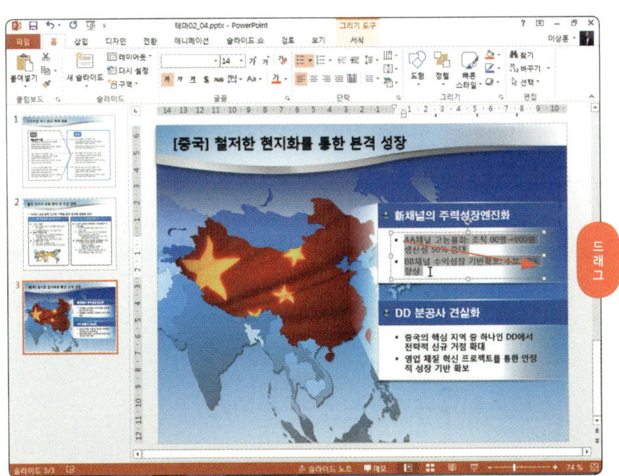

02 [글머리 기호] 메뉴에서 [글머리 기호 및 번호 매기기]를 선택합니다.

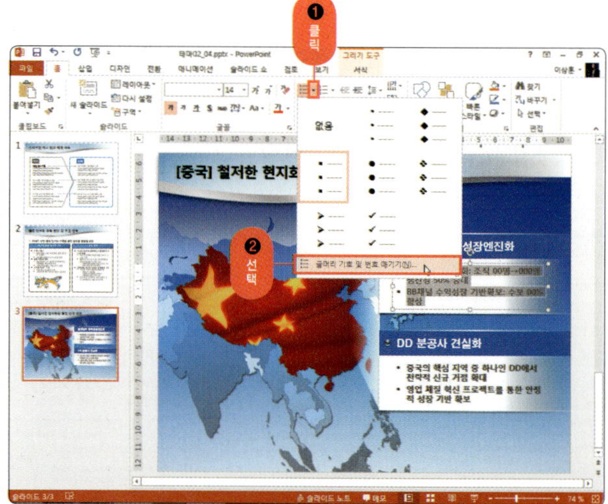

03 [그림]을 클릭합니다.

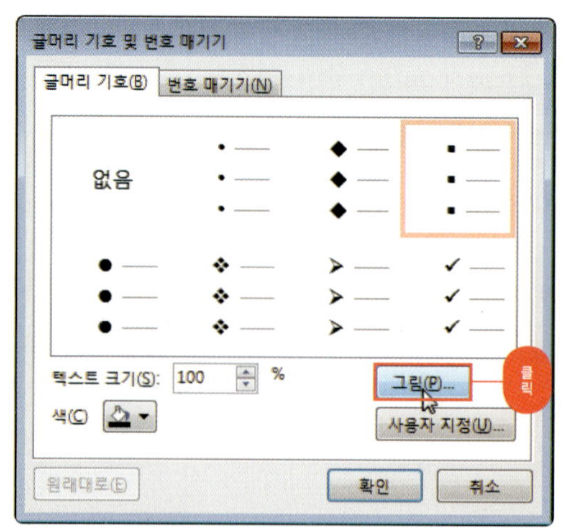

04 그림 삽입 대화상자에서 [Office.com 클립아트]의 입력 상자에 [글머리 기호]를 입력한 후 Enter 를 누릅니다.

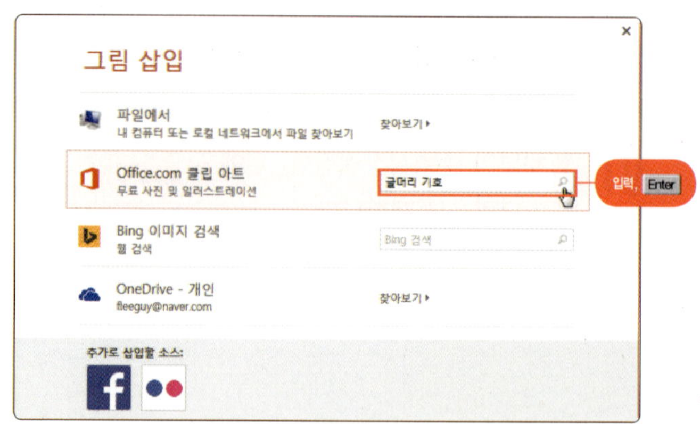

05 글머리를 하나 선택한 후 [삽입]을 클릭합니다. 선택한 글머리가 선택한 단락에 글머리로 추가됩니다(검색 결과 화면은 검색 시기에 따라 달라질 수 있습니다).

06 다른 글자를 클릭한 후 빠른 실행 도구 모음에서 [반복] 버튼을 클릭합니다(단축키: Ctrl + Y 또는 F4).

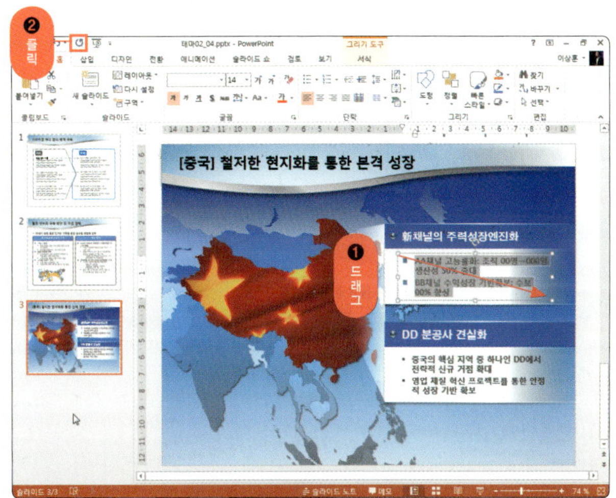

N O T E

파워포인트 2007, 2010 버전에서 그림 글머리 기호 추가하기

1. [글머리 기호] 메뉴에서 [글머리 기호 및 번호 매기기]를 선택합니다.
2. [가져오기]를 클릭합니다.
3. 글머리로 설정할 그림을 선택하고 [추가]를 클릭합니다.
4. 추가된 글머리 그림 중에서 하나를 선택하고 [확인] 버튼을 클릭합니다.

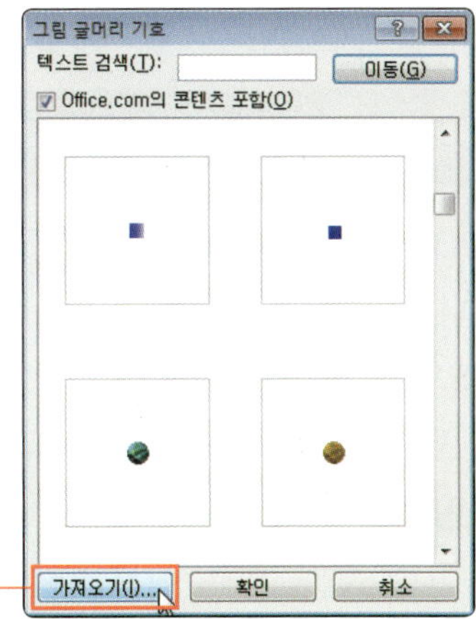

06

줄 및 단락 간격을 조정해보자!

단락 간격이나 줄 간격을 벌리고 싶을 때 Enter 를 누르는 사용자들이 많습니다. 이렇게 되면 단락이 나눠지면서 한 줄이 벌어지게 됩니다. 이번 레슨에서는 한 줄이 아니라 약간만 조정하거나 단락은 유지한 채 줄 간격만 조정하는 방법에 대해 알아보겠습니다.

● **실습 파일**: 부록 CD/테마02/테마02_06.pptx | **결과 파일**: 부록 CD/테마02/테마02_06(결과).pptx

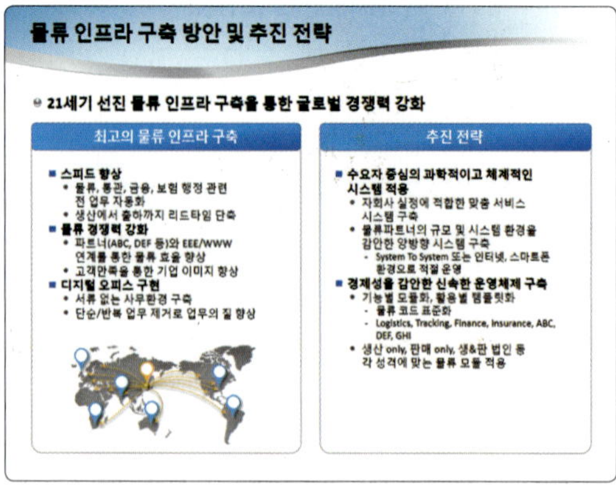

Before

After

STEP 01 | 단락 간격 조정하기

01 왼쪽 텍스트 상자에 있는 글자 중 아무 글자나 클릭한 후 Shift 를 누른 상태에서 오른쪽 텍스트 상자를 클릭하고 [홈]의 [단락] 영역에서 [대화 상자 표시] 버튼 을 클릭합니다.

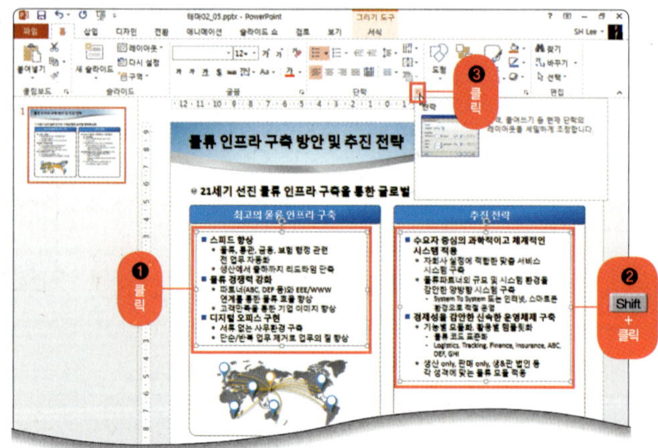

02 [단락 뒤]를 [3pt]로 변경한 후 [확인] 버튼을 클릭합니다.

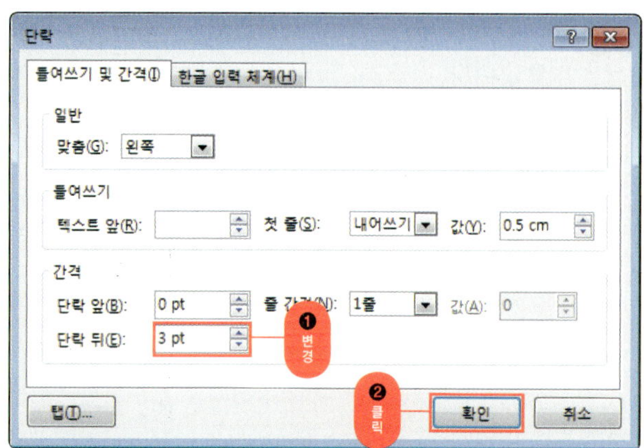

03 선택된 텍스트 상자의 모든 단락 뒤의 간격이 3pt로 조정되면서 단락 간의 간격이 약간 넓어집니다.

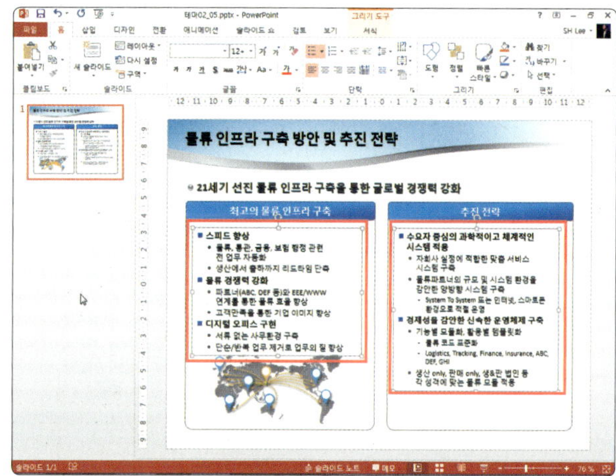

NOTE

줄과 단락

- **줄(line)**: 화면에서 보이는 한 줄, 두 줄을 말합니다.
- **단락(paragraph)**: Enter 를 눌렀을 때 나눠집니다. 한 단락은 여러 줄(line)이 될 수 있습니다.

STEP 02 | 줄 간격 조정하기

01 [스피드 향상] 밑에 있는 세 줄을 선택한 후 [홈]의 [단락] 영역에서 [대화상자 표시] 버튼□을 클릭합니다.

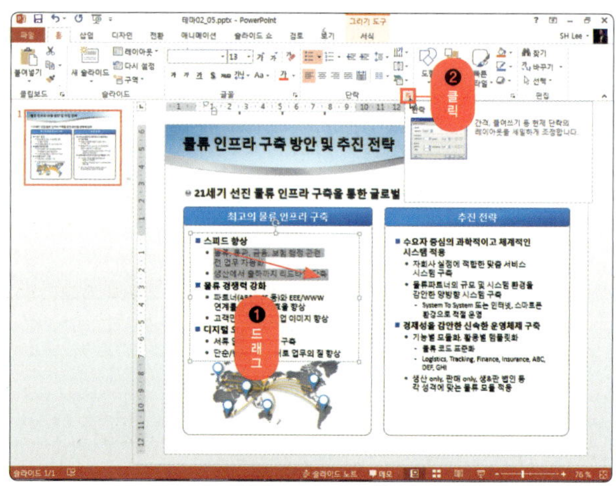

02 [줄 간격] 메뉴를 연 후 [배수]를 선택합니다.

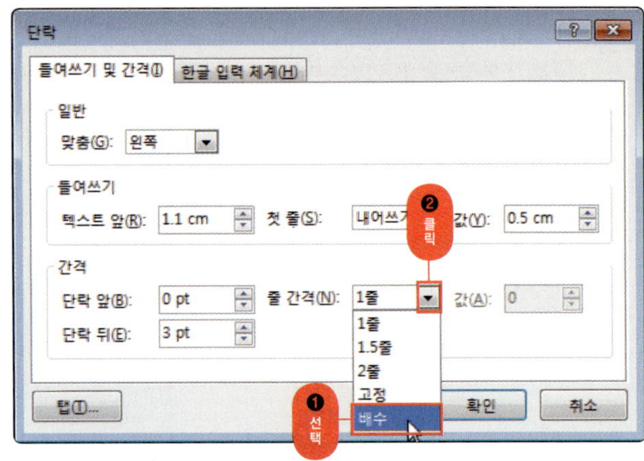

03 [값]을 [0.9]로 변경한 후 [확인] 버튼을 클릭합니다. 선택된 단락의 줄 간격이 0.9로 줄어듭니다.

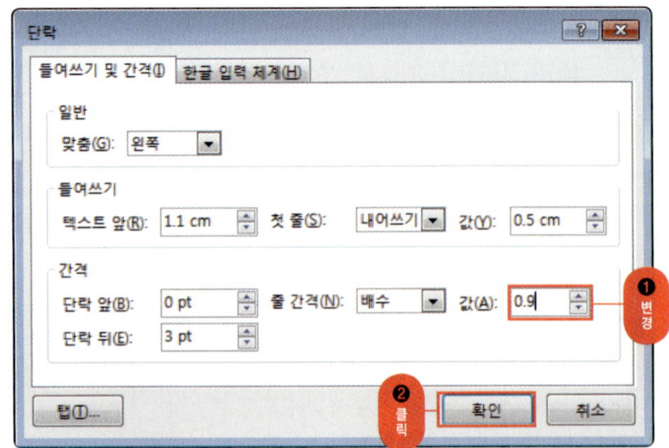

04 다른 글자를 선택한 후 빠른 실행 도구 모음에서 [반복] 버튼을 클릭합니다(단축키: Ctrl + Y 또는 F4).

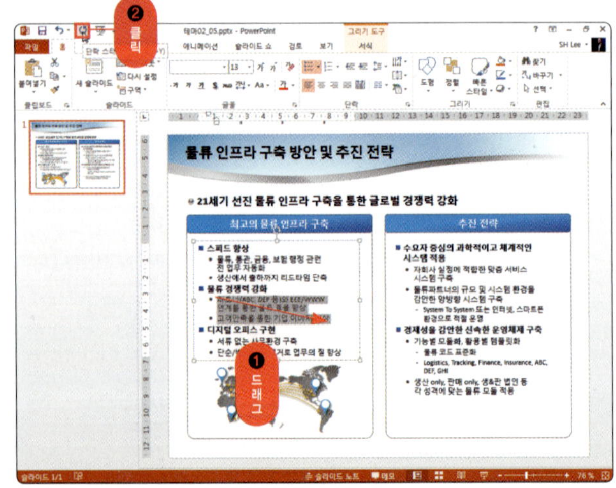

STEP 03 | 단락 간격 벌리기

한 줄을 띄고 싶을 때는 단락 맨 끝을 클릭하고 Enter 를 누르는 것이 가장 편한 방법입니다. 문제는 한 줄까지는 아니고 약간만 띄고 싶을 때인데요. 특정 단락에만 단락 뒤 간격을 조정하면 될 것입니다.

01 위에서 네 번째 줄을 클릭한 후 [홈]의 [단락] 영역에서 [대화상자 표시] 버튼 을 클릭합니다.

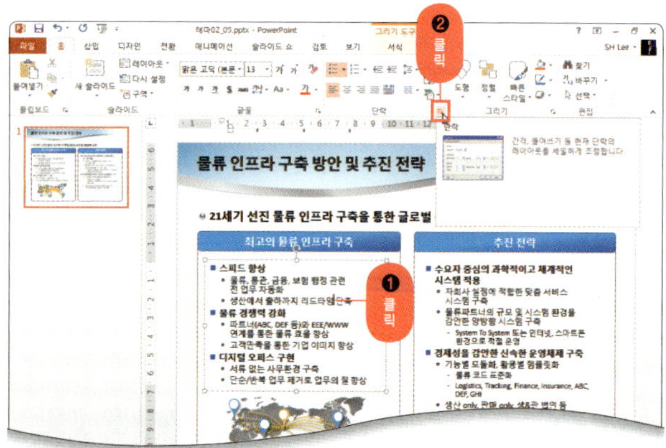

02 [단락 뒤] 값을 [10pt]로 변경한 후 [확인] 버튼을 클릭합니다. 클릭했던 단락 뒤만 간격이 벌어집니다.

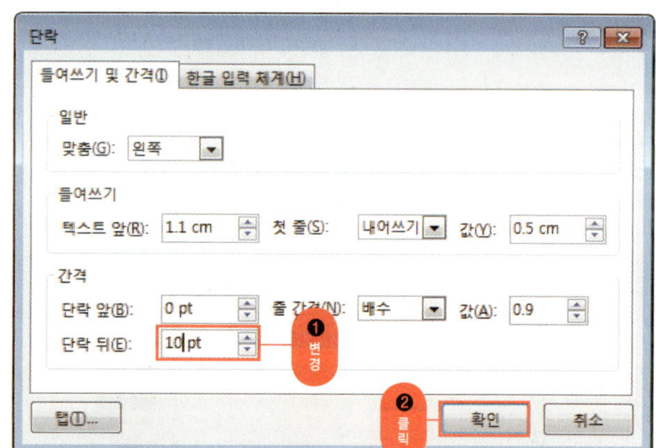

03 다른 단락을 클릭한 후 빠른 실행 도구 모음에서 [반복] 버튼 을 클릭합니다(단축키: Ctrl + Y 또는 F4).

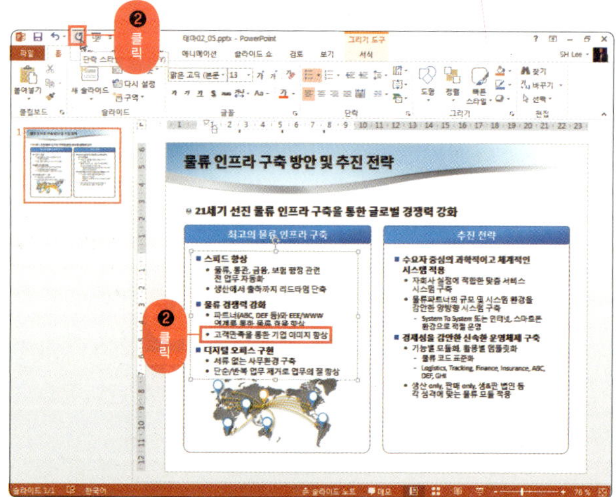

07

POWERPOINT KNOWHOW

글꼴을 바꾸고 저장해보자!

여러 파워포인트에 있는 내용을 복사해 가져오는 경우, 내용과 함께 글꼴도 복사가 돼 결과적으로 글꼴이 너무 많아지는 경우가 종종 있습니다. 이 경우 빠르게 글꼴을 변경하는 방법을 알고 있다면 좋을 것입니다. 글꼴을 변경하는 방법과 파워포인트 파일에 글꼴을 저장하는 방법에 대해 알아보겠습니다.

● **실습 파일**: 부록 CD/테마02/테마02_07.pptx | **결과 파일**: 없음

STEP 01 | 한꺼번에 글꼴 바꾸기

프레젠테이션을 만들 때 여러 군데에서 자료를 복사해 가져오다 보면 글꼴이 너무 많아지는 경우가 종종 발생합니다. 만약, 글꼴을 몇 개로 줄이고 싶을 때 일일이 바꾸려면 상당히 힘들 것입니다. 이때에는 한꺼번에 글꼴 바꾸기 기능이 유용합니다.

01 [홈] 탭의 맨 오른쪽에 있는 [바꾸기]의 [메뉴 표시] 버튼을 클릭하면 나타나는 메뉴 중에서 [글꼴 바꾸기]를 선택합니다.

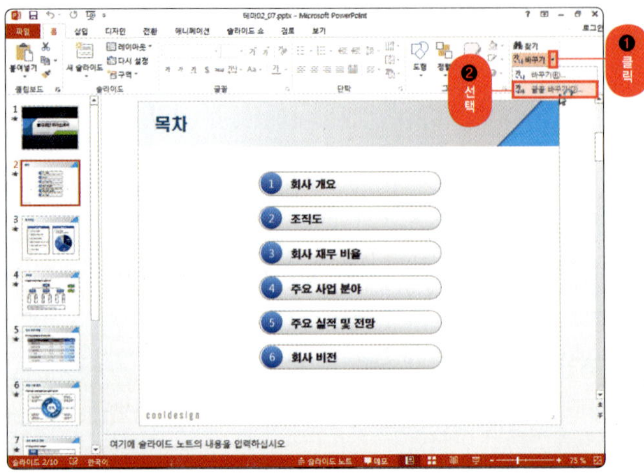

02 [현재 글꼴] 메뉴를 연 후 [맑은 고딕]을 선택합니다.

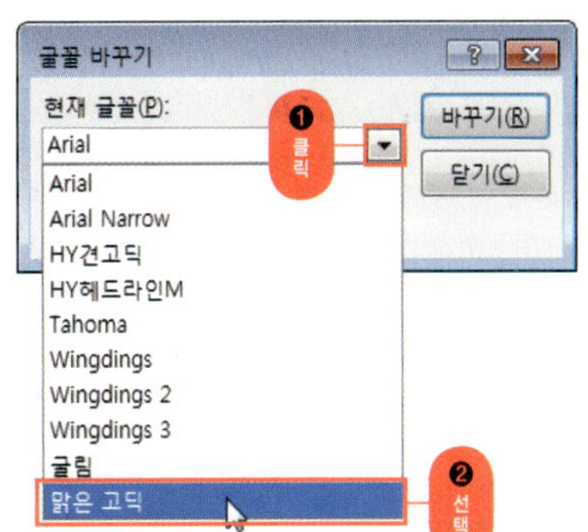

03 [새 글꼴]에서 글꼴(예 나눔 고딕 또는 다른 글꼴)을 선택한 후 [바꾸기]를 클릭합니다. 현재 파워포인트 파일에서 글꼴로 '맑은 고딕'이 지정된 모든 글자의 글꼴이 선택된 다른 글꼴(예 나눔 고딕)로 변경됩니다.

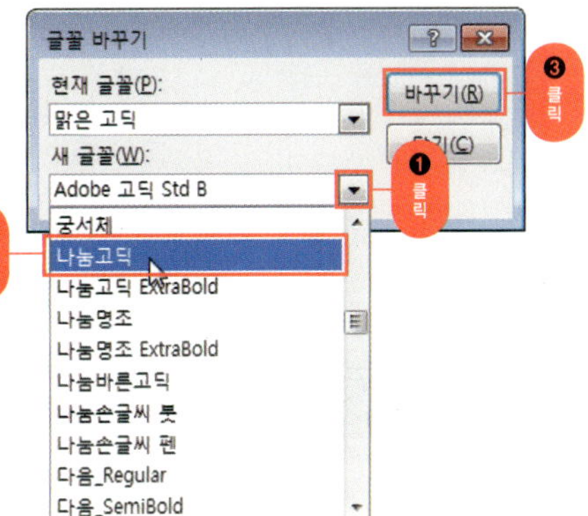

04 같은 방법으로 특정 글꼴을 다른 글꼴로 바꿉니다. 글꼴 바꾸기를 마치려면 [닫기]를 클릭합니다.

N O T E

글꼴 바꾸기가 안 되는데요?

글꼴 바꾸기를 할 때 다음과 같은 메시지가 나타나는 경우가 있을 것입니다.

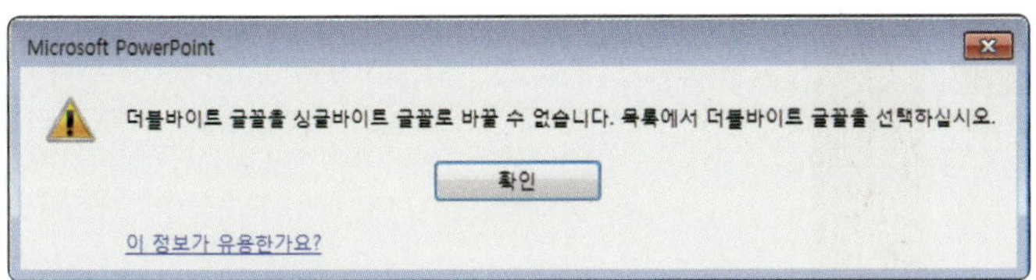

더블 바이트 글꼴은 한글, 일본어, 중국어 등과 같은 아시아 쪽 글꼴이 2byte로 구성되어 있는 것을 말하며, 싱글 바이트 글꼴은 영어와 같은 1byte 글꼴을 말합니다. 즉, 문구는 한글 글꼴(예 HY견고딕)을 영어 글꼴(예 Arial Black)로 변경할 때 나타나는 그렇게 할 수 없다는 알림 메시지입니다.

그런데 문제는 한글 글꼴을 다른 한글 글꼴로 변경할 때도 나타난다는 것입니다. 이러한 메시지가 나타나는 것에 대한 정확한 이유는 아직 밝혀진 것이 없지만 필자의 경험으로 비춰볼 때 무료 글꼴을 유료 글꼴로 바꿀 때 발생하는 빈도가 높았습니다. 이 경우에는 한꺼번에 바뀌지 않으므로 일일이 바꿔줄 수밖에 없습니다.

STEP 02 | 글꼴 저장하기

여러분이 파워포인트 문서에 있는 어떤 글자에 기본 글꼴이 아닌 글꼴(예 나눔 고딕, 산돌고딕 등)을 적용하고 그 파워포인트 파일을 다른 컴퓨터에서 보고자 한다면 그 글꼴이 그 컴퓨터에 설치되어 있어야 합니다. 만약 그렇지 않다면 글자가 깨져 보이게 됩니다. 글꼴을 설치할 여건이 되지 못한다면 글꼴을 다른 기본 글꼴로 바꾸거나 현재 파워포인트 파일에 저장해 놓는 것이 현명합니다.

01 [파일]을 클릭합니다.

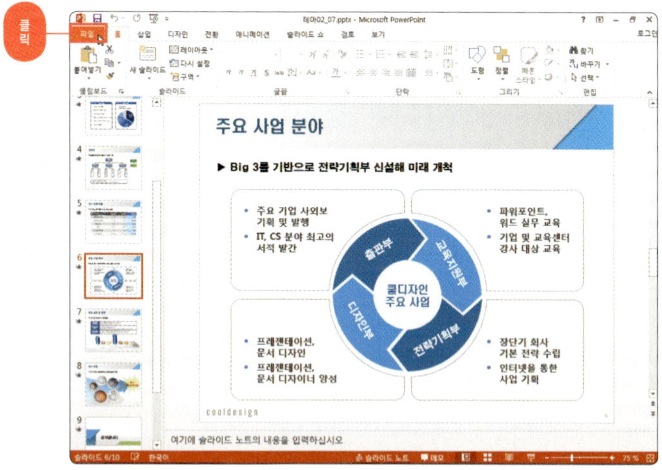

02 [옵션]을 선택합니다.

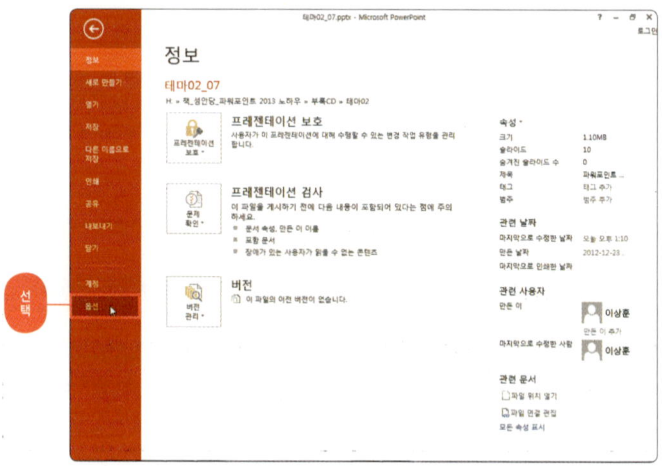

03 [저장]을 클릭한 후 [파일의 글꼴 포함]을 선택하고 [확인] 버튼을 클릭합니다. 현재 파워포인트 파일을 저장하면 사용된 글꼴도 함께 저장됩니다.

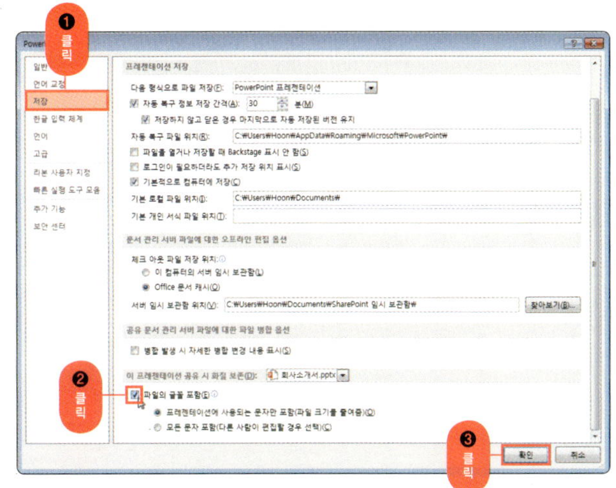

NOTE

글꼴을 저장할 수 없다는 메시지가 표시되는데요?

글꼴 저장 옵션을 선택하고 현재 파워포인트 파일을 저장할 때 다음과 같은 메시지가 표시되는 경우가 있습니다. 이는 해당 글꼴을 저장할 수 없다는 의미입니다.

[확인] 버튼을 클릭하여 [글꼴 저장] 대화상자를 닫고 해당 글꼴을 다른 글꼴로 변경합니다.

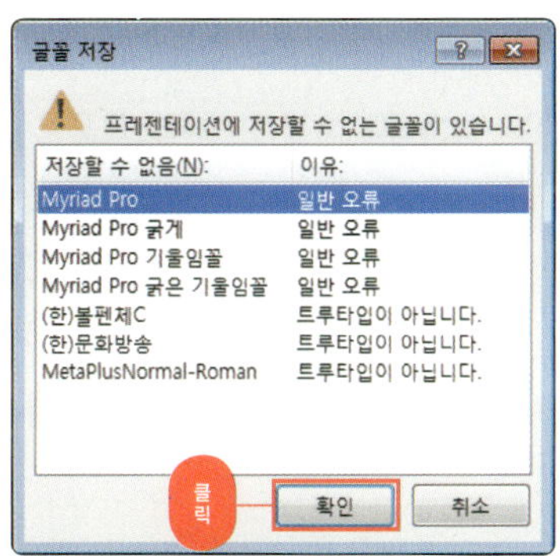

 ### 이상한 메시지가 표시되는데요?

글꼴이 저장된 파워포인트 파일을 다른 컴퓨터에서 볼 때 다음과 같은 메시지가 나타나는 경우가 있습니다.

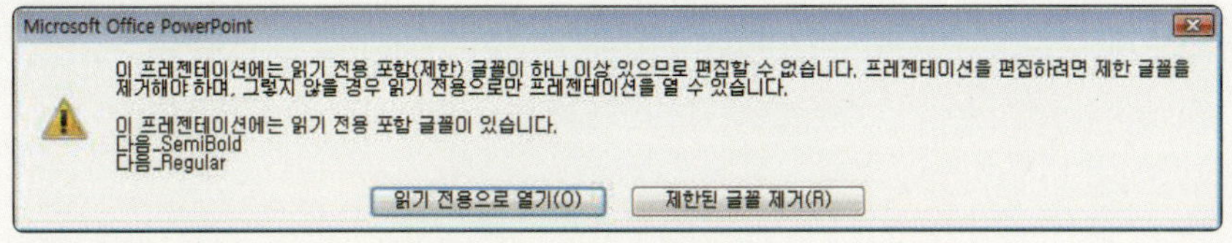

이는 파워포인트 파일에 저장된 글꼴 중에서 목록에 표시된 글꼴이 현재 컴퓨터에 설치되어 있지 않음을 알려주고, 어떻게 할 것인지를 묻는 것입니다.

- **읽기 전용으로 열기**: 내용 확인, 슬라이드 쇼, 인쇄 등을 실행하고 싶을 때 클릭합니다.
- **제한된 글꼴 제거**: 편집을 하고 싶을 때 클릭합니다. 이 경우 목록에 표시되는 글꼴이 현재 파워포인트 파일에서 제거됩니다.

텍스트로 되어 있는 정성적(질적) 정보의 경우 요약된 텍스트로 기술하거나 도해로 변환해 표현하는

경우가 많습니다. 사람들은 텍스트를 읽는 것보다 도해와 같은 그림 형태를 보는 것을 더 좋아하기 때문이죠.

문제는 텍스트를 도해로 변환하는 과정이 너무 많은 시간이 소요되며, 만들어진 도해가 오히려 메시지 전달을

방해하는 경우가 있다는 것입니다. 따라서 텍스트로 기술해도 문제가 없는 것은 요약해서 텍스트로 기술하고,

도해가 더 좋다고 판단될 경우에만 도해로 변환하는 것이 좋습니다. 또한 도해도 최대한 심플하게 만들어

청중이 여러분의 메시지를 쉽게 인지할 수 있도록 하는 것이 중요합니다.

이번 테마에서는 파워포인트에서 도해를 빠르고 정확하게 만드는 방법에 대해 알아보겠습니다.

정성적(질적) 정보의 도해 디자인 기술

01

POWERPOINT KNOWHOW

빠르고 정확하게 도해를 만들어 보자!

파워포인트로 도해를 만드는 데 있어 중요한 점은 속도와 정확도입니다. 속도를 높이기 위해서는 '복제' 스킬을 확실하게 익혀야 하며, 정확도를 높이기 위해서는 '정렬-맞춤' 기능을 사용할 줄 알아야 합니다. 이번 레슨에서는 이 두 가지 기술을 이용해 도해를 빠르고 정확하게 만드는 방법에 대해 알아보겠습니다.

- **실습 파일**: 부록 CD/테마03/테마03.pptx 1번 슬라이드
  결과 파일: 부록 CD/테마03/테마03(결과).pptx

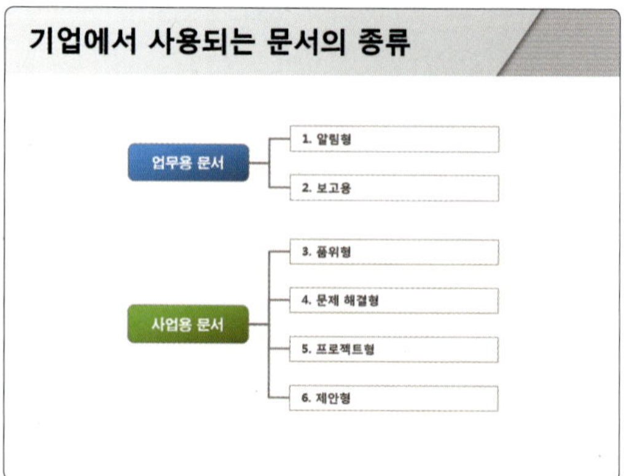

STEP 01 | 도형 만들고 서식 복사하기

01 [홈] 탭에서 [모서리가 둥근 직사각형]□을 클릭합니다.

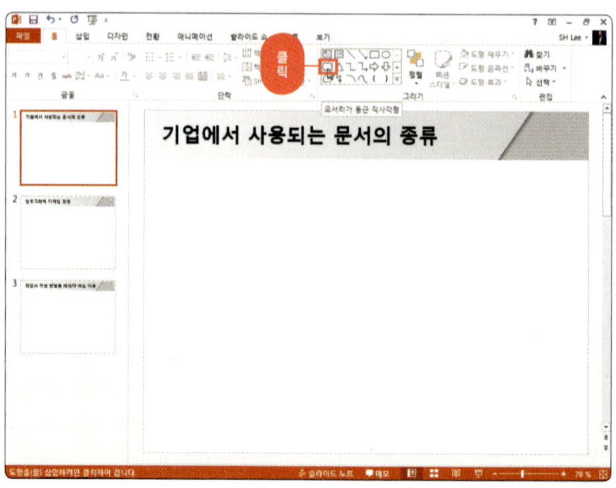

02 슬라이드에서 드래그하여 도형을 만든 후 [업무용 문서]를 입력하고 `Esc`를 눌러 도형의 테두리를 선택합니다.

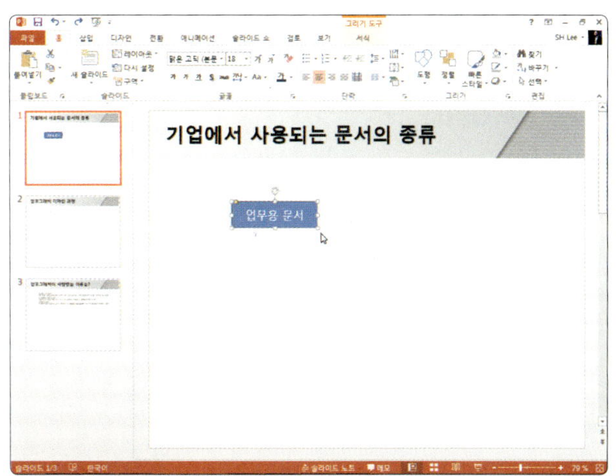

03 [글꼴]을 [HY견고딕]으로 변경합니다.

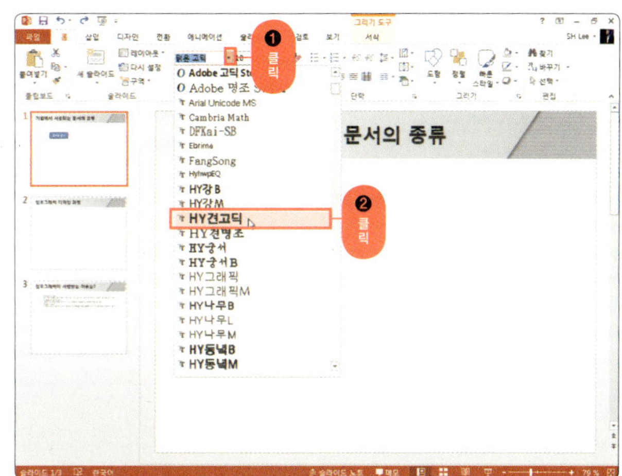

04 [글꼴 크기 작게] `가`를 한 번 클릭하여 [16]으로 조정합니다.

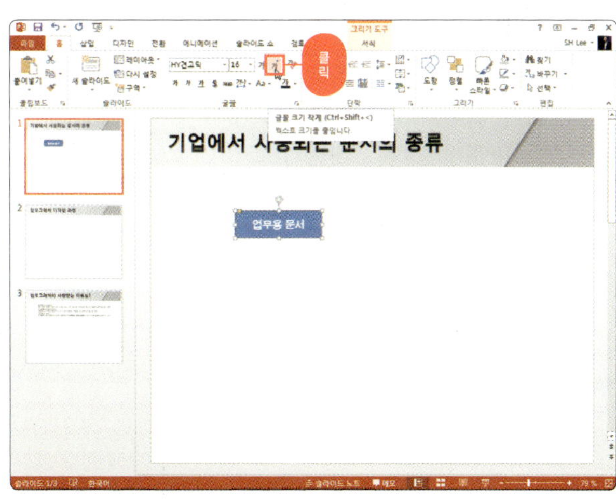

N O T E

글꼴 크기 조정 단축키
- 글꼴 크기 작게: `Ctrl` + `[`
- 글꼴 크기 크게: `Ctrl` + `]`

05 [도형 채우기] 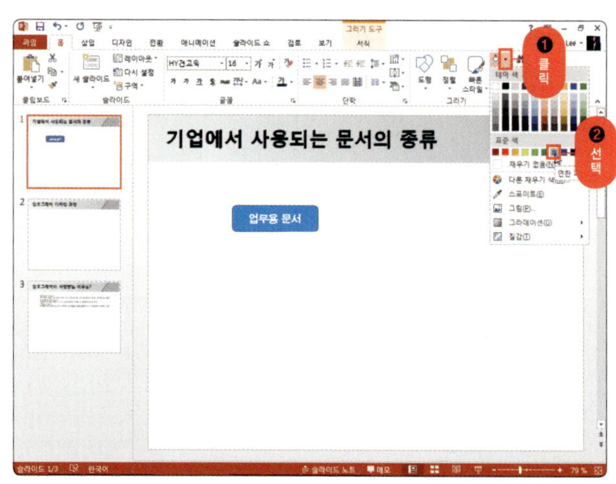 를 클릭한 후 [표준 색]에서 [연한 파랑]을 선택합니다.

NOTE

도형 채우기 버튼이 다른데요?

여러분이 넓은 모니터를 갖고 있다면 [도형 채우기]나 [도형 윤곽선] 명령이 다음과 같이 표시될 수 있습니다. 이 경우에는 글자 부분을 클릭하여 메뉴를 표시할 수 있습니다.

---

06 다시 [도형 채우기] 를 클릭한 후 [그라데이션]에서 [선형 대각선 – 오른쪽 아래에서 왼쪽 위로]를 선택합니다.

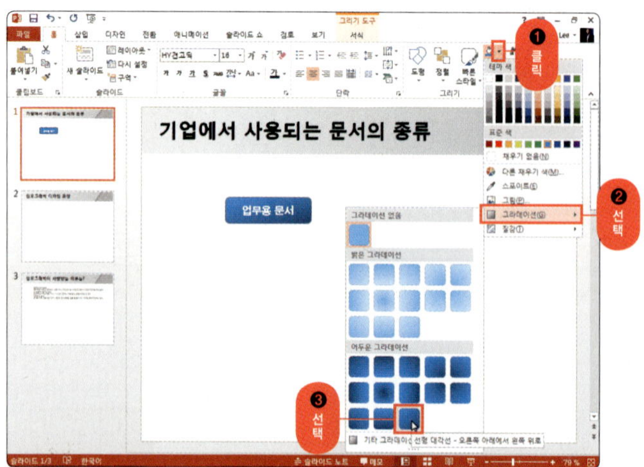

07 [도형 윤곽선] 을 클릭한 후 [테마 색]에서 [흰색, 배경 1, 50% 더 어둡게]를 선택합니다.

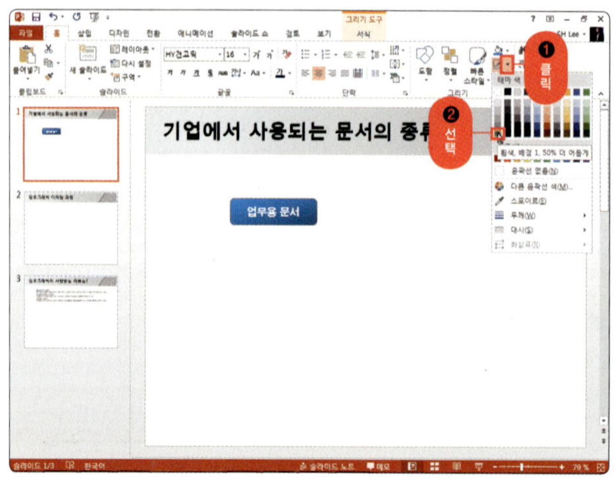

08 다시 [도형 윤곽선] 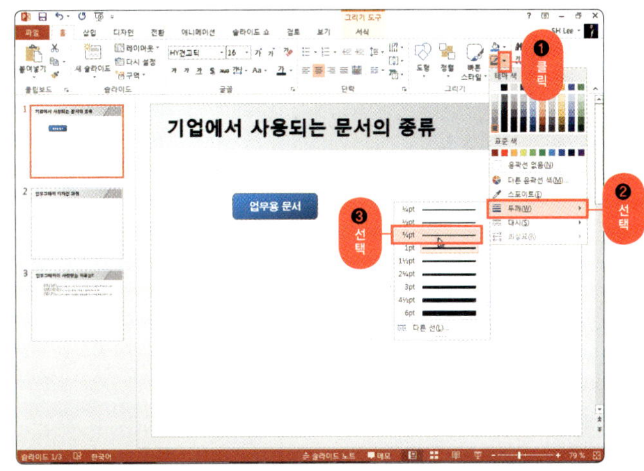을 클릭한 후 [두께]에서 [3/4pt] 를 선택합니다.

09 Ctrl + Shift 를 누른 상태에서 모서리가 둥근 직사각형을 아래쪽 으로 드래그하여 수직 복제합니다.

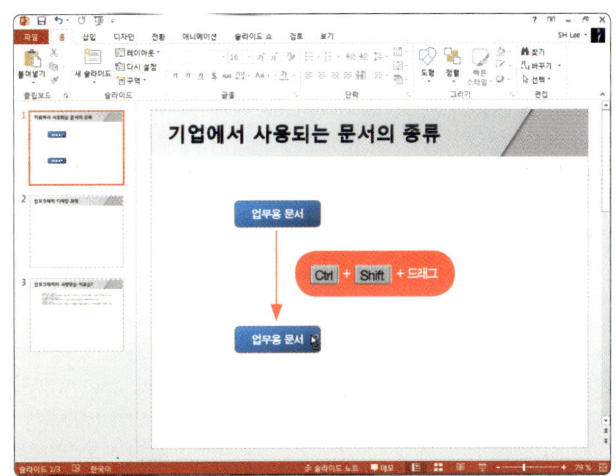

10 [도형 채우기] 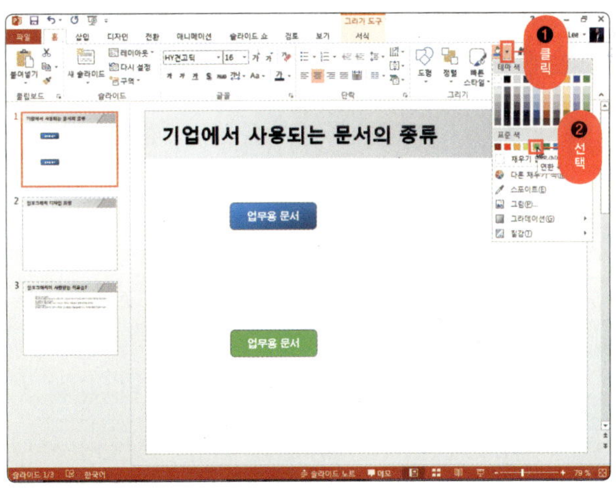를 클릭한 후 [표준 색]에서 [연한 녹색] 을 선택합니다.

11 다시 [도형 채우기]를 클릭한 후 [그라데이션]에서 [선형 대각선 – 오른쪽 아래에서 왼쪽 위로]를 선택합니다.

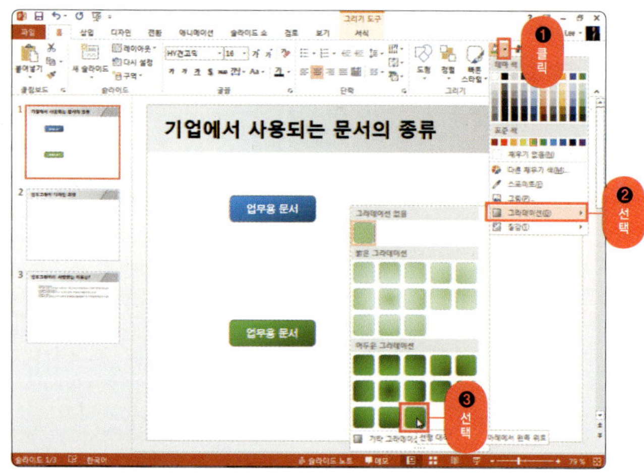

12 도형의 글자를 [사업용 문서]로 변경합니다.

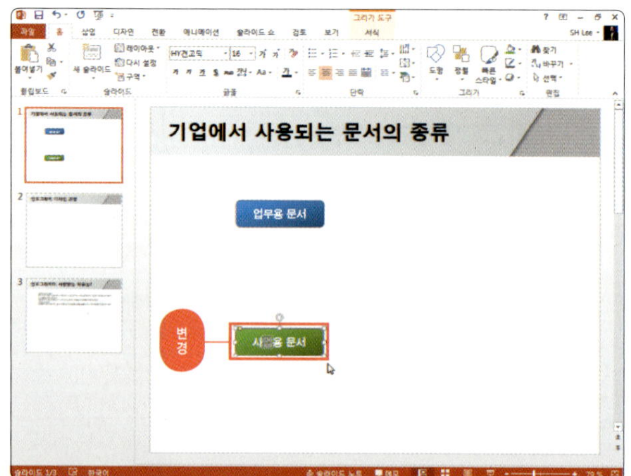

STEP 02 | 직사각형 만들기

01 [직사각형]□을 클릭합니다.

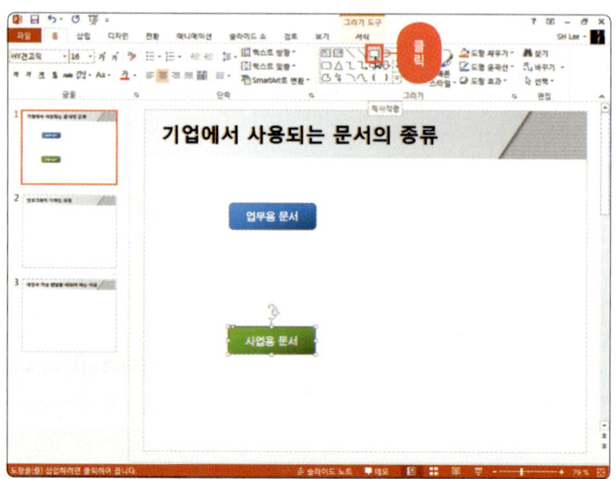

02 슬라이드에서 드래그하여 직사각형을 만든 후 [01.알림형]을 입력하고 Esc 를 눌러 도형의 테두리를 선택합니다.

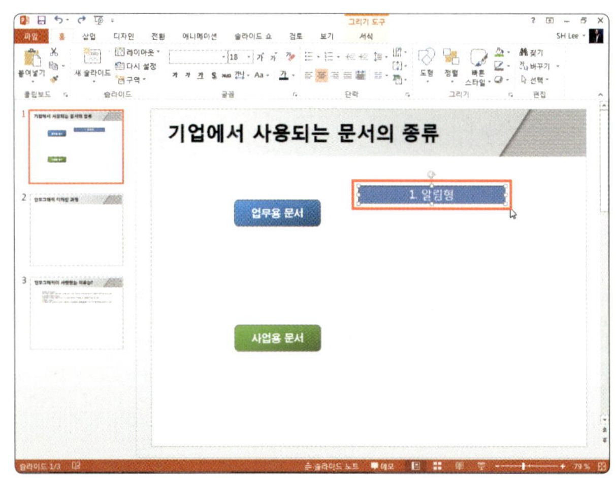

03 방향키 또는 Ctrl +방향키를 눌러 위치를 이동한 후 [도형 채우기] 도형 채우기 를 [흰색, 배경 1]로 변경합니다.

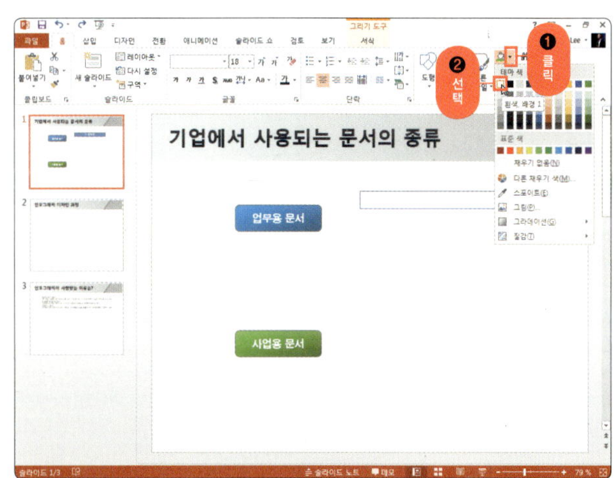

04 [글꼴 색]에서 [검정, 텍스트 1, 35% 더 밝게]를 선택합니다.

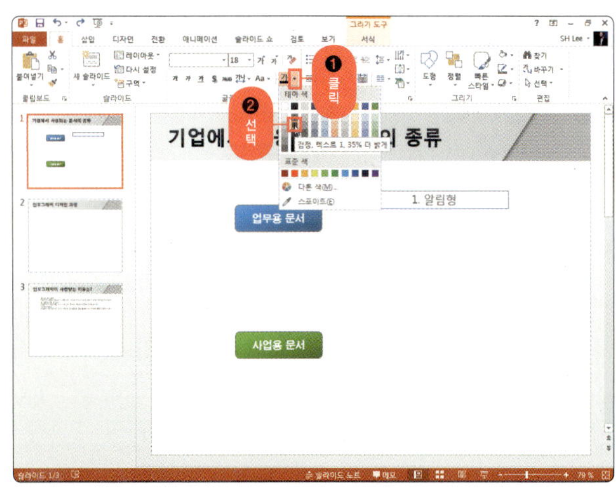

05 다음과 같이 설정합니다.

❶ [굵게] 버튼 클릭(단축키: Ctrl + B)
❷ [글꼴 크기]를 [14]로 변경
❸ [왼쪽 맞춤] 클릭

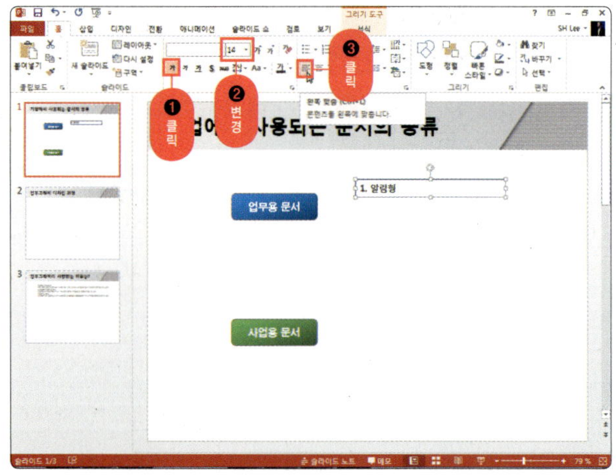

06 [도형 윤곽선] 도형 윤곽선 ▼ 에서
[흰색, 배경 1, 50% 더 어둡게]
를 선택합니다.

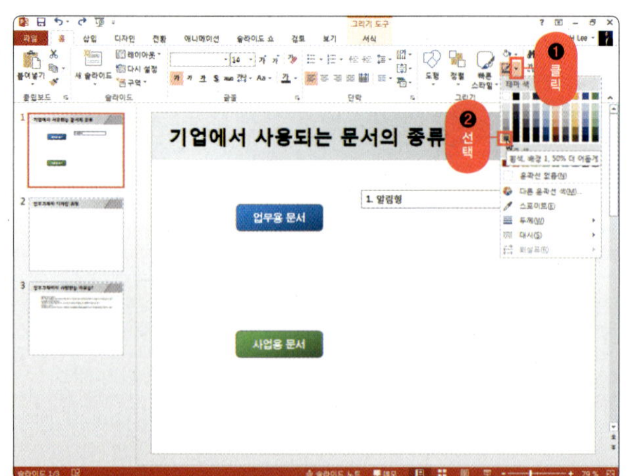

07 [도형 윤곽선] 도형 윤곽선 ▼ 에서
[두께]를 [3/4pt]로 변경합니다.

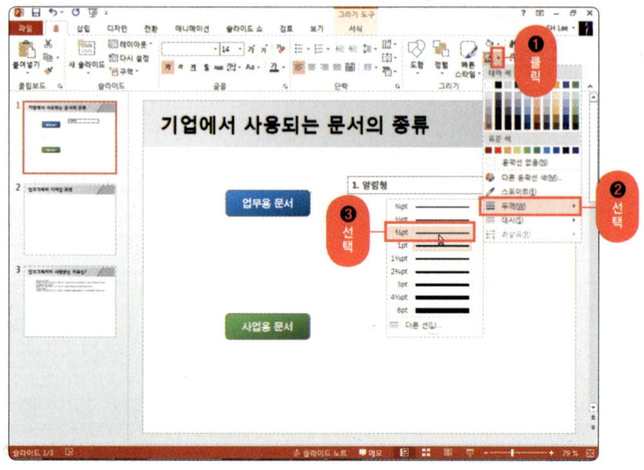

STEP 03 | 왼쪽 들여쓰기 위치 조정하기

01 [보기] 탭에서 [눈금자]를 선택합니다.

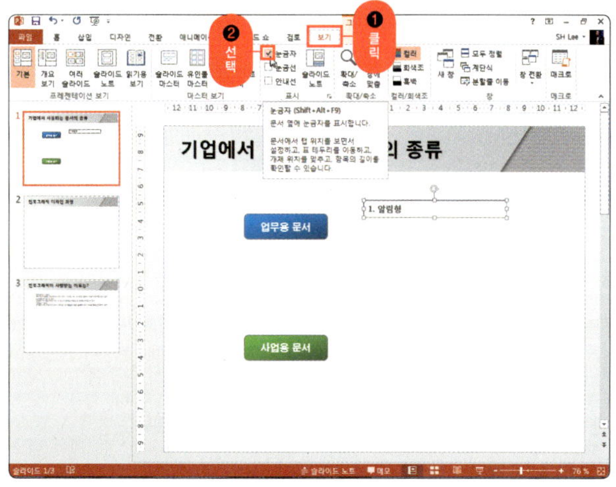

02 직사각형에서 아무 글자나 클릭하여 글자에 커서를 위치시킵니다.

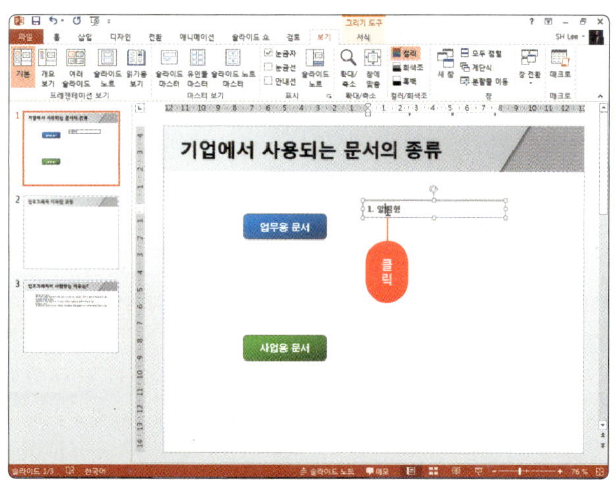

03 눈금자에서 사각형□을 오른쪽으로 한 칸만 드래그합니다. 직사각형에 있는 글자의 시작 위치가 조정됩니다.

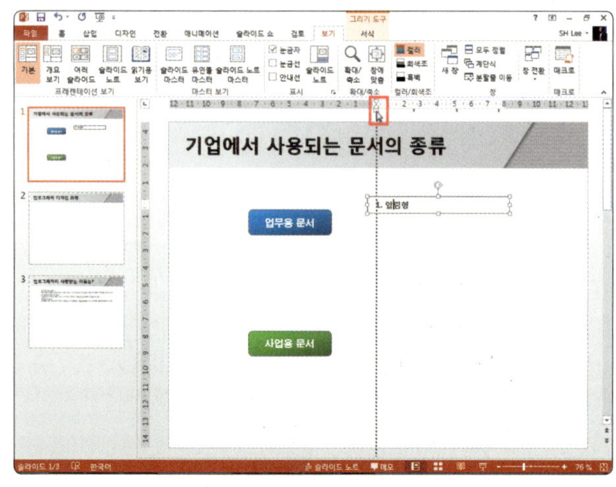

STEP 04 | 직사각형 수직 복제하기

01 Ctrl + Shift 를 누른 상태에서 직 사각형을 아래로 드래그하여 다섯 번 복제합니다.

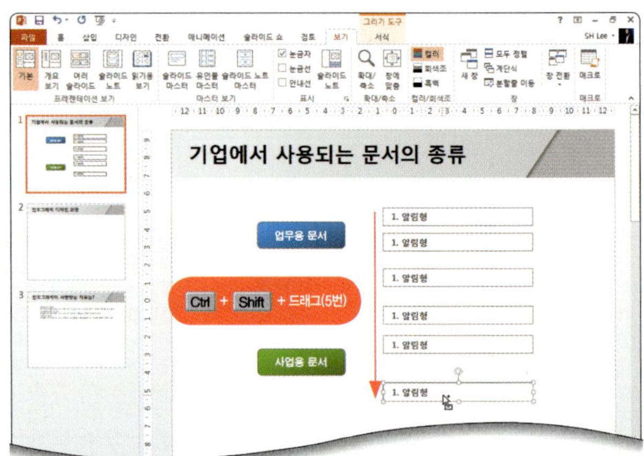

02 복제한 다섯 개의 직사각형의 텍스트를 다음과 같이 바꿉니다.

2. **보고형**
3. **품위형**
4. **문제 해결형**
5. **프로젝트형**
6. **제안형**

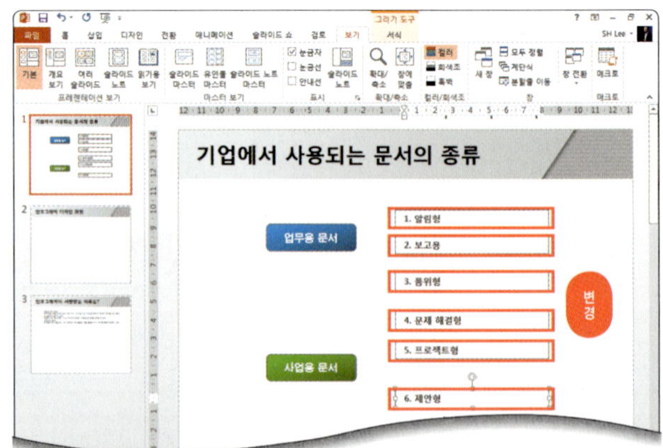

STEP 05 | 직사각형 배열하기

01 오른쪽에 있는 여섯 개의 직사각형을 선택합니다.

NOTE

두 개 이상의 개체를 선택하는 방법

- Ctrl 을 누른 상태에서 개체 클릭
- Shift 를 누른 상태에서 개체 클릭
- 슬라이드의 빈곳에 마우스 포인터를 위치시키고 드래그하면 표시되는 반투명 선택 영역에 선택하고 싶은 개체를 포함
- Ctrl + A 를 눌러 슬라이드에 있는 모든 개체 선택

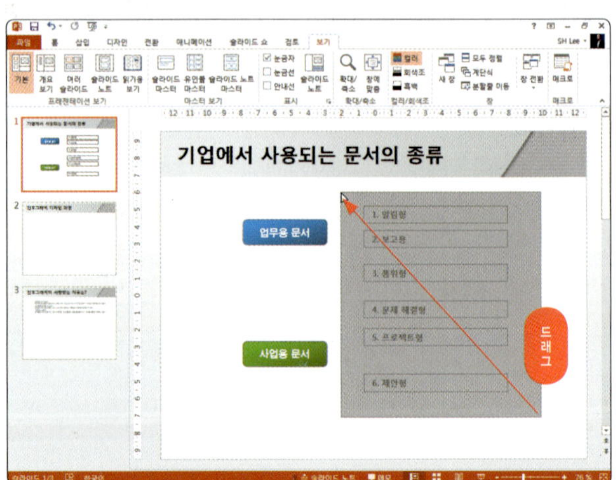

02 [홈] 탭에서 [정렬]을 클릭한 후 [맞춤]에서 [세로 간격을 동일하게]를 선택합니다.

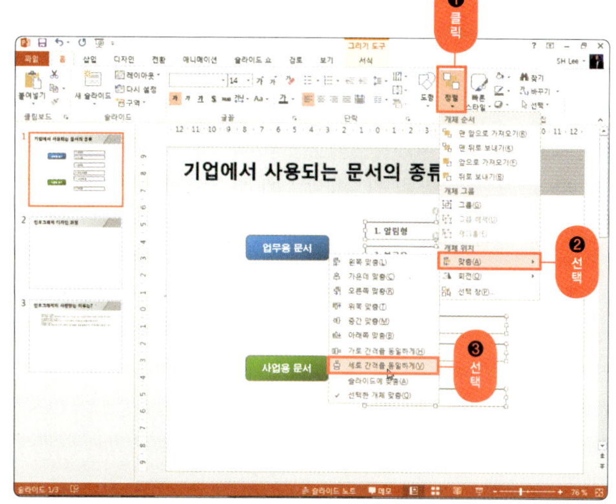

03 위에 있는 세 개의 도형을 선택합니다.

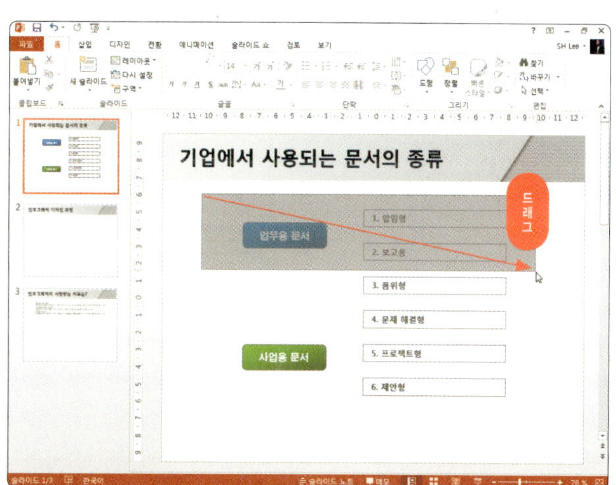

04 [정렬]을 클릭한 후 [맞춤]에서 [세로 간격을 동일하게]를 선택합니다. 업무용 문서가 오른쪽에 있는 두 도형의 중간에 배치됩니다.

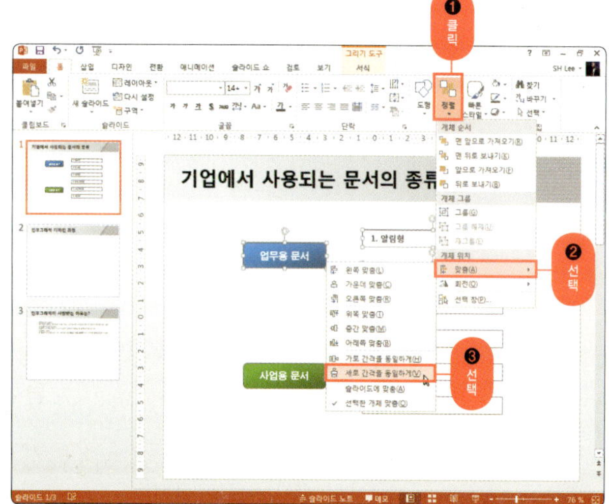

05 Esc 를 눌러 선택을 모두 해제한 후 [사업형 문서]를 클릭하고 Shift 를 누른 상태에서 위에서 세 번째 직사각형을 클릭하여 선택하고 Shift 를 누른 상태에서 맨 아래에 있는 직사각형을 클릭하여 선택합니다.

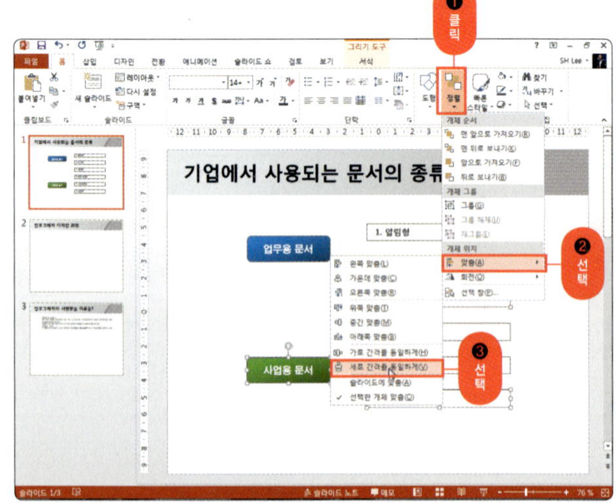

06 [정렬]을 클릭한 후 [맞춤]에서 [세로 간격을 동일하게]를 선택합니다.

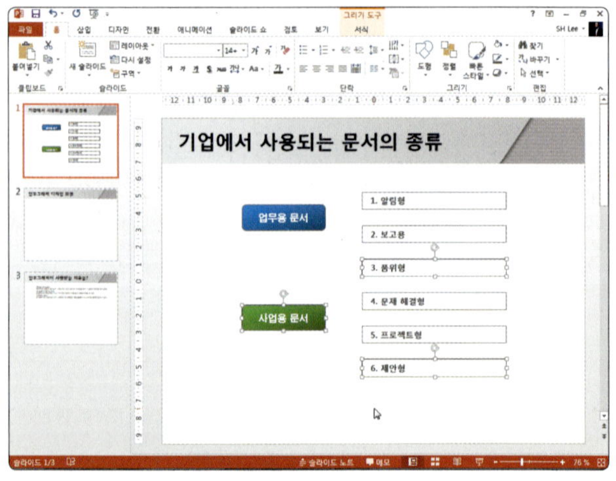

사업형 문서 도형이 오른쪽에서 선택된 두 도형 중간에 배치됩니다.

STEP 06 | 연결선으로 도형 연결하기

01 [꺾인 연결선]└을 클릭합니다.

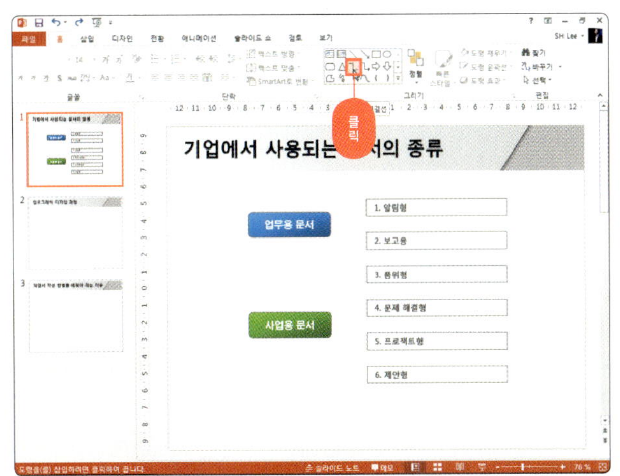

02 [업무용 문서] 도형에 마우스 포인터를 위치시키면 도형의 각 변의 중심에 [연결점]●이 표시됩니다. 오른쪽에 있는 [연결점]●에 마우스 포인터를 위치시킵니다.

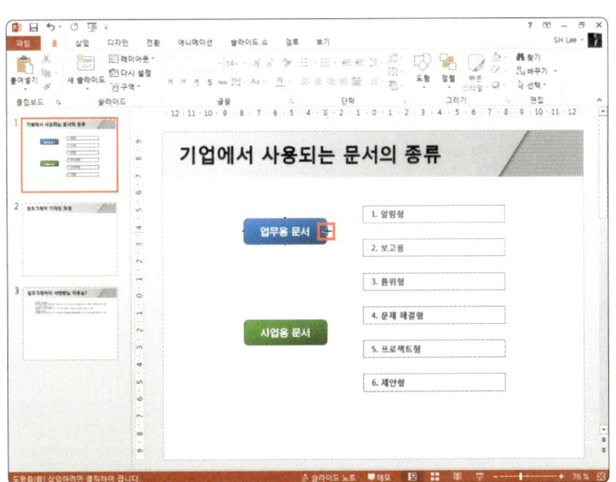

03 마우스를 드래그하면 연결점에서 꺾인 연결선이 나옵니다. 오른쪽에서 맨 위에 있는 직사각형에 마우스 포인터를 위치시킨 후 왼쪽에 있는 [연결점]●에 마우스 포인터를 위치시키고 제대로 연결되었다고 생각되면 마우스 왼쪽 버튼에서 손을 뗍니다.

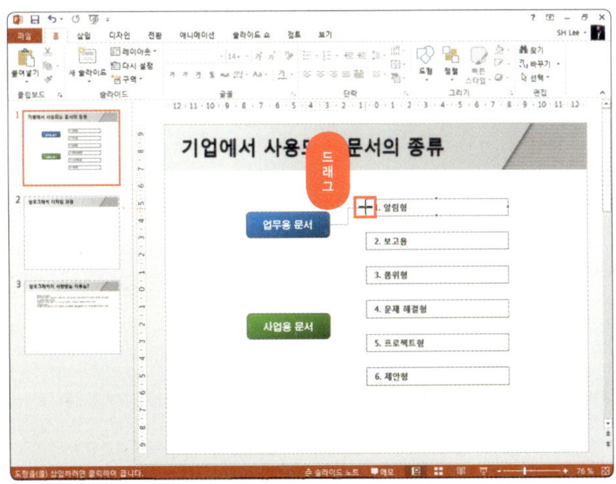

제대로 연결되었다면 연결된 지점에
●이 표시됩니다.

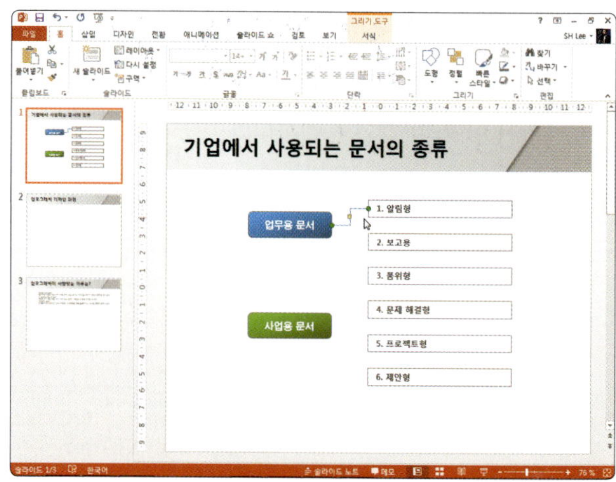

꺾인 연결선 다시 연결하기

꺾인 연결선 끝에 ● 대신 ▢이 표시되면 ▢에 마우스 포인터를 위치시키고 드래그하여 다시 연결하면 됩니다.

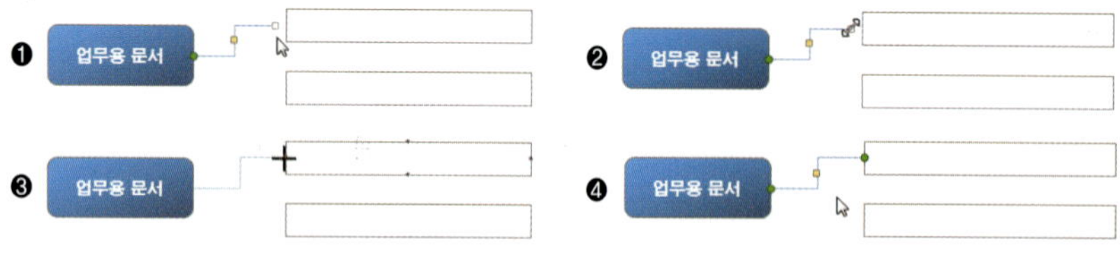

04 Esc를 눌러 방금 그린 꺾인 연결
선의 선택을 해제한 후 [꺾인 연
결선▯]을 클릭합니다.

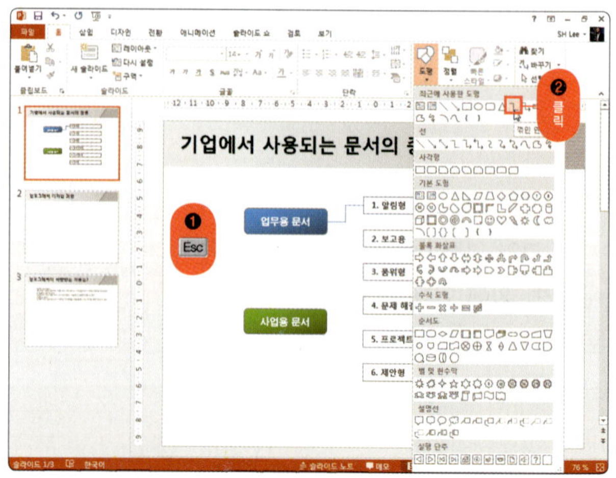

05 [업무용 문서] 도형에서 앞에서 연결했던 오른쪽 [연결점] 에 마우스 포인터를 위치시킨 후 드래그를 시작합니다.

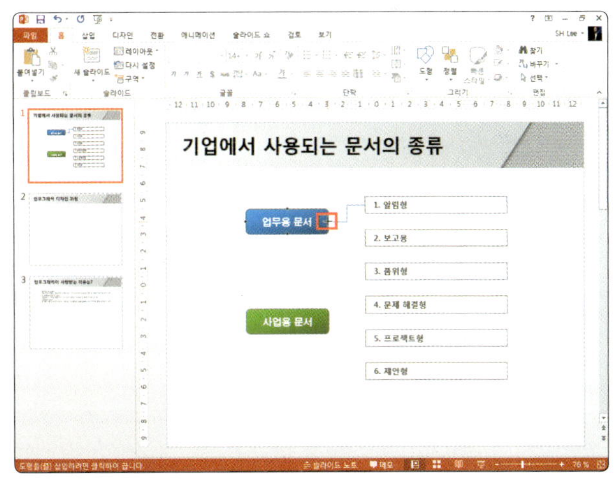

06 오른쪽에서 두 번째 직사각형의 왼쪽 [연결점] 까지 드래그합니다.

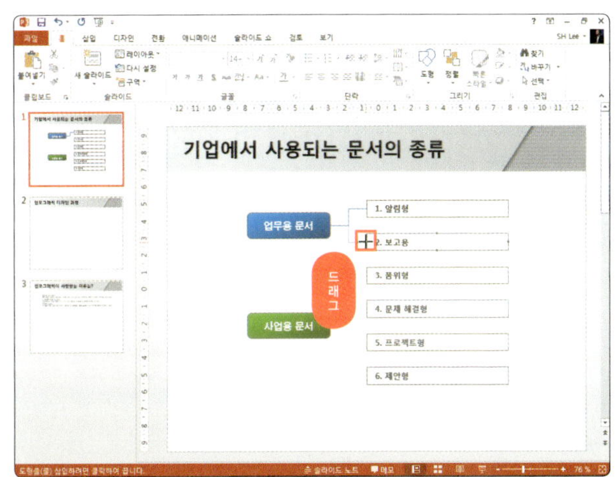

앞에서 만든 꺾인 연결선과 모양이 딱 맞게 됩니다.

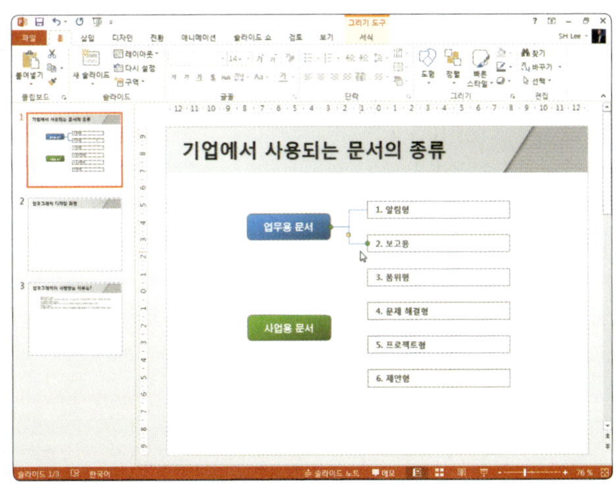

07 같은 방법으로 도형을 연결합니다.

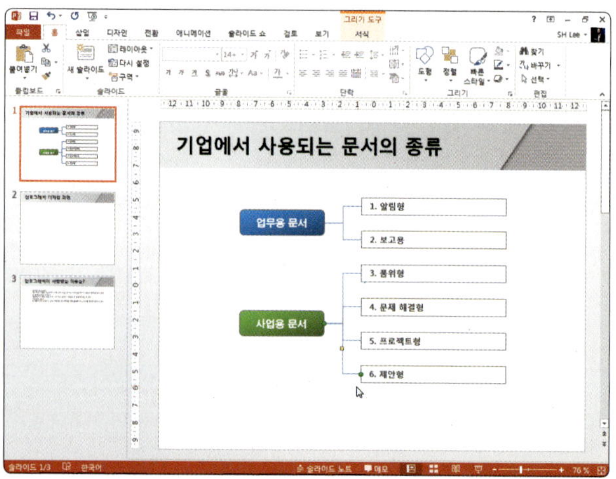

NOTE

계속해서 꺾인 연결선 그리기

꺾인 연결선 명령을 계속 실행하고 싶다면 [꺾인 연결선]
을 마우스 오른쪽 버튼을 클릭하면 나타나는 컨텍스트 메뉴
중에서 [그리기 잠금 모드]를 선택합니다.

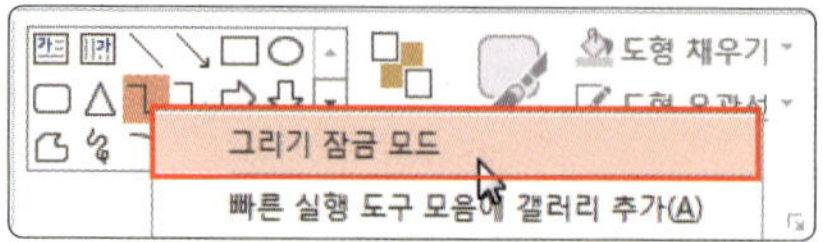

꺾인 연결선 그리기를 마치고 싶다면 Esc 를 누르거나 다른
명령을 실행합니다.

STEP 07 | 연결선의 위치 및 두께 조정하기

01 꺾인 연결선만 선택합니다.

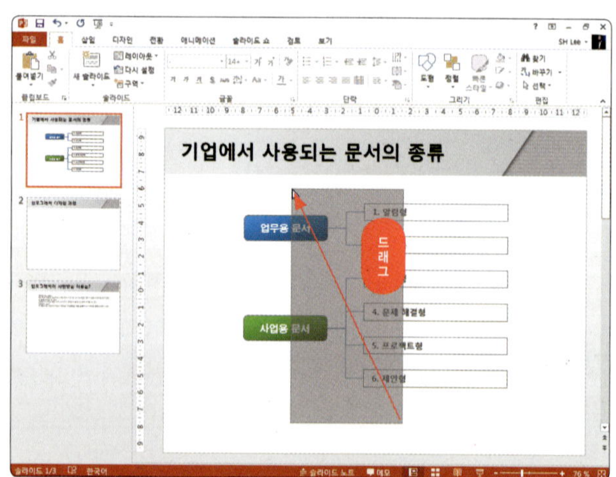

02 [도형 윤곽선] 을 클릭
한 후 [흰색, 배경 1, 50% 더 어
둡게]를 선택합니다.

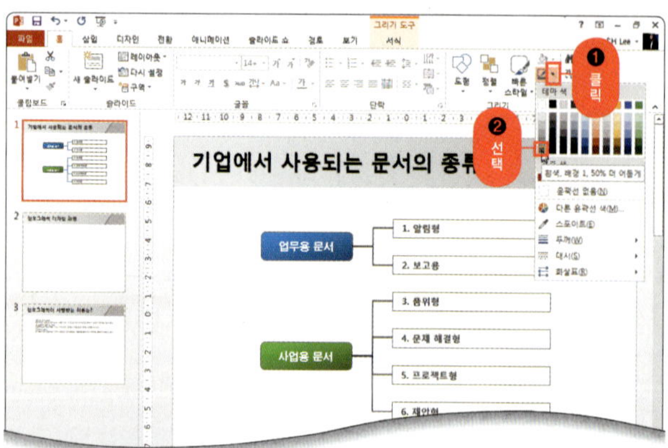

03 [도형 윤곽선] 도형 윤곽선▾ 을 클릭한 후 [두께]에서 [2 1/4pt]를 선택합니다.

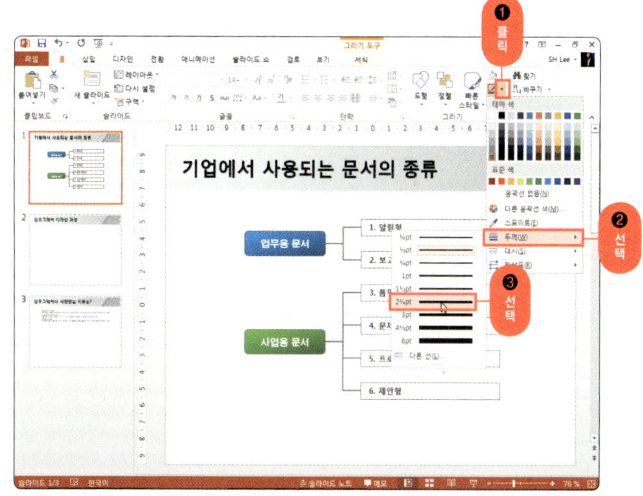

STEP 08 | 도형의 위치 조정하기

01 오른쪽에 있는 여섯 개의 직사각형을 선택합니다.

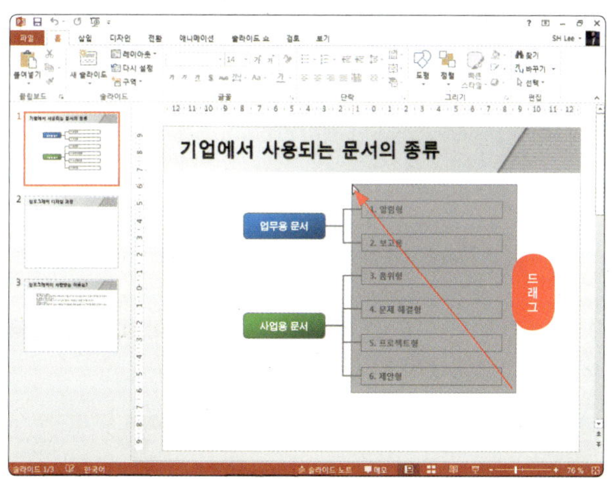

02 왼쪽 방향키 ← 또는 오른쪽 방향키 → 를 눌러 선택된 직사각형을 이동합니다. 그러면 꺾인 연결선의 모양이 바뀌는 것을 볼 수 있습니다.

> **N O T E**
>
> **변경되지 않는 꺾인 연결선이 있는데요?**
>
> 앞에서 도형이 제대로 연결되지 않았다면 도형을 이동했을 때 꺾인 연결선이 변경되지 않고 그대로 있습니다. 이 경우에는 꺾인 연결선의 끝에 표시되는 □을 드래그하여 다시 연결합니다.

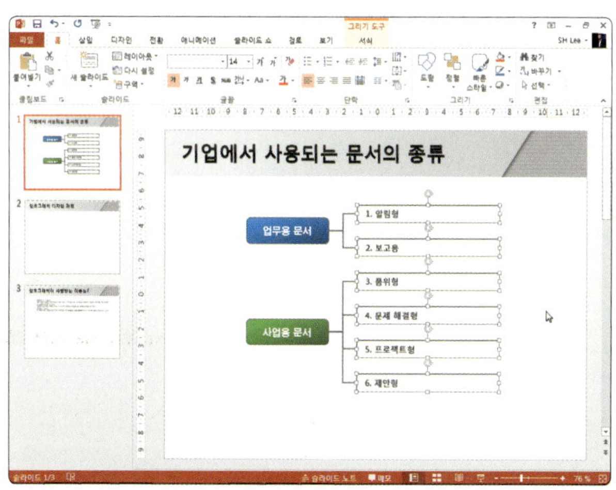

03 다음 그림처럼 도형을 선택합니다.

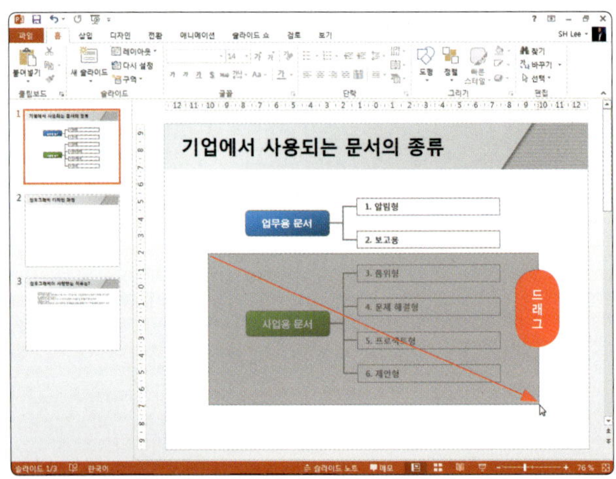

04 위쪽 그룹과 구분하기 위해 아래
쪽 방향키를 몇 번 눌러 아래
쪽으로 이동합니다.

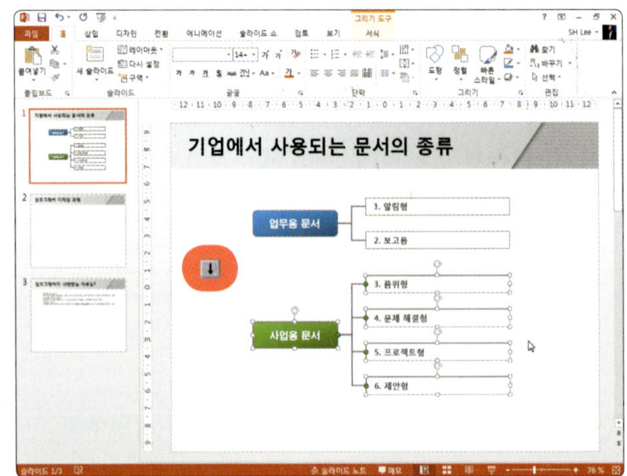

05 모든 개체를 선택합니다.

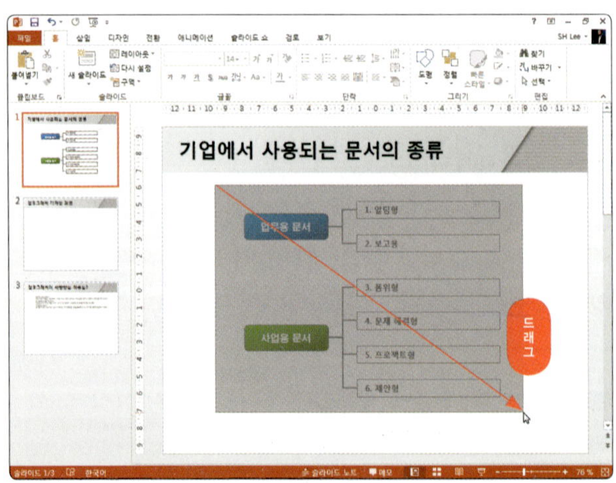

06 Ctrl + G 를 눌러 선택된 개체를 하나의 그룹으로 만든 후 [정렬]을 클릭하고 [맞춤]에서 [가운데 맞춤]을 선택합니다.

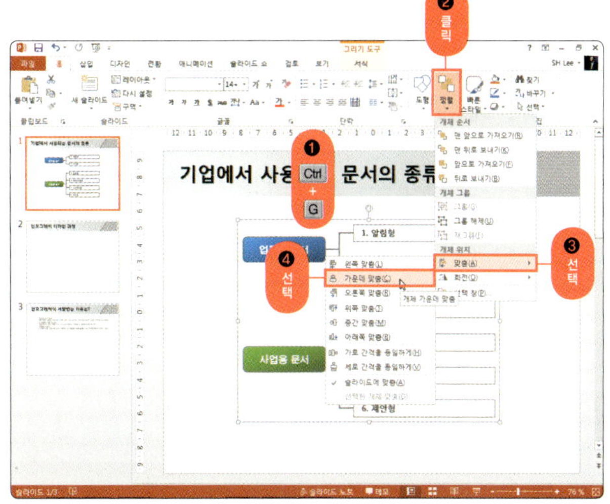

07 도해가 슬라이드 가운데 쪽으로 이동합니다. 위쪽 방향키 ↑ 또는 아래쪽 방향키 ↓ 를 몇 번 눌러 상하 위치를 조정합니다.

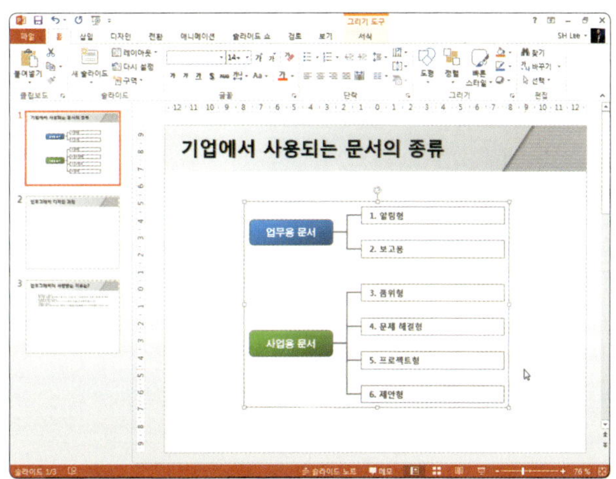

02

프로세스형 도해를 만들어 보자!

단계, 절차, 과정을 표현해주는 도해를 프로세스형이라 하는데 가장 많이 사용되는 도해 중에 하나죠. 이번 레슨에서는 타원을 이용해 프로세스형 도해를 빠르고 정확하게 만드는 방법을 알아보겠습니다. 또한 블록 화살표에 멋진 회색 그라데이션을 적용하는 방법과 완성된 도해의 도형을 바꾸는 아주 특별한 방법에 대해 배우게 될 것입니다.

● **실습 파일**: 부록 CD/테마03/테마03.pptx 2번 슬라이드
  결과 파일: 부록 CD/테마03/테마03(결과).pptx

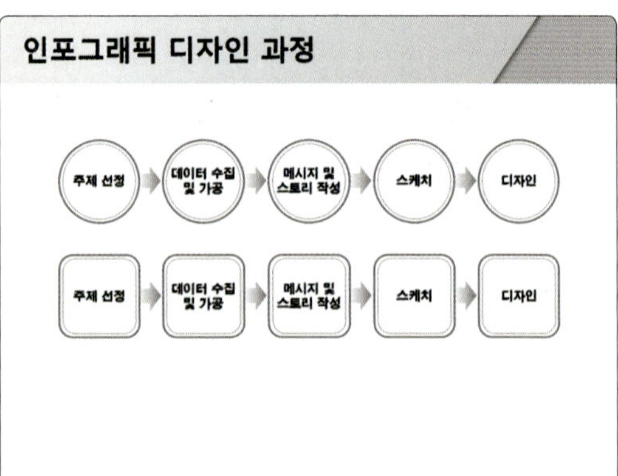

STEP 01 | 타원 만들기

01 [타원]◯을 클릭합니다.

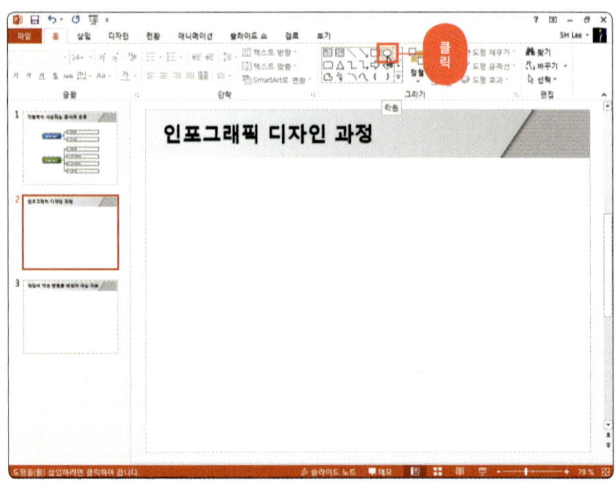

02 Shift 를 누른 상태에서 슬라이드에서 드래그하여 정원을 만듭니다.

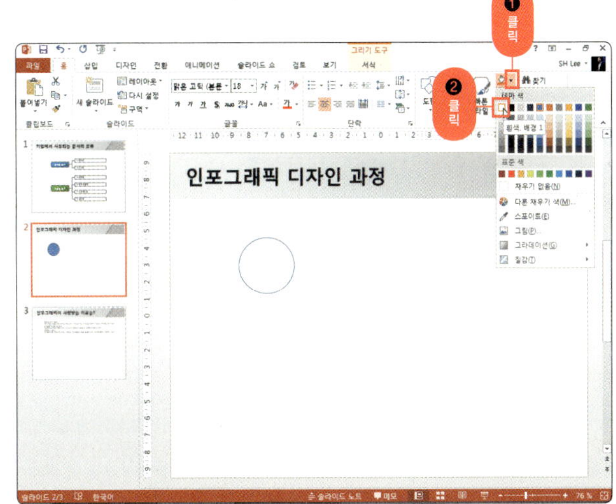

N O T E

Shift 는 크기를 조정할 때도 사용할 수 있음

Shift 를 누른 상태에서 도형의 모서리에 있는 [크기 조정 핸들] □을 드래그하여 높이와 너비 비율을 유지한 채 크기를 조정할 수 있습니다.

03 [도형 채우기] 도형 채우기 를 클릭한 후 [테마 색]에서 [흰색, 배경 1]을 선택합니다.

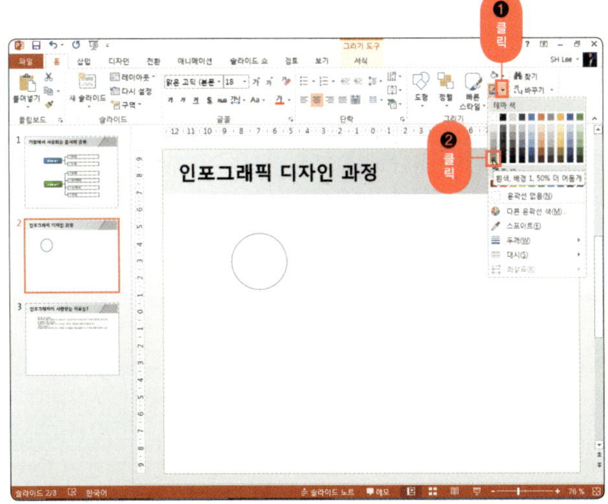

04 [도형 윤곽선] 도형 윤곽선 을 클릭한 후 [테마 색]에서 [흰색, 배경 1, 50% 더 어둡게]를 선택합니다.

05 [도형 윤곽선] ✏ 도형 윤곽선 ▾ 을 클릭한 후 [두께]에서 [2 1/4pt]를 선택합니다.

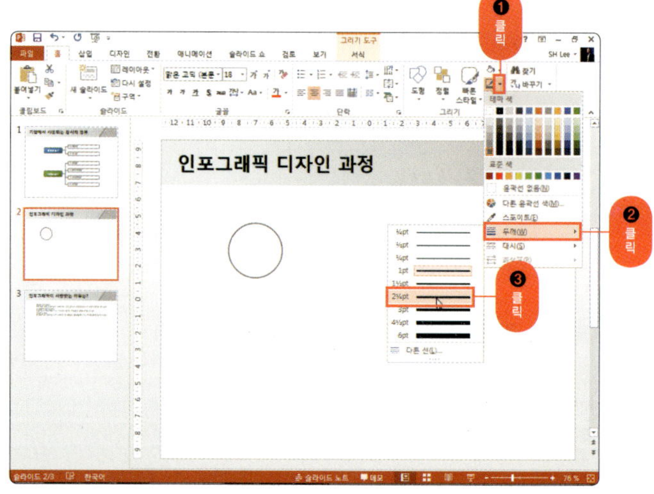

STEP 02 | 두 번째 타원 만들기

01 Ctrl 을 누른 상태에서 타원을 드래그하여 복제합니다.

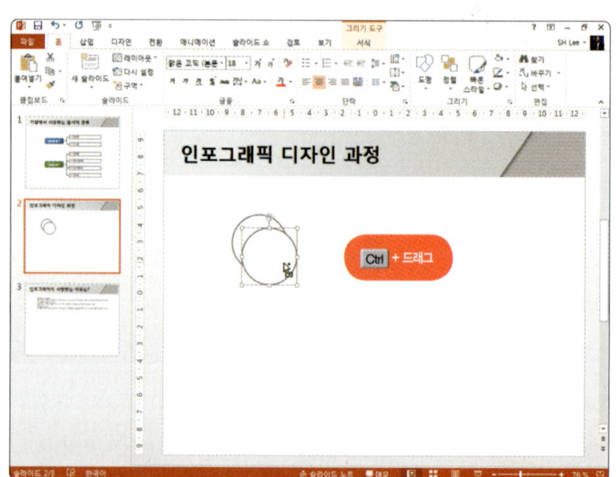

02 [도형 윤곽선] ✏ 도형 윤곽선 ▾ 을 클릭한 후 [두께]에서 [3/4pt]를 선택합니다.

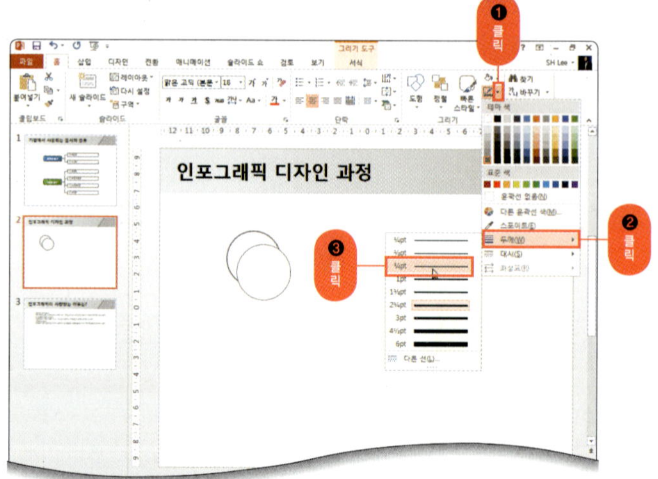

03 [도형 윤곽선] 도형 윤곽선 을 클릭한 후 [대시]에서 [사각 점선]을 선택합니다.

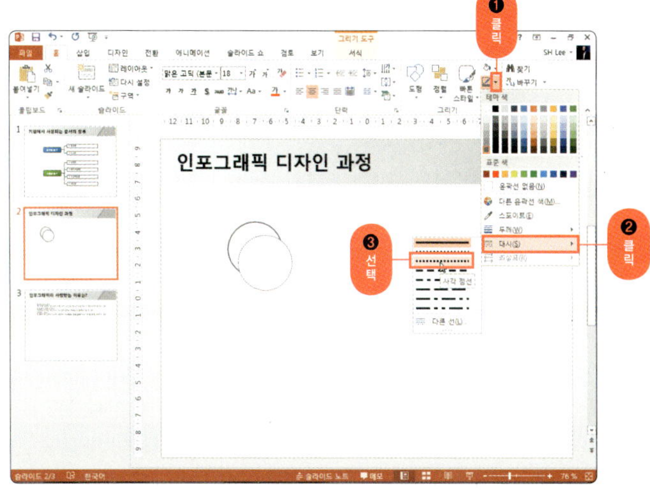

04 선택된 타원의 모서리에 있는 [크기 조정 핸들]에 마우스 포인터를 위치시킨 후 Shift 를 누른 상태에서 드래그하여 높이와 너비의 비율을 유치한 채 크기를 조정합니다.

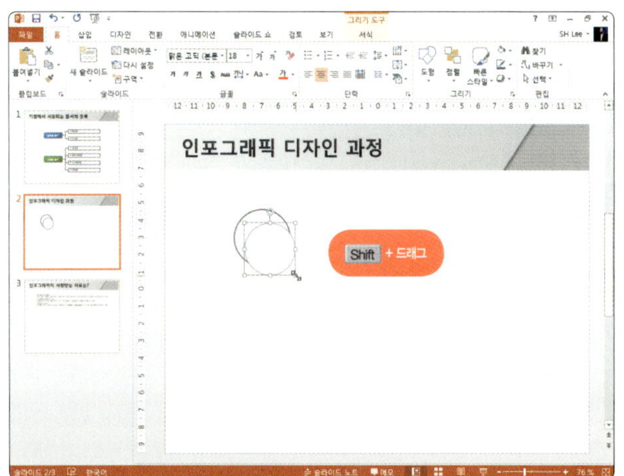

STEP 03 | 글자 입력하기

01 [글꼴 색]을 클릭한 후 [테마 색]에서 [검정, 텍스트 1]을 선택합니다.

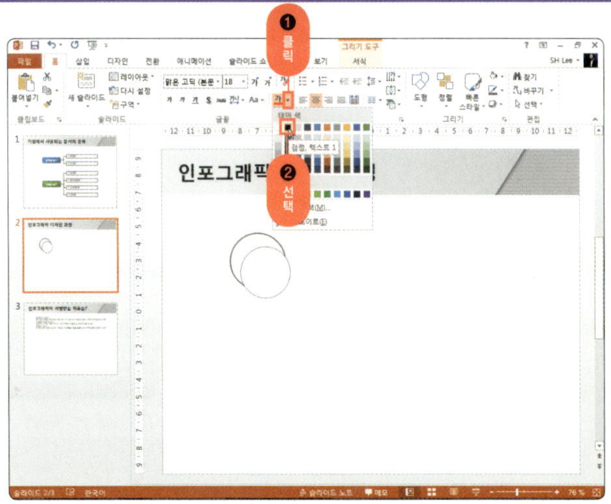

02 [주제 선정]을 입력한 후 Esc 를 눌러 테두리를 선택합니다.

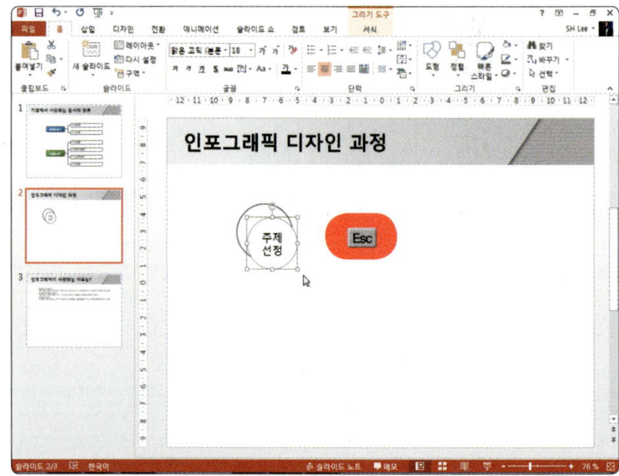

03 [글꼴]을 [HY견고딕]으로 변경합니다.

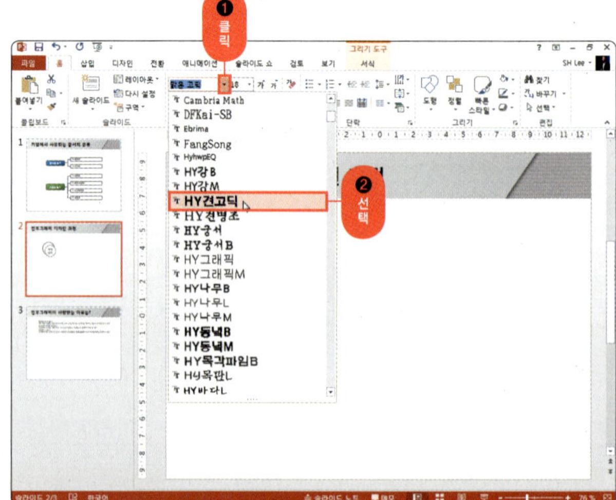

04 [글꼴 크기]를 [14]로 변경합니다.

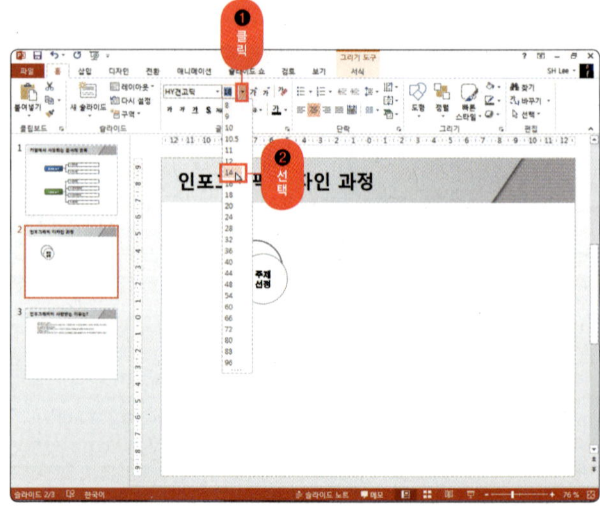

STEP 04 | 글자 관련 속성 변경하기

01 [그리기 도구–서식] 탭을 연 후 [WordArt 스타일] 영역에서 [대화상자 표시] 버튼 을 클릭합니다.

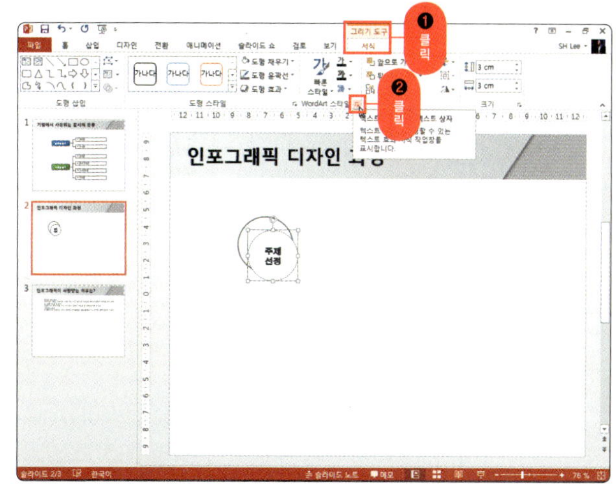

02 오른쪽 작업 창의 [텍스트 옵션] 중에서 [텍스트 상자]를 클릭한 후 [도형의 텍스트 배치] 옵션을 클릭하여 선택 해제합니다. 타원에 입력된 글자가 한 줄로 표시됩니다.

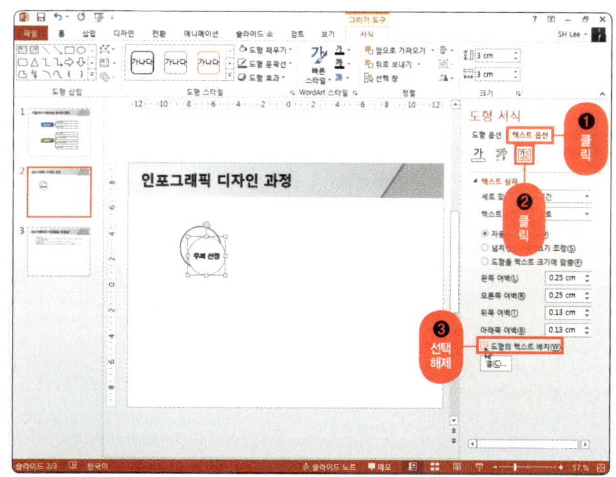

03 [닫기] 버튼 을 클릭하여 작업 창을 닫습니다.

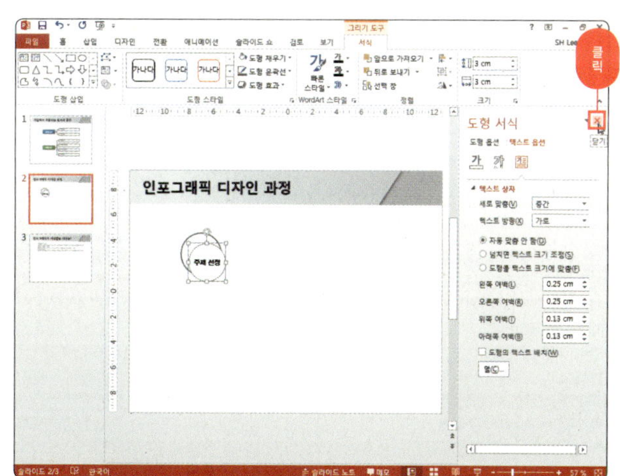

STEP 05 | 정렬하고 그룹 만들어 복제하기

01 두 타원을 선택합니다.

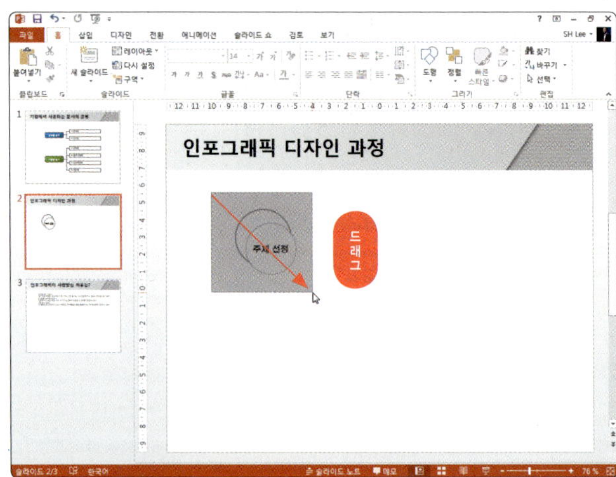

02 [정렬]을 클릭한 후 [맞춤]에서 [가운데 맞춤]을 선택합니다.

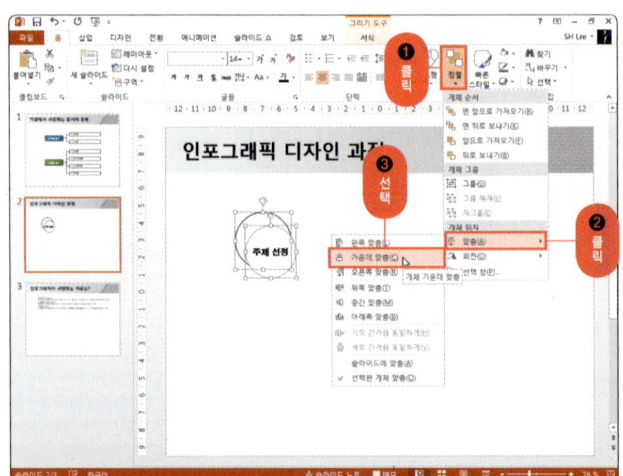

03 [정렬]을 클릭한 후 [맞춤]에서 [중간 맞춤]을 선택합니다.

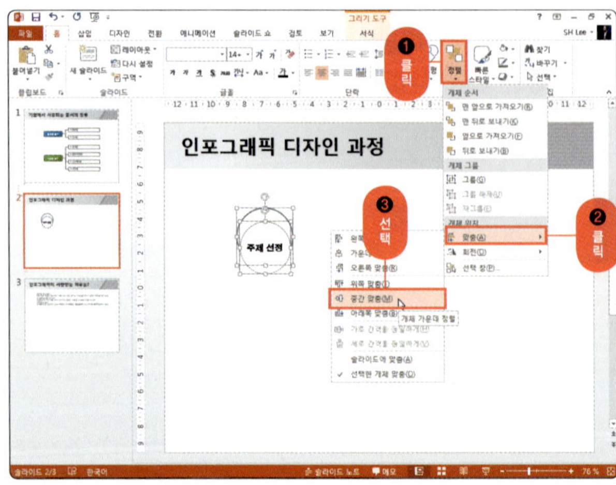

04 두 타원의 중심이 맞춰지면 Ctrl + G 를 눌러 그룹을 만든 후 슬라이드 왼쪽으로 이동합니다.

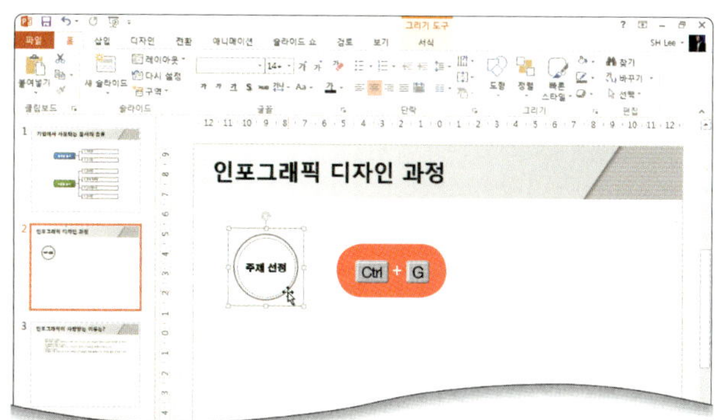

05 Ctrl + Shift 를 누른 상태에서 그룹 개체를 오른쪽으로 네 번 드래그하여 복제합니다.

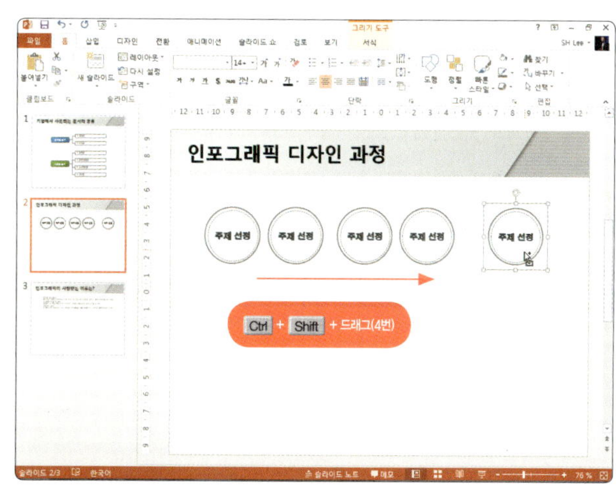

STEP 06 | 화살표 만들어 배치하기

01 [오른쪽 화살표] ⇨ 를 클릭합니다.

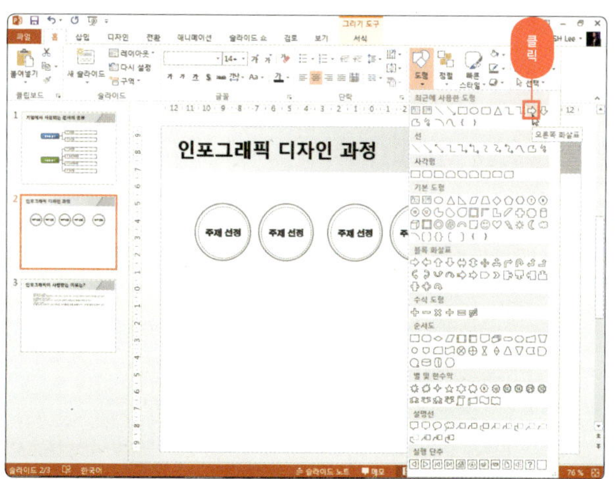

02 슬라이드에서 드래그하여 화살표를 만듭니다.

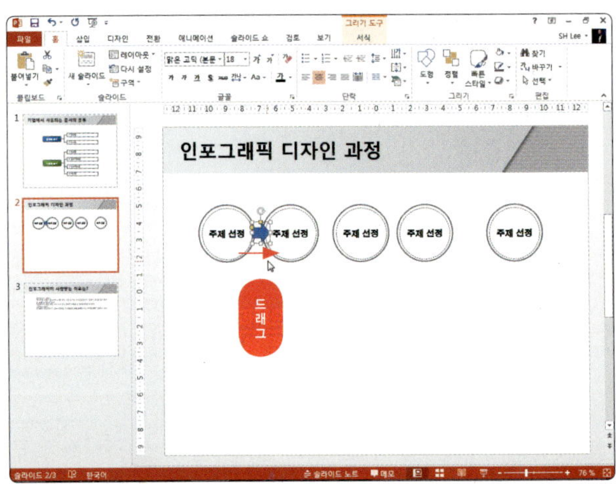

03 [도형 채우기] ![도형 채우기]를 클릭한 후 [테마 색]에서 [흰색, 배경 1]을 선택합니다.

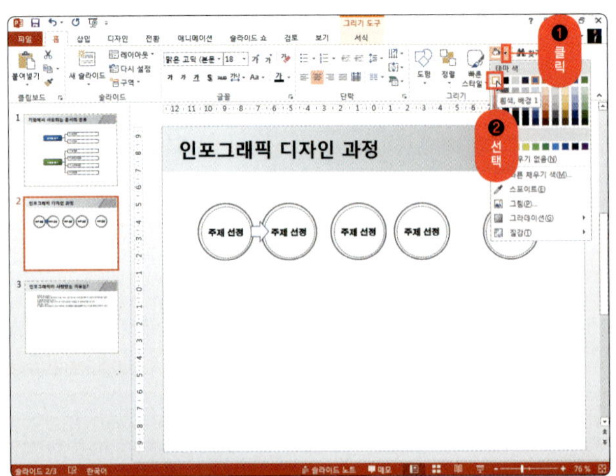

04 다시 [도형 채우기] ![도형 채우기]를 클릭한 후 [그라데이션]에서 [선형 왼쪽]을 선택합니다.

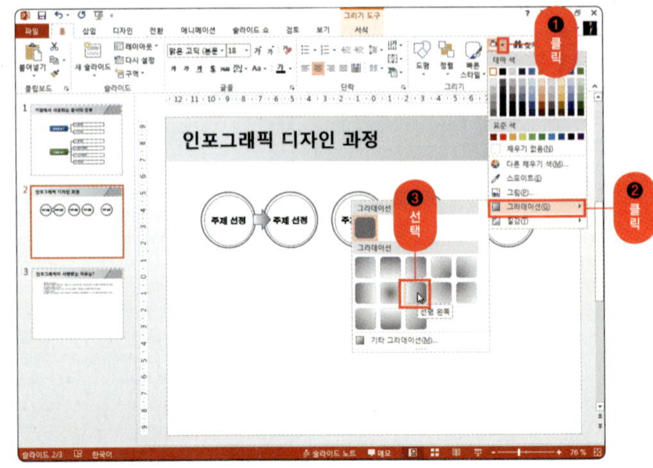

05 [도형 윤곽선] 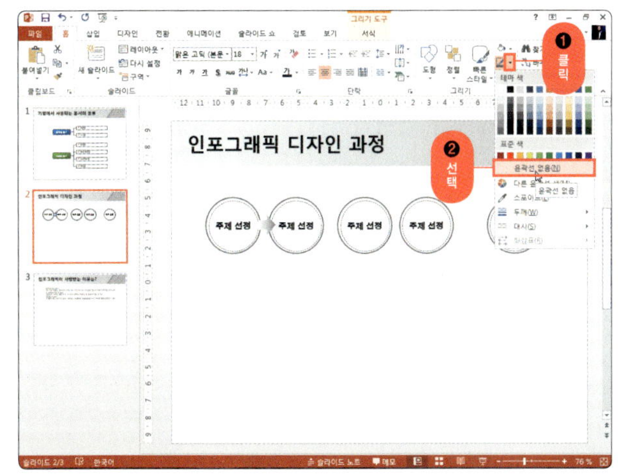 을 클릭한 후 [윤곽선 없음]을 선택합니다.

06 블록 화살표의 크기와 위치를 변경합니다.

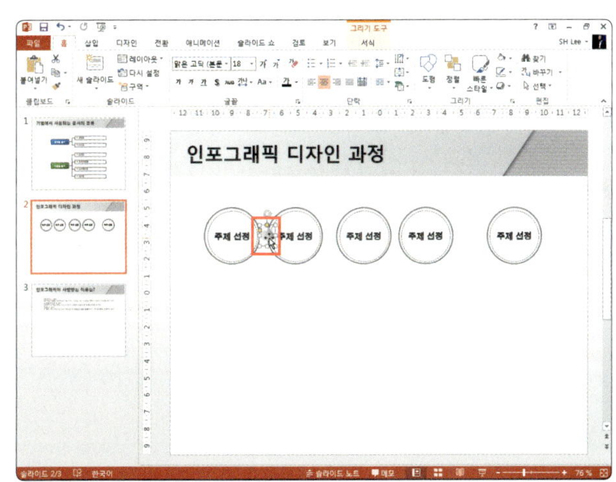

07 Ctrl + Shift 를 누른 상태에서 블록 화살표를 오른쪽으로 세 번 드래그하여 복제합니다.

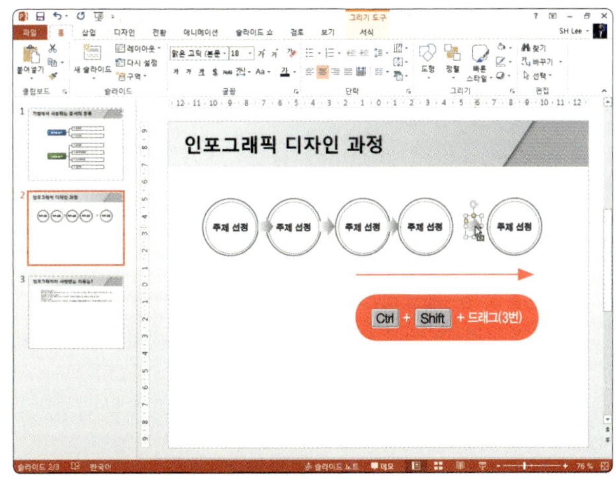

STEP 07 | 개체 정렬하기

01 모든 개체를 선택합니다.

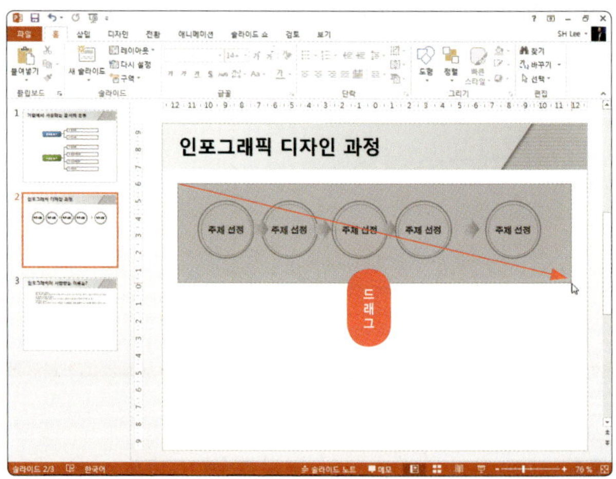

02 [정렬]을 클릭한 후 [맞춤]에서
[중간 맞춤]을 선택합니다.

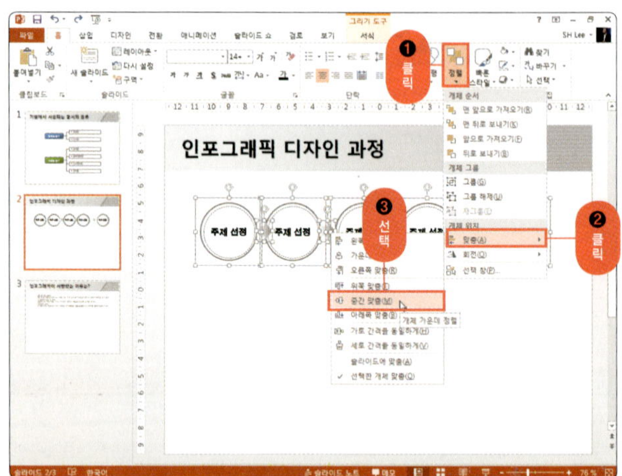

03 [정렬]을 클릭한 후 [맞춤]에서
[가로 간격을 동일하게]를 선택
합니다.

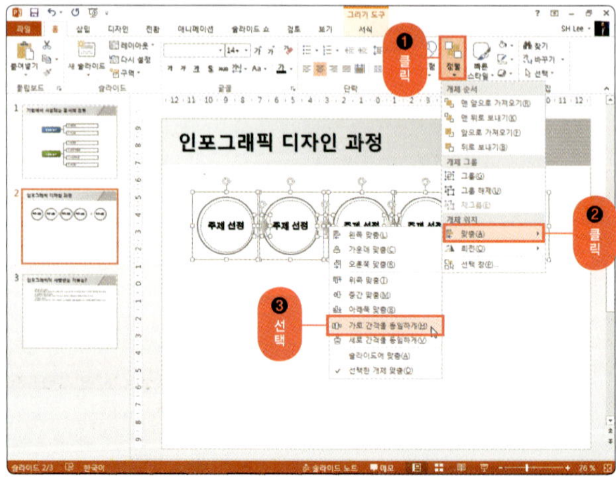

04 Esc 를 눌러 선택을 해제한 후 맨 왼쪽에 있는 화살표를 클릭하고 Shift 를 누른 상태에서 다른 세 개의 화살표를 클릭하여 선택합니다.

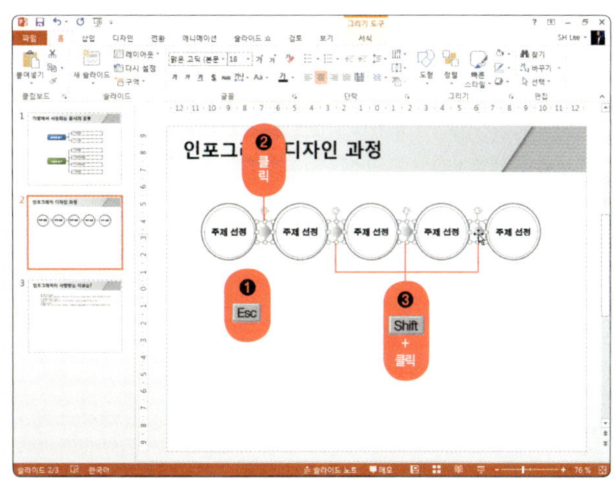

05 [정렬]을 클릭한 후 [맨 뒤로 보내기]를 선택합니다. 선택된 화살표가 맨 뒤로 보내집니다.

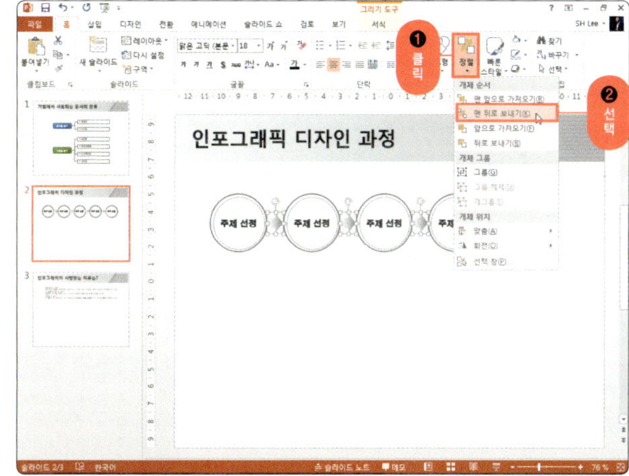

> **NOTE**
>
> **맨 뒤로 보내기 명령을 실행하는 다른 방법**
>
> 개체를 마우스 오른쪽 버튼으로 클릭하면 나타나는 컨텍스트 메뉴 중에서 [맨 뒤로 보내기]를 선택합니다.

06 Ctrl 을 누른 상태에서 왼쪽 방향키 ← 를 한 번 또는 두 번 눌러 선택된 화살표를 왼쪽으로 약간 이동합니다.

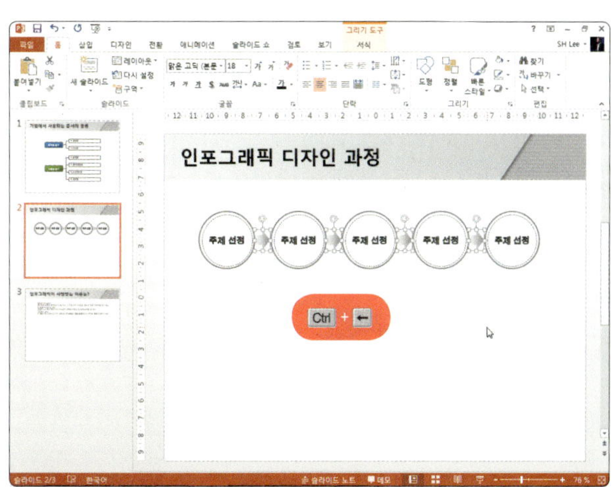

07 글자를 변경합니다.

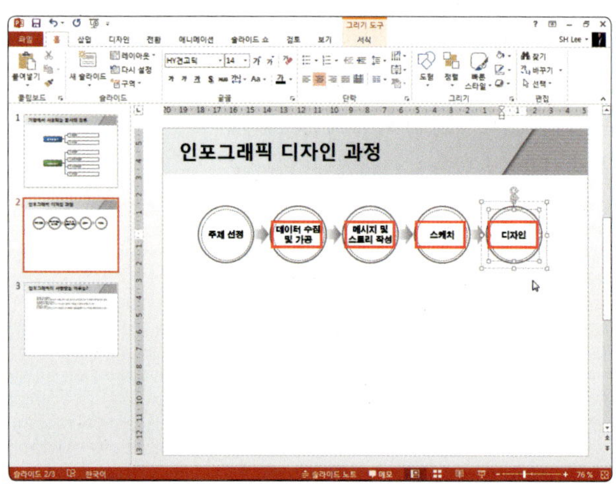

08 슬라이드에 있는 모든 개체를 선택합니다.

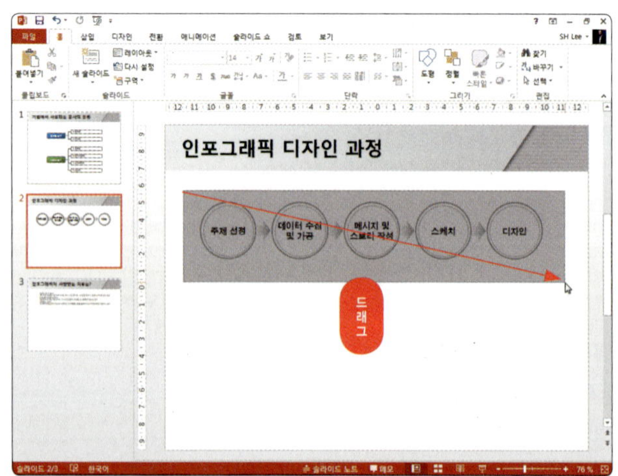

09 Ctrl + G 를 눌러 선택된 개체를 하나의 그룹으로 만든 후 [정렬]을 클릭하고 [맞춤]에서 [가운데 맞춤]을 선택합니다. 그룹 개체가 슬라이드 가운데로 이동합니다.

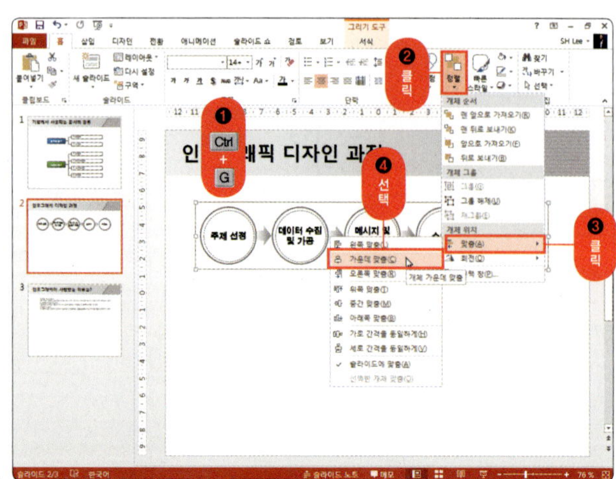

STEP 08 | 도형 변경하기

현재 도해의 도형을 직사각형이나 모서리가 둥근 직사각형으로 바꾸고 싶다면 다음을 실행합니다.

01 Ctrl + Shift 를 누른 상태에서 그룹 개체를 아래로 드래그하여 수직 복제합니다.

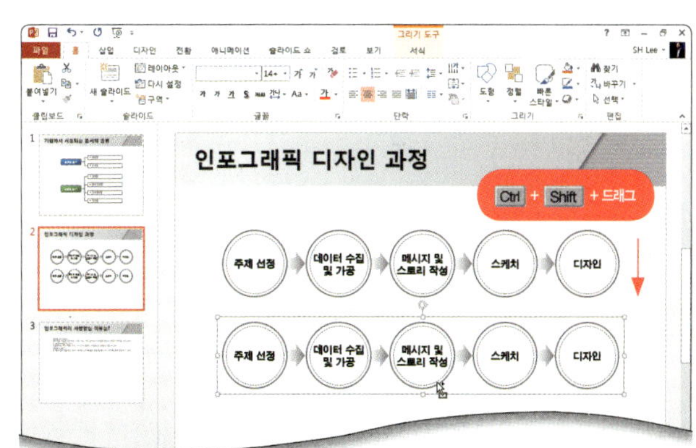

02 Ctrl + Shift + G 를 눌러 그룹을 해제한 후 Esc 를 눌러 선택을 해제하고 Shift 를 누른 상태에서 다섯 개의 타원 그룹 개체를 클릭하여 선택합니다.

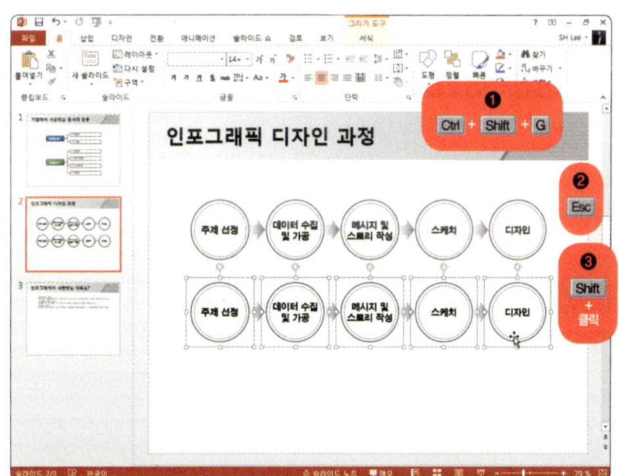

03 [그리기 도구-서식] 탭에서 [도형 편집] 도형 편집 을 클릭한 후 [도형 모양 변경]을 선택합니다. 선택된 그룹 개체가 모서리가 둥근 직사각형으로 변경됩니다. 크기나 속성은 원래 상태를 유지합니다.

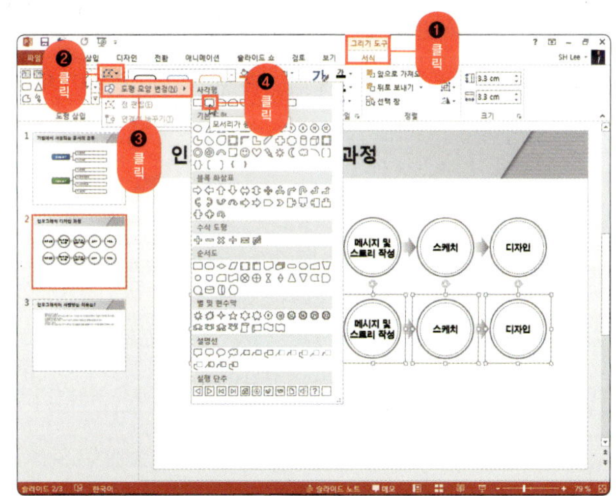

03

POWERPOINT KNOWHOW

SmartArt로
도해를 쉽게 만들어 보자!

도해의 경우 도형으로 만드는 것이 일반적이지만, 초보자나 배치하기 어려운 도해의 경우에는 SmartArt를 사용하는 것이 더 좋을 때가 많습니다. 문제는 SmartArt를 사용할 경우 글자를 컨트롤하기가 어려운 경우가 많다는 것입니다. SmartArt를 그려보고 수정하는 방법을 알아겠습니다.

● **실습 파일**: 부록 CD/테마03/테마03.pptx 3번 슬라이드
  결과 파일: 부록 CD/테마03/테마03(결과).pptx

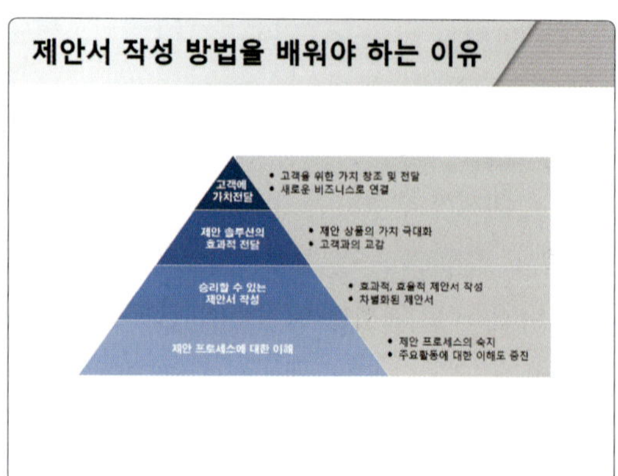

STEP 01 | 기본 SmartArt 도해 만들기

01 [삽입] 탭에서 [SmartArt]를 클릭합니다.

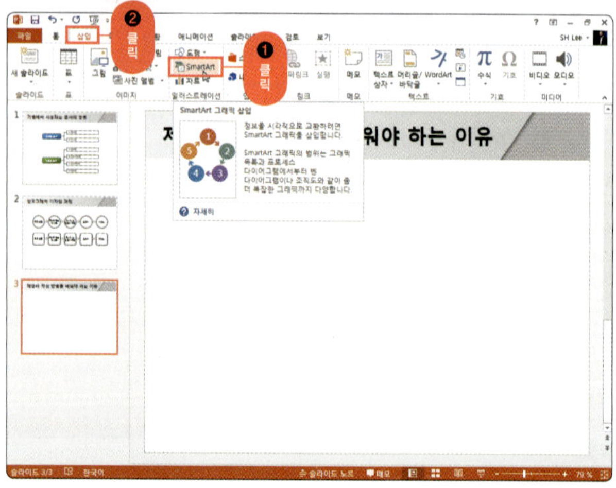

02 [SmartArt 그래픽 선택] 대화 상자에서 [피라미드 도형]을 클릭한 후 [기본 피라미드형]을 선택하고 [확인] 버튼을 클릭합니다.

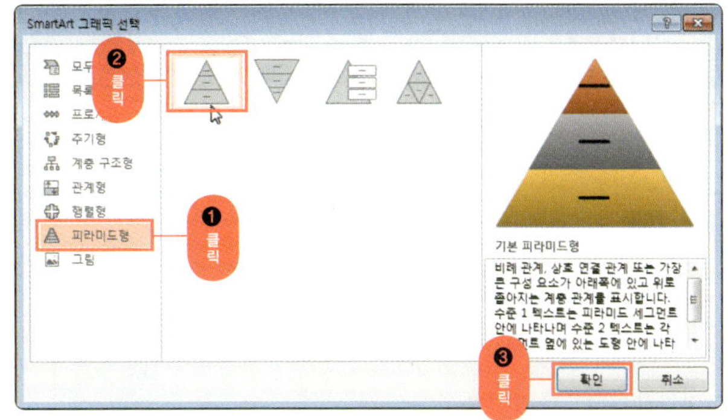

세 조각의 기본 피라미드 도해가 만들어지면서 왼쪽에 텍스트를 입력할 수 있는 창이 표시됩니다. 텍스트 입력 창에 커서가 있는 상태임을 확인하고 그렇지 않다면 클릭합니다.

N O T E

입력창이 표시되지 않으면

SmartArt 왼쪽 테두리에 있는 [◀]를 클릭합니다.

03 [Enter]를 누릅니다. 새 도형이 추가됩니다.

N O T E

조각을 추가하는 다른 방법

[SMARTART 도구–디자인]의 탭 맨 왼쪽에 있는 [도형 추가]를 클릭합니다.

STEP 02 | SmartArt를 도형으로 변환하기

SmartArt는 그 자체로도 좋은 도구이지만, 도형으로 변환하면 자유롭게 수정할 수 있어 더욱 좋습니다.

01 SmartArt의 테두리를 마우스 오른쪽 버튼으로 클릭하면 나타나는 컨텍스트 메뉴 중에서 [도형으로 변환]을 선택합니다.

> **NOTE**
>
> **SmartArt를 도형으로 변환하는 방법**
> - 그룹 해제 명령을 실행합니다(단축키: Ctrl + Shift + G).
> - [SMARTART 도구–디자인] 탭의 맨 오른쪽에 있는 [변환]을 클릭한 후 [도형으로 변환]을 선택합니다.

02 도형 그룹 개체의 크기와 위치를 변경합니다.

03 맨 위 도형을 선택한 후 [도형 채우기] [도형 채우기▼]를 클릭하고 [파랑, 강조 1, 50% 더 어둡게]를 선택합니다.

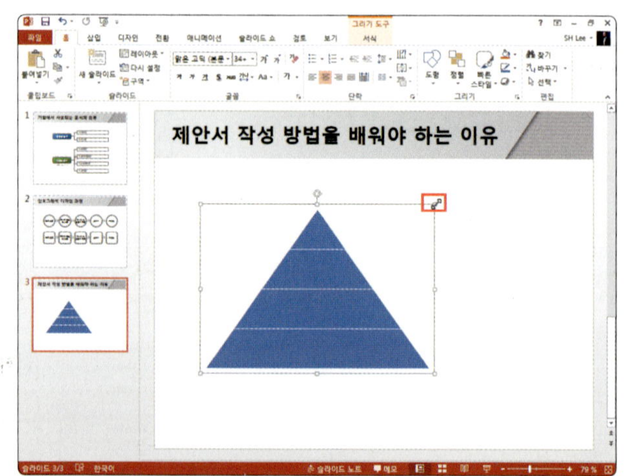

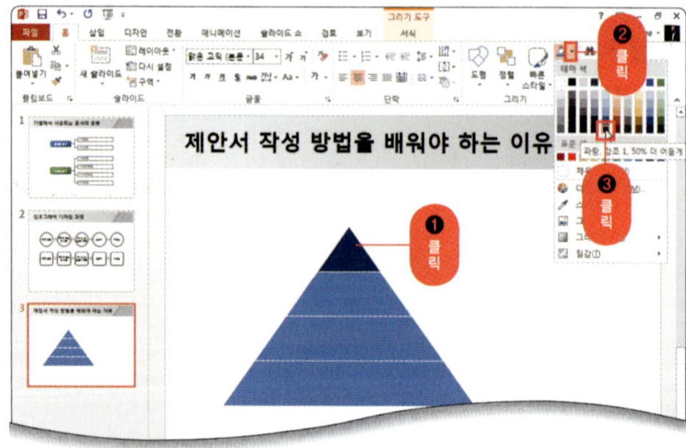

04 두 번째 도형을 선택한 후 [도형 채우기] 도형 채우기 를 클릭하고 [파랑, 강조 1, 25% 더 어둡게]를 선택합니다.

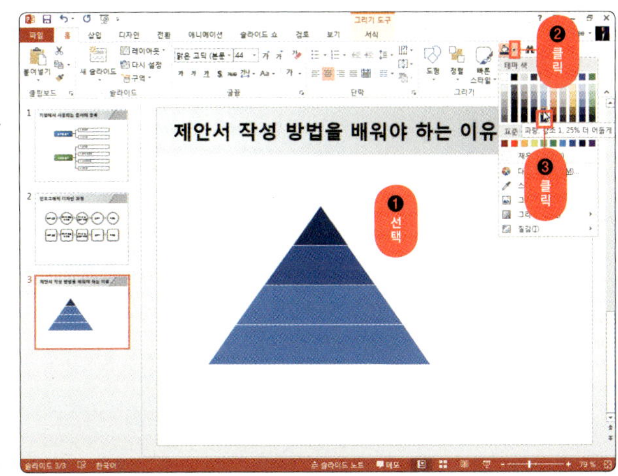

05 맨 아래에 있는 도형을 선택한 후 [도형 채우기] 도형 채우기 를 클릭하고 [파랑, 강조 1, 40% 더 밝게]를 선택합니다.

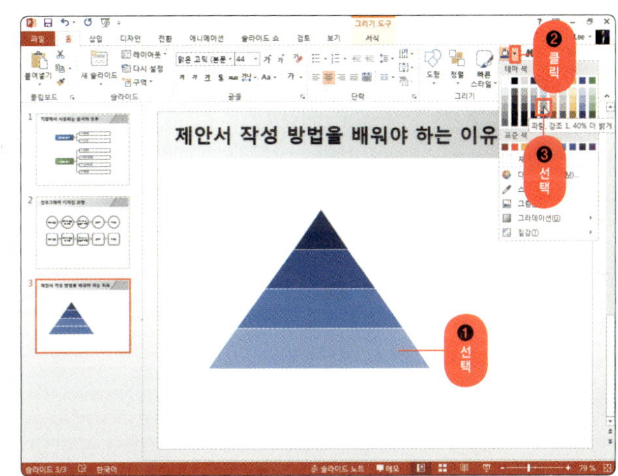

STEP 03 | 직사각형에 텍스트 배치해 완성하기

01 [홈] 탭에서 [직사각형] □을 클릭합니다.

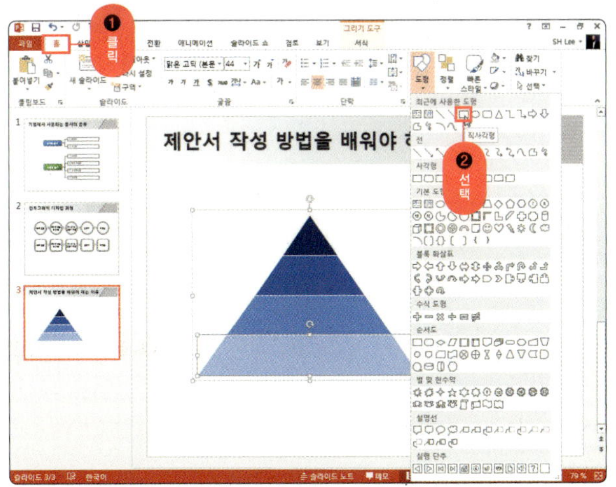

02 피라미드 오른쪽에 직사각형을 만듭니다.

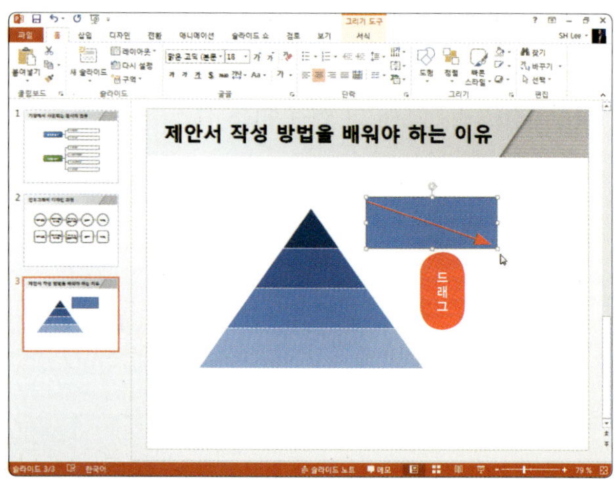

03 직사각형의 위쪽에 있는 [크기 조정 핸들] 에 마우스 포인터를 위치시킵니다.

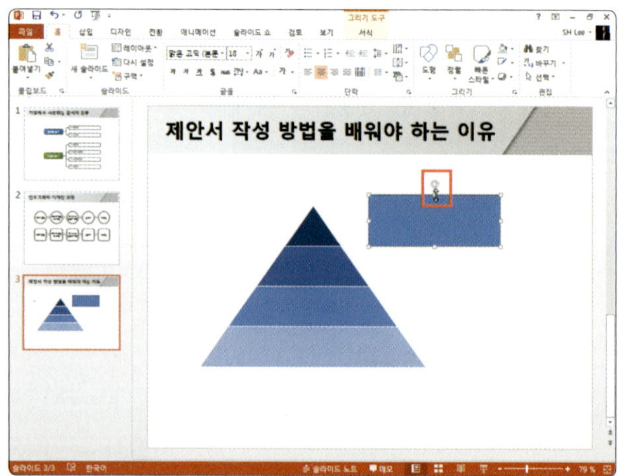

위 또는 아래로 드래그하여 왼쪽에 있는 피라미드 도해의 맨 위에 있는 삼각형 도형의 맨 위에 맞춥니다. 직사각형의 맨 위와 삼각형의 맨 위가 맞게 되면 빨간색 점선의 스마트 가이드가 나타나 맞추는 것을 도와줍니다.

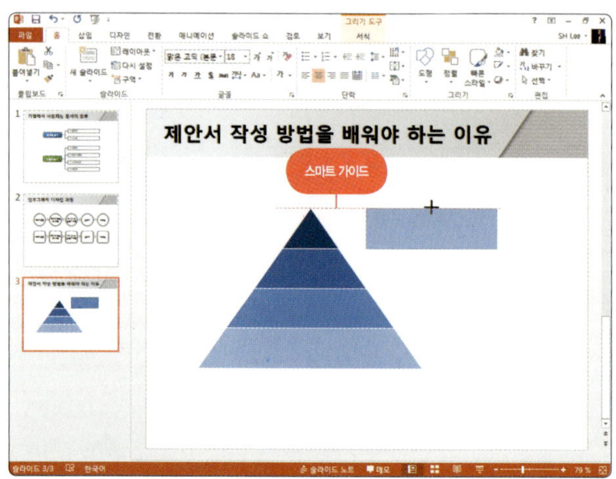

04 직사각형의 아래쪽에 있는 [크기 조정 핸들]□에 마우스 포인터를 위치시킵니다.

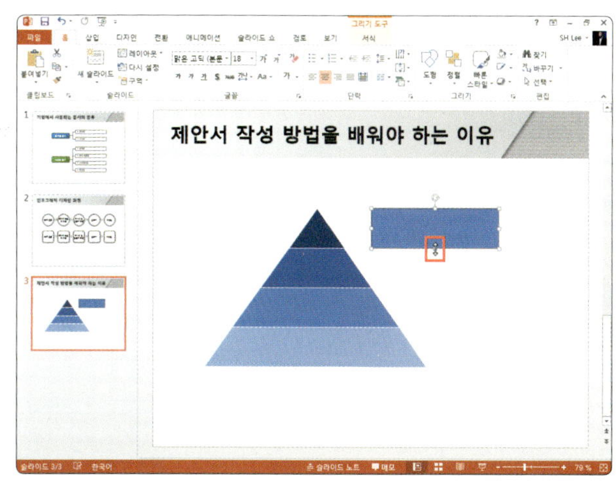

위 또는 아래로 드래그하여 왼쪽에 있는 피라미드 도해의 맨 위에 있는 개체에 맞춥니다. 직사각형의 아래쪽과 삼각형의 아래쪽의 위치가 맞게 되면 빨간색 점선의 스마트 가이드가 나타나 맞추는 것을 도와줍니다.

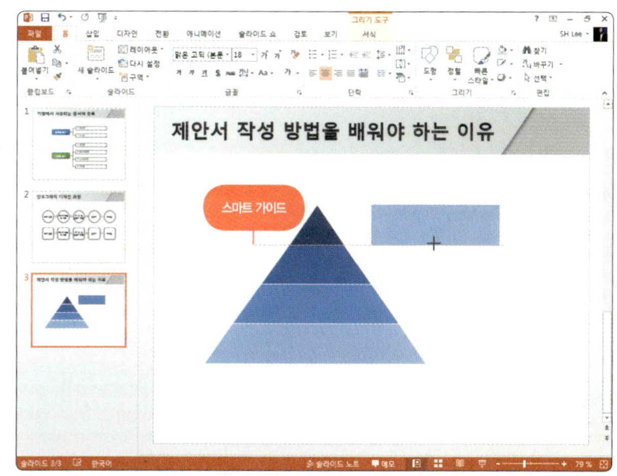

05 [도형 채우기] 도형 채우기 를 클릭한 후 [흰색, 배경 1, 15% 더 어둡게]를 선택합니다.

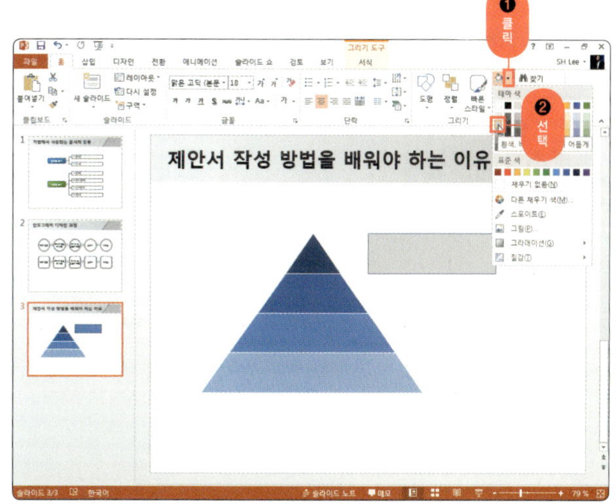

06 [도형 윤곽선] ![도형 윤곽선]을 클릭한 후 [흰색, 배경 1]을 선택합니다.

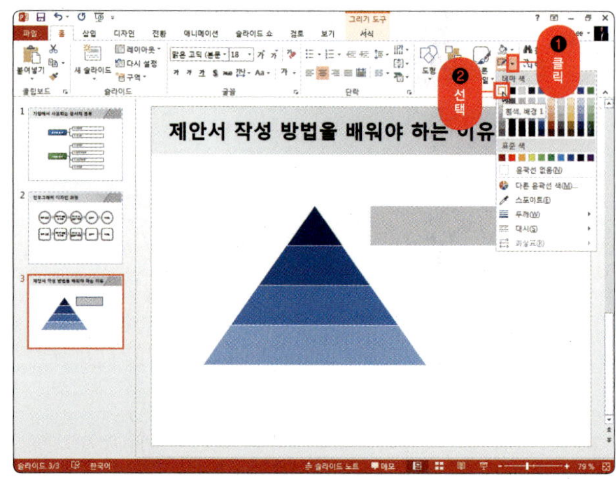

07 Ctrl + Shift 를 누른 상태에서 직사각형을 아래로 드래그하여 수직 복제합니다.

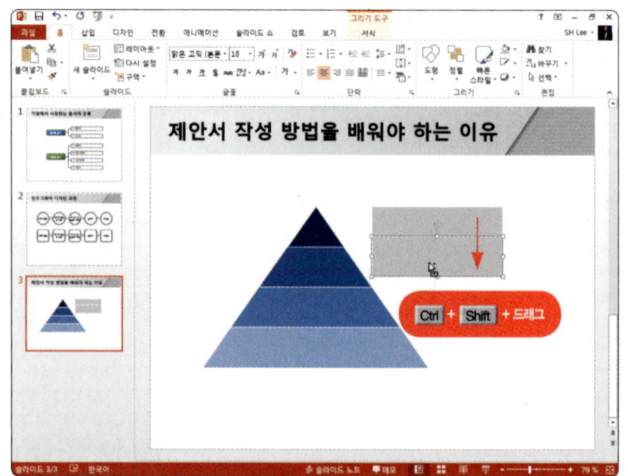

08 Ctrl + Shift 를 누른 상태에서 복제한 직사각형을 아래로 드래그하여 수직 복제합니다.

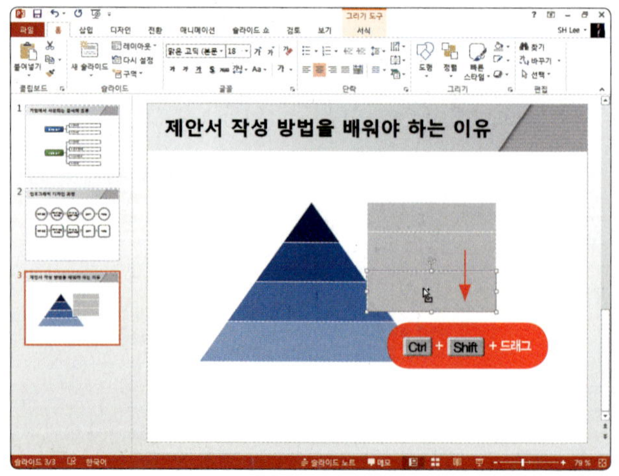

09 Ctrl + Shift 를 누른 상태에서 복제한 직사각형을 아래로 드래그하여 수직 복제하고, 복제한 직사각형의 다음과 피라미드 도해의 맨 아래에 있는 도형의 아래 부분을 맞춥니다.

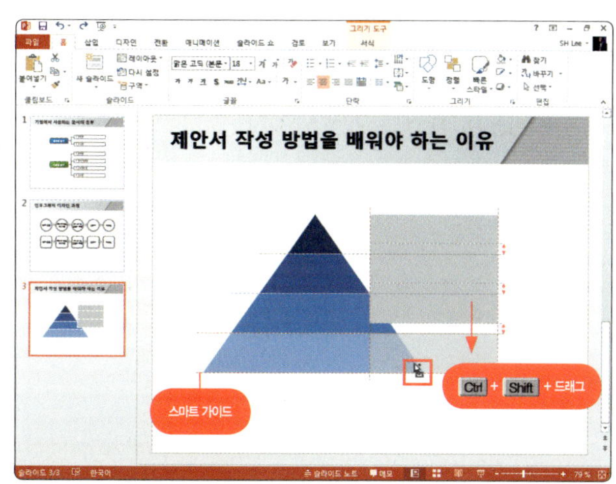

10 네 개의 직사각형을 선택합니다.

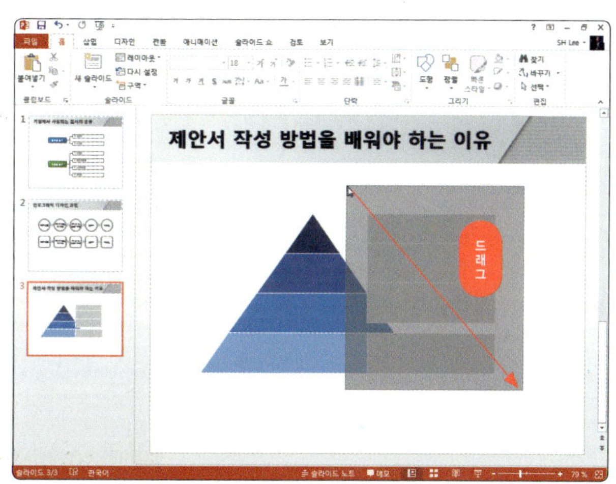

11 [정렬]을 클릭한 후 [맞춤]에서 [세로 간격을 동일하게]를 선택합니다.

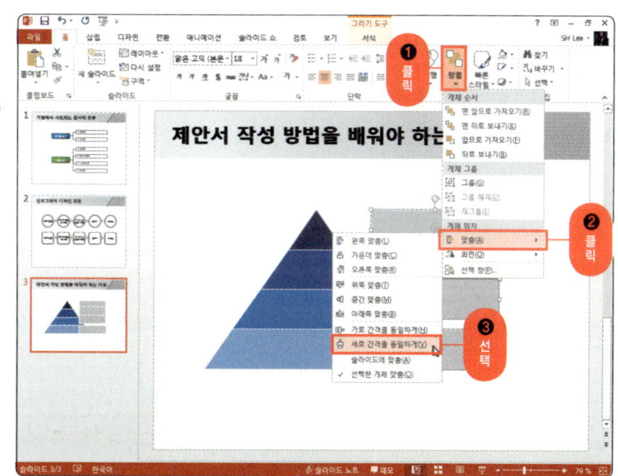

12 선택된 직사각형 중에서 하나를 마우스 오른쪽 버튼으로 클릭하면 나타나는 컨텍스트 메뉴 중에서 [맨 뒤로 보내기]를 선택합니다.

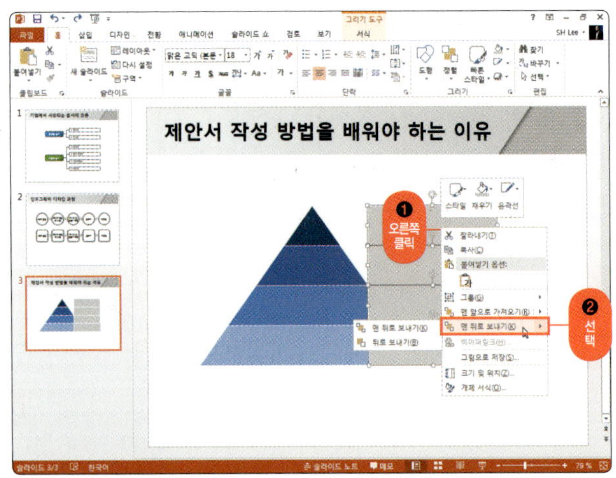

13 왼쪽 방향키 ← 또는 Ctrl+왼쪽 방향키를 몇 번 눌러 그림처럼 만듭니다.

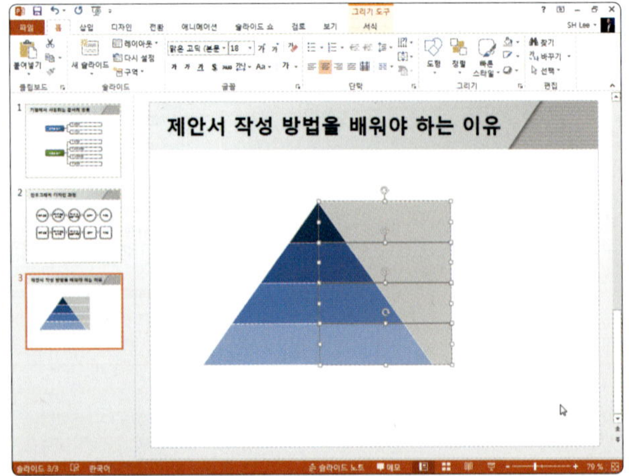

14 선택된 직사각형 중에 아무것이나 오른쪽 변에 있는 [크기 조정 핸들]□에 마우스 포인터를 위치시킨 후 오른쪽으로 드래그하여 크기를 늘립니다.

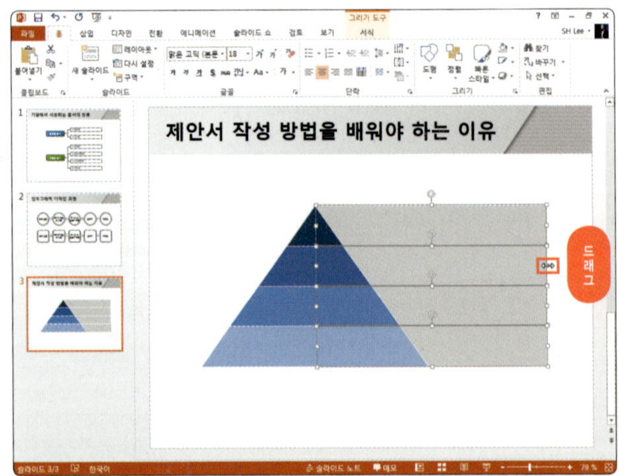

15 [텍스트 상자]□를 만들어 다음과
같이 내용을 입력해 완성합니다.

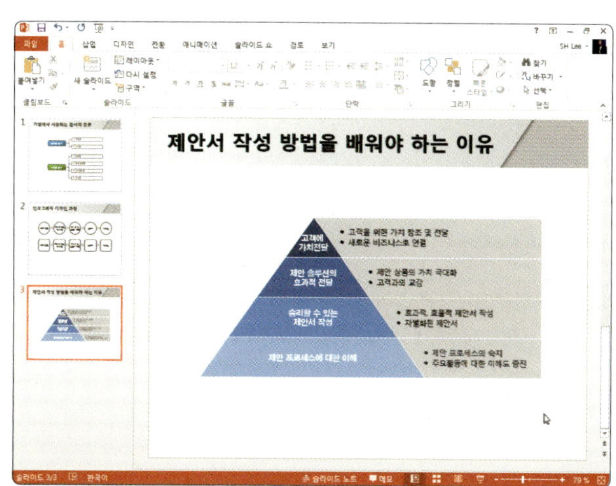

스마트 가이드 설정 변경하기

개체를 이동하거나 크기를 변경할 때 다른 개체의 가장자리나 중심에 맞게 되면 자동으로 빨간색 점선의 스마트 가이드가 표시됩니다. 하지만 아무리 좋은 기능이라 하더라도 필요 없을 때가 있습니다. 스마트 가이드 기능을 실행 중지했다가 필요할 때만 실행하는 방법을 알아보겠습니다.

1 [보기] 탭의 [표시] 영역에서 [대화상자 표시] 버튼□을 클릭합니다.

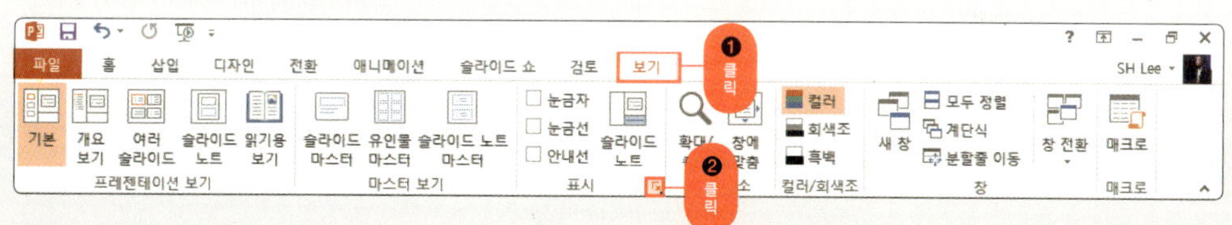

2 [도형 맞춤 시 스마트 가이드 표시] 옵션을 선택 또는 선택 해제한 후 [확인] 버튼을 클릭합니다.

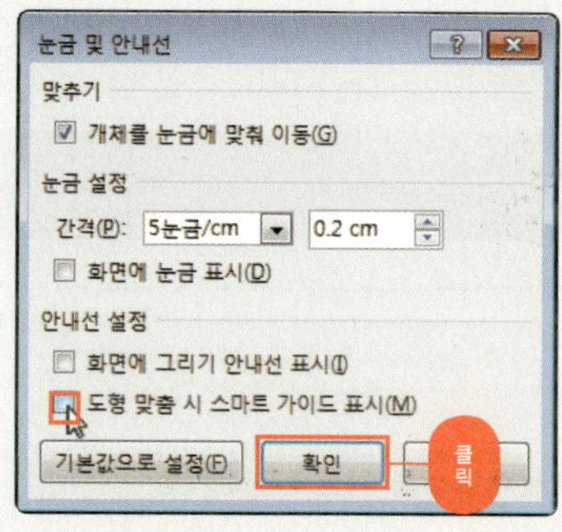

04

텍스트를 SmartArt로 변환해보자!

파워포인트에서 도해를 그리는 것을 어렵게 생각하는 사용자라면 텍스트를 곧바로 SmartArt로 변환할 수 있는 기능을 아는 것이 중요합니다. 이번 레슨에서는 텍스트를 SmartArt 도해로 변환하는 방법에 대해 알아보겠습니다.

● **실습 파일**: 부록 CD/테마03/테마03.pptx 4번 슬라이드 | **결과 파일**: 부록 CD/테마03/테마03(결과).pptx 4번 슬라이드

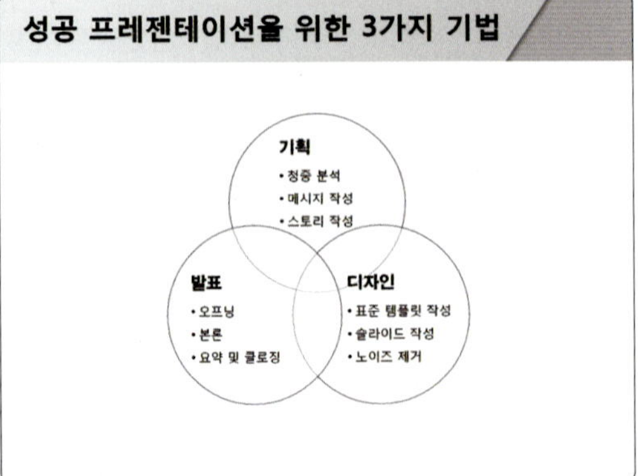

STEP 01 | 텍스트를 SmartArt로 변환하기

01 네 번째 슬라이드의 텍스트를 클릭합니다.

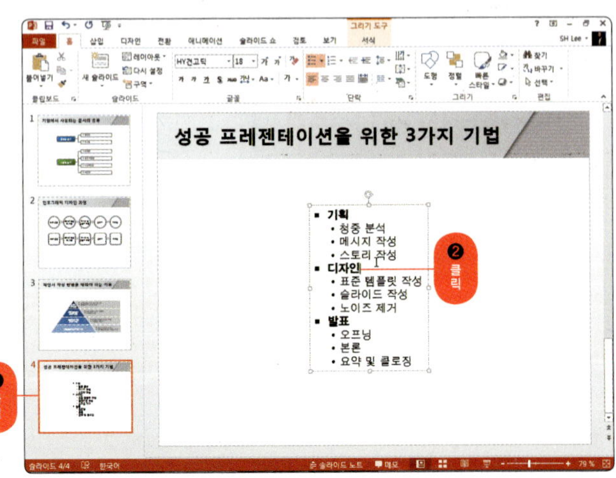

02 [홈] 탭의 [단락] 영역에서 [Smart Art로 변환] SmartArt로 변환▾ 을 클릭한 후 SmartArt를 선택합니다.

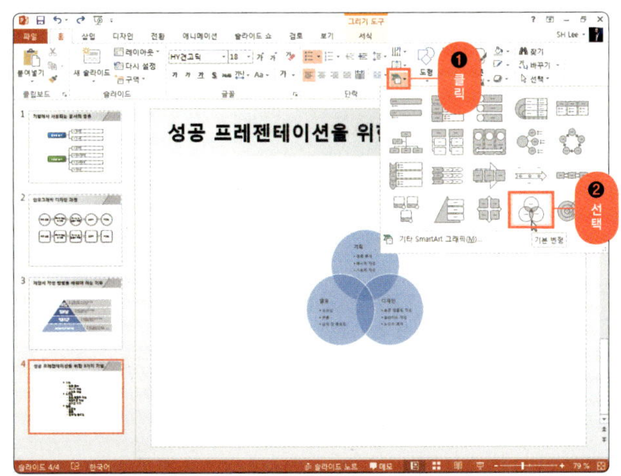

03 [SMARTART 도구−디자인] 탭에서 [색 변경]을 클릭한 후 [어두운 색 2 윤곽선]을 선택합니다.

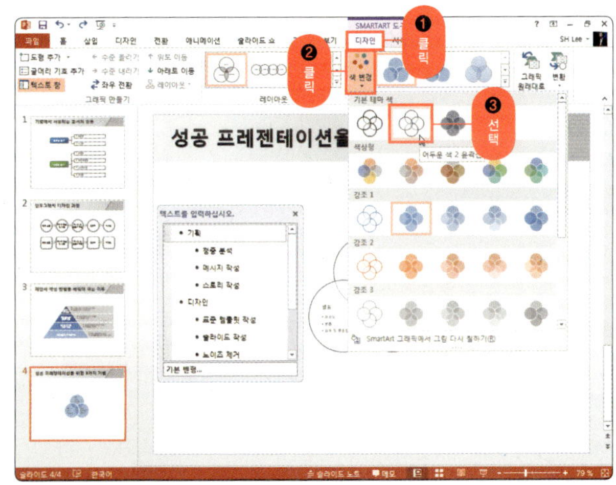

04 SmartArt의 크기나 위치를 조정합니다.

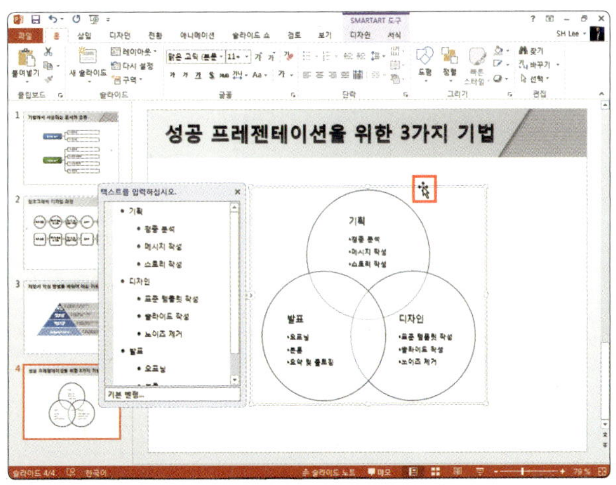

05 [홈] 탭에서 [글꼴 크기 크게] 가 를 클릭하여 글꼴 크기를 크게 만듭니다(단축키: Ctrl +]).

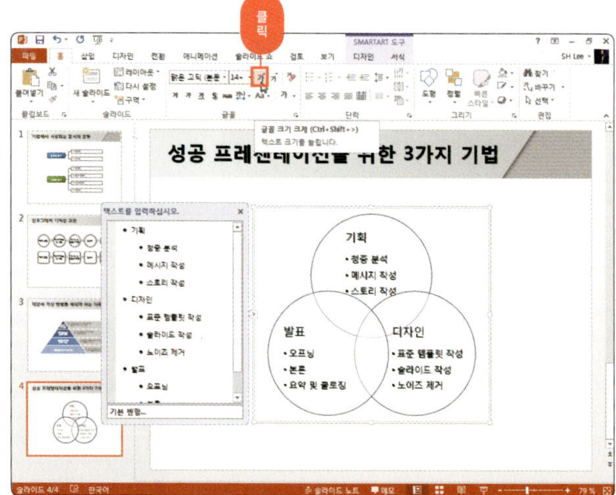

06 [기획]을 선택합니다.

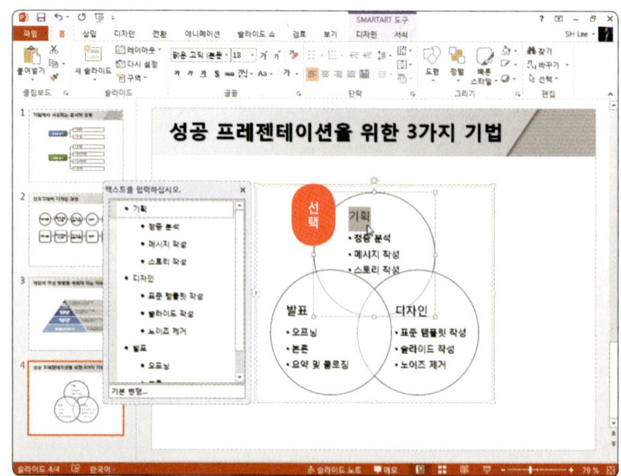

07 [글꼴]에서 'HY견고딕'을 선택합니다.

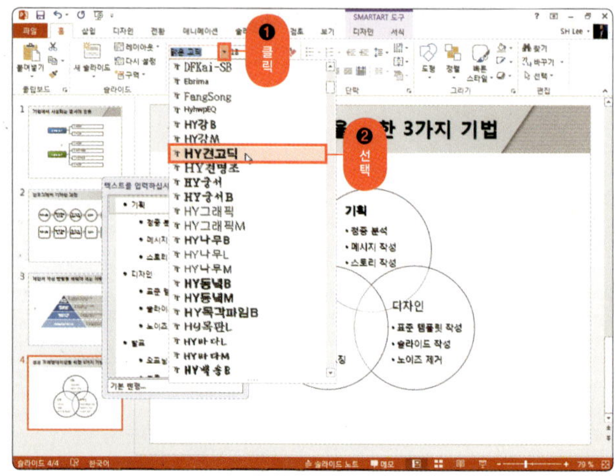

08 같은 방법으로 다른 글자의 글꼴을 변경하여 완성합니다.

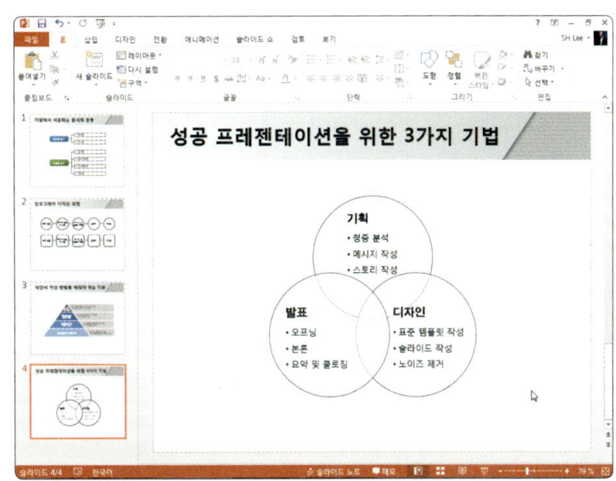

STEP 02 | SmartArt의 레이아웃 변경하기

01 SmartArt의 테두리를 마우스 오른쪽 버튼으로 클릭하면 나타나는 컨텍스트 메뉴 중에서 [레이아웃 변경]을 선택합니다.

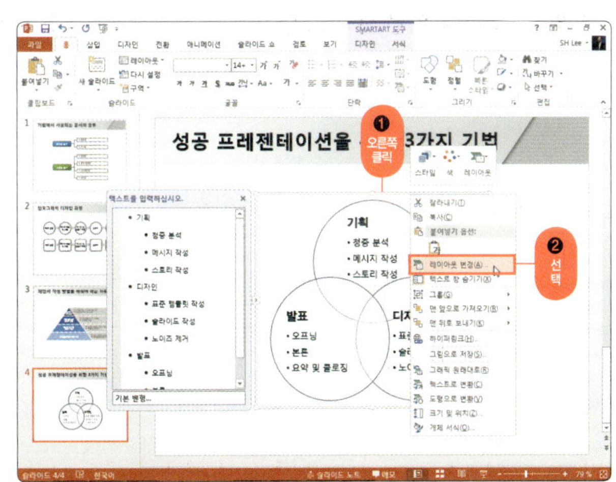

02 [SmartArt 그래픽 선택] 대화 상자에서 다른 SmartArt를 선택한 후 [확인] 버튼을 클릭합니다.

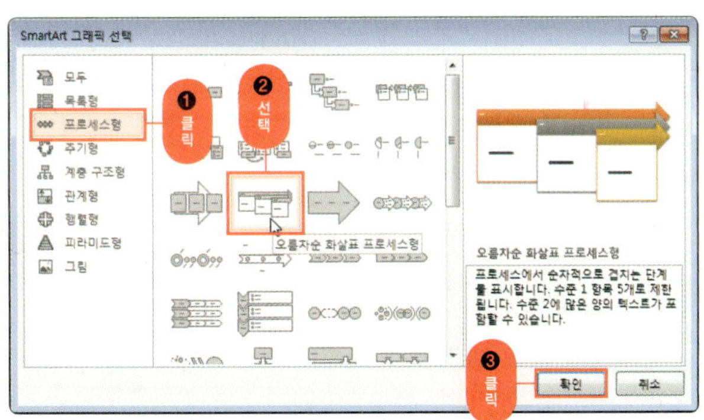

05

POWERPOINT KNOWHOW

도형 모양 바꾸기로
도해를 만들어 보자!

파워포인트 사용자들이 잘 모르는 기능 중에 하나가 바로 도형의 모양을 바꾸는 것입니다. 도형을 선택했을 때 노란색 아이콘이 나타나는 경우가 있는데 이 아이콘을 마우스로 드래그하면 도형의 모양이 바뀌게 됩니다. 그런데 이 기능을 알게 되면 도형의 모양을 다양한 형태로 변형할 수 있어 아주 특별한 도해를 만들 수 있게 됩니다. 이번 레슨에서 그 방법을 알아보겠습니다.

● **실습 파일**: 부록 CD/테마03/테마03.pptx 5번 슬라이드 | **결과 파일**: 부록 CD/테마03/테마03(결과).pptx 5, 6번 슬라이드

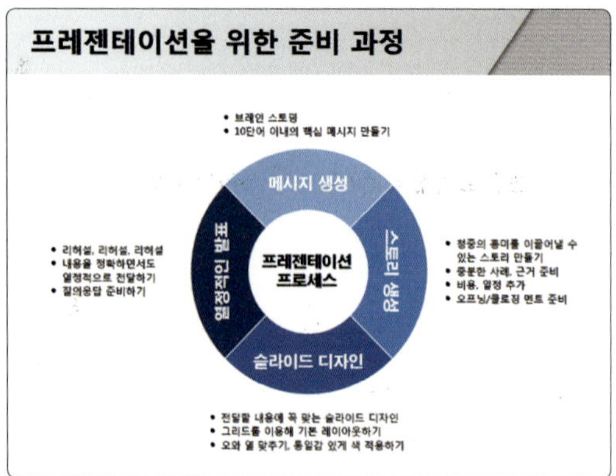

도형 모양 바꾸기로 완성한 도해

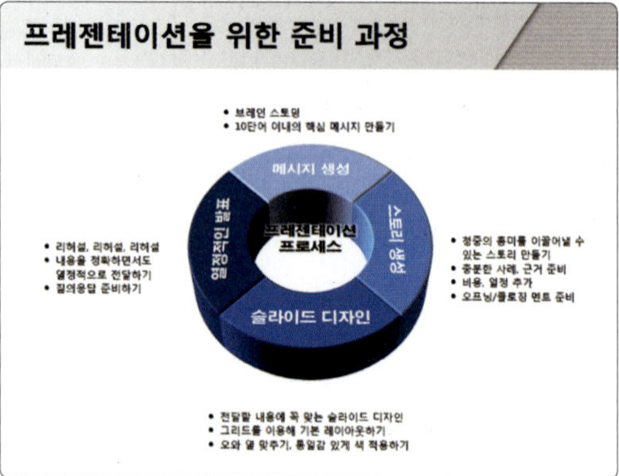

3차원 효과 적용

STEP 01 | 막힌 원호 만들기

01 [홈] 탭에서 [막힌 원호]를 선택합니다.

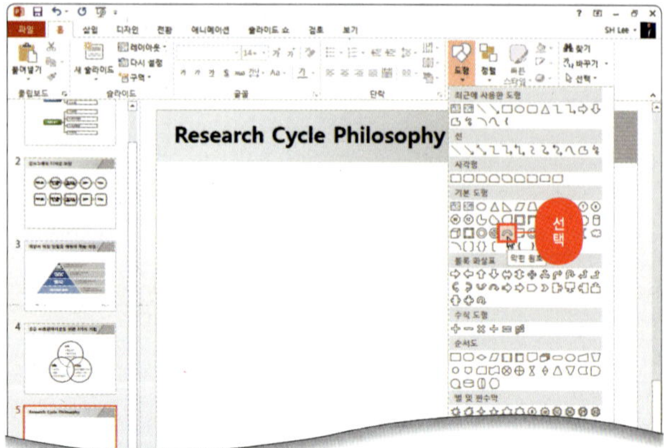

02 Shift 를 누른 상태에서 드래그하
여 막힌 원호를 그립니다.

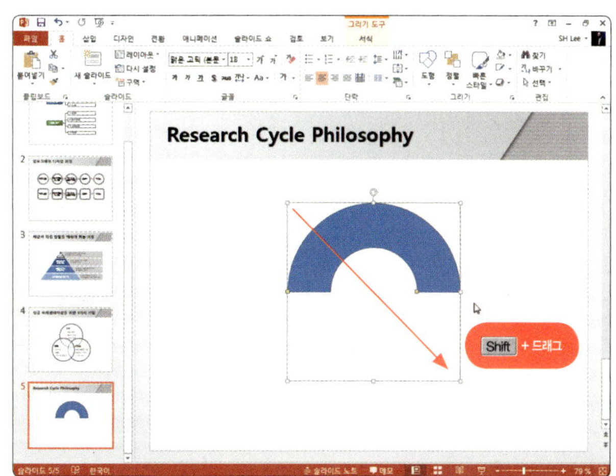

03 도형 왼쪽에 있는 [모양 조절 핸
들] 🔲 에 마우스 포인터를 위치
시킵니다.

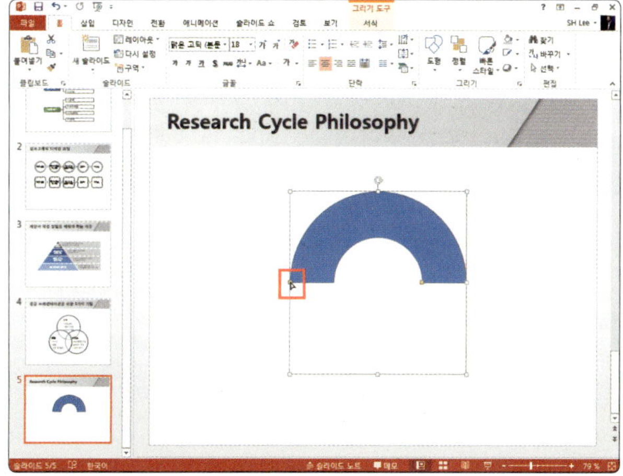

N O T E

모양 조절 핸들 모양이 다른데요?

파워포인트 2010 이하 버전의 경우에는 다이아몬드 모양
◇으로 표시됩니다.

04 위쪽으로 드래그하여 도형의 모
양을 다음과 같이 바꿉니다.

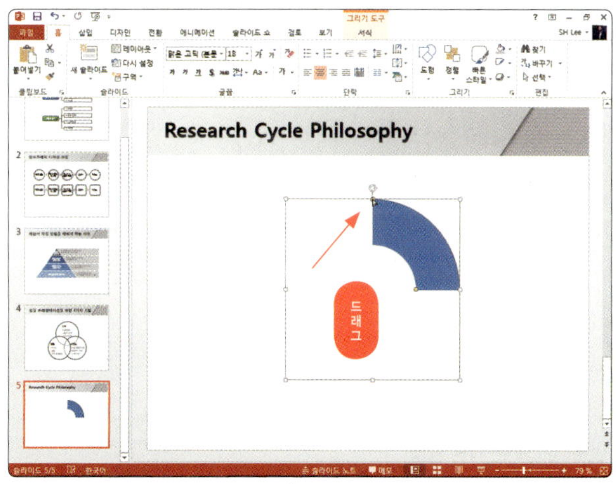

STEP 02 | 도형 복제하고 회전하기

01 Ctrl 을 누른 상태에서 도형을 드래그하여 복제합니다.

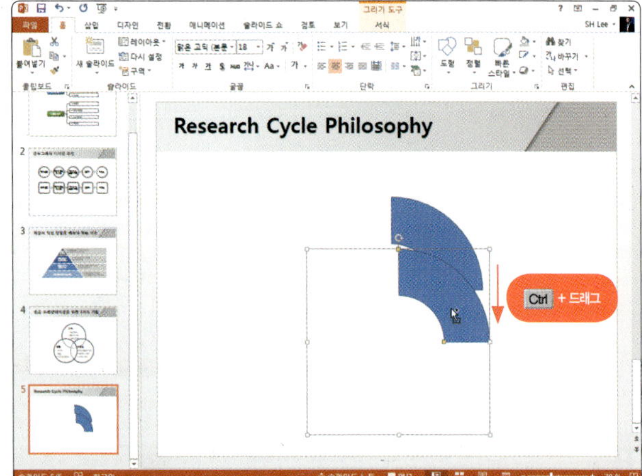

NOTE

개체를 복제하는 다른 방법

- Ctrl + C (복사), Ctrl + V (붙여 넣기)
- Ctrl + D 누르기

02 도형 위쪽에 표시되는 [회전 핸들]◎에 마우스 포인터를 위치시키고

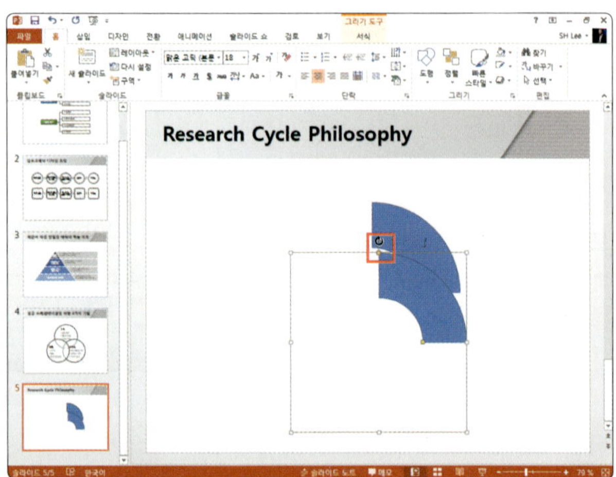

03 Shift 를 누른 상태에서 오른쪽으로 드래그하여 90도 회전합니다.

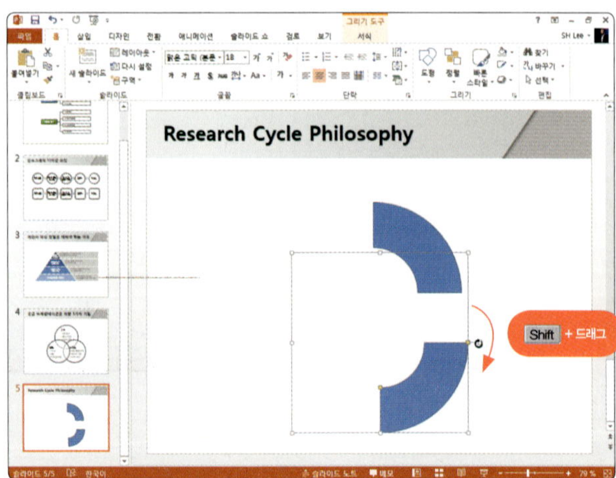

NOTE

90도 회전하는 다른 방법

[정렬]을 클릭한 후 [회전]에서 [오른쪽으로 90도 회전] 또는 [왼쪽으로 90도 회전]을 선택합니다.

04 `Ctrl`을 누른 상태에서 도형을 드래그하여 복제합니다.

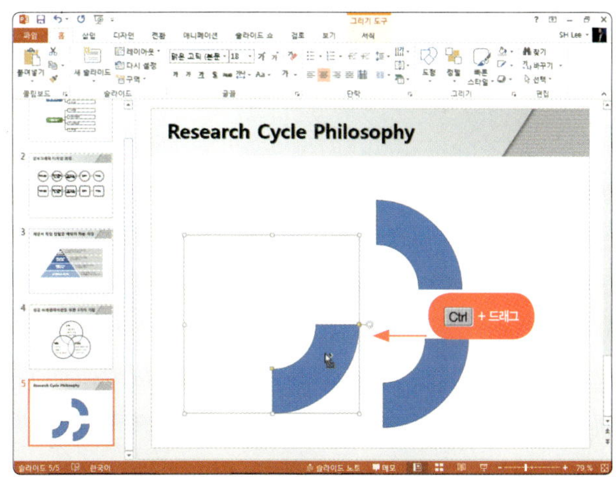

05 [회전 핸들] 에 마우스 포인터를 위치시킵니다.

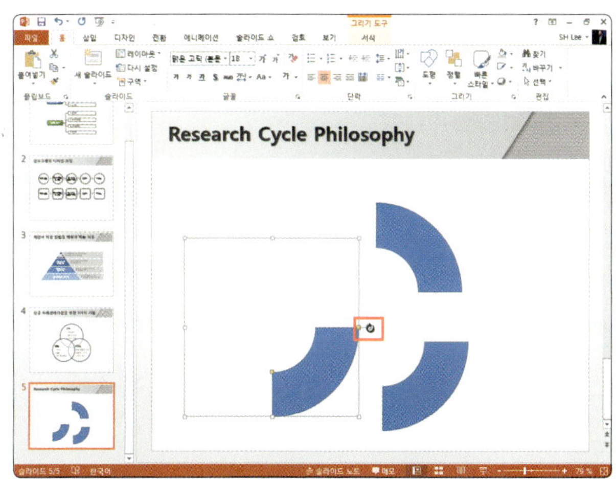

06 `Shift`를 누른 상태에서 오른쪽으로 드래그하여 90도 회전합니다.

07 **Ctrl** 을 누른 상태에서 도형을 드래그하여 복제합니다.

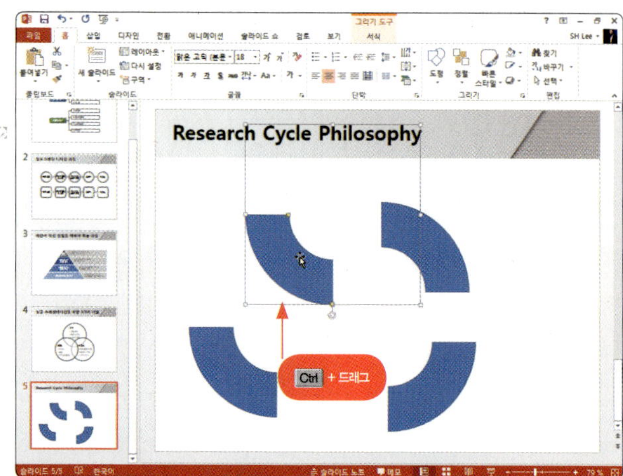

08 [회전 핸들]⟳에 마우스 포인터를 위치시킵니다.

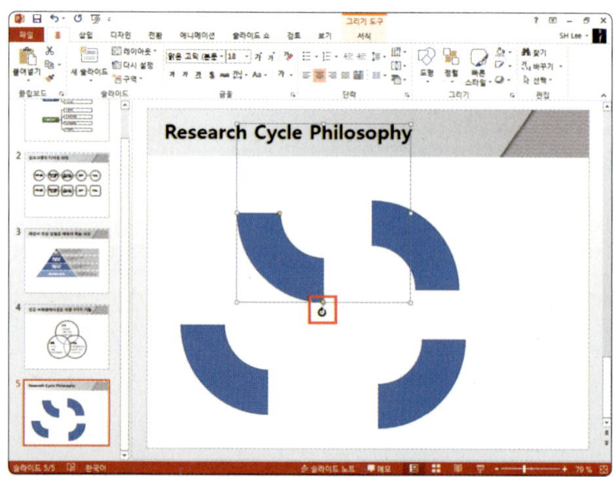

09 **Shift** 를 누른 상태에서 오른쪽으로 드래그하여 90도 회전합니다.

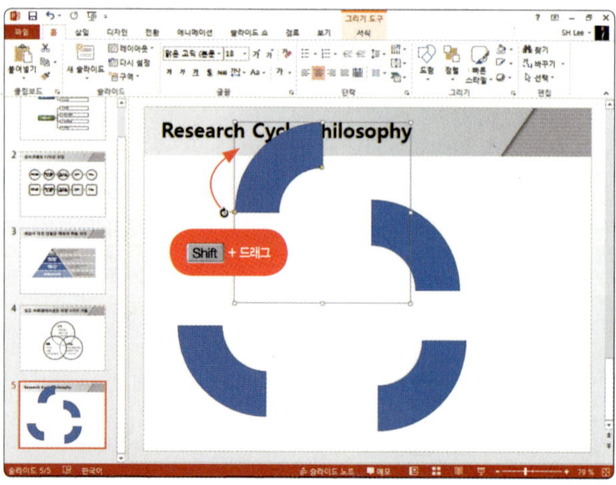

10 Shift 를 누른 상태에서 네 개의 막힌 원호를 클릭하여 모두 선택합니다.

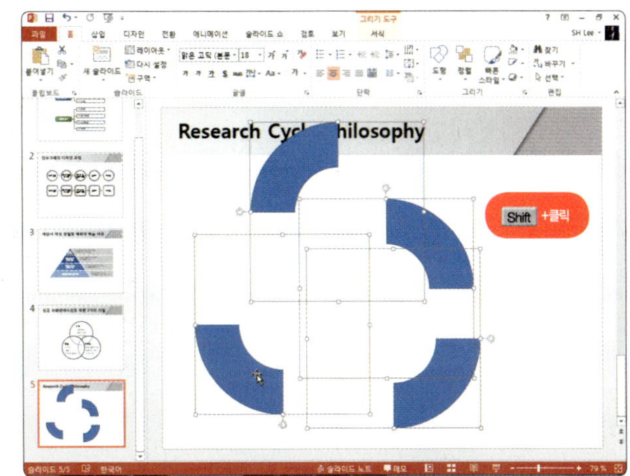

11 [정렬]을 클릭한 후 [맞춤]에서 [가운데 맞춤]을 선택합니다.

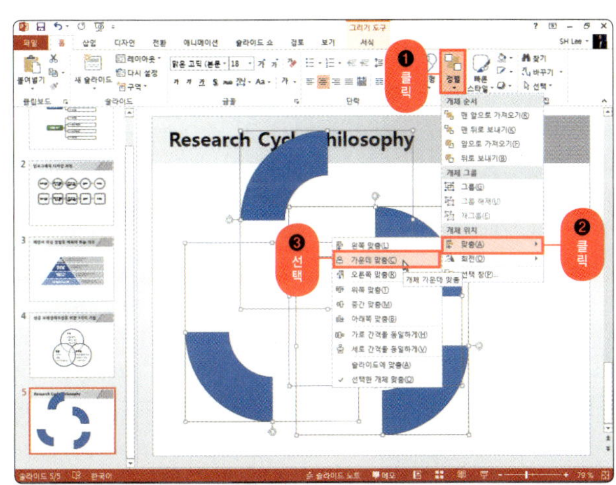

12 [정렬]을 클릭한 후 [맞춤]에서 [중간 맞춤]을 선택합니다. 선택된 네 개 도형의 중심이 맞춰지게 됩니다.

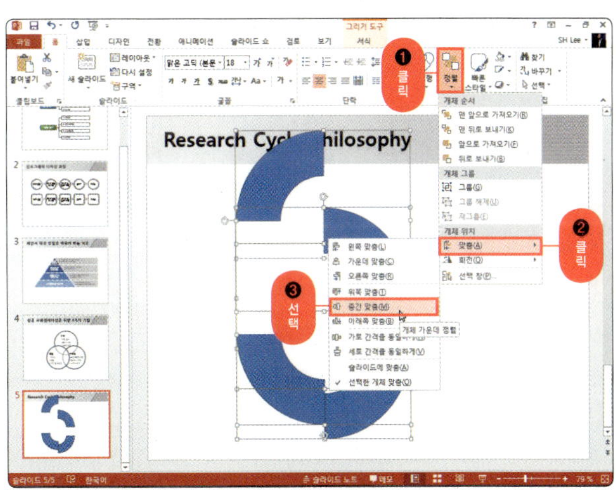

STEP 03 | 서식 변경하기

01 [도형 윤곽선] [도형 윤곽선 ▾]을 클릭한 후 [흰색, 배경 1]을 선택합니다.

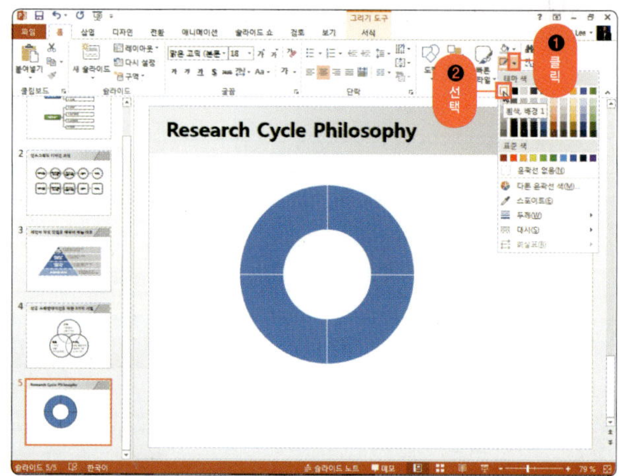

02 Esc를 눌러 선택을 해제한 후 오른쪽에 있는 도형을 선택합니다.

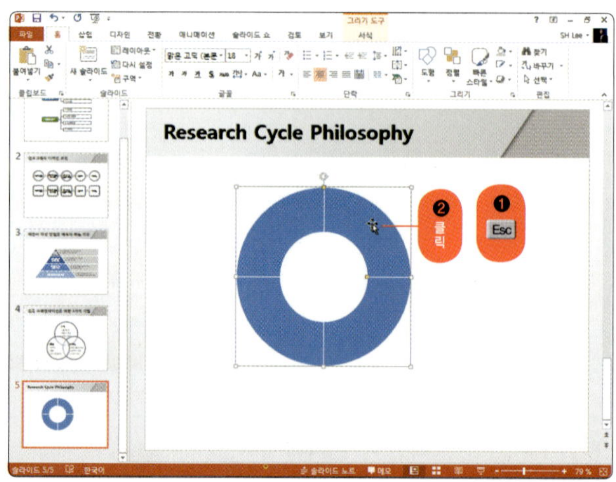

03 [도형 채우기] [도형 채우기 ▾]를 클릭한 후 [파랑, 강조 1, 40% 더 밝게]를 선택합니다.

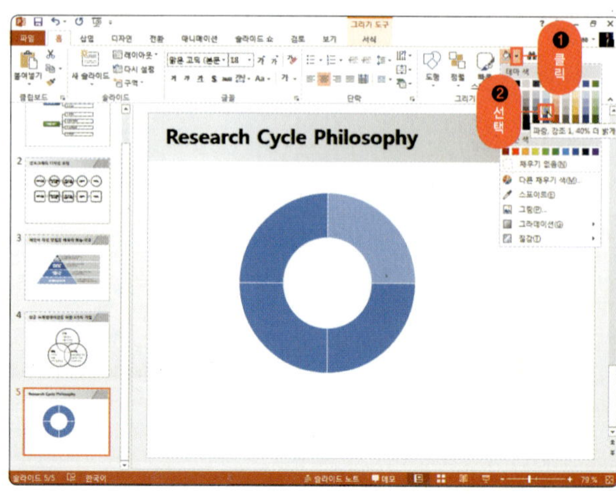

04 왼쪽 하단에 있는 도형을 선택합니다.

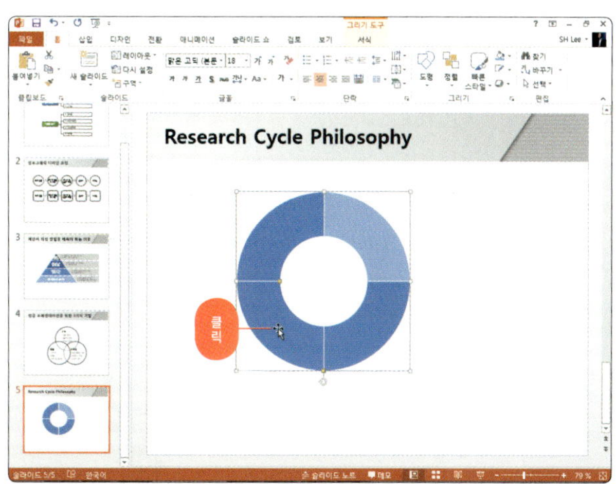

05 [도형 채우기] 🖾 도형 채우기 ▼를 클릭한 후 [파랑, 강조 1, 25% 더 어둡게]를 선택합니다.

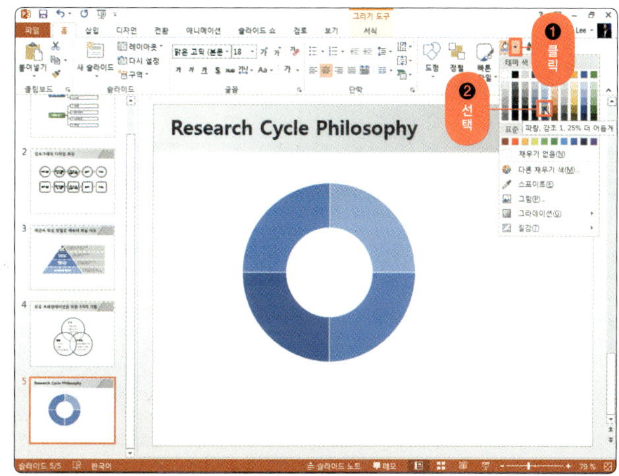

06 왼쪽 상단에 있는 도형을 선택합니다.

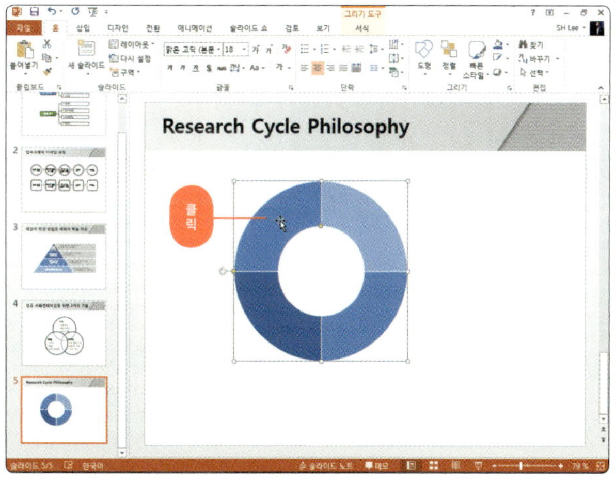

07 [도형 채우기] 도형 채우기 ▼를 클릭
한 후 [파랑, 강조 1, 50% 더 어
둡게]를 선택합니다.

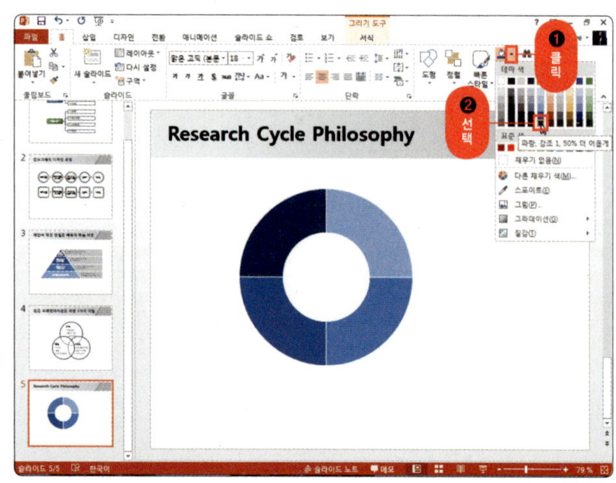

STEP 04 | 개체 회전하기

01 네 개의 도형을 모두 선택합니다.

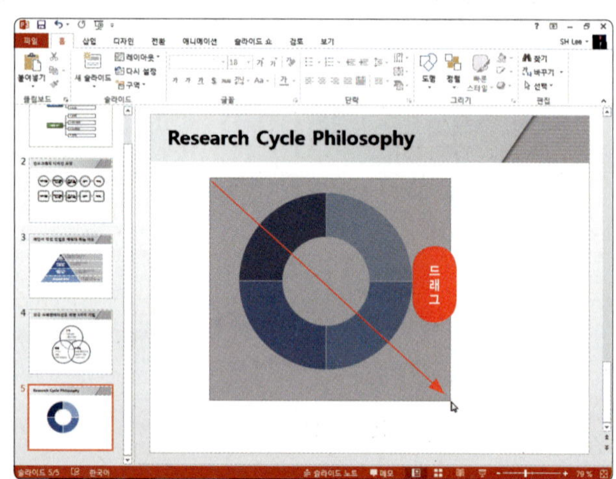

02 Ctrl + G 를 눌러 그룹을 만든 후
[회전 핸들]에 마우스 포인터
를 위치시킵니다.

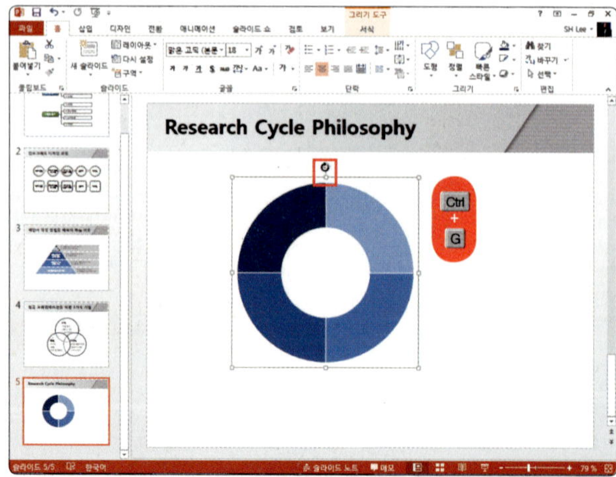

03 Shift 를 누른 상태에서 왼쪽으로 드래그하여 회전합니다.

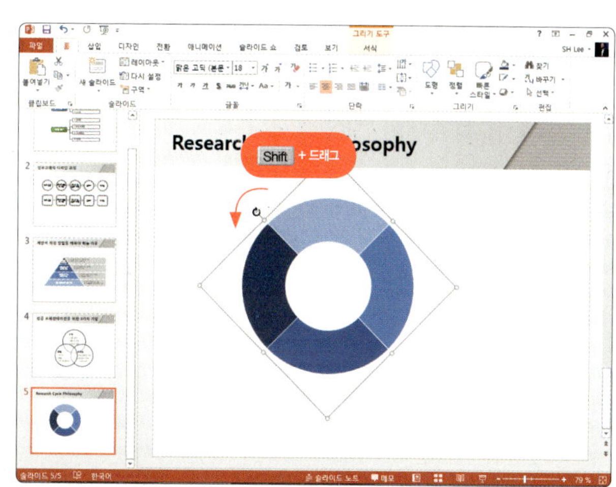

> **NOTE**
>
> **파워포인트에서 Shift 의 역할**
>
> - Shift 를 누른 상태에서 [회전 핸들] 을 드래그하면 15도 각도씩 회전할 수 있습니다.
> - Shift 를 누른 상태에서 개체의 모서리에 표시되는 [크기 조정 핸들] 을 드래그하면 개체의 높이와 너비의 비율을 유지한 채 크기를 조정할 수 있습니다.
> - Shift 를 누른 상태에서 개체를 드래그하면 수평이나 수직으로 이동할 수 있습니다.

STEP 05 | 3차원 만들기

01 [텍스트 상자] 를 만든 후 글자를 입력하고 각 도형 위쪽에 배치합니다. 필요한 경우 텍스트 상자를 회전합니다.

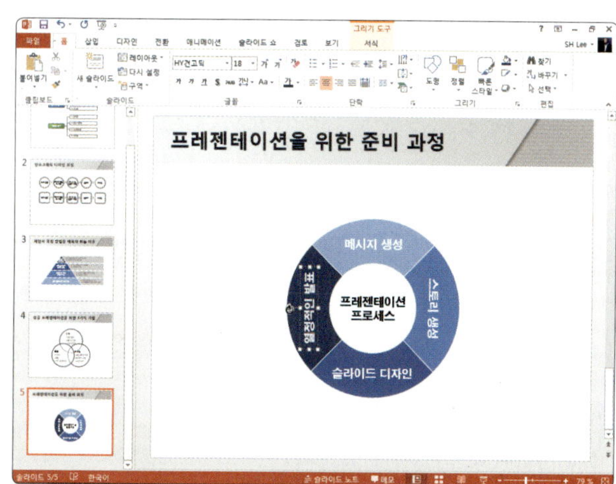

02 텍스트 상자와 도형을 모두 선택합니다.

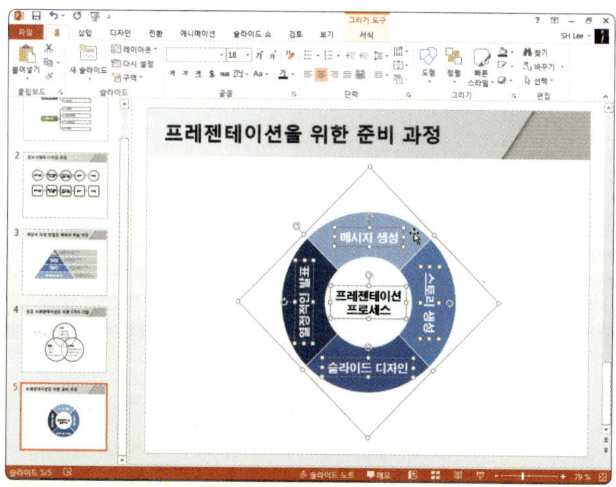

03 Ctrl + G 를 눌러 선택된 개체를 하나의 그룹으로 만든 후 [홈] 탭의 [그리기] 영역에서 [대화상자 표시] 버튼을 클릭합니다.

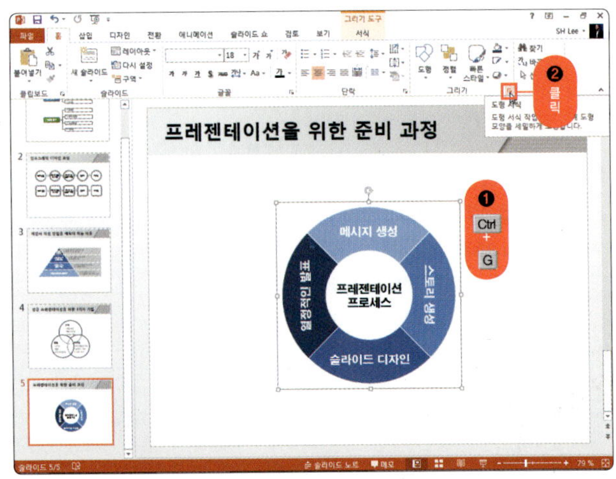

04 [도형 서식]의 [도형 옵션]에서 [효과]를 클릭한 후 [3차원 회전]을 클릭합니다.

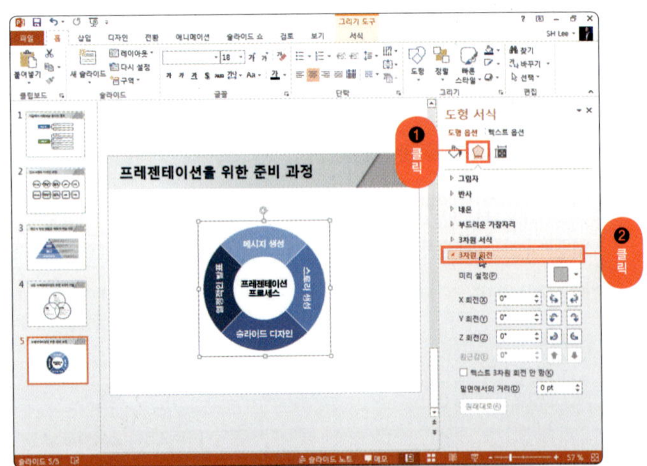

05 [미리 설정]을 클릭한 후 [원근감(보통의 경사)]를 선택합니다.

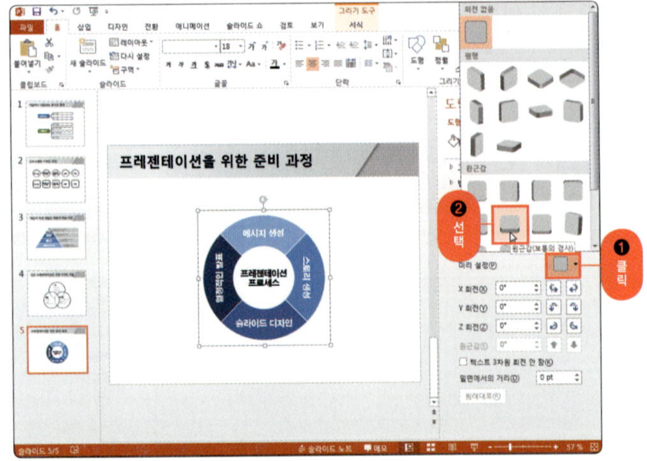

06 [3차원 서식]을 클릭한 후 [깊이]의 [크기]에 [70pt]를 입력합니다.

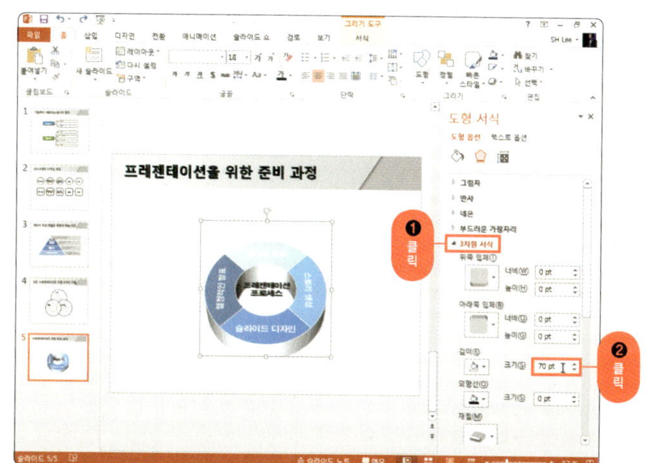

07 [조명]을 클릭한 후 [쌀쌀한]을 선택합니다.

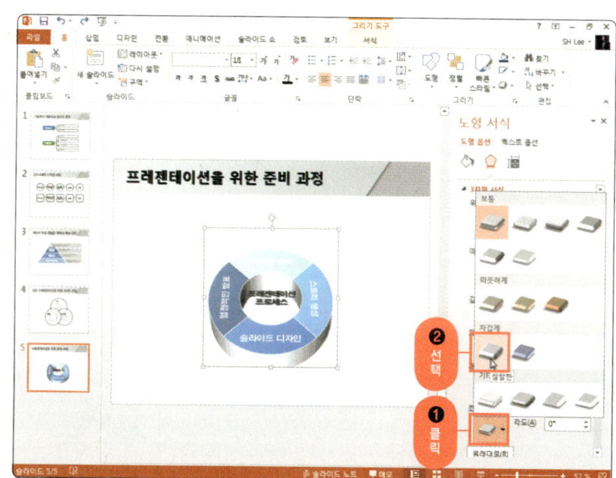

08 [각도]를 [50도]로 변경합니다.

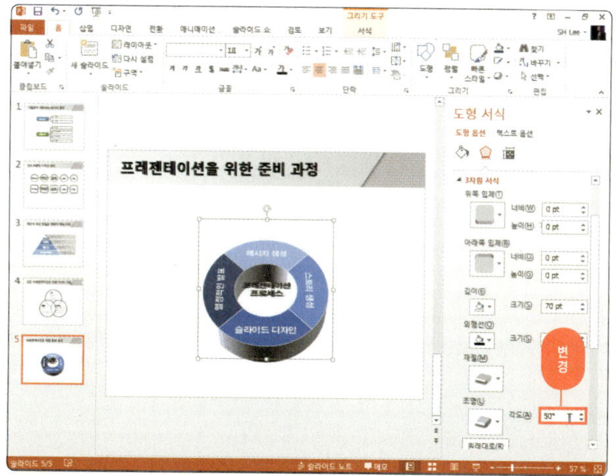

09 [위쪽 입체]에서 [너비]와 [높이]를 모두 [3pt]로 변경합니다.

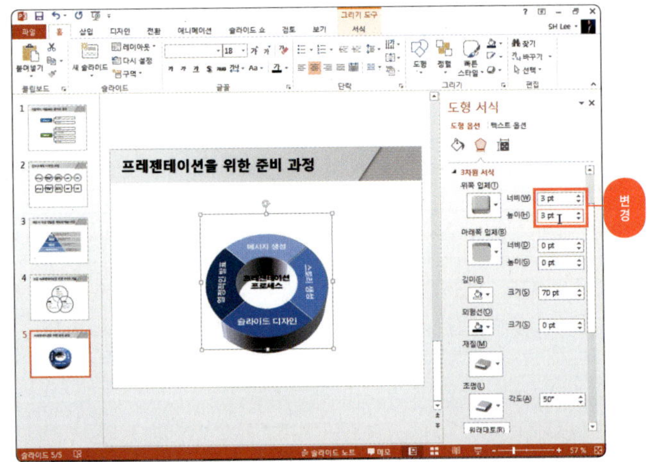

10 [도형 윤곽선] 도형 윤곽선 ▾ 을 클릭한 후 [윤곽선 없음]을 선택합니다. 테두리가 없어지면서 훨씬 깔끔한 모습이 됩니다. 일반적으로 도형을 3차원으로 만들면 테두리가 없는 것이 더 보기 좋을 때가 많습니다.

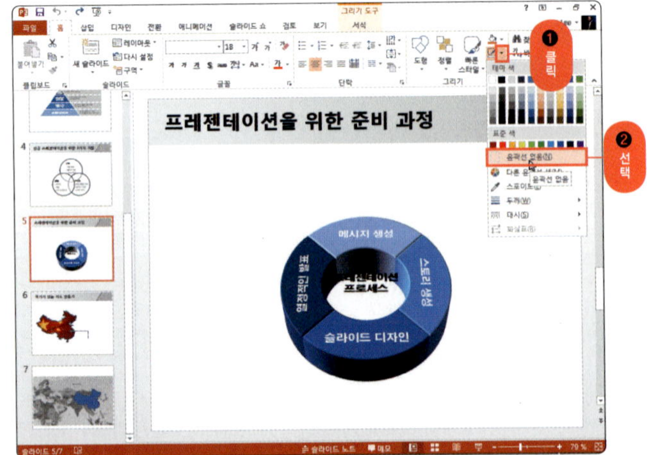

NOTE

3차원 개체는 그룹 상태에서 만들어야 함

3차원 개체는 편집을 할 때 그룹을 해제하지 말고 그 상태에서 편집을 해야 합니다. 그렇지 않으면 모양이 이상하게 보일 수 있습니다.

06

POWERPOINT KNOWHOW

도형을 자유롭게 그려보자!

파워포인트는 많은 도형을 제공하기는 하지만 여러분이 원하는 도형이 없는 경우가 있을 수 있습니다. 이런 경우 직접 그릴 수 있어야 하는데 이 때 활용할 수 있는 기능이 '자유형'이라는 것입니다. 말 그대로 자유롭게 뭔가를 그릴 수 있도록 해주는 것으로 필자의 경우 지도와 같이 비정형적인 형태를 그리거나 자유롭게 선을 그리고 싶을 주로 사용합니다.

● **실습 파일**: 부록 CD/테마03/테마03.pptx 6, 7번 슬라이드
  결과 파일: 부록 CD/테마03/테마03(결과).pptx 7, 8번 슬라이드

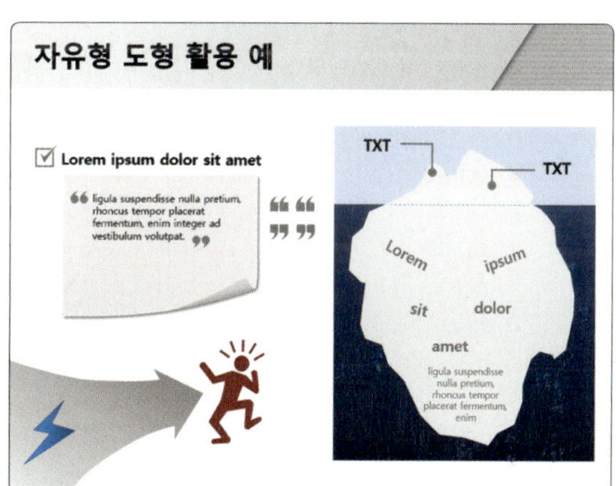

STEP 01 | 자유형 도형 그리기

01 [홈] 탭에서 [자유형] 을 클릭합니다.

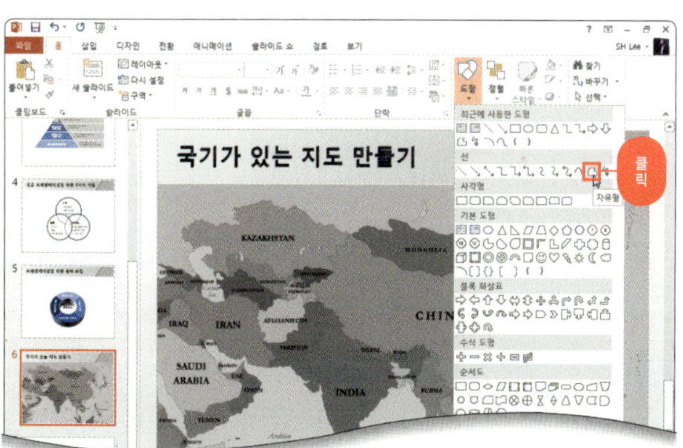

02 자유형 도형의 첫 번째 지점을 클릭합니다.

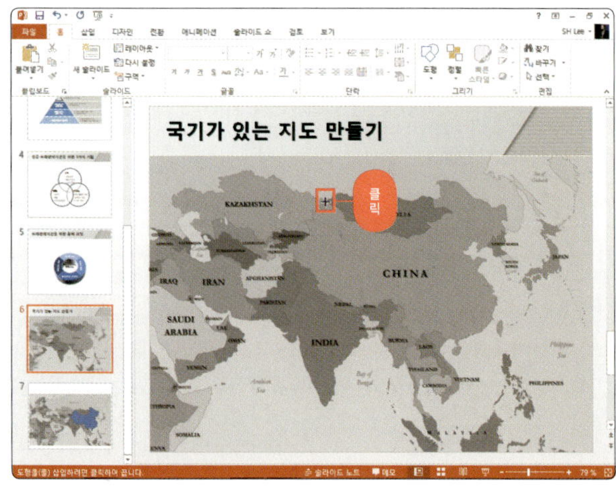

03 마우스를 계속 이동하면서 클릭하여 자유형 도형을 만들다가 처음에 클릭했던 지점을 다시 클릭합니다.

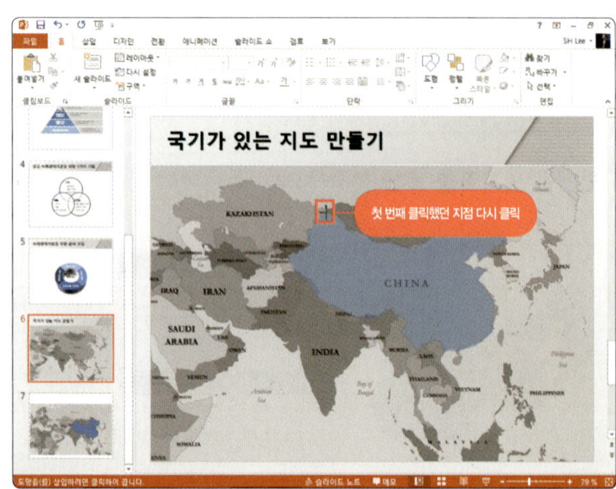

STEP 02 | 자유형 도형 편집하기

01 자유형 도형을 마우스 오른쪽 버튼으로 클릭하면 나타나는 단축 메뉴 중에서 [점 편집]을 선택합니다.

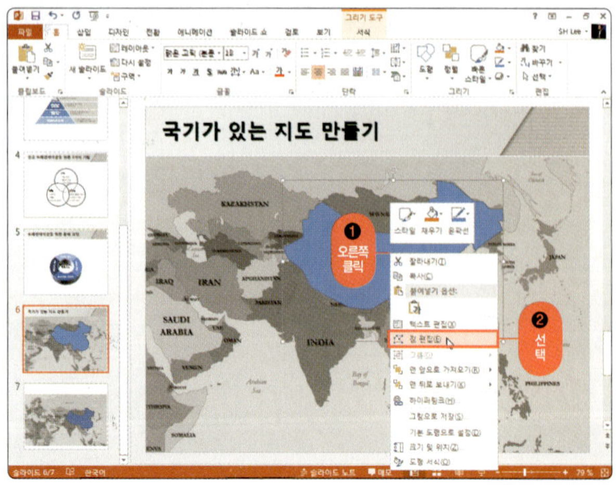

02 점 편집 모드에서 검은색 조정점 ■에 마우스 포인터를 위치시킨 후 마우스 포인터가 ✥로 바뀌면 드래그합니다.

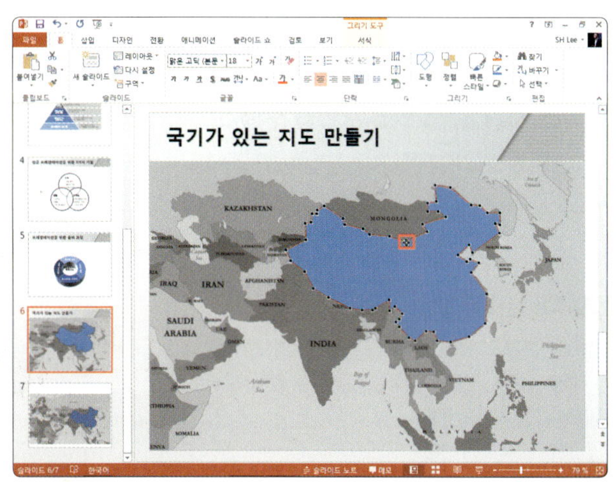

03 정밀한 작업이 필요한 경우에는 면을 없애는 것이 좋습니다. [도형 채우기]📥 도형 채우기▾를 클릭한 후 [채우기 없음]을 선택합니다.

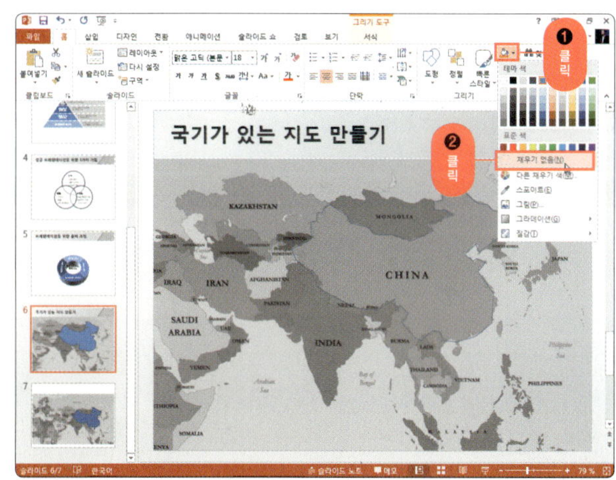

04 [확대] 버튼 ➕을 몇 번 클릭하여 확대합니다.

화면을 빠르게 확대/축소하고 싶다면

Ctrl 을 누른 상태에서 마우스의 바퀴를 앞으로 굴리면 확대되고, 뒤로 굴리면 축소됩니다. 개체가 선택되어 있지 않은 상태에서 확대/축소를 하게 되면 슬라이드 정가운데를 중심으로 확대/축소되며, 개체가 선택된 경우라면 선택된 개체를 중심으로 확대/축소가 됩니다.

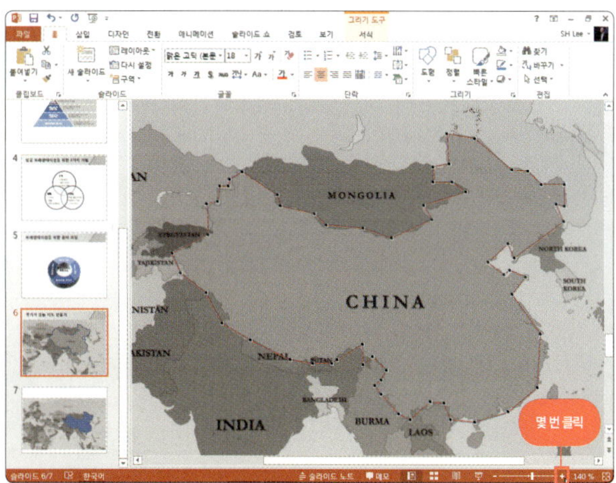

05 점을 추가하고 싶다면 점을 추가하고 싶은 지점에 마우스 포인터를 위치시킨 후 마우스 포인터가 ✥으로 바뀌면 드래그합니다. 점이 만들어집니다.

NOTE

점을 추가하는 다른 방법

조정점을 추가하고 싶은 지점에 마우스 포인터를 위치시킨 후 마우스 오른쪽 버튼으로 클릭하면 나타나는 컨텍스트 메뉴 중에서 [점 추가]를 선택합니다.

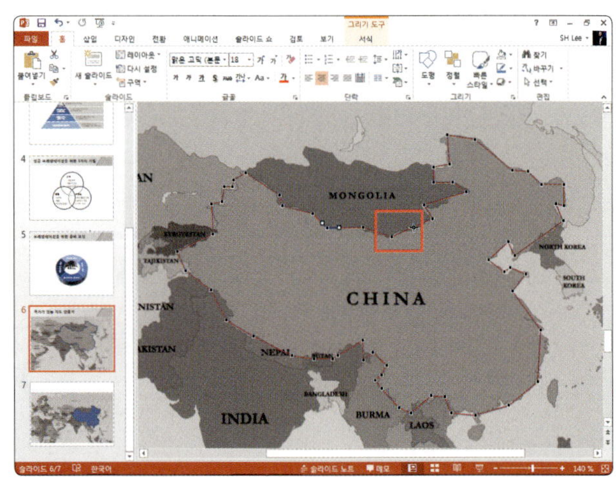

06 도형의 특정 부분을 곡선으로 만들고 싶다면 검은색 조정점■을 클릭합니다.

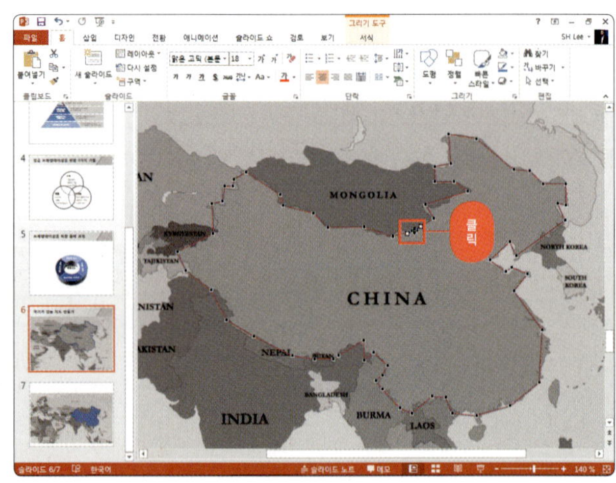

07 클릭한 점 주변에 표시되는 흰색 조정점□에 마우스 포인터를 위치시킨 후 드래그합니다.

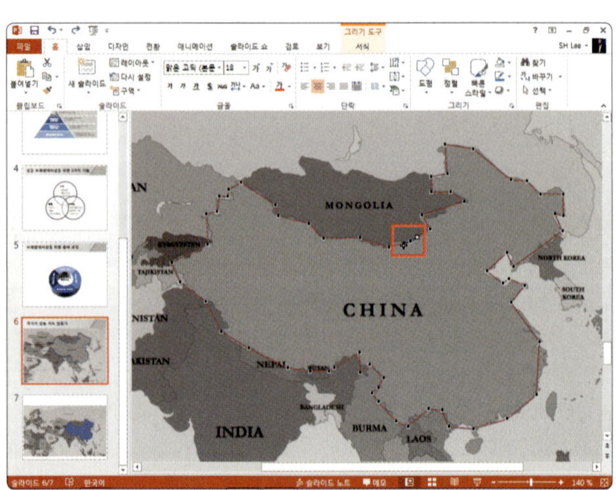

08 드래그합니다. 이렇게 되면 곡선을 만들 수 있습니다.

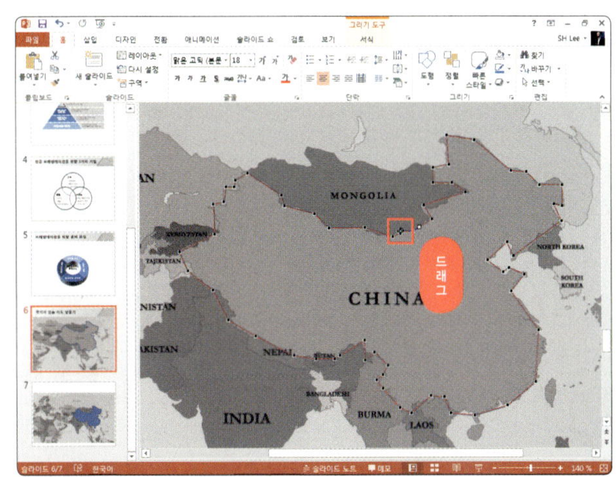

09 같은 방법으로 점을 조정해 지도와 비슷한 모양을 만듭니다.

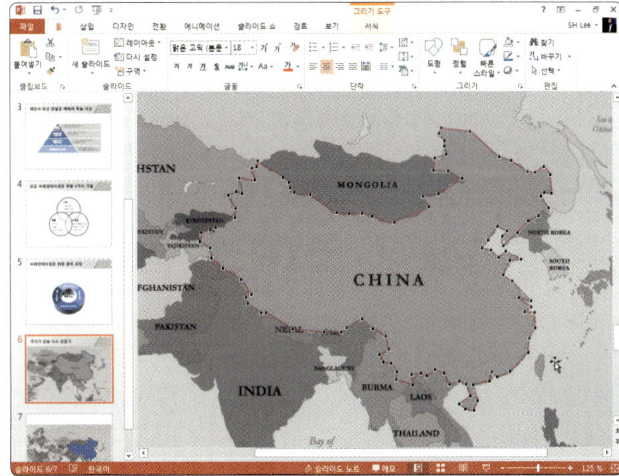

NOTE

점 삭제하기

지우고 싶은 점을 마우스 오른쪽 버튼으로 클릭하면 나타나는 컨텍스트 메뉴 중에서 [점 삭제]를 선택합니다.

STEP 03 | 도형에 그림 추가하기

앞의 과정을 제대로 따라 하기 힘든 분은 7번 슬라이드에서 완성된 자유형 도형을 선택하고 다음 과정을 진행해도 됩니다.

01 [도형 채우기] 📥도형 채우기 ▾ 를 클릭한 후 [그림]을 선택합니다.

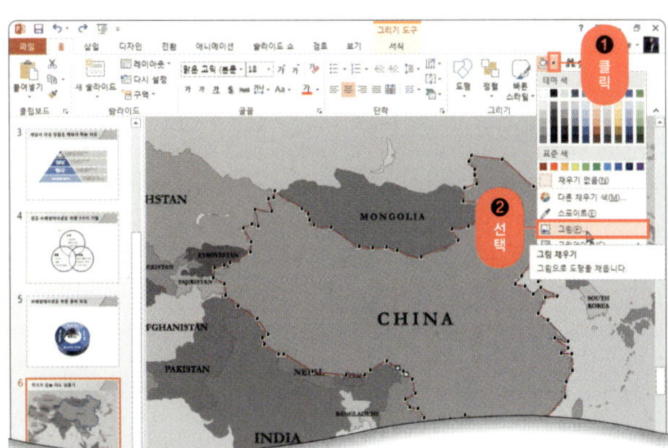

02 [그림 삽입] 대화상자에서 [파일에서]의 [찾아보기]를 클릭합니다.

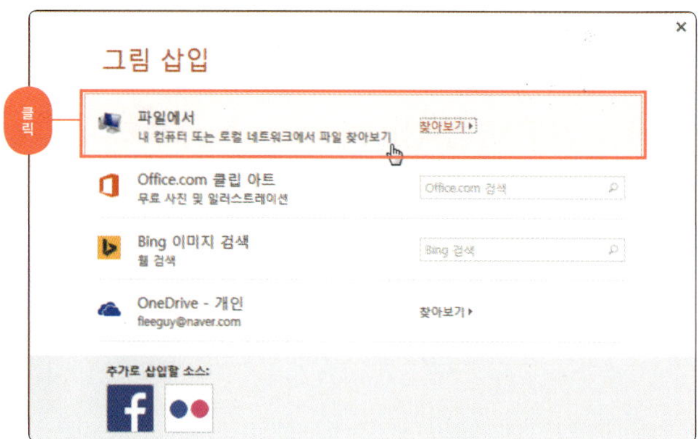

03 부록 CD에서 [국기_중국.jpg] 그림을 선택한 후 [삽입]을 클릭합니다. 자유형 도형에 그림이 추가됩니다.

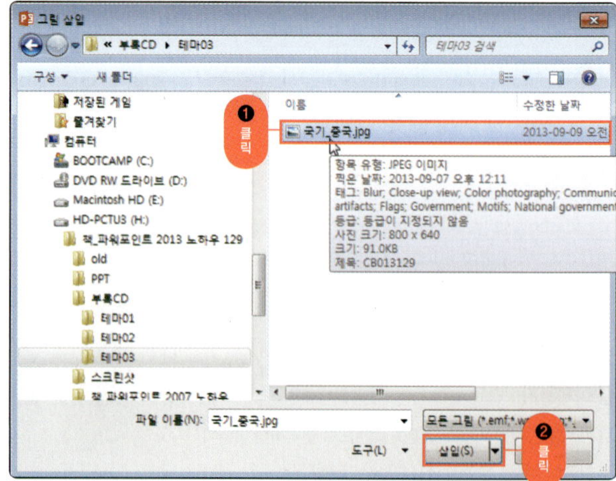

04 뒤쪽 지도 사진을 선택한 후 Delete 를 눌러 삭제하고 개체를 왼쪽으로 이동합니다. 필요한 경우 크기도 조정합니다.

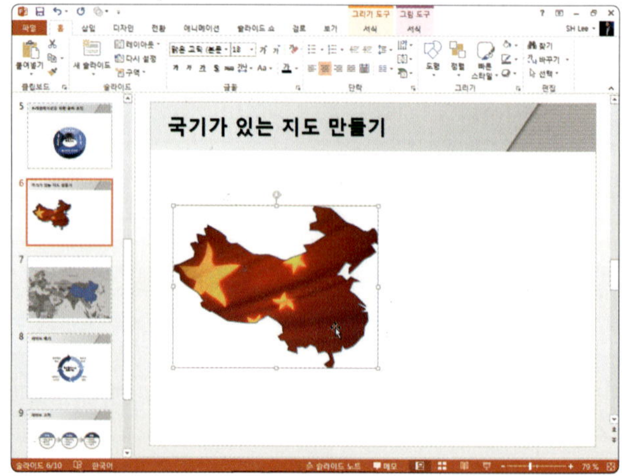

STEP 04 | 자유형 도형으로 선 그리기

01 [자유형] 을 클릭합니다.

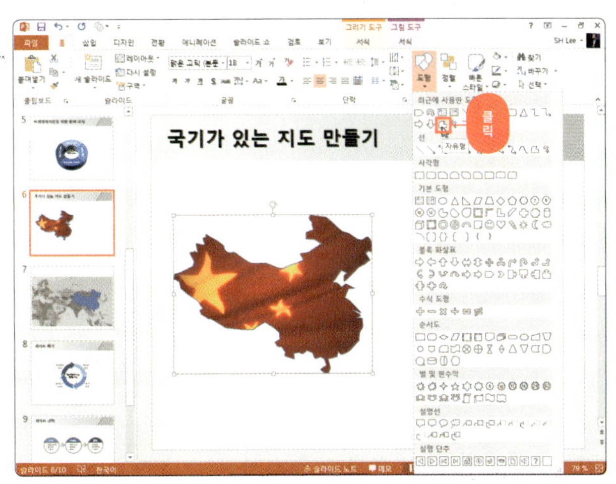

02 첫 번째 지점을 클릭합니다.

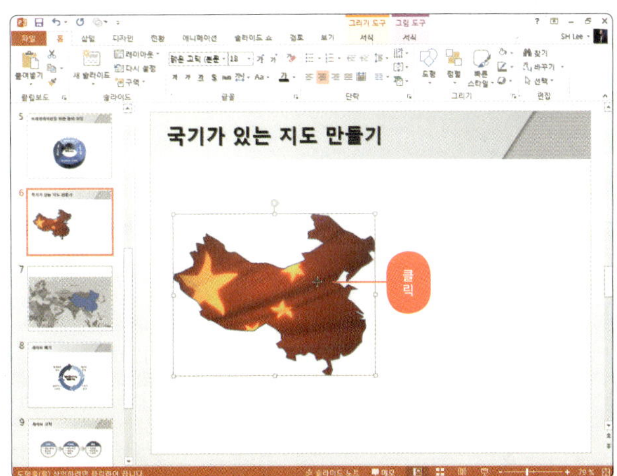

03 Shift 를 누른 상태에서 클릭합니다.

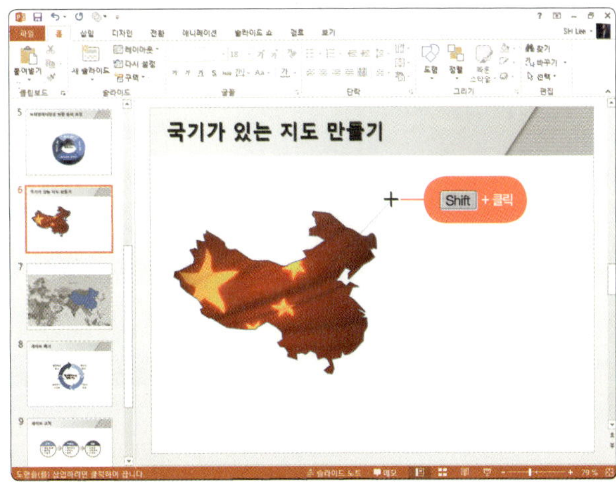

N O T E

Shift 를 누른 상태에서 클릭하면?

자유형 도형을 그릴 때 Shift 를 누른 상태에서 클릭하면 수
평선, 수직선 또는 45도 각도의 선을 그릴 수 있습니다.

04 Shift 를 누른 상태에서 클릭합니다.

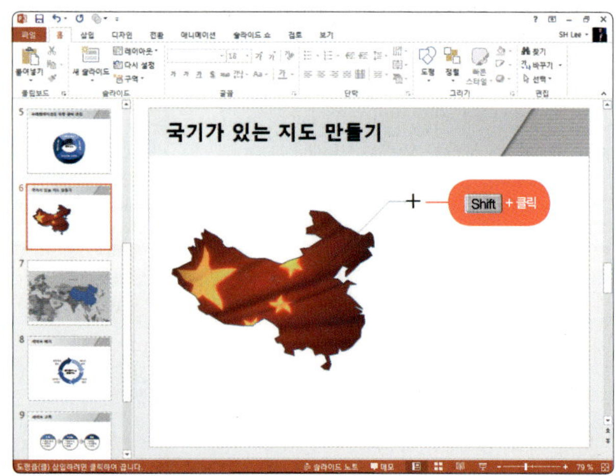

05 Esc 를 눌러 자유형 그리기를 마친 후 [도형 윤곽선] ☑ 도형 윤곽선 ▾ 을 클릭하고 [화살표]에서 [다른 화살표]를 선택합니다.

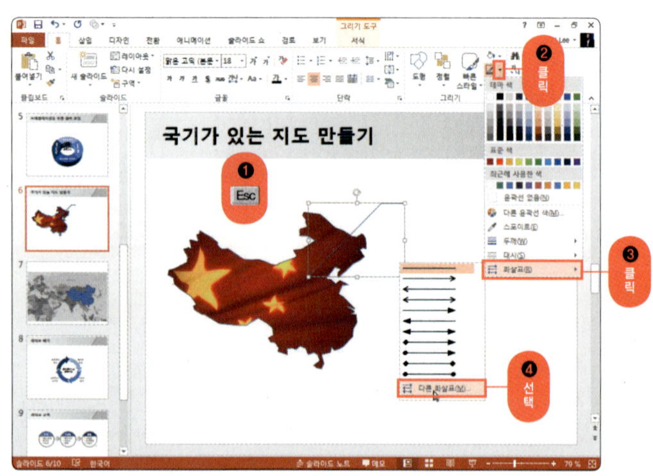

06 [두께]를 표시되는 작업 창에서 [화살표 머리 유형]을 클릭한 후 [타원 화살표]를 선택합니다.

07 [화살표 머리 크기]를 클릭한 후 [왼쪽 화살표 크기 9]를 선택합니다.

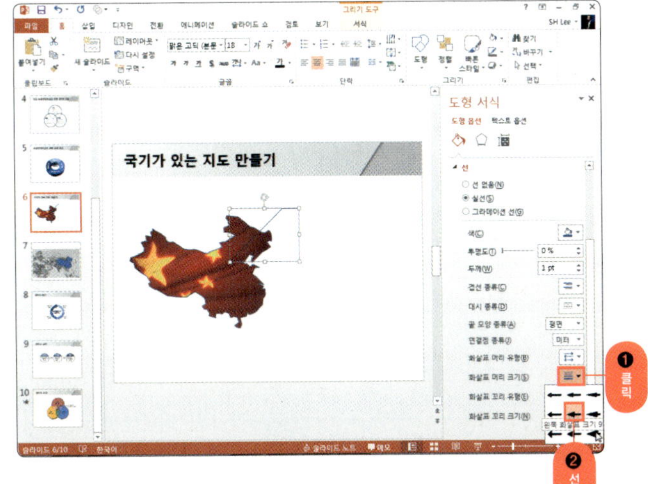

08 [색] 버튼을 클릭한 후 [흰색, 배경 1, 50% 더 어둡게]를 선택합니다.

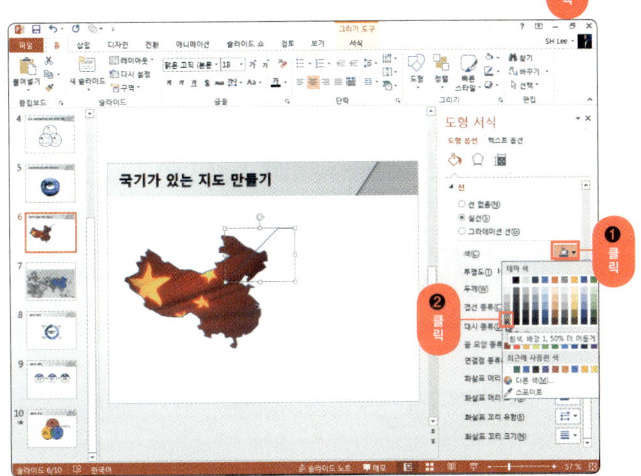

09 다른 개체를 배치해 완성합니다.

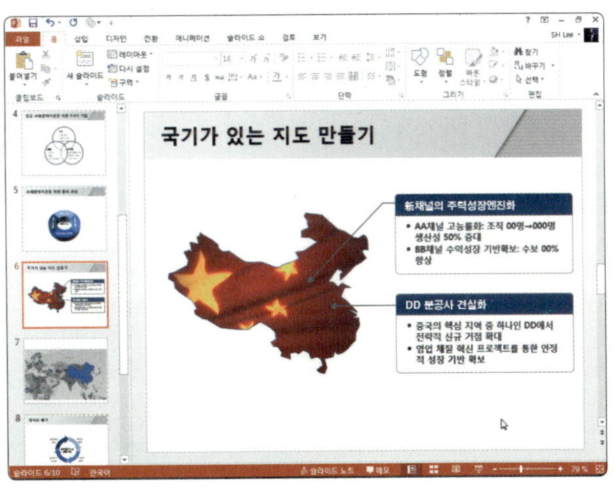

두 개 이상의 도형을 결합해 새로운 도형을 만들어 보자!

파워포인트 2010 버전에서 새롭게 추가된 '도형 병합' 명령을 사용하게 되면 두 개의 도형을 겹쳐 놓고, 두 도형을 하나의 도형으로 합치거나, 한 도형에서 다른 도형을 빼거나, 두 도형의 겹쳐지는 부분만 남김으로써 전혀 새로운 형태의 도형을 만들 수 있게 됩니다. 이번 레슨에서는 '도형 병합' 명령을 이용해 흥미로운 도해를 만들어보겠습니다.

● **실습 파일**: 부록 CD/테마03/테마03.pptx 6, 7번 슬라이드
　결과 파일: 부록 CD/테마03/테마03(결과).pptx 9~11번 슬라이드

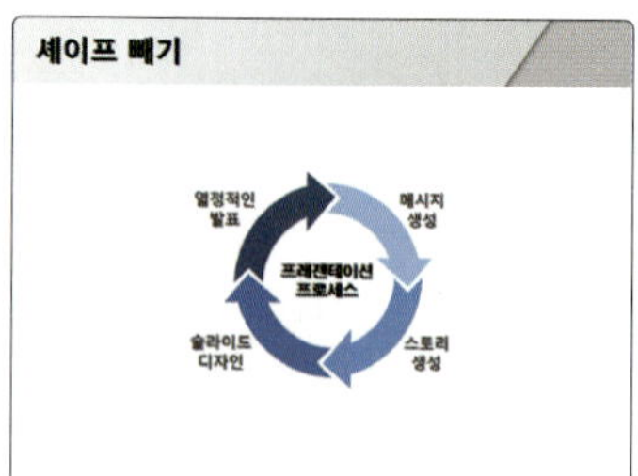

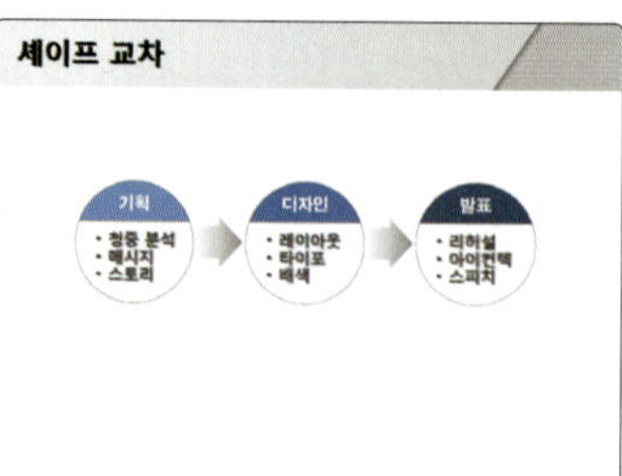

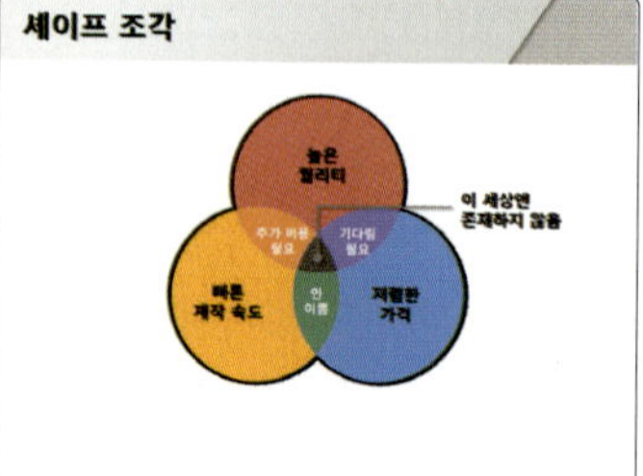

STEP 01 | 도형 병합–빼기 활용하기

01 [블록 화살표]에서 [원형 화살표] 를 선택합니다.

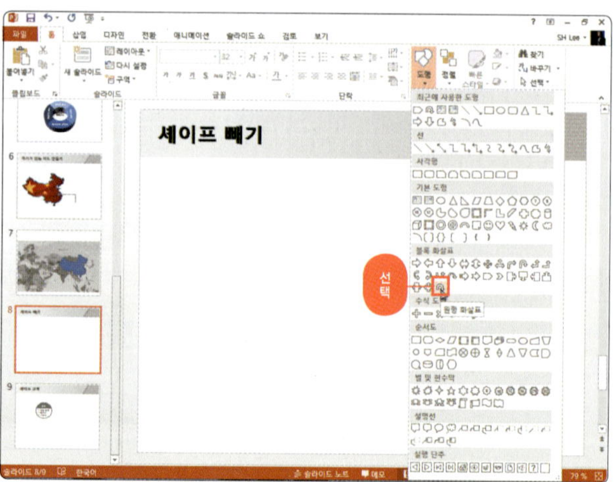

02 Shift 를 누른 상태에서 드래그하여 정원 형태의 원형 화살표를 그린 후 도형 왼쪽에 있는 [모양 조절 핸들] ▢ 에 마우스 포인터를 위치시킵니다.

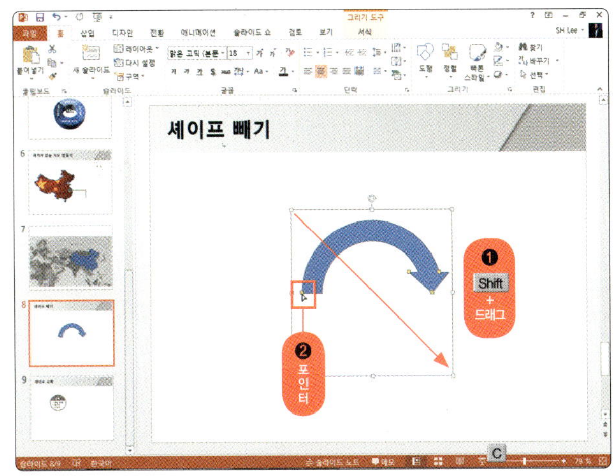

03 위쪽으로 드래그하여 다음과 같이 만듭니다.

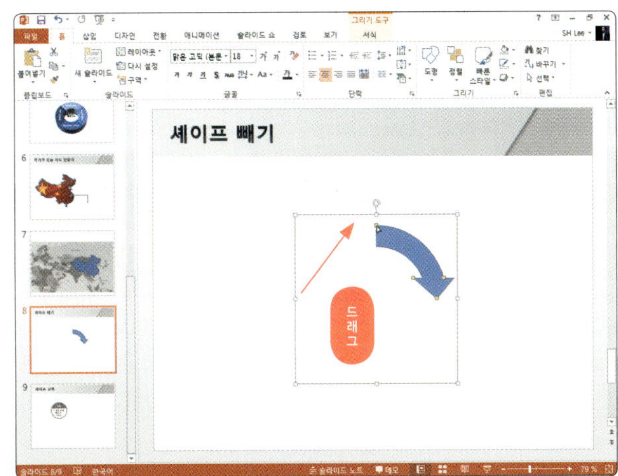

04 [블록 화살표]에서 [오각형] ▷ 을 선택합니다.

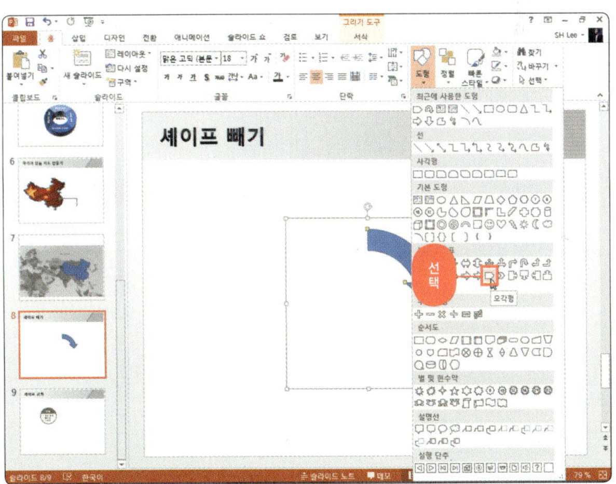

05 슬라이드에서 드래그하여 오각형을 만든 후 원형 화살표 쪽으로 이동해 오각형의 뾰족한 부분과 원형 화살표의 왼쪽 끝부분이 약간 겹쳐지도록 합니다.

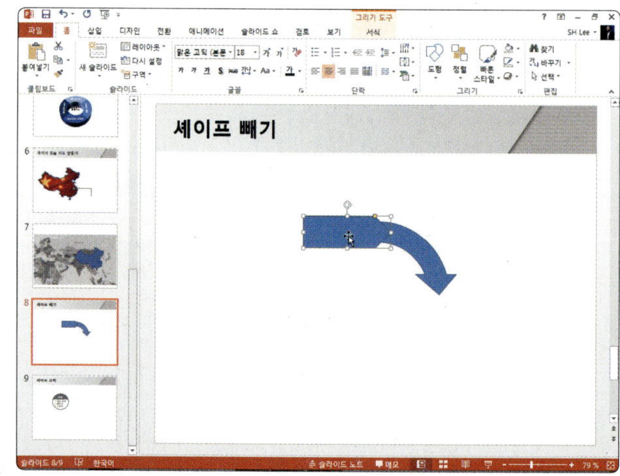

06 원형 화살표를 클릭합니다.

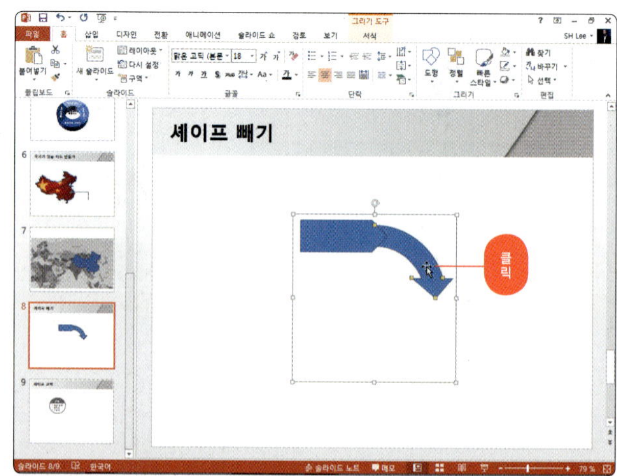

07 Shift 를 누른 상태에서 오각형을 클릭하여 선택합니다.

[도형 병합] 명령을 실행할 때는 직접 선택하세요.

[도형 병합] 명령을 실행하기 위해 도형을 선택할 때, 첫 번째 선택한 도형의 속성이 우위를 갖게 되므로, 직접 마우스로 클릭하여 선택해야 합니다. 이번 예제의 경우, 원형 화살표를 남겨야 하기 때문에 직접 원형 화살표를 클릭하여 먼저 선택하고, 나중에 오각형을 선택한 것입니다.

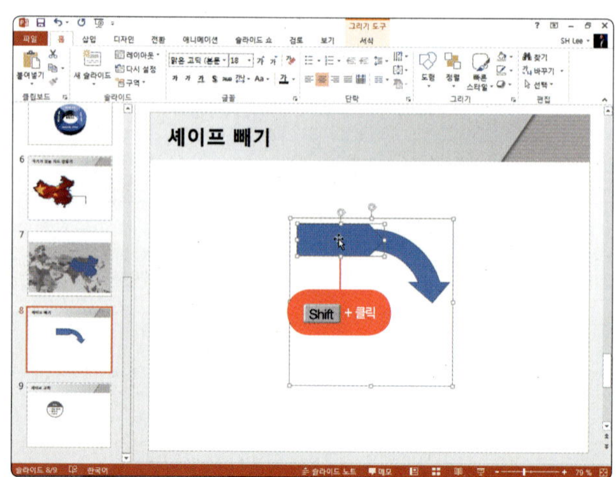

08 [그리기 도구–서식] 탭에서 [도형 병합] 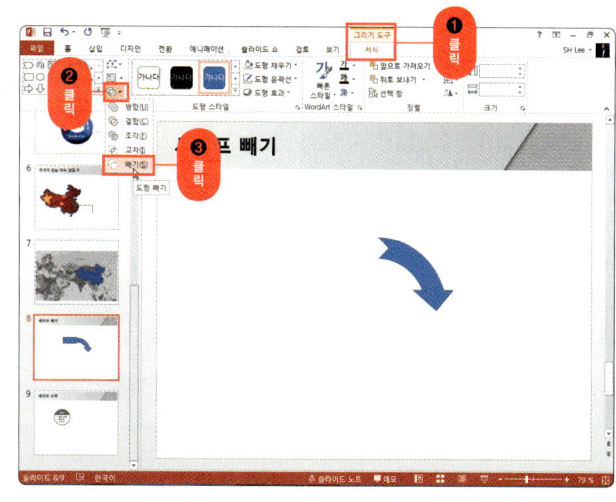을 클릭한 후 [빼기]를 선택합니다.

NOTE

[도형 병합] 명령이 없는데요?

[그리기 도구–서식] 탭을 열었을 때 [도형 병합] 명령이 없다면 여러분은 파워포인트 2010 버전을 사용하고 있다는 것입니다. 이런 경우 233페이지에서처럼 빠른 실행 도구 모음에 [셰이프 병합] 명령을 추가한 후 이번 과정을 실행하세요. 파워포인트 2013 버전에서 [도형 병합] 명령은 파워포인트 2010 버전에서 [셰이프 결합] 명령이었습니다.

첫 번째 선택했던 원형 화살표에서 두 번째 선택한 오각형이 빠지면서 새 도형이 만들어집니다.

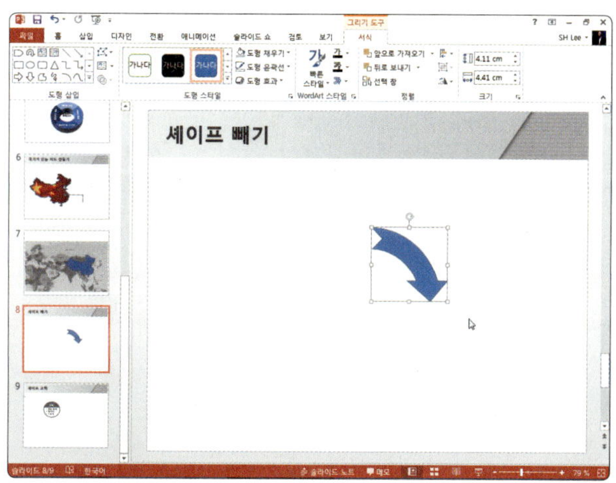

09 도형을 복제한 후 회전하고 글자를 입력해 도해를 완성합니다.

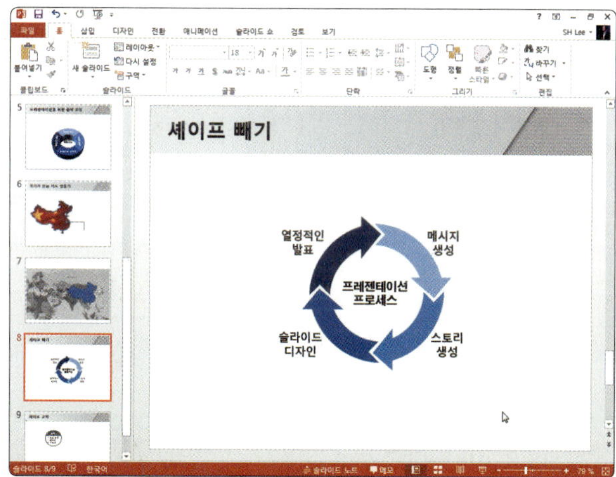

STEP 02 | 도형 병합–교차 활용하기

01 [타원]○을 클릭합니다.

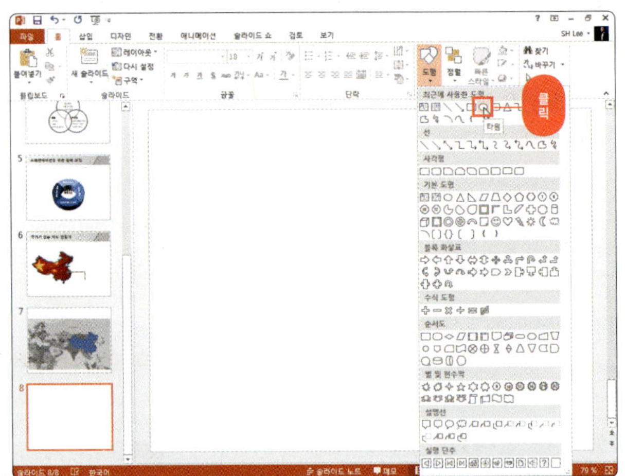

02 Shift 를 누른 상태에서 드래그하여 정원을 만듭니다.

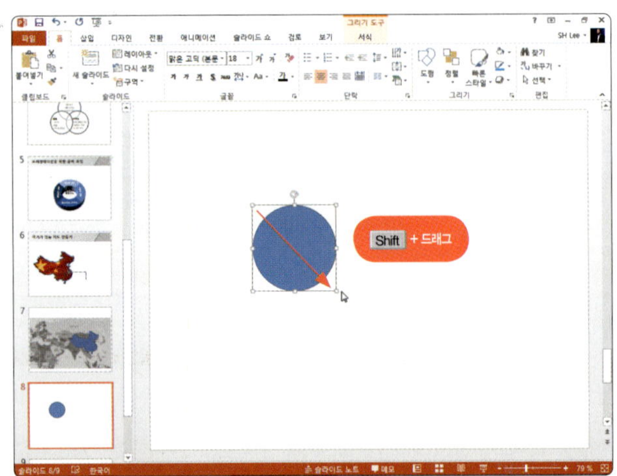

03 Ctrl + Shift 를 누른 상태에서 타원을 오른쪽으로 드래그하여 수평 복제합니다.

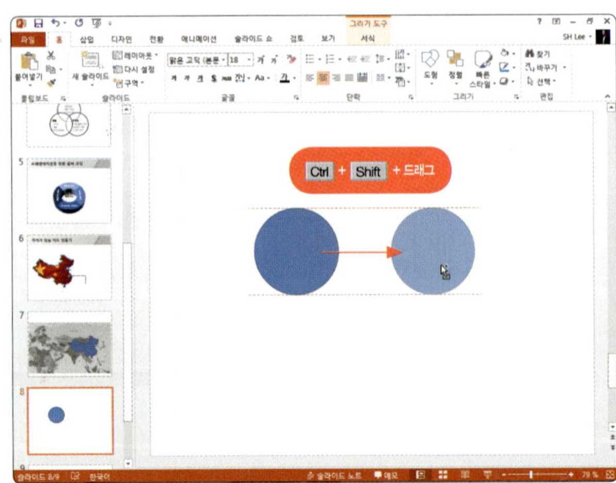

04 [직사각형]□을 클릭합니다.

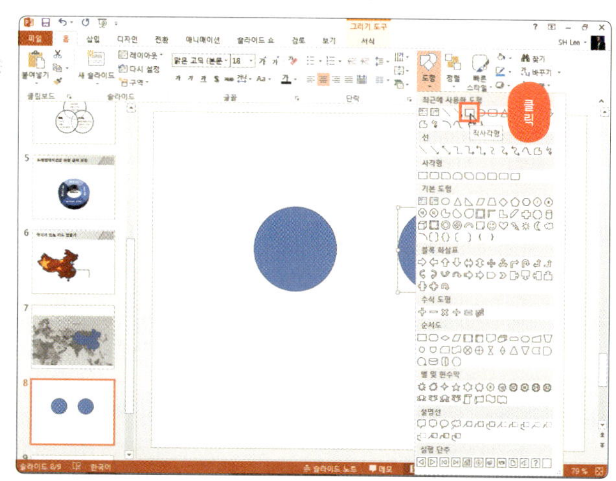

05 드래그하여 직사각형을 만든 후 복제한 타원의 위쪽이 겹쳐지도록 위치를 조정합니다.

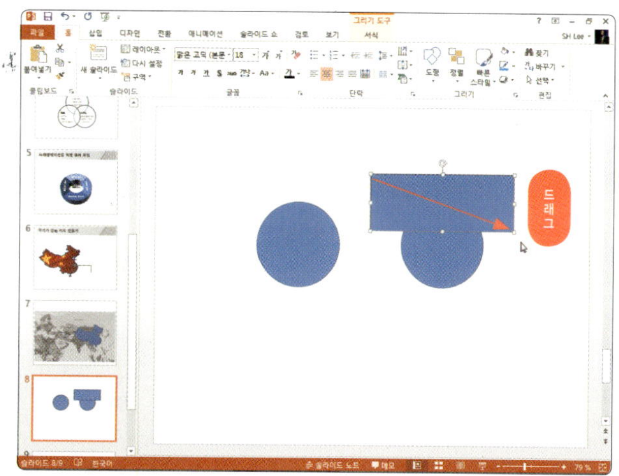

06 Shift 를 누른 상태에서 직사각형 아래에 있는 타원을 클릭해 직사각형과 타원을 선택합니다.

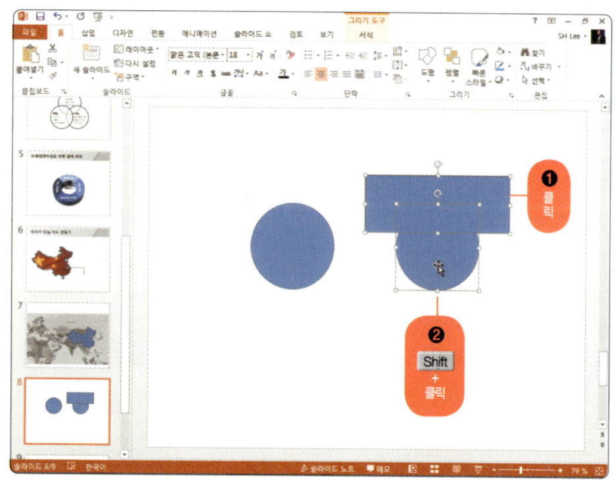

07 [그리기 도구-서식] 탭에서 [도형 병합] 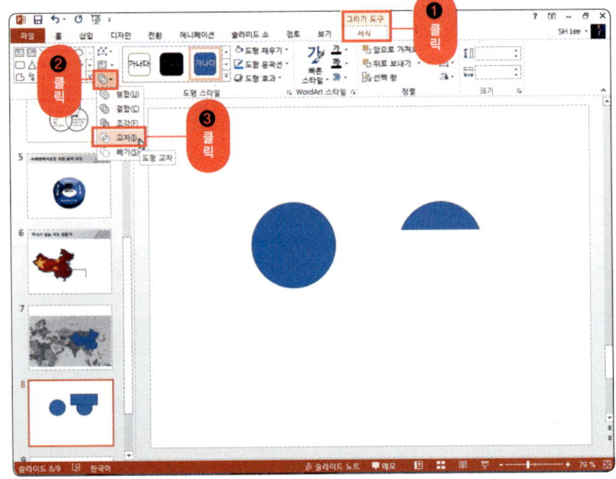 을 클릭한 후 [교차]를 선택합니다. 선택된 두 도형이 겹쳐진 부분만 남게 됩니다.

08 도형을 이동하여 왼쪽에 있는 타원의 위쪽에 맞춥니다.

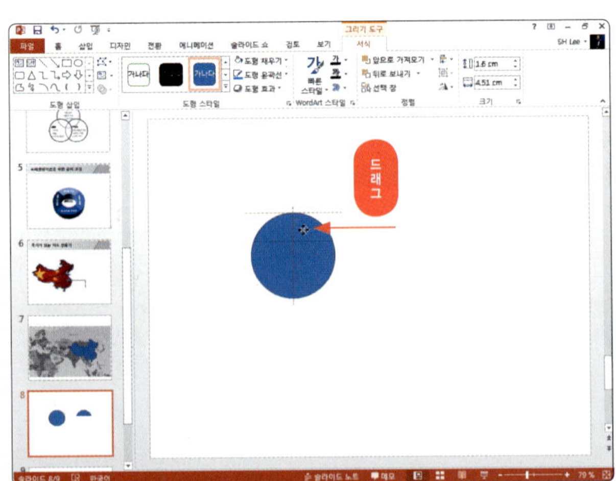

09 도형의 색을 변경한 후 글자를 입력해 완성합니다.

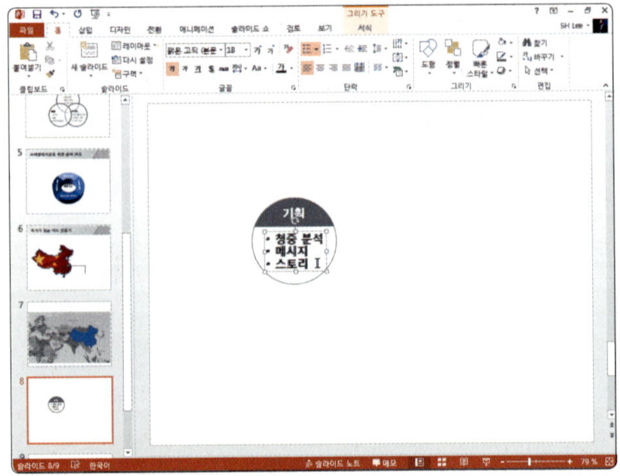

STEP 03 | 도형 병합-조각 활용하기

01 [삽입] 탭에서 [SmartArt]를 클릭합니다.

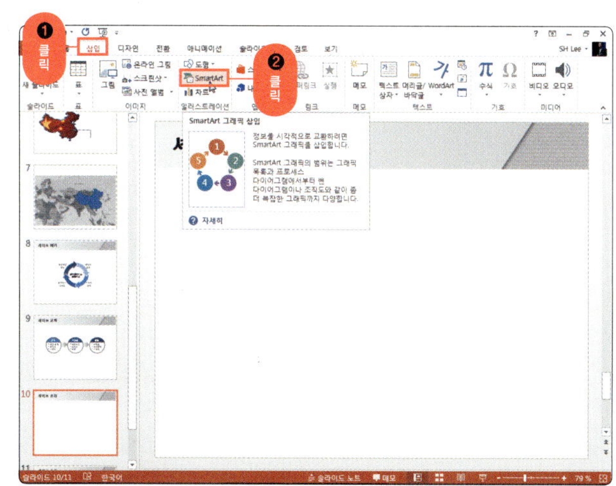

02 [관계형]에서 [기본 벤형]을 선택한 후 [확인] 버튼을 클릭합니다.

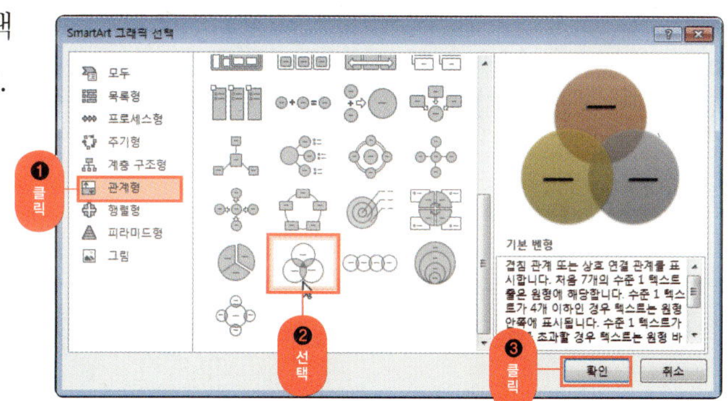

03 SmartArt의 테두리를 마우스 오른쪽 버튼으로 클릭하면 나타나는 컨텍스트 메뉴 중에서 [도형으로 변환]을 선택합니다.

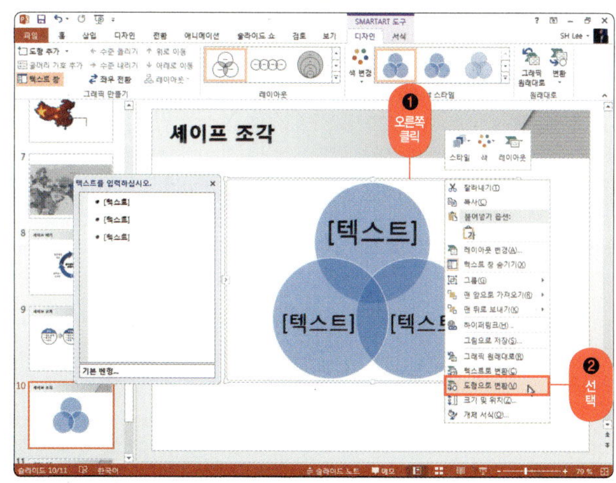

04 도형으로 변환된 SmartArt의 테두리를 마우스 오른쪽 버튼으로 클릭하면 나타나는 컨텍스트 메뉴 중에서 [그룹-그룹 해제]를 선택합니다(단축키: Ctrl + Shift + G).

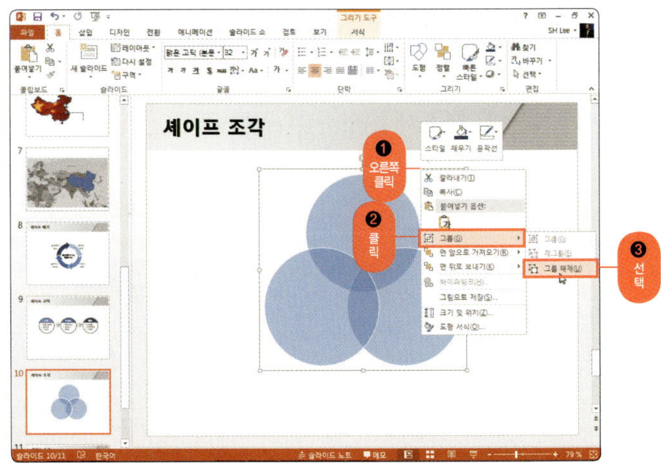

05 현재 세 개의 타원이 모두 선택되어 있음을 확인한 후 [그리기 도구-서식] 탭에서 [도형 병합] 도형 병합▾을 클릭하고 [조각]을 선택합니다. 겹쳐진 모든 부분이 조각조각 납니다.

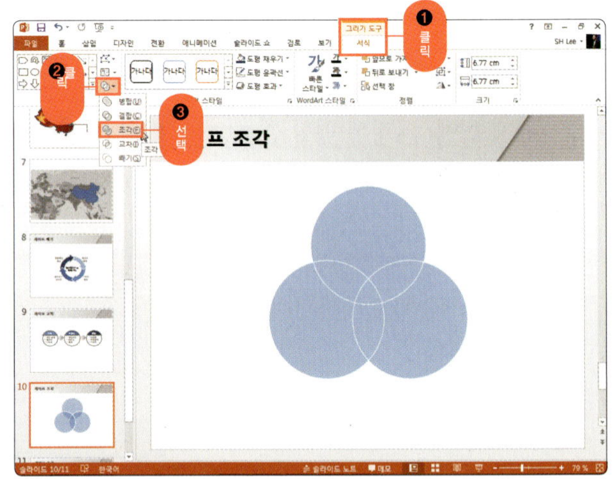

06 [도형 채우기] 도형 채우기▾를 클릭한 후 [다른 채우기 색]을 선택합니다.

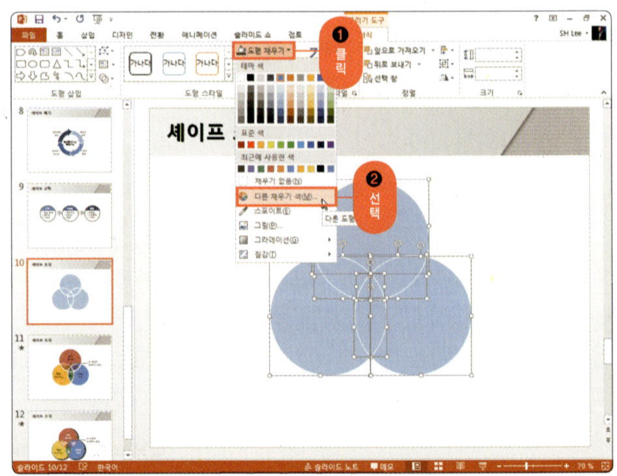

07 [색] 대화상자에서 [투명도]를 [0%]로 변경한 후 [확인] 버튼을 클릭합니다.

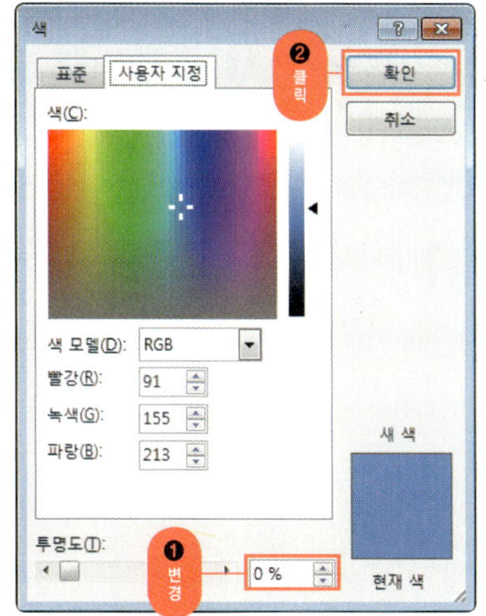

08 [도형 윤곽선] 을 클릭한 후 [윤곽선 없음]을 선택합니다.

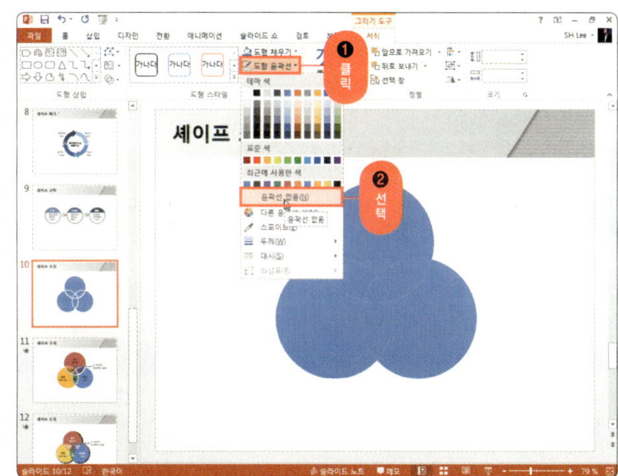

09 조각의 색을 변경한 후 텍스트를 입력해 완성합니다.

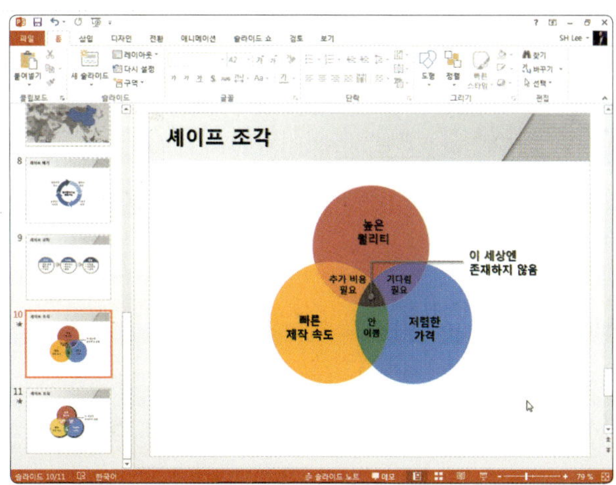

STEP 04 | 테두리 설정하기

파편화된 조각에 테두리를 설정하고 싶다면 다음과 같이 실행합니다.

01 [삽입] 탭에서 [SmartArt]를 클릭합니다.

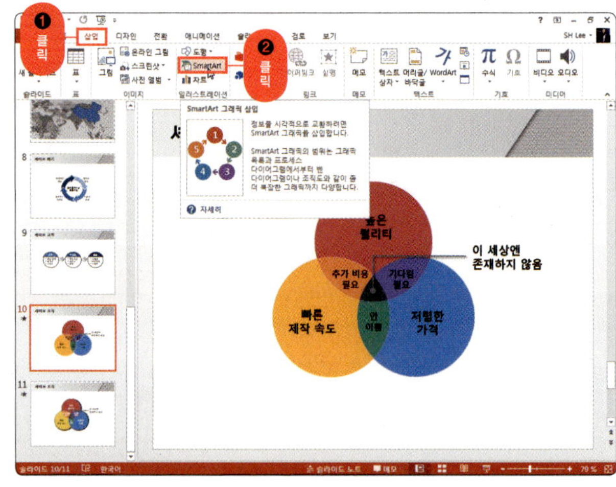

02 [관계형]에서 [기본 벤형]을 선택한 후 [확인] 버튼을 클릭합니다.

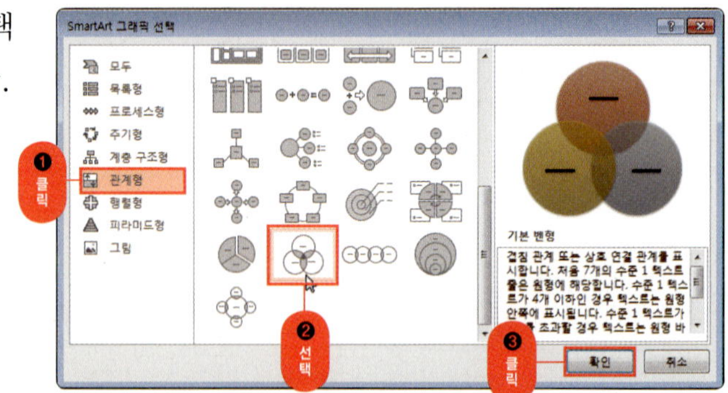

03 SmartArt의 테두리를 마우스 오른쪽 버튼으로 클릭하면 나타나는 컨텍스트 메뉴 중에서 [도형으로 변환]을 선택합니다.

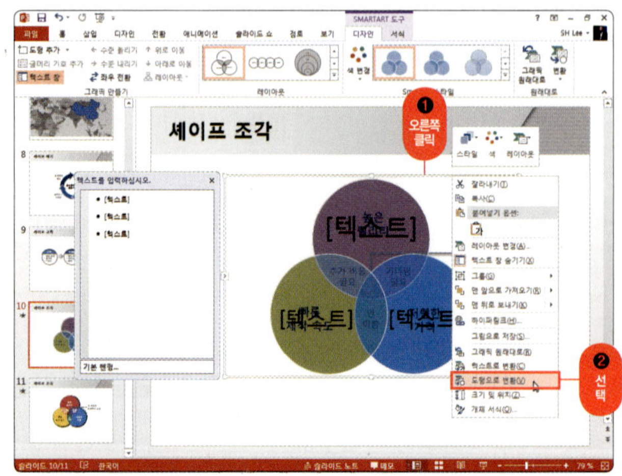

04 도형으로 변환된 SmartArt의 테두리를 마우스 오른쪽 버튼으로 클릭하면 나타나는 컨텍스트 메뉴 중에서 [그룹-그룹 해제]를 선택합니다(단축키: Ctrl + Shift + G).

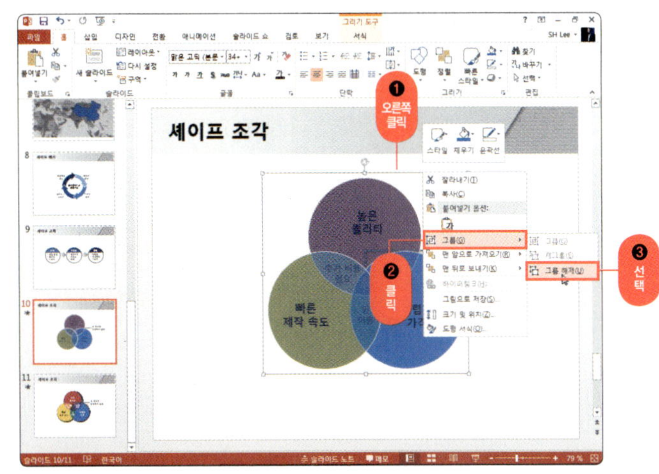

05 [그리기 도구-서식] 탭에서 [도형 병합] 을 클릭한 후 [병합]을 선택합니다. 선택된 세 개의 타원이 하나의 개체로 합쳐집니다.

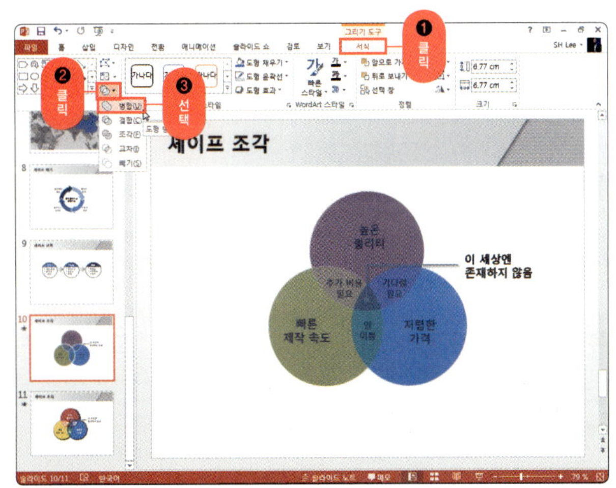

06 [도형 윤곽선] 을 클릭한 후 [검정, 텍스트 1]을 선택합니다.

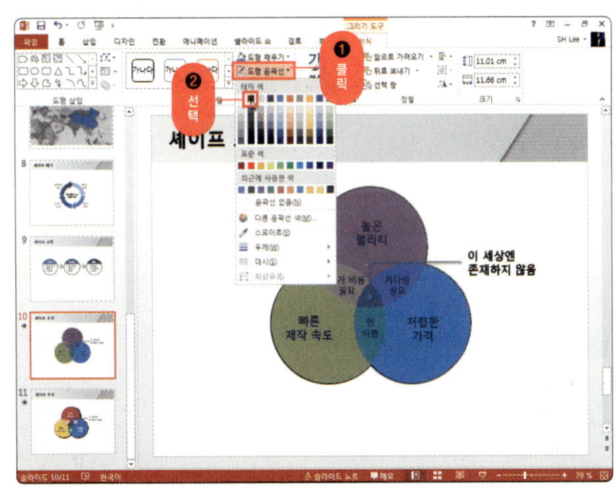

07 [도형 윤곽선] 도형 윤곽선 을 클릭한 후 [두께]를 [6pt]로 변경합니다.

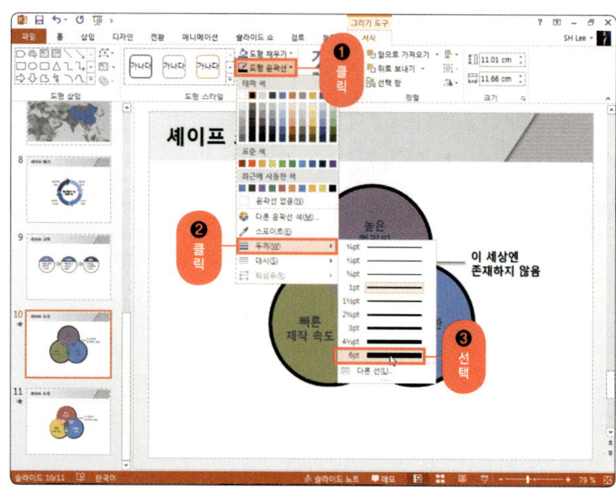

08 도형을 마우스 오른쪽 버튼으로 클릭하면 나타나는 컨텍스트 메뉴 중에서 [맨 뒤로 보내기]를 선택합니다. 이제 마치 테두리가 설정된 것처럼 보이게 됩니다.

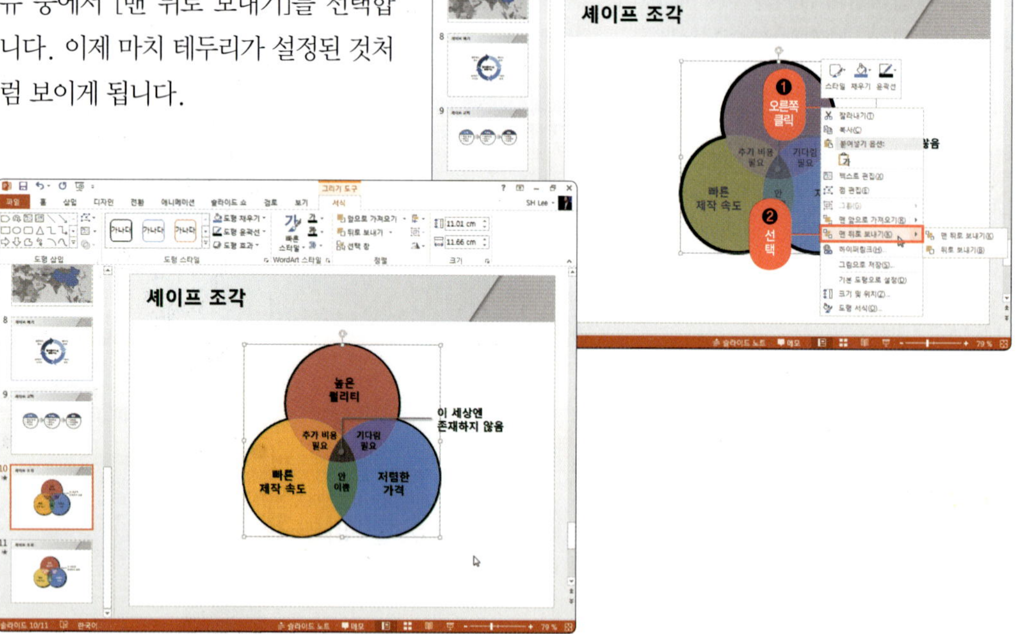

도형 병합 명령 실행 시 주의할 점

- 첫 번째 선택한 도형의 속성이 남겨집니다. 여러분이 첫 번째 선택한 도형의 속성(채우기 색, 위치 등)을 기준으로 셰이프 결합 명령을 실행합니다. 따라서 남겨질 도형을 먼저 선택하고 다른 도형을 선택해야 합니다.
- 글자가 입력된 도형이나 그룹 개체에서는 실행할 수 없습니다. 따라서 셰이프 결합 명령을 실행한 후 글자를 입력하거나 그룹을 만들어야 합니다.

파워포인트 2010에서 빠른 실행 도구 모음에 [셰이프 결합] 명령 추가하기

만약 여러분이 파워포인트 2010 버전 사용자라면 '도형 병합' 명령이 [그리기 도구]-[서식] 탭에 표시되지 않을 것입니다. 다음과 같은 방법으로 빠른 실행 도구 모음에서 '셰이프 결합' 명령을 추가한 후 실행하세요.

❶ [빠른 실행 도구 모음 사용자 지정] 버튼을 클릭한 후 [기타 명령]을 선택합니다.

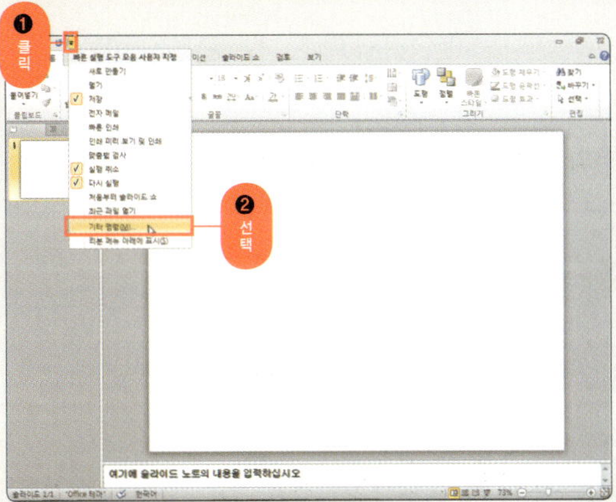

❷ [다음에서 명령 선택] 메뉴에서 [리본 메뉴에 없는 명령]을 선택합니다.

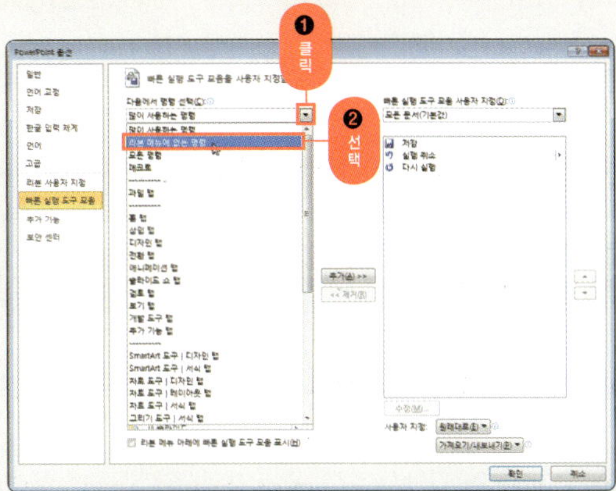

❸ 명령 목록에서 [셰이프 결합] 명령이 두 개 표시될 것입니다. 오른쪽에 삼각형 ▶이 있는 위쪽의 [셰이프 결합]을 선택한 후 [추가]를 클릭하고 [확인] 버튼을 클릭합니다.

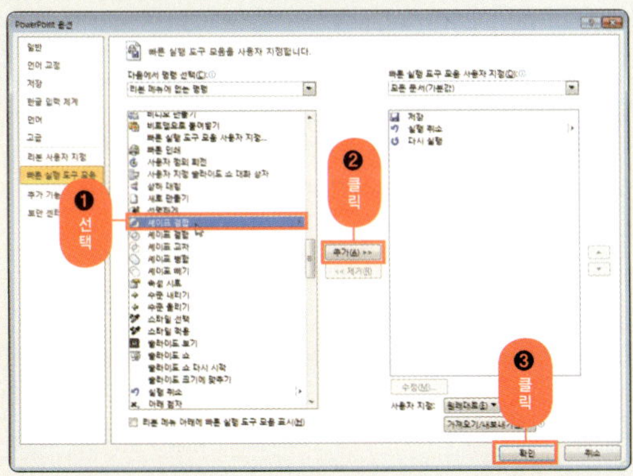

❹ 빠른 실행 도구 모음에 추가된 셰이프 명령을 확인합니다

수치나 목록을 표시할 때 가장 많이 사용되는 표는 만들기가 쉬워 오랜 시간 동안 사용되어왔습니다.

표를 디자인할 때 가장 큰 문제는 표의 기본적인 테두리나 색을 그대로 두는 것입니다.

표에서 중요한 것은 내용이지 테두리나 색 자체가 아니므로 필요 없는 테두리는 숨기고 중요한 내용이 있는

셀에만 색을 넣을 수 있다면 청중은 여러분이 전달하고자 하는 메시지를 좀 더 쉽게 알아낼 수 있을 것입니다.

이번 테마에서는 표를 보기 좋고 읽기 쉽게 디자인하는 방법은 물론, 엑셀 데이터를 파워포인트에 연결하는 방법,

그리고 도형으로 표를 만드는 방법까지 표와 관련된 모든 것을 알아보겠습니다.

읽기 쉽고
보기 좋게
표 디자인하기

01

POWERPOINT KNOWHOW

표를 만들어 보자!

파워포인트에서 표를 만들고, 크기를 조정한 후, 행과 열을 추가 및 삭제하고, 셀에 텍스트 입력하고, 필요한 경우 엑셀 데이터를 파워포인트에 붙여 넣는 등 표와 관련된 가장 기본적인 실행 방법에 대해 알아보겠습니다.

STEP 01 | 표 만들기

방법 1

01 파워포인트 [삽입] 탭에서 [표]를 클릭한 후 마우스 포인터를 이동하여 원하는 행 및 열 개수가 선택되면 클릭합니다.

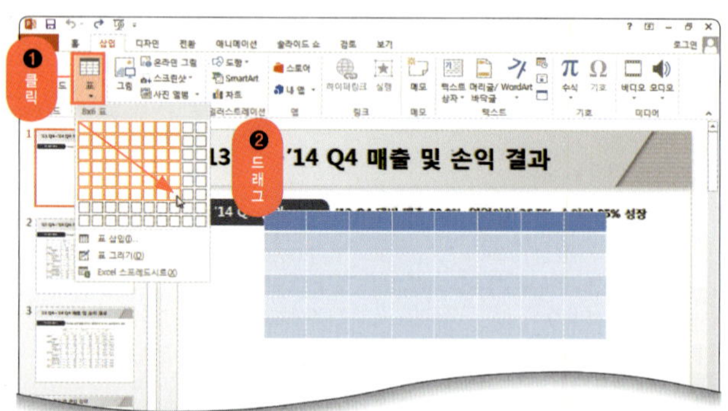

방법 2

01 [삽입] 탭에서 [표]를 클릭한 후 [표 삽입]을 선택합니다.

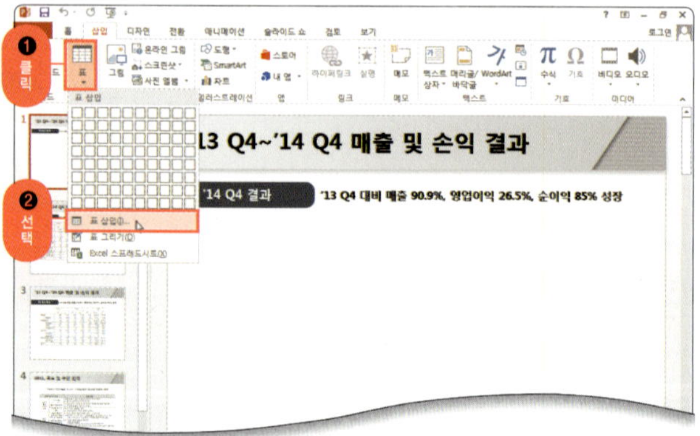

02 [표 삽입] 대화상자에서 열 개수와 행 개수를 입력한 후 [확인] 버튼을 클릭합니다. 슬라이드 정가운데에 표가 만들어집니다.

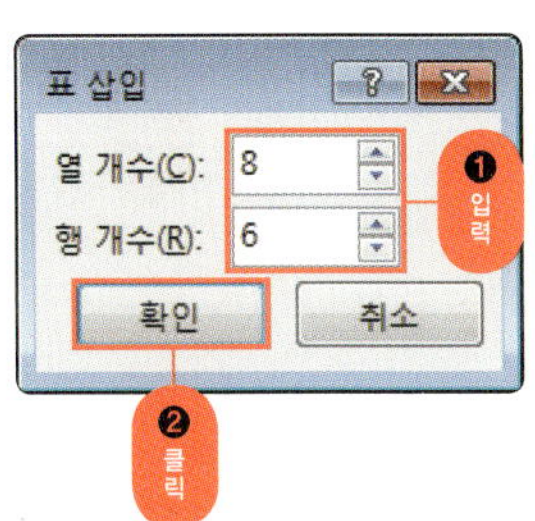

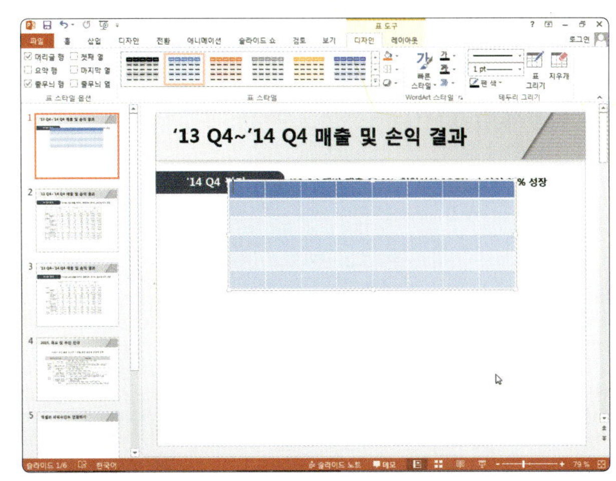

STEP 02 | 표 이동 및 크기 조정하기

01 표의 가장자리 테두리에 마우스 포인터를 위치시킵니다.

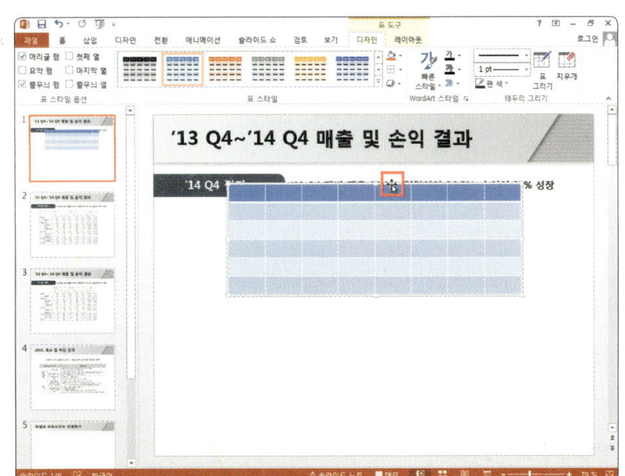

02 마우스 포인터가 으로 변경되면 드래그하여 이동합니다.

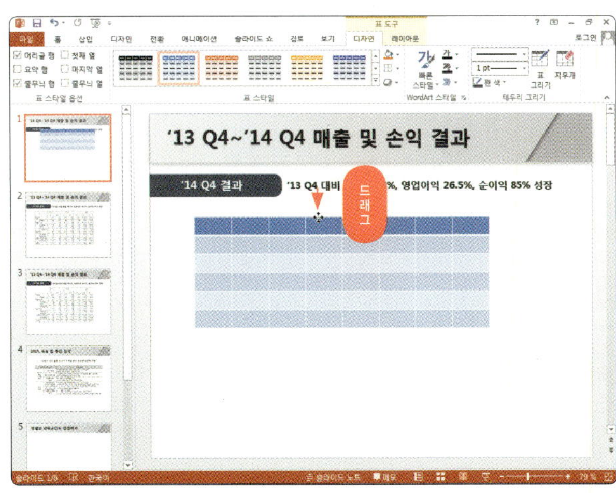

N O T E

표를 이동하는 다른 방법

표의 테두리를 선택한 후

- 방향키를 누릅니다.
- Ctrl +방향키를 누릅니다.

03 표의 가장자리에 표시되는 [크기 조정 핸들]□에 마우스 포인터를 위치시킵니다.

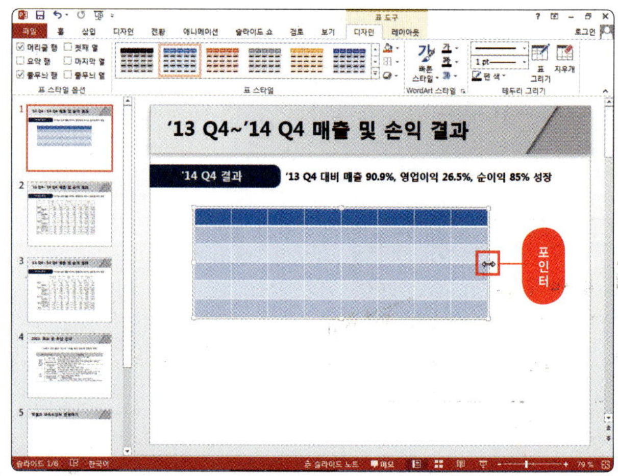

04 마우스 포인터가 ↔ 모양이 되면 드래그하여 크기를 조정합니다.

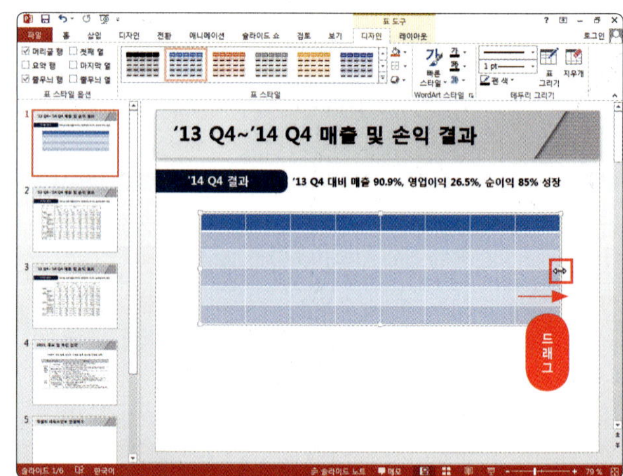

NOTE

정확하게 크기 조정하기

[표 도구-레이아웃] 탭의 [표 크기] 영역에서 [높이]와 [너비] 입력 상자에 크기를 입력합니다.

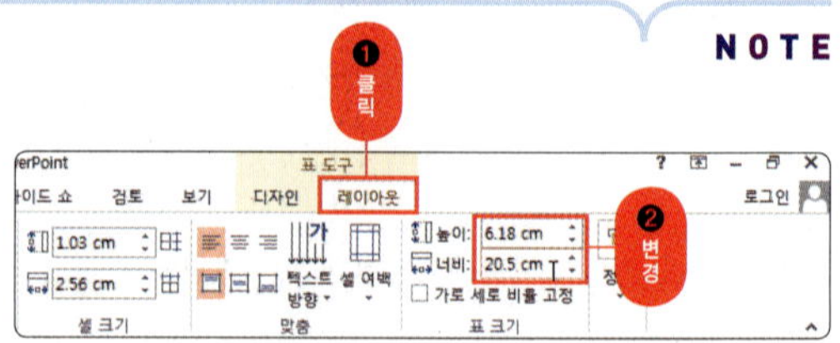

STEP 03 | 행 및 열 추가하기

01 추가하고 싶은 셀을 클릭하여 커서를 위치시킵니다. 만약 여러 행이나 열을 추가하고 싶다면 그 행이나 열을 모두 선택합니다.

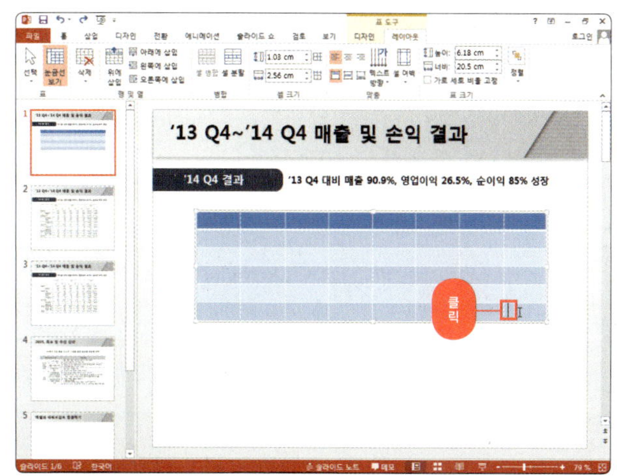

02 [표 도구–레이아웃] 탭의 [행 및 열] 영역에서 추가하고 싶은 버튼(예 오른쪽에 삽입)을 클릭합니다.

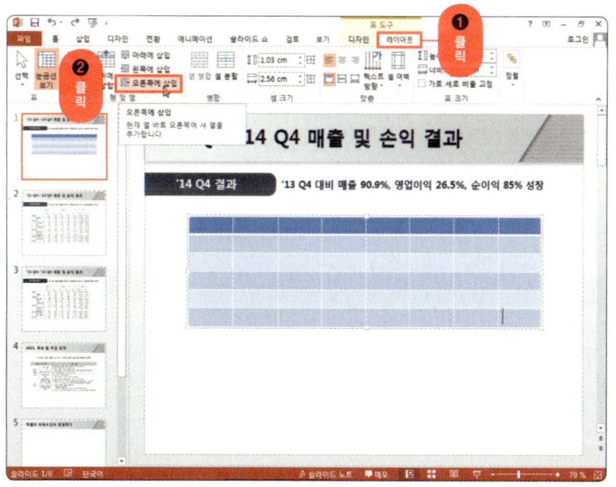

커서가 있던 셀의 오른쪽에 열이 추가됩니다.

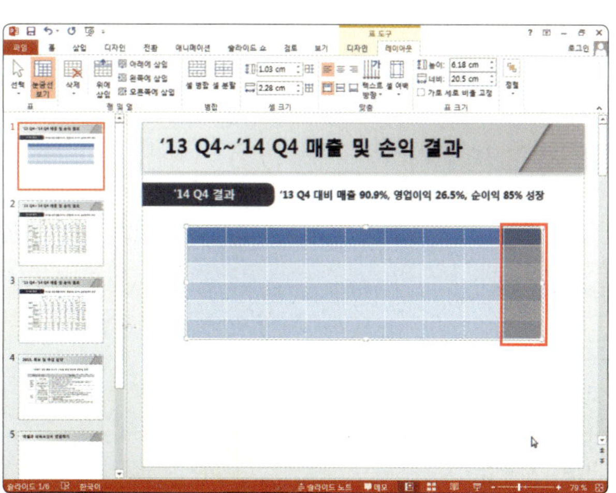

STEP 04 | 행 및 열 삭제하기

01 삭제하고 싶은 행이나 열이 있는 셀을 클릭하여 커서를 위치시킵니다. 만약 여러 행이나 열을 삭제하고 싶다면 그 행이나 열을 모두 선택합니다.

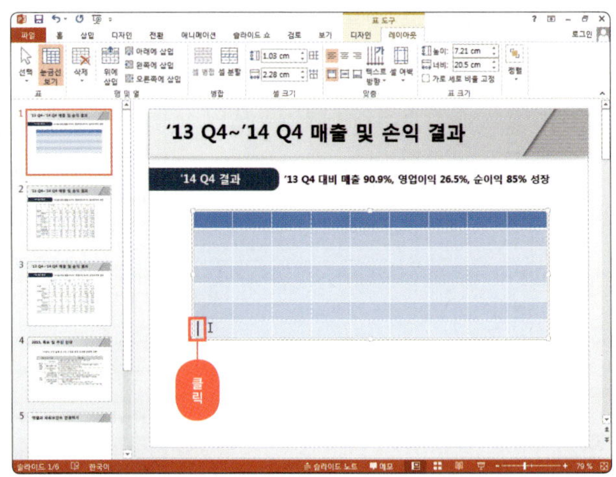

02 [표 도구–레이아웃] 탭의 [행 및 열] 영역에서 [삭제]를 클릭한 후 명령(예 행 삭제)을 선택합니다.

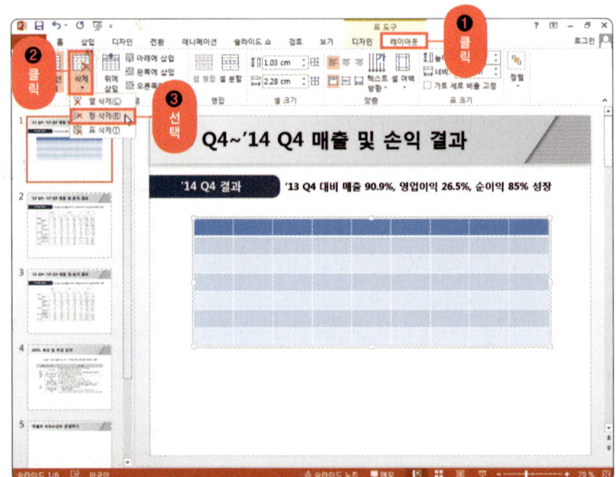

커서가 있던 행이 삭제됩니다.

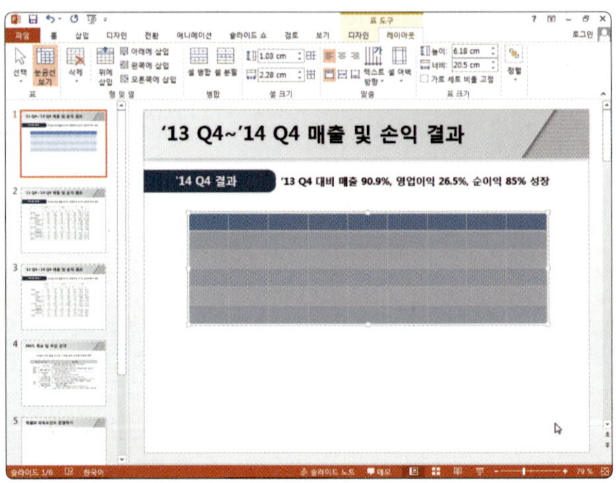

STEP 05 | 셀에 텍스트 입력하기

01 표에서 셀을 클릭하여 커서 I를 위치시킵니다.

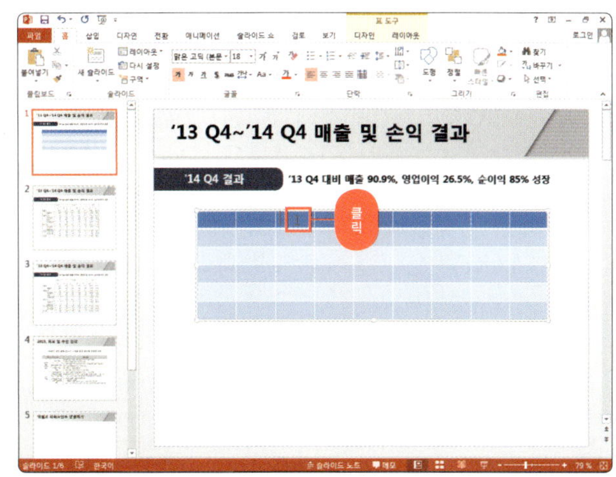

02 텍스트를 입력합니다.

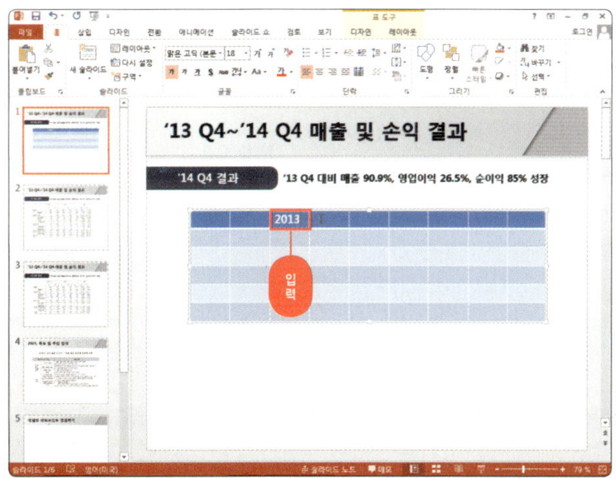

03 표의 다른 셀을 클릭하여 커서 I를 위치시킨 후 글자를 계속 입력합니다.

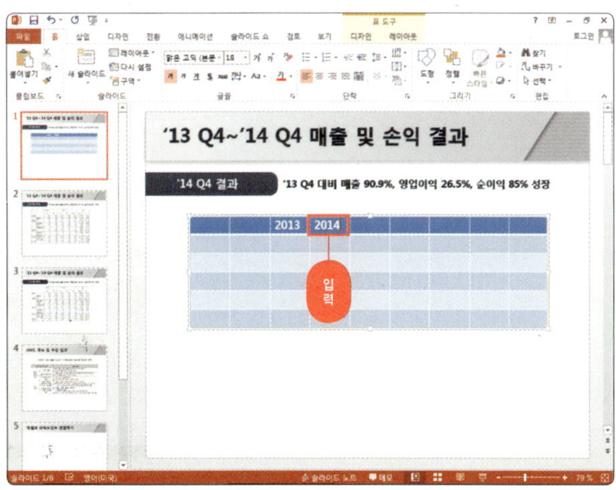

N O T E

다른 셀로 커서를 이동하는 방법

- 방향키 이용하기: 방향키를 누르면 해당 방향으로 커서가 이동합니다.
- Tab 이용하기: 글자를 입력한 후 Tab 를 누르면 다음 셀로 커서가 이동합니다. 만약 해당 셀에 글자가 입력되어 있다면 그 글자 전체가 선택됩니다. 이전 셀로 이동하고 싶다면 Shift + Tab 을 누릅니다.

STEP 06 | 표 삭제하기

01 표의 테두리를 클릭하여 선택합니다.

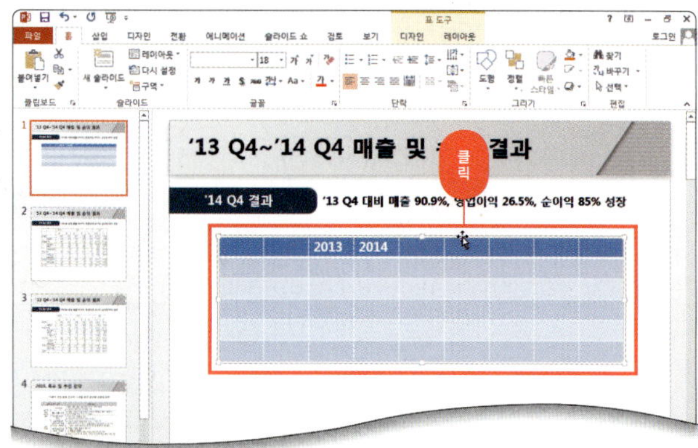

02 Delete 를 눌러 표를 삭제합니다.

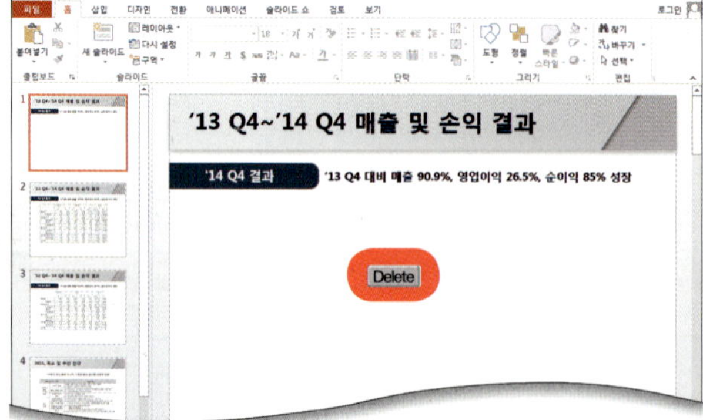

N O T E

표를 삭제하는 다른 방법

표가 선택되어 있는 상태에서 [표 도구-레이아웃] 탭의 [행 및 열] 영역에서 [삭제]를 클릭한 후 [표]를 선택합니다.

STEP 07 | 엑셀 데이터를 파워포인트에 붙여 넣기

01 [기본 자료.xlsx] 파일을 연 후 첫 번째 시트에서 데이터를 선택하고 Ctrl + C 를 눌러 복사합니다.

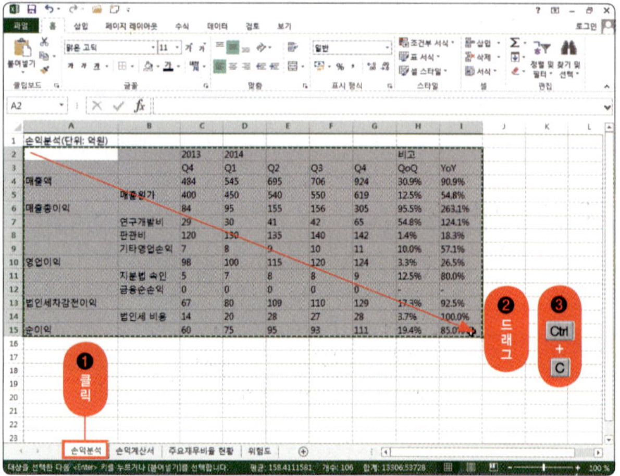

02 파워포인트로 전환하여 `Ctrl` + `V` 를 눌러 붙여 넣습니다.

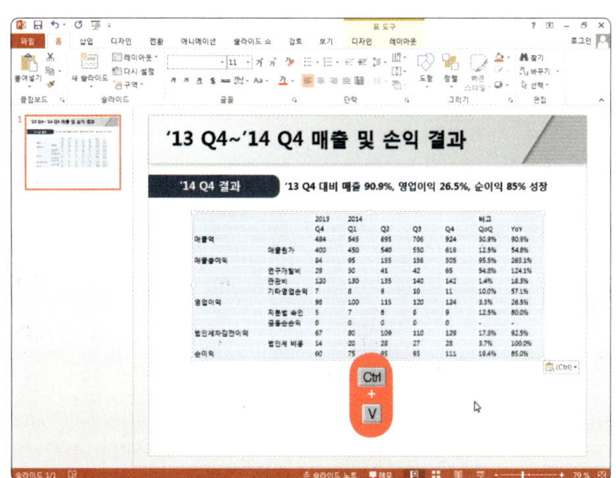

03 붙여 넣어진 표가 선택된 상태에서 [표 도구-디자인] 탭의 [표 스타일] 영역의 [자세히] 버튼 을 클릭합니다.

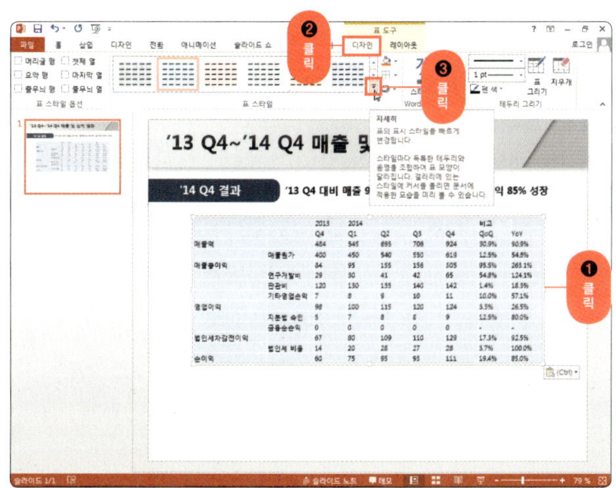

04 [스타일 없음, 표 눈금]을 선택합니다.

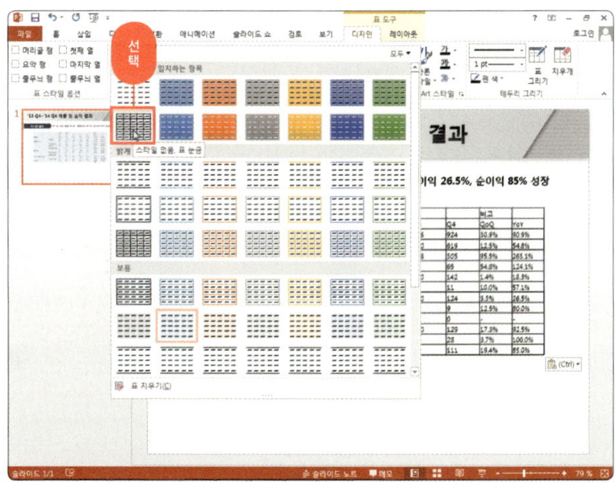

02

표의 셀을 다루는 기본기를 익혀보자!

만들어진 표에서 셀 여백과 셀 너비를 정확하게 조정하고, 두 개 이상의 셀을 병합한 후, 셀에서 텍스트의 위치를 조정하는 등 디테일하게 셀을 다루는 방법에 대해 알아보겠습니다.

● **실습 파일**: 부록 CD/테마04/테마04.pptx 1번 슬라이드 | **결과 파일**: 부록 CD/테마04/테마04(결과).pptx 1번 슬라이드

STEP 01 | 셀 여백 조정하기

01 슬라이드에서 표 테두리를 클릭한 후 [표 도구-레이아웃] 탭에서 [셀 여백]을 클릭하고 [좁게]를 선택합니다.

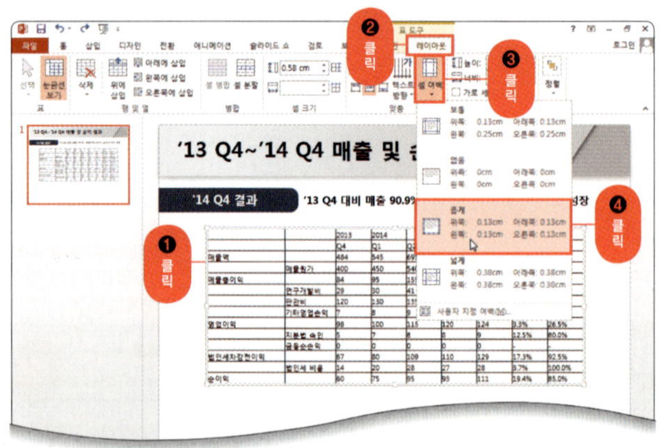

셀의 여백이 조정됩니다.

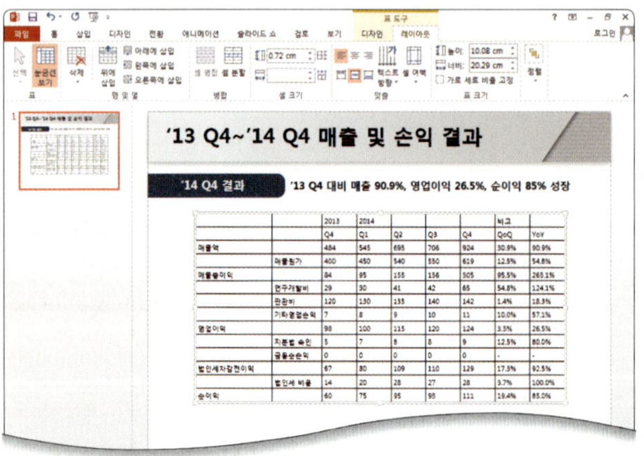

STEP 02 | 글꼴 크기 조정하기

01 표가 선택되어 있는 상태에서 [홈] 탭에서 [글꼴 크기]를 [12]로 변경합니다.

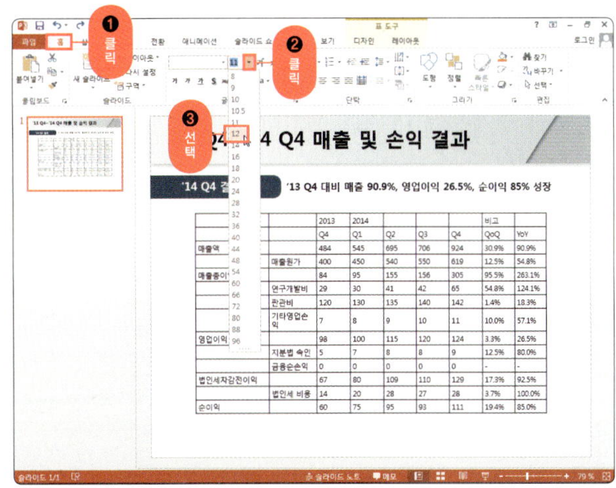

02 [매출원가] 행을 선택한 후 [글꼴 크기]를 [10]으로 변경합니다.

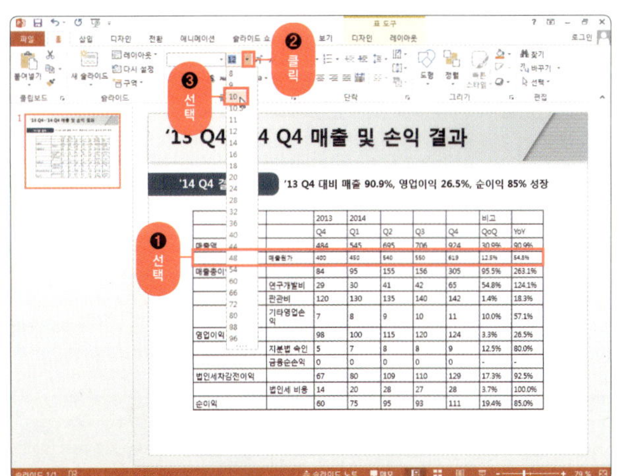

03 같은 방법으로 하위 요소의 [글꼴 크기]를 [10]으로 변경합니다.

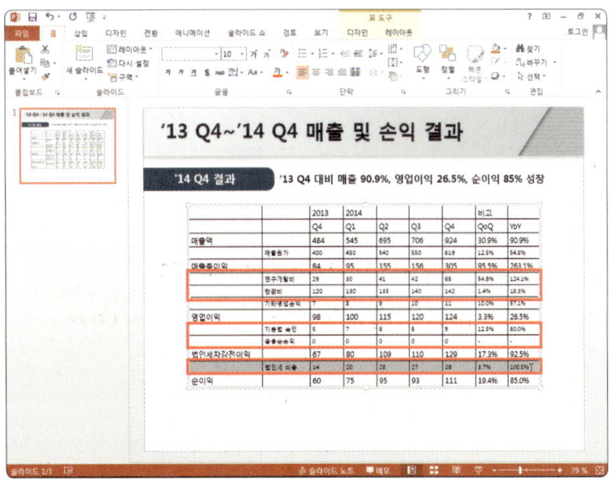

STEP 03 | 셀 너비 조정하기

01 표에서 아무 셀이나 클릭하여 선택을 해제한 후 왼쪽에서 두 번째 수직 경계선에 마우스 포인터를 위치시킵니다.

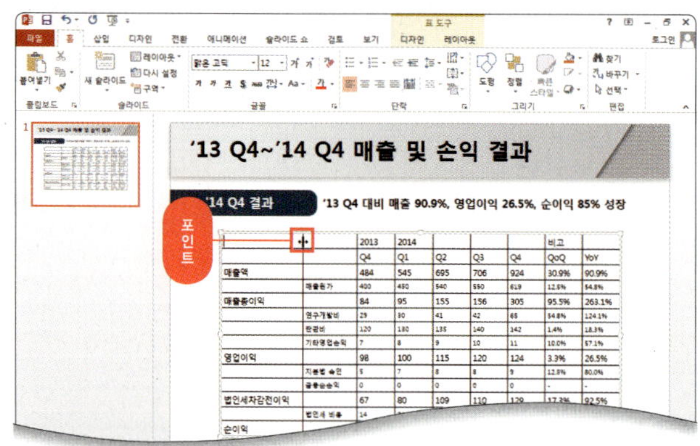

02 왼쪽으로 드래그합니다.

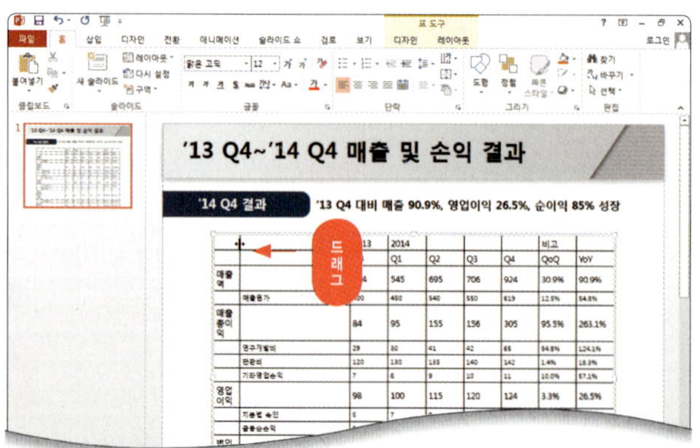

03 왼쪽에서 세 번째 수직 경계선에 마우스 포인터를 위치시킨 후 '더블 클릭'합니다. 더블 클릭한 수직 경계선 왼쪽에 있는 셀에 입력된 글자 중 가장 길이가 긴 글자에 맞게 셀 너비가 조정됩니다.

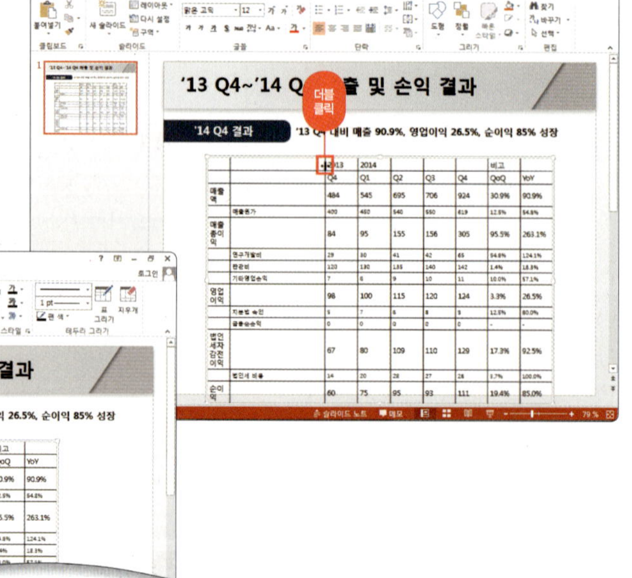

STEP 04 | 셀 병합하기

01 [매출액]이 입력된 셀과 오른쪽에 있는 빈 셀을 드래그하여 선택한 후 [표 도구-레이아웃] 탭에서 [셀 병합]을 클릭합니다.

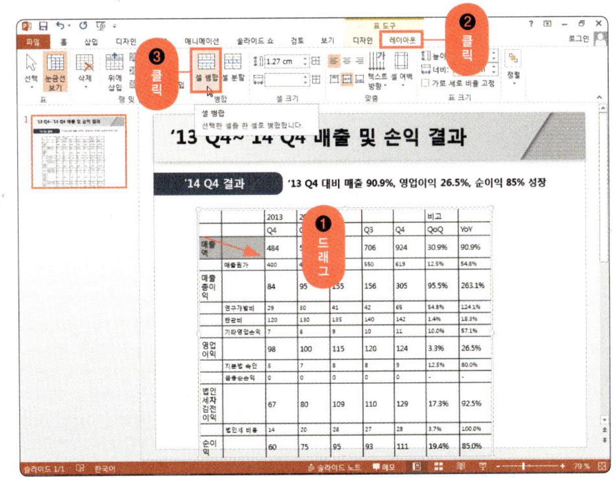

선택된 두 셀이 하나로 합쳐집니다.

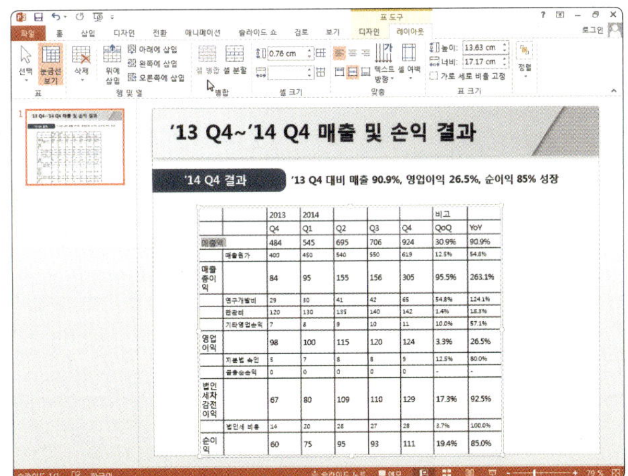

[셀 병합]을 실행하는 다른 방법

선택된 셀을 마우스 오른쪽으로 클릭하면 나타나는 컨텍스트 메뉴 중에서 [셀 병합]을 선택합니다.

02 같은 방법으로 다음과 같이 셀을 병합합니다.

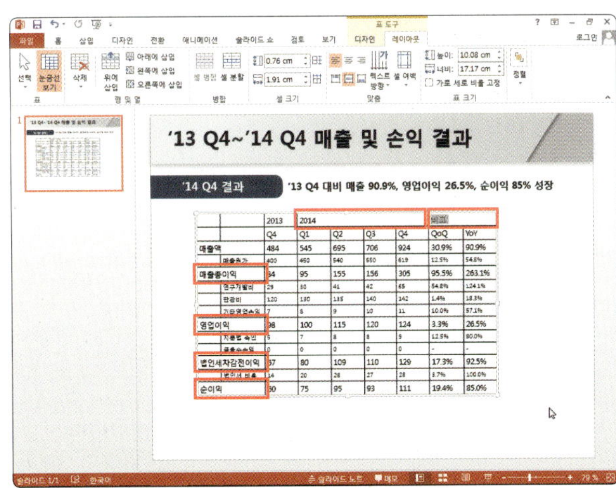

N O T E

셀 분할하기

분할할 셀을 선택한 후 [표 도구]-[레이아웃] 탭에서 [표 분할]을 클릭하고, 표시되는 대화상자에서 열 개수와 행 개수를 지정합니다.

STEP 05 | 셀에서 텍스트 정렬하기

01 맨 위의 두 줄에서 텍스트가 입력된 셀들을 선택합니다.

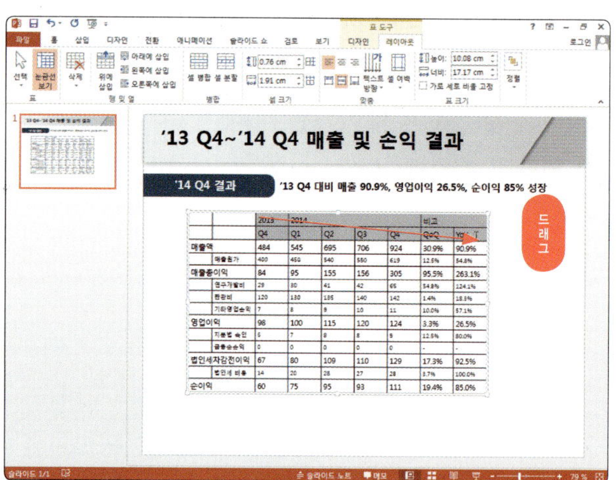

02 [표 도구–레이아웃] 탭에서 [가운데 맞춤] 버튼을 클릭합니다.

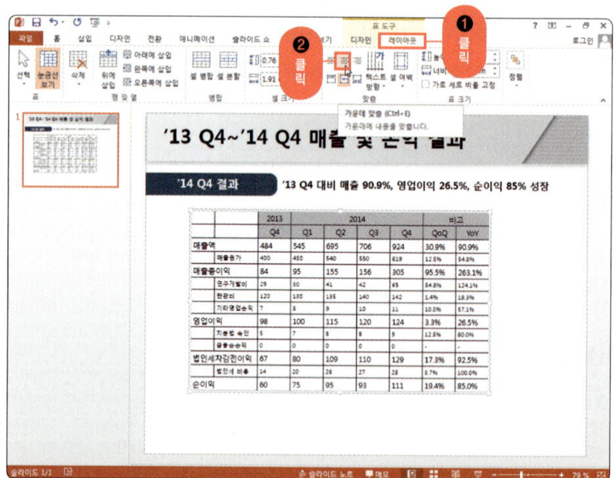

03 숫자가 있는 셀만 선택합니다.

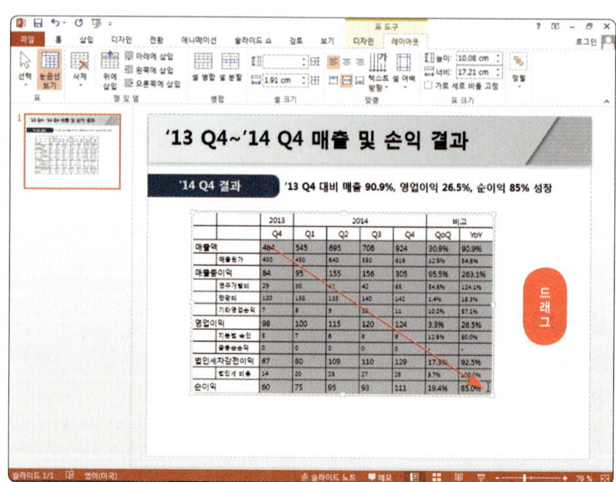

04 [오른쪽 맞춤] 버튼 ⊟을 클릭합니다.

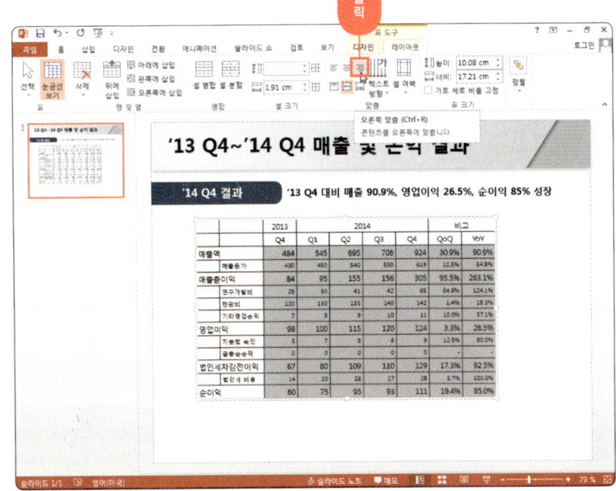

N O T E

셀에서 수직 맞추기

[표 도구-레이아웃] 탭의 [맞춤] 영역에서 위쪽 맞춤 버튼 ▤/세로 가운데 맞춤 버튼 ▤/아래쪽 맞춤 버튼 ▤을 클릭하면 셀에서 텍스트의 수직 위치를 조정할 수 있습니다.

05 왼쪽에서 세 번째 셀부터 맨 마지막 셀까지 드래그하여 선택합니다. [표 도구-레이아웃] 탭에서 [셀 너비]를 [2cm]로 변경합니다.

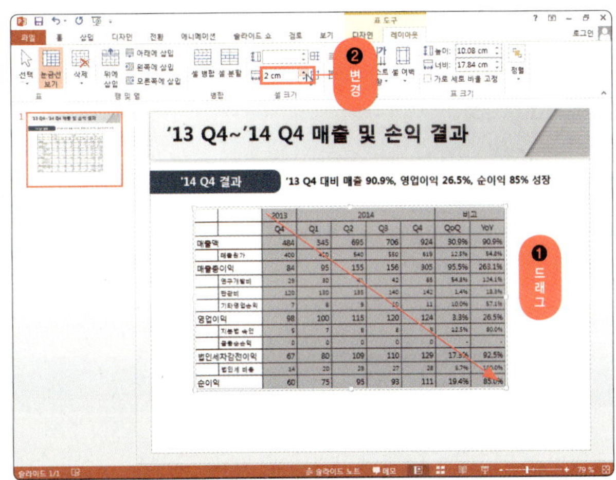

N O T E

행 높이나 열 높이를 같게 만들고 싶다면

[표 도구-레이아웃] 탭의 [셀 크기] 영역에서 [행 높이를 같게] 또는 [열 너비를 같게] 버튼을 클릭합니다.

셀을 선택하는
여러 가지 방법을 알아보자!

대부분의 파워포인트 사용자들은 텍스트를 선택할 때처럼 마우스를 드래그해 표에서 셀을 선택합니다. 물론 이 방법이 가장 쉽지만, 이 밖에 표 바깥쪽을 클릭하거나 Shift 를 이용하는 방법 등이 있습니다.

드래그하여 선택하기

선택한 후 싶은 셀에서 다른 셀로 드래그하는 것으로 가장 많이 사용되는 방법입니다.

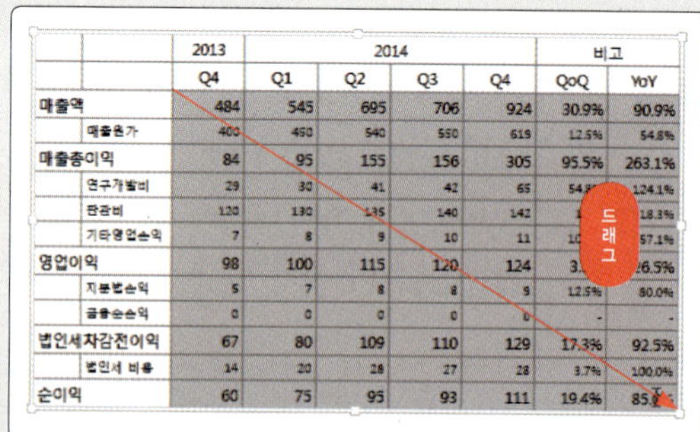

		2013	2014				비고	
		Q4	Q1	Q2	Q3	Q4	QoQ	YoY
매출액		484	545	695	706	924	30.9%	90.9%
	매출원가	400	450	540	550	619	12.5%	54.8%
매출총이익		84	95	155	156	305	95.5%	263.1%
	연구개발비	29	30	41	42	65	54.8%	124.1%
	판관비	120	130	135	140	142	1.4%	18.3%
	기타영업손익	7	8	9	10	11	10.0%	57.1%
영업이익		98	100	115	120	124	3.3%	26.5%
	지분법손익	5	7	8	8	9	12.5%	80.0%
	금융순손익	0	0	0	0	0	-	-
법인세차감전이익		67	80	109	110	129	17.3%	92.5%
	법인세 비용	14	20	28	27	28	3.7%	100.0%
순이익		60	75	95	93	111	19.4%	85.0%

표의 바깥쪽을 클릭하여 선택하기

표의 바깥쪽에 마우스 포인터를 위치시키면 마우스 포인터가 화살표 형태 ➡ / ⬇ 가 됩니다. 이때 클릭하거나 드래그하면 행이나 열을 한꺼번에 선택할 수 있습니다.

		2013	2014				비고	
		Q4	Q1	Q2	Q3	Q4	QoQ	YoY
➡ 매출액		484	545	695	706	924	30.9%	90.9%
	매출원가	400	450	540	550	619	12.5%	54.8%
매출총이익		84	95	155	156	305	95.5%	263.1%
	연구개발비	29	30	41	42	65	54.8%	124.1%
	판관비	120	130	135	140	142	1.4%	18.3%
	기타영업손익	7	8	9	10	11	10.0%	57.1%
영업이익		98	100	115	120	124	3.3%	26.5%
	지분법손익	5	7	8	8	9	12.5%	80.0%
	금융순손익	0	0	0	0	0	-	-
법인세차감전이익		67	80	109	110	129	17.3%	92.5%
	법인세 비용	14	20	28	27	28	3.7%	100.0%
순이익		60	75	95	93	111	19.4%	85.0%

		⬇ 2013	2014				비고	
		Q4	Q1	Q2	Q3	Q4	QoQ	YoY
매출액		484	545	695	706	924	30.9%	90.9%
	매출원가	400	450	540	550	619	12.5%	54.8%
매출총이익		84	95	155	156	305	95.5%	263.1%
	연구개발비	29	30	41	42	65	54.8%	124.1%
	판관비	120	130	135	140	142	1.4%	18.3%
	기타영업손익	7	8	9	10	11	10.0%	57.1%
영업이익		98	100	115	120	124	3.3%	26.5%
	지분법손익	5	7	8	8	9	12.5%	80.0%
	금융순손익	0	0	0	0	0	-	-
법인세차감전이익		67	80	109	110	129	17.3%	92.5%
	법인세 비용	14	20	28	27	28	3.7%	100.0%
순이익		60	75	95	93	111	19.4%	85.0%

Shift 로 선택하기

한 셀을 클릭하여 선택한 후 Shift 를 누른 상태에서 다른 셀을 클릭하여 선택할 수 있습니다.

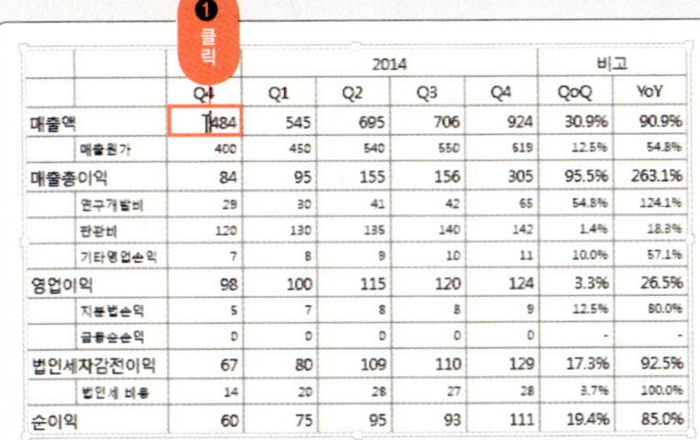

	2013	2014				비고	
	Q4	Q1	Q2	Q3	Q4	QoQ	YoY
매출액	484	545	695	706	924	30.9%	90.9%
매출원가	400	450	540	550	619	12.5%	54.8%
매출총이익	84	95	155	156	305	95.5%	263.1%
연구개발비	29	30	41	42	65	54.8%	124.1%
판관비	120	130	135	140	142	1.4%	18.3%
기타영업손익	7	8	9	10	11	10.0%	57.1%
영업이익	98	100	115	120	124	3.3%	26.5%
지분법손익	5	7	8	8	9	12.5%	80.0%
금융순손익	0	0	0	0	0	-	-
법인세차감전이익	67	80	109	110	129	17.3%	92.5%
법인세 비용	14	20	28	27	28	3.7%	100.0%
순이익	60	75	95	93	111	19.4%	85.0%

셀 클릭

Shift 를 누른 상태에서 다른 셀 클릭

표 전체 선택하기

• 표의 테두리를 클릭합니다.

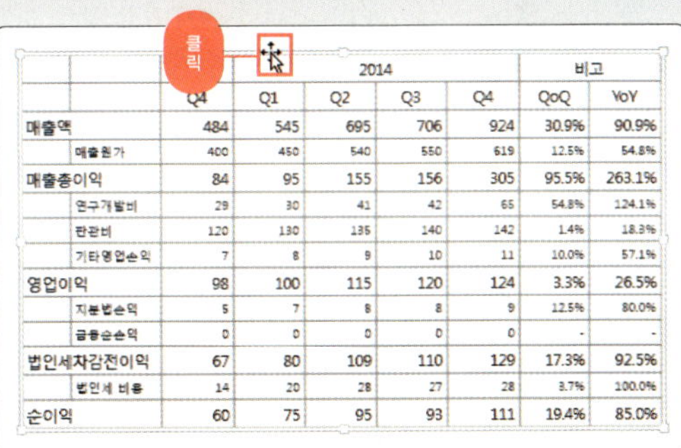

	2013	2014				비고	
	Q4	Q1	Q2	Q3	Q4	QoQ	YoY
매출액	484	545	695	706	924	30.9%	90.9%
매출원가	400	450	540	550	619	12.5%	54.8%
매출총이익	84	95	155	156	305	95.5%	263.1%
연구개발비	29	30	41	42	65	54.8%	124.1%
판관비	120	130	135	140	142	1.4%	18.3%
기타영업손익	7	8	9	10	11	10.0%	57.1%
영업이익	98	100	115	120	124	3.3%	26.5%
지분법손익	5	7	8	8	9	12.5%	80.0%
금융순손익	0	0	0	0	0	-	-
법인세차감전이익	67	80	109	110	129	17.3%	92.5%
법인세 비용	14	20	28	27	28	3.7%	100.0%
순이익	60	75	95	93	111	19.4%	85.0%

• 표의 아무 셀이나 클릭한 후 Ctrl + A 를 눌러 표 전체를 선택할 수 있습니다.

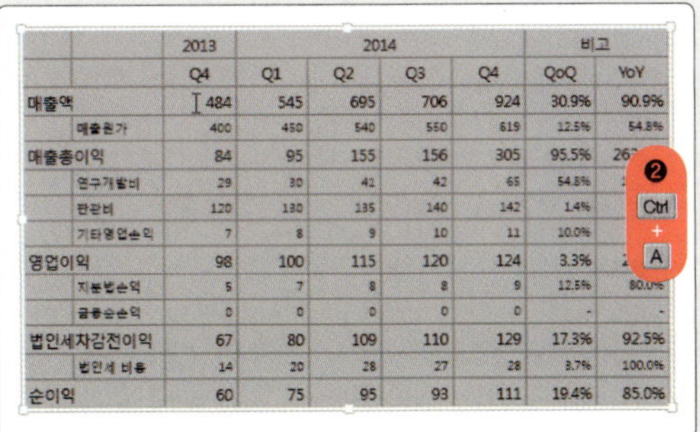

	2013	2014				비고	
	Q4	Q1	Q2	Q3	Q4	QoQ	YoY
매출액	484	545	695	706	924	30.9%	90.9%
매출원가	400	450	540	550	619	12.5%	54.8%
매출총이익	84	95	155	156	305	95.5%	263.1%
연구개발비	29	30	41	42	65	54.8%	124.1%
판관비	120	130	135	140	142	1.4%	18.3%
기타영업손익	7	8	9	10	11	10.0%	57.1%
영업이익	98	100	115	120	124	3.3%	26.5%
지분법손익	5	7	8	8	9	12.5%	80.0%
금융순손익	0	0	0	0	0	-	-
법인세차감전이익	67	80	109	110	129	17.3%	92.5%
법인세 비용	14	20	28	27	28	3.7%	100.0%
순이익	60	75	95	93	111	19.4%	85.0%

표에서 아무 셀이나 클릭

Ctrl + A 눌러 표 전체 선택

03

셀 테두리를 마음대로 디자인해보자!

P O W E R P O I N T   K N O W H O W

새롭게 생성된 표는 기본적으로 모든 테두리가 표시되기 때문에 셀이 많아지면 많아질수록 복잡하게 보일 가능성이 높습니다. 따라서 표를 보기 좋게 만들기 위해서는 셀에 입력된 텍스트/수치를 읽는데 문제가 없는 한도 내에서 테두리를 최소화하는 것이 좋습니다.

● **실습 파일**: 부록 CD/테마04/테마04.pptx 2번 슬라이드 | **결과 파일**: 부록 CD/테마04/테마04(결과).pptx 2번 슬라이드

STEP 01 | 모든 셀 테두리를 회색으로 변경하기

01 두 번째 슬라이드에서 표에 있는 모든 셀을 선택합니다.

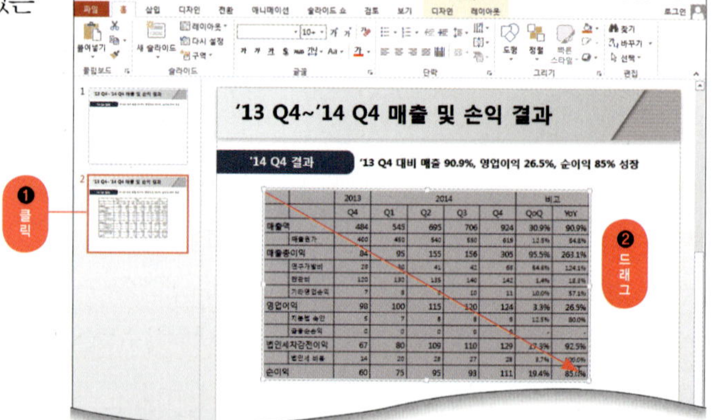

02 [표 도구-디자인] 탭에서 [펜 색]을 클릭한 후 [다른 채우기 색]을 선택합니다.

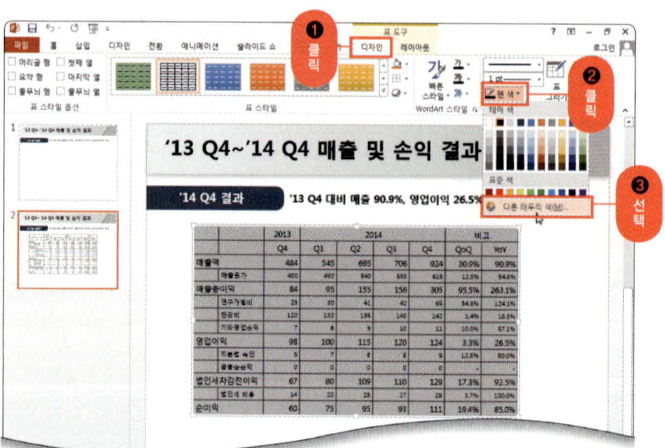

03 [색] 대화상자의 [표준] 탭에서 [회색]을 선택한 후 [확인] 버튼을 클릭합니다.

04 [테두리] 메뉴 를 연 후 [모든 테두리]를 선택합니다.

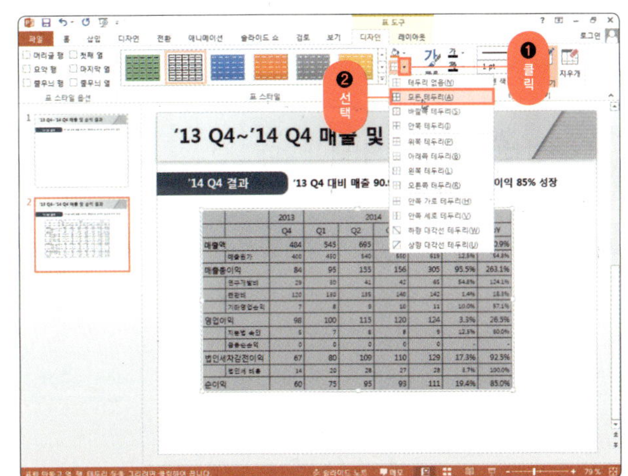

선택된 셀의 모든 테두리에 회색이 칠해집니다.

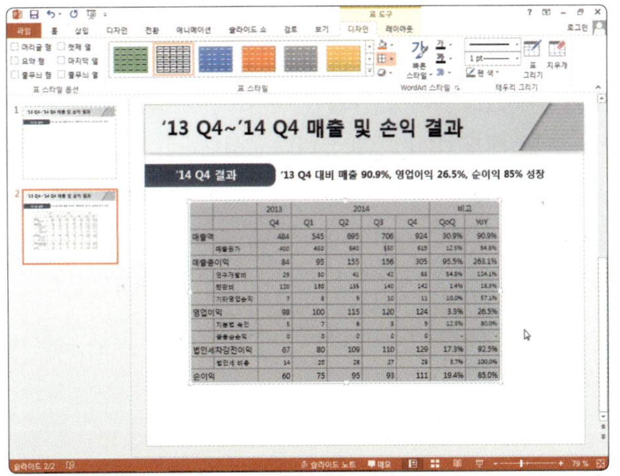

STEP 02 | 셀 테두리 감추기

01 모든 셀이 선택되어 있는 상태에서 [표 도구–디자인] 탭에서 [펜 스타일] 메뉴를 연 후 [테두리 없음]을 선택합니다.

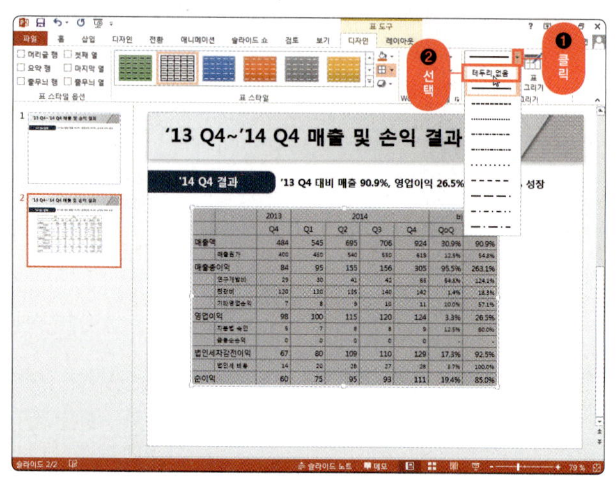

02 [테두리] 메뉴 를 연 후 [왼쪽 테두리]를 선택합니다. 선택된 셀들 중에서 맨 왼쪽에 있는 셀들의 왼쪽 수직 경계선이 없어집니다.

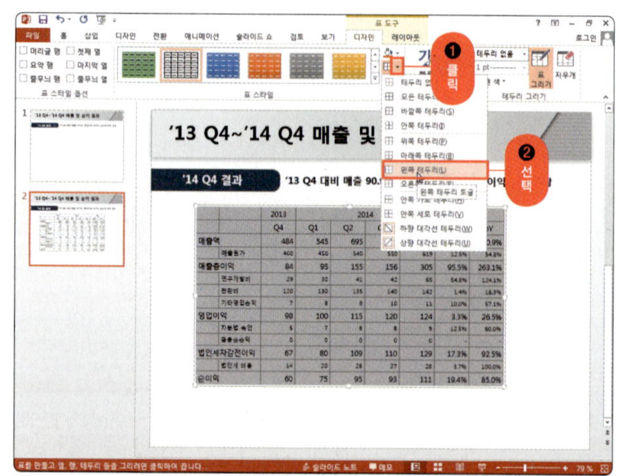

03 다시 [테두리] 메뉴를 연 후 [오른쪽 테두리]를 선택합니다. 선택된 셀들 중에서 맨 오른쪽에 있는 셀들의 오른쪽 수직 경계선이 없어집니다.

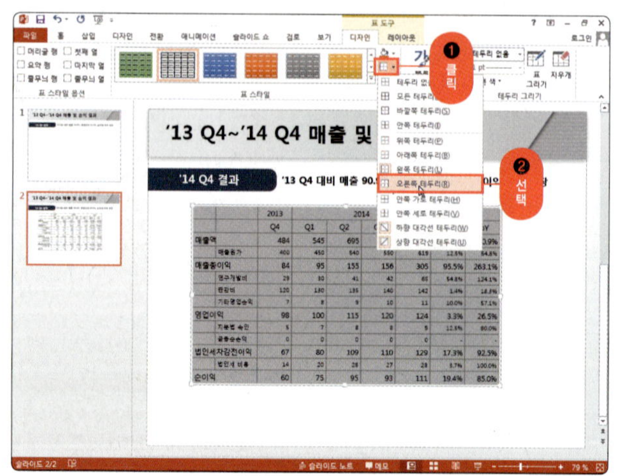

04 슬라이드의 빈 곳을 클릭하여 결과를 확인합니다.

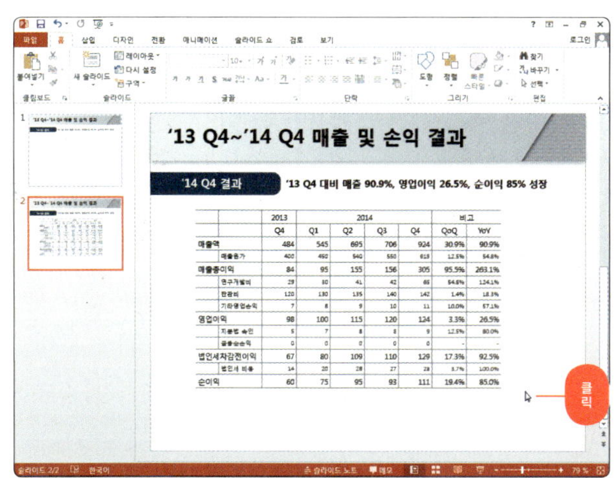

05 맨 왼쪽에 있는 네 개의 셀을 선택합니다.

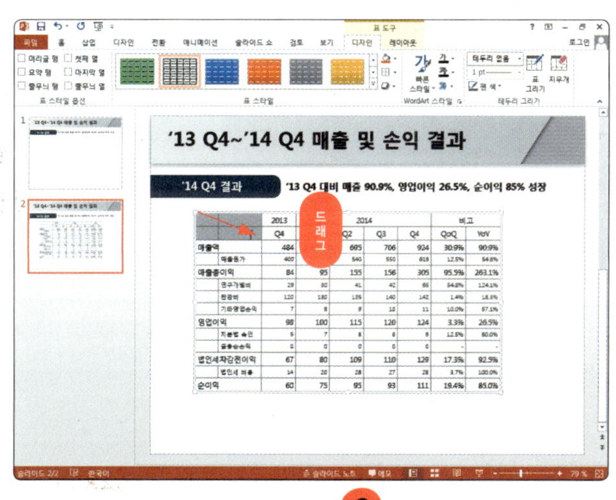

06 [표 도구 – 디자인] 탭에서 앞에서 선택했던 [오른쪽 테두리]를 클릭합니다. 선택된 셀의 오른쪽 수직 경계선이 숨겨집니다.

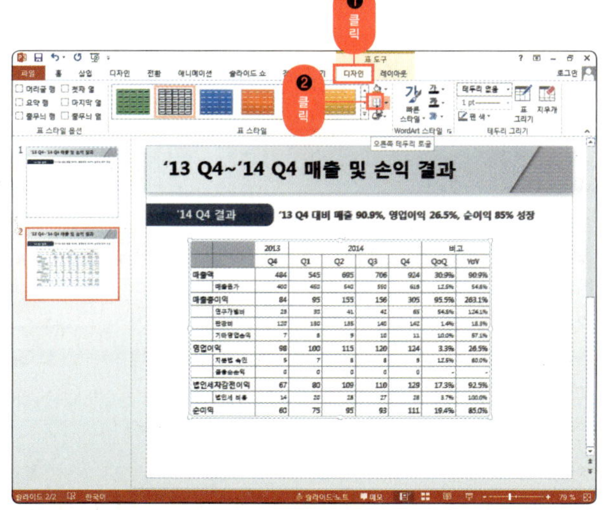

07 [테두리] 메뉴 田 테두리 ▾를 연 후 [위쪽 테두리]를 선택합니다. 선택된 셀의 위쪽 수평 경계선이 숨겨집니다.

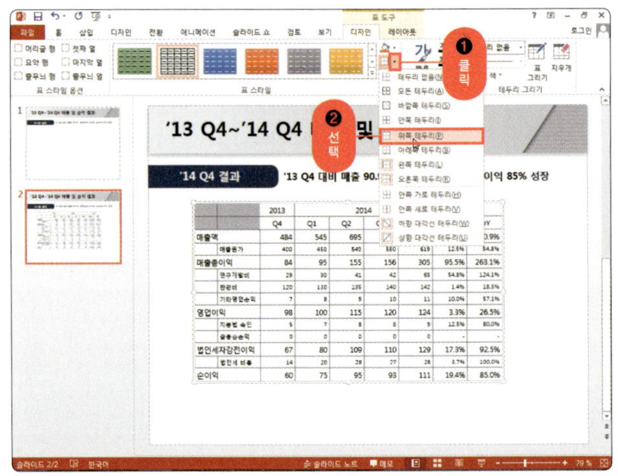

08 [테두리] 메뉴 田 테두리 ▾를 연 후 [안쪽 테두리]를 선택합니다. 선택된 셀의 안쪽 경계선이 숨겨집니다.

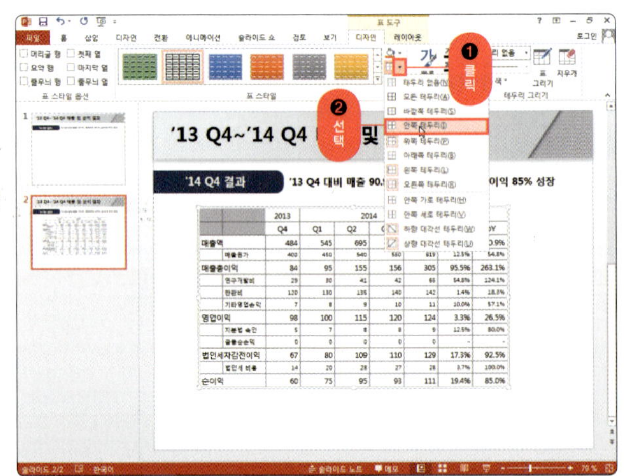

09 [매출 원가] 왼쪽의 빈 셀을 클릭합니다.

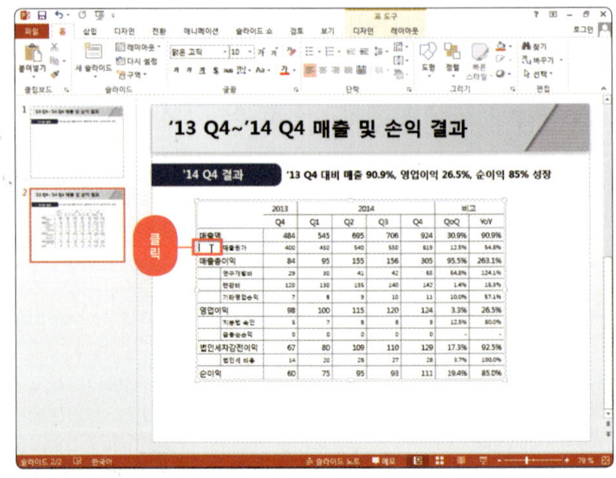

10 [테두리] 메뉴 田 테두리 ▾ 를 연 후 [위쪽 테두리]를 선택합니다.

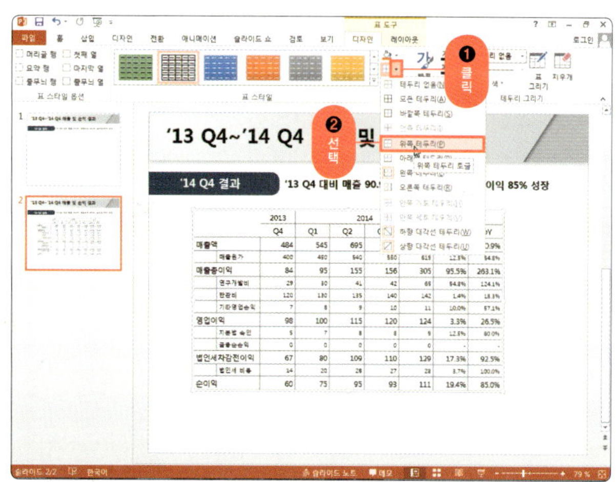

11 [테두리] 메뉴 田 테두리 ▾ 를 연 후 [오른쪽 테두리]를 선택합니다.

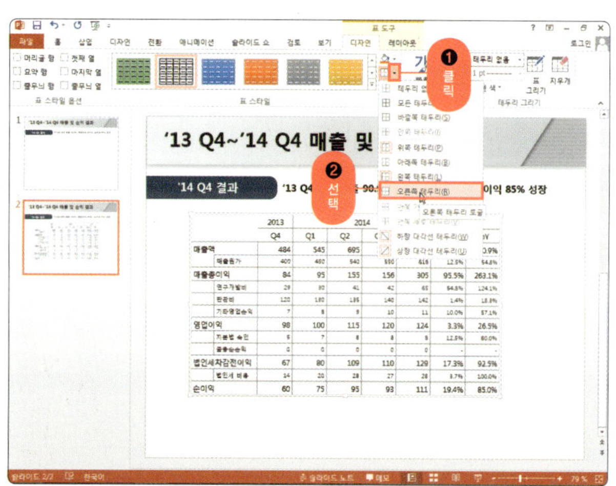

커서가 있던 셀의 위쪽과 오른쪽 경계선이 숨겨집니다.

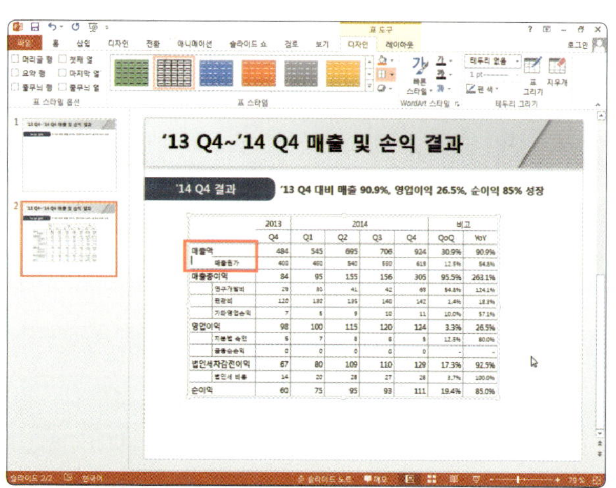

12 [매출총이익] 아래에 있는 세 개의 셀을 선택합니다.

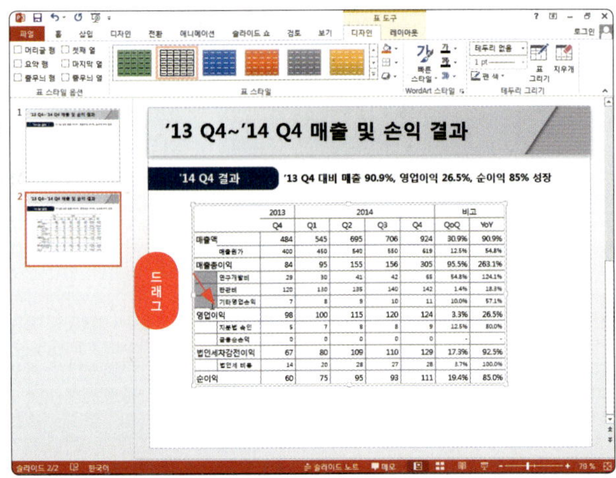

13 앞에서 선택한 [오른쪽 테두리]를 클릭합니다.

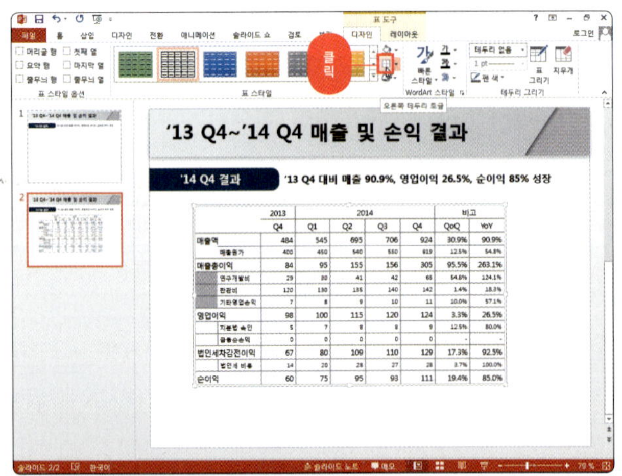

14 [테두리] 메뉴 田 테두리 ▼ 를 연 후 [위쪽 테두리]를 선택합니다.

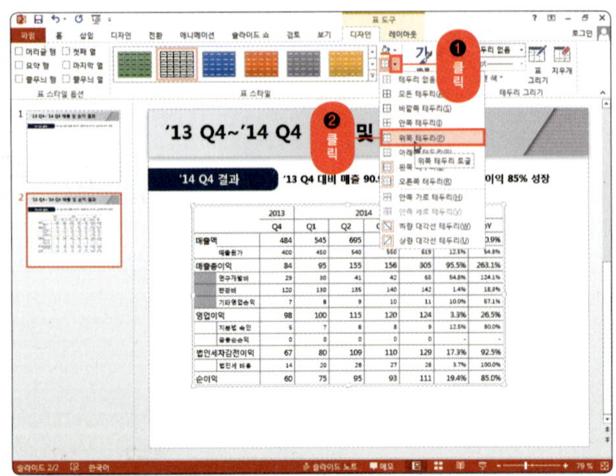

15 [테두리] 메뉴 테두리 ▾ 를 연 후 [안쪽 테두리]를 선택합니다.

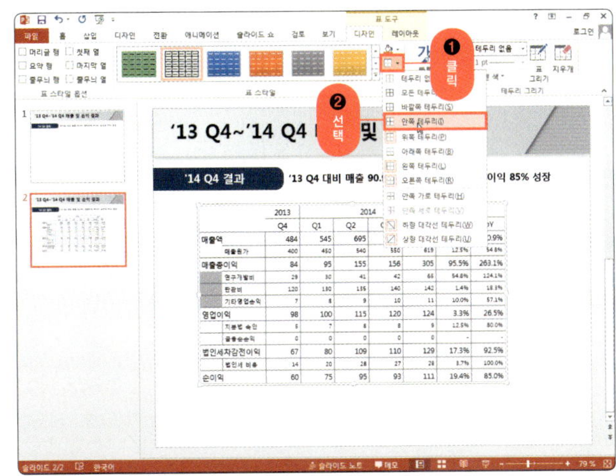

16 다른 셀을 클릭한 후 결과를 확인합니다.

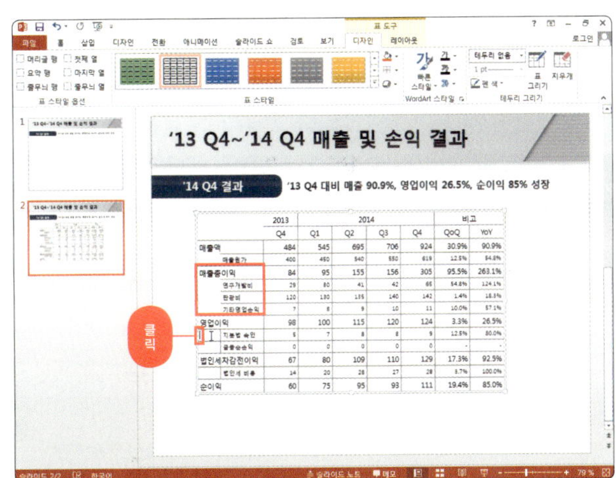

17 다른 셀도 같은 방법으로 경계선을 숨깁니다.

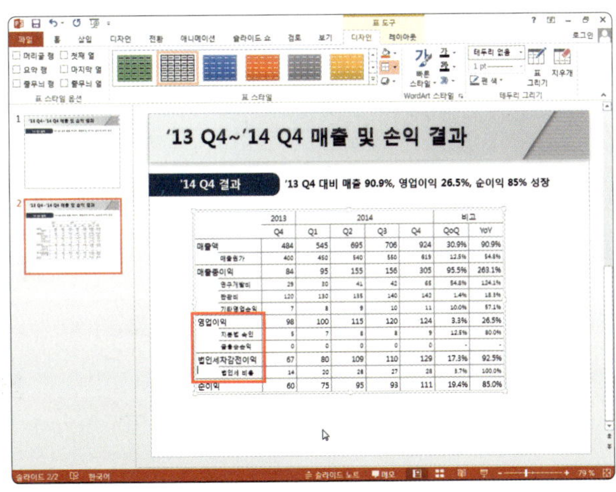

04

POWERPOINT KNOWHOW

표에서 중요한 부분을 강조해보자!

사실, 이 부분이 파워포인트에서 표를 디자인할 때 가장 중요하면서도 어렵습니다. 세밀한 작업이 필요하기 때문이죠. 이번 레슨에서는 표의 특정 부분을 강조하는 방법에 대해 알아보겠습니다.

● **실습 파일**: 부록 CD/테마04/테마04.pptx 3번 슬라이드 | **결과 파일**: 부록 CD/테마04/테마04(결과).pptx 3번 슬라이드

STEP 01 | 얇은 점선 테두리 설정하기

01 [매출원가] 셀부터 맨 오른쪽 셀까지 선택합니다.

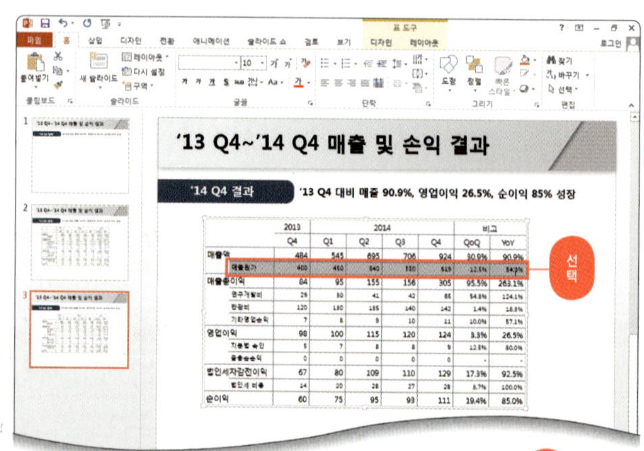

02 [표 도구-디자인] 탭에서 [펜 스타일]을 클릭한 후 [점선]을 선택합니다.

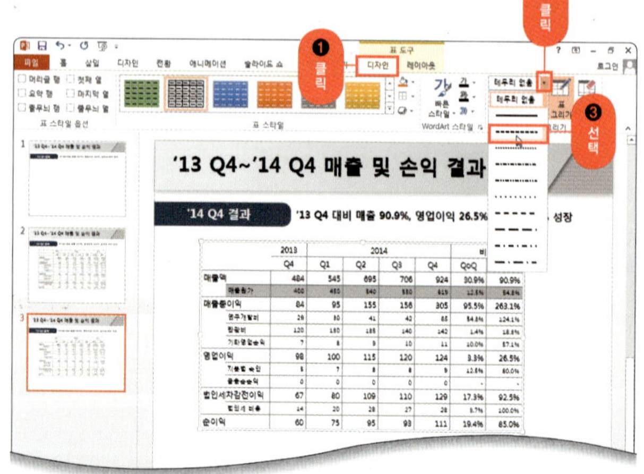

03 [펜 두께]를 클릭한 후 [0.5pt]를
선택합니다.

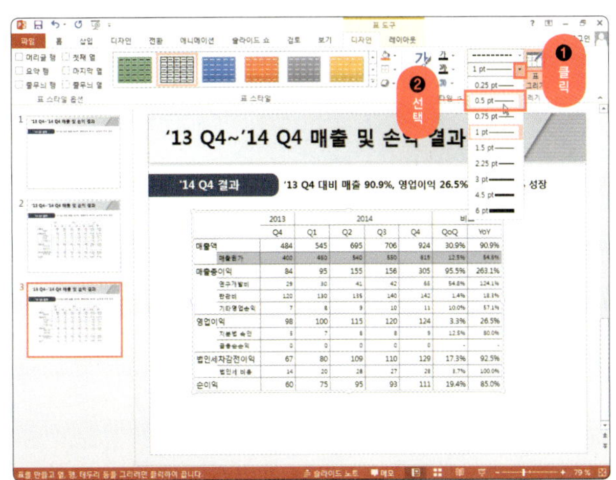

04 [펜 색]을 클릭한 후 [다른 테두
리 색]을 선택합니다.

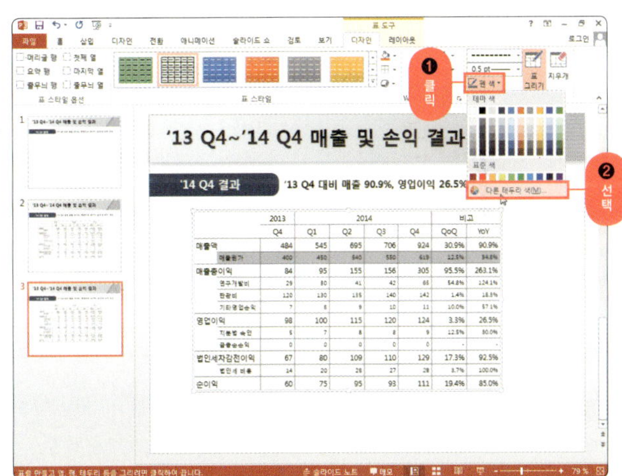

05 [색] 대화상자의 [표준] 탭에서 [회색]을 선택한 후 [확
인] 버튼을 클릭합니다.

06 [테두리] 메뉴 테두리 ▾를 연 후 [위쪽 테두리]를 선택합니다. 선택된 셀 위쪽 테두리가 0.5pt의 회색 점선으로 칠해집니다.

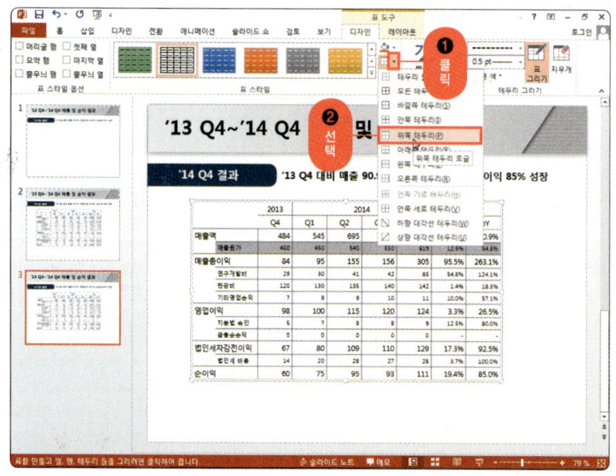

07 [연구개발비] 셀부터 맨 오른쪽 셀까지 선택합니다.

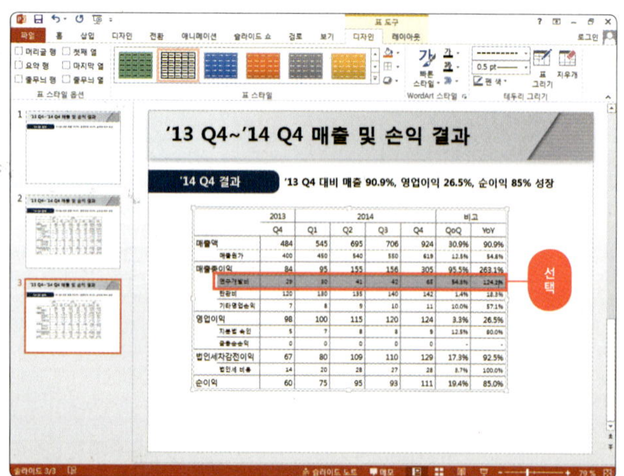

08 [위쪽 테두리 토글] 버튼을 클릭합니다. 선택된 셀 위쪽 테두리가 0.5pt의 회색 점선으로 칠해집니다.

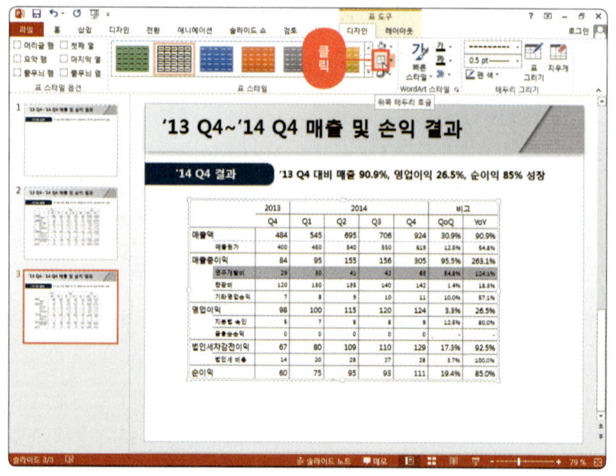

09 같은 방법으로 하위 요소(판관비, 기타영업손익, 지분법손익, 금융순손익, 법인세비용) 위쪽의 테두리를 회색 점선으로 만듭니다.

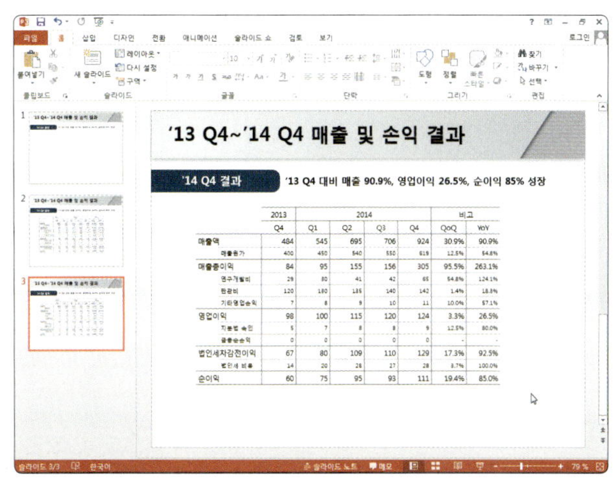

STEP 02 | 굵은 실선 테두리 설정하기

01 표의 맨 위 줄에 있는 [2013, 2014, 비고] 셀을 선택합니다.

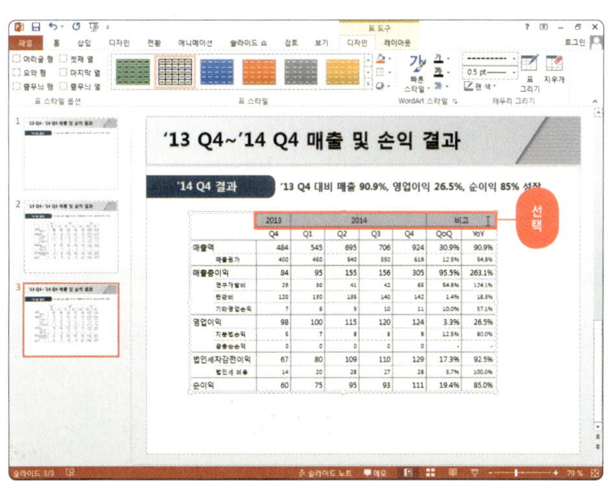

02 [펜 스타일]을 클릭한 후 [실선]을 선택합니다.

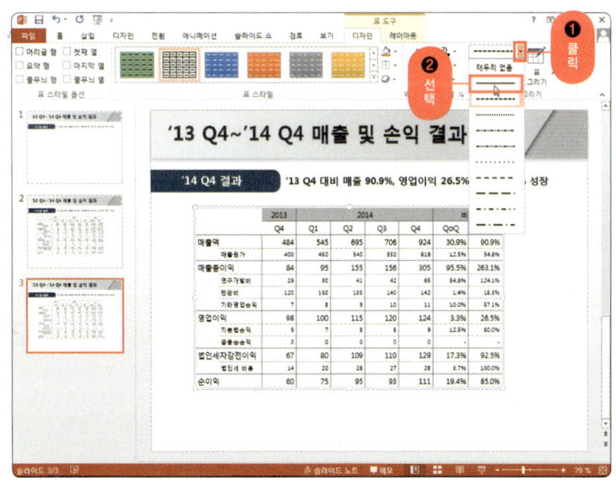

03 [펜 두께]를 클릭한 후 [2.25pt]를 선택합니다.

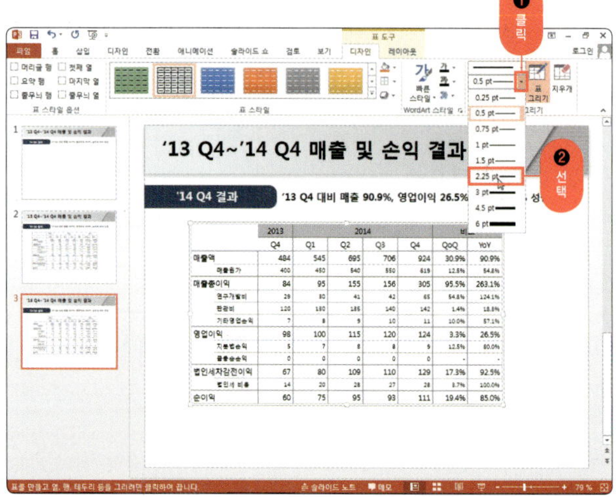

04 [테두리] 메뉴 田 테두리 ▾ 를 연 후 [위쪽 테두리]를 선택합니다.

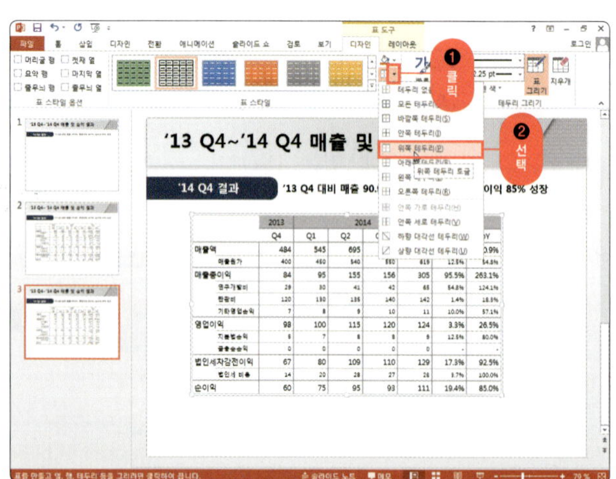

05 표의 맨 아래 줄을 선택합니다.

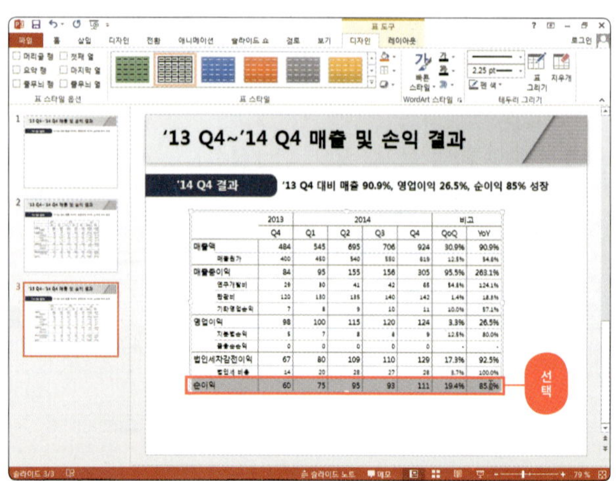

06 [테두리] 메뉴 테두리 ▼를 연 후 [아래쪽 테두리]를 선택합니다.

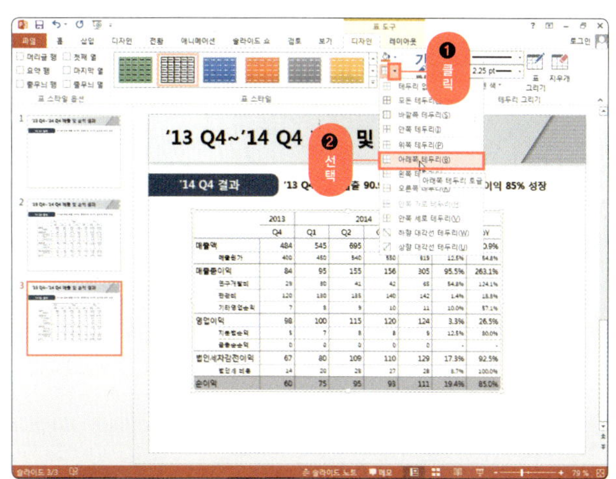

07 슬라이드의 빈 곳을 클릭하여 표 선택을 해제한 후 결과를 확인합니다.

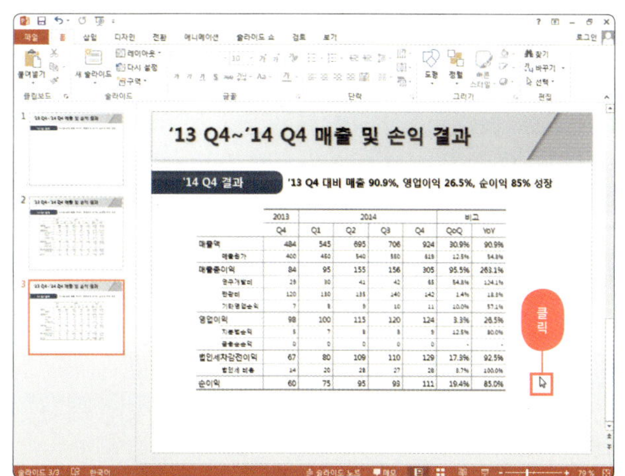

STEP 03 | 셀에 음영 칠하기

01 표의 맨 위의 [2013] 셀부터 [YoY] 셀까지 선택합니다.

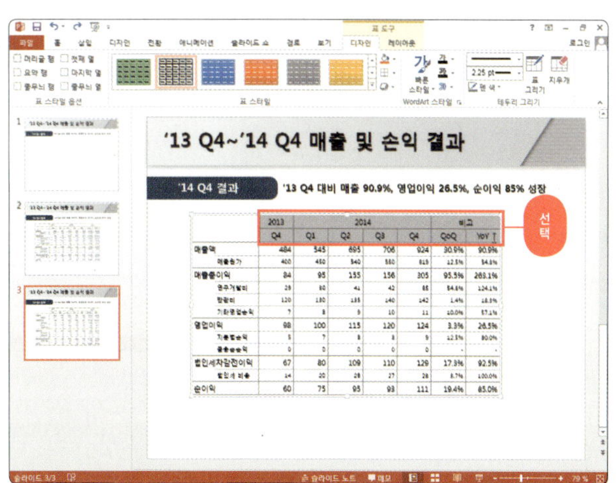

02 [표 도구-디자인] 탭에서 [음영] 메뉴 음영▼ 를 연 후 [테마 색]에서 [흰색, 배경 1, 15% 더 어둡게]를 선택합니다.

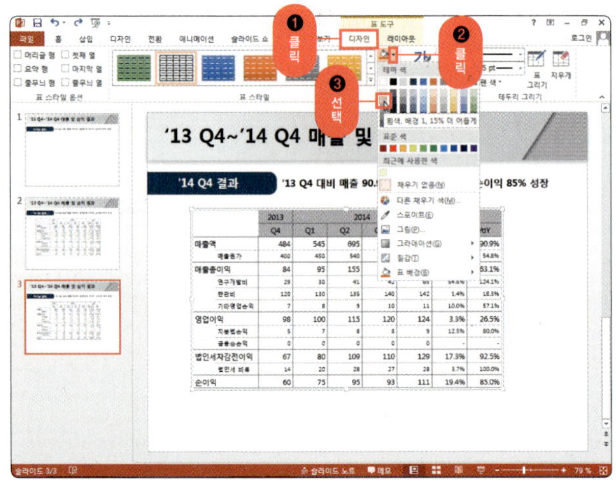

03 [매출액] 맨 오른쪽의 두 개의 셀을 선택합니다.

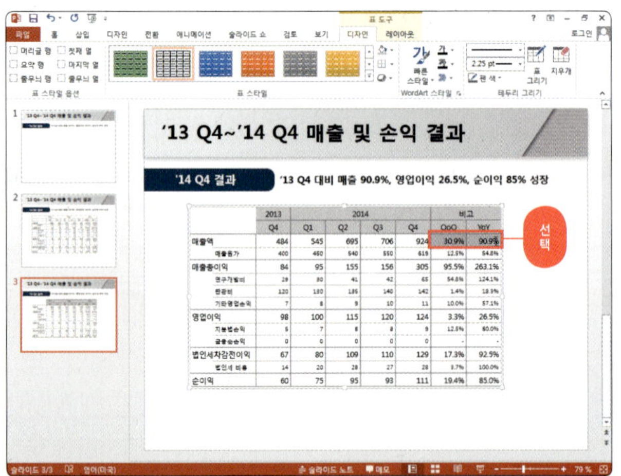

04 [음영] 메뉴 음영▼ 를 연 후 [다른 채우기 색]을 선택합니다.

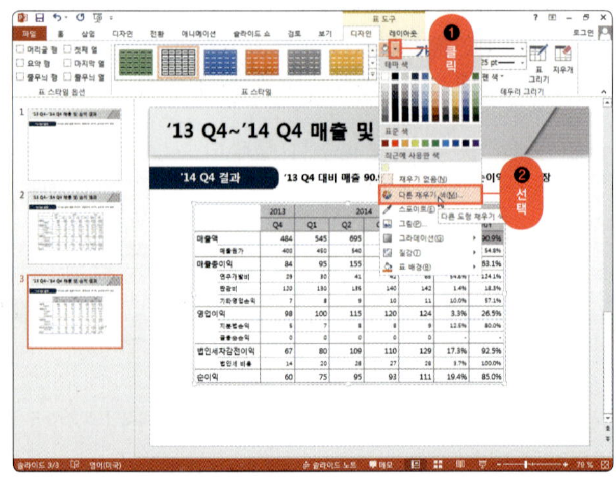

05 [색] 대화상자의 [표준] 탭에서 [밝은 노랑]을 선택한 후 [확인] 버튼을 클릭합니다.

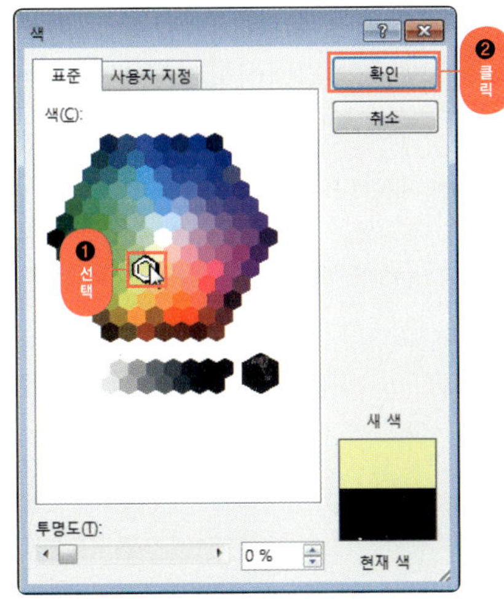

06 [매출총이익] 셀의 맨 오른쪽에 있는 두 개의 셀을 선택합니다.

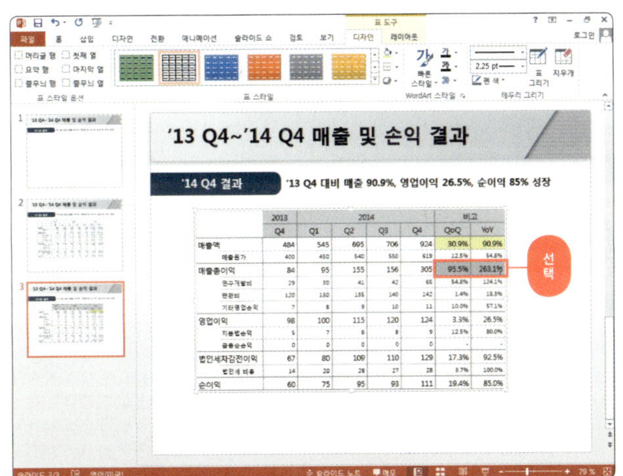

07 [음영]의 색 견본(밝은 노랑)을 클릭합니다.

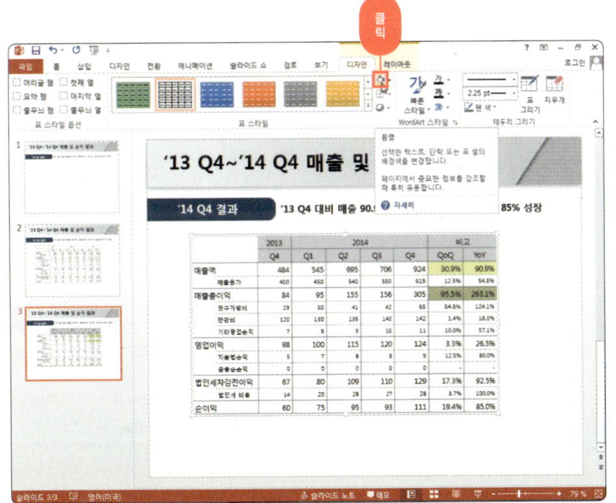

08 같은 방법으로 [영업이익], [법인세차감전이익], [순이익]의 맨 오른쪽에 있는 두 개의 셀에 밝은 노랑색을 칠합니다.

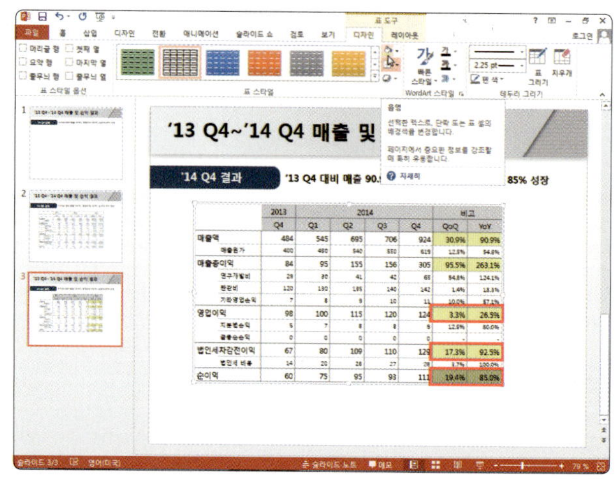

STEP 04 | 강조 테두리 설정하기

01 다음 그림처럼 표의 맨 오른쪽에 있는 퍼센티지가 입력된 셀들을 선택합니다.

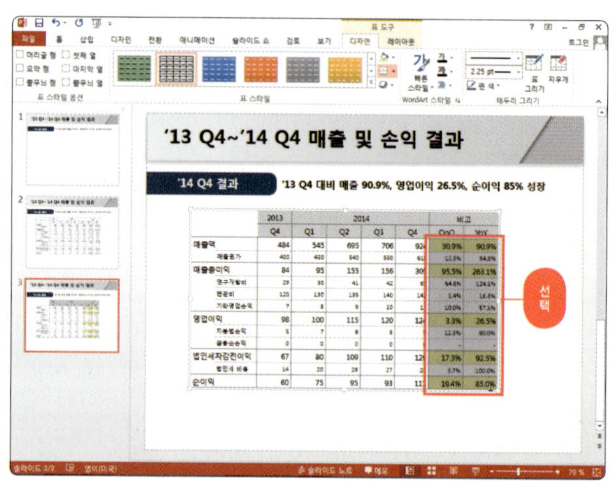

02 [펜 스타일]을 클릭한 후 [점선]을 선택합니다.

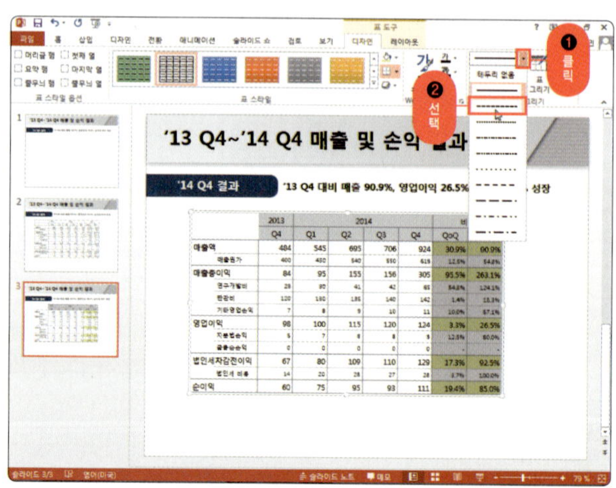

03 [펜 색]을 클릭한 후 [표준 색]에서 [빨강]을 선택합니다.

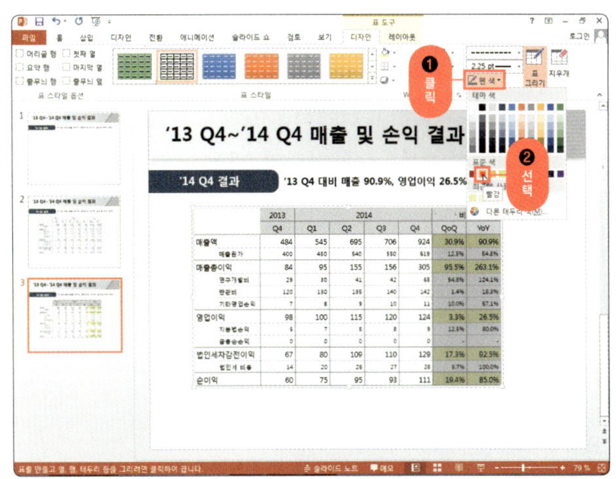

04 [테두리] 메뉴 를 연 후 [바깥쪽 테두리]를 선택합니다.

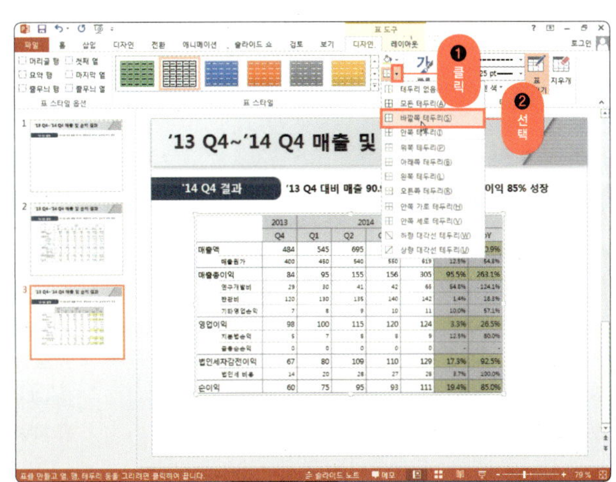

05 슬라이드의 빈 곳을 클릭하여 표 선택을 해제한 후 결과를 확인합니다.

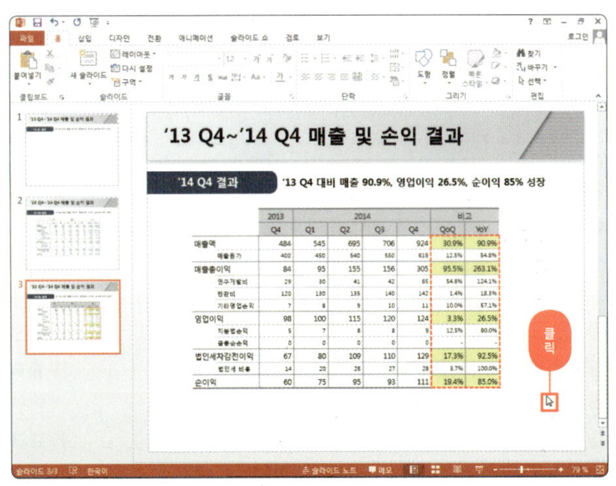

06 표에서 아무 셀이나 클릭하여 커서를 위치시킨 후 [홈] 탭에서 [정렬]을 클릭하고 [맞춤]에서 [가운데 맞춤]을 선택합니다. 슬라이드가 가운데로 이동합니다.

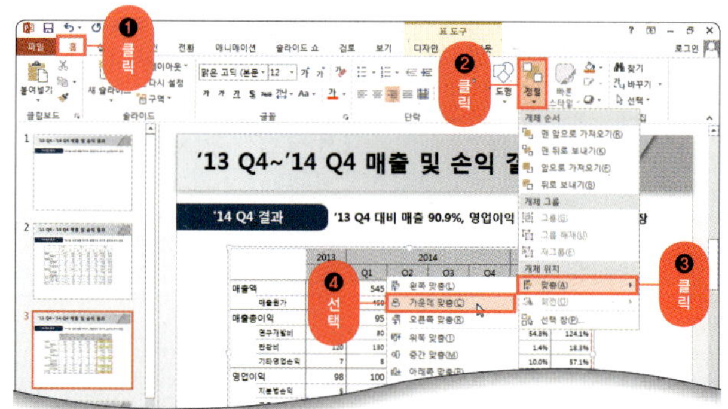

NOTE

[표 도구 – 디자인] 탭에서 제공하는 기능

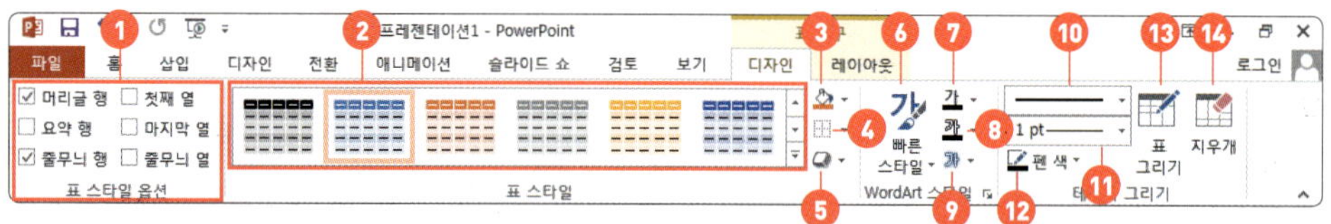

❶ **표 스타일 옵션**: 표 스타일에 적용한 스타일에 맞게 행과 열의 스타일 (채우기 색, 글꼴 색 등)을 설정해줍니다.

❷ **표 스타일**: 파워포인트에서 기본적으로 제공하는 표 서식입니다.

❸ **음영**: 선택된 셀에 색, 그라데이션, 그림 등을 넣을 수 있습니다.

❹ **테두리**: 설정된 펜 스타일, 펜 두께, 펜 색을 지정한 곳에 그립니다.

❺ **효과**: 선택된 셀에 입체 효과, 그림자, 반사 등의 특별한 효과를 적용합니다.

❻ **빠른 스타일**: 선택된 글자에 특별한 스타일을 적용합니다.

❼ **텍스트 채우기**: 선택된 글자에 색을 칠합니다.

❽ **텍스트 윤곽선**: 선택된 글자에 테두리를 설정합니다.

❾ **텍스트 효과**: 선택된 글자에 그림자, 반사, 네온 등의 특별한 효과를 적용합니다.

❿ **펜 스타일**: 실선, 점선 등 펜 스타일을 선택합니다.

⓫ **펜 두께**: 펜 두께를 설정합니다.

⓬ **펜 색**: 펜 색을 설정합니다.

⓭ **표 그리기**: 드래그하여 표를 만들거나, 표에서 경계선을 그릴 수 있습니다.

⓮ **지우개**: 드래그하여 표의 경계선을 지웁니다.

[표 도구 – 레이아웃] 탭에서 제공하는 기능

❶ **선택**: 커서가 있는 표, 행, 열을 선택합니다.

❷ **눈금선 보기**: 표에 눈금선을 표시해줍니다. 표의 특정 경계선이 숨겨져 있을 때 눈금선 보기를 선택하면 숨겨져 있는 선을 볼 수 있어 편집하기 편합니다.

❸ **삭제**: 커서가 있는 표, 행, 열을 삭제합니다.

❹ **행 및 열**: 행이나 열을 추가합니다.

❺ **셀 병합**: 선택된 두 개 이상의 셀을 하나로 합칩니다.

❻ **셀 분할**: 선택된 셀(들)을 지정한 행 및 열 개수만큼 분할합니다.

❼ **셀 크기**: 선택된 셀의 높이와 너비값을 지정합니다.

❽ **행 높이를 같게**: 선택된 행의 높이를 똑같이 만듭니다.

❾ **열 너비를 같게**: 선택된 열의 너비를 똑같이 만듭니다.

❿ **왼쪽 맞춤/가운데 맞춤/오른쪽 맞춤**: 셀에서 글자의 좌우 위치를 조정합니다.

⓫ **위쪽 맞춤/세로 가운데 맞춤/아래쪽 맞춤**: 셀에서 글자의 상하 위치를 조정합니다.

⓬ **텍스트 방향**: 셀에 입력된 텍스트의 방향을 조정합니다.

⓭ **셀 여백**: 셀 여백을 설정합니다. 사용자가 직접 여백을 조정하고 싶다면 [사용자 지정 여백]을 선택합니다.

⓮ **표 크기**: 표 전체의 높이와 너비를 설정합니다. 높이와 너비 비율을 일정하게 유지하고 싶다면 [가로 세로 비율 고정]을 선택합니다.

⓯ **정렬**: 표의 순서나 위치를 조정할 수 있습니다.

05

강조를 위한
빨간색 점선 도형을 만들어 보자!

P O W E R P O I N T   K N O W H O W

우리는 앞에서 표의 셀 테두리를 점선으로 만들어 셀 내용을 강조하는 방법을 배웠는데 테두리에 꼭 맞게 점선의 직사각형을 만들어 배치하는 것도 좋은 방법입니다. 애니메이션을 적용하거나 여러 셀을 강조할 때 좀 더 편하게 작업할 수 있기 때문입니다.

● **실습 파일**: 부록 CD/테마04/테마04.pptx 4번 슬라이드 | **결과 파일**: 부록 CD/테마04/테마04(결과).pptx 4번 슬라이드

STEP 01 | 직사각형 그리기

01 [홈] 탭의 [그리기] 영역에서 [직사각형]□을 클릭합니다.

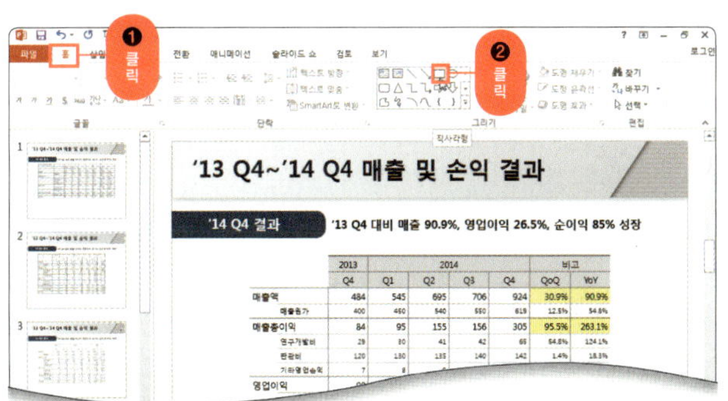

02 슬라이드에서 드래그하여 직사각형을 만듭니다. 필요한 경우 [그리기 도구-서식] 탭에서 직사각형의 [높이]와 [너비]를 변경합니다.

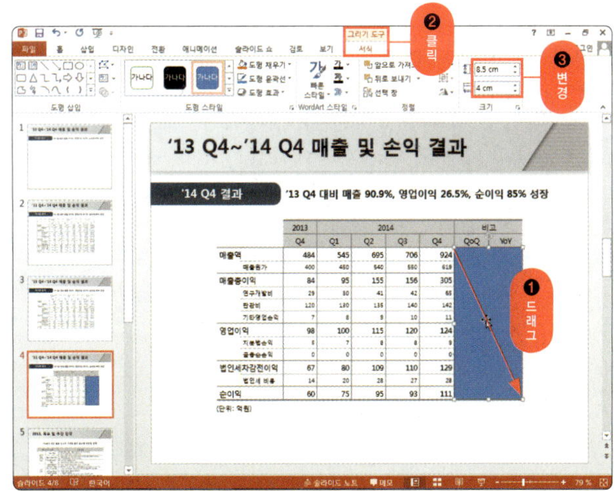

STEP 02 | 서식 변경하기

01 [홈] 탭에서 [도형 채우기] 메뉴 도형 채우기 를 연 후 [채우기 없음]을 선택합니다.

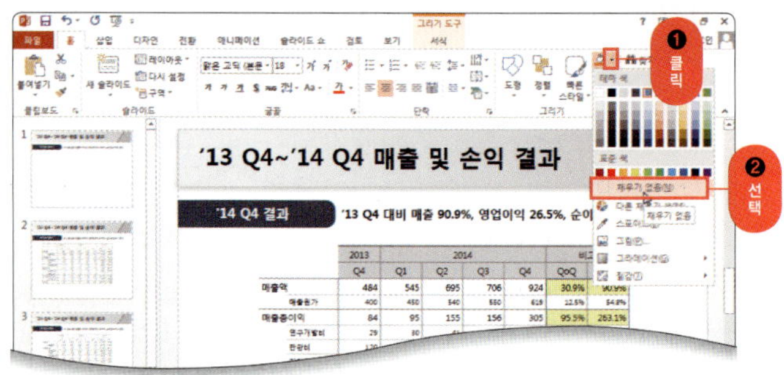

02 [도형 윤곽선] 메뉴 도형 윤곽선 를 연 후 [표준 색]에서 [빨강]을 선택합니다.

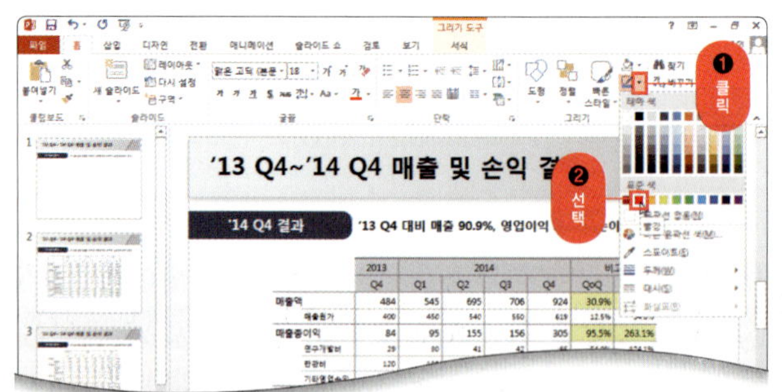

03 다시 [도형 윤곽선] 메뉴 도형 윤곽선 를 연 후 [두께]에서 [2 1/4pt]를 선택합니다.

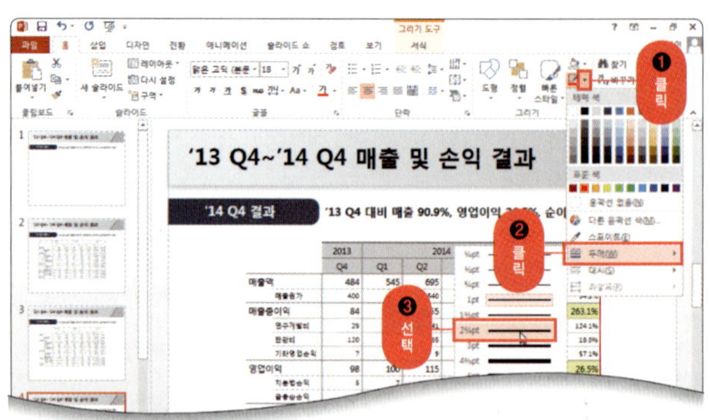

04 다시 [도형 윤곽선] 메뉴 도형 윤곽선 를 연 후 [대시]에서 [사각 점선]을 선택합니다.

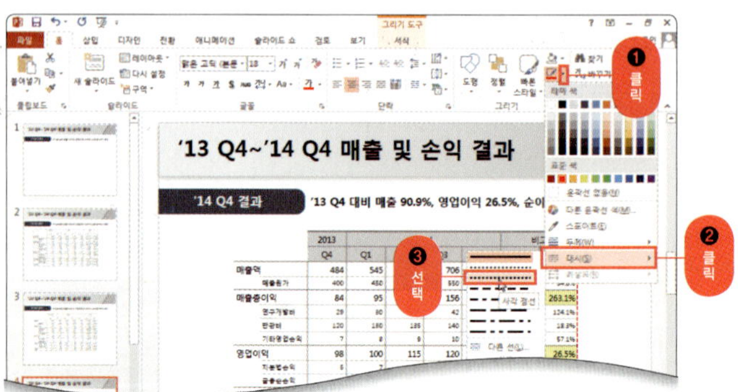

06

표에서 글머리 기호를 설정해보자!

P O W E R P O I N T   K N O W H O W

표에 많은 내용을 입력했을 때 글머리 기호를 설정하는 경우가 종종 있습니다. 우리가 테마 2의 글머리 기호 편에서 배웠던 것처럼 표에서도 글머리 기호를 설정할 수 있으며, 글머리 기호와 텍스트의 시작 위치를 변경할 수 있습니다. 또한 완성된 글머리 기호의 서식을 복사해 다른 텍스트에 붙여 넣을 수 있습니다. 표에서 글머리 기호를 다루는 방법에 대해 알아보겠습니다.

● **실습 파일**: 부록 CD/테마04/테마04.pptx 5번 슬라이드 | **결과 파일**: 부록 CD/테마04/테마04(결과).pptx 5번 슬라이드

STEP 01 | 첫째 수준의 글머리 기호 설정하기

01 5번 슬라이드의 표에서 [기능별 모듈화, 활용별 템플릿화] 단락을 클릭하여 커서를 위치시킵니다. [홈] 탭에서 [글머리 기호] 메뉴를 연 후 [글머리 기호 및 번호 매기기]를 선택합니다.

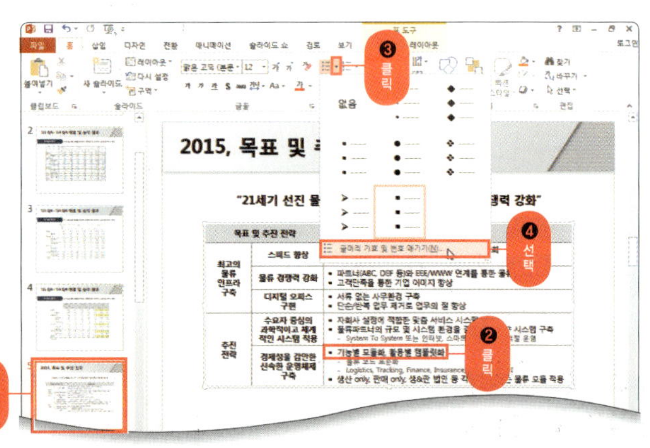

02 [사용자 지정]을 클릭합니다.

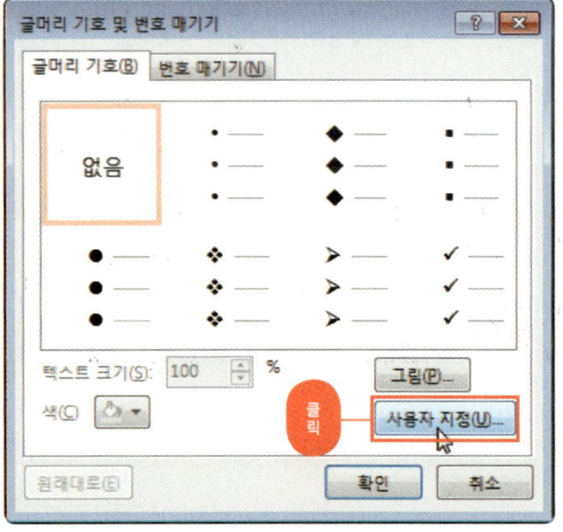

03 [기호] 대화상자에서 [글꼴] 메뉴를 연 후 [Wingdings 2]를 선택합니다.

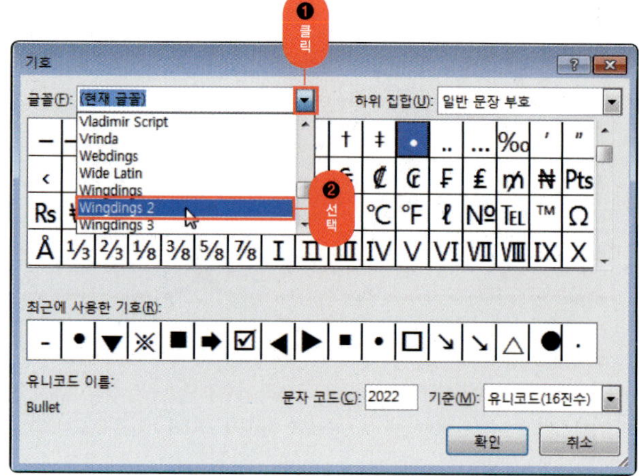

04 기호 중에서 정사각형을 선택한 후 [확인] 버튼을 클릭합니다.

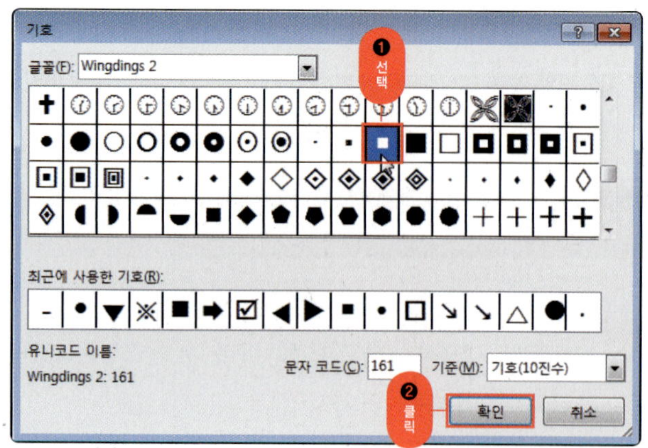

05 [텍스트 크기]를 [90%]로 조정하고 [확인] 버튼을 클릭합니다. 설정한 대로 글머리 기호가 표시됩니다.

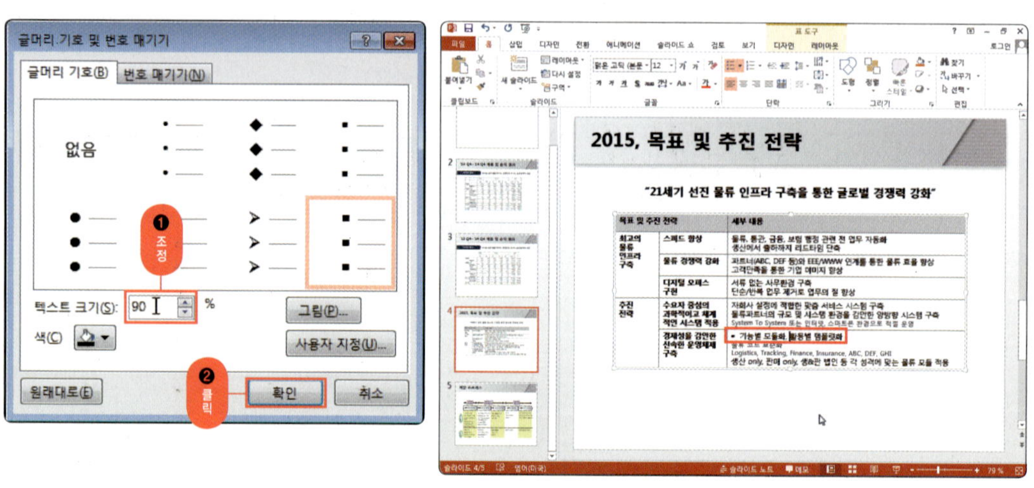

STEP 02 | 첫째 수준의 단락 간격 조정하기

01 [홈] 탭의 [단락] 영역에서 [대화상자 표시] 버튼 을 클릭합니다.

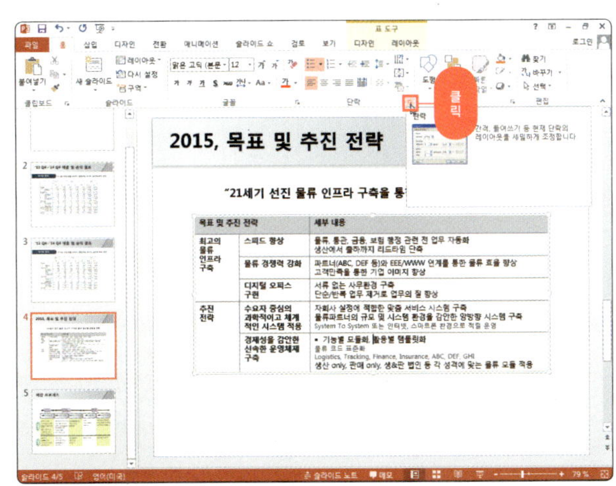

02 [들여쓰기]에서 [텍스트 앞]과 [첫 줄, 내어쓰기, 값]을 [0.5cm]로 변경한 후 [확인] 버튼을 클릭합니다.

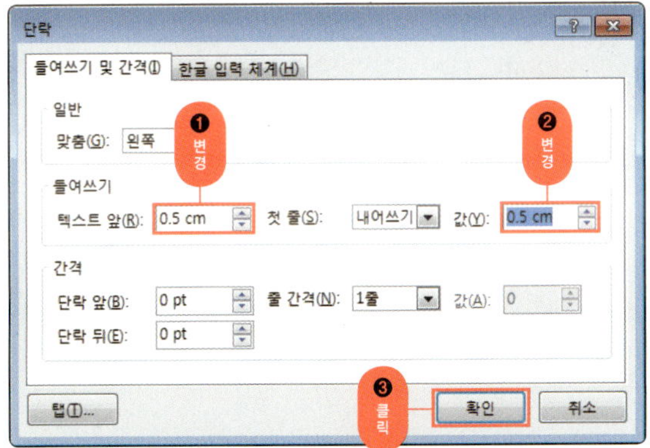

03 지정한 대로 글머리 기호와 텍스트의 시작 위치가 조정되었습니다.

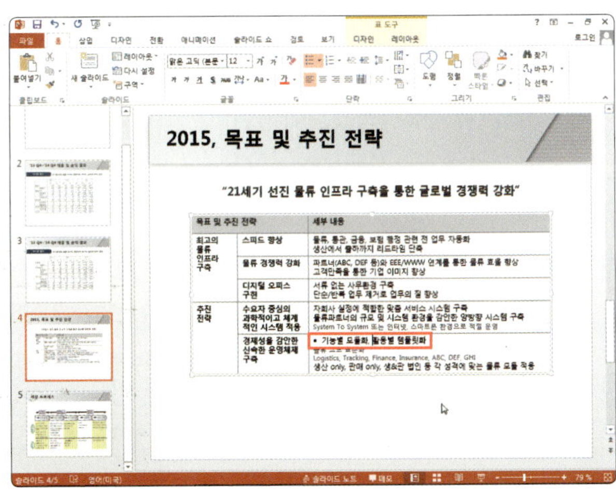

STEP 03 | 둘째 수준의 글머리 기호 설정하기

01 바로 밑에 있는 두 단락을 선택합니다. [글머리 기호] 메뉴를 연 후 [글머리 기호 및 번호 매기기]를 선택합니다.

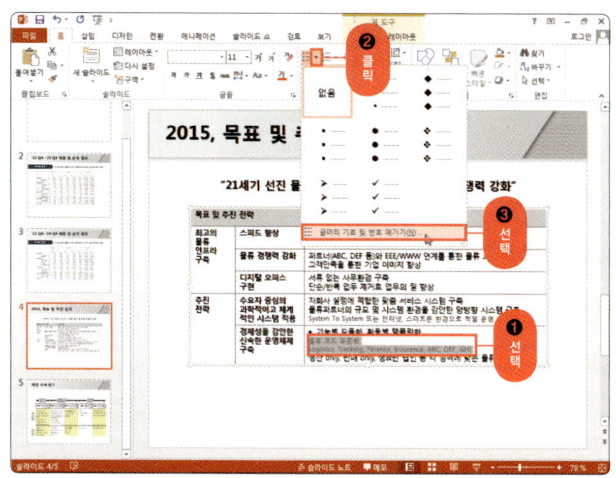

02 [사용자 지정]을 클릭합니다.

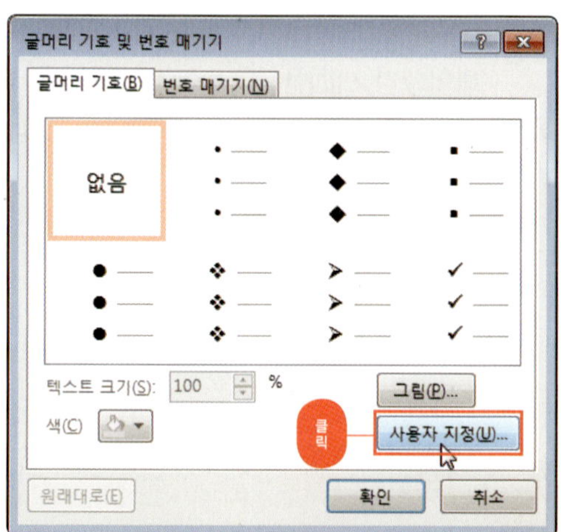

03 [기호] 대화상자에서 [하위 집합] 메뉴를 연 후 [기본 라틴 문자]를 선택합니다.

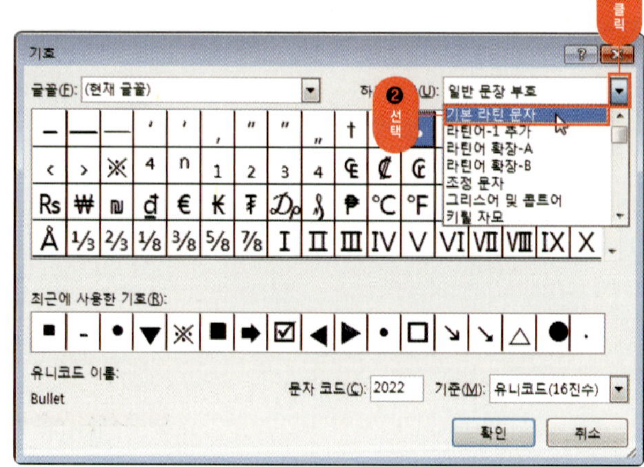

04 옆 줄(–) 기호를 선택한 후 [확인] 버튼을 클릭합니다.

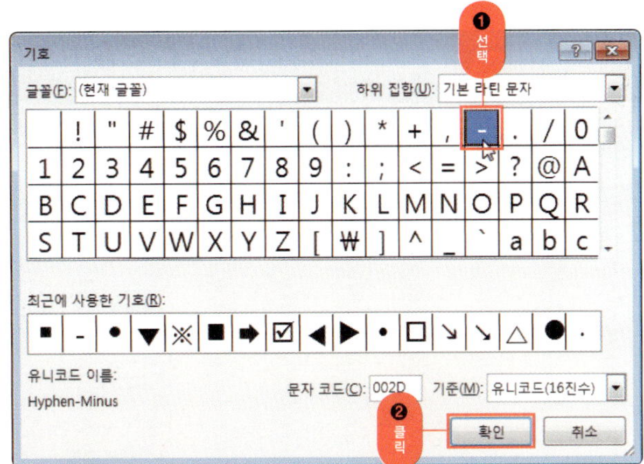

05 [확인] 버튼을 클릭합니다.

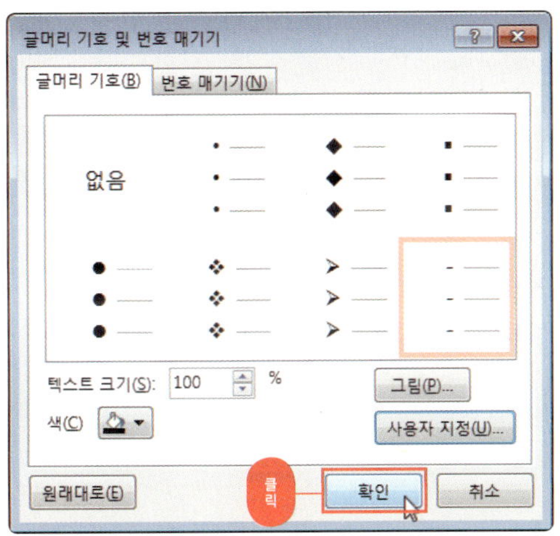

선택한 단락에 옆 줄 글머리 기호가 설정됩니다.

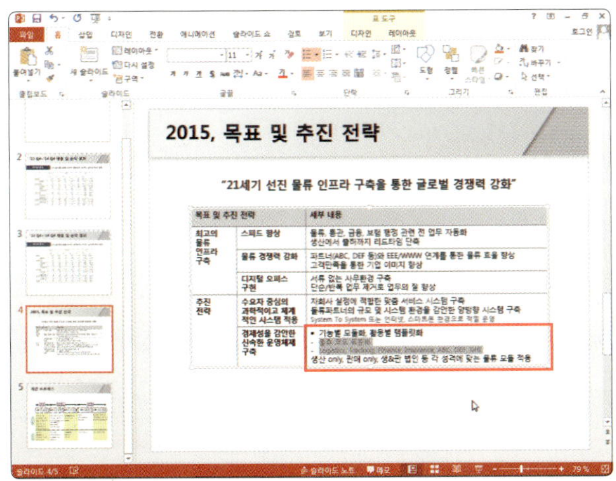

STEP 04 | 둘째 수준의 단락 간격 조정하기

01 [홈] 탭의 [단락] 영역에서 [대화상자 표시] 버튼 █을 클릭합니다.

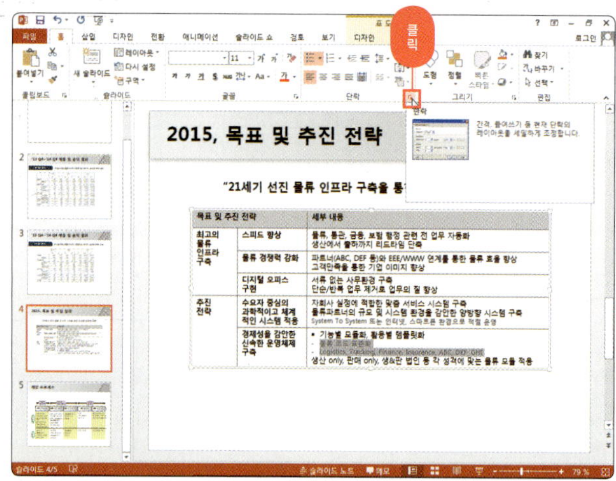

02 [들여쓰기]에서 [텍스트 앞]을 [1cm]로, [첫 줄, 내어쓰기, 값]을 [0.5cm]로 변경한 후 [확인] 버튼을 클릭합니다. 선택된 단락의 글머리 기호와 텍스트의 시작 위치가 조정됩니다.

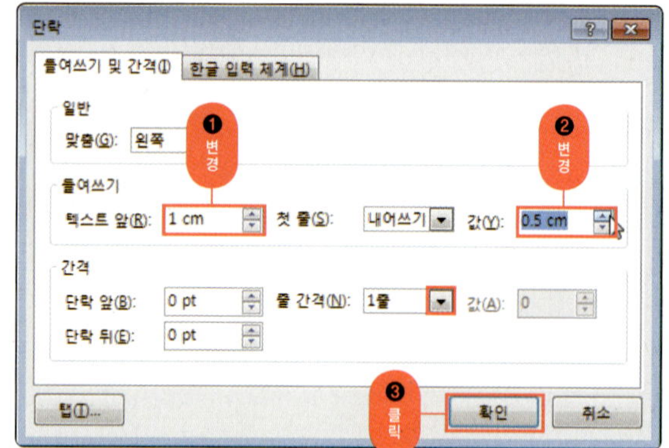

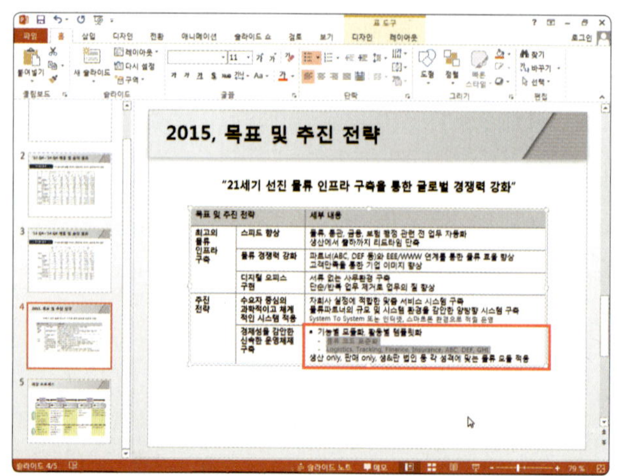

STEP 05 | 글머리 기호 서식 복사하기

01 앞에서 글머리 기호를 설정한 [기능별 모듈화, 활용별 템플릿화] 단락 전체를 선택한 후 `Ctrl` + `Shift` + `C`를 눌러 서식을 복사합니다.

N O T E

단락 전체를 빠르게 선택하는 방법

단락에 있는 아무 글자나 세 번 연속 클릭합니다.

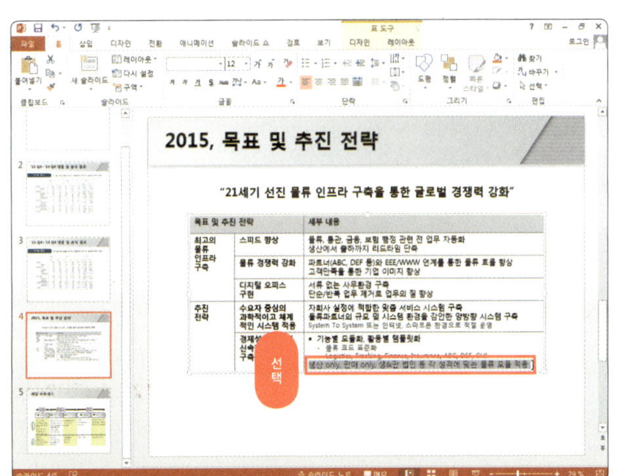

02 맨 아래에 있는 단락 전체를 선택합니다.

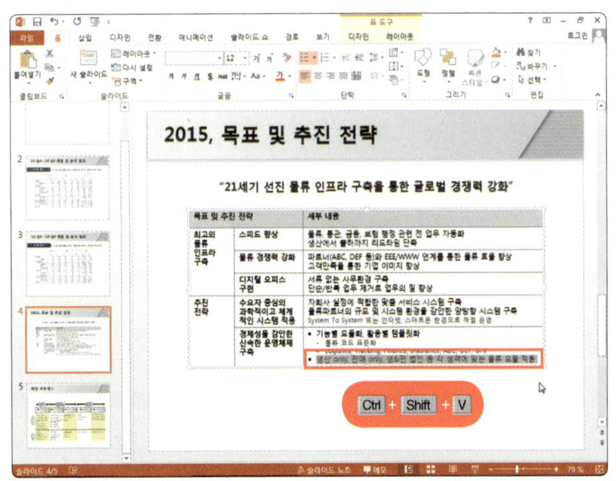

03 `Ctrl` + `Shift` + `V`를 누릅니다. 앞에서 복사한 서식이 붙여 넣어집니다.

04 바로 위에 있는 셀의 두 줄을 선택합니다.

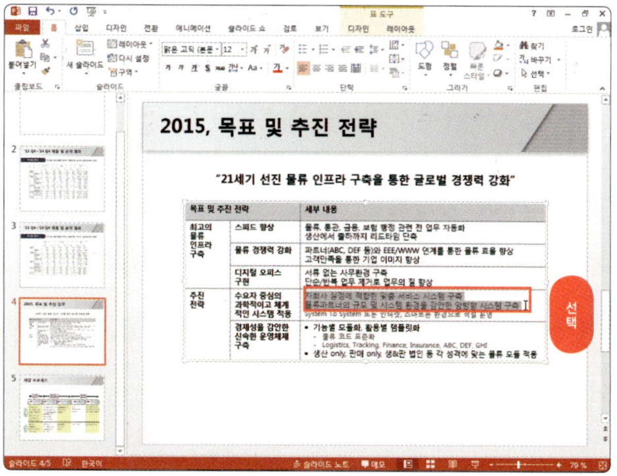

05 Ctrl + Shift + V 를 누릅니다. 앞에서 복사한 서식이 붙여 넣어집니다.

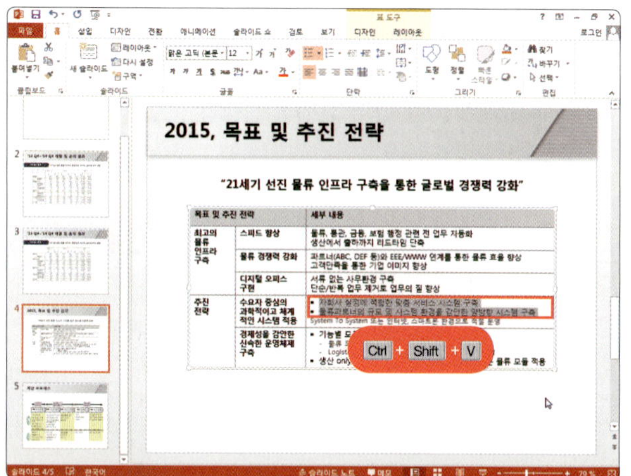

06 위쪽의 세 셀을 선택합니다.

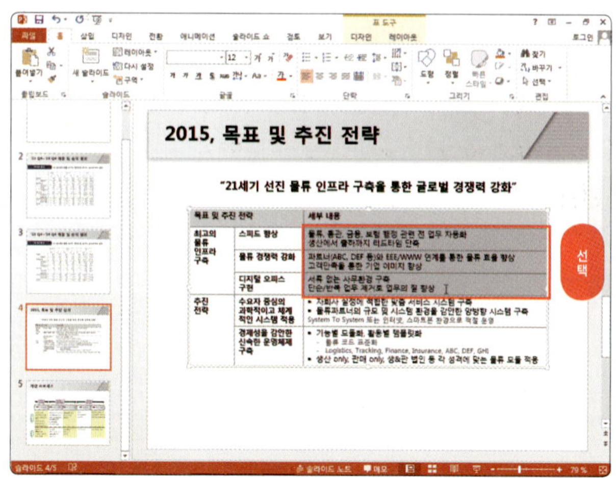

07 Ctrl + Shift + V 를 누릅니다. 앞에서 복사한 서식이 붙여 넣어집니다.

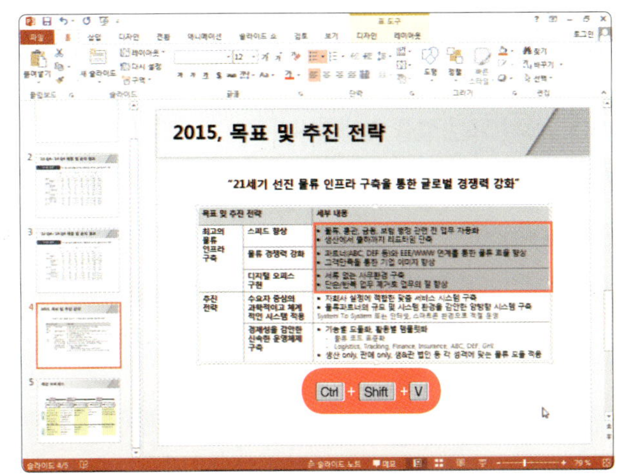

08 맨 아래 셀에서 글머리 기호를 설정한 [물류 코드 표준화] 단락 전체를 선택한 후 Ctrl + Shift + C 를 눌러 서식을 복사합니다.

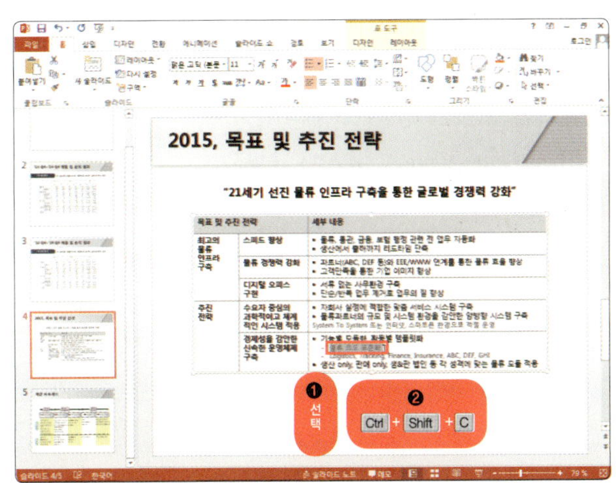

09 바로 위의 셀의 마지막 문장인 [System To System…] 단락 전체를 선택한 후 Ctrl + Shift + V 를 누릅니다. 앞에서 복사한 서식이 붙여 넣어집니다.

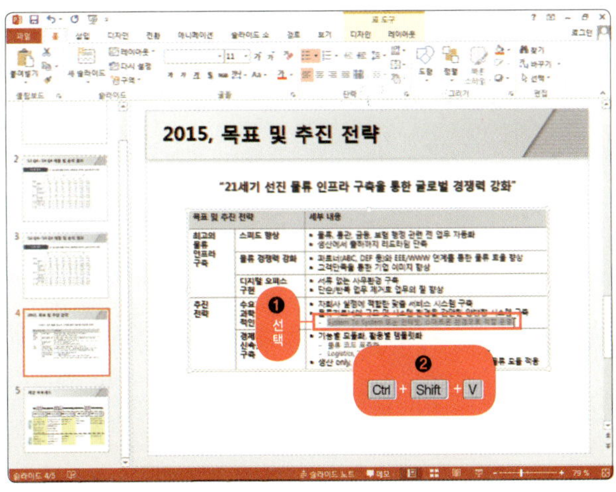

STEP 06 | 셀에서 텍스트 위치 조정해 완성하기

01 표의 모든 셀을 선택합니다.

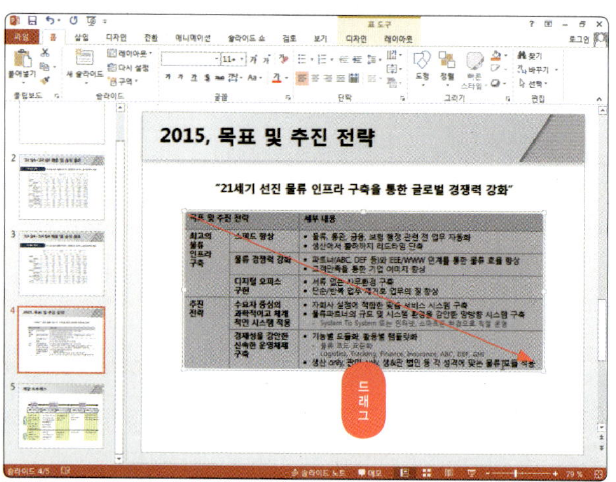

02 [표 도구-레이아웃] 탭의 [정렬] 영역에서 [세로 가운데 맞춤] 을 클릭합니다.

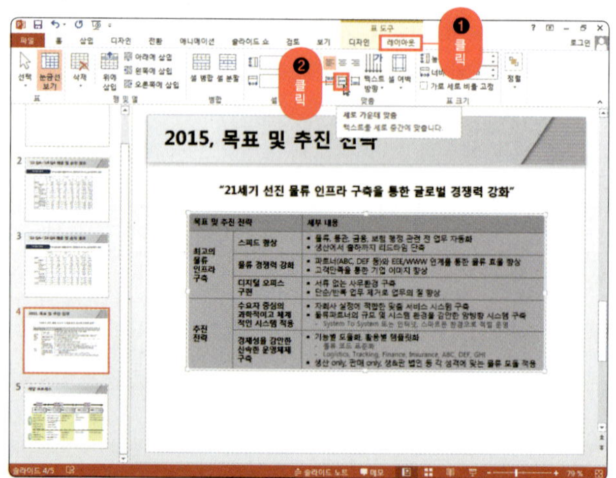

03 맨 위 줄을 선택합니다.

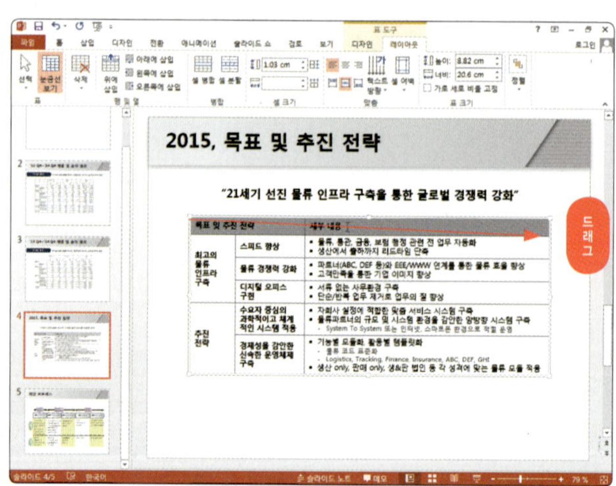

04 [가운데 맞춤] 버튼 ☰을 클릭합니다.

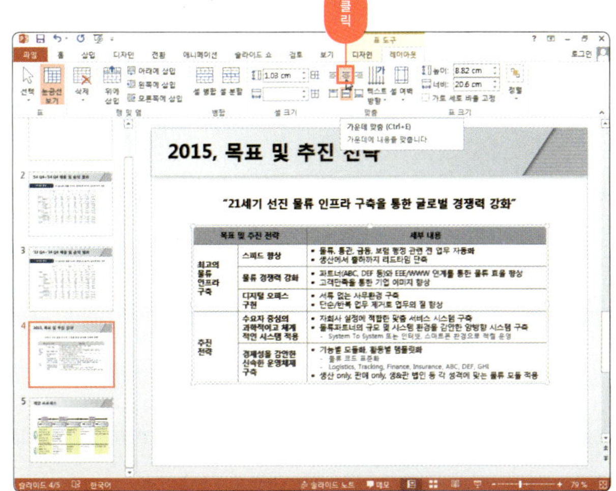

05 왼쪽의 두 칸을 선택합니다.

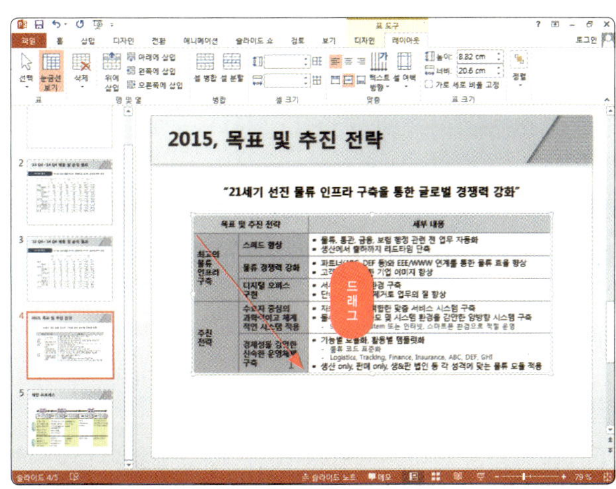

06 [가운데 맞춤] 버튼 ☰을 클릭합니다.

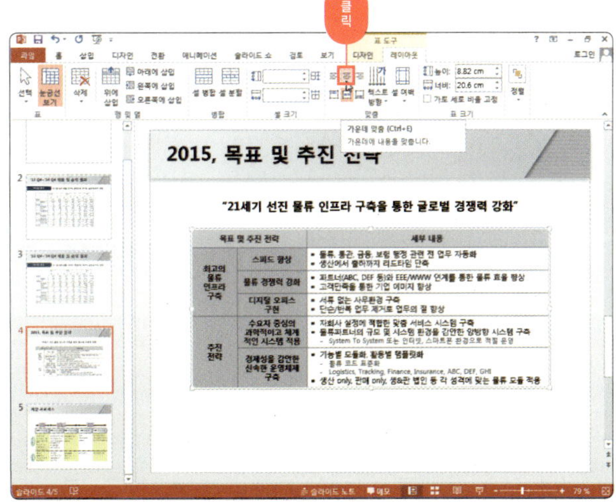

07

엑셀과 파워포인트를 연결해보자!

여러분이 형식이 일정한 엑셀 데이터를 가지고 있고, 그 엑셀 데이터가 업데이트될 때마다 파워포인트에서 기존 자료는 지우고 업데이트 된 엑셀 데이터를 복사하는 작업을 반복해왔다면 이번 레슨이 유용할 것입니다. 이번 레슨에서는 엑셀과 파워포인트를 연결해 사용하는 방법에 대해 알아보겠습니다.

- **실습 파일**: 부록 CD/테마04/테마04.pptx 6번 슬라이드, 기본 자료.xlsx
  결과 파일: 부록 CD/테마04/테마04(결과).pptx 6번 슬라이드

STEP 01 | 연결하기

01 [기본 자료.xlsx] 파일에서 두 번째 탭(엑셀과 파워포인트 연결)을 연 후 그림과 같이 셀을 선택하고 Ctrl + C 를 눌러 복사합니다.

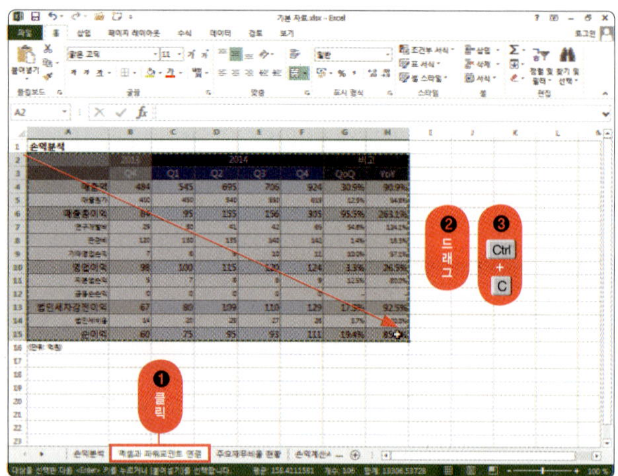

02 파워포인트로 전환한 후 6번 슬라이드를 클릭하고 [홈] 탭에서 [붙여 넣기] 메뉴를 연 다음 [선택하여 붙여 넣기]를 선택합니다.

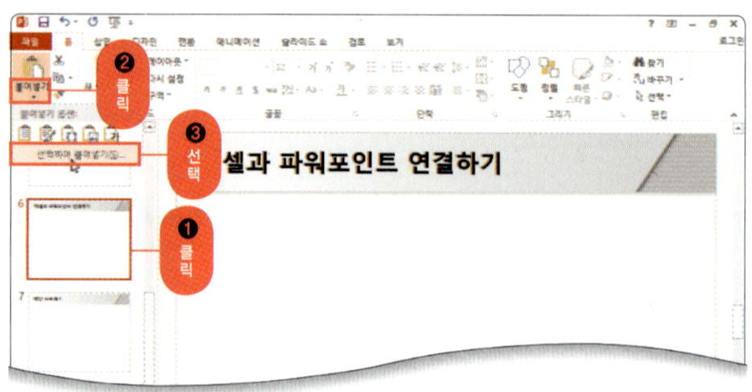

03 [선택하여 붙여 넣기] 대화상자에서 [연결하여 붙여 넣기]를 선택한 후 [Microsoft Office Excel 워크시트 개체]가 선택되어 있음을 확인하고 [확인] 버튼을 클릭합니다.

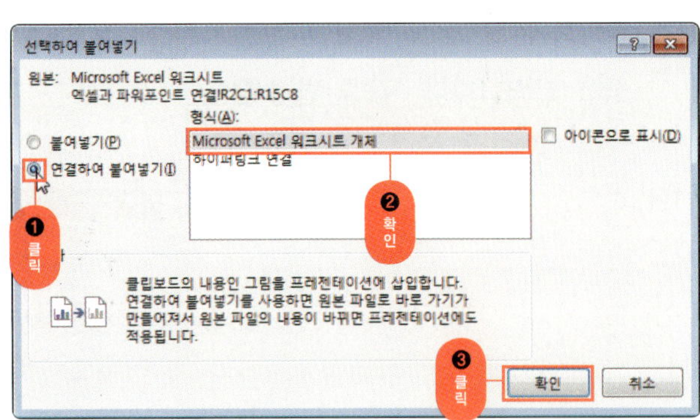

04 앞에서 복사했던 엑셀 데이터가 파워포인트에 연결된 상태로 붙여 넣어집니다. 필요한 경우 붙여 넣은 표의 크기와 위치를 조정합니다.

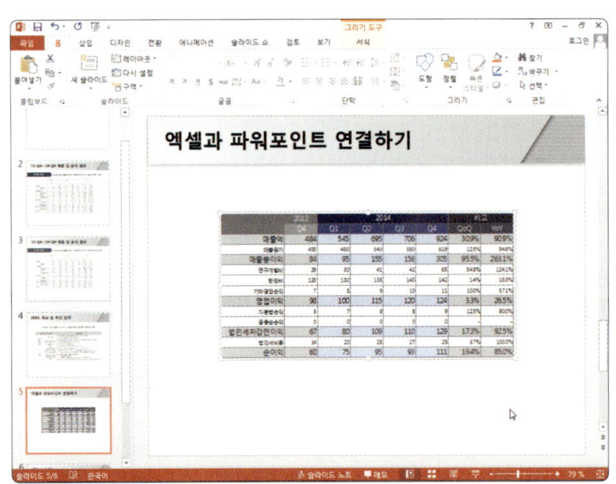

STEP 02 | 연결된 데이터 수정하기

01 데이터를 수정하고 싶다면 파워포인트에서 엑셀 시트를 더블 클릭합니다.

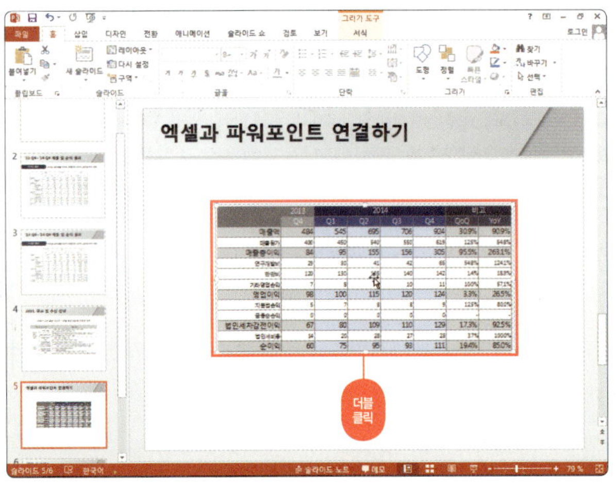

02 연결된 엑셀 파일이 열리면 특정 셀을 클릭합니다. 값을 변경(예 1000)하고 Enter 를 눌러 값을 확정합니다.

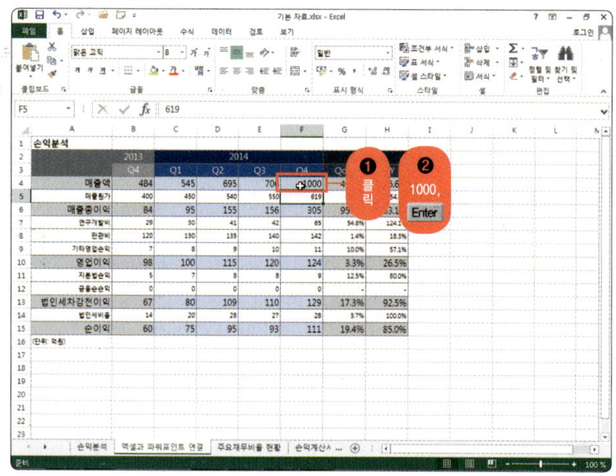

03 파워포인트로 전환하면 값이 업데이트된 것을 확인할 수 있습니다.

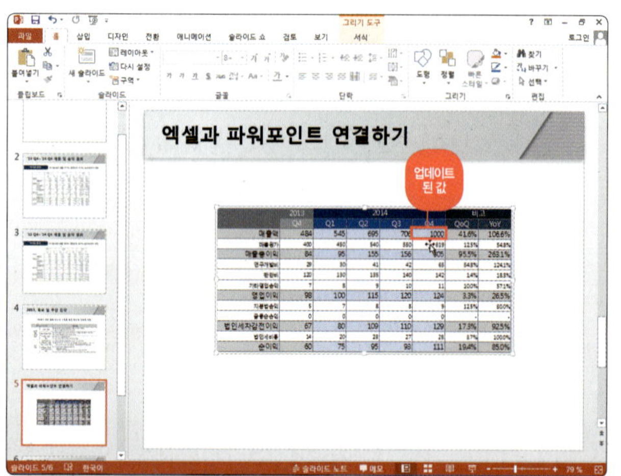

NOTE

엑셀만 실행해서 수정한 내용을 나중에 파워포인트에서 업데이트할 수 있습니다. 만약, 파워포인트를 실행하지 않고 엑셀 파일을 열어 내용을 수정하고 저장했다면, 나중에 파워포인트를 열었을 때 연결을 업데이트할 것인지를 묻는 창이 표시됩니다. [연결 업데이트] 버튼을 클릭하면 수정한 내용이 업데이트됩니다.

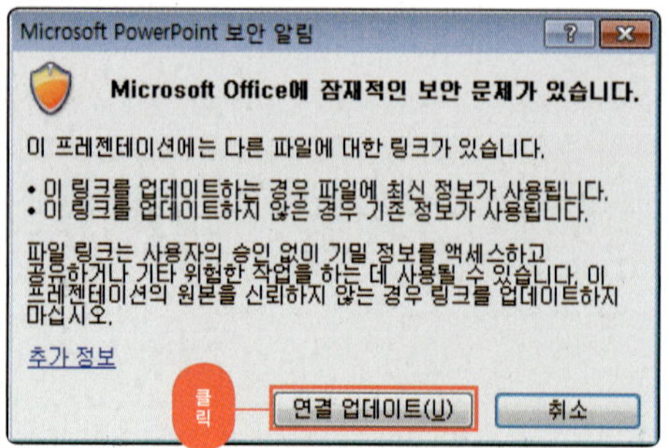

STEP 03 | 연결 끊기

01 파워포인트에서 [파일]을 클릭합니다.

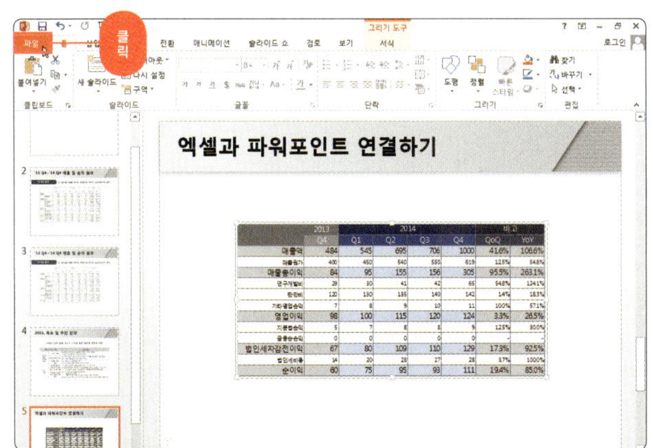

02 [파일 연결 편집]을 클릭합니다.

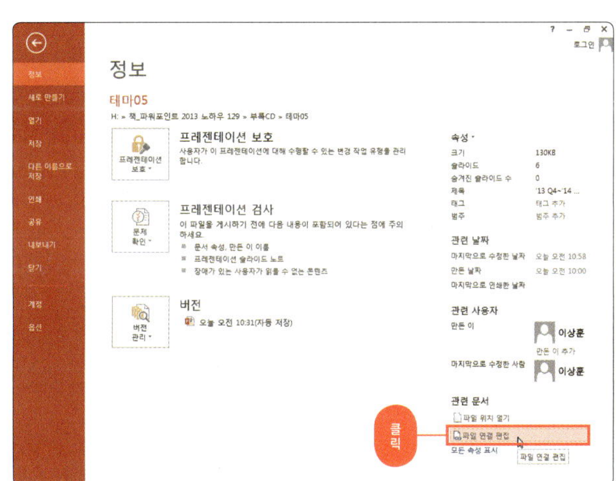

03 [연결] 대화상자에서 연결 항목을 선택한 후 [연결 끊기] 버튼을 클릭합니다.

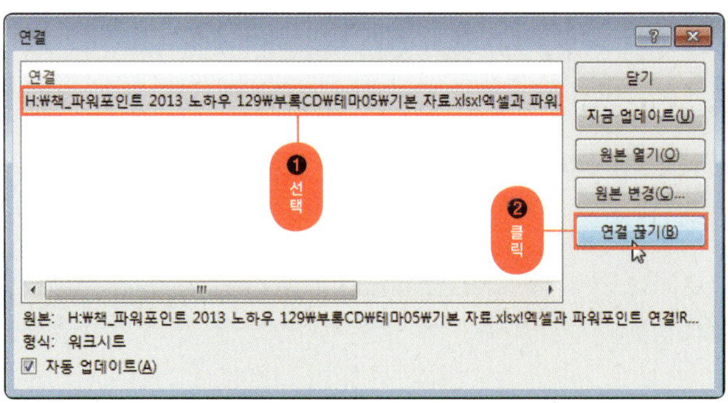

04 [닫기] 버튼을 클릭합니다.

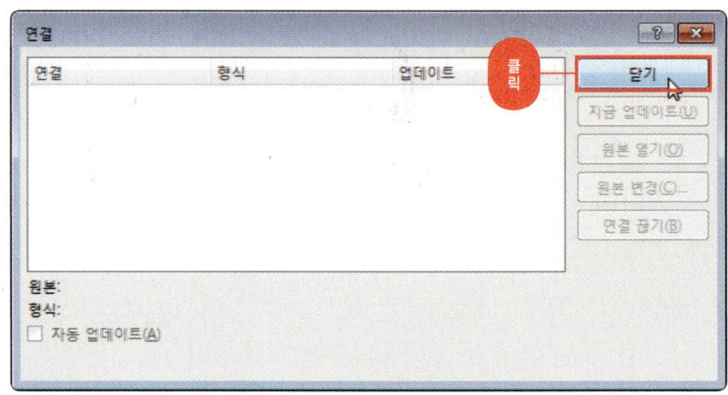

05 Esc 를 눌러 [파일] 메뉴를 닫습니다.

연결이 끊어진 개체는 그림으로 변환됩니다. 같은 방법으로 엑셀, 워드, 파워포인트 간에 표, 차트 등의 개체를 연결 또는 연결 해제할 수 있습니다.

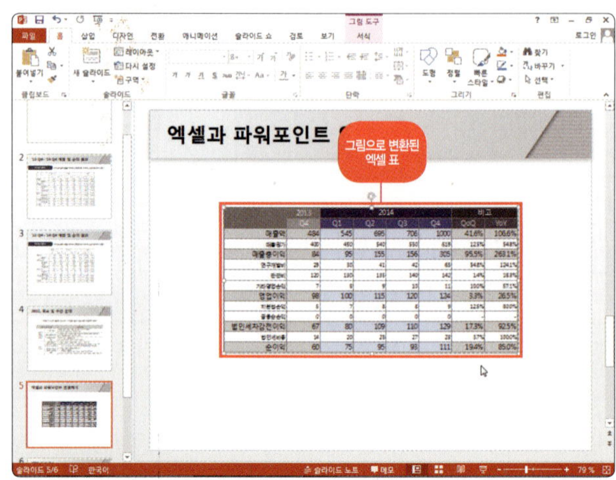

08

도형으로
표를 만들어 보자!

P O W E R P O I N T   K N O W H O W

도형으로 표를 만들 수 있게 되면 배치를 자유롭게 할 수 있으며, 애니메이션을 적용할 때 유용합니다. 문제는 크기나 간격 등을 정확하게 조정하기가 힘들다는 것입니다. 이번 레슨에서는 도형으로 정확하게 표를 만드는 방법에 대해 알아보겠습니다.

- **실습 파일**: 부록 CD/테마04/테마04.pptx 7, 8번 슬라이드
  결과 파일: 부록 CD/테마04/테마04(결과).pptx 7, 8번 슬라이드

STEP 01 | 기본 틀 만들기

01 7번 슬라이드를 선택한 후 [홈] 탭에서 [직사각형]□을 선택합니다.

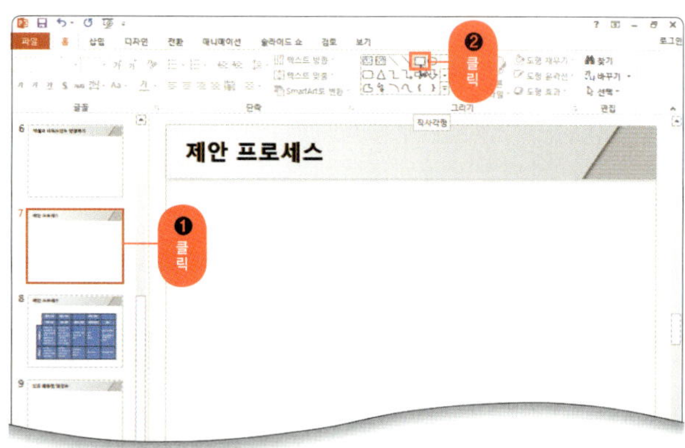

02 슬라이드에서 드래그하여 직사각형을 만듭니다.

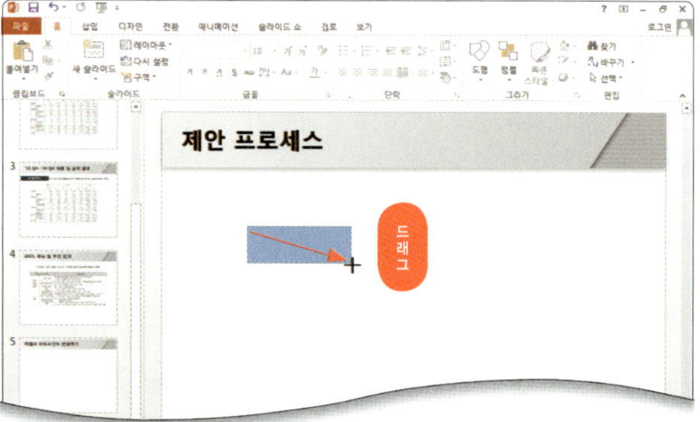

03 [그리기 도구-서식] 탭의 [크기] 영역에서 [높이]를 [1.6cm], [너비]를 [4cm]로 변경합니다.

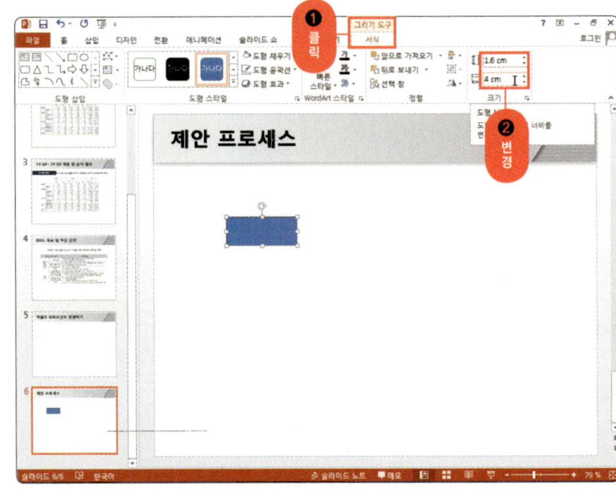

STEP 02 | 수평 복제하기

01 Ctrl + Shift 를 누른 상태에서 직사각형을 오른쪽으로 드래그하여 수평 복제합니다.

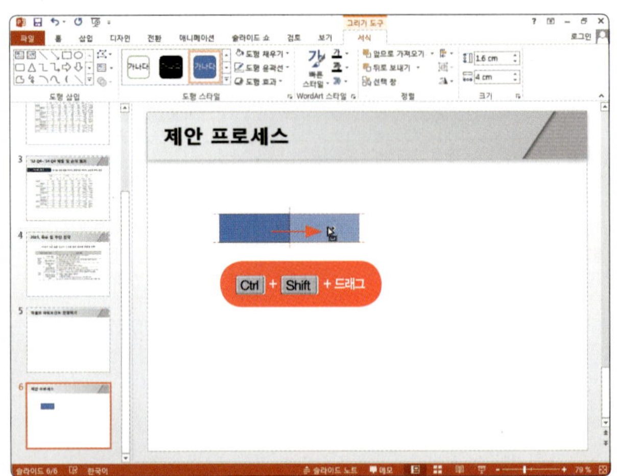

02 같은 방법으로 세 번 더 수평 복제합니다.

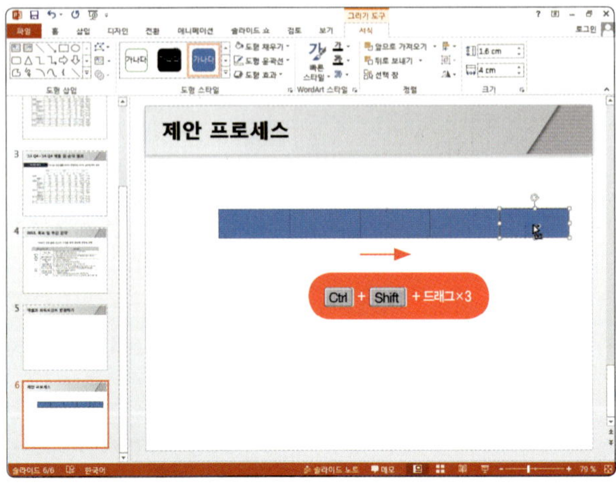

STEP 03 | 정렬 및 이동하기

01 다섯 개의 직사각형을 모두 선택합니다.

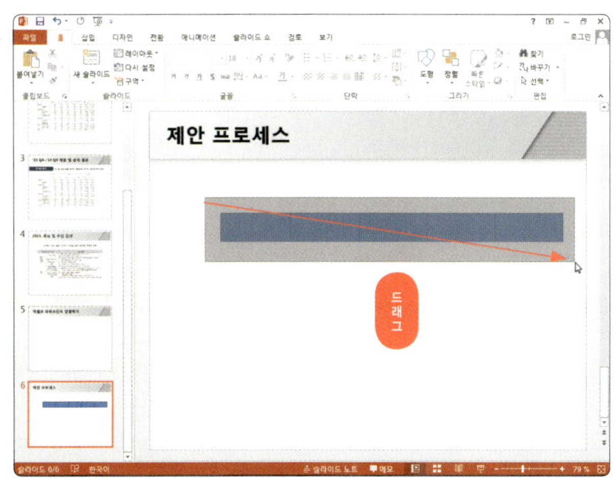

02 [홈] 탭에서 [정렬]을 클릭한 후 [맞춤]에서 [중간 맞춤]을 선택합니다.

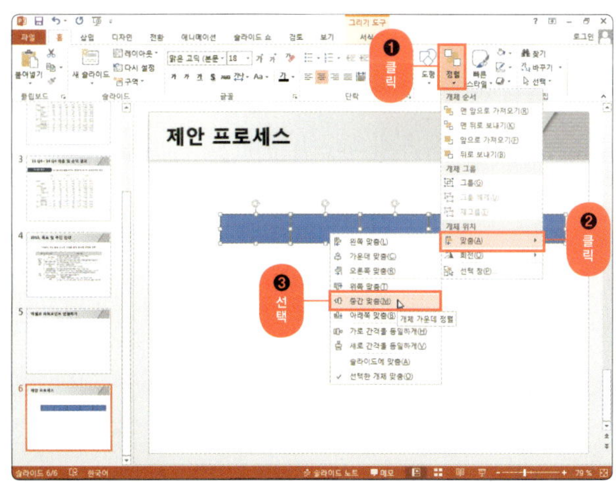

03 다시 [정렬]을 클릭한 후 [맞춤]에서 [가로 간격을 동일하게]를 선택합니다.

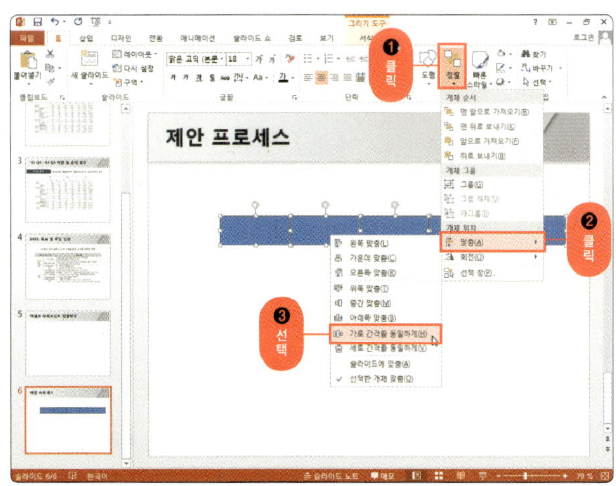

04 필요한 경우 방향키를 눌러 다섯 개의 도형을 적당한 곳으로 이동 합니다.

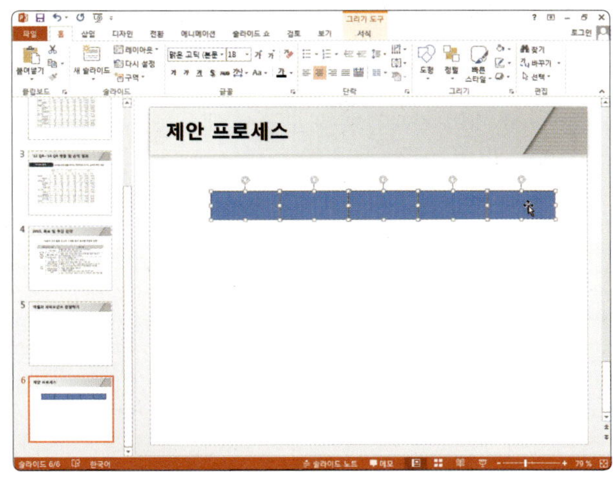

STEP 04 | 복제하고 크기 조정하기

01 Ctrl + Shift 를 누른 상태에서 선택된 다섯 개의 직사각형 중 아무것이나 아래로 드래그하여 수직 복제합니다.

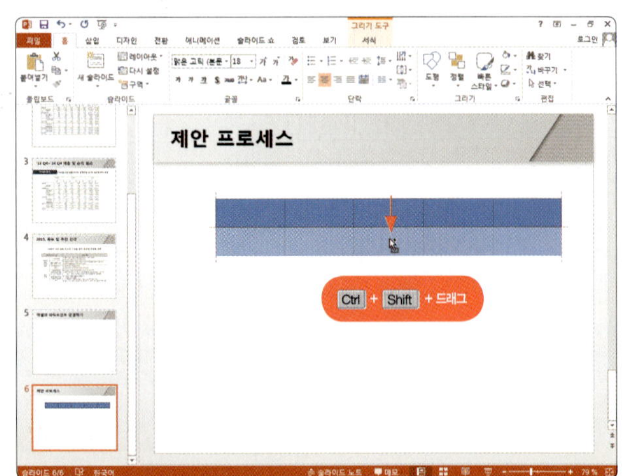

02 여전히 Ctrl + Shift 를 누른 상태에서 방금 복제한 다섯 개의 직사각형 중 아무것이나 아래로 드래그하여 수직 복제합니다.

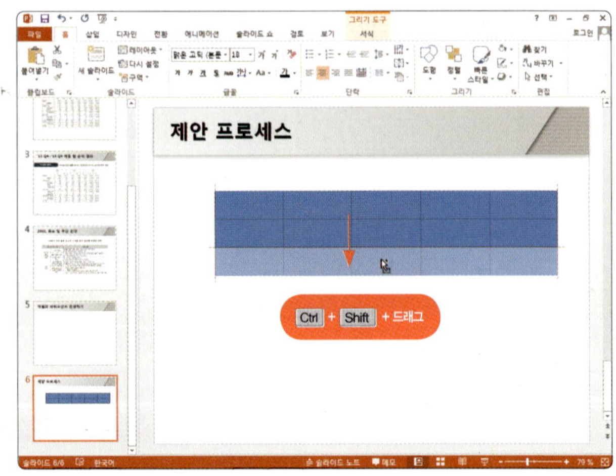

03 [그리기 도구—서식] 탭에서 [높이]를 [5.6cm]로 변경합니다.

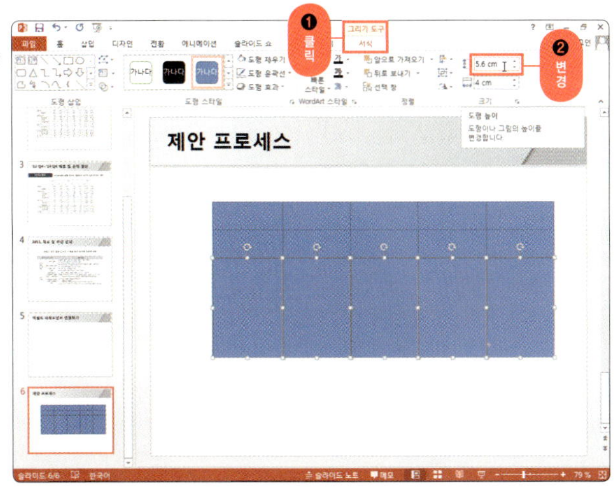

04 Ctrl + Shift 를 누른 상태에서 선택된 다섯 개의 직사각형 중 아무것이나 아래로 드래그하여 수직 복제합니다.

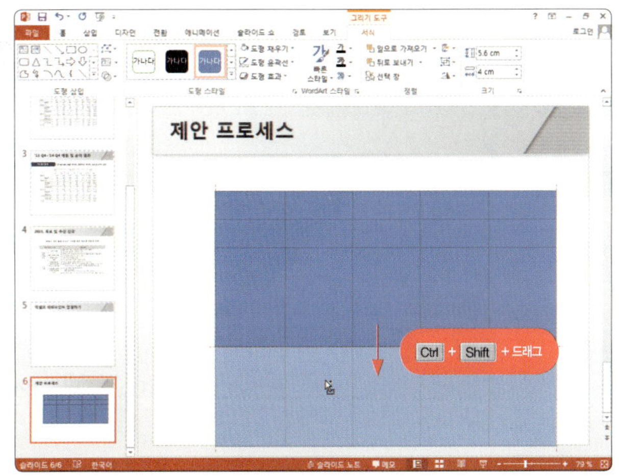

05 [그리기 도구—서식] 탭에서 [높이]를 [3.6cm]로 변경합니다.

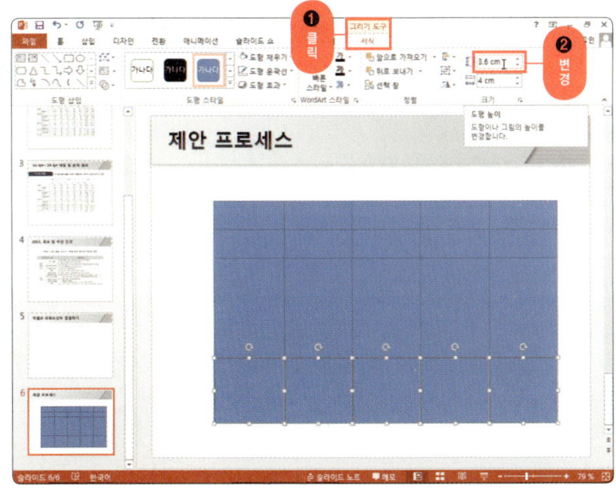

06 Esc를 눌러 선택을 해제하고 왼쪽에 있는 두 개의 직사각형을 선택합니다.

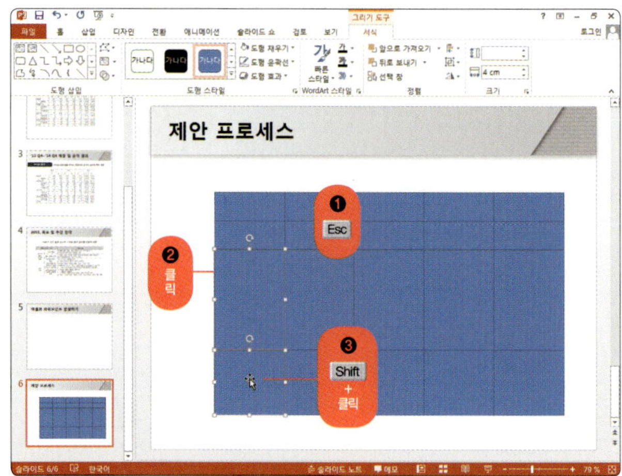

07 Ctrl + Shift 를 누른 상태에서 선택된 두 개의 직사각형 중 아무것이나 왼쪽으로 드래그하여 수평 복제합니다.

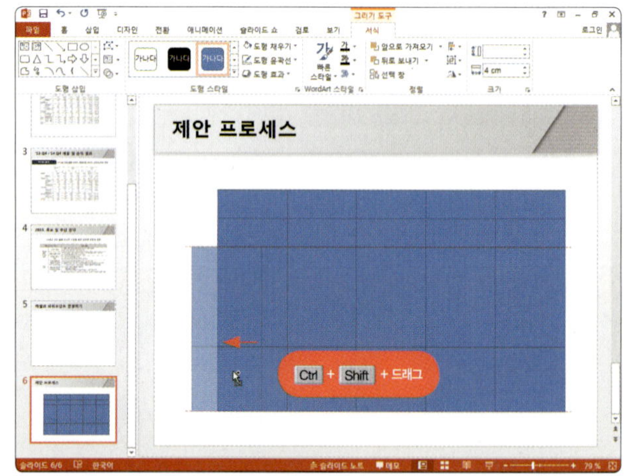

08 [그리기 도구-서식] 탭에서 [너비]를 [1.6cm]로 변경합니다.

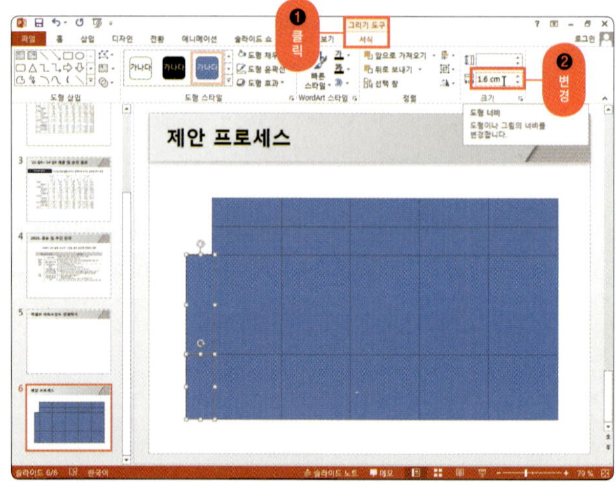

09 선택된 두 개의 도형 중에서 아무 것이나 왼쪽 또는 오른쪽으로 드래그하여 이동합니다.

N O T E

수평/수직 이동하기

`Shift` 를 누른 상태에서 개체를 드래그하면 수평이나 수직으로 이동할 수 있습니다.

STEP 05 | 보기 좋게 서식 변경하기

01 [테마04.pptx]의 8번 슬라이드에서 맨 윗줄의 글자가 입력되지 않은 직사각형을 선택한 후 `Shift` 를 누른 상태에서 맨 오른쪽에 있는 역시 글자가 입력되어 있지 않은 직사각형을 클릭하여 선택합니다.

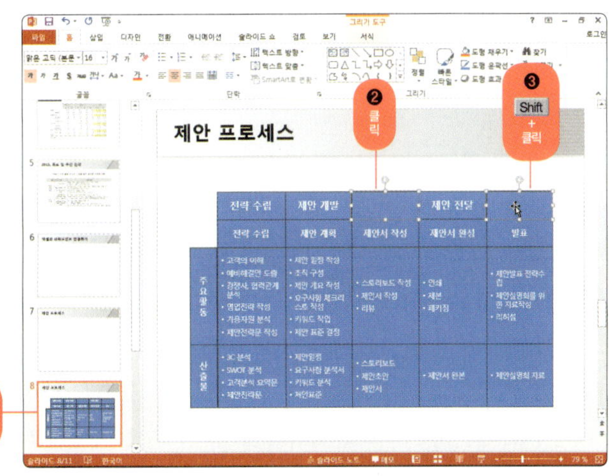

02 `Delete` 를 눌러 선택한 두 직사각형을 지웁니다.

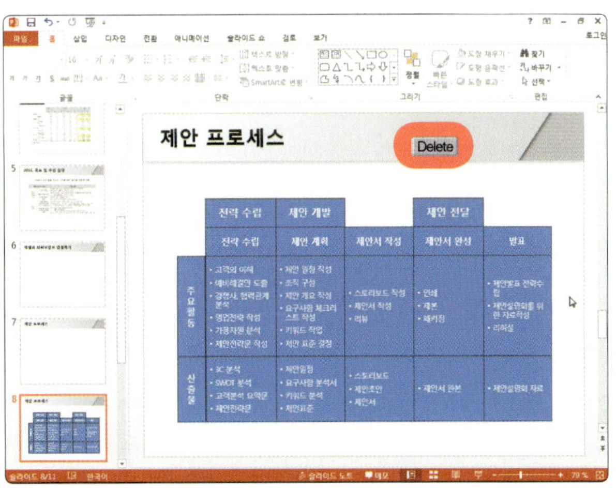

03 '제안 개발' 도형을 선택한 후 Shift 를 누른 상태에서 [제안 전달] 도형을 클릭하여 두 도형을 선택합니다.

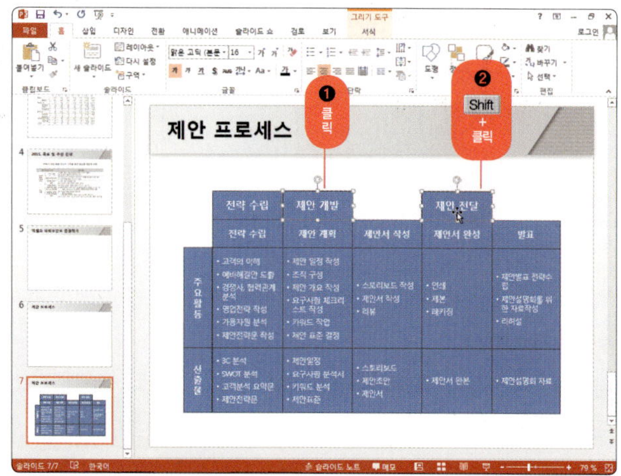

04 선택된 도형 중에서 아무것이나 오른쪽 가장자리에 표시되는 [크기 조정 핸들]에 마우스 포인터를 위치시킵니다.

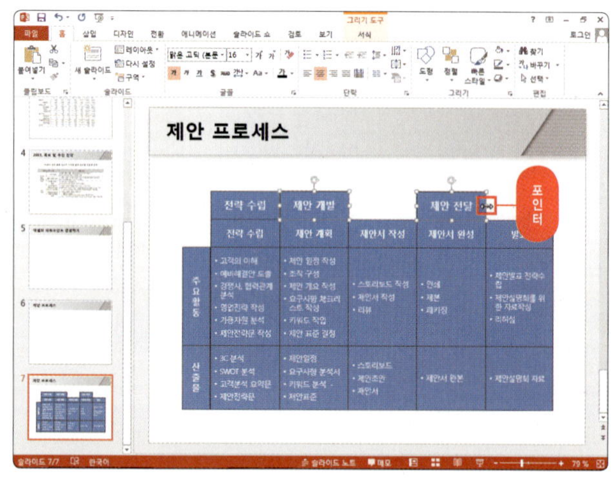

05 오른쪽으로 드래그합니다. 맨 오른쪽에 있는 다른 직사각형과 맞춰지면 스마트 가이드가 표시됩니다. 이 스마트 가이드를 확인하면서 도형의 너비를 조정합니다.

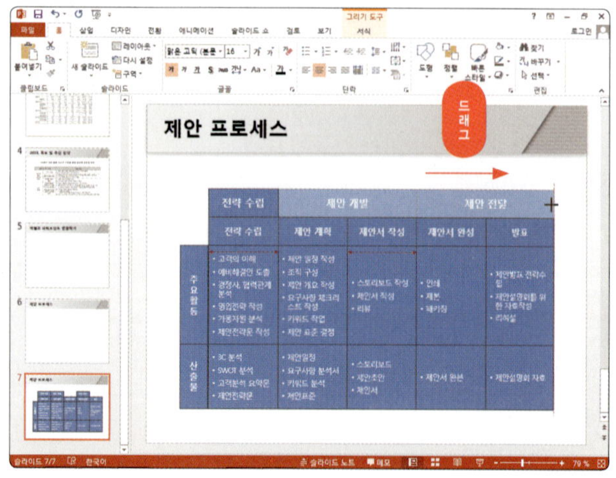

STEP 06 | 도형 바꾸기

01 두 번째 줄에 있는 다섯 개의 도형을 선택합니다.

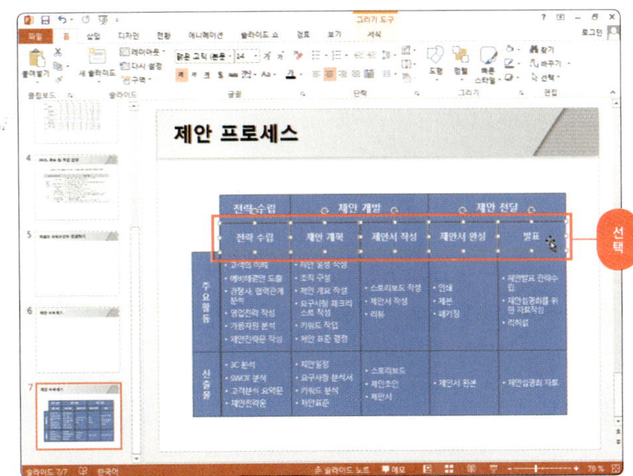

02 [그리기 도구-서식] 탭에서 [도형 편집] <도형 편집>을 클릭한 후 [도형 모양 변경]에서 [오각형]을 선택합니다.

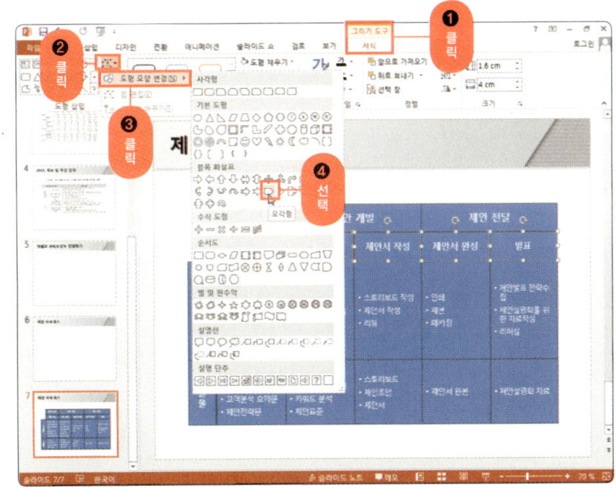

선택된 도형이 오각형으로 변경됩니다.

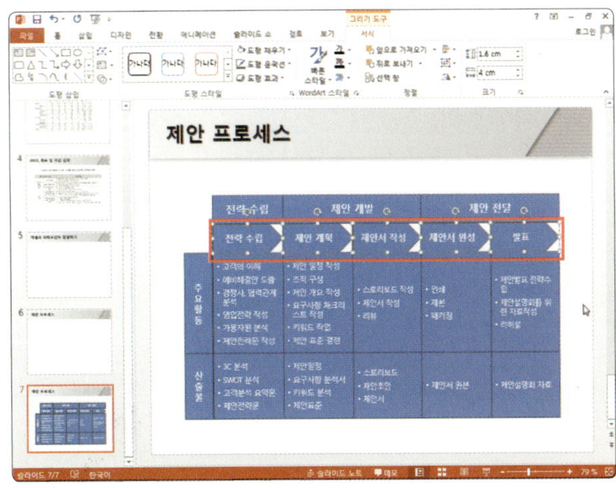

STEP 07 | 모든 도형의 기본 서식 변경하기

01 모든 도형을 선택합니다.

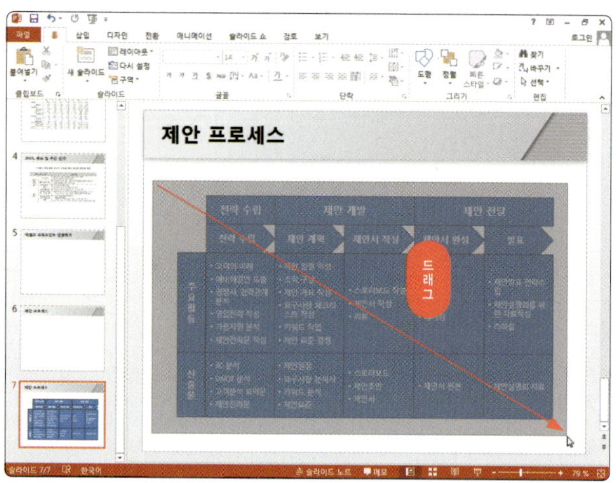

02 [홈] 탭에서 [글꼴 색] 메뉴를 연 후 [테마 색]에서 [검정, 텍스트 1]을 선택합니다.

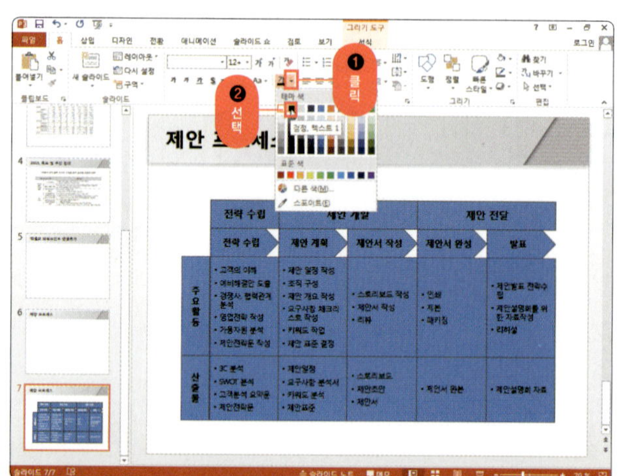

03 [도형 채우기] 메뉴를 연 후 [테마 색]에서 [흰색, 배경 1]을 선택합니다.

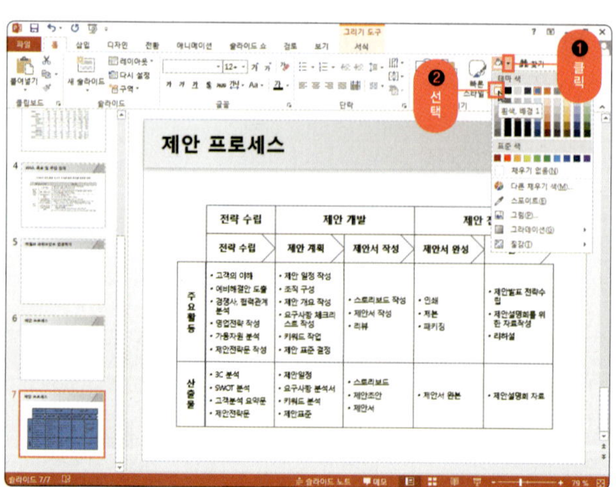

04 [도형 윤곽선] 메뉴 ✎ 도형 윤곽선 ▼ 를 연 후 [테마 색]에서 [흰색, 배경 1, 50% 더 어둡게]를 선택합니다.

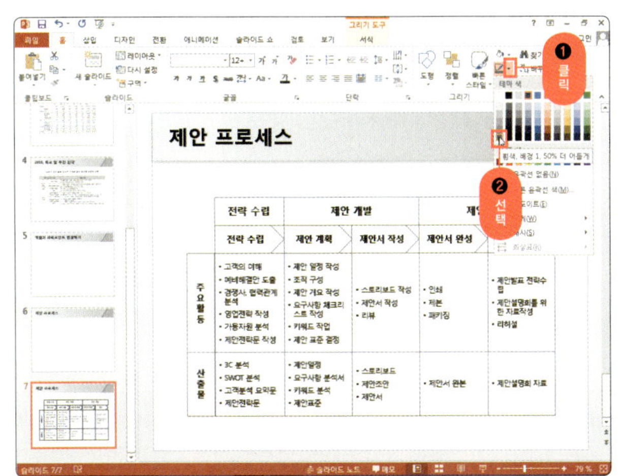

05 다시 [도형 윤곽선] 메뉴 ✎ 도형 윤곽선 ▼ 를 연 후 [두께]에서 [3/4pt]를 선택합니다.

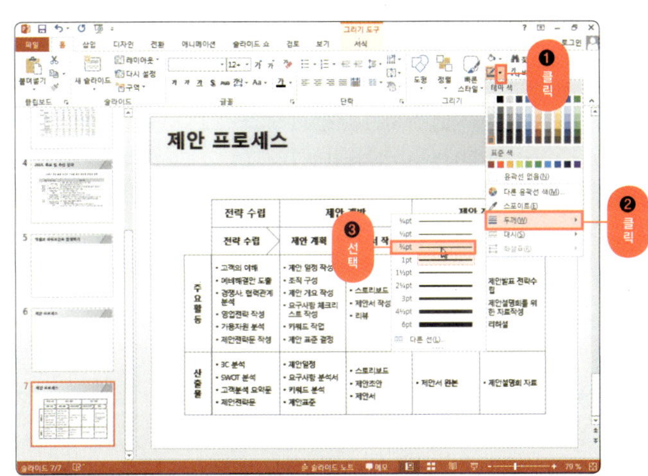

STEP 08 | 개별 도형 서식 변경하기

01 [전략 수립] 도형을 선택한 후 [도형 채우기] 메뉴 ♨ 도형 채우기 ▼ 를 열고 [테마 색]에서 [파랑, 강조 1, 80% 더 밝게]를 선택합니다.

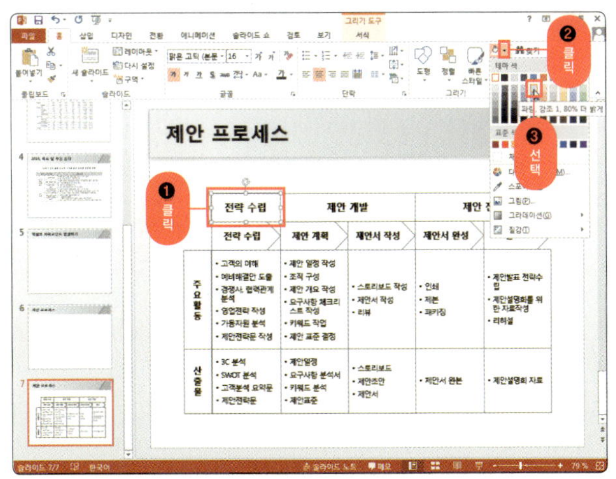

02 [제안 개발] 도형을 선택한 후 [도형 채우기] 메뉴 를 열고 [테마 색]에서 [파랑, 강조 1, 60% 더 밝게]를 선택합니다.

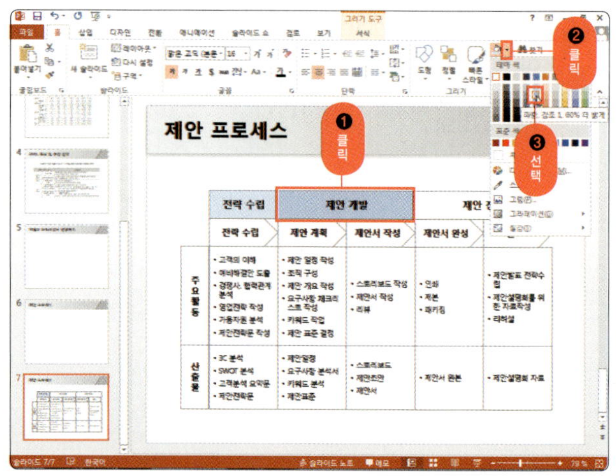

03 [제안 전달] 도형을 선택한 후 [도형 채우기] 메뉴 를 열고 [테마 색]에서 [파랑, 강조 1, 40% 더 밝게]를 선택합니다.

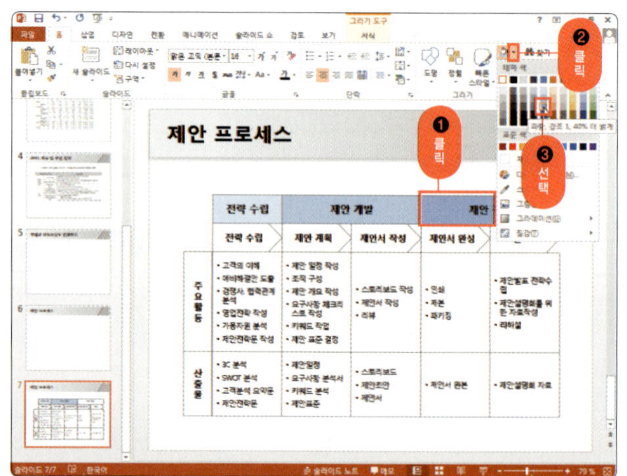

04 두 번째 줄에 있는 다섯 개의 도형을 선택합니다.

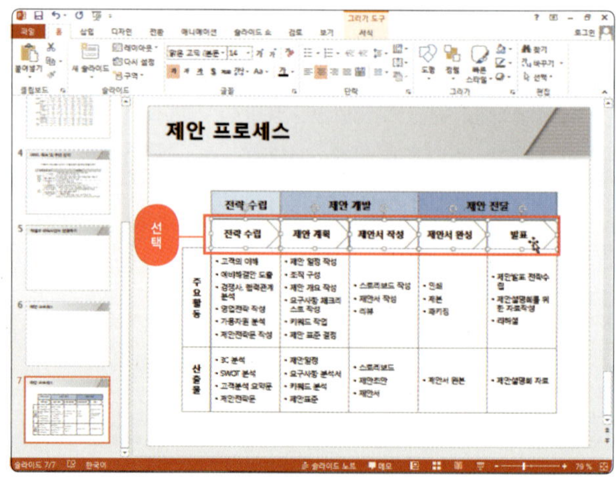

05 [도형 채우기] 메뉴 ⬤도형 채우기 ▾를 연 후 [그라데이션]에서 [선형 왼쪽]을 선택합니다.

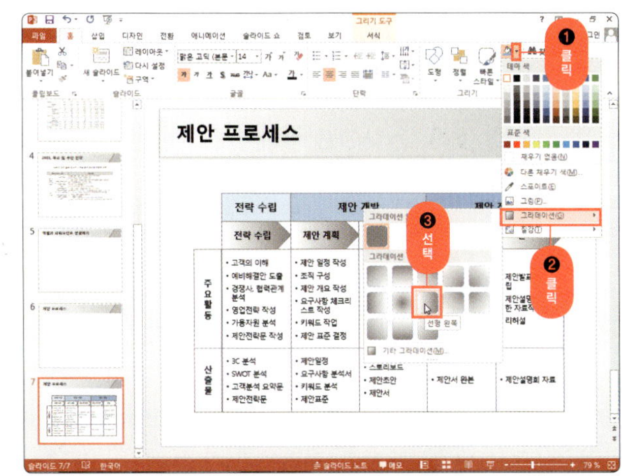

06 왼쪽에 있는 두 개의 도형을 선택합니다.

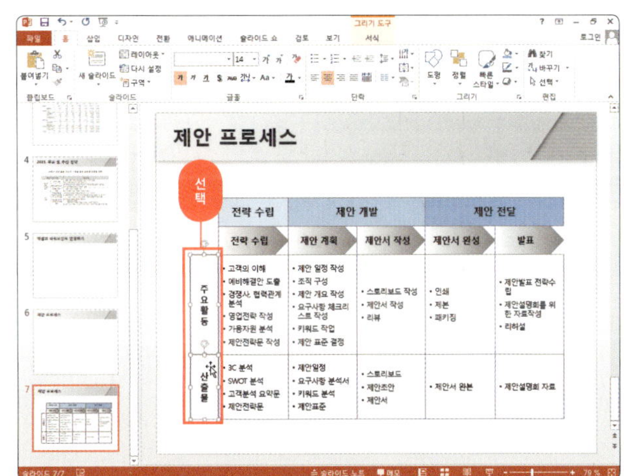

07 [도형 채우기] 메뉴 ⬤도형 채우기 ▾를 연 후 [테마 색]에서 [흰색, 배경 1, 15% 더 어둡게]를 선택합니다.

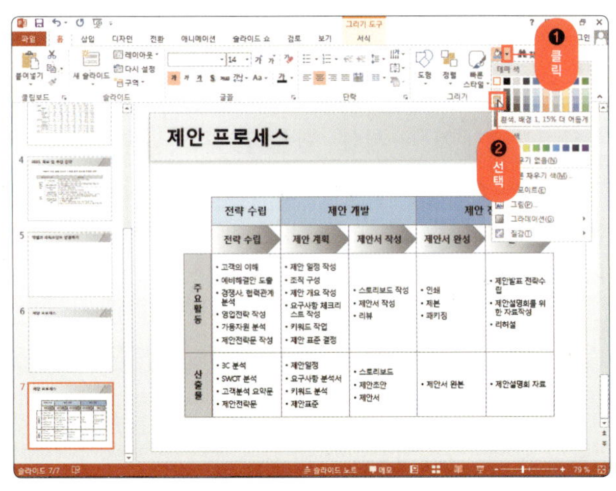

STEP 09 | 도형에서 텍스트의 위치 및 여백 조정하기

01 글머리 기호가 설정된 직사각형을 모두 선택합니다.

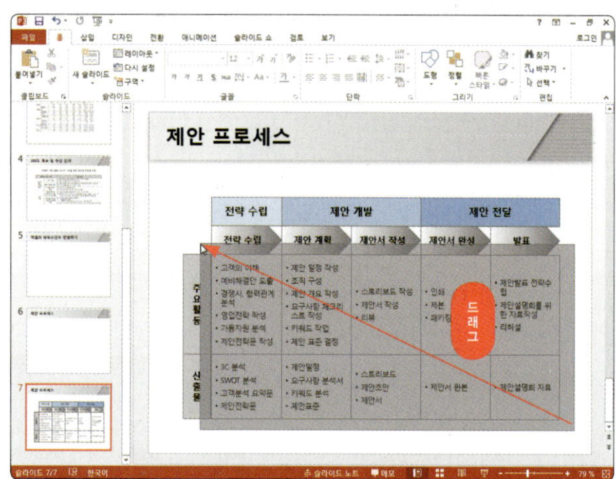

02 [홈] 탭의 [단락] 영역에서 [텍스트 맞춤] 텍스트 맞춤▼을 클릭한 후 [위쪽]을 선택합니다.

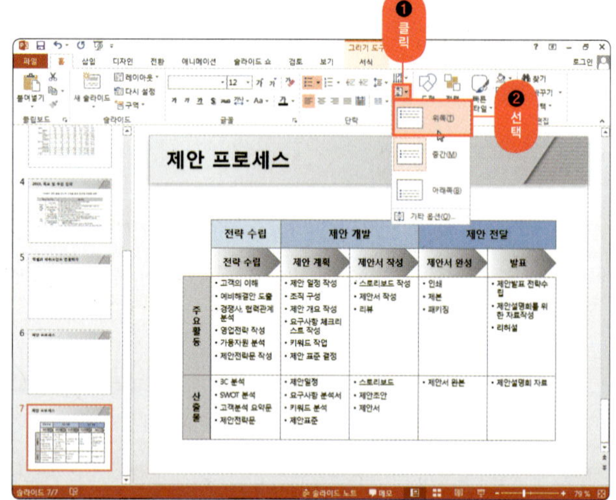

03 [그리기 도구-서식] 탭을 연 후 [WordArt 스타일] 영역에서 [텍스트 효과 서식: 텍스트 상자] 버튼 을 클릭합니다.

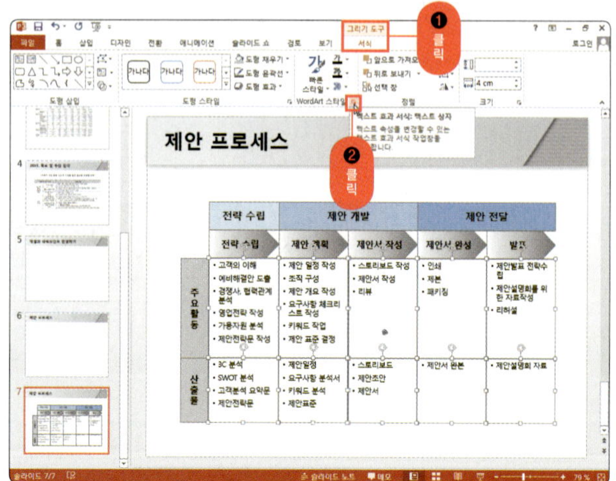

04 작업 창에서 [텍스트 상자] 를 클릭한 후 [위쪽 여백]을 '0.3cm' 로 변경하고 작업 창을 닫습니다.

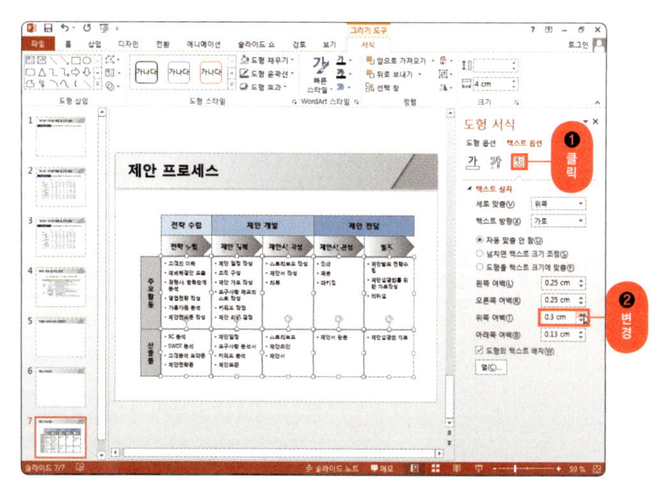

표, 도형, 선을 활용해 일정표를 만들어 보자!

우리는 테마 2에서 텍스트를, 테마 3에서 도형을, 테마 4에서 표를 다루는 방법을 배웠습니다. 이렇게 배운 텍스트, 도형, 표를 적절하게 사용하면 다음과 같은 멋진 일정표를 만들 수 있습니다. 결과는 테마04(결과) 9~13번 슬라이드에서 확인해보세요.

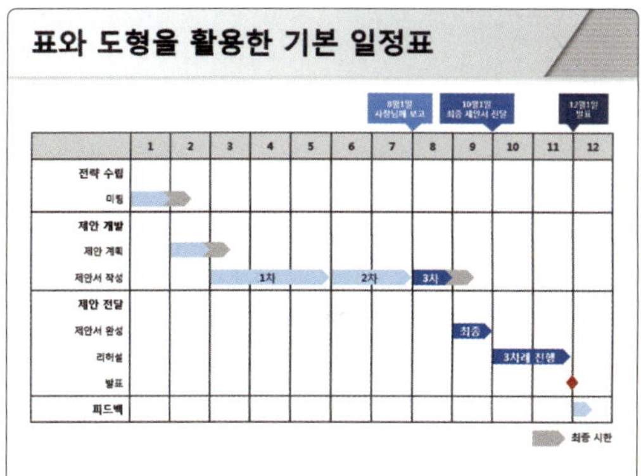

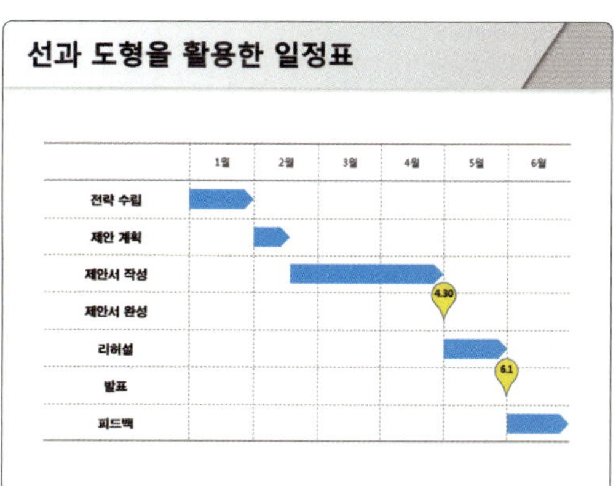

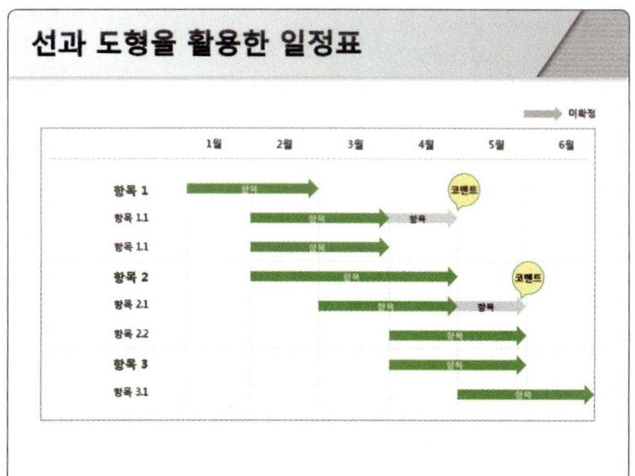

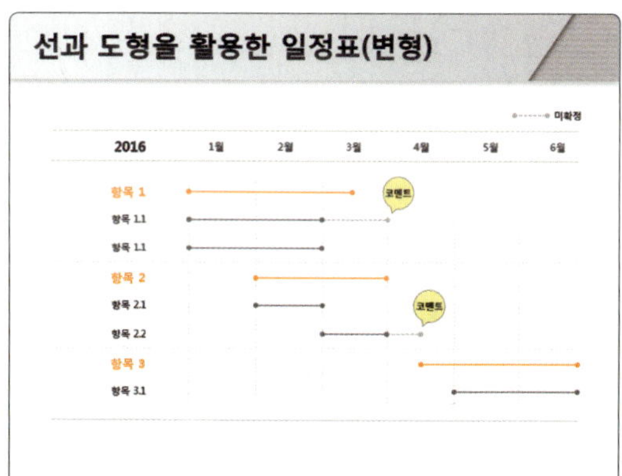

비즈니스 프레젠테이션에서 가장 중요한 것 중 하나가 바로 숫자이며,

그 숫자를 표현할 때 가장 중요한 수단 중에 하나가 바로 '차트(chart)'입니다.

'수치는 차트화하라!'라는 격언이 있을 정도로 차트는 매우 중요합니다.

이번 테마에서는 차트 기능을 이용해 보기 좋은 차트를 디자인하는 방법,

만들어진 차트의 서식을 저장한 후에 새 차트나 다른 차트에 저장하는 방법 등 수치 데이터에

생명을 불어넣는 차트 제작 방법에 대해 알아보겠습니다.

수치에 생명을 불어넣는 차트 디자인 기법

01

POWERPOINT KNOWHOW

막대형 차트를 만들어 보자!

차트의 기본 중에 기본은 막대형 차트입니다. 항목을 '비교'하거나 시간의 흐름에 따라 변화되는 모습, 즉 '추이'를 나타낼 수 있어 가장 활용도가 높죠. 파워포인트에서 막대형 차트를 만들고 관련된 여러 가지 옵션을 변경하는 방법에 대해 알아보겠습니다.

- **실습 파일**: 부록 CD/테마05/차트 데이터.xlsx [막대형 차트] 시트
- **결과 파일**: 부록 CD/테마05/테마05(결과).pptx 1~4번 슬라이드

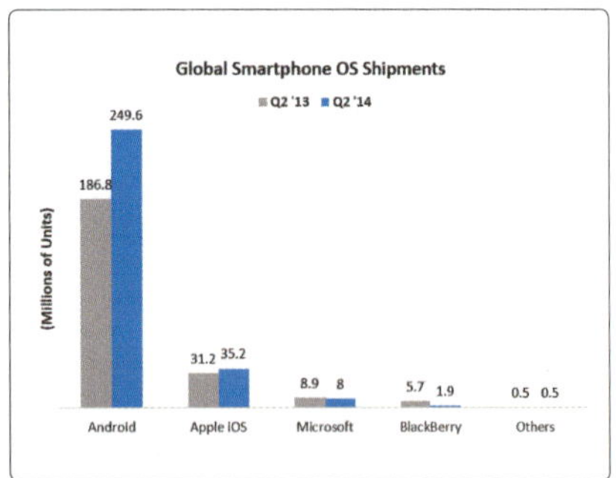

STEP 01 | 새 프레젠테이션 만들기

01 Ctrl + N 을 눌러 새 프레젠테이션을 만든 후 [디자인] 탭에서 [슬라이드 크기]를 클릭하고 [표준(4:3)]을 선택합니다.

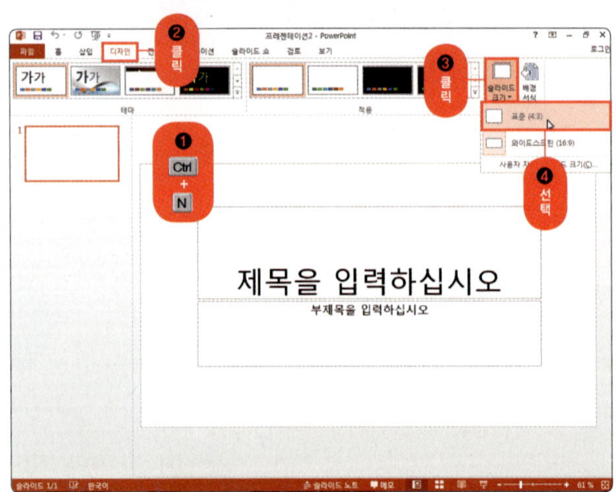

02 [홈] 탭에서 [레이아웃]을 클릭한 후 [빈 슬라이드]를 선택합니다.

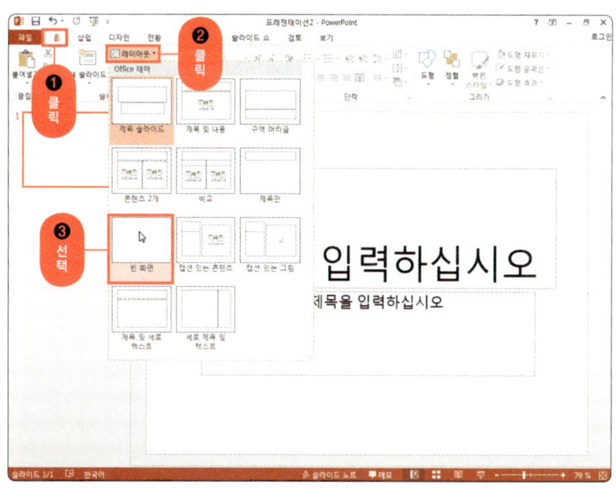

03 저장을 위해 Ctrl + S 를 누른 후 [찾아보기]를 클릭합니다.

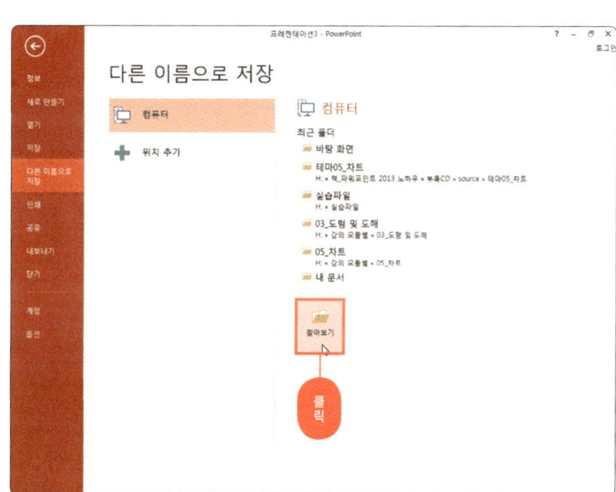

04 저장할 곳을 선택한 후 [파일 이름]에 [차트 연습]이라고 입력하고 [저장] 버튼을 클릭합니다.

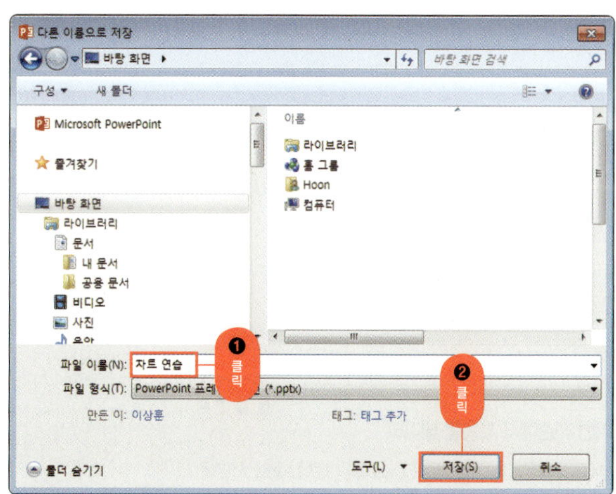

STEP 02 | 차트 만들고 데이터 수정하기

01 [삽입] 탭에서 [차트]를 클릭합니다.

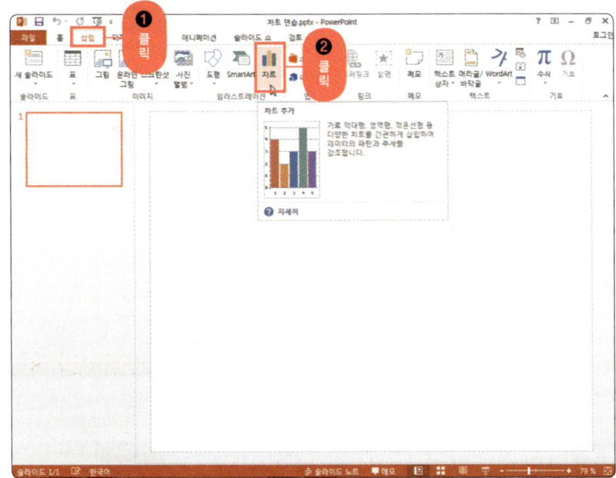

02 차트 삽입 대화상자에서 [묶은 세로 막대형]이 선택되어 있음을 확인한 후 [확인] 버튼을 클릭합니다.

03 데이터 편집 창에서 데이터를 입력하고 데이터 범위를 조정하기 위해 모서리에 있는 ⬚에 마우스 포인터를 위치시킵니다.

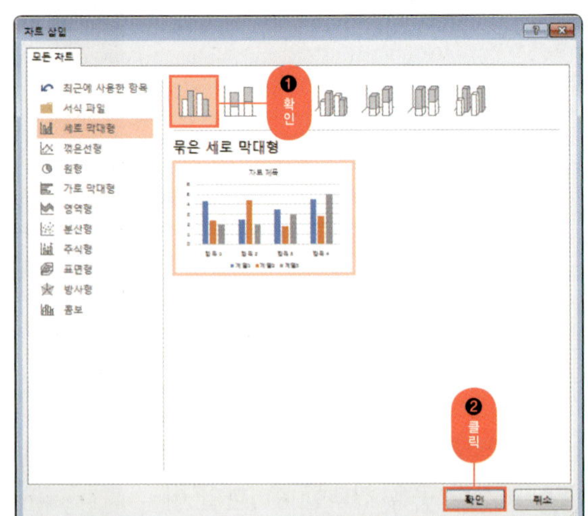

N O T E

이번 레슨에서 사용할 데이터

부록 CD/테마05/차트 데이터.xls의 [막대형 차트] 시트에서 데이터를 확인할 수 있습니다. 이 시트에서 데이터를 복사한 후 파워포인트 데이터 시트 창에 붙여 넣어도 됩니다.

04 왼쪽으로 드래그합니다.

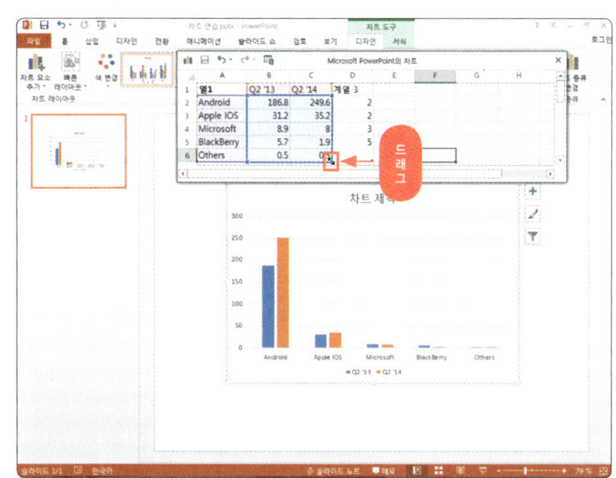

05 데이터 편집 창에서 D열 버튼을 마우스 오른쪽 버튼으로 클릭하면 나타나는 컨텍스트 메뉴 중에서 [삭제]를 선택합니다.

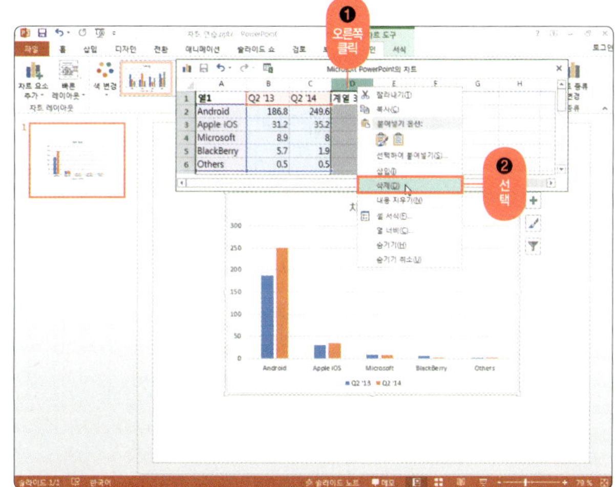

06 [닫기]를 클릭해 데이터 편집 창을 닫습니다.

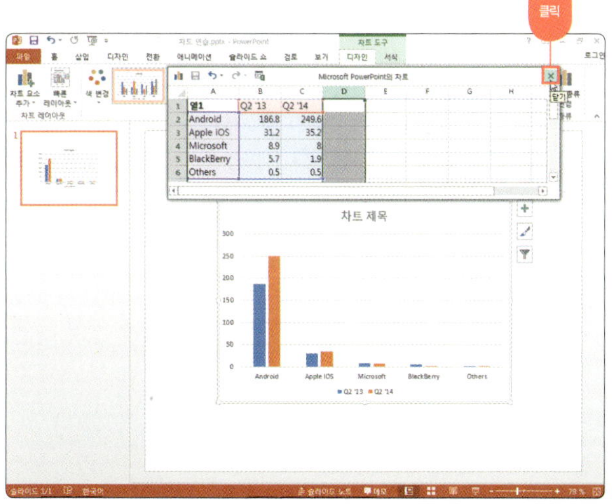

STEP 03 | 세로축 제목 표시 및 범례 위치 조정하기

01 차트 오른쪽에 나타나는 [차트 요소] ➕ 를 클릭합니다.

> **NOTE**
>
> **차트 관련 기능**
>
> 파워포인트 2013 이상 버전에서 차트를 선택하면 세 개의 버튼이 표시됩니다.
>
> - [차트 요소] ➕ : 차트의 각 요소의 표시를 조정합니다.
> - [차트 스타일] 🖉 : 미리 제공된 차트 디자인과 색을 선택합니다.
> - [표시할 항목 선택] ▽ : 차트에 나타나는 데이터의 적용 여부를 수정할 수 있습니다.

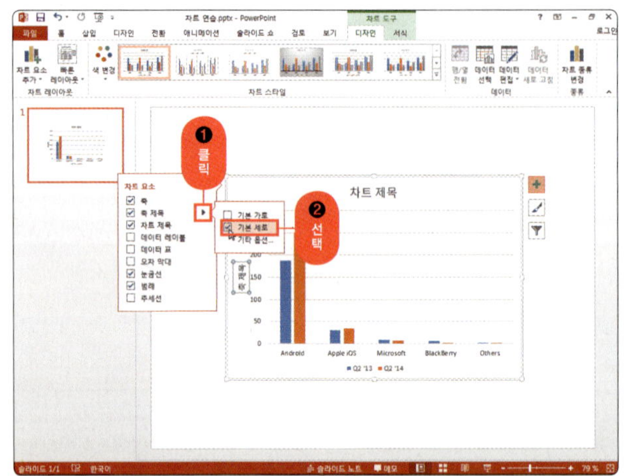

02 나타나는 차트 요소 중에서 [축 제목] 오른쪽에 있는 삼각형 ▶을 클릭한 후 [기본 세로]를 선택합니다. 차트 왼쪽에 세로축 제목이 표시됩니다.

03 [데이터 레이블] 오른쪽에 있는 삼각형 ▶을 클릭한 후 [바깥쪽 끝에]를 선택합니다. 그래프 위에 수치가 나타납니다.

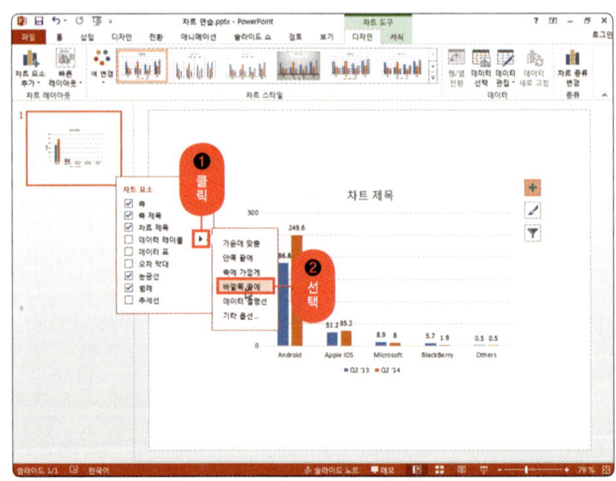

04 [범례] 오른쪽에 있는 삼각형 ▶
을 클릭한 후 [위쪽]을 선택합니다. 범례가 차트 위로 이동합니다.

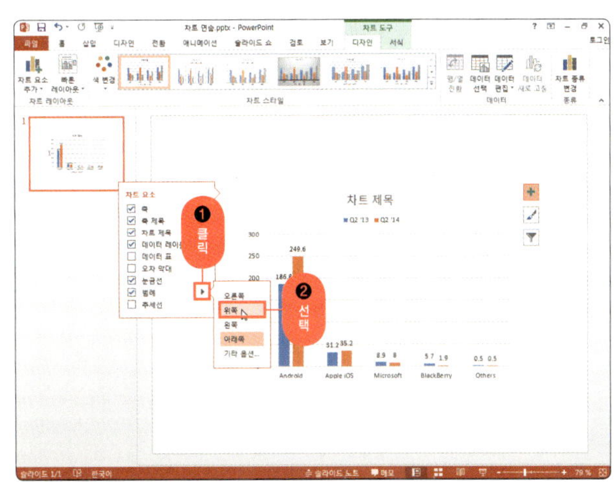

05 차트 제목과 세로축 제목을 다음과 같이 변경합니다.

❶ **차트 제목:** Global Smartphone OS Shipments

❷ **세로축 제목:** (Millions of Units)

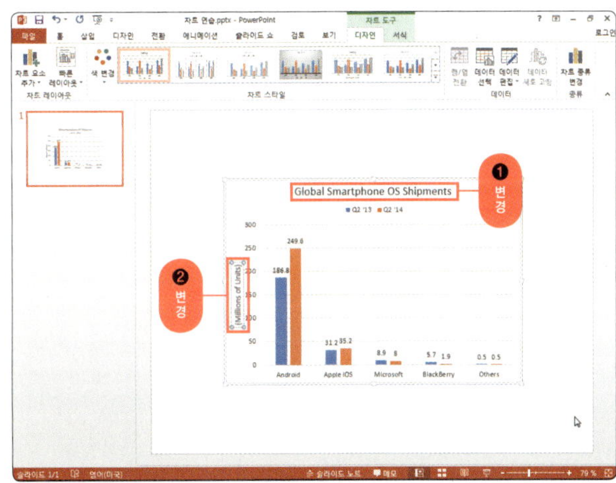

STEP 04 | 차트 기본 서식 변경하기

01 차트에서 파랑색 그래프를 선택한 후 [차트 도구]-[서식] 탭에서 [도형 채우기]를 클릭하고 [테마 색]에서 [흰색, 배경 1, 25% 더 어둡게]를 선택합니다.

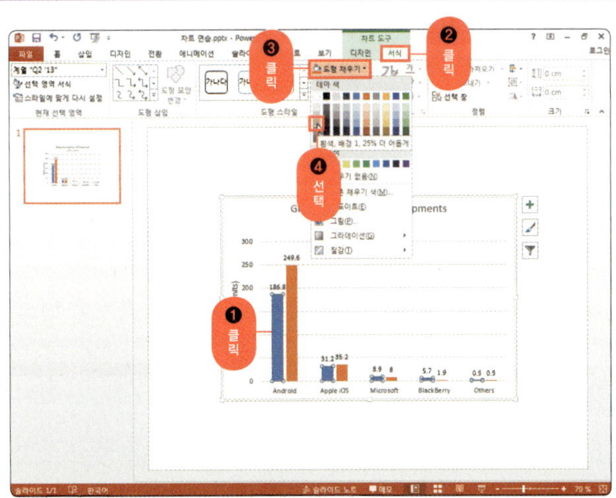

02 차트에서 오른쪽에 있는 그래프를 선택한 후 [도형 채우기]를 클릭하고 [표준 색]에서 [연한 파랑]을 선택합니다.

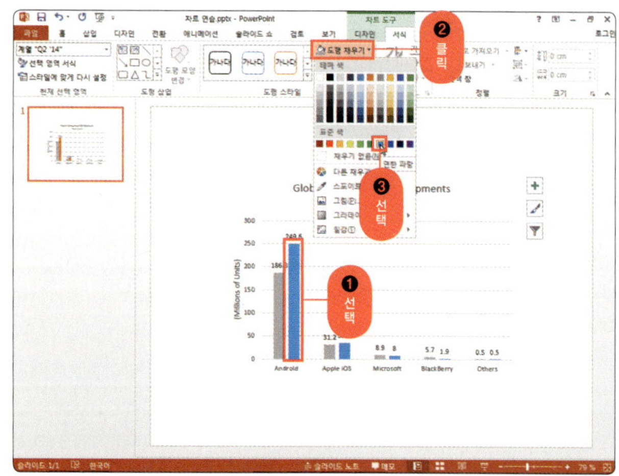

03 차트 제목을 선택한 후 [홈] 탭에서 [굵게]를 클릭하고 [글꼴 크기]를 [16]으로 변경합니다.

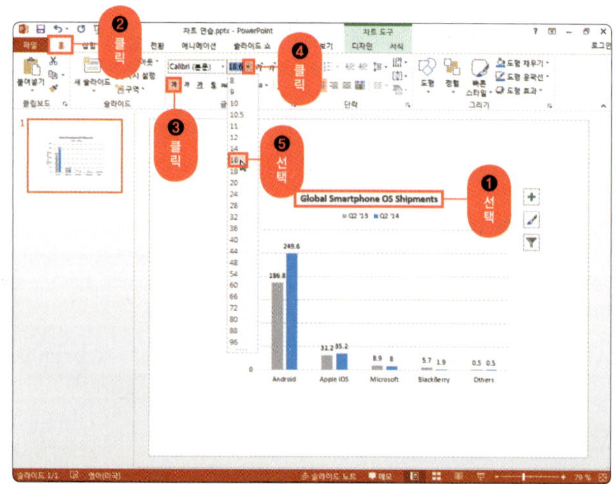

04 범례를 선택한 후 [굵게]를 클릭합니다(단축키: Ctrl + B).

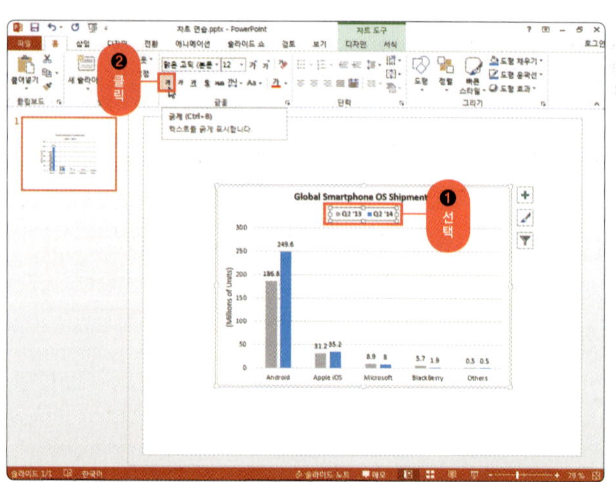

05 세로축 제목을 선택한 후 [굵게]를 클릭합니다.

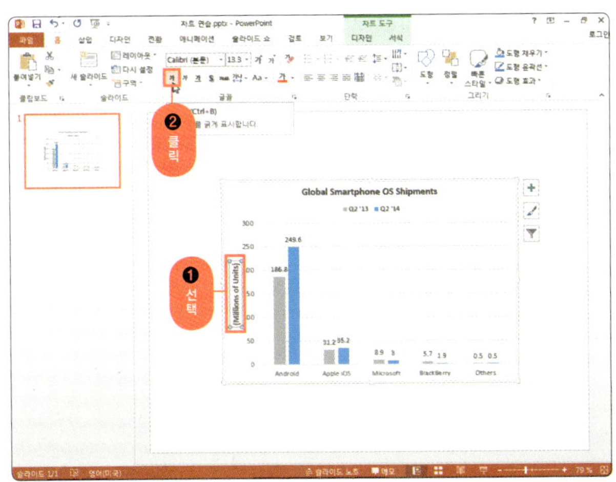

06 차트 테두리를 클릭한 후 [도형 윤곽선]을 클릭하고 [테마 색]에서 [흰색, 배경 1, 50% 더 어둡게]를 선택합니다.

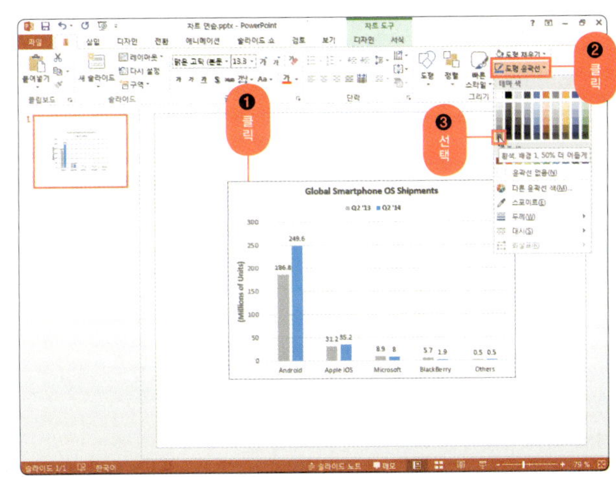

STEP 05 | 차트 겹치기 및 간격 조정하기

01 차트에서 아무 그래프나 마우스 오른쪽 버튼으로 클릭하면 나타나는 컨텍스트 메뉴 중에서 [데이터 계열 서식]을 선택합니다(단축키: Ctrl + 1).

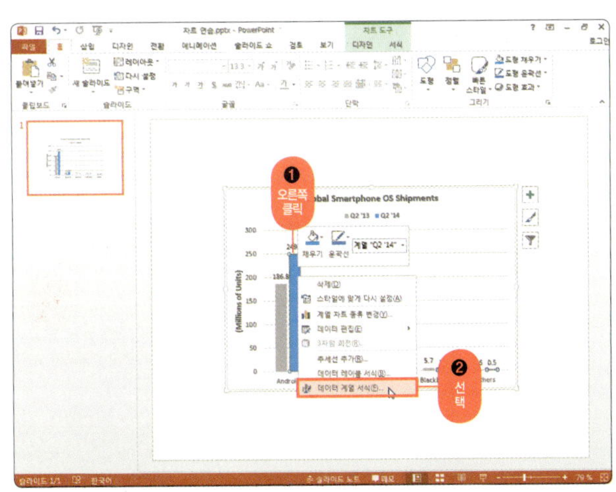

02 나타나는 데이터 계열 서식 작업 창의 [계열 옵션]에서 [계열 겹치기]를 [0%]로 변경합니다.

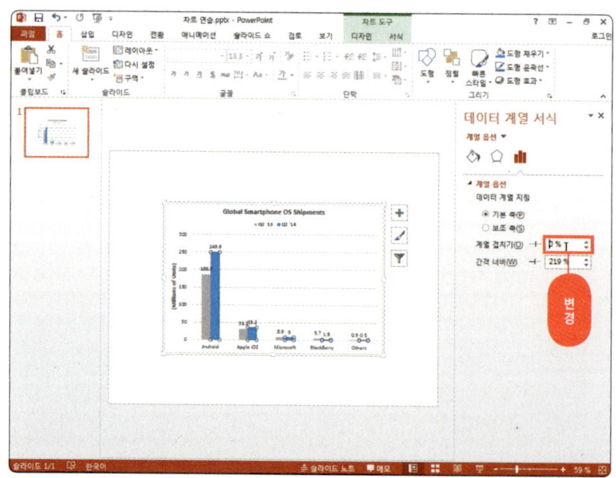

03 [간격 너비]를 [150%]로 변경합니다. 그래프 간의 간격이 150%로 좁아지면서 그래프의 두께가 증가합니다.

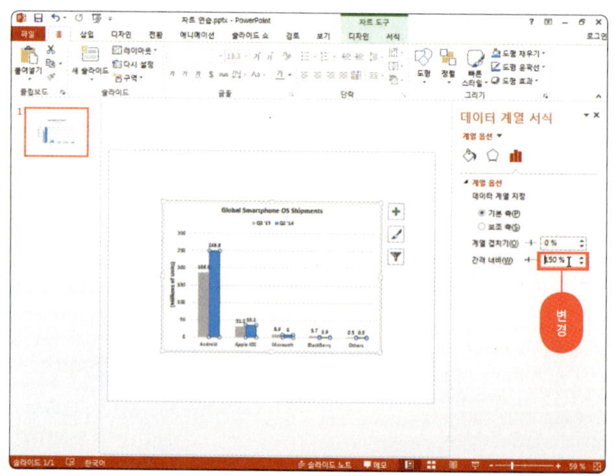

STEP 06 | 세로축 값의 최대값 및 간격 변경하기

01 차트 왼쪽에 있는 [세로축 값]을 선택합니다.

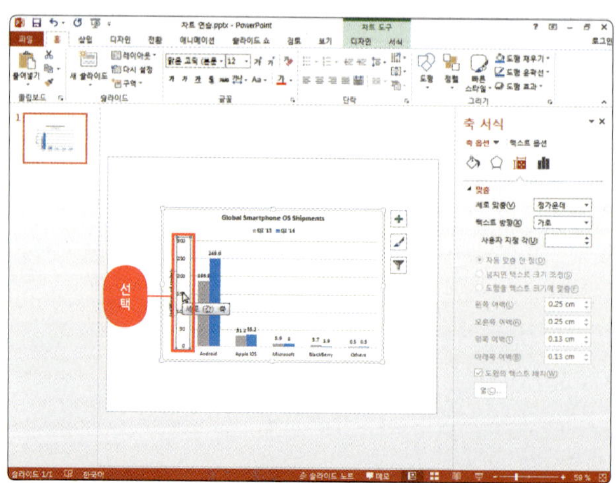

02 작업창에서 [축 옵션] 을 클릭합니다.

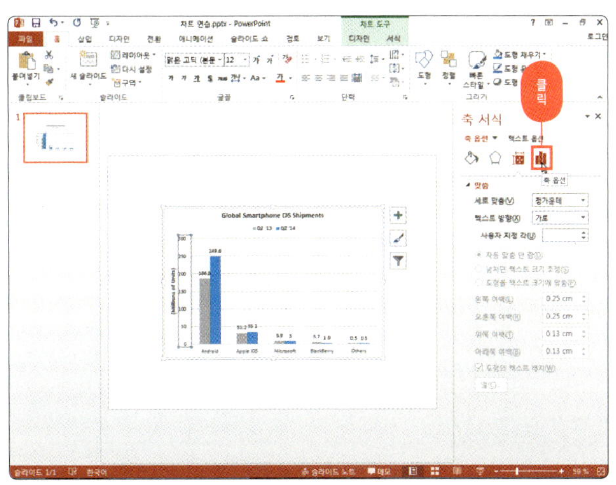

03 [최대값]을 [250]으로 변경합니다. 최대값이 줄어들면서 그래프가 커보이게 됩니다.

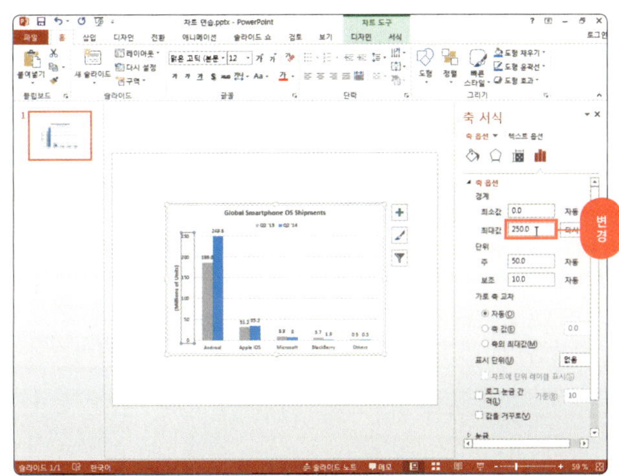

NOTE

최대값을 원래 상태로 되돌리고 싶다면

[최대값]의 오른쪽에 있는 [다시 설정]을 클릭합니다.

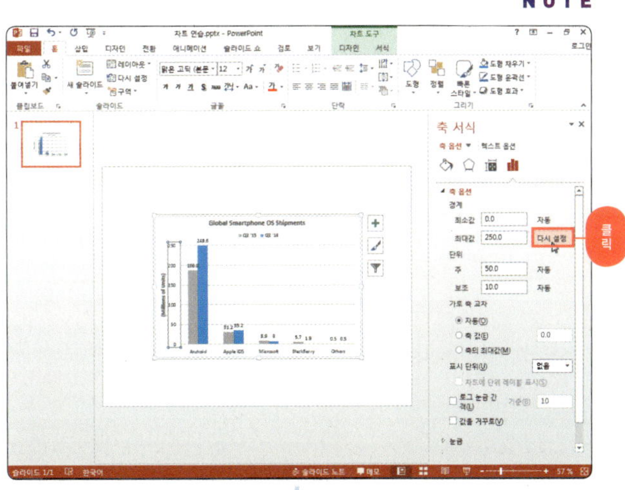

STEP 07 | 필요 없는 요소 삭제하기

좋은 디자인에 필수 요소 중에 하나는 정보 전달과 상관없는 요소를 배제하는 것입니다.

01 현재 세로축 제목이 선택되어 있음을 확인합니다(만약 그렇지 않다면 선택합니다).

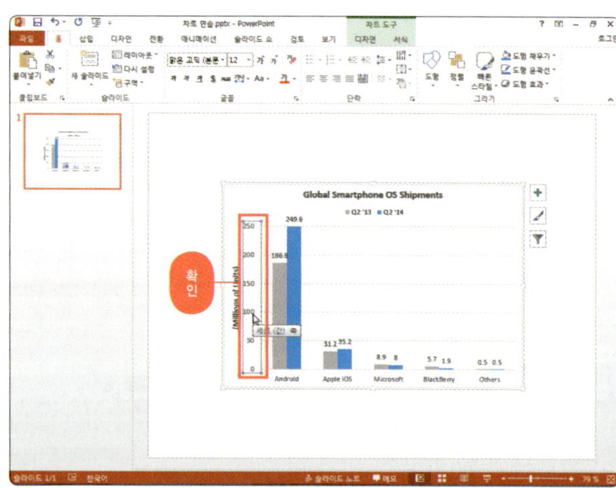

02 Delete 를 눌러 지웁니다.

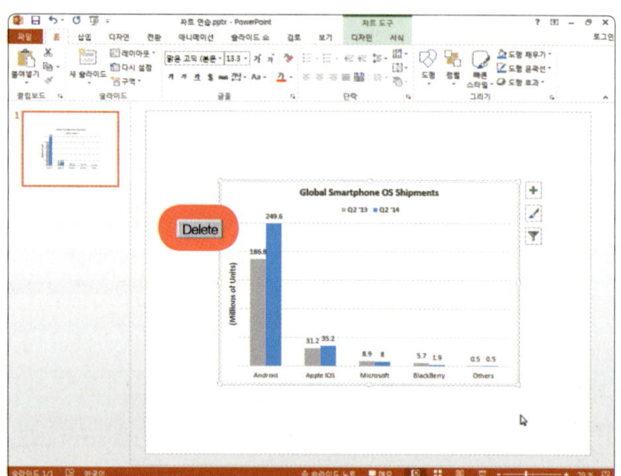

03 수평 눈금선을 클릭합니다.

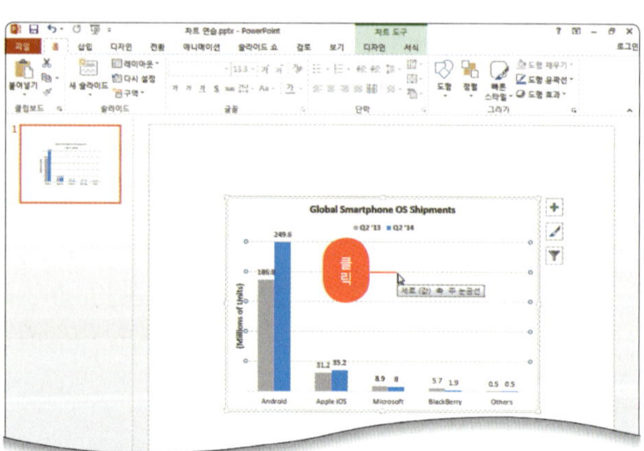

04 Delete 를 눌러 지웁니다.

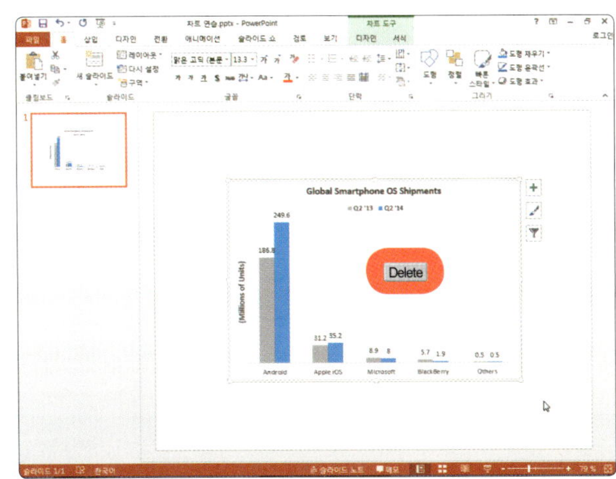

STEP 08 | 차트 데이터 바꾸기

01 왼쪽 슬라이드 미리보기를 마우스 오른쪽 버튼으로 클릭하면 나타나는 컨텍스트 메뉴 중에서 [중복 슬라이드]를 선택합니다(단축키: Ctrl + D).

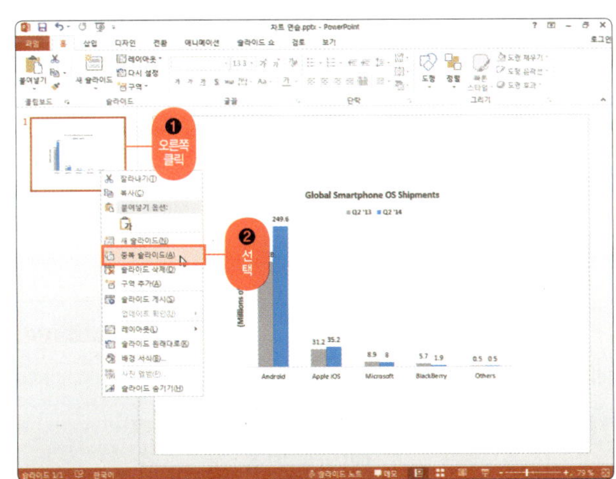

02 복제된 슬라이드에서 차트를 선택한 후 [차트 도구]-[디자인] 탭에서 [데이터 선택]을 클릭합니다.

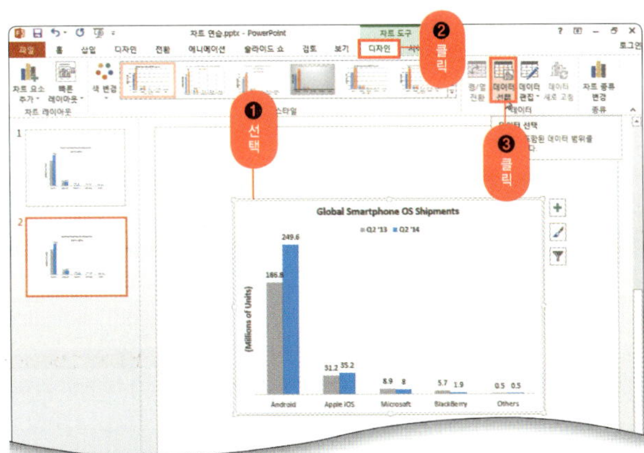

03 데이터 원본 선택 대화상자에서 [행/열 전환]을 클릭합니다.

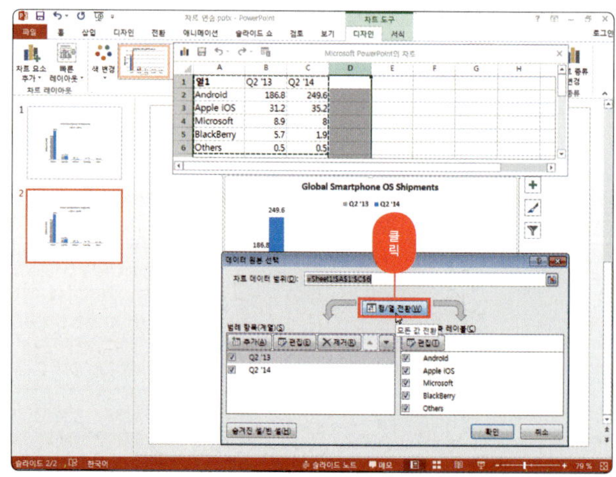

04 데이터의 행과 열이 바뀌게 됩니다. [확인] 버튼을 클릭합니다.

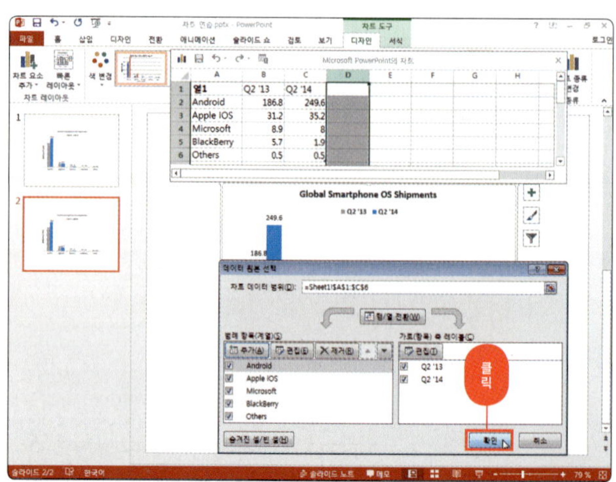

05 변경된 데이터가 차트에 적용된 것을 확인한 후 데이터 편집 창에서 [닫기] 버튼을 클릭합니다.

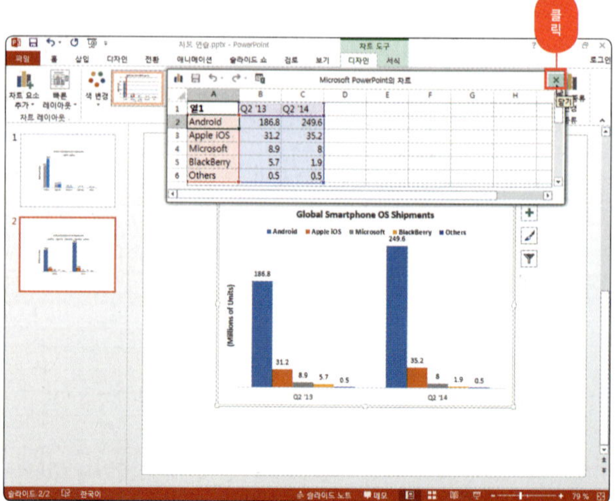

STEP 09 | 그래프 색 변경하기

01 차트에서 첫 번째 그래프(Android)를 선택한 후 [차트 도구]-[서식] 탭에서 [도형 채우기]를 클릭하고 [표준 색]에서 [연한 녹색]을 선택합니다.

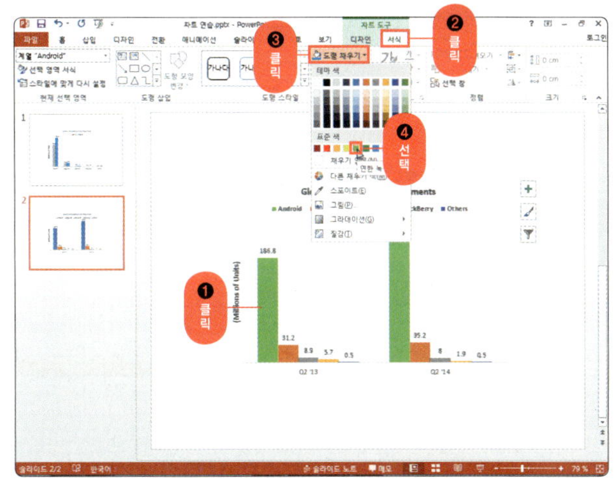

02 두 번째 그래프(Apple iOS)를 선택한 후 [도형 채우기]를 클릭하고 [테마 색]에서 [흰색, 배경 1, 15% 더 어둡게]를 선택합니다.

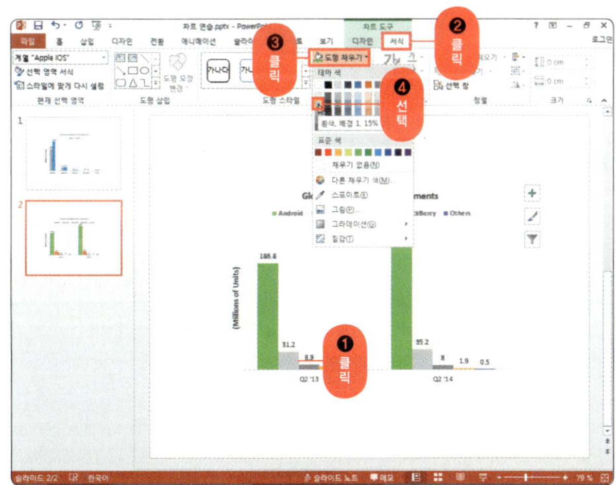

03 세 번째 그래프(Microsoft)를 선택한 후 [도형 채우기]를 클릭하고 [연한 파랑]을 선택합니다.

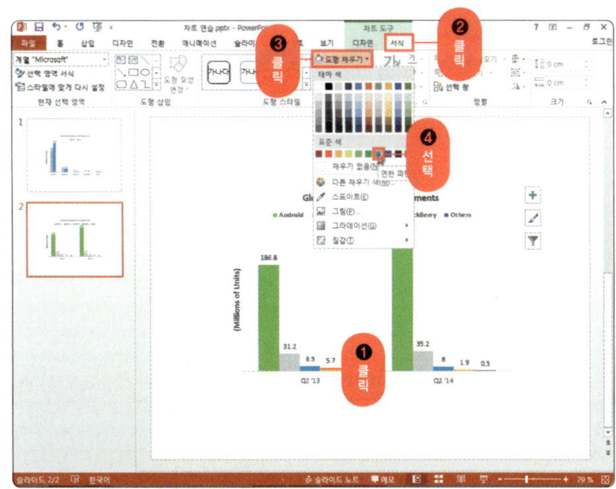

04 네 번째 그래프(Blackberry)를 선택한 후 [도형 채우기]를 클릭하고 [테마 색]에서 [검정, 텍스트 1]을 선택합니다.

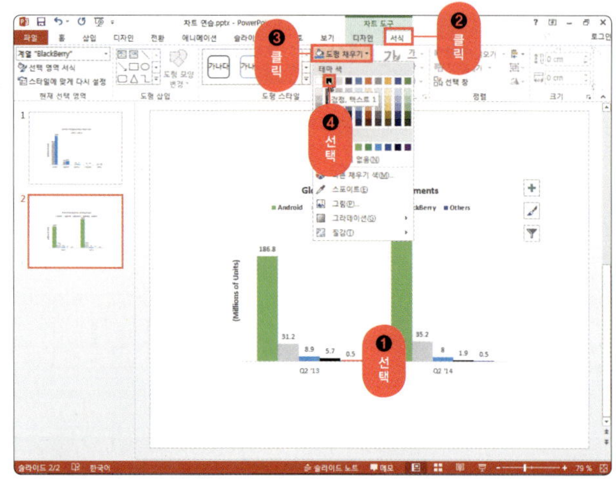

05 다섯 번째 그래프는 거의 보이지 않을 것입니다. 이러한 그래프를 선택할 때는 방향키를 사용하는 것이 좋습니다. [위쪽 방향키]를 누릅니다. 다섯 번째 그래프가 선택될 것입니다. [도형 채우기]를 클릭한 후 [흰색, 배경 1, 50% 더 어둡게]를 선택합니다.

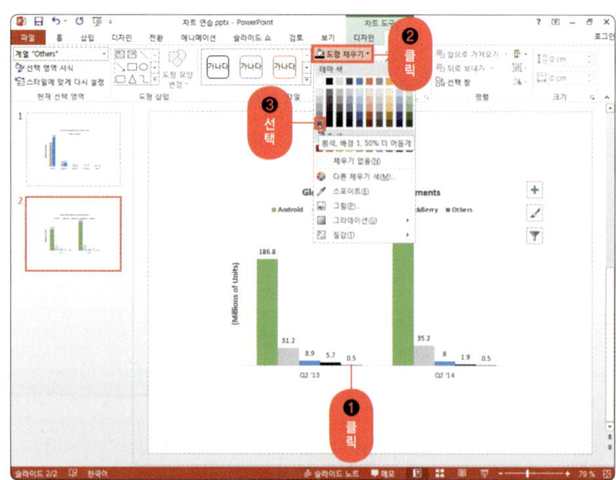

여기에서 지정한 색은 안드로이드하면 떠오르는 색은 녹색, 애플은 회색(은색), 마이크로소프트는 파랑색, 블랙베리는 말 그대로 검정이므로 그렇게 설정한 것입니다. Others는 중요도가 떨어지므로 중간 밝기의 회색을 설정했습니다.

STEP 10 | 세로축의 최대값을 원래대로 변경하기

앞에서 세로축의 최대 값을 250로 변경했었는데 그 때문에 현재 차트에서는 좋지 못한 결과가 나옵니다. 최대값을 원래 상태로 되돌리고 싶은데 문제는 축을 지웠다는 것입니다. 세로축을 표시하고 최대값을 원래 상태로 되돌리겠습니다.

01 차트를 선택하면 나타나는 [차트 요소] ➕를 클릭한 후 [축] 오른쪽에 있는 삼각형 ▶을 클릭하고 [기본 세로]를 선택합니다.

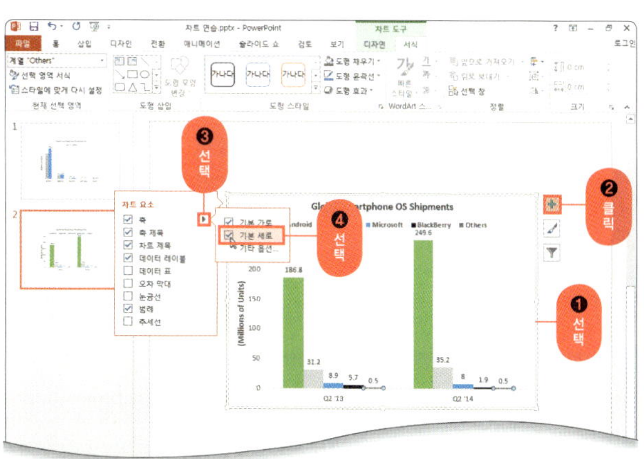

02 차트에서 표시된 세로축을 마우스 오른쪽 버튼으로 클릭하면 나타나는 컨텍스트 메뉴 중에서 [축 서식]을 선택합니다(단축키: 세로축 더블 클릭).

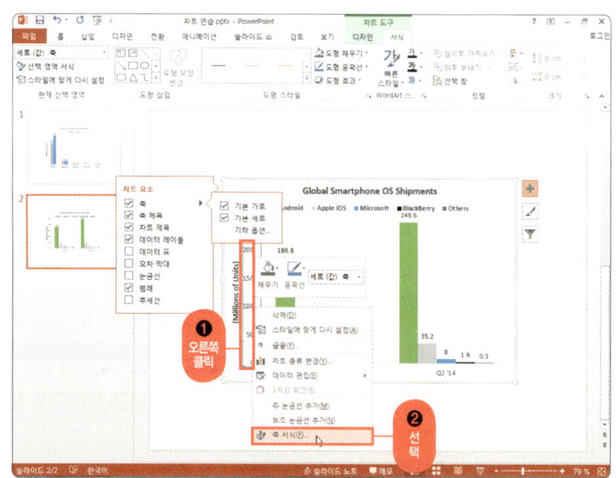

03 나타나는 작업창의 [축 옵션]의 [최대값] 오른쪽에 있는 [다시 설정]을 클릭합니다.

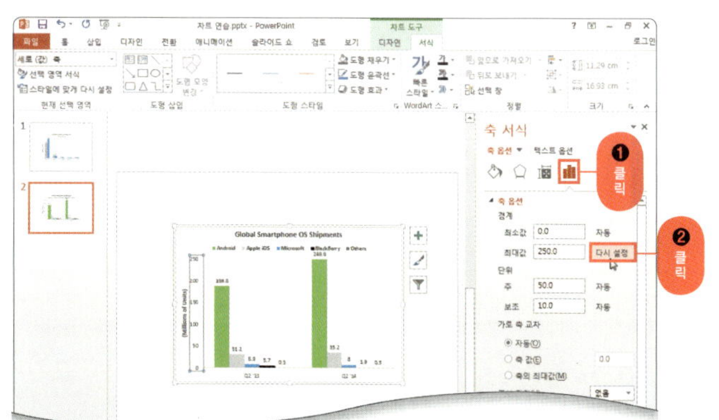

04 최대값이 원래 상태로 되돌아갑니다. 세로축을 선택합니다.

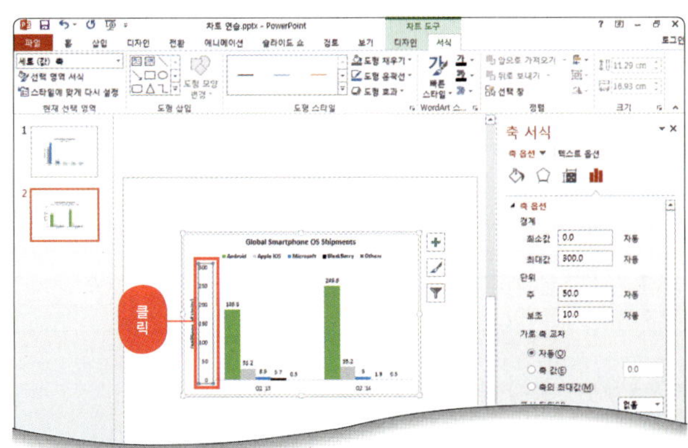

05 Delete 를 눌러 세로축을 지웁니다. 세로축 값이 지워져 깔끔해졌습니다. 세로축 값을 그대로 두는 것이 더 좋다고 생각할 수도 있지만, 그래프에 숫자가 있으므로 세로축은 의미 없는 상황이 됩니다. 필요 없는 것을 지우는 것이야말로 좋은 디자인으로 가는 지름길입니다.

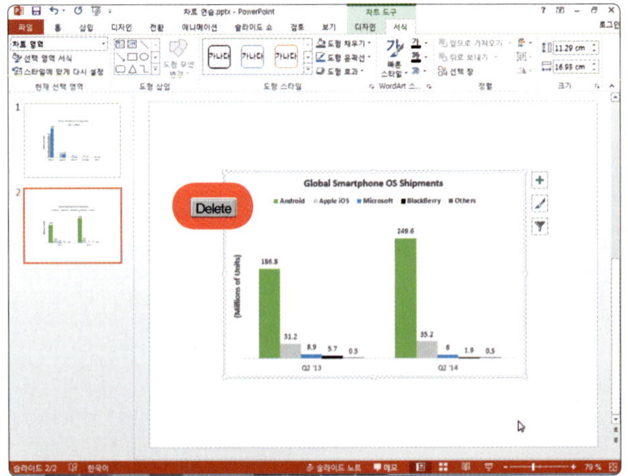

STEP 11 | 차트 종류 변경하고 서식 변경하기

차트 종류를 다른 것으로 바꾸고 보이지 않는 레이블을 이동해 보이도록 해보겠습니다.

01 왼쪽에 있는 현재 슬라이드 미리보기를 마우스 오른쪽 버튼으로 클릭하면 나타나는 컨텍스트 메뉴 중에서 [중복 슬라이드]를 선택합니다(단축키: Ctrl + D).

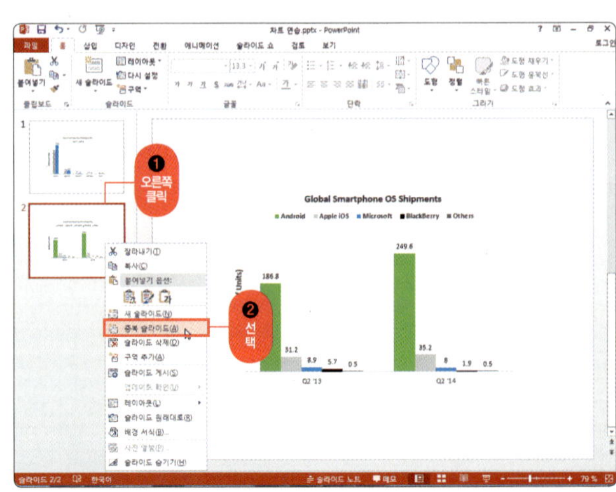

02 복제된 슬라이드에서 차트를 마우스 오른쪽 버튼으로 클릭하면 나타나는 컨텍스트 메뉴 중에서 [차트 종류 변경]을 선택합니다.

NOTE

차트 종류를 바꾸는 다른 방법

차트를 선택하고 [차트 도구]-[디자인] 탭에서 [차트 종류 변경]을 선택합니다.

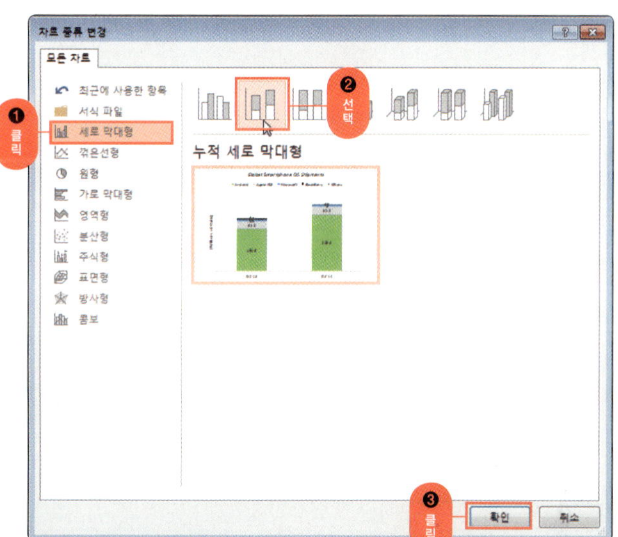

03 [세로 막대형] 중에서 [누적 세로 막대형]을 선택한 후 [확인] 버튼을 클릭합니다.

04 차트 종류가 변경되며, 서식도 그대로 유지됩니다. 문제는 그래프가 너무 작아 글자가 잘 보이지 않는다는 것입니다. 이를 수정해보겠습니다. 잘 보이지 않는 데이터 레이블을 클릭합니다.

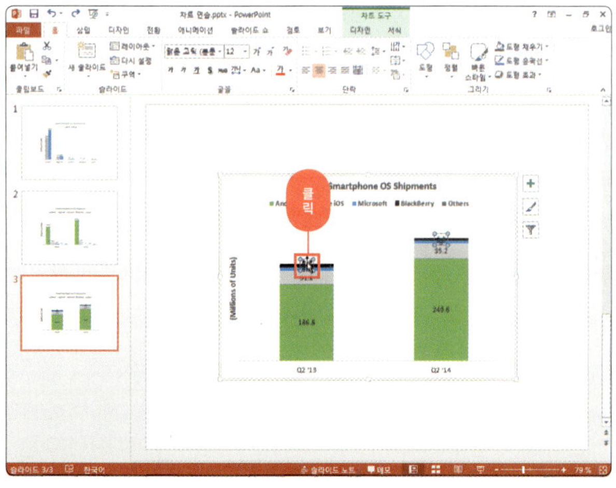

05 데이터 레이블을 드래그해 위치를 변경합니다.

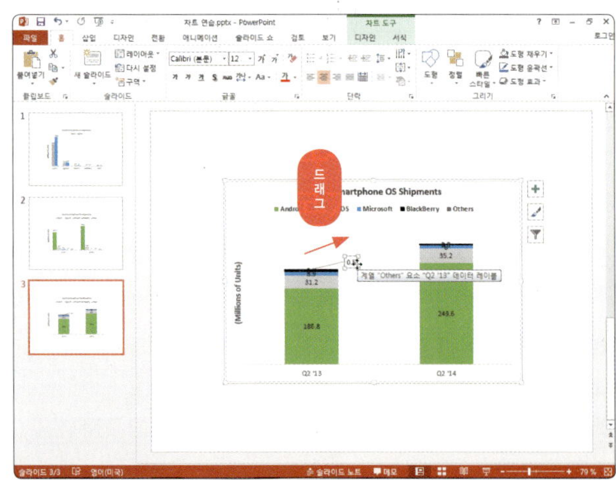

06 다른 데이터 레이블도 드래그해 이동해 다음 그림처럼 만듭니다.

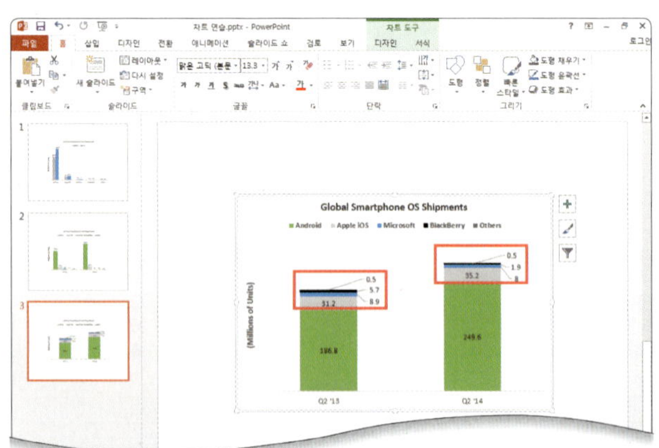

STEP 12 | 가로 막대형 차트 만들기

가로 막대형 차트로 전환하고 항목 순서를 거꾸로 만들어보겠습니다.

01 첫 번째 슬라이드 미리 보기를 마우스 오른쪽 버튼으로 클릭하면 나타나는 컨텍스트 메뉴 중에서 [중복 슬라이드]를 선택합니다(단축키: Ctrl + D).

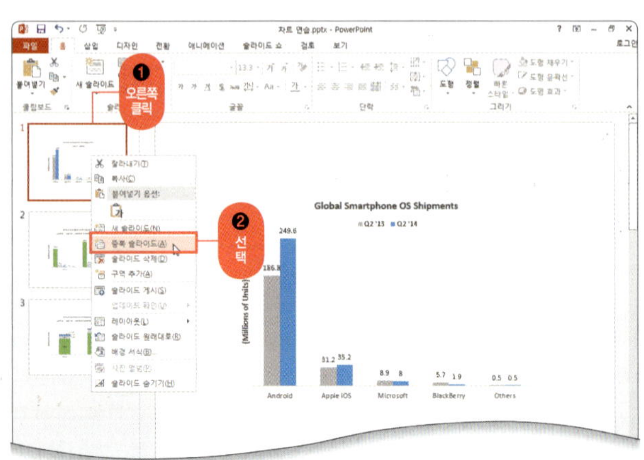

02 복제된 슬라이드를 맨 아래로 드래그해 이동한 후 슬라이드에 있는 차트를 마우스 오른쪽 버튼으로 클릭하면 나타나는 컨텍스트 메뉴 중에서 [차트 종류 변경]을 선택합니다.

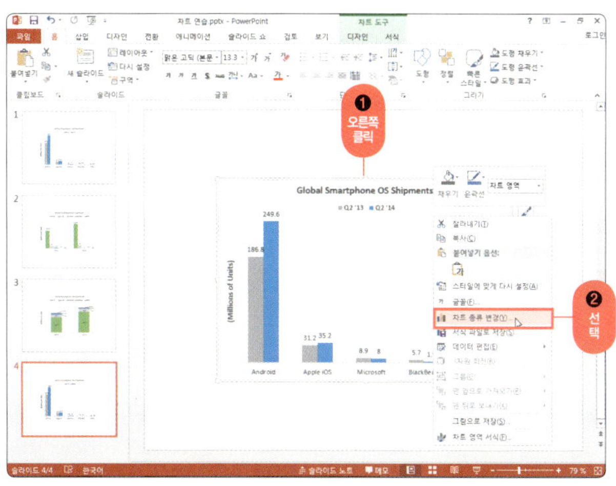

03 [가로 막대형]을 클릭한 후 [묶은 가로 막대형]이 표시되어 있음을 확인하고 [확인] 버튼을 클릭합니다.

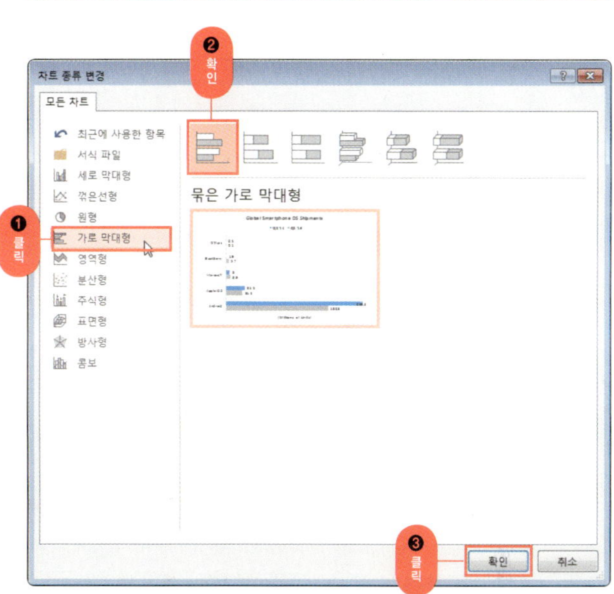

04 세로축이 Others부터 나타나는 것을 볼 수 있습니다. Android부터 표시되도록 하고 싶다면 세로축을 마우스 오른쪽 버튼으로 클릭하면 나타나는 컨텍스트 메뉴 중에서 [축 서식]을 선택합니다(단축키: Ctrl + 1 또는 세로축 값 더블 클릭).

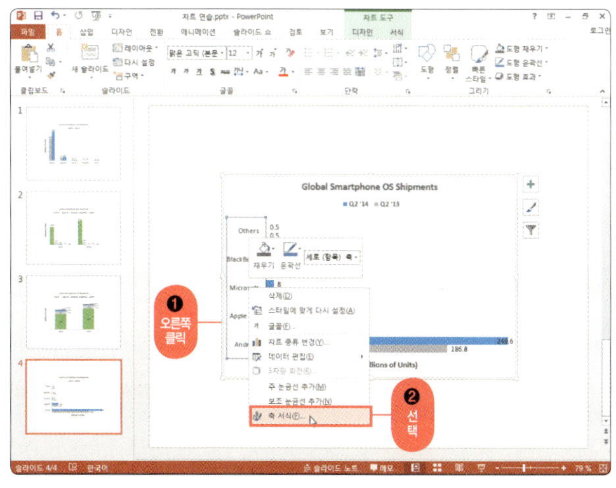

05 [항목을 거꾸로]를 선택합니다.

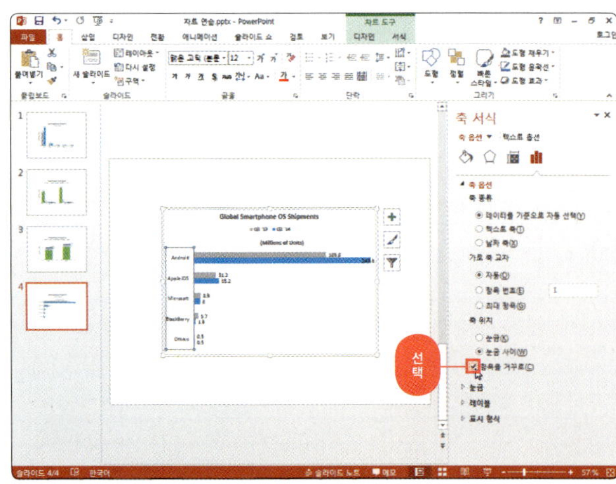

06 [차트 요소] + 를 클릭한 후 [축]의 오른쪽 삼각형 ▶을 클릭하고 [기본 가로]를 선택합니다.

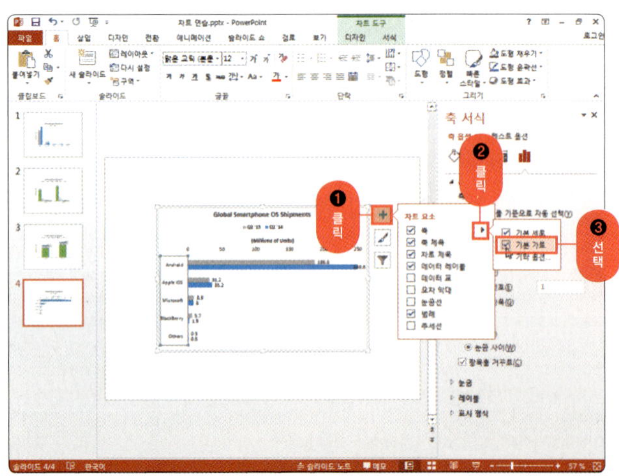

07 차트에 표시된 가로축 값을 선택한 후 작업창에서 [최대]에서 [다시 설정]을 클릭합니다.

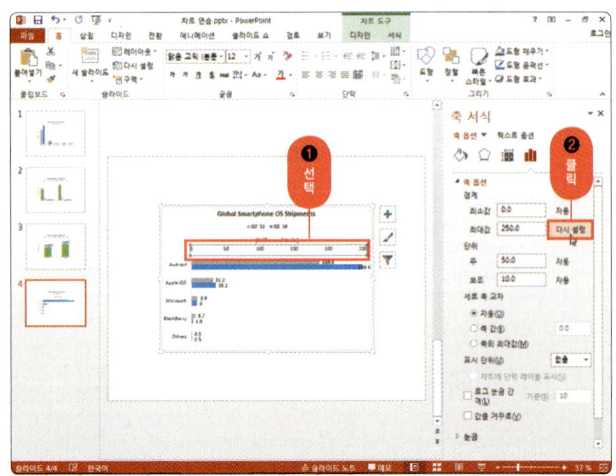

08 최대값이 변경되면 Delete 를 눌러 가로축을 지웁니다.

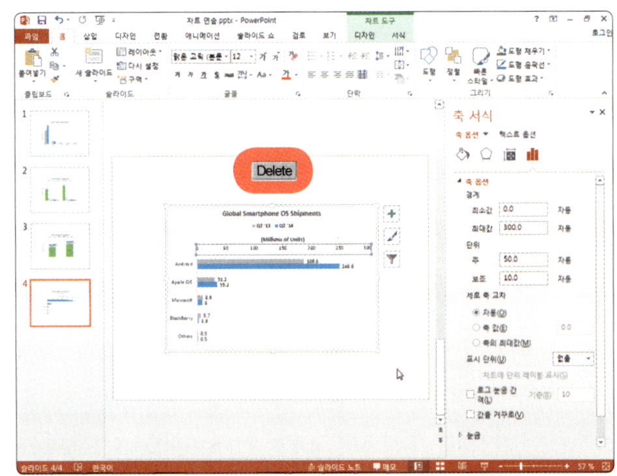

09 그래프를 선택한 후 [간격 너비]를 [100%]로 변경합니다.

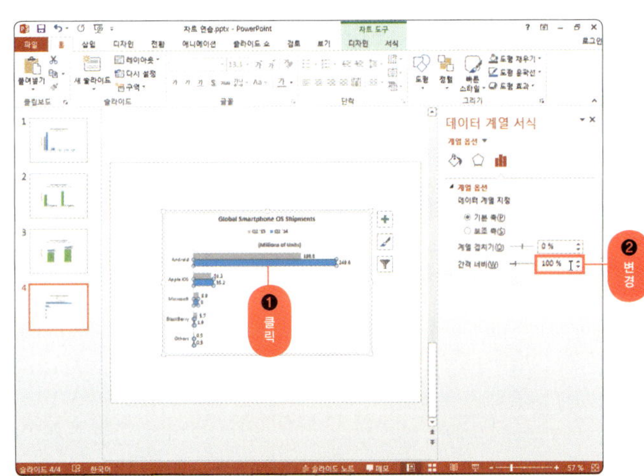

10 차트에서 단위를 선택합니다.

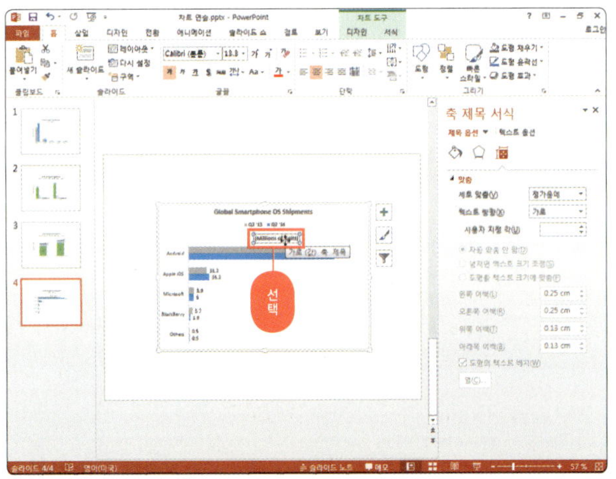

11 아래로 드래그해 위치를 변경합
니다.

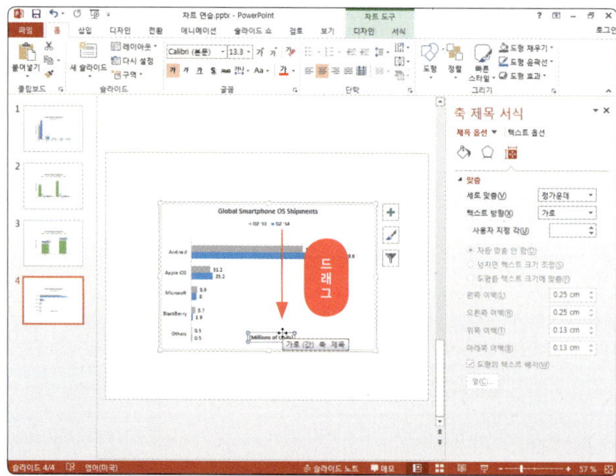

12 그림 영역을 클릭합니다.

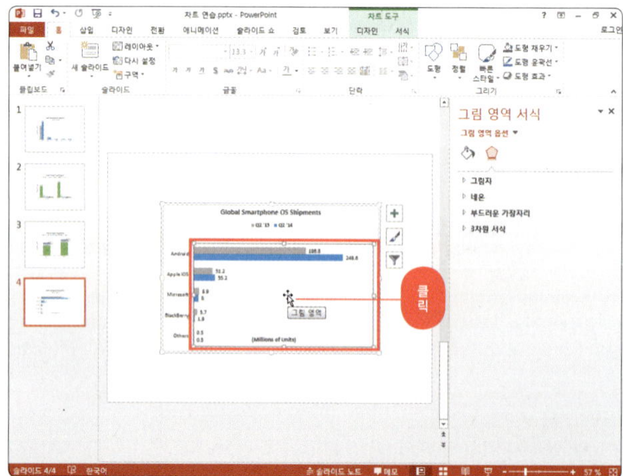

13 위쪽으로 드래그해 그림 영역을
이동합니다.

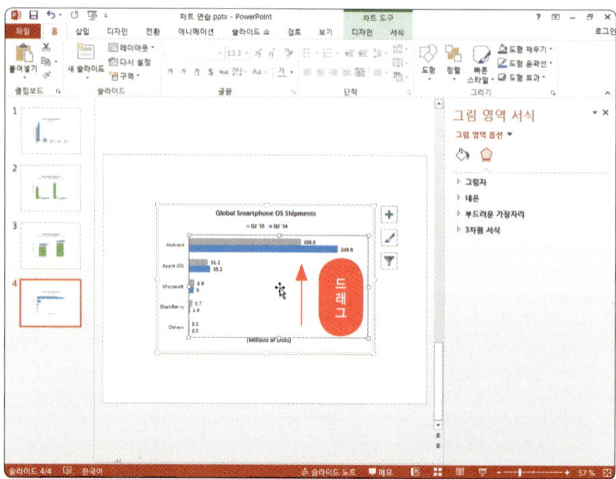

02 LESSON

POWERPOINT KNOWHOW

원형 차트를 만들어 보자!

점유율과 같이 전체(100%)에서 특정 항목이 차지하는 비율을 나타내는 원형 차트는 막대 그래프와 함께 오랜 역사동안 사용되어왔습니다. 원형 차트를 만들 때는 가장 중요한 요소를 가장 먼저 표시하고 시계 방향으로 배치되도록 하면 독자/청중이 편하게 읽을 수 있을 것입니다. 차트 기능으로 원형 차트를 만드는 방법에 대해 알아보겠습니다.

- **실습 파일**: 부록 CD/테마05/차트 데이터.xlsx [원형 차트] 시트
  결과 파일: 부록 CD/테마05/테마05(결과).pptx 5번 슬라이드

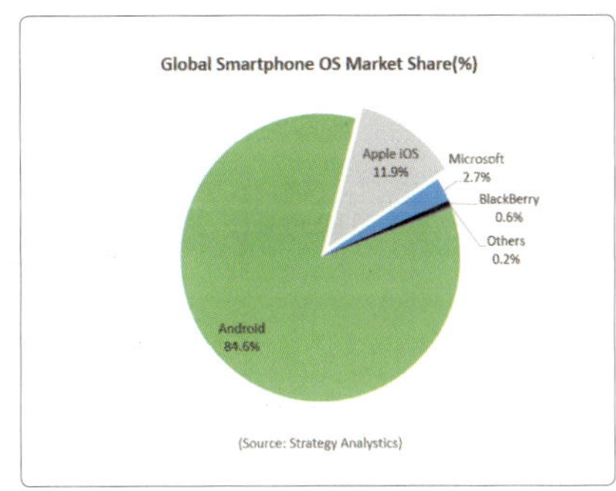

STEP 01 | 차트 만들고 데이터 수정하기

01 빈 슬라이드를 하나 만든 후 [삽입] 탭에서 [차트]를 클릭합니다.

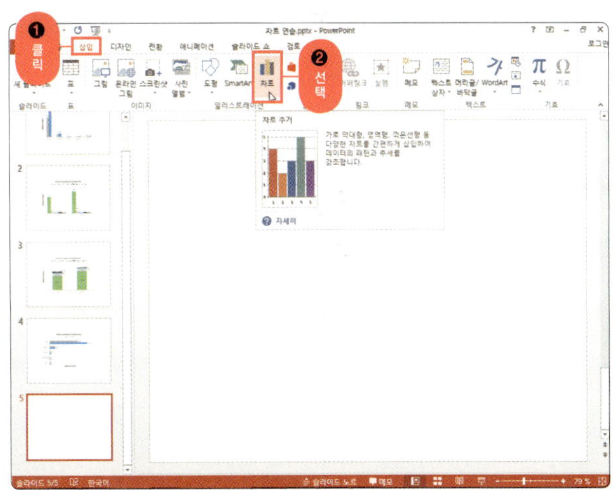

02 차트 삽입 대화상자의 왼쪽에서 [원형]을 클릭한 후 [원형]을 선택하고 [확인] 버튼을 클릭합니다. 원형 차트와 기본 데이터가 나타나는 데이터 편집 창이 표시됩니다.

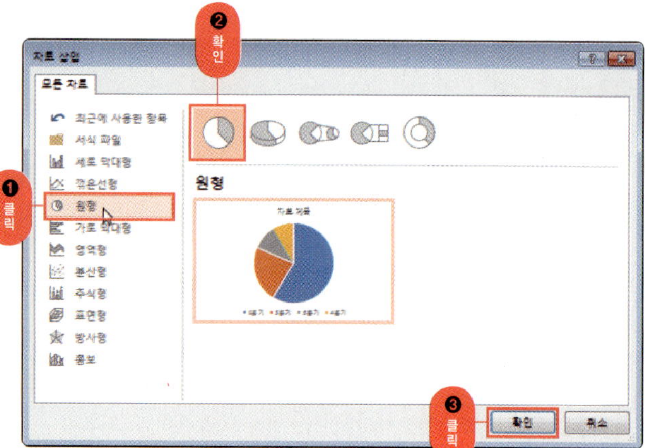

03 데이터 편집 창에서 다음과 같이 데이터를 변경한 후 [닫기] 버튼을 클릭합니다.

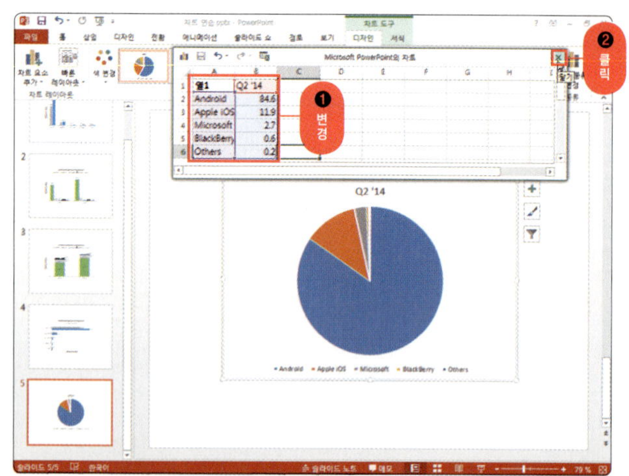

N O T E

이번 레슨에서 사용할 데이터

부록 CD/테마5/차트 데이터.xlsx의 [원형 차트] 시트에서 데이터를 확인할 수 있습니다. 이 시트에 있는 데이터를 복사한 후 파워포인트 데이터 시트 창에 붙여 넣어도 됩니다.

STEP 02 | 차트에 레이블 표시하기

원형 차트에 항목 이름과 백분율이 표시되도록 해보겠습니다.

01 [차트 요소] ➕ 를 클릭한 후 [데이터 레이블]의 오른쪽 삼각형 ▶을 클릭하고 [기타 옵션]을 선택합니다.

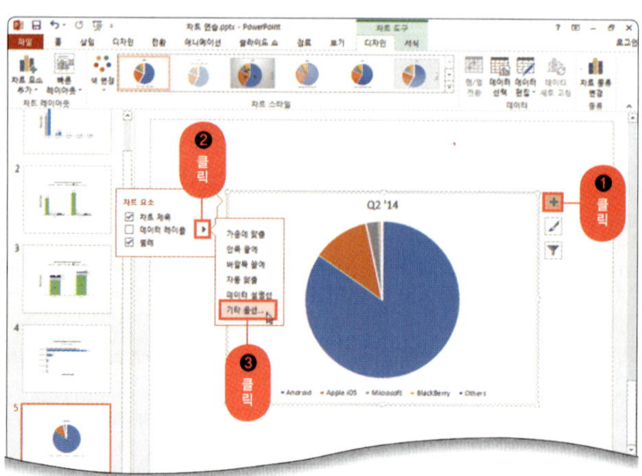

02 나타나는 데이터 레이블 서식 창의 [레이블 내용] 영역에서 [항목 이름]을 선택한 후 [값]을 선택 해제한 후 [백분율]을 선택합니다.

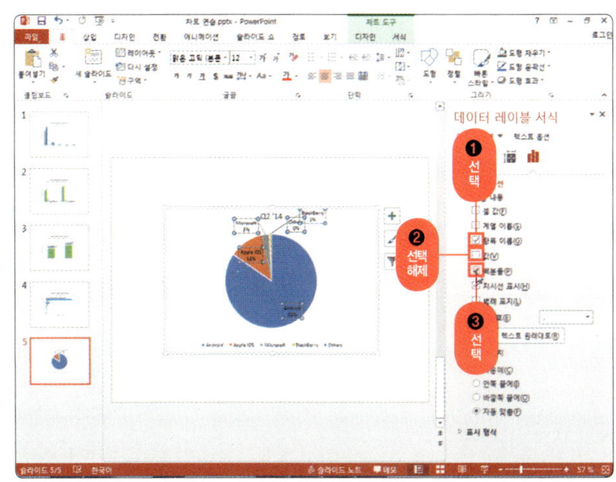

03 [표시 형식]을 클릭한 후 [범주]를 클릭합니다.

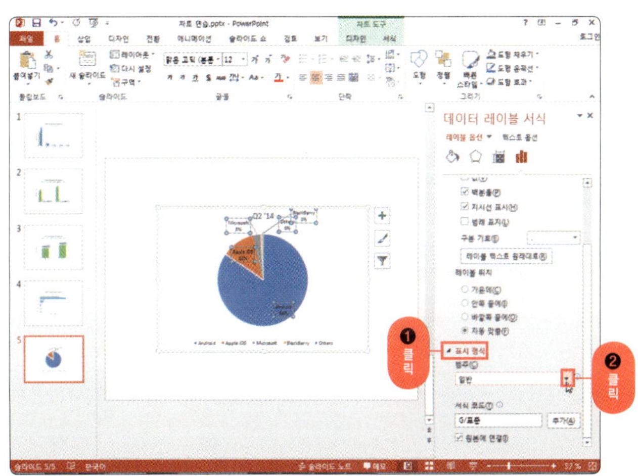

04 [백분율]을 선택합니다.

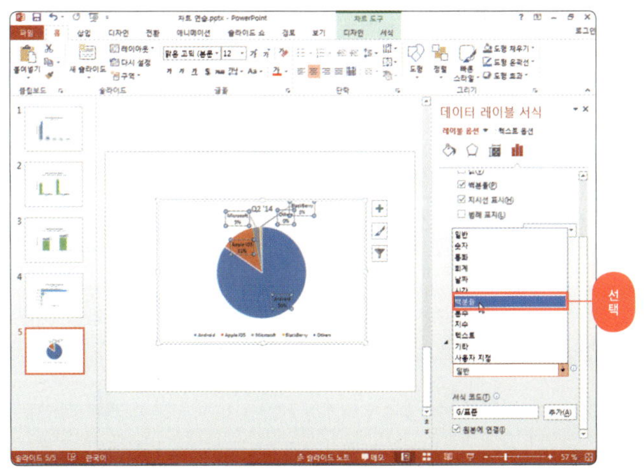

05 [소수 자릿수]를 [1]로 변경한 후
[닫기] 버튼을 클릭합니다.

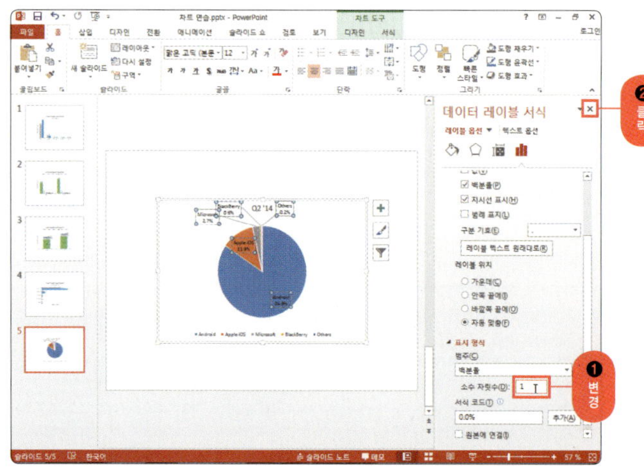

06 차트 아래에 있는 범례를 선택합
니다.

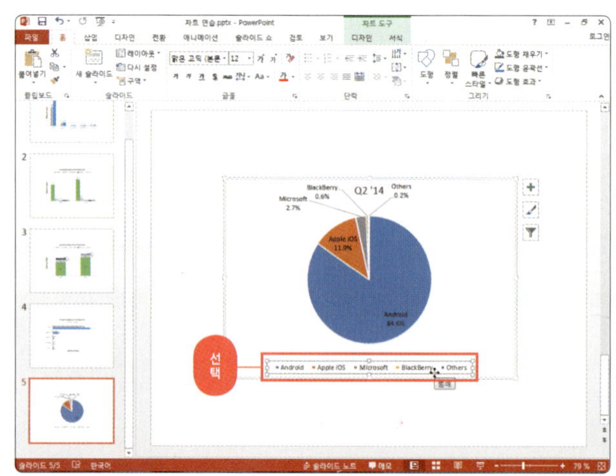

07 Delete 를 눌러 지웁니다.

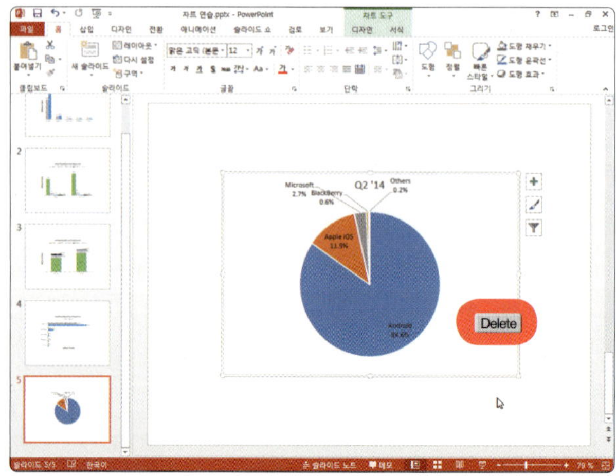

STEP 03 | 차트 조각 서식 변경하기

01 원형 차트에서 아무 조각이나 클릭합니다. 모든 조각이 선택됩니다.

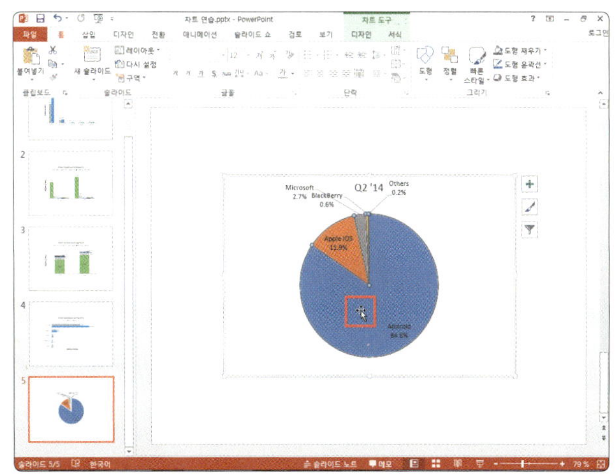

02 [홈] 탭에서 [도형 윤곽선]을 클릭한 후 [윤곽선 없음]을 선택합니다.

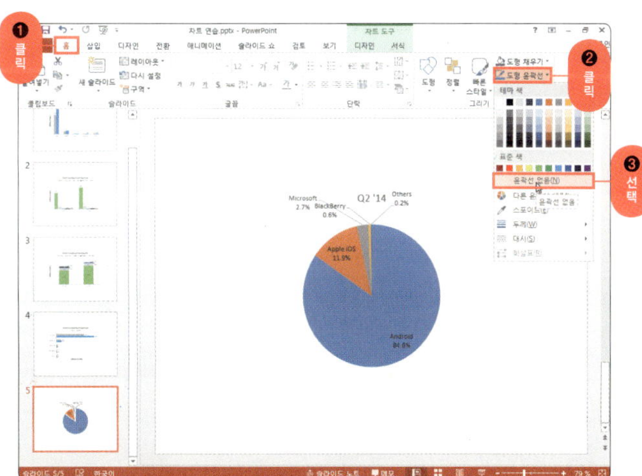

03 [Android] 조각을 클릭합니다. Android 조각만 선택됩니다.

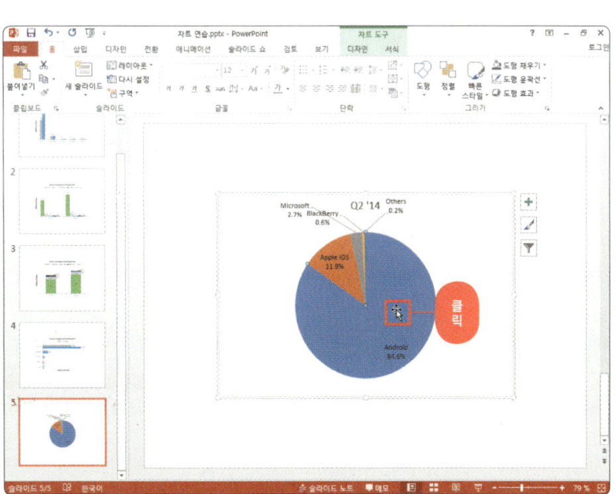

04 [차트 도구]–[서식] 탭에서 [도형 채우기]를 클릭한 후 [표준 색]에서 [연한 녹색]을 선택합니다.

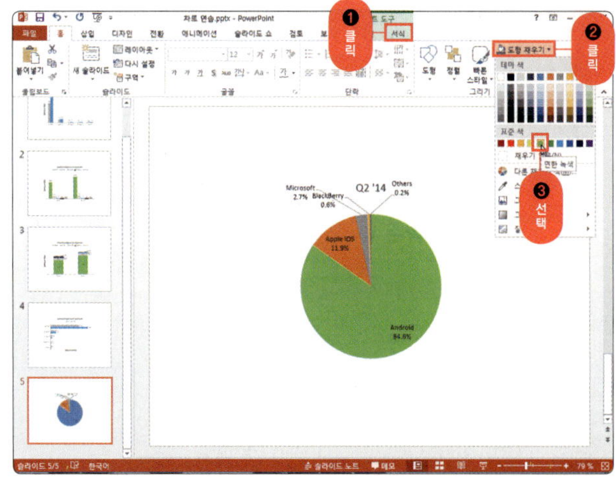

05 [Apple iOS] 조각을 선택한 후 [도형 채우기]를 클릭하고 [흰색, 배경 1, 15% 더 어둡게]를 선택합니다.

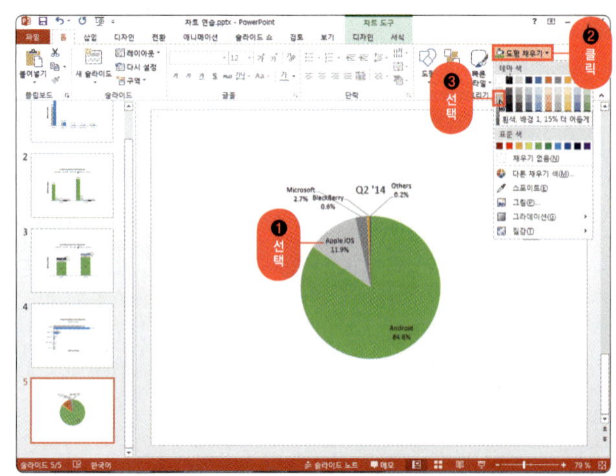

06 [Microsoft] 조각을 선택한 후 [도형 채우기]를 클릭하고 [연한 파랑]을 선택합니다.

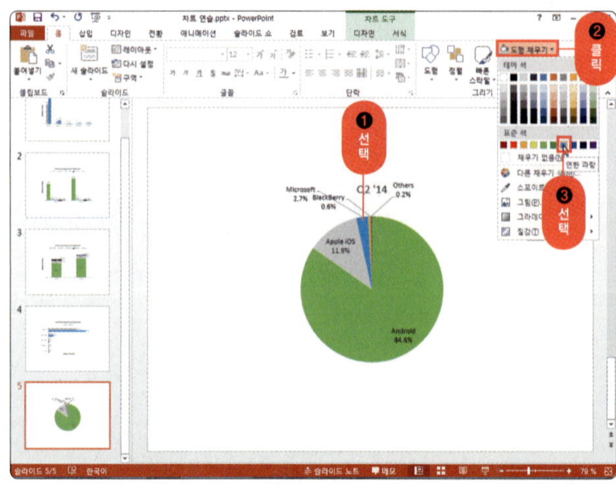

07 [Blackberry] 조각을 선택한 후 [도형 채우기]를 클릭하고 [검정, 텍스트 1]을 선택합니다. Others 조각은 너무 작아 선택하기 힘들 것입니다.

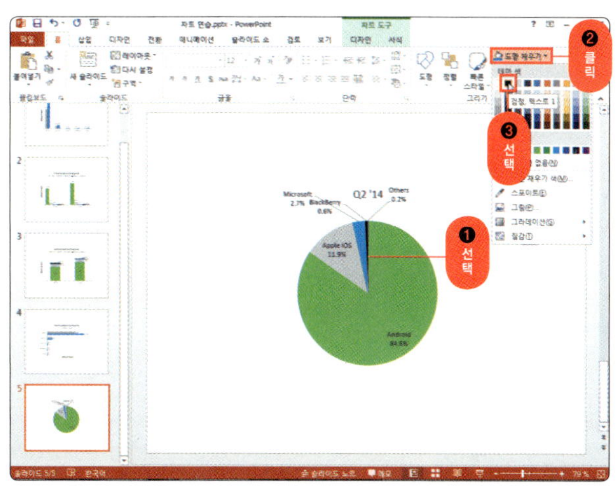

08 오른쪽 방향키 →를 누릅니다. Others 조각이 선택됩니다.

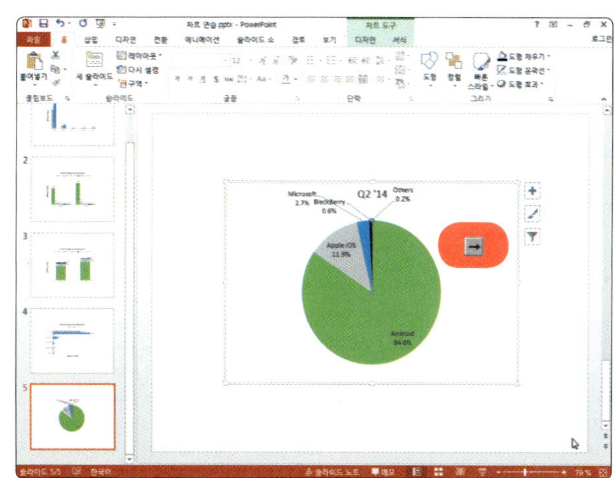

09 [도형 채우기]를 클릭한 후 [흰색, 배경 1, 50% 더 어둡게]를 선택합니다.

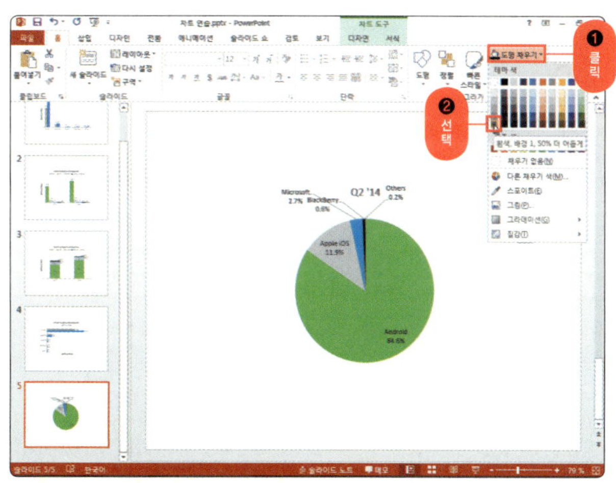

STEP 04 | 조각 회전하고 분리하기

01 아무 조각이나 마우스 오른쪽 버튼으로 클릭하면 나타나는 단축 메뉴에서 [데이터 요소 서식]을 선택합니다(단축키: Ctrl + 1 또는 조각 더블 클릭).

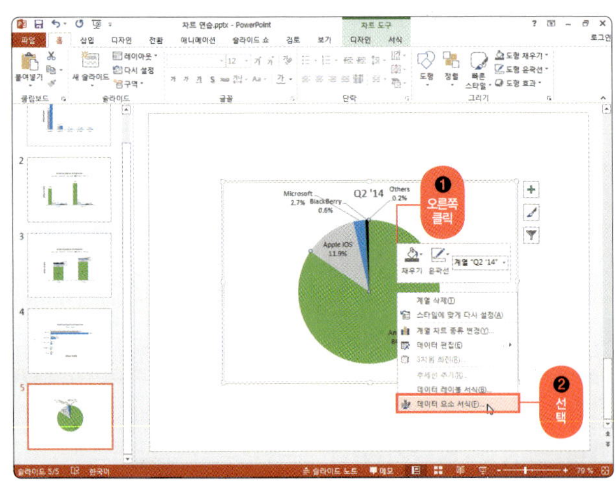

02 [첫째 조각의 각]을 [70]도로 변경합니다. 차트가 회전되는 것을 볼 수 있습니다.

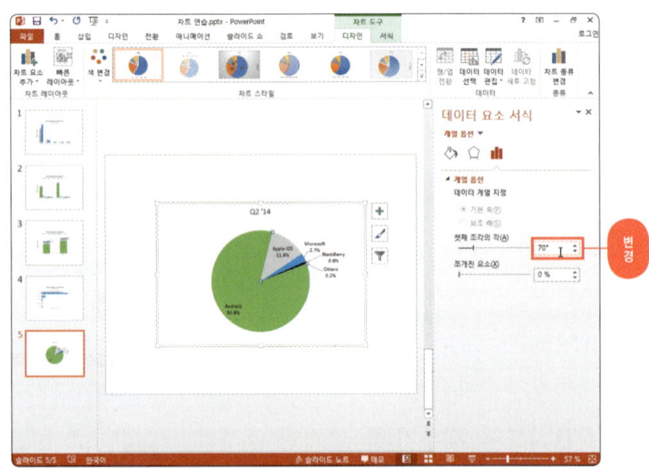

03 [Apple iOS] 조각을 클릭합니다.

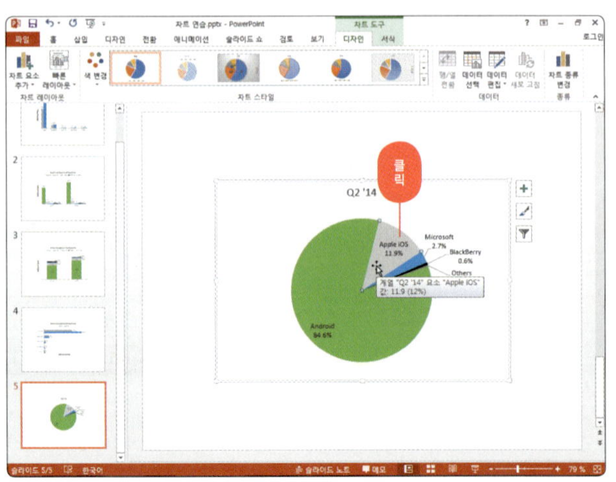

04 오른쪽으로 드래그해 이동합니다.

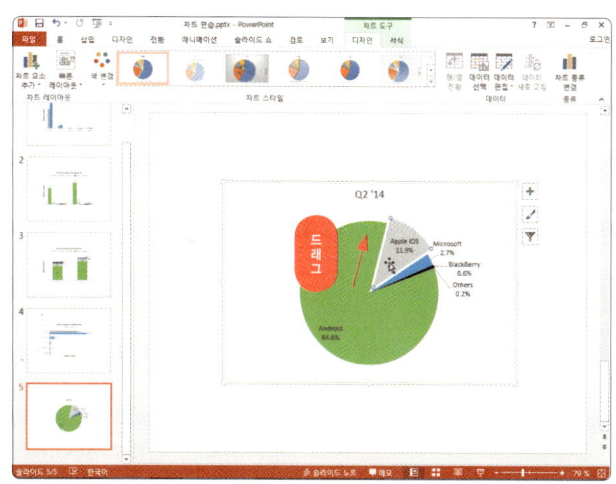

05 차트 제목을 변경한 후 텍스트 상
자를 만들어 출처를 명기해 완성
합니다.

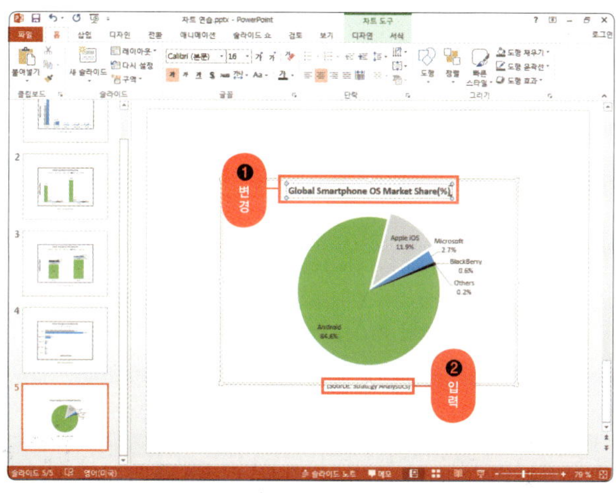

03

P O W E R P O I N T   K N O W H O W

선형 차트를 디자인해보자!

시간의 흐름에 따른 변화, 즉 '추이'를 표현하는 선형 차트는 표식이 있는 것과 없는 것으로 크게 구분할 수 있는데, 일반적으로 흐름만 보고 싶을 때는 표식이 없는 것을, 흐름과 함께 특정 시점에서의 수치 값을 알고 싶을 때는 표식이 있는 것을 사용합니다. 이번 레슨에서는 고품위의 표식이 있는 선형 차트를 만들어보겠습니다.

- **실습 파일**: 부록 CD/테마05/차트 데이터.xlsx [선형 차트] 시트
- **결과 파일**: 부록 CD/테마05/테마05(결과).pptx 6번 슬라이드

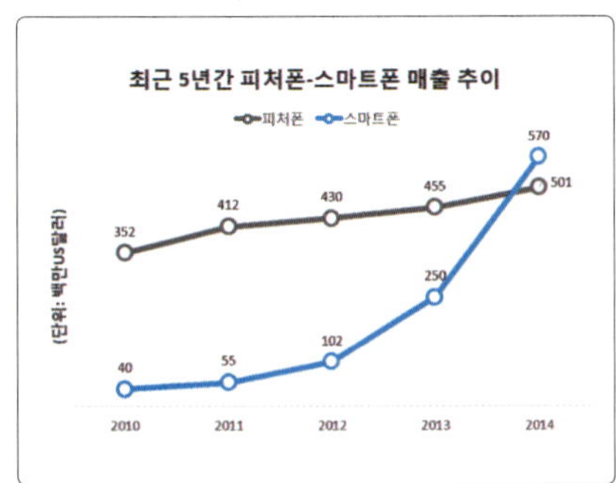

STEP 01 | 선형 차트 만들고 데이터 변경하기

01 새 슬라이드를 만든 후 [삽입] 탭에서 [차트]를 클릭합니다.

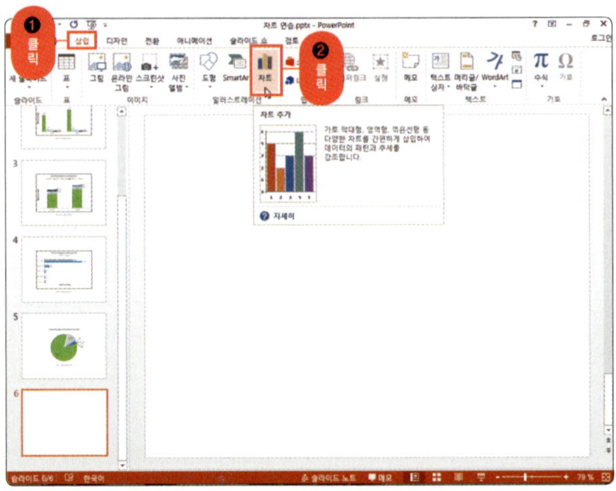

02 차트 삽입 대화상자에서 [꺾은선형]을 클릭한 후 [표식이 있는 꺾은선형]을 선택하고 [확인] 버튼을 클릭합니다.

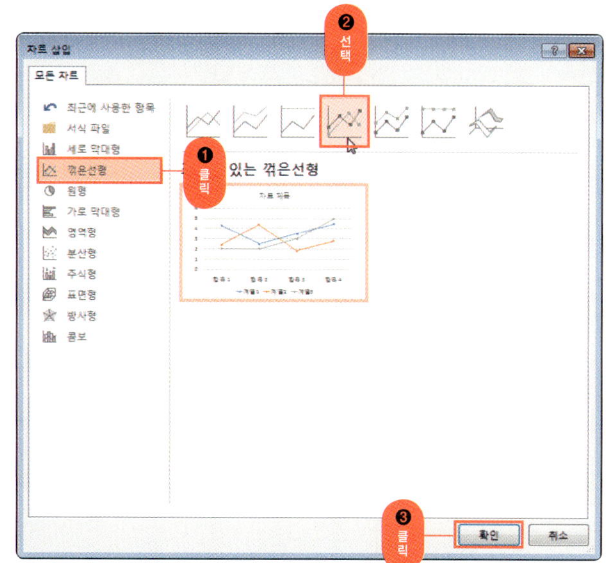

03 데이터시트 창에서 다음과 같이 데이터를 변경한 후 [닫기] 버튼을 클릭합니다.

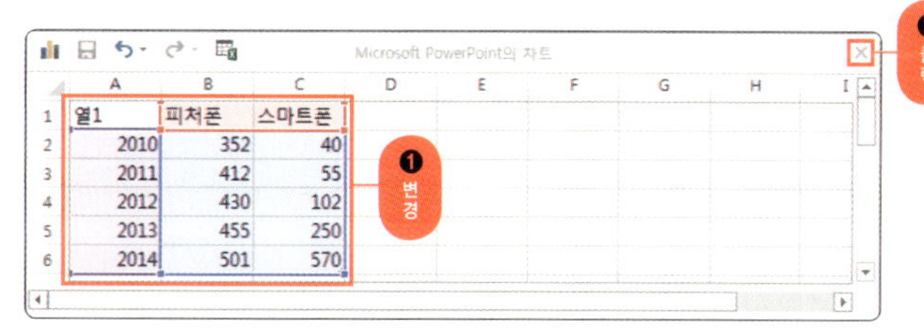

NOTE

이번 레슨에서 사용할 데이터

부록 CD/테마05/차트 데이터.xlsx의 [선형 차트] 시트에서 데이터를 확인할 수 있습니다.

STEP 02 | 첫 번째 그래프 [표식] 서식 변경하기

01 차트에서 파란색 선 그래프를 마우스 오른쪽 버튼으로 클릭하면 나타나는 컨텍스트 메뉴 중에서 [데이터 계열 서식]을 선택합니다.

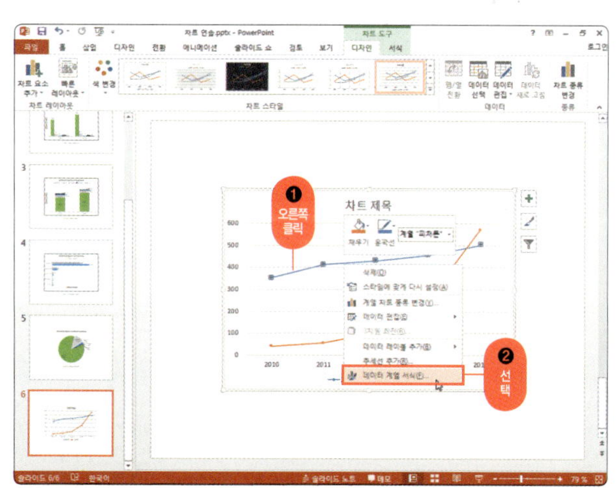

NOTE

서식 명령을 실행하는 다른 방법

• [차트 도구]–[서식] 탭에서 [선택 영역 서식]을 클릭합니다.

• 단축키인 Ctrl + 1 를 누릅니다.

• 선 그래프를 더블 클릭합니다.

02 오른쪽에 나타나는 데이터 계열 서식 창에서 [채우기 및 선]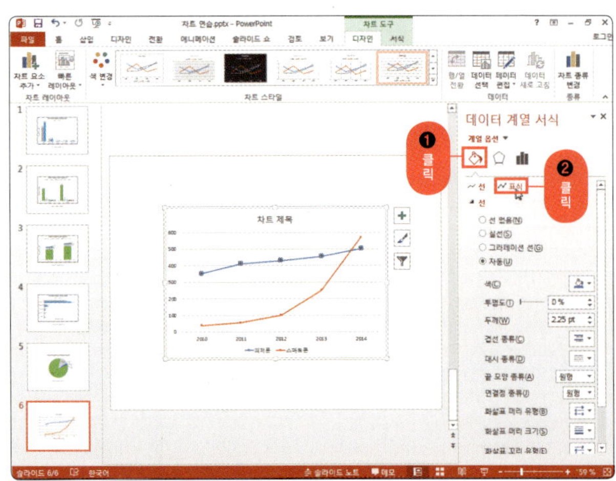을 클릭한 후 [표식]을 클릭합니다.

03 [표식 옵션]을 클릭한 후 [기본 제공]을 선택하고 [크기]를 [12]로 변경합니다.

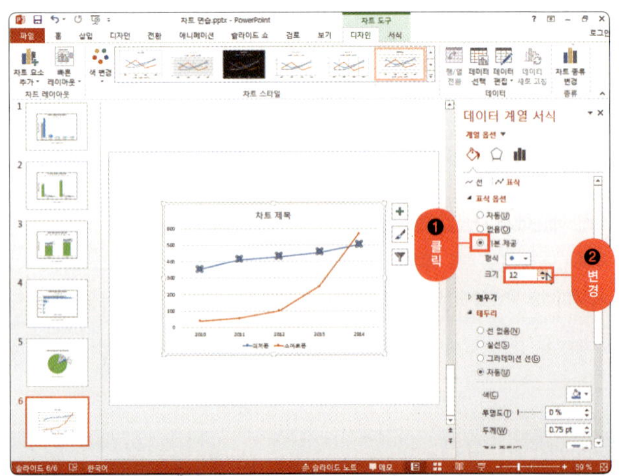

04 [채우기]에서 [색]을 클릭하고 [흰색, 배경 1]을 선택합니다.

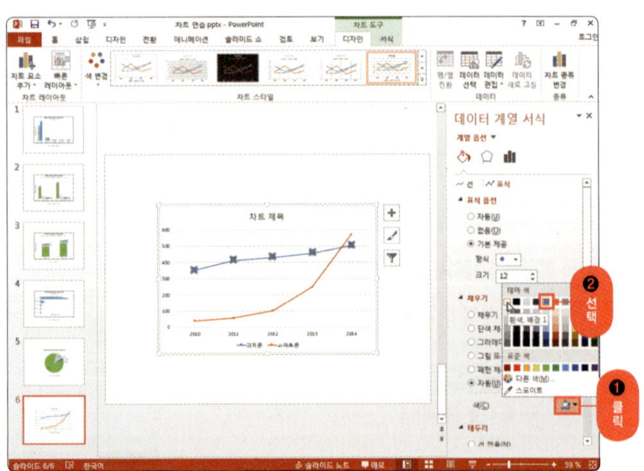

05 [테두리]에서 [색]을 클릭한 후 [테마 색]에서 [흰색, 배경 1, 50% 더 어둡게]를 선택합니다.

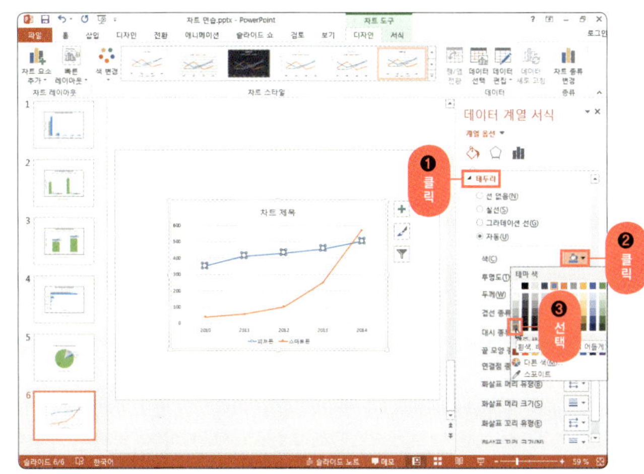

06 [두께]를 [2.5pt]로 변경합니다.

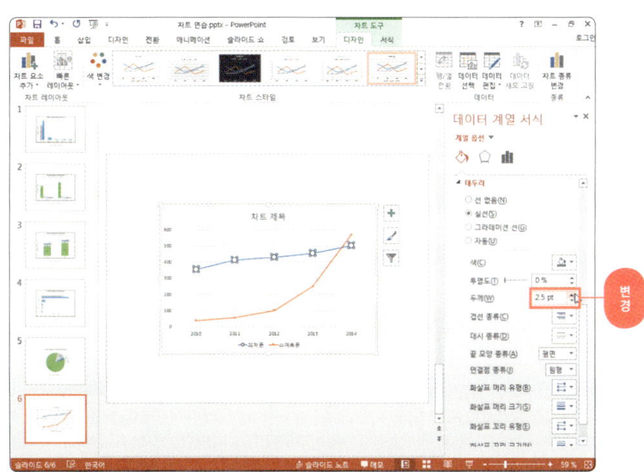

STEP 03 | 첫 번째 그래프 [선] 서식 변경하기

01 작업창 맨 위에서 [선]을 클릭합니다.

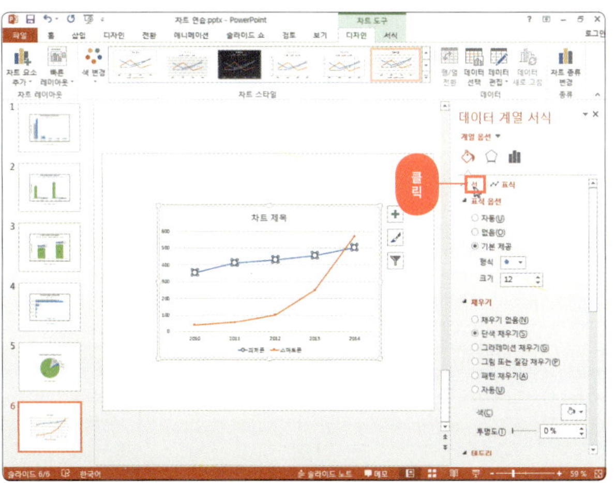

02 [실선]을 선택합니다. 앞에서 표식 테두리로 설정했던 색이 자동으로 칠해집니다.

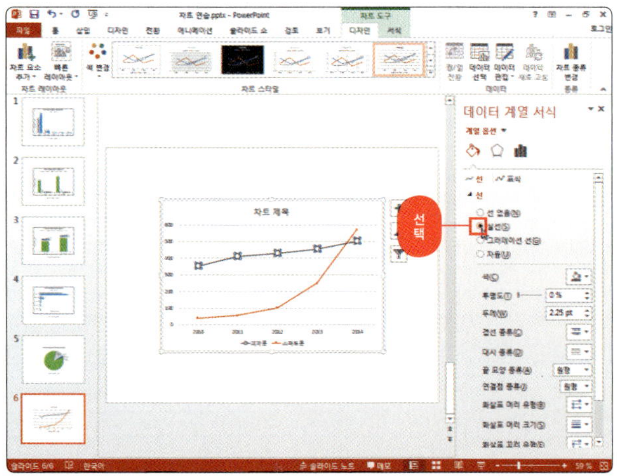

03 [두께]를 [5pt]로 변경합니다.

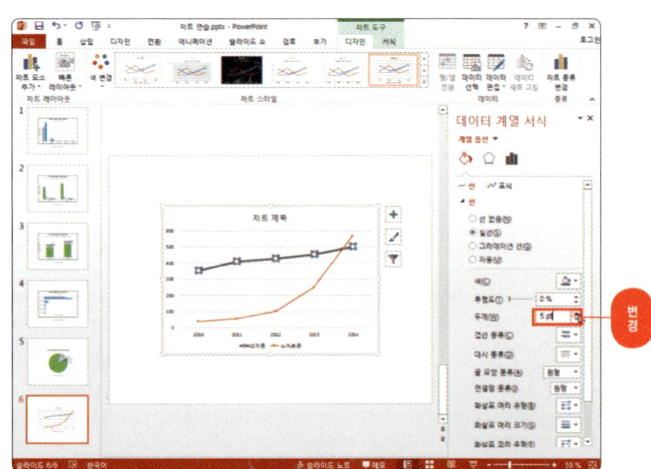

STEP 04 | 두 번째 그래프 [선] 서식 변경하기

01 차트에서 주황색 선 그래프를 선택합니다.

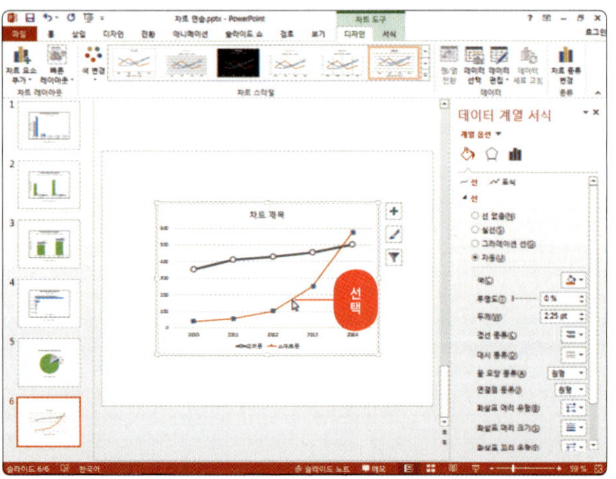

02 작업창에서 [색]을 클릭한 후 [표준 색]에서 [연한 파랑]을 선택합니다.

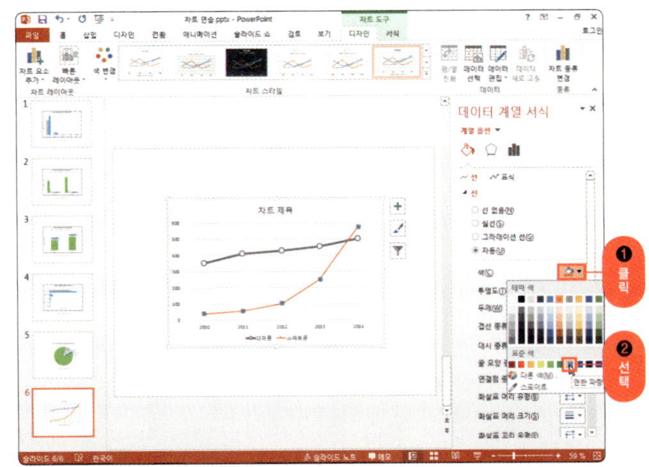

03 [두께]를 [5pt]로 변경합니다.

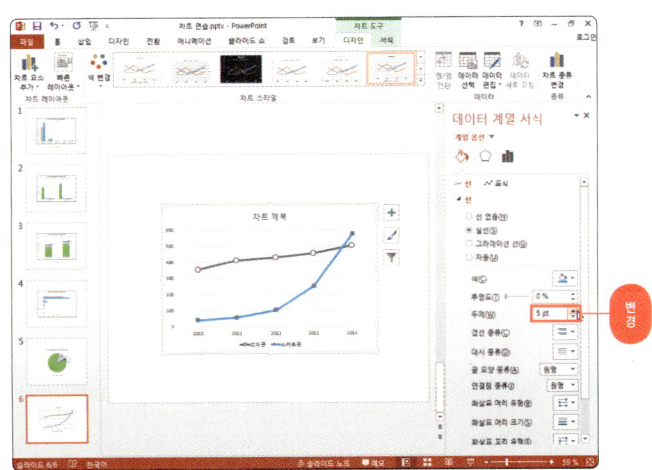

STEP 05 | 두 번째 그래프 [표식] 서식 변경하기

01 작업창 맨 위에서 [표식]을 클릭합니다.

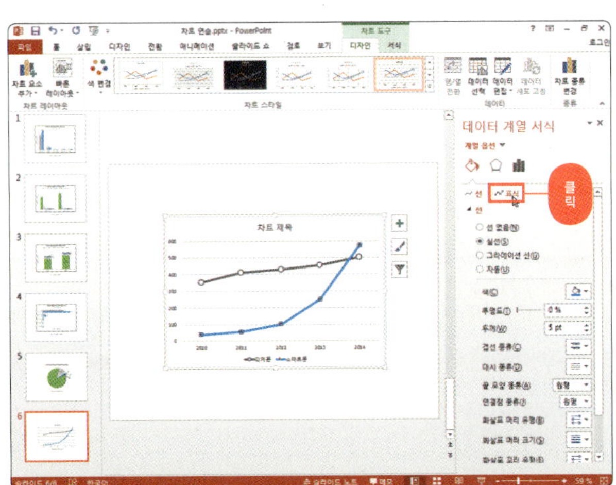

02 [표식 옵션]을 클릭한 후 [기본 제공]을 선택하고 [크기]를 [12]로 변경합니다.

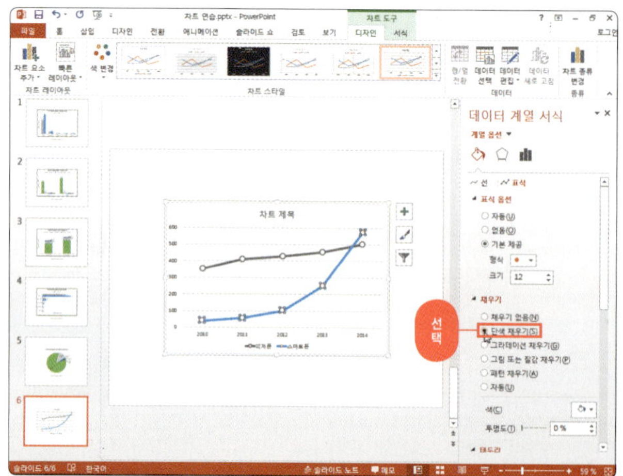

NOTE

표식 모양 바꾸기

표식 옵션에서 [기본 제공]을 선택하고 [형식] 메뉴를 열고 원하는 모양(예 직사각형, 다이아몬드 등)을 선택합니다.

03 [채우기]에서 [단색 채우기]를 선택합니다. 첫 번째 그래프에서 표식의 채우기 색으로 설정했던 [흰색, 배경 1] 색이 적용됩니다.

04 [테두리]에서 [색]을 클릭한 후 [표준 색]에서 [연한 파랑]을 선택합니다.

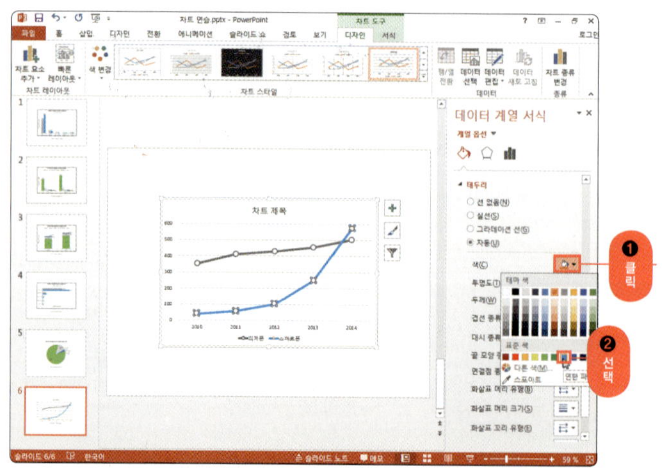

05 [두께]를 [2.5pt]로 변경합니다.

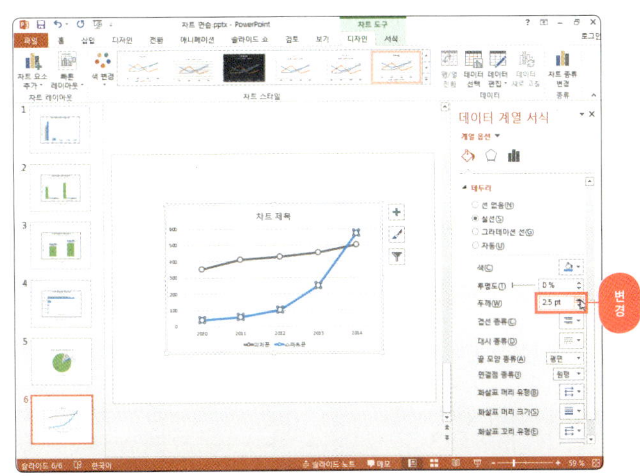

STEP 06 | 데이터 레이블 표시하고 레이블 위치 조정하기

01 현재 두 번째 그래프가 선택 중인 상태에서 [차트 요소] ➕를 클릭한 후 [데이터 레이블]에서 [위쪽]을 선택합니다. 선택되어 있던 그래프 위에 데이터 레이블이 표시됩니다.

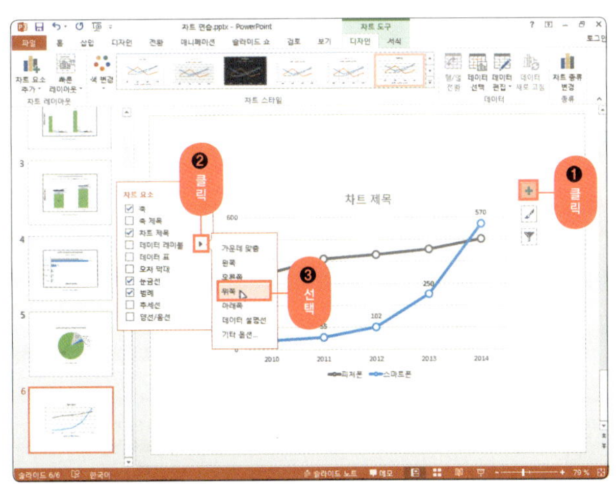

02 첫 번째 그래프를 선택한 후 [차트 요소] ➕를 클릭하고 [데이터 레이블]에서 [위쪽]을 선택합니다. 선택된 그래프 위에 데이터 레이블이 표시됩니다.

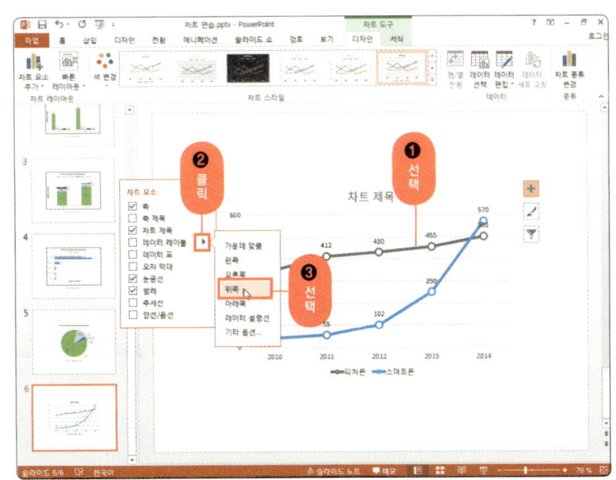

03 첫 번째 그래프 위에 나타나는 데이터 레이블 중에서 하나를 클릭합니다. 첫 번째 그래프의 레이블이 모두 선택됩니다.

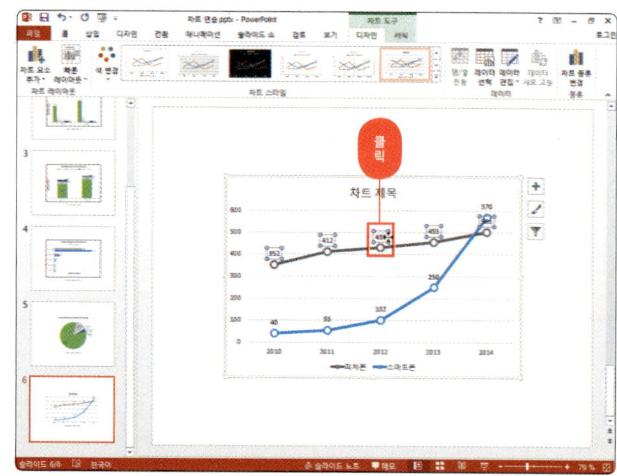

04 선택된 레이블 맨 오른쪽에 있는 레이블(501)을 클릭합니다. 클릭한 레이블만 선택됩니다.

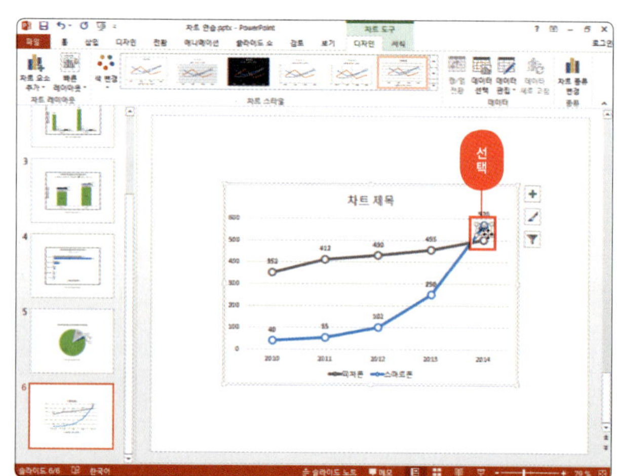

05 선택한 레이블을 드래그해 이동합니다.

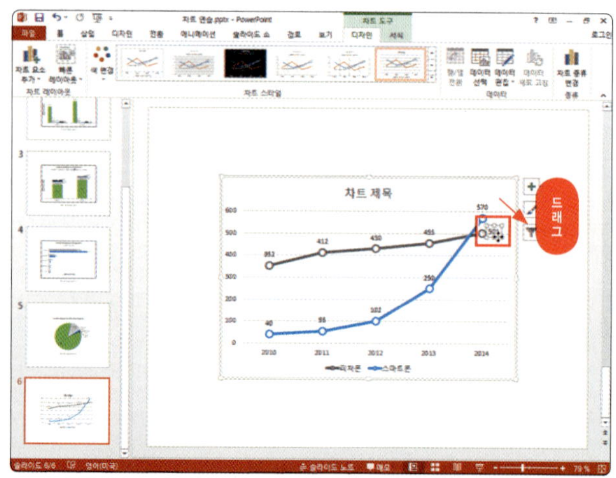

STEP 07 | 차트 제목 변경 및 세로축 제목 표시하기

01 차트 제목을 변경합니다.

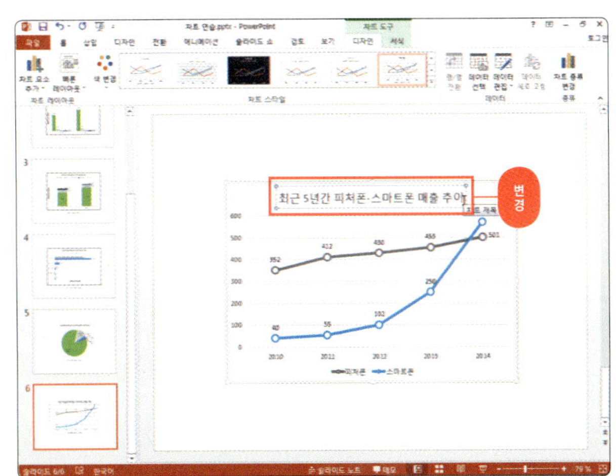

02 차트 테두리를 클릭한 후 [차트 요소] +를 클릭하고 [축 제목]에 서 [기본 세로]를 선택합니다.

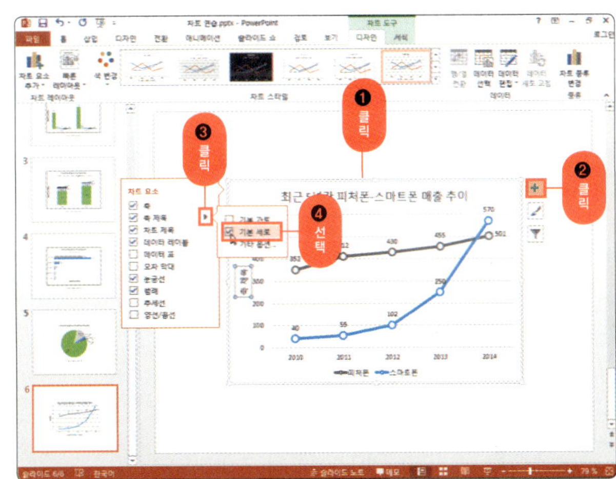

NOTE

[차트 요소] + 가 보이지 않는다면 차트의 테두리를 클릭합 니다.

03 세로축 제목을 변경합니다.

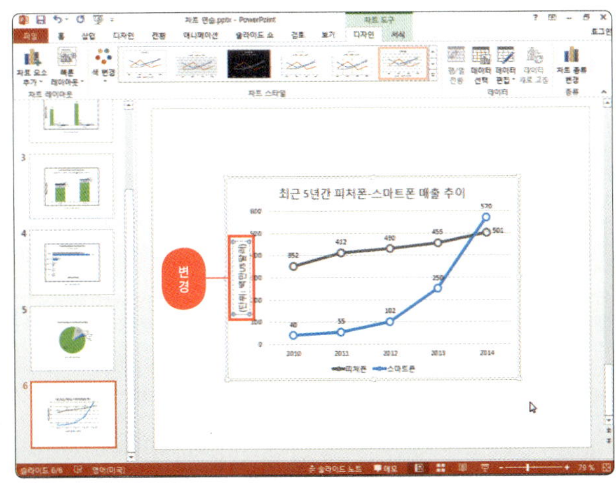

04 [차트 요소] + 를 클릭한 후 [범례]에서 [위쪽]을 선택합니다. 아래에 있던 범례가 위로 이동해 차트 제목 아래에 표시됩니다.

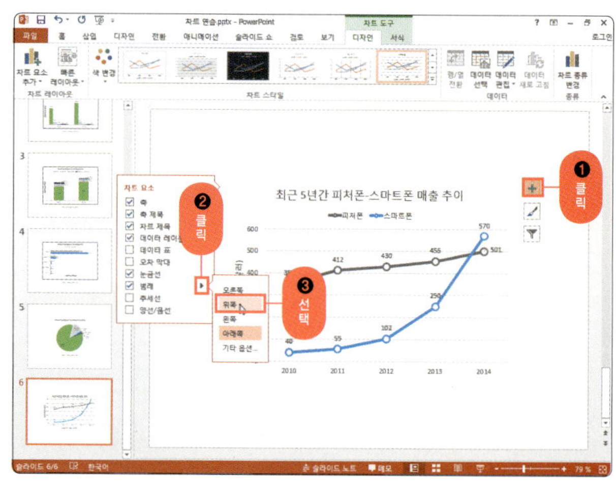

STEP 08 | 필요 없는 요소 지우기

01 차트에서 눈금선을 선택합니다.

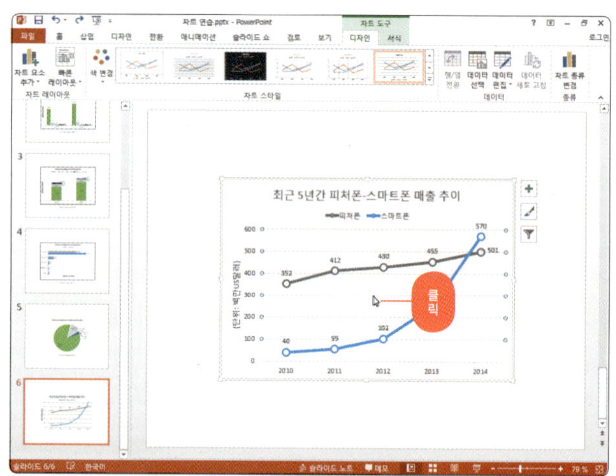

02 Delete 를 눌러 지웁니다.

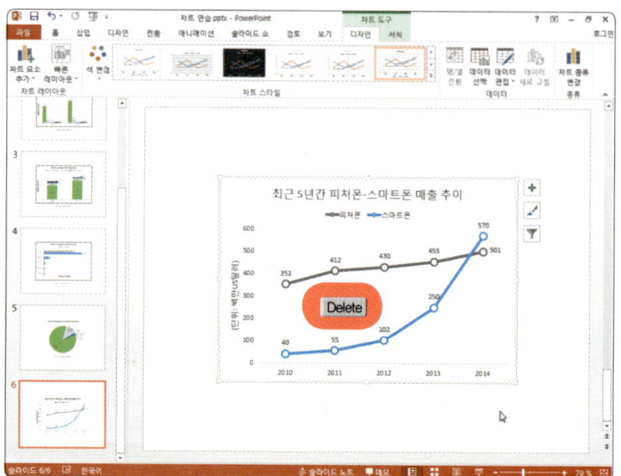

03 왼쪽 세로축의 숫자를 선택합니다.

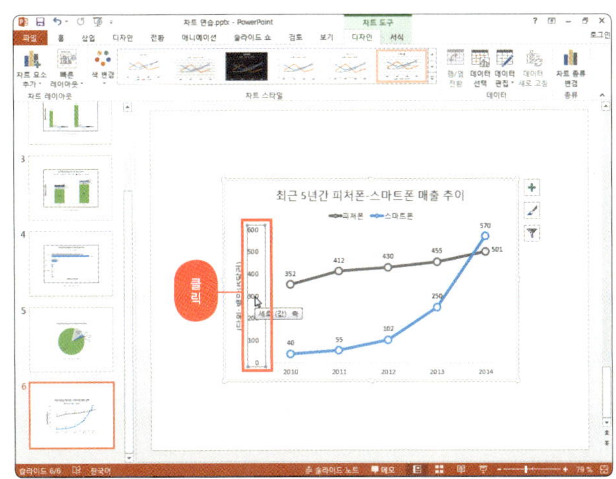

04 Delete 를 눌러 지웁니다.

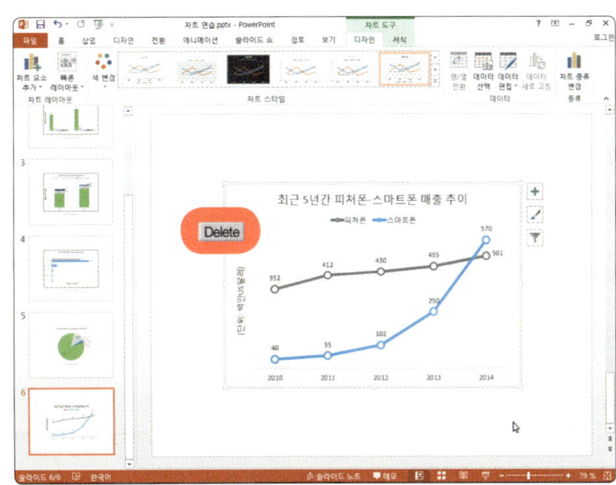

05 차트 제목, 범례, 축 제목, 데이터 레이블의 글꼴 서식을 변경해 완성합니다.

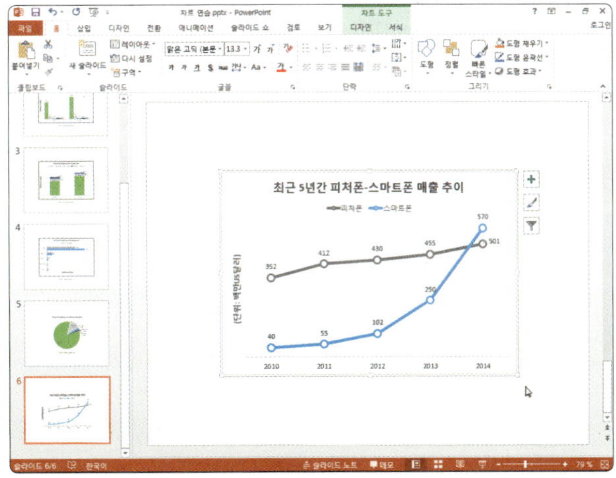

범례 대신 말풍선을 넣어보자!

여러분이 범례를 지우고 선 그래프 오른쪽에 다음 그림처럼 말풍선을 넣는다면 독자/청중은 좀 더 쉽게 선이 어떤 의미를 갖고 있는지 알 수 있을 것입니다. 이런 것을 '근접의 원리'라고하는데요. 사람들은 가까이에 있는 것을 하나의 그룹으로 묶어 인지한다는 '게슈탈트의 원리'를 기반으로 한 것입니다.

● **결과 파일**: 부록 CD/테마05/차트 샘플.pptx 33번 슬라이드

❶ [설명선]에서 [모서리가 둥근 사각형 설명선]을 선택합니다.

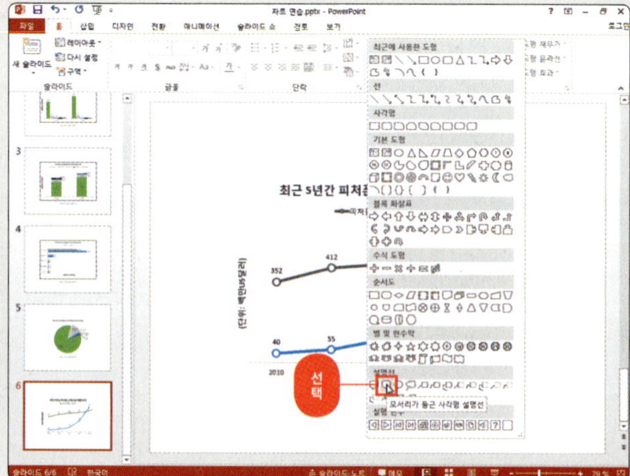

❷ 설명선 도형을 배치한 후 선의 색과 똑같이 도형 채우기 색을 설정합니다. 그런 다음 범례의 내용을 입력하고 범례를 삭제합니다.

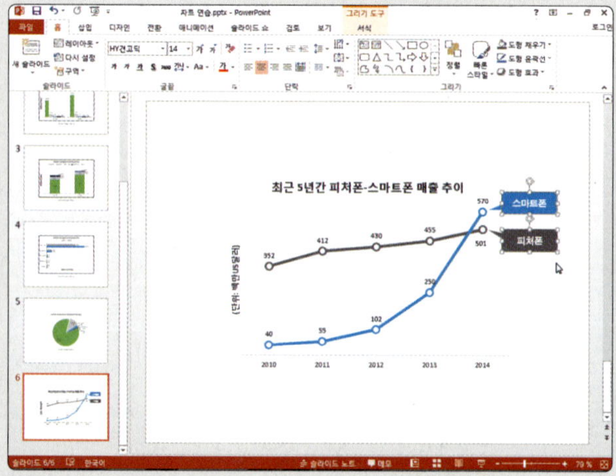

04

P O W E R P O I N T   K N O W H O W

혼합 차트를 디자인해보자!

성격이 다른 종류의 두 개 이상의 차트를 한 차트에 표현하는 것을 혼합 차트라 합니다. 일반적으로 막대형 차트와 선형 차트를 함께 사용하는데 매출과 수익과 같이 항목간의 값의 차이가 클 때나, 매출과 수익률(%)과 같이 기준 단위가 다를 때 사용합니다. 혼합 차트를 만들 때는 차트 오른쪽에 보조 세로축을 만드는 방법을 아는 것이 중요한데 그 방법을 알아보겠습니다.

- **실습 파일**: 부록 CD/테마05/차트 데이터.xlsx [혼합 차트] 시트
  결과 파일: 부록 CD/테마05/테마05(결과).pptx 7번 슬라이드

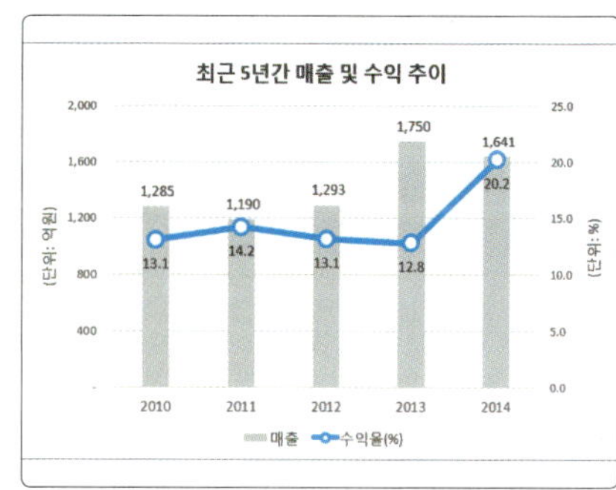

STEP 01 | 혼합 차트 만들기

01 [차트 연습.pptx] 파일에서 새 슬라이드를 만든 후 [삽입] 탭에서 [차트]를 클릭합니다.

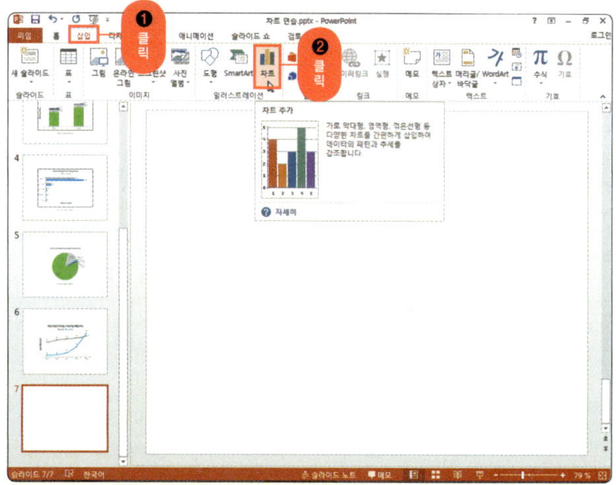

02 [콤보]를 클릭한 후 [묶은 세로 막대형 – 꺾은선형, 보조 축]을 선택합니다.

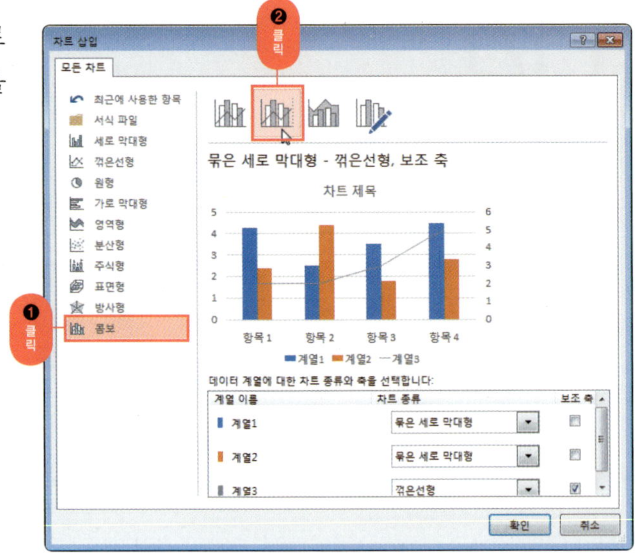

03 [계열 3]의 [차트 종류] 메뉴를 연 후 [표식이 있는 꺾은선형]을 선택하고 [확인] 버튼을 클릭합니다.

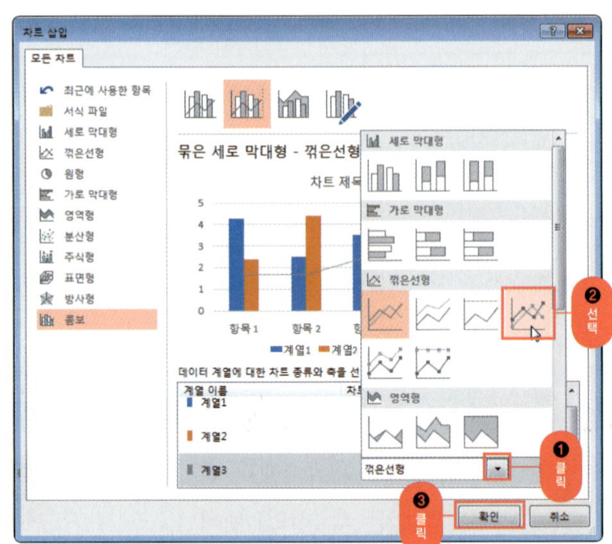

04 데이터시트 창에서 다음과 같이 변경하고 [닫기] 버튼을 클릭합니다.

	A	B	C	D
1	열1	매출	수익	수익율(%)
2	2010	1,285	168	13.1
3	2011	1,190	169	14.2
4	2012	1,293	170	13.1
5	2013	1,750	224	12.8
6	2014	1,641	331	20.2

NOTE

이번 레슨에서 사용할 데이터

부록 CD/테마05/차트 데이터.xlsx의 [혼합 차트] 시트에서 데이터를 확인할 수 있습니다.

05 혼합 차트가 만들어집니다.

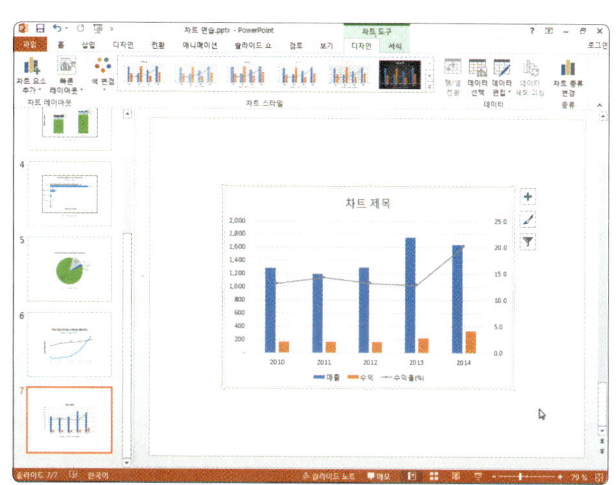

파워포인트 2010 버전에서 혼합 차트 만들기

여러분이 파워포인트 2010 버전 이하 사용자라면 차트를 삽입할 때 [콤보]라는 항목을 볼 수 없을 것입니다. 따라서 이런 경우에 혼합차트를 만들려면

1. 세로 막대형 차트와 같은 기본 차트를 만듭니다.

2. 데이터를 입력합니다.

3. 차트에 특정 그래프를 마우스 오른쪽 버튼으로 클릭하면 나타나는 컨텍스트 메뉴 중에서 [차트 종류 변경]을 선택합니다.

4. 나타나는 창에서 선형 차트를 선택합니다.

STEP 02 | 수익 항목 숨기기

만약 그려진 차트에서 특정 항목을 숨겨야 할 경우에는 어떻게 해야 할까요? 여러 가지 방법이 있지만 데이터 선택 기능을 이용해 특정 항목을 선택 해제하는 것이 가장 좋습니다.

01 차트가 선택되어 있는 상태에서 [표시할 항목 선택]을 클릭합니다.

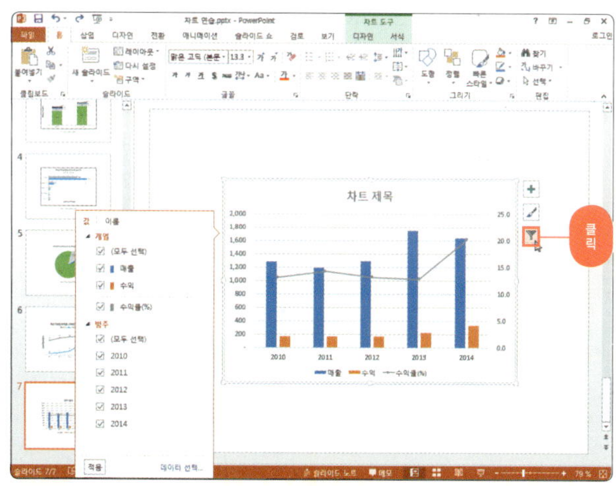

02 [수익]을 선택 해제한 후 [적용]을 클릭합니다.

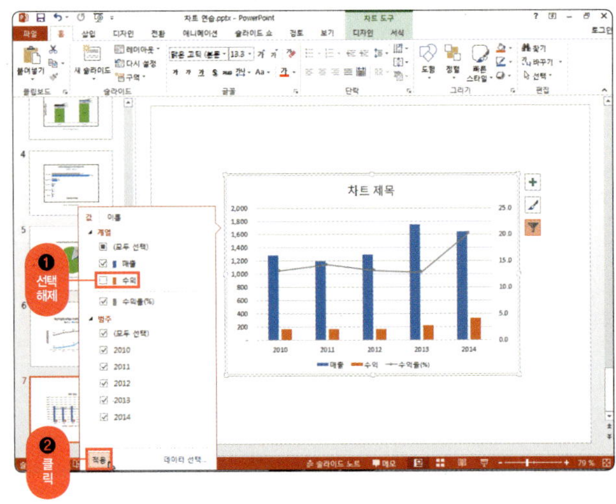

차트에서 수익 항목이 사라진 것을 확인할 수 있습니다.

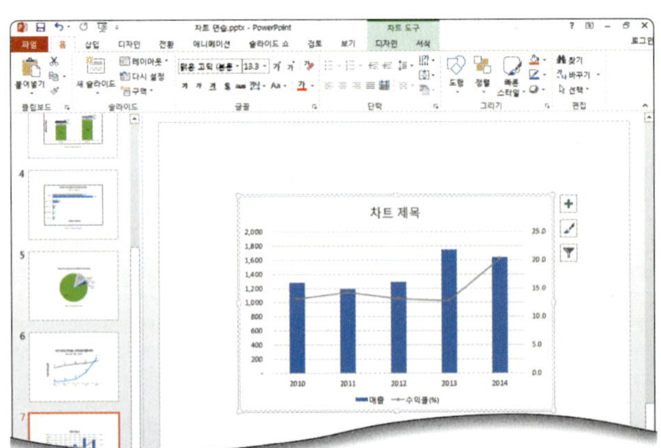

STEP 03 | 주 축과 보조 축 제목 추가 및 간격 조정하기

혼합 차트를 만들고 차트 오른쪽에 보조 축을 표시하면 축 제목을 양쪽에 모두 설정해야 하며, 단위 표시 간격을 조정해야 합니다.

01 [차트 요소] + 를 클릭한 후 [축 제목]에서 [기본 세로]와 [보조 세로]를 선택합니다.

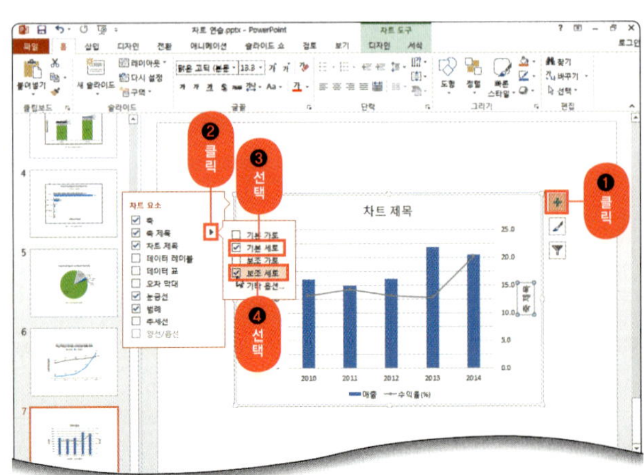

02 차트 제목과 축 제목을 다음과 같이 변경합니다.

❶ **차트 제목:** 최근 5년간 매출 및 수익 추이
❷ **기본 축 제목:** (단위: 억원)
❸ **보조 축 제목:** (단위: %)

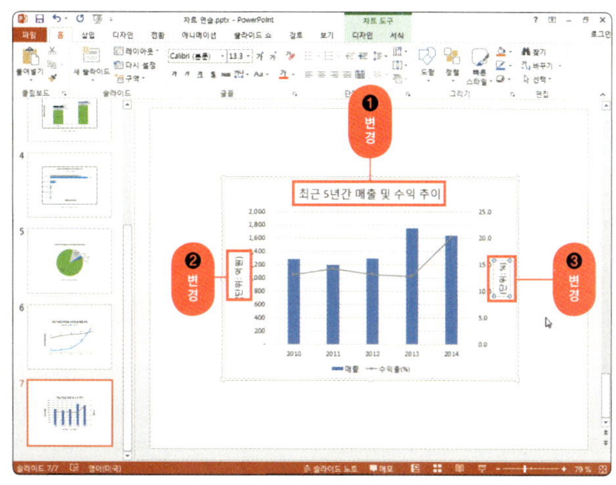

03 차트 오른쪽의 보조 축의 숫자를 선택합니다.

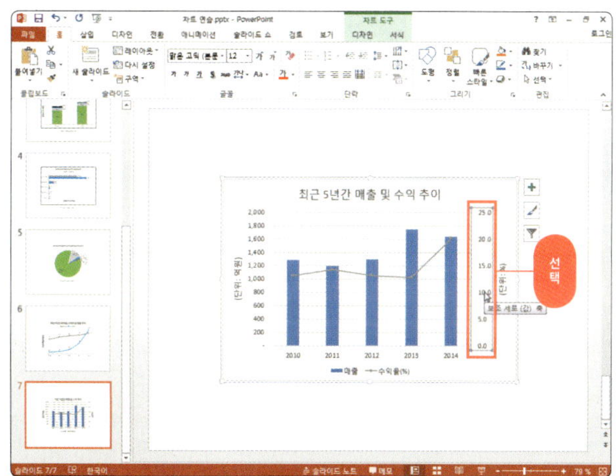

04 [홈] 탭에서 [글꼴 크기]를 [10]으로 변경합니다.

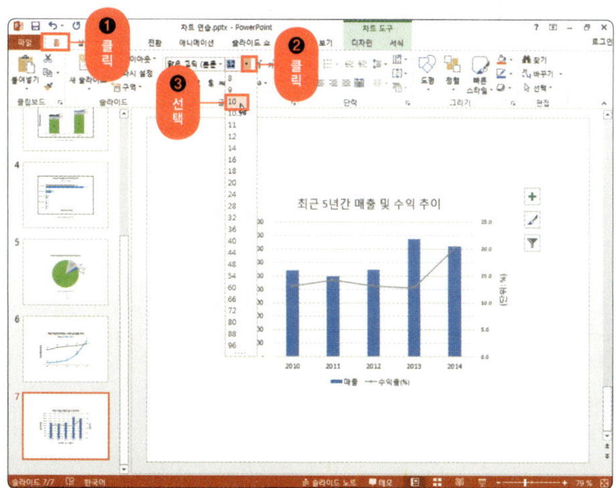

05 왼쪽에 있는 기본 축의 숫자를 선택합니다.

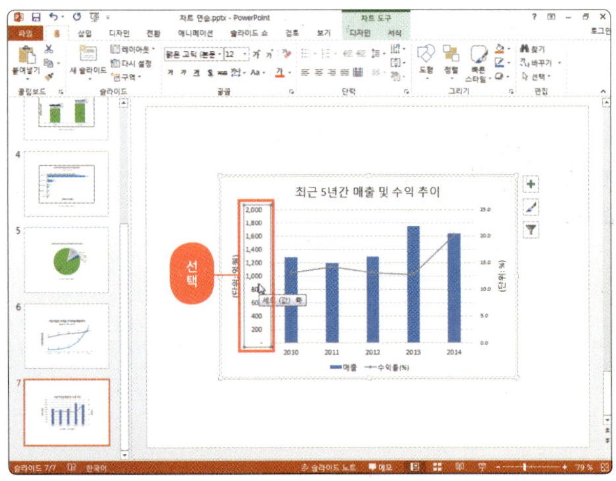

06 [글꼴 크기]를 [10]으로 변경합니다. 기본 축의 글꼴 크기가 조정되면서 숫자가 붙어나는 것을 볼 수 있습니다.

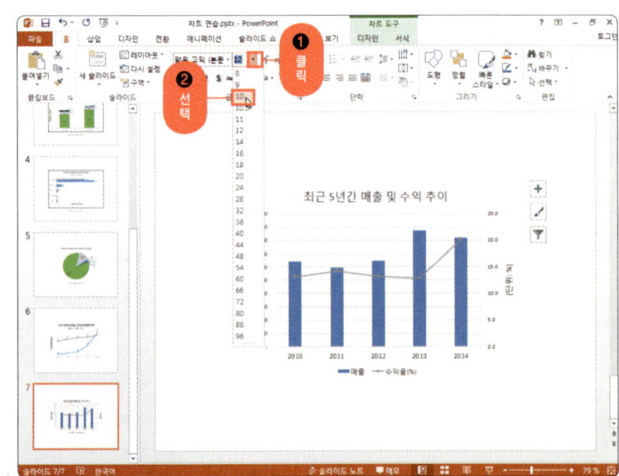

07 변경된 기본 축의 숫자를 더블 클릭합니다.

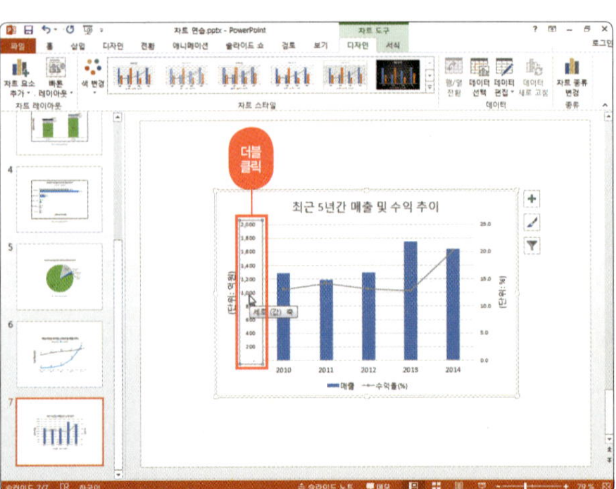

NOTE

축 서식 명령을 실행하는 다른 방법

- 축을 마우스 오른쪽 버튼으로 클릭하면 나타나는 컨텍스트 메뉴 중에서 [축 서식]을 선택합니다.
- 선 그래프를 선택하고 Ctrl + 1 를 누릅니다.
- [차트 도구]–[서식] 탭에서 [선택 영역 서식]을 클릭합니다.

08 표시된 축 서식 창의 [축 옵션]에서 [단위]의 [주]값을 [400]으로 변경합니다.

이렇게 해서 기본 축과 보조 축에 표시되는 숫자의 개수를 같게 해야 보기 좋게 만들 수 있습니다. 이것은 케이스 바이 케이스이므로 간격은 상황에 맞게 적절히 조정하면 됩니다.

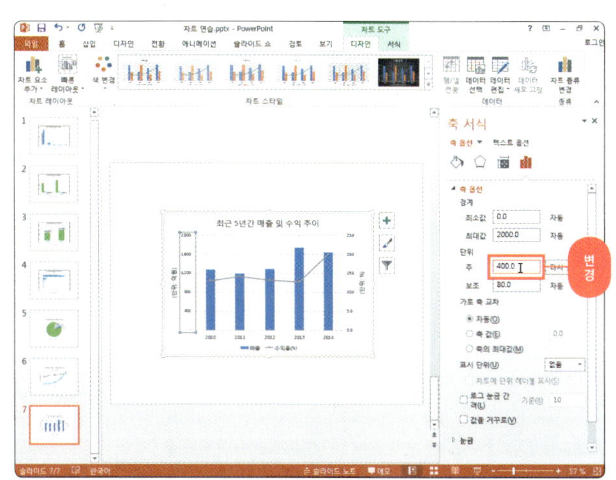

STEP 04 | 데이터 레이블 표시하기

01 세로 막대 그래프를 선택합니다.

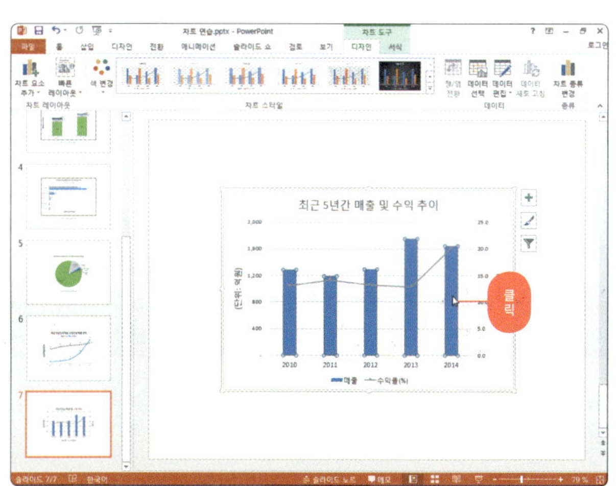

02 [차트 요소] ➕ 를 클릭한 후 [데이터 레이블]에서 [바깥쪽 끝에]를 선택합니다.

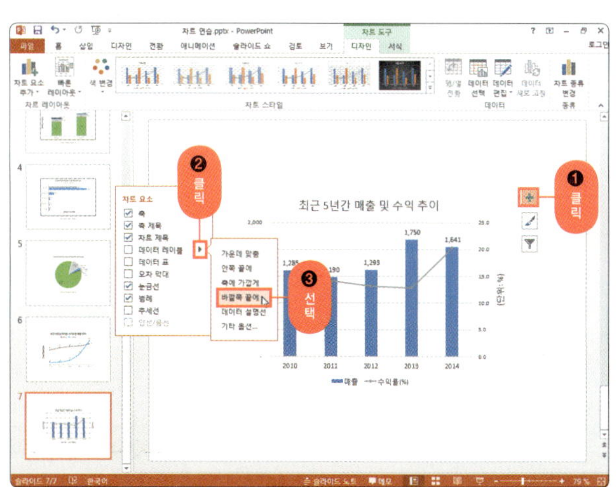

03 선 그래프를 선택합니다.

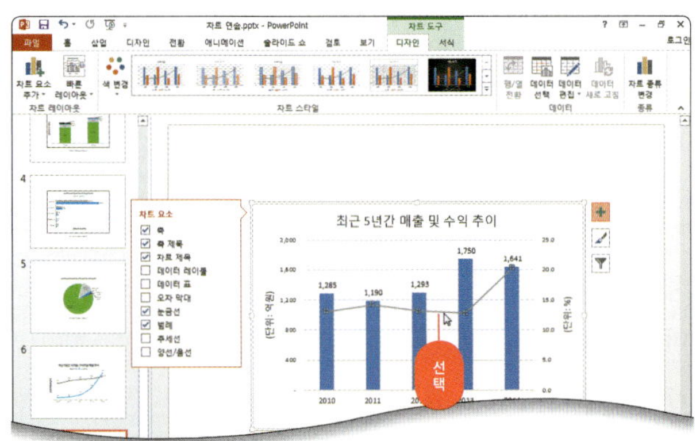

04 [차트 요소]의 [데이터 레이블]에
서 [아래쪽]을 선택합니다.

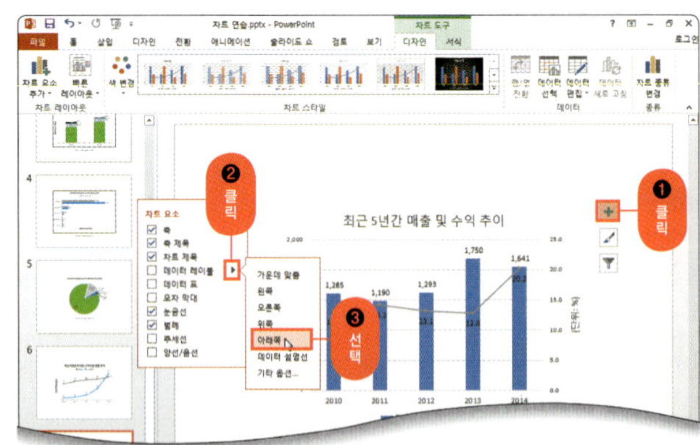

STEP 05 | 디자인 변경해 완성하기

이제 마지막으로 각 요소의 디자인을 변경해 완성해보겠습니다. 막대 그래프의 색을 변경하고, 선 그래프의 서식을 변경한 후 차
트에 테두리를 설정해 완성하겠습니다.

01 막대 그래프를 선택합니다.

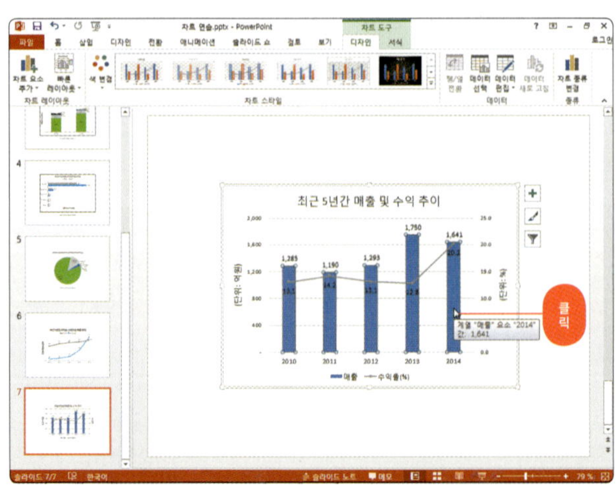

02 [차트 도구]–[서식] 탭에서 [도형 채우기]를 클릭한 후 [테마 색]에서 [흰색, 배경 1, 15% 더 어둡게]를 선택합니다.

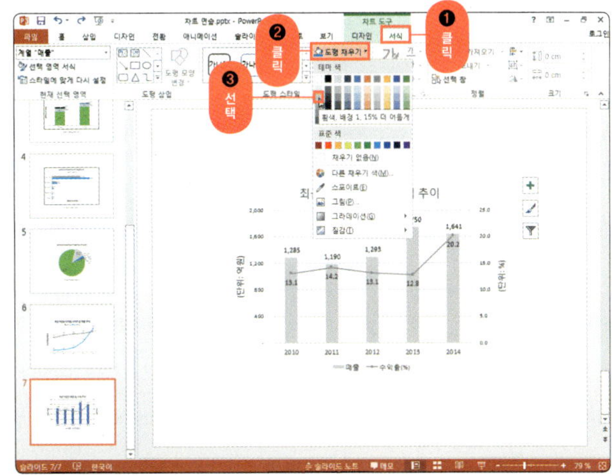

03 선 그래프를 마우스 오른쪽 버튼으로 클릭하면 나타나는 컨텍스트 메뉴 중에서 [데이터 계열 서식]을 선택합니다.

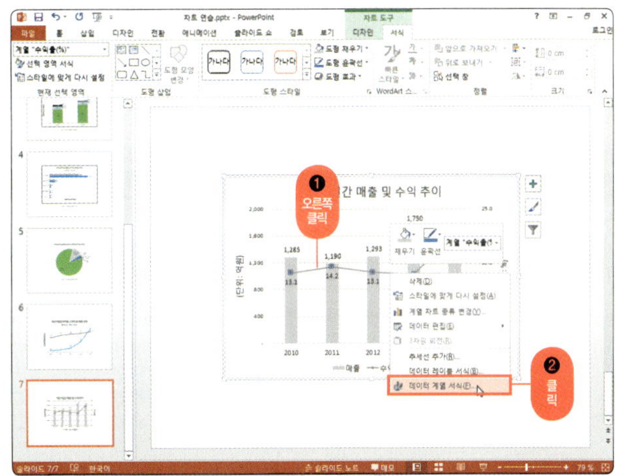

04 데이터 계열 서식 창에서 [채우기 및 선] 을 클릭한 후 [선]에서 [색]을 클릭하고 [표준 색]에서 [연한 파랑]을 선택합니다.

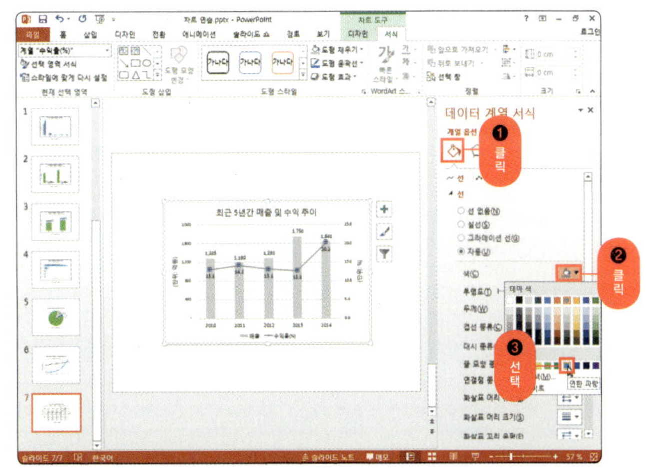

05 [두께]를 [5pt]로 변경합니다.

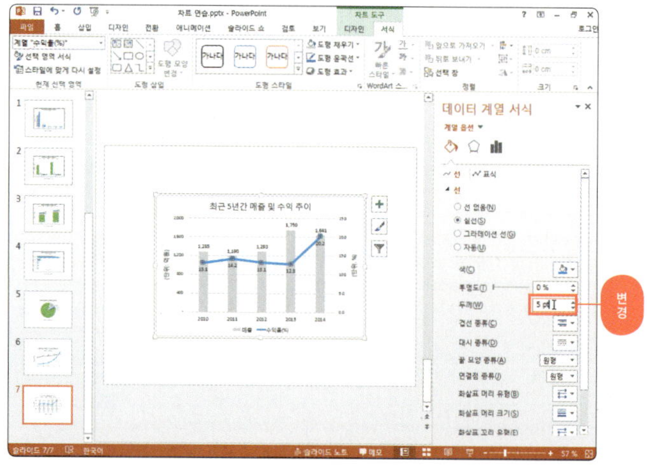

06 작업창 위에서 [표식]을 클릭한 후 [표식 옵션]에서 [기본 제공]을 선택한 다음 [크기]를 [12pt]로 변경합니다.

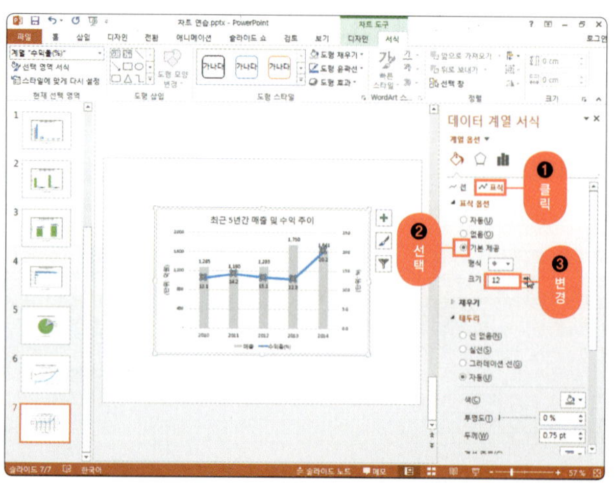

07 [채우기]를 클릭한 후 [색]을 클릭하고 [테마 색]에서 [흰색, 배경 1]을 선택합니다.

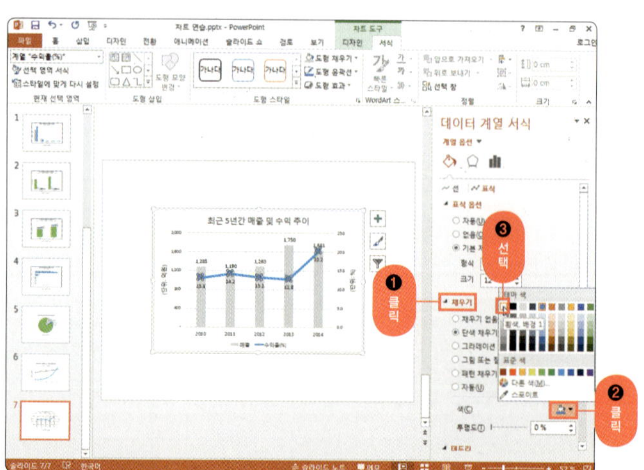

08 [테두리]의 [실선]을 클릭합니다. 조금 전에 설정했던 연한 파랑이 적용됩니다.

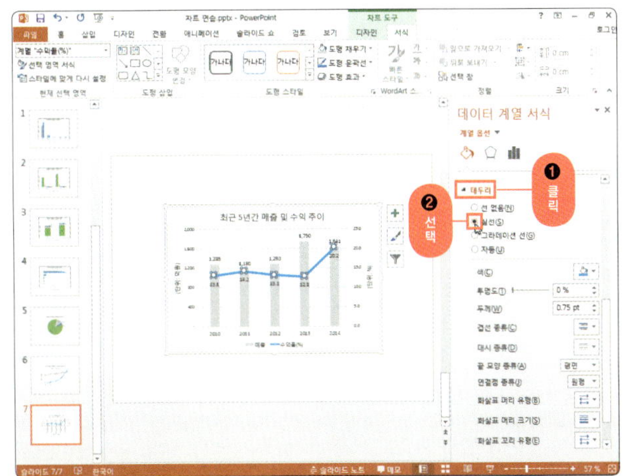

09 [두께]를 [2.5pt]로 변경합니다.

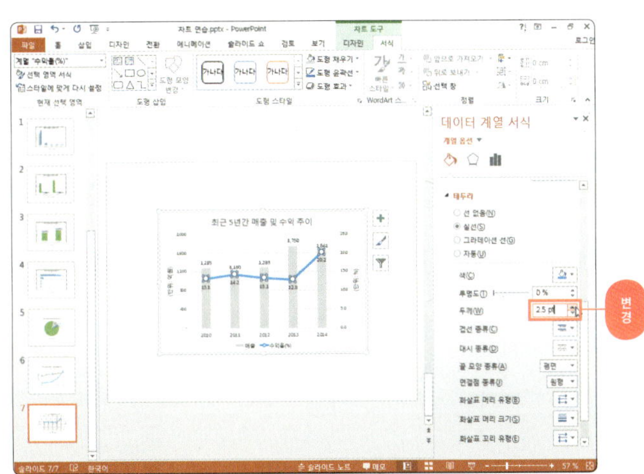

10 차트 테두리를 선택합니다.

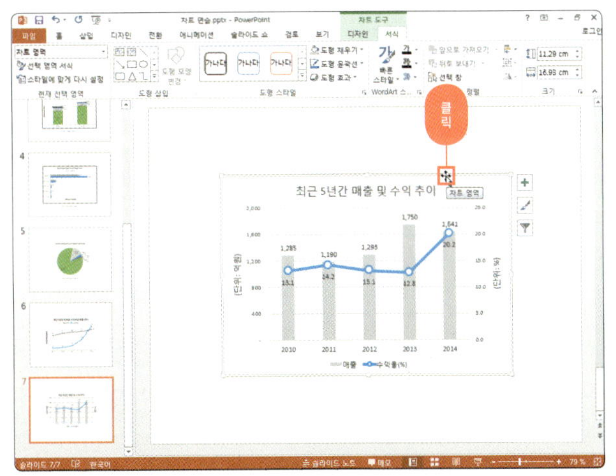

11 [차트 도구]–[서식] 탭에서 [도형 윤곽선]을 클릭한 후 [흰색, 배경 1, 50% 더 어둡게]를 선택합니다.

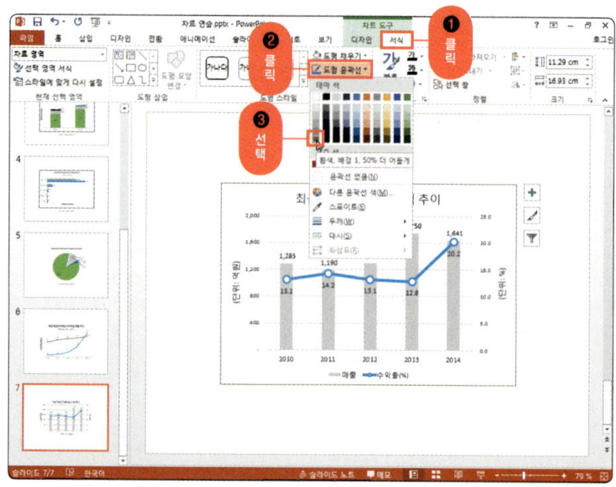

12 제목 텍스트나 다른 텍스트의 서식도 적당히 조정해 차트를 완성합니다.

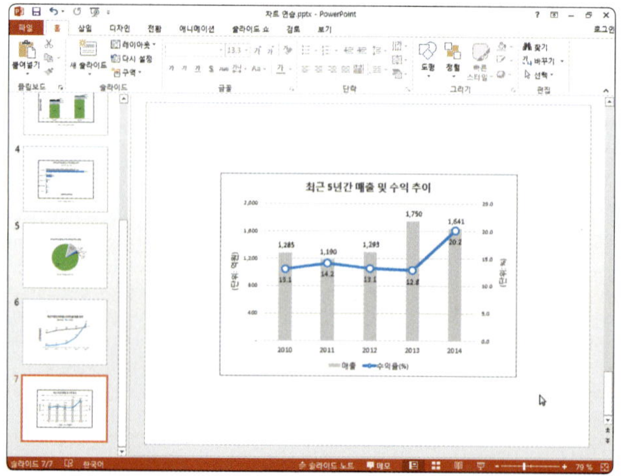

차트를 방향키로
이동하기

차트 편집 시 가장 어려운 작업은 차트를 약간 이동하는 것입니다. 다른 개체와 달리 차트는 방향키를 눌러 이동할 수 없기 때문입니다. 차트에서 방향키를 누르면 차트 내의 다른 항목을 순차적으로 선택되도록 되어 있기 때문이죠. 가장 좋은 방법은 차트를 주변에 있는 다른 개체(도형, 텍스트, 표, 다른 차트 등)와 함께 선택하는 것입니다. 그러면 아주 간단하게 방향키로 이동할 수 있습니다.

❶ [직사각형] □을 클릭합니다.

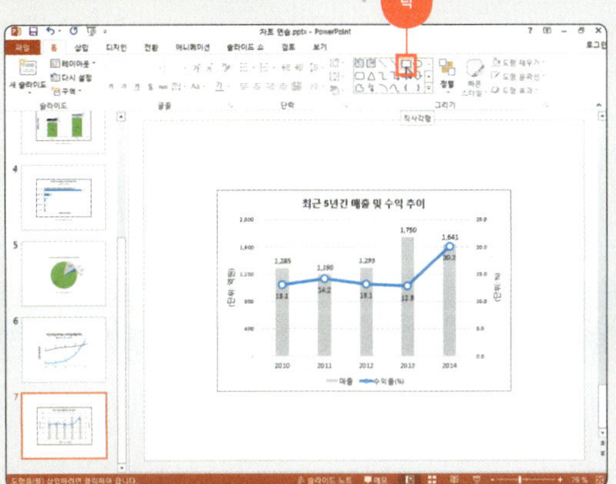

❷ 차트 주변에 드래그하여 도형을 만듭니다.

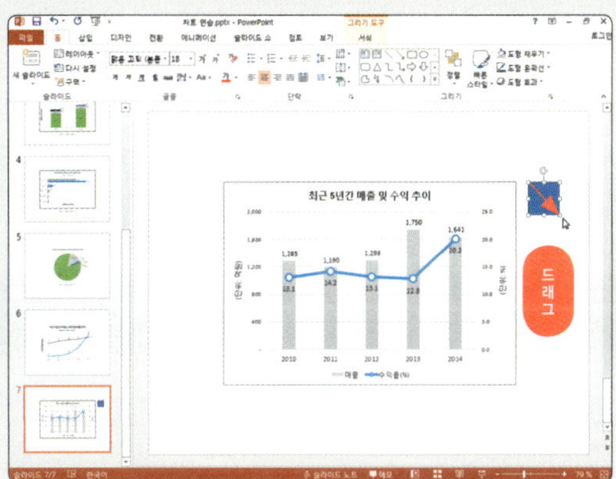

❸ 차트와 도형을 선택합니다.

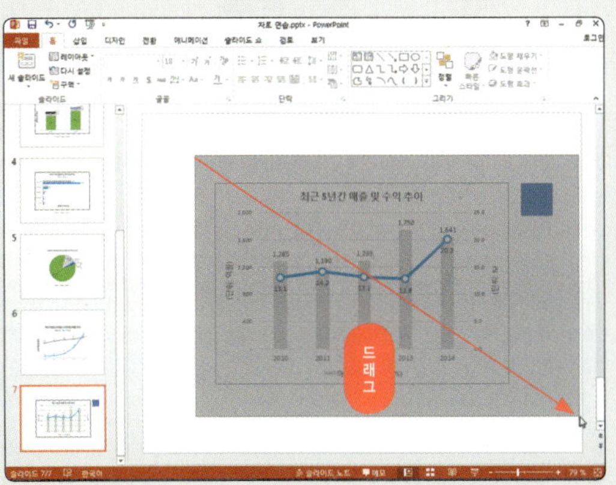

❹ 키보드에서 [방향키] 또는 [Ctrl +방향키]를 누릅니다. 개체가 움직이는 것을 볼 수 있습니다.

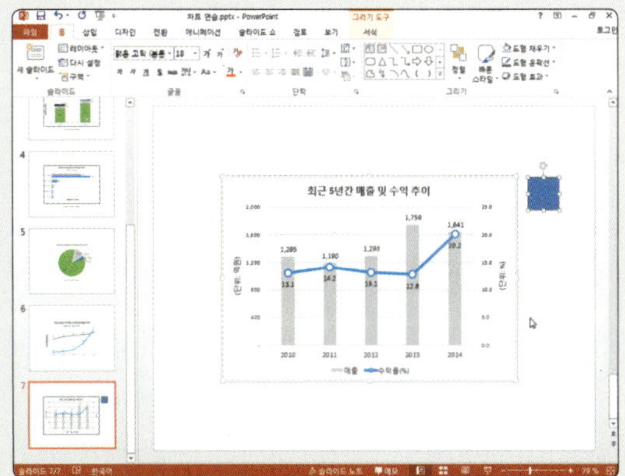

05

차트 서식 저장하고 적용해보자!

여러분이 평소에 차트를 많이 만들고 만들 때마다 디자인에 대해 신경을 쓰는 편이라면 차트의 서식을 저장했다가 다른 차트에 적용하는 방법을 아는 것이 대단히 중요합니다. 이번 레슨에서는 잘 만들어진 차트의 서식을 저장했다가 새로운 차트를 만들거나 기존에 만들어진 차트에 적용하는 아주 유용한 방법에 대해 알아보겠습니다.

● **실습 파일**: 부록 CD/테마05/테마05.pptx | **결과 파일**: 없음

STEP 01 | 차트 서식 저장하기

01 부록 CD/테마05 폴더에 있는 [테마05.pptx] 파일의 [1번 슬라이드]에 있는 차트를 마우스 오른쪽 버튼으로 클릭하면 나타나는 컨텍스트 메뉴 중에서 [서식 파일로 저장]을 선택합니다.

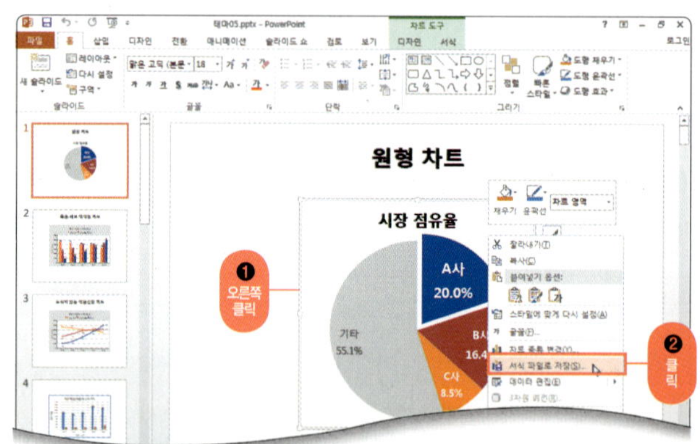

02 나타나는 차트 서식 파일 저장 대화상자에서 [파일 이름]에 적당한 이름(**예** 원형 차트)을 입력한 후 [저장] 버튼을 클릭합니다.

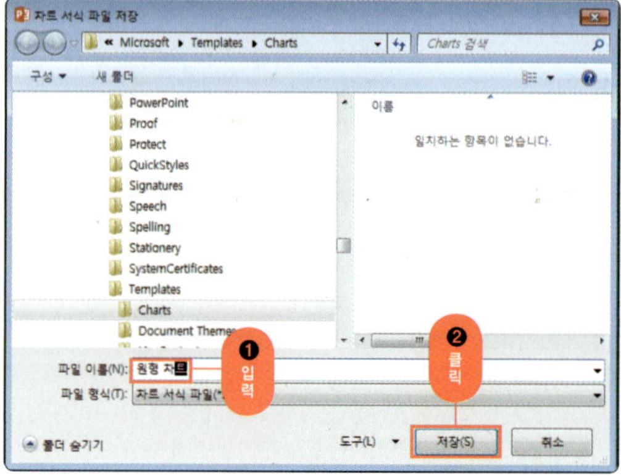

NOTE

폴더를 변경하지 마세요!

차트의 서식을 파일로 저장할 때 저장하는 위치를 옮기면 파워포인트가 서식 파일을 인지하지 못하므로 저장 위치를 변경하지 마세요.

03 [2번 슬라이드]에 있는 차트를 마우스 오른쪽 버튼으로 클릭하면 나타나는 컨텍스트 메뉴 중에서 [서식 파일로 저장]을 선택합니다.

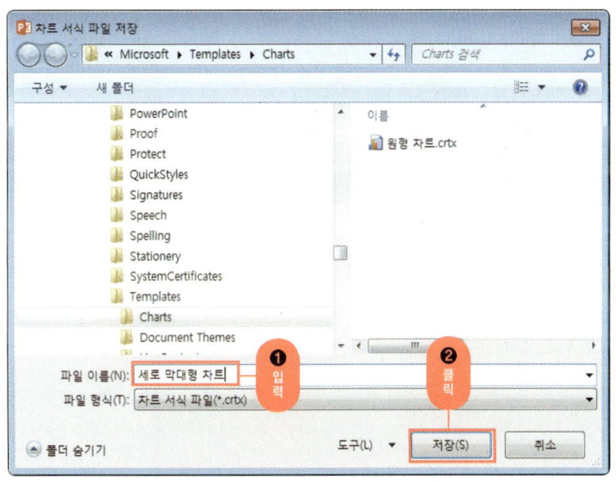

04 나타나는 차트 서식 파일 저장 대화상자에서 [파일 이름]에 적당한 이름(예 세로 막대형 차트)을 입력하고 [저장] 버튼을 클릭합니다.

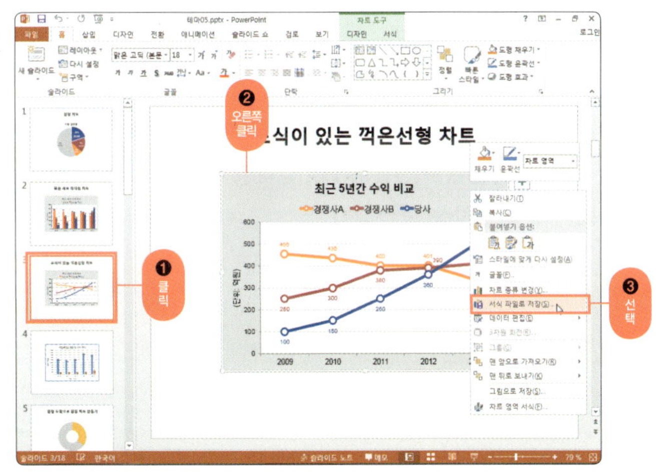

05 [3번 슬라이드]에 있는 선형 차트를 마우스 오른쪽 버튼으로 클릭하면 나타나는 컨텍스트 메뉴 중에서 [서식 파일로 저장]을 선택합니다. 나타나는 차트 서식 파일 저장 대화상자에서 [파일 이름]에 적당한 이름(예 선형 차트)을 입력한 후 [저장] 버튼을 클릭합니다.
필요한 경우 다른 차트도 같은 방법으로 저장합니다.

STEP 02 | 새 차트에 차트 서식 파일 적용하기

01 [차트 연습.pptx] 파일에서 새 슬라이드를 만든 후 [삽입] 탭에서 [차트]를 클릭합니다.

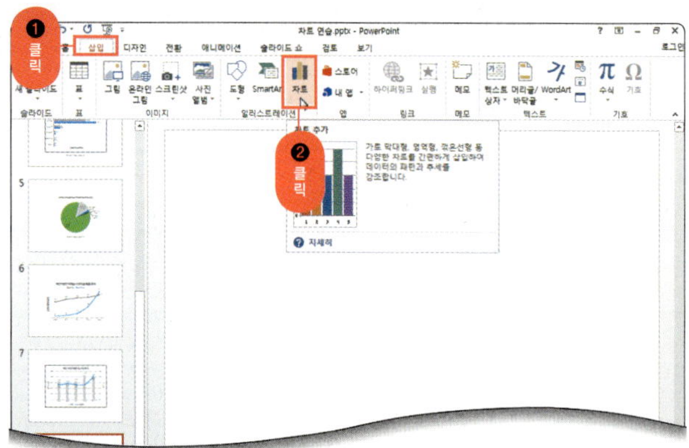

02 차트 삽입 대화상자에서 [서식 파일]을 클릭한 후 저장된 서식 파일 중에서 하나(예 선형 차트)를 선택하고 [확인] 버튼을 클릭합니다.

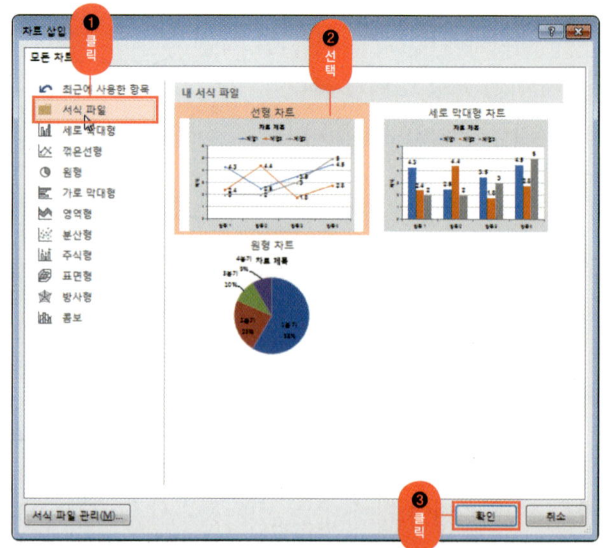

03 기본 데이터가 적용된 차트가 만들어집니다. 데이터를 입력한 후 데이터시트 창을 닫습니다.

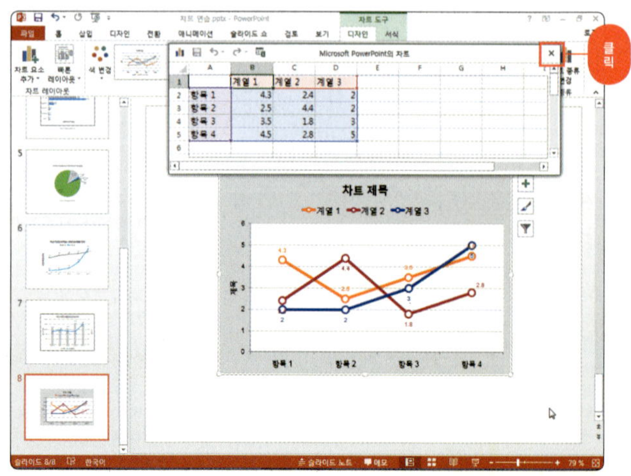

STEP 03 | 기존 차트에 차트 서식 파일 적용하기

여러분이 차트를 하나 갖고 있는데 그 차트에 앞에서 저장한 차트 서식 파일을 적용해 아주 쉽게 디자인을 변경할 수 있습니다. 방법은 다음과 같습니다.

01 [테마05.pptx]로 전환한 후 [4번 슬라이드]에서 차트를 마우스 오른쪽 버튼으로 클릭하면 나타나는 컨텍스트 메뉴 중에서 [차트 종류 변경]을 선택합니다.

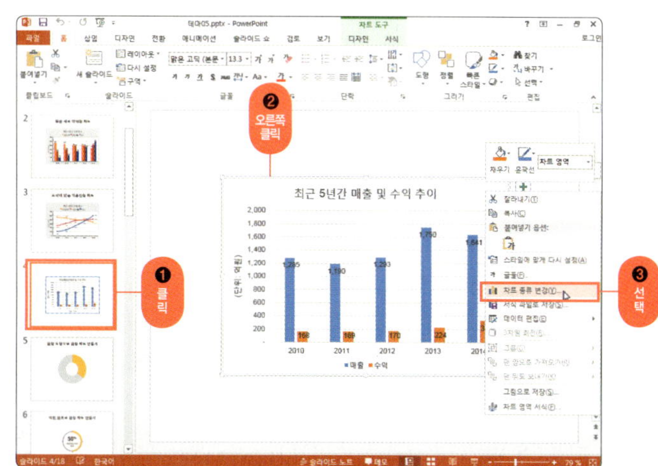

02 차트 종류 변경 대화상자에서 [서식 파일]을 클릭한 후 [세로 막대형 차트]를 선택하고 [확인] 버튼을 클릭합니다.

차트가 변경됩니다. 이렇게 자주 사용하는 차트의 디자인을 차트 서식 파일(*.crtx)로 저장해놓는다면 빠르게 고품위의 디자인을 할 수 있어 유용합니다.

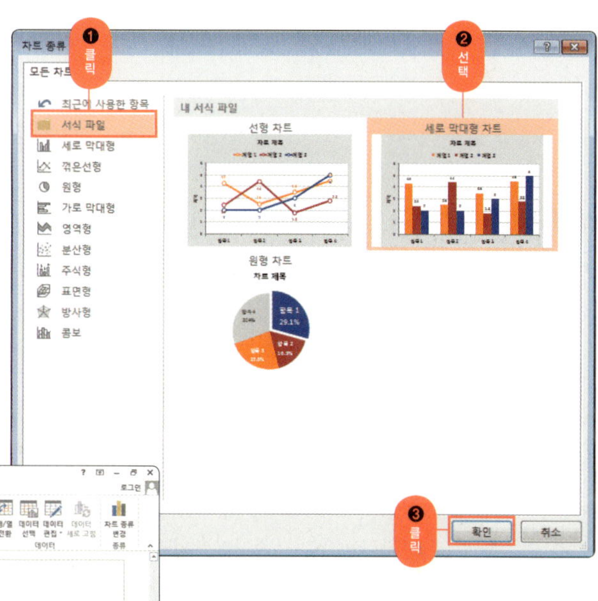

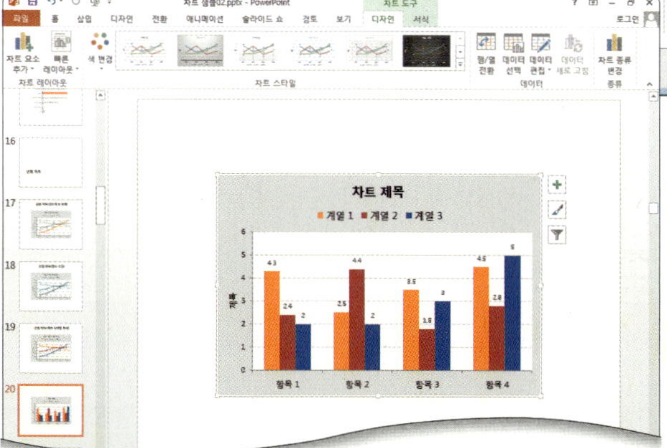

텍스트만 있는 슬라이드를 보다가 그림을 만나게 되면 마치 짙은 어둠 속에서

한 줄기 빛을 만난 사람처럼 눈빛이 초롱초롱해지는 청중을 흔히 볼 수 있습니다.

물론 텍스트가 가장 중요한 커뮤니케이션 수단이라는 점은 부인할 수 없지만,

적절한 그림을 함께 배치하면 청중의 시선을 끌 수 있다는 점은 분명해 보입니다.

이번 테마에서는 비주얼 시대에서 중요한 역할을 담당하는 그림을

파워포인트에 가져와서 보기 좋게 배치 및 편집하는 방법에 대해 알아보겠습니다.

그림을 이용해 강력한 메시지 전달하기

01

그림을 삽입하는
다양한 방법을 알아보자!

POWERPOINT KNOWHOW

파워포인트 사용자는 내 컴퓨터에 있는 그림은 물론 인터넷에 있는 그림을 검색해 삽입할 수 있으며, 여러 장의 그림을 한꺼번에 삽입할 수 있습니다. 특이한 것은 도형에 그림을 삽입한 후 그림이 삽입된 도형을 투명하게 만들어 결과적으로 그림을 투명하게 할 수 있다는 것입니다. 이번 레슨에서는 파워포인트에서 그림을 가져오는 여러 가지 유용한 방법에 대해 알아보겠습니다.

- **실습 파일**: 부록 CD/테마06/테마06.pptx 1, 2번 슬라이드
  결과 파일: 부록 CD/테마06/테마06(결과).pptx 1, 2번 슬라이드

STEP 01 | 내 컴퓨터에 있는 그림 삽입하기

01 [테마06.pptx]의 [1번 슬라이드]에서 [삽입] 탭에서 [그림] 버튼을 클릭합니다.

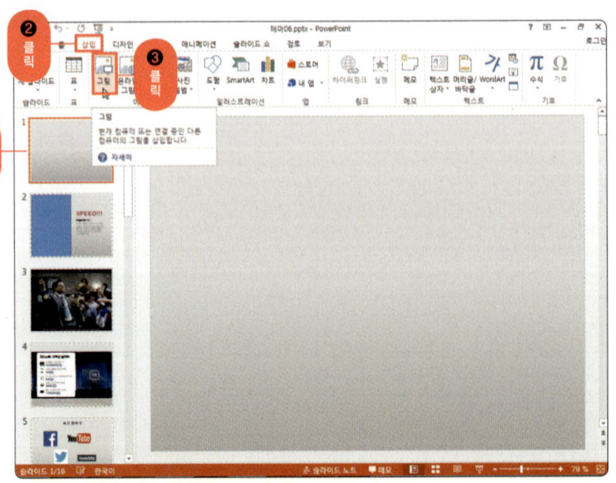

02 그림 삽입 대화상자에서 그림을 선택한 후 [삽입] 버튼을 클릭합니다.

03 선택한 그림이 슬라이드에 삽입됩니다. 필요한 경우 그림의 크기를 조정합니다.

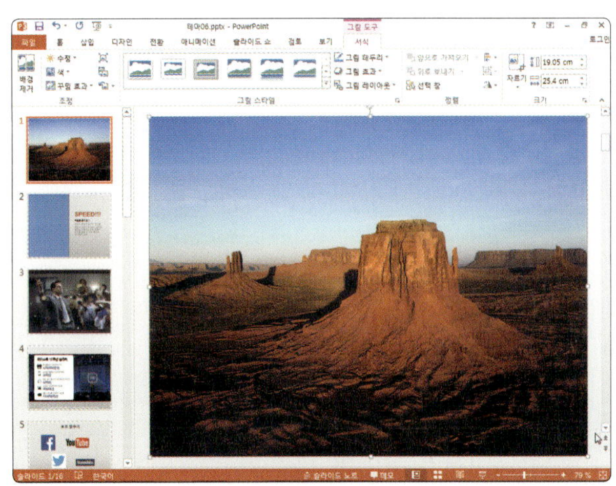

STEP 02 | 인터넷에 있는 그림 찾아 삽입하기

01 Delete 를 눌러 그림을 삭제한 후 [삽입] 탭에서 [온라인 그림]을 클릭합니다.

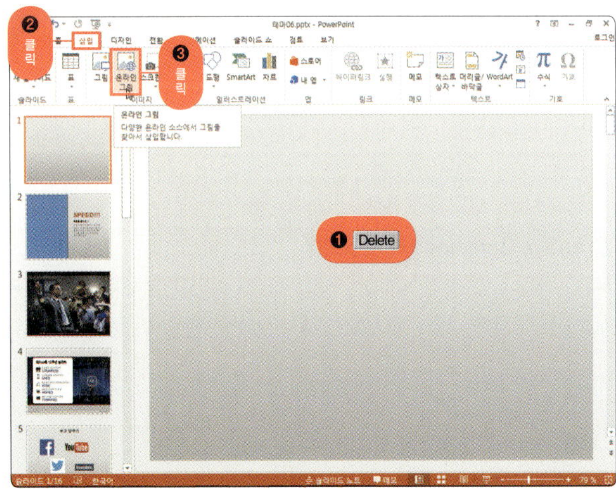

02 [Office.com 클립 아트] 입력상자에 검색어(예 success)를 입력한 후 Enter 를 누르거나 오른쪽에 있는 돋보기 모양의 검색 버튼을 클릭합니다.

03 [Creative Commons의 라이선스가 적용되는 이미지가 검색되었습니다…]에서 [x]를 클릭합니다.

04 검색된 그림 중에서 하나를 선택한 후 [삽입] 버튼을 클릭합니다 (검색 결과 화면은 검색 시기에 따라 달라질 수 있습니다).

Creative Commons 라이선스란?

누구나 사용할 수 있도록 창작물이라는 의미입니다. 즉, 이것을 만든 사람이 누구나 사용할 수 있도록 수락했다는 것이죠. 만약 [모든 웹 결과 보기]를 클릭하면 검색어와 관련된 모든 그림을 볼 수 있습니다. 물론 이렇게 되면 함부로 사용할 수 없는 그림까지 포함돼 나타납니다.

05 선택한 그림이 슬라이드에 추가됩니다. 필요한 경우 그림의 크기와 위치를 변경합니다.

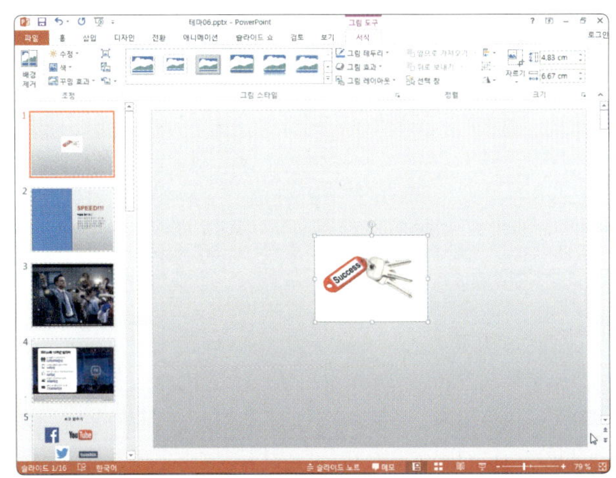

STEP 03 | 도형에 그림 삽입하고 배율 및 투명도 조정하기

01 2번 슬라이드에서 왼쪽에 있는 직사각형을 선택한 후 [홈] 탭의 [그리기] 영역에서 [작업창 표시] 버튼 ⌐ 을 클릭합니다.

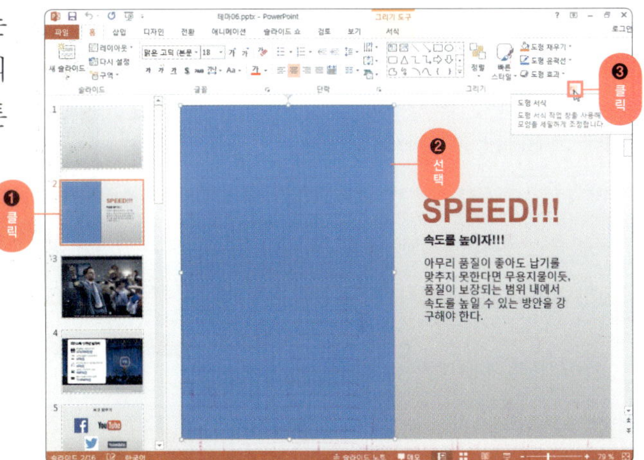

02 표시되는 작업창에서 [채우기]를 클릭한 후 [그림 또는 질감 채우기]를 선택하고 [파일]을 클릭합니다.

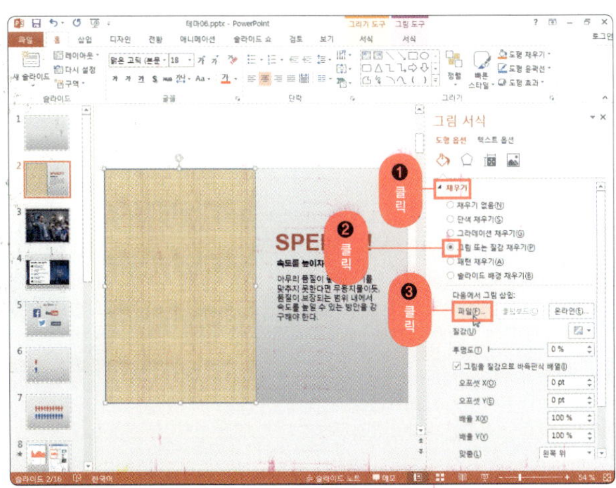

03 [부록 CD/테마06] 폴더에 있는 [페라리.png] 그림을 선택한 후 [삽입] 버튼을 클릭합니다.

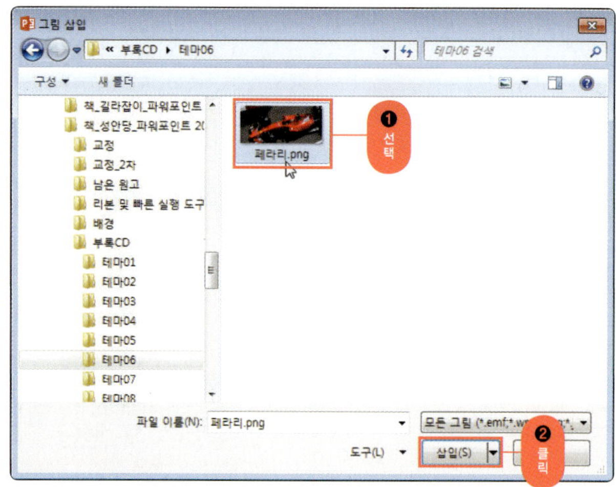

04 선택되어 있던 도형에 그림이 삽입됩니다. 상태 표시줄에서 [확대] + 를 몇 번 클릭해 화면을 확대합니다. 문제는 사진과 직사각형의 높이와 너비 비율이 맞지 않아 그림이 찌그러져 보인다는 것입니다.

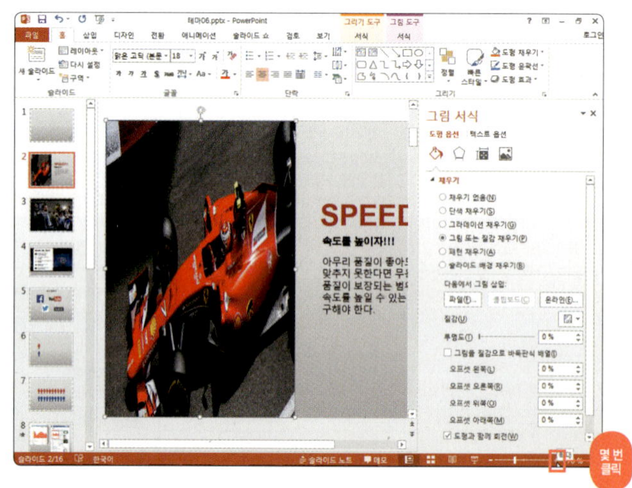

05 [그림을 질감으로 바둑판식 배열] 옵션을 선택합니다. 그림이 원래 크기(100%)로 표시되며, 그림 크기가 도형보다 크면 왼쪽 상단을 기준으로 그림이 표시되며, 그림 크기가 도형보다 작으면 바둑판식으로 배열됩니다.

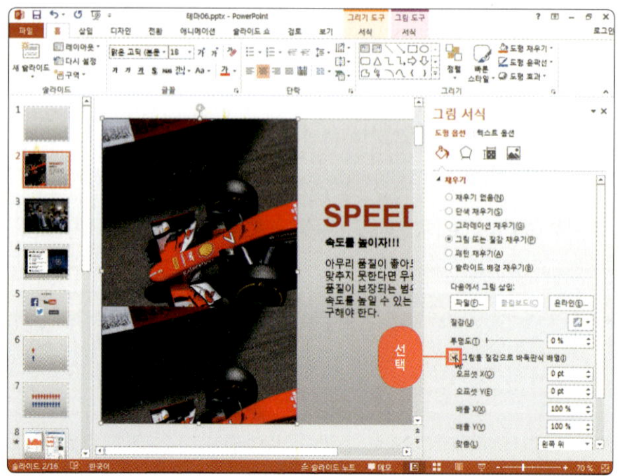

06 [맞춤] 메뉴에서 [가운데]를 선택합니다.

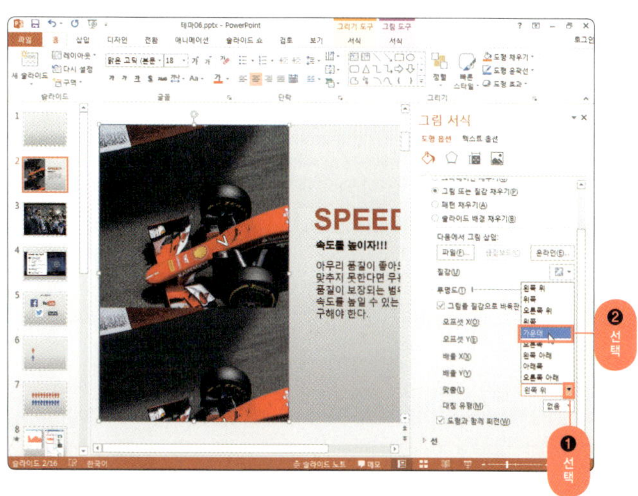

07 그림의 맞춤 기준이 가운데로 변경됩니다. [배율 X]와 [배율 Y]를 모두 [70%]로 변경합니다.

08 [오프셋 X]를 [10pt]로, [오프셋 Y]를 [-20pt]로 변경합니다. 해당 방향으로 그림이 이동하게 됩니다.

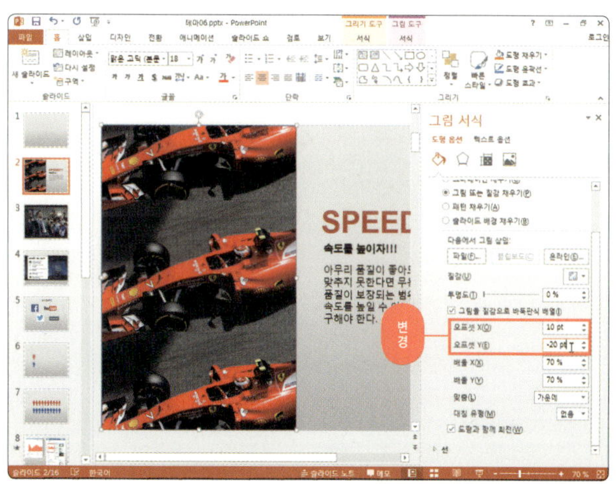

09 [투명도]를 [80%]로 변경합니다.

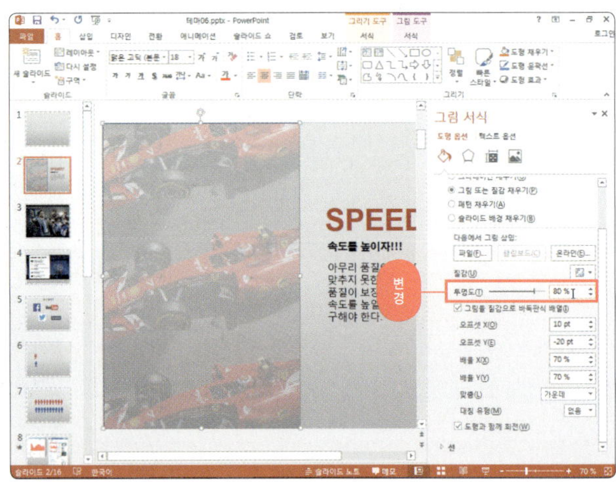

10 [도형 윤곽선]을 클릭한 후 [윤곽
선 없음]을 선택합니다.

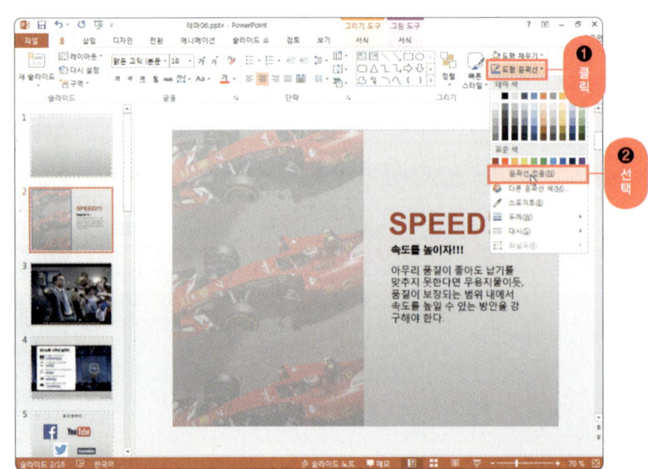

단순히 도형에 그림만 채워놓고 싶다면

도형을 선택한 후, [홈] 탭에서 [도형 채우기]를 클릭하고 [그림]을 선택한 후 표시되는 대화상자에서 그림을 선택합니다.

03

POWERPOINT KNOWHOW

여러 장의 그림을
한꺼번에 삽입해보자!

간혹 수십장의 그림을 한꺼번에 삽입해야 하거나, 슬라이드마다 두 장 또는 네 장의 그림을 배치해야 할 때가 있습니다. 사진을 한 장씩 삽입하고 원하는 곳에 배치하는 작업은 상당히 많은 시간이 소요되는데, 사진 앨범 기능을 이용하면 이런 작업 시간을 상당히 줄여줄 수 있습니다.

● **실습 파일**: 없음
  결과 파일: 부록 CD/테마06/사진 앨범.pptx

STEP 01 | 사진 앨범 만들기

01 [삽입] 탭을 연 후 [사진 앨범]에서 [새 사진 앨범]을 선택합니다.

02 사진 앨범 대화상자에서 [파일/디스크] 버튼을 클릭합니다.

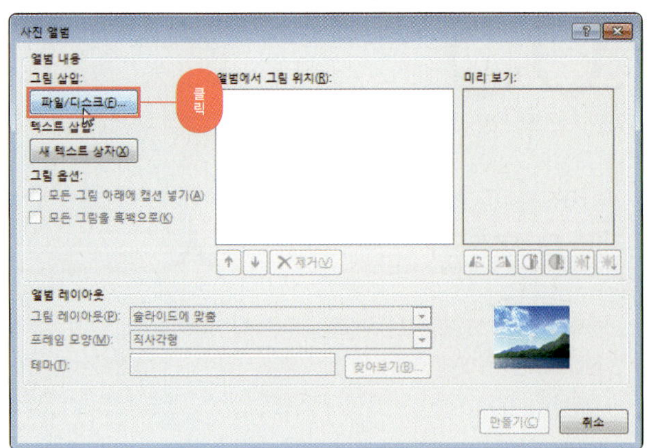

03 새 그림 삽입 대화상자에서 첫 번째 그림을 선택한 후 Shift 를 누른 상태에서 마지막 그림을 클릭해 선택한 후 [삽입] 버튼을 클릭합니다.

N O T E

여러 그림을 선택하는 다른 방법

· Ctrl 을 누른 상태에서 그림을 클릭하면 클릭한 그림만 선택할 수 있습니다.

· 현재 폴더에 있는 모든 그림을 선택하고 싶다면 Ctrl + A 를 누릅니다. A는 All의 약자입니다.

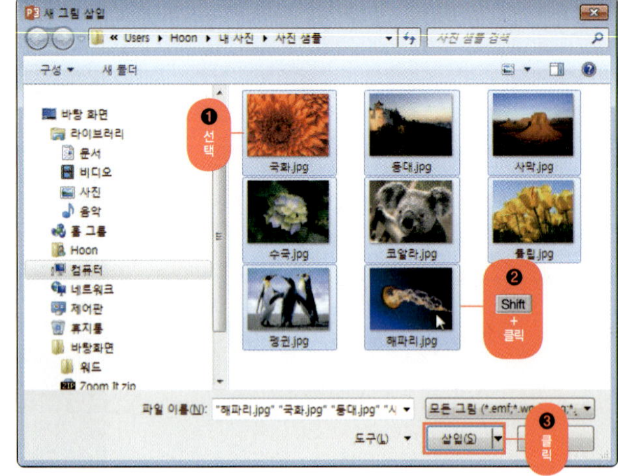

04 다시 표시되는 사진 앨범 대화상자에서 [만들기] 버튼을 클릭합니다. 새 프레젠테이션이 만들어지고 한 슬라이드에 한 장의 사진이 배치됩니다.

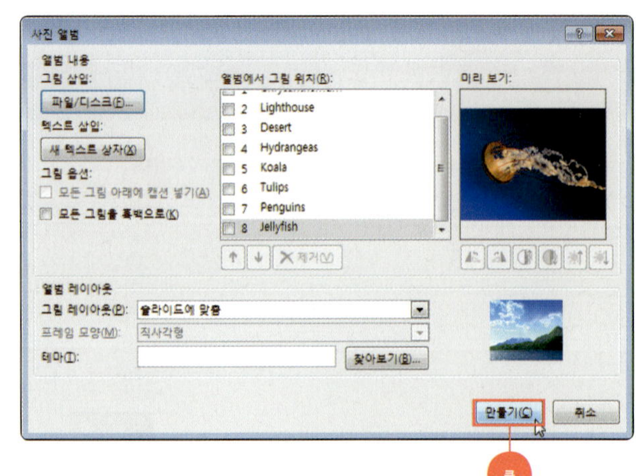

STEP 02 | 그림 비율에 맞게 슬라이드 크기 조정하기

파워포인트 2013 버전에서 슬라이드의 너비와 높이 비율(종횡율)은 16:9입니다. 만약 선택한 그림의 종횡율이 4:3이라면, 두 비율이 맞지 않게 돼 슬라이드 좌우에 검은색 공간이 남게 됩니다. 슬라이드 비율을 그림에 맞추고 싶다면 다음을 실행합니다.

01 [디자인] 탭에서 [슬라이드 크기]를 클릭한 후 [표준(4:3)]을 선택합니다.

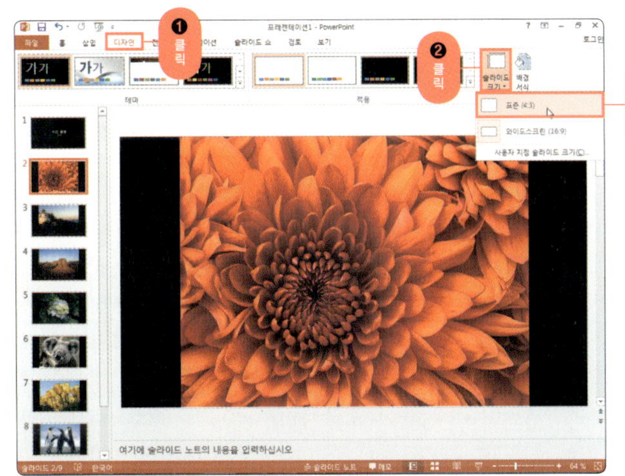

02 [최대화]를 클릭합니다.

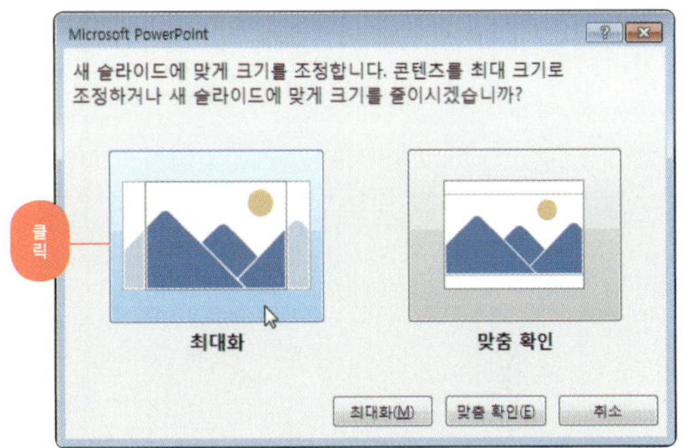

슬라이드 비율이 표준인 4:3으로 변경되고, 그림도 슬라이드 크기에 꼭 맞게 변경됩니다. 만약 [맞춤 확인]을 선택했다면 그림의 크기가 슬라이드보다 약간 작게 표시되었을 것입니다.

STEP 03 | 한 슬라이드에 네 장의 사진 배치하기

01 [삽입] 탭에서 [사진 앨범] 메뉴에서 [사진 앨범 편집]을 선택합니다.

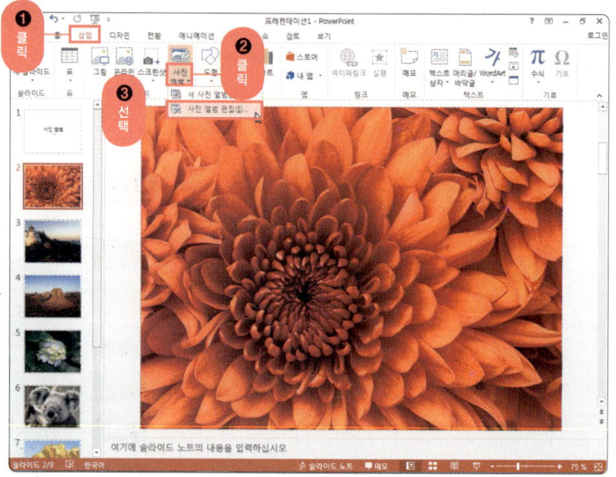

02 사진 앨범 대화상자의 [앨범 레이아웃] 영역에서 [그림 레이아웃] 메뉴를 연 후 [그림 4개]를 선택하고 [업데이트] 버튼을 클릭합니다.

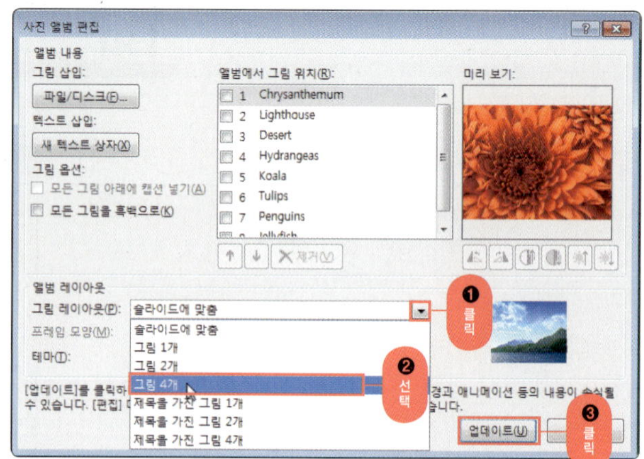

03 한 슬라이드에 4장의 사진이 배치됩니다. 배경을 검은색으로 변경하고 싶다면 [디자인] 탭의 [적용] 영역에서 [자세히] 버튼을 클릭합니다.

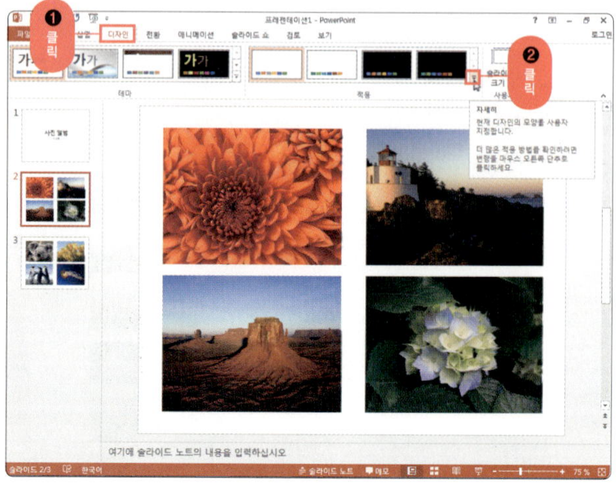

04 [배경 스타일]에서 [스타일 4]를
선택합니다.

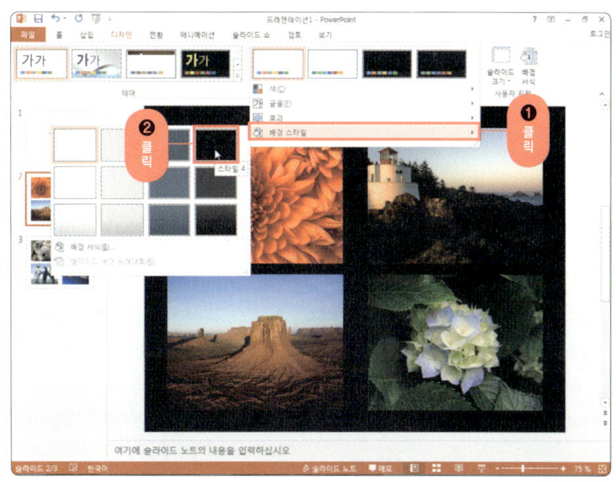

배경이 검은색으로 변경됩니다.

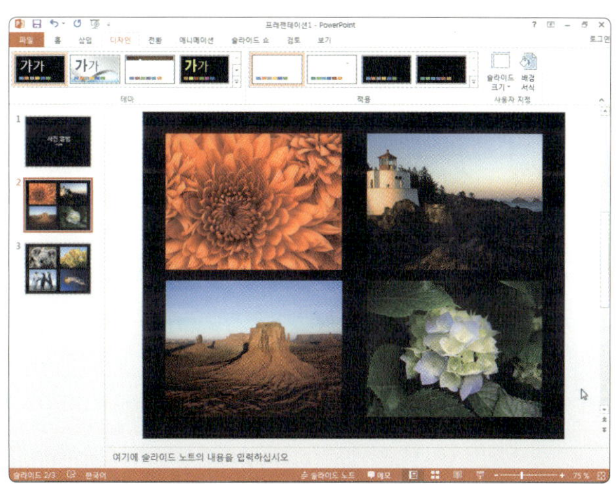

현재 슬라이드의 배경만 검정으로 바꾸고 싶다면

[디자인] 탭의 [적용] 영역에서 [자세히] 버튼을 클릭한 후
[배경 스타일]에서 [스타일 4]를 마우스 오른쪽 버튼으로 클
릭하면 나타나는 컨텍스트 메뉴 중에서 [선택한 슬라이드에
만 적용]을 선택합니다.

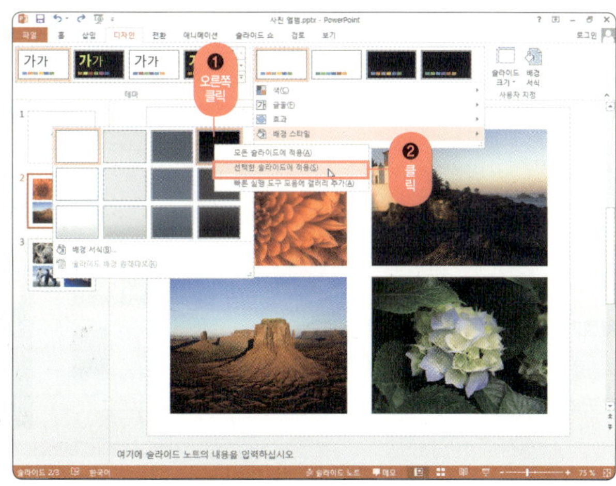

03

그림에서 필요 없는 부분을 잘라내보자!

그림을 다루는데 있어 가장 중요한 것 중 하나는 그림에서 필요 없는 부분을 지우는 것입니다. 파워포인트는 '자르기'라는 기능을 제공하는데 필요 없는 부분을 잘라내는 것은 물론, 그림을 특정 비율에 맞게 잘라내거나, 도형에 맞게 잘라낼 수 있습니다. 이번 레슨에서는 그림에 필요 없는 부분을 잘라내고 가장자리를 부드럽게 만든 후, 색 톤을 변경해 주변과 잘 어울리게 만드는 방법을 알아보겠습니다.

● **실습 파일**: 부록 CD/테마06/테마06.pptx 3, 4번 슬라이드
　결과 파일: 부록 CD/테마06/테마06(결과).pptx 3, 4번 슬라이드

STEP 01 | 그림 자르기

01 [3번 슬라이드]에서 그림을 선택한 후 [그림 도구]-[서식] 탭을 열고 [자르기] 버튼을 클릭합니다.

NOTE

자르기 명령을 실행하는 다른 방법

그림을 마우스 오른쪽 버튼으로 클릭하면 나타나는 컨텍스트 메뉴 중에서 [자르기]를 선택합니다.

02 선택되어 있던 그림 모서리와 변에 자르기 핸들이 표시됩니다. 그림 오른쪽 변에 있는 자르기 핸들 자르기 핸들에 마우스 포인터를 위치시킵니다.

03 포인터가 ├로 변하면 왼쪽으로 드래그합니다.

04 같은 방법으로 자르기 핸들을 드래그해 필요 없는 부분을 잘라냅니다.

05 자르기 편집 모드 상태에서 그림을 이동하고 싶다면 그림에 마우스 포인터를 위치시키고 마우스 포인터가 ⊕로 변하면 드래그합니다.

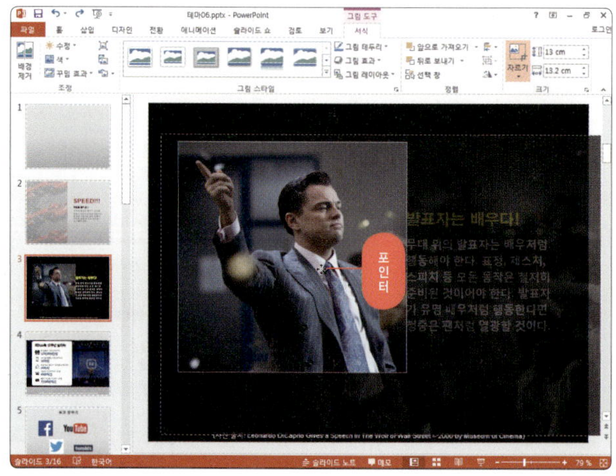

06 필요한 경우 상태 표시줄에서 [축소] **-** 를 몇 번 클릭해 화면을 축소한 후 그림의 모서리에 표시되는 [크기 조정 핸들]◻에 마우스 포인터를 위치시킵니다.

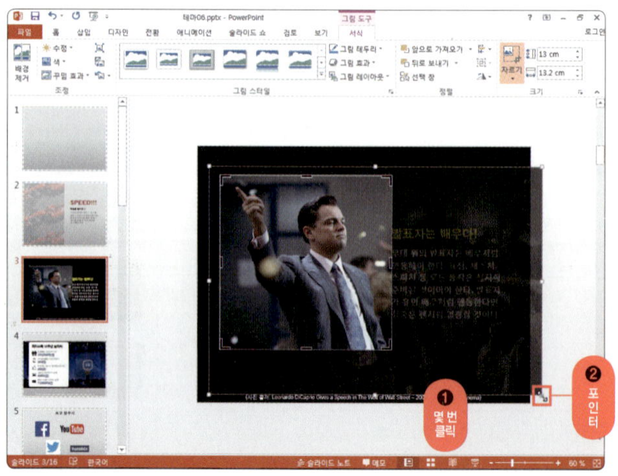

07 Shift 를 누른 상태에서 드래그합니다. 그림의 높이와 너비의 비율(종횡율)이 유지된 상태에서 크기를 조정할 수 있습니다.

08 자르기 결과가 마음에 든다면 Esc 를 눌러 자르기 편집 모드를 종료합니다.

09 그림의 크기와 위치를 변경합니다.

N O T E

그림에 자르기 기능 다시 적용하기

자르기 기능으로 편집한 그림을 선택하고 [자르기] 명령을 실행하면 원본 그림이 표시되는 것을 볼 수 있습니다. 이것은 파워포인트는 기본적으로 원본 그림을 보관하고 있기 때문에 가능한 것입니다.

10 상태 표시줄 맨 오른쪽에 있는 [창에 맞춤] 을 클릭해 슬라이드 전체를 본 후 현재 그림이 선택된 상태에서 [그림 효과]를 클릭하고 [부드러운 가장자리]에서 [25pt]를 선택합니다.

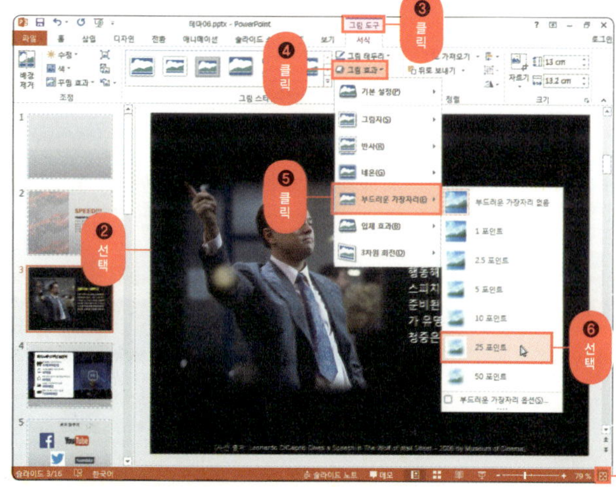

11 [색]을 클릭한 후 [다시 칠하기]에서 [회색조]를 선택합니다.

12 [수정]을 클릭한 후 [밝기: +20%, 대비: 0%(표준)]을 선택합니다.

STEP 02 | 슬라이드 비율에 맞게 그림 자르기

그림을 슬라이드 배경에 배치하고 싶을 때 필요한기술 중에 하나가 그림의 너비/높이 비율을 슬라이드의 너비/높이 비율에 맞추는 것입니다. 이 비율이 맞지 않으면 그림이 찌그러져 보이기 때문입니다.

01 [4번 슬라이드]에서 그림을 선택한 후 [그림 도구]-[서식] 탭에서 [자르기] 글자 부분을 클릭하고 [가로 세로 비율]에서 [가로, 4:3]을 선택합니다.

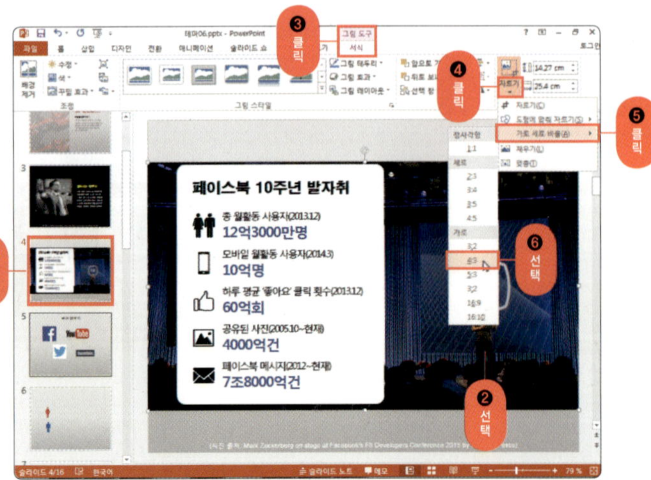

02 그림의 너비가 4, 높이가 3인 비율로 자르기가 실행됩니다. 필요한 경우 그림의 크기와 위치를 변경합니다.

03 모든 것이 마음에 든다면 `Esc`를 눌러 자르기를 마칩니다.

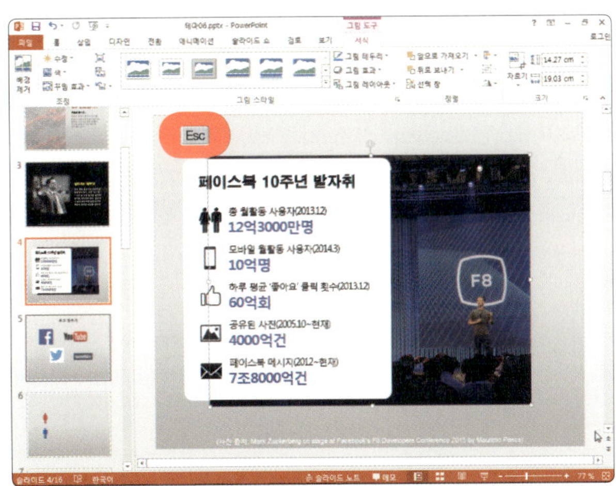

04 그림의 모서리에 있는 [크기 조정 핸들] ○을 드래그해 그림을 슬라이드에 꼭 맞춥니다.

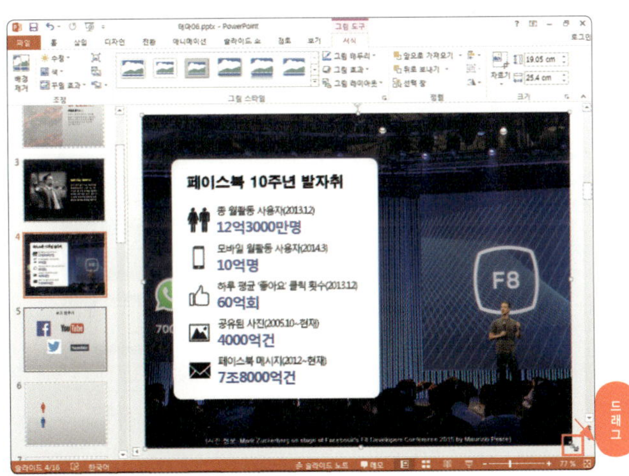

로고를 통일감 있게 만들어 보자!

프레젠테이션 디자인 시 특정 조직, 기업, 제품 등의 로고를 추가해야 하는 경우가 있습니다. 대부분 있는 로고를 그대로 사용하는 경우가 많은데 통일성이 없다보니 지저분해 보일 수 있습니다. 여러분이 몇 가지 기술을 알고 조금만 시간을 들인다면 통일성 있는 로고를 만들어 배치할 수 있습니다. 이번 레슨에서는 도형에 맞춰 자르기, 투명한 색 설정 등을 통해 로고의 형태를 통일감 있게 만든 후, 로고의 RGB색 값을 알아내 특정 도형의 채우기 색에 적용하는 아주 유용한 기술에 대해 알아보도록 하겠습니다.

- **실습 파일**: 부록 CD/테마06/테마06.pptx 5번 슬라이드
  결과 파일: 부록 CD/테마06/테마06(결과).pptx 5번 슬라이드

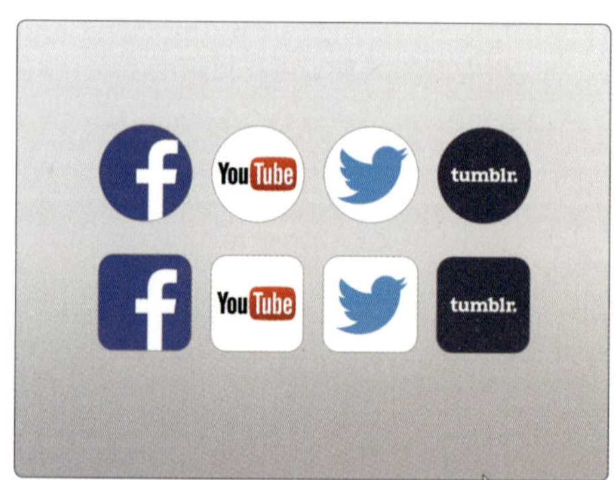

STEP 01 | 기준 로고 만들기

01 [5번 슬라이드]에서 페이스북 로고를 선택한 후 [그림 도구]−[서식] 탭에서 [자르기] 글자 부분을 클릭하고 [가로 세로 비율]에서 [1:1]을 선택합니다.

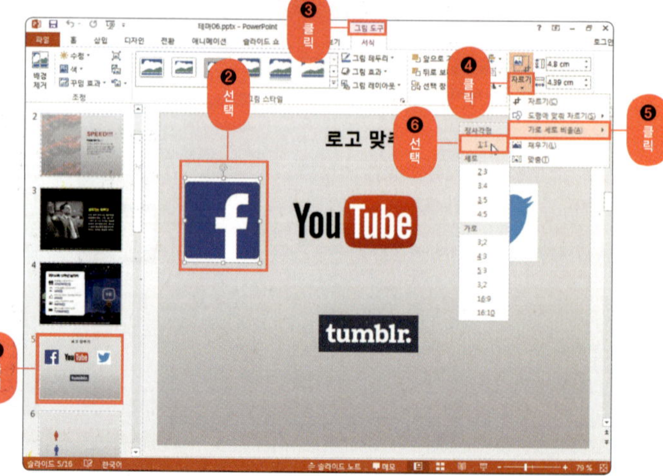

02 로고에 자르기 핸들이 나타나며 너비는 그대로 있고 높이가 너비에 맞게 잘려집니다. [자르기] 글자 부분 을 클릭한 후, [도형에 맞게 자르기]를 선택하고 [타원]을 선택합니다.

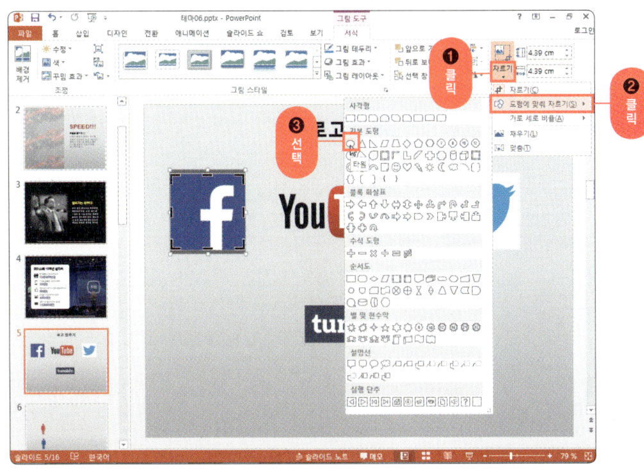

03 그림이 타원 형태로 바뀝니다. [높이]를 [4cm]로 변경합니다. 너비도 자동으로 4cm로 변경됩니다.

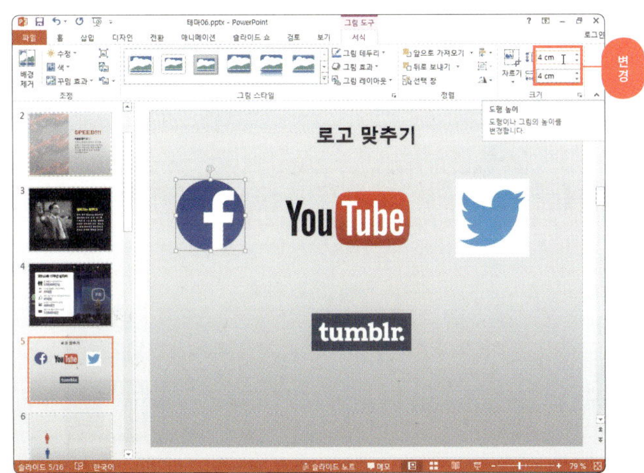

04 [그림 테두리]를 클릭한 후 [다른 윤곽선 색]을 선택합니다.

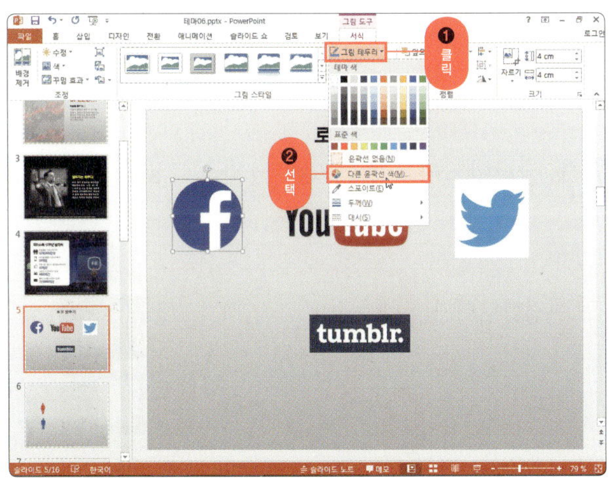

05 색 대화상자의 [표준] 탭에서 [회색]을 선택한 후 [확인] 버튼을 클릭합니다.

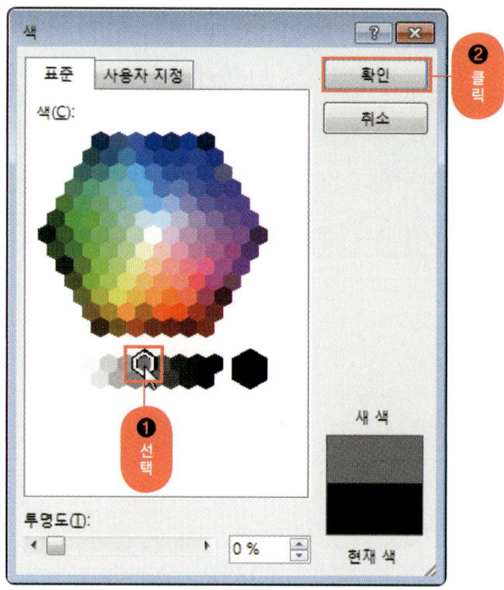

STEP 02 | 타원 도형 만들고 서식 변경하기

01 [홈] 탭에서 [타원]○을 선택합니다.

02 슬라이드에서 드래그해 타원을 만든 후 [그리기 도구]-[서식] 탭을 열고 [높이]와 [너비]를 모두 [4cm]로 변경합니다.

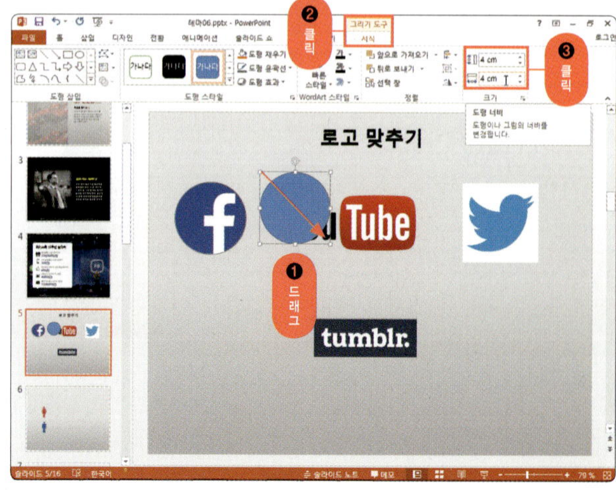

NOTE

[그리기 도구]-[서식] 탭을 빠르게 열고 싶다면
도형을 '더블 클릭'합니다.

03 [도형 채우기]를 클릭한 후 [다른 채우기 색]을 선택합니다.

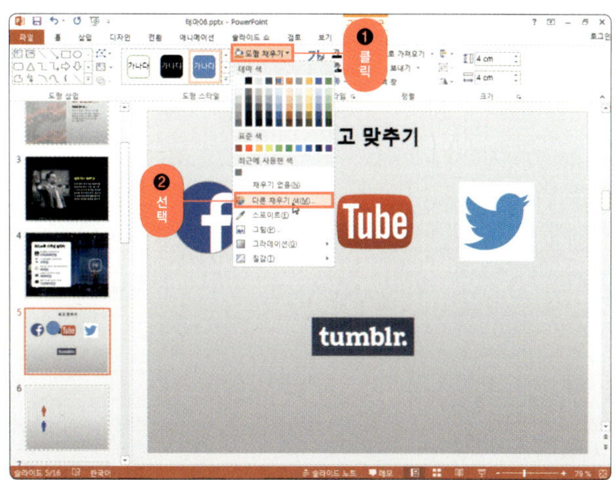

04 색 대화상자의 [표준] 탭에서 [흰색]을 선택한 후 [확인]을 클릭합니다.

05 [도형 윤곽선]의 [색 견본]에 방금 전에 선택한 회색이 표시되고 있음을 확인한 후 [색 견본]을 클릭합니다.

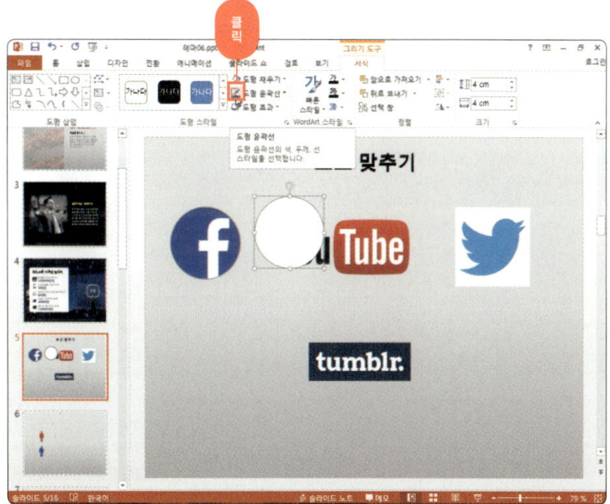

06 [도형 윤곽선]을 클릭한 후 [두께]에서 [3/4pt]를 선택합니다.

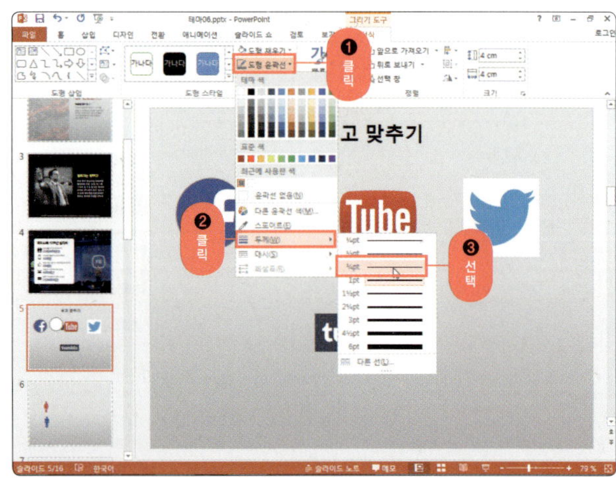

07 Ctrl 을 누른 상태에서 타원을 드래그해 복제합니다.

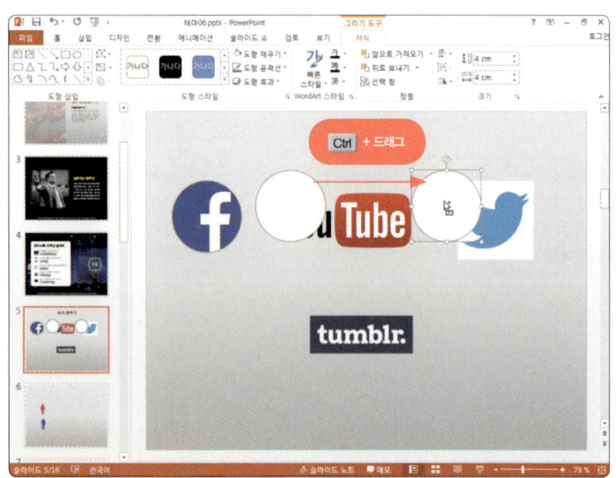

08 Ctrl 을 누른 상태에서 복제된 타원을 드래그해 복제합니다.

09 Shift 를 누른 상태에서 선택되지 않은 두 개의 타원을 클릭해 세 개의 타원을 모두 선택합니다.

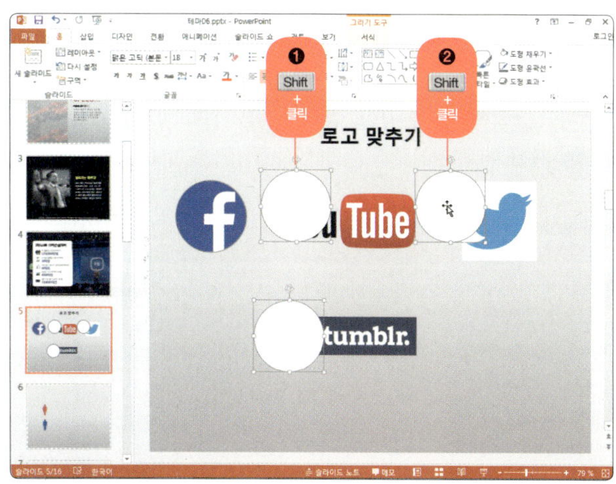

10 선택된 타원 중에서 아무 것이나 마우스 오른쪽 버튼으로 클릭하면 나타나는 컨텍스트 메뉴 중에서 [맨 뒤로 보내기]를 선택합니다.

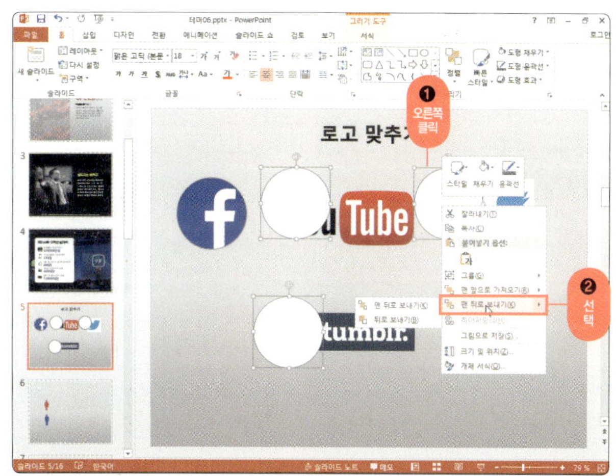

STEP 03 | 로고를 타원 위에 배치하기

01 [YouTube 로고]를 선택한 후 크기와 위치를 조정해 흰색 타원 안쪽에 배치합니다. YouTube 로고는 배경이 투명하기 때문에 큰 문제 없이 배치할 수 있습니다.

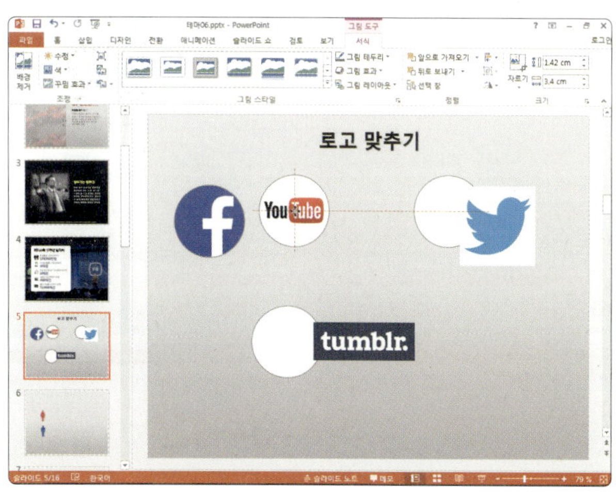

02 새 모양의 트위터 로고를 선택한 후 [그림 도구]-[서식] 탭에서 [색]을 클릭하고 [투명한 색 설정]을 선택합니다.

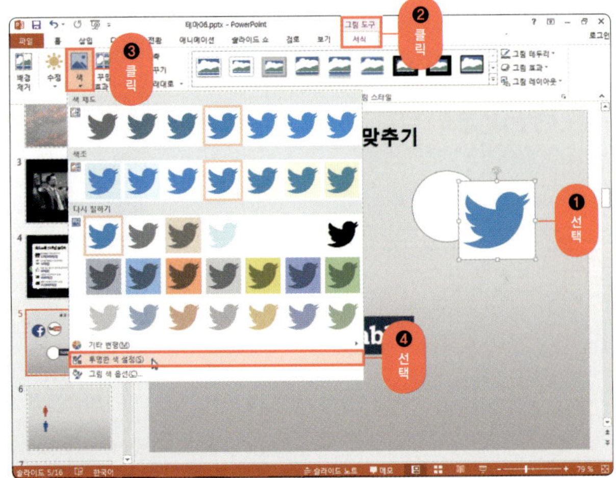

03 트위터 로고에서 흰색이 있는 부분을 클릭합니다.

04 그림에서 흰색이 투명해집니다. 트위터 로고의 위치와 크기를 조정해 타원 안쪽에 배치합니다.

STEP 04 | 스포이트로 색 채취하기

01 텀블러(tumblr.) 로고 주변에 있는 타원을 선택한 후 [홈] 탭에서 [도형 채우기]를 클릭하고 [스포이트]를 선택합니다.

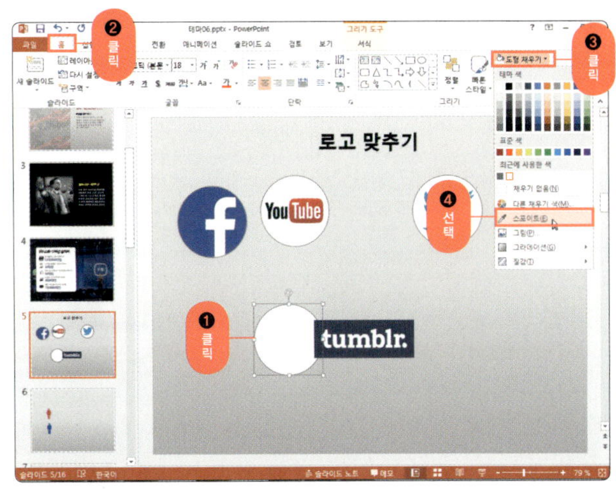

02 텀블러(tumblr.) 로고에서 색이 있는 부분을 클릭합니다.

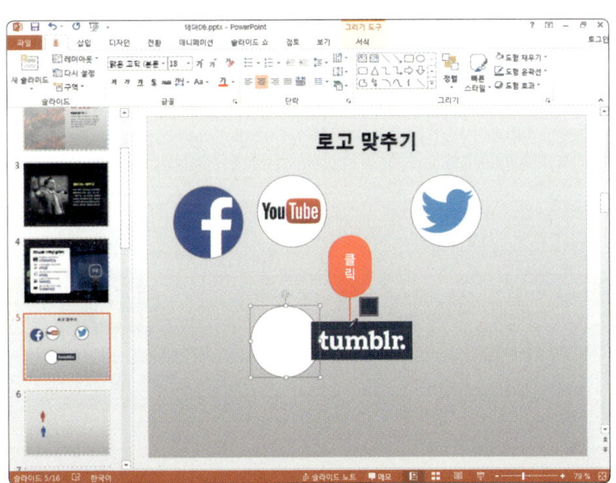

03 스포이트로 채취한 색이 선택되어 있던 타원에 적용됩니다. 텀블러 로고의 크기와 위치를 변경해 타원 가운데에 배치합니다.

STEP 05 | 로고 정렬하기

01 텀블러 로고와 타원을 선택합니다.

02 Ctrl + G 를 눌러 그룹으로 만듭니다.

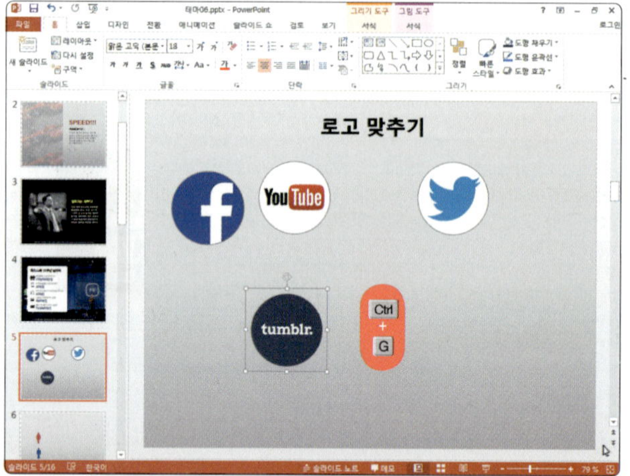

03 트위터 로고와 타원을 선택한 후 Ctrl + G 를 눌러 그룹으로 만듭니다.

04 YouTube 로고와 타원을 선택한 후 Ctrl + G 를 눌러 그룹으로 만듭니다.

그룹 해제 단축키

Ctrl + Shift + G

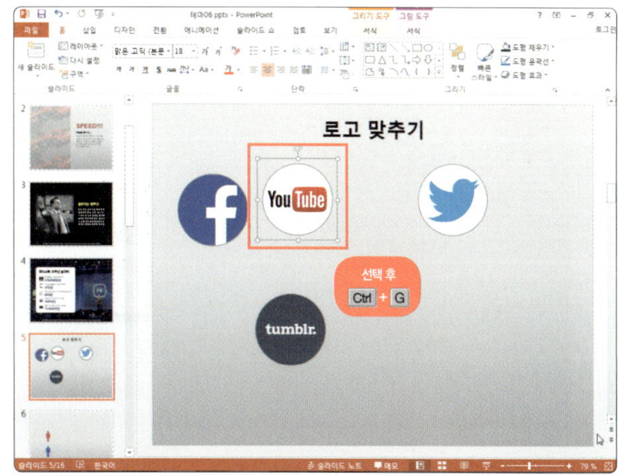

05 각 로고를 이동해 일렬로 배치합니다.

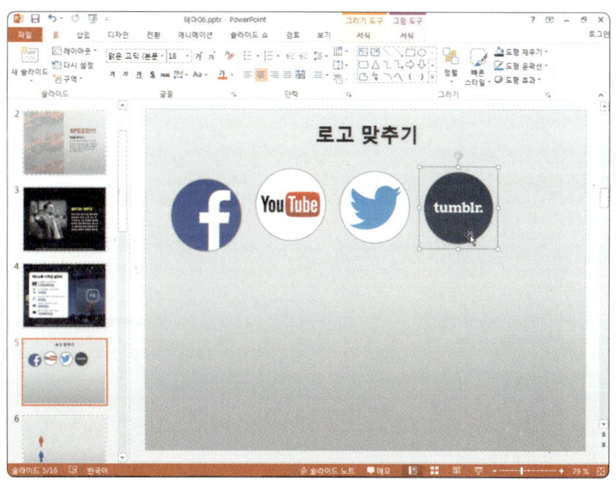

06 네 개의 로고를 모두 선택합니다.

07 [정렬]을 클릭한 후 [맞춤]에서 [중간 맞춤]을 선택합니다.

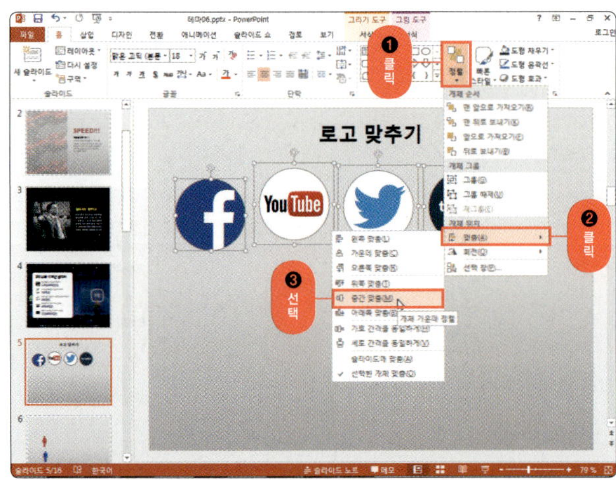

08 [정렬]을 클릭한 후 [맞춤]에서 [가로 간격을 동일하게]를 선택합니다.

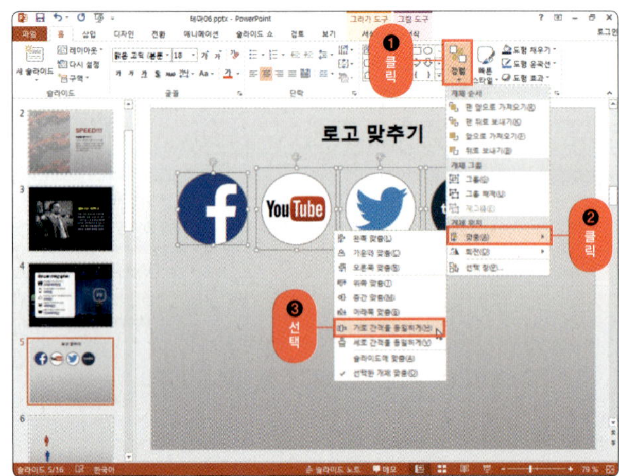

09 Ctrl + G 를 눌러 그룹을 만든 후 [정렬]을 클릭하고 [맞춤]에서 [가운데 맞춤]을 선택합니다. 슬라이드 가운데에 개체가 배치됩니다.

STEP 06 | 도형을 모서리가 둥근 직사각형으로 변경하기

01 Ctrl + Shift 를 누른 상태에서 그룹 개체를 아래로 드래그해 수직 복제합니다.

02 복제된 그룹 개체에서 맨 왼쪽에 있는 페이스북 로고를 클릭한 후 Shift 를 누른 상태에서 로고 뒤에 있는 3개의 타원을 차례로 클릭해 선택합니다.

03 [그림 도구–서식] 탭에서 [자르기] 글자 부분 자르기 을 클릭한 후 [도형에 맞춰 자르기]에서 [모서리가 둥근 직사각형]을 선택합니다. 선택되어 있던 그림과 도형의 모양이 모서리가 둥근 직사각형으로 변경됩니다.

색 정보를 알아내는 방법

이번 레슨에서 소개한 '스포이트'는 파워포인트 2013 버전에서 처음 추가된 기능으로 도형 채우기, 도형 윤곽선, 글꼴 색 등에서 사용할 수 있습니다. 문제는 이전 버전, 즉 파워포인트 2010과 2007 버전에는 이 기능이 없다는 것입니다. 스포이트처럼 색 정보를 알아내는 방법은 상당히 많은데 필자는 현재 'Color Cop'이라는 프리웨어를 사용하고 있습니다. 만약 이 프로그램을 사용해보고 싶다면 다음을 실행합니다.

❶ 인터넷 http://colorcop.net에서 [Download]를 클릭해 Color Cop을 다운로드한 후 프로그램을 실행합니다.

❷ Color Cop 프로그램 창에서 [스포이트] 아이콘에 마우스 포인터를 위치시킵니다.

❸ 드래그해 텀블러 로고의 색이 있는 부분에 스포이트를 갖다대면 색 정보가 추출됩니다. 마우스에서 손을 뗍니다.

❹ Color Cop에 표시된 RGB값을 메모합니다.

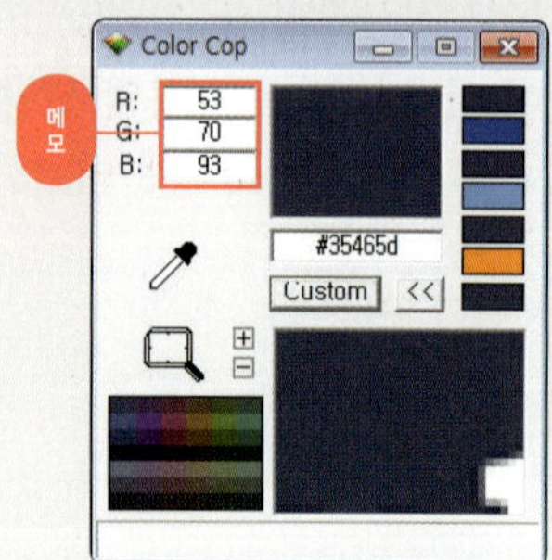

❺ 파워포인트 2010이나 2007에서 텀블러 로고 옆에 있는 타원을 선택한 후 [도형 채우기]를 클릭하고 [다른 채우기 색]을 선택합니다.

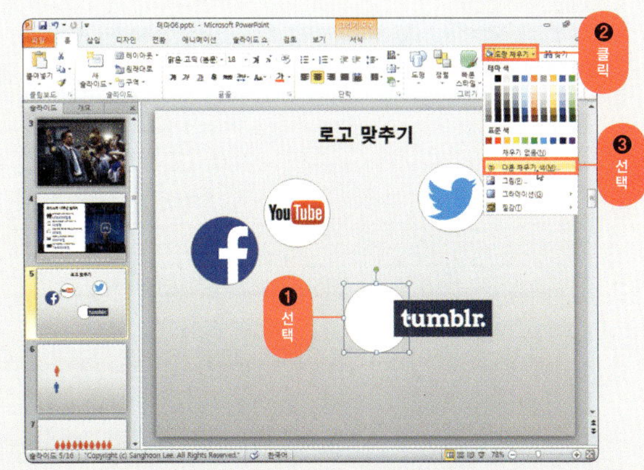

❻ 색 대화상자에서 [사용자 지정] 탭을 연 후 Color Cop을 통해 알아낸 RGB 값을 빨강, 녹색, 파랑 입력 상자에 각각 입력하고 [확인] 버튼을 클릭합니다.

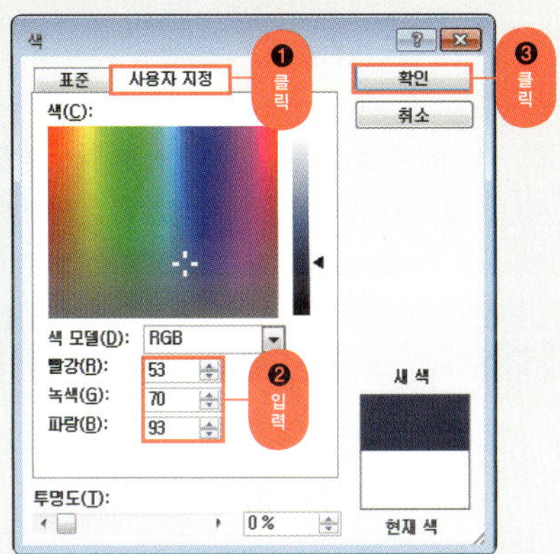

선택된 타원에 색이 칠해집니다.

Color Cop은 화면에 있는 어떤 색이든 값을 알아낼 수 있어 필자의 경우 인터넷 서핑을 하다가 색이 아주 잘 사용된 사이트를 발견하면 Color Cop을 이용해 그 사이트에서 사용된 색 값을 알아내 프레젠테이션 디자인할 때 사용하곤 합니다.
멋진 사진이 있는 경우에도 Color Cop으로 사진의 색을 알아내 디자인에 사용하죠. 이렇게 하면 의외로 쉽게 색을 조화롭게 사용할 수 있게 됩니다.

05

픽토그램으로 멋진 인포그래픽을 만들어 보자!

요즘 정보를 표현하는데 인포그래픽이 대세로 자리잡고 있습니다. 정보(Information)를 그림(Graphic)으로 표현한다는 의미의 인포그래픽에서 가장 많이 활용되는 것이 바로 사람 모양의 픽토그램인데요. 이번 레슨에서는 사람 모양의 픽토그램을 사용해 사람과 관련된 통계(예: 총인구, 어떤 사안에 대해 몇 퍼센트가 동의했는지 등)를 표시하는 방법에 대해 알아보겠습니다.

- **실습 파일**: 부록 CD/테마06/테마06.pptx 6~8번 슬라이드
  결과 파일: 부록 CD/테마06/테마06(결과).pptx 6번 슬라이드

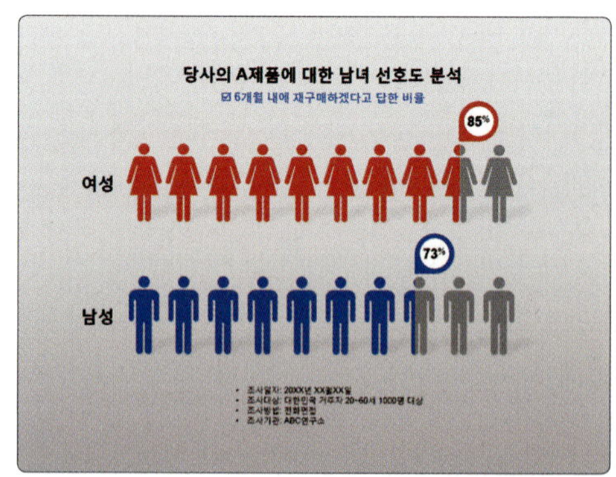

STEP 01 | 수평 복제하고 정렬하기

01 6번 슬라이드에서 두 그림을 선택합니다.

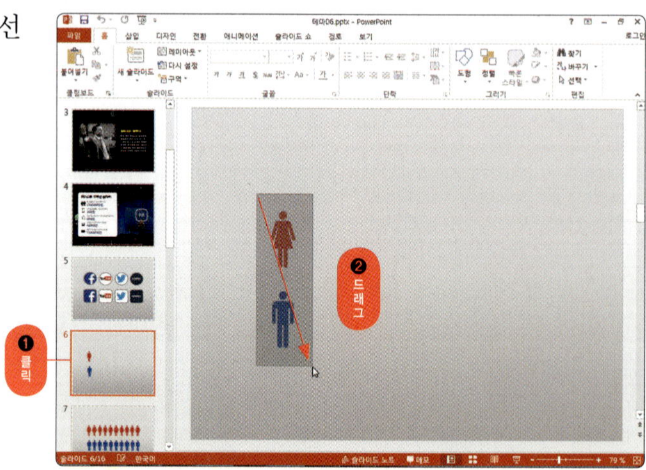

02 Ctrl + Shift 를 누른 상태에서 오른쪽으로 드래그해 수평 복제합니다.

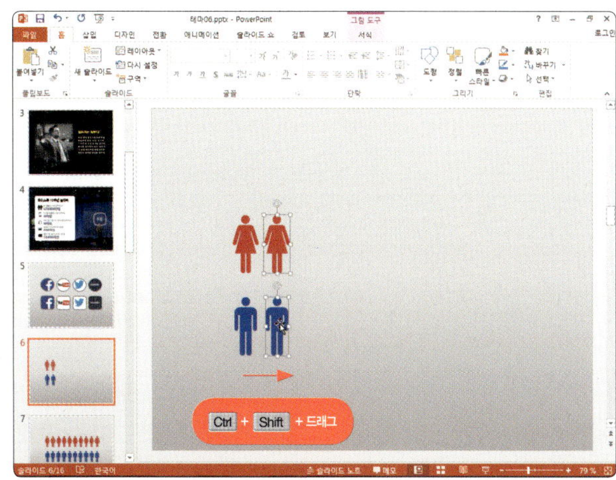

03 같은 방법으로 8번 더 수평 복제합니다.

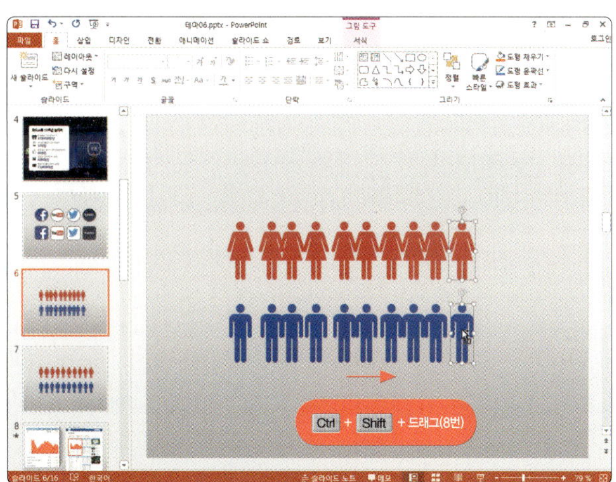

04 맨 마지막에 복제된 두 그림이 선택된 상태에서 왼쪽 방향키 ← 또는 오른쪽 방향키 → 를 눌러 적당히 위치를 조정합니다.

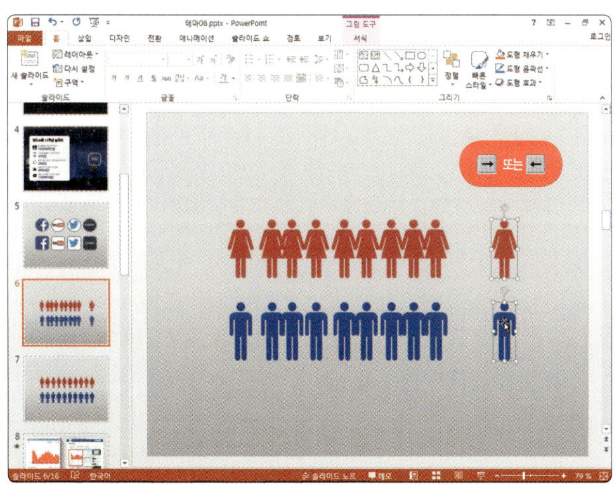

05 위쪽의 빨강색 픽토그램을 선택합니다.

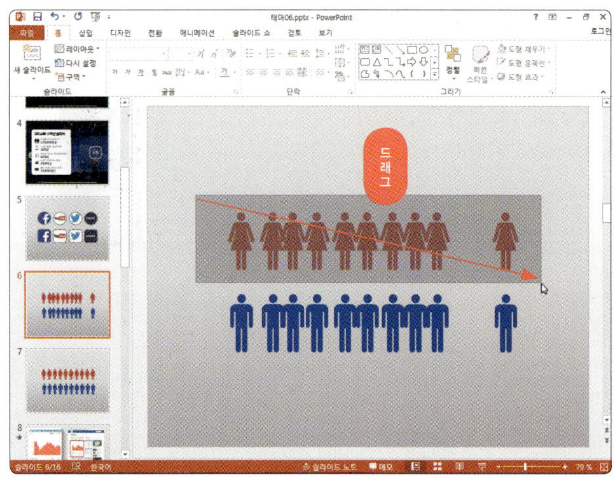

06 [정렬]을 클릭하고 [맞춤]에서 [가로 간격을 동일하게]를 선택합니다. 선택되어 있는 개체의 가로 간격이 맞춰집니다.

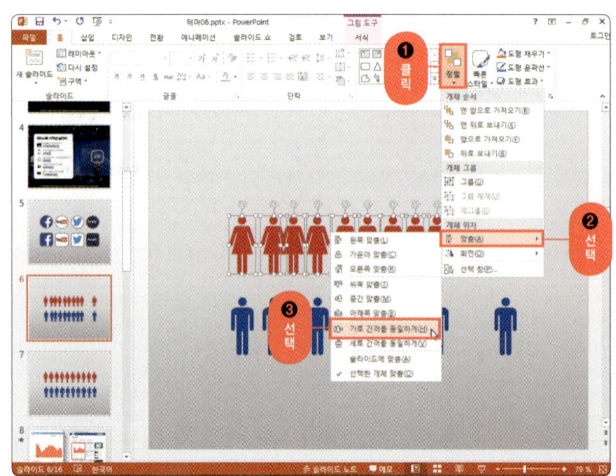

07 아래쪽의 파랑색 픽토그램을 선택합니다.

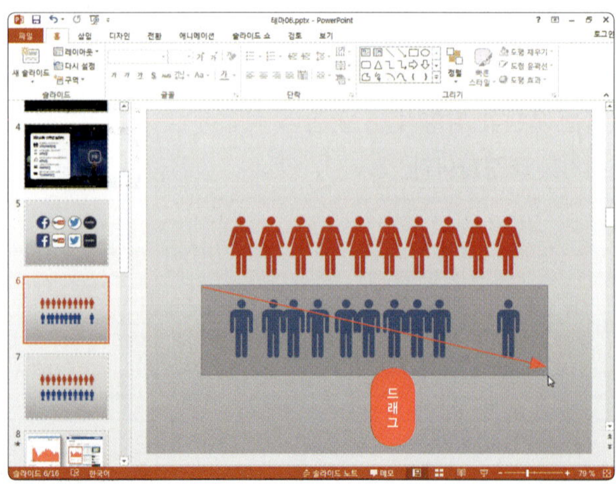

08 [정렬]을 클릭한 후 [맞춤]에서 [가로 간격을 동일하게]를 선택합니다. 선택되어 있는 개체의 가로 간격이 맞춰집니다.

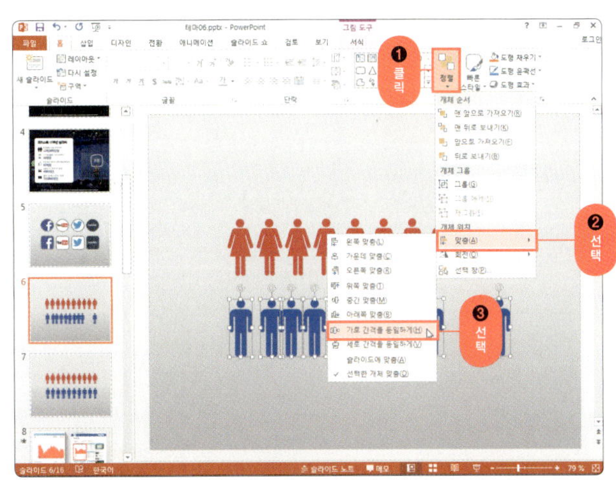

STEP 02 | 그림의 색 변경하기

여기서부터는 [테마06.pptx]의 [7번 슬라이드]에서 실습을 이어가도 됩니다.

01 위쪽의 빨강색 픽토그램 중에서 맨 오른쪽에 있는 두 개의 그림을 선택합니다.

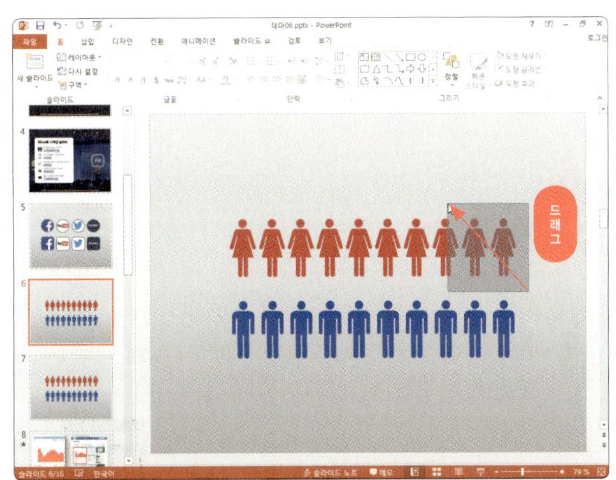

02 [그림 도구]-[서식] 탭에서 [색] 버튼을 클릭한 후 [회색조]를 선택합니다.

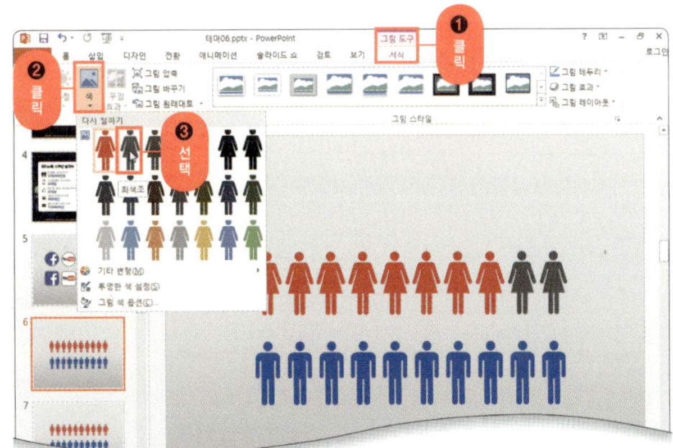

03 아래쪽의 파랑색 픽토그램 중에서 맨 오른쪽에 있는 세 개의 그림을 선택합니다.

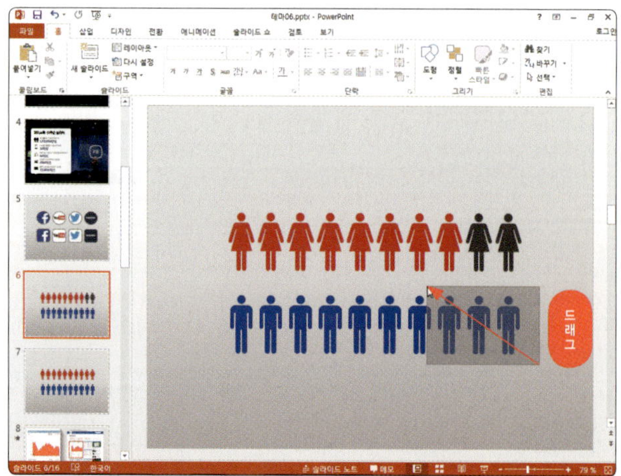

04 [그림 도구]-[서식] 탭에서 [색] 버튼을 클릭한 후 [회색조]를 선택합니다.

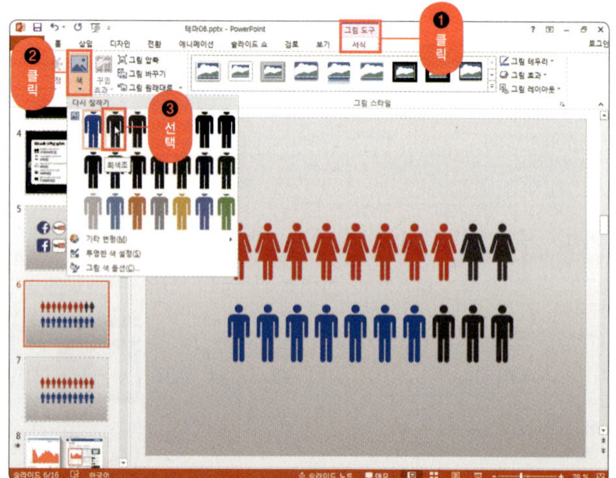

05 Esc 를 눌러 선택을 해제한 후 회색조로 변경한 픽토그램 중에 하나를 선택합니다.

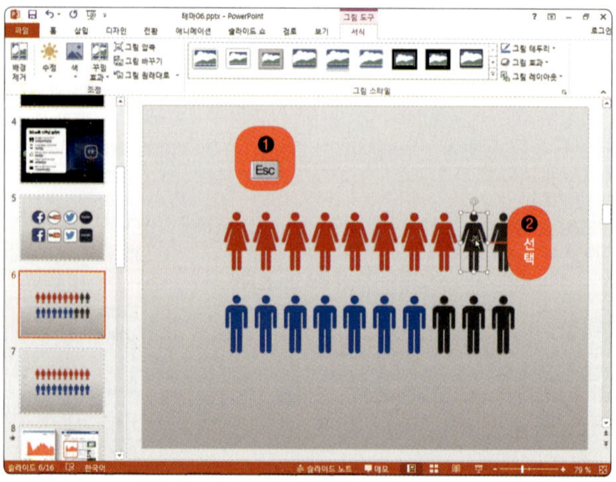

06 [그림 도구]-[서식] 탭에서 [수정]을 클릭한 후 [밝기: +40% 대비 0%(표준)]을 선택합니다.

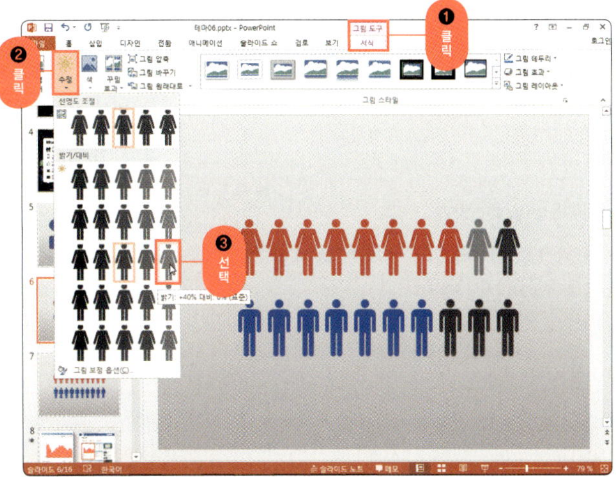

07 다른 네 개의 회색조 픽토그램도 같은 방법으로 밝기를 조정합니다.

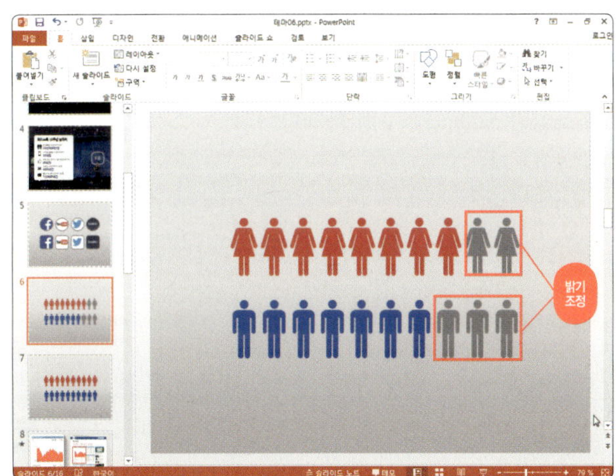

STEP 03 | 빨간색 픽토그램 자르기

01 빨간색 픽토그램 중에서 맨 오른쪽에 있는 것을 선택합니다.

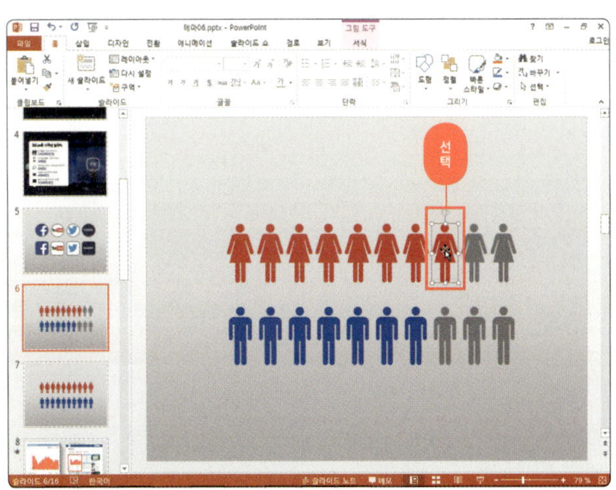

02 [확대] **+** 를 몇 번 클릭해 확대합니다.

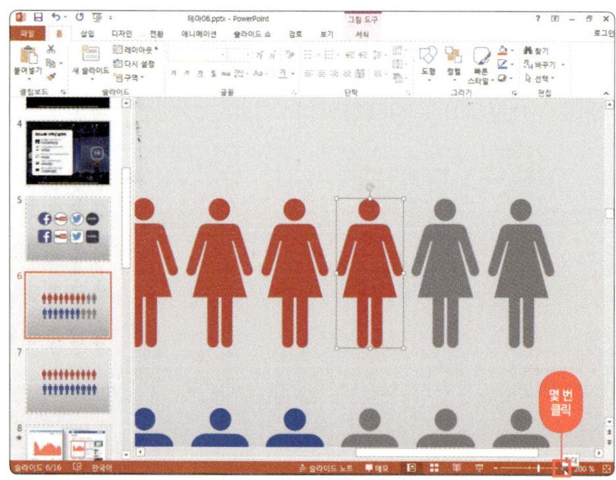

NOTE

빠르게 확대/축소하기

Ctrl 을 누른 상태에서 마우스 바퀴를 앞으로 굴리면 확대가, 뒤로 굴리면 축소됩니다.

- 개체를 선택한 상태에서 확대/축소를 하면 선택된 개체를 기준으로 확대/축소가 실행됩니다.
- 아무 것도 선택하지 않은 상태에서 확대/축소를 하면 슬라이드 정가운데를 기준으로 확대/축소가 실행됩니다.

---

03 Ctrl + Shift 를 누른 상태에서 선택되어 있는 픽토그램을 오른쪽으로 조금만 드래그해 수평 복제합니다.

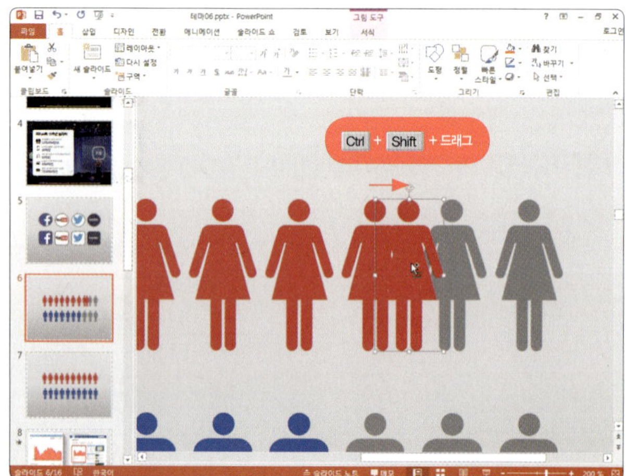

---

04 Shift 를 누른 상태에서 바로 오른쪽에 있는 회색조 픽토그램을 선택합니다.

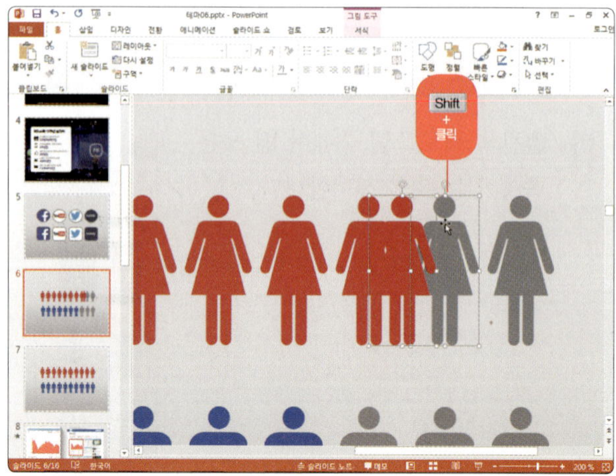

05 [정렬] 버튼을 클릭한 후 [맞춤]에서 [오른쪽 맞춤]을 선택합니다.

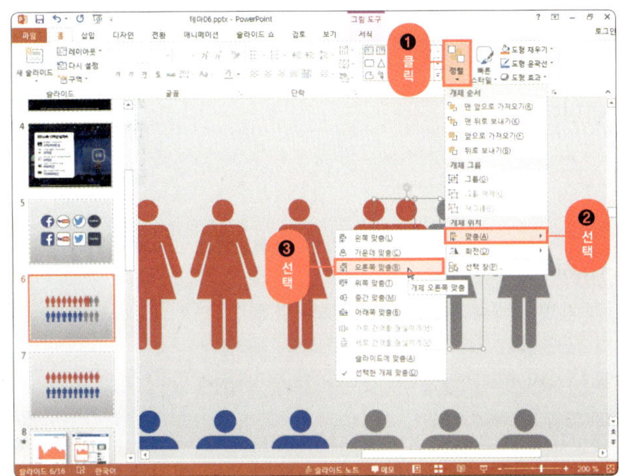

06 왼쪽에 있는 픽토그램이 오른쪽으로 이동하면서 두 개체가 겹쳐집니다. Esc 를 눌러 선택을 해제한 후 겹쳐진 픽토그램 중에서 빨강색 픽토그램만 선택하고 [그림 도구]–[서식] 탭에서 [자르기] 버튼을 클릭합니다.

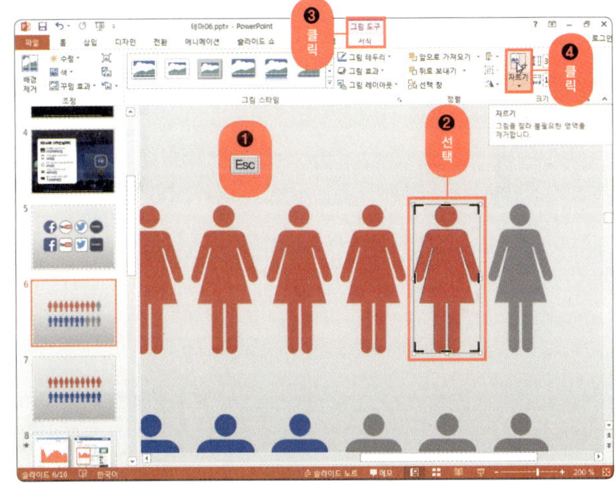

07 오른쪽에 있는 자르기 핸들에 마우스 포인터를 위치시킵니다.

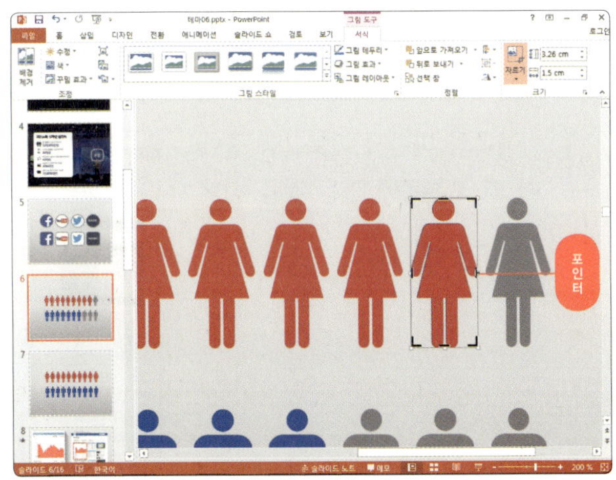

08 마우스 포인터가 ⊢으로 변하면 왼쪽으로 드래그해 절반을 잘라 냅니다.

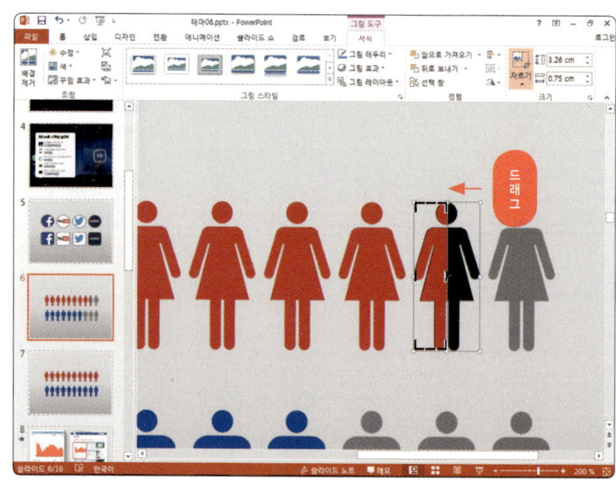

세밀하게 잘라내기

자르기 핸들을 드래그할 때 원하는 위치보다 더 많이 또는 더 조금만 잘리는 경우가 있습니다. 이럴 때에는 Alt 를 누른 상태에서 자르기 핸들을 드래그합니다. 그러면 세밀하게 잘라낼 수 있습니다.

09 Esc 를 눌러 자르기를 마치고 결과를 확인합니다.

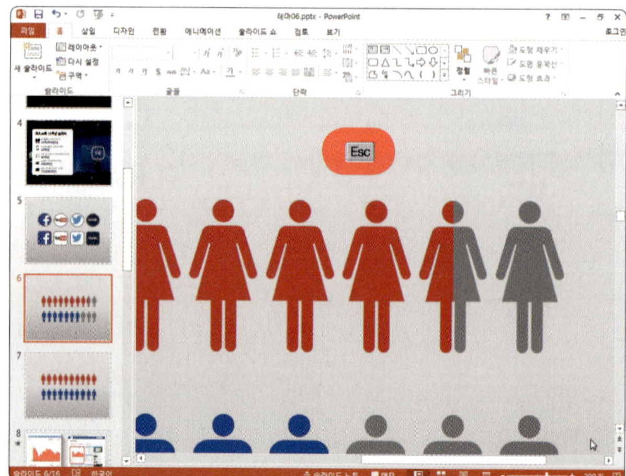

STEP 04 | 파란색 픽토그램 자르기

01 아래쪽의 파란색 픽토그램 중에서 맨 오른쪽에 있는 것을 선택합니다.

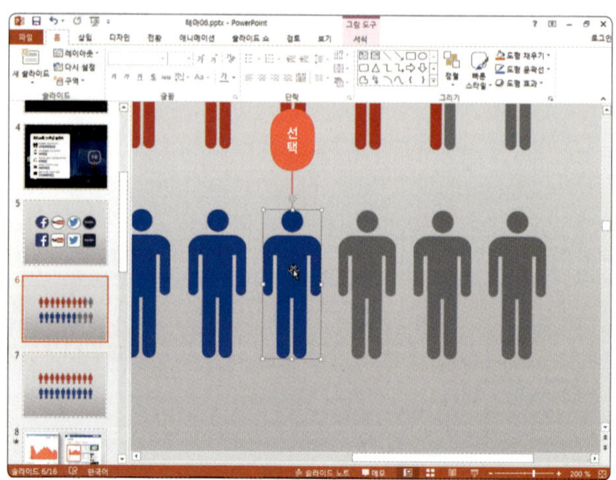

02 Ctrl + Shift 를 누른 상태에서 선택되어 있는 픽토그램을 오른쪽으로 조금만 드래그해 수평 복제합니다.

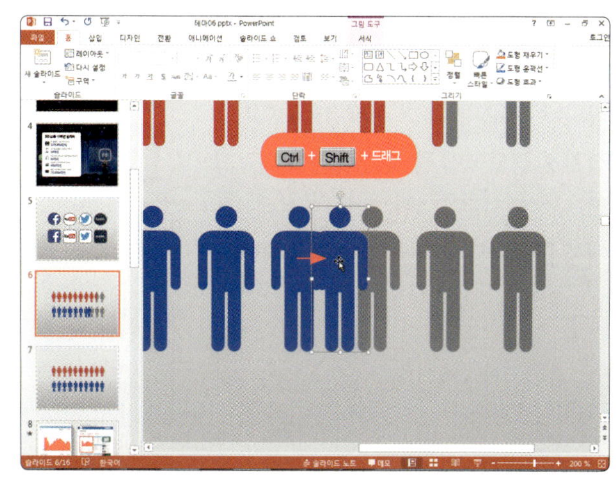

03 Shift 를 누른 상태에서 바로 오른쪽에 회색조 픽토그램을 클릭해 선택합니다.

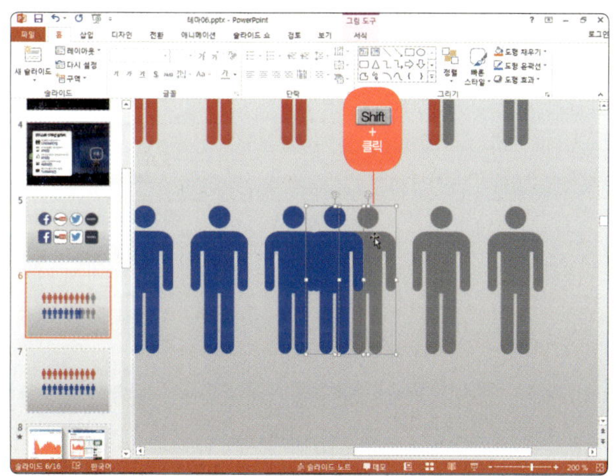

04 [정렬] 버튼을 클릭한 후 [맞춤]에서 [오른쪽 맞춤]을 선택합니다.

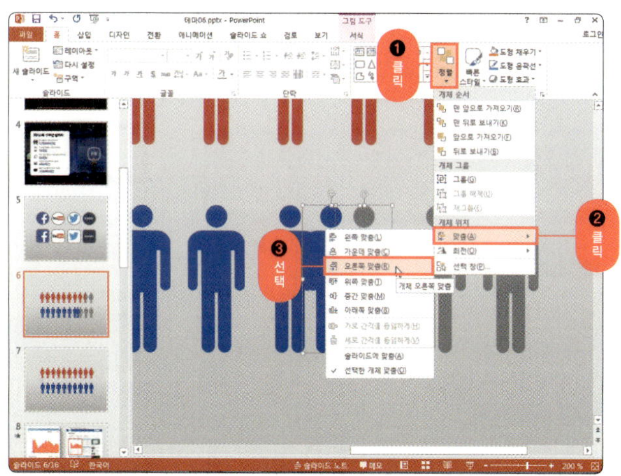

05 왼쪽에 있는 픽토그램이 오른쪽으로 이동하면서 두 개체가 겹쳐집니다. Esc 를 눌러 선택을 해제한 후 겹쳐진 픽토그램 중에서 파랑색 픽토그램을 선택하고 [그림 도구]-[서식] 탭에서 [자르기] 버튼 🖼을 클릭합니다.

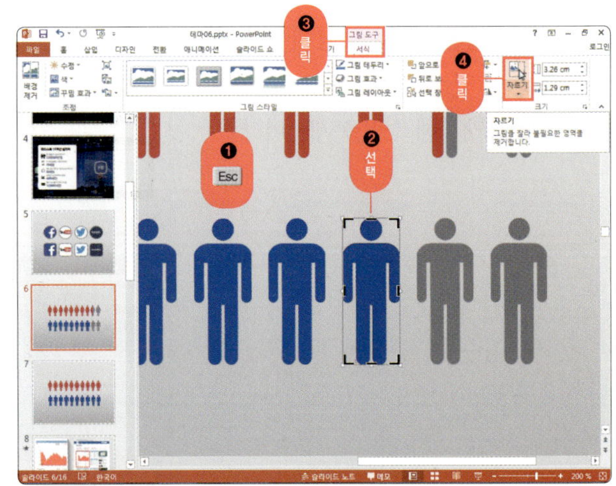

06 오른쪽에 있는 자르기 핸들 ▌에 마우스 포인터를 위치시킵니다.

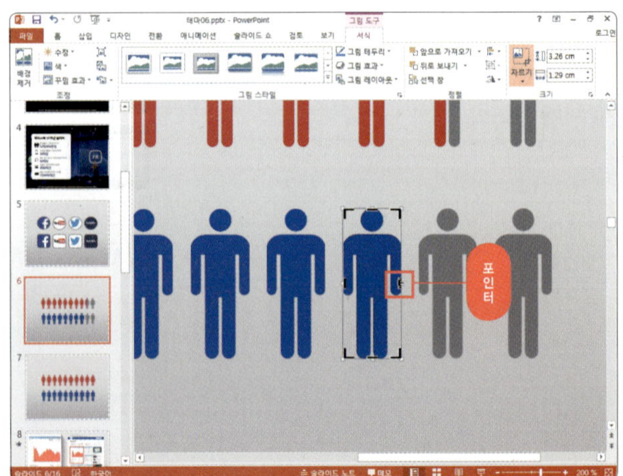

07 마우스 포인터가 ├ 으로 변하면 왼쪽으로 드래그해 잘라냅니다.

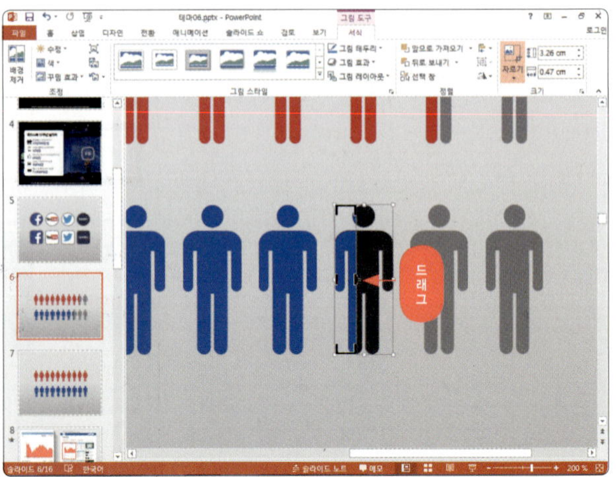

NOTE

세밀하게 잘라내기

자르기 핸들을 드래그할 때 원하는 위치보다 더 많이 또는 더 조금만 잘리는 경우가 있습니다. 이럴 때에는 Alt 를 누른 상태에서 자르기 핸들을 드래그합니다. 그러면 세밀하게 잘라낼 수 있습니다.

08 Esc 를 눌러 자르기를 마친 후 [창에 맞춤] 🔀 을 클릭해 슬라이드 전체를 봅니다.

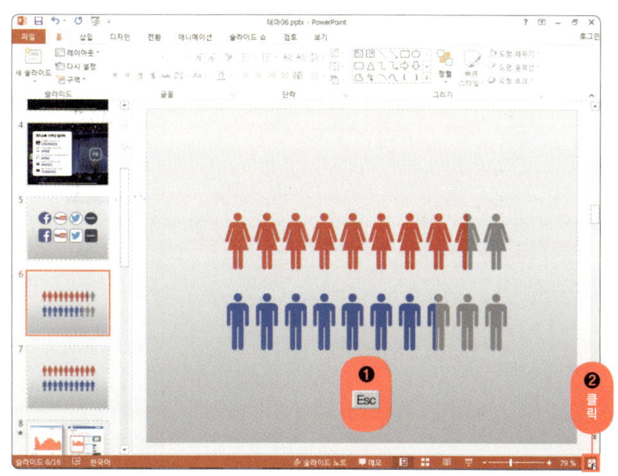

STEP 05 | 그림자 설정하기

여기서부터는 [테마06.pptx]의 [8번 슬라이드]에서 실습을 이어가도 됩니다.

01 위쪽에 있는 픽토그램을 선택합니다.

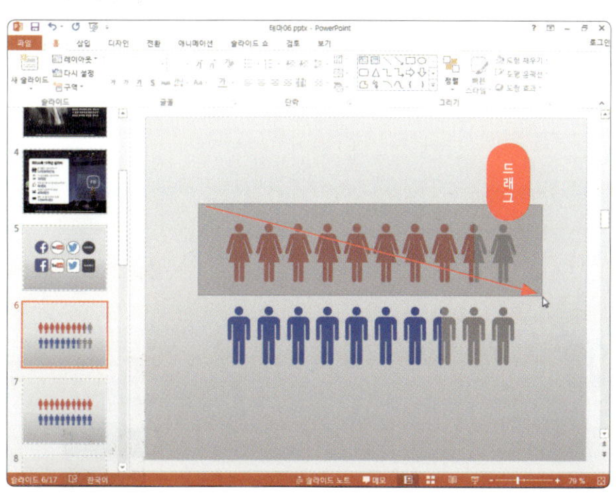

02 Ctrl + G 를 눌러 그룹을 만듭니다.

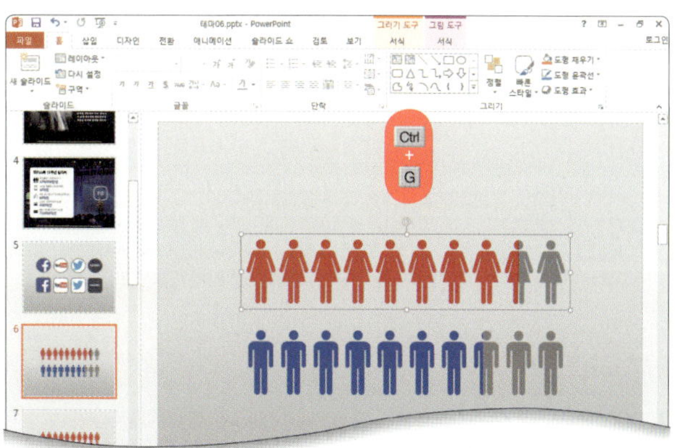

03 아래쪽 픽토그램을 선택합니다.

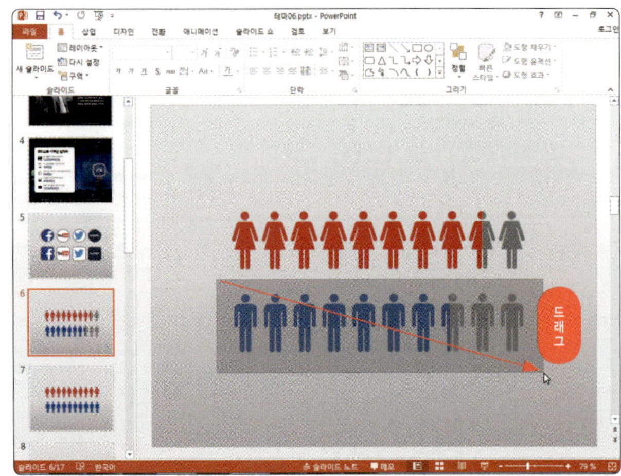

04 Ctrl + G 를 눌러 그룹을 만듭니다.

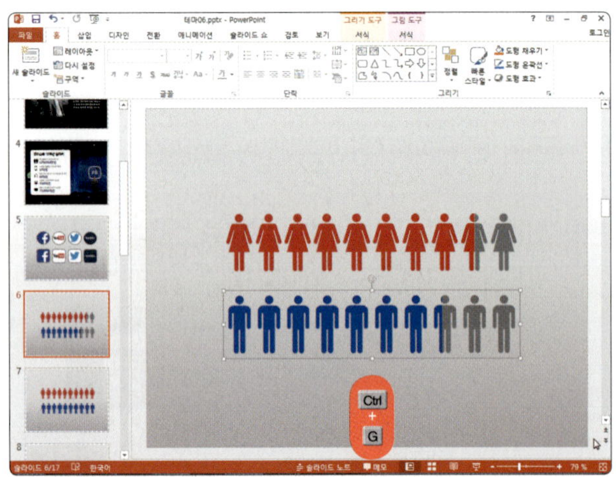

05 두 그룹 개체를 모두 선택합니다.

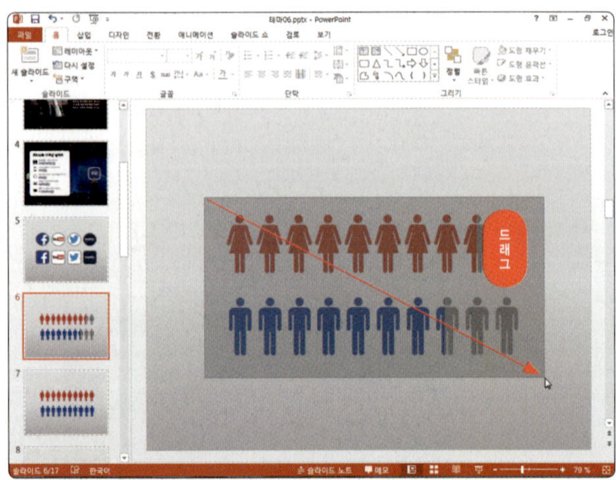

06 [그림 도구]–[서식] 탭을 연 후 [그림 스타일] 영역에서 [작업창 표시] 버튼 을 클릭합니다.

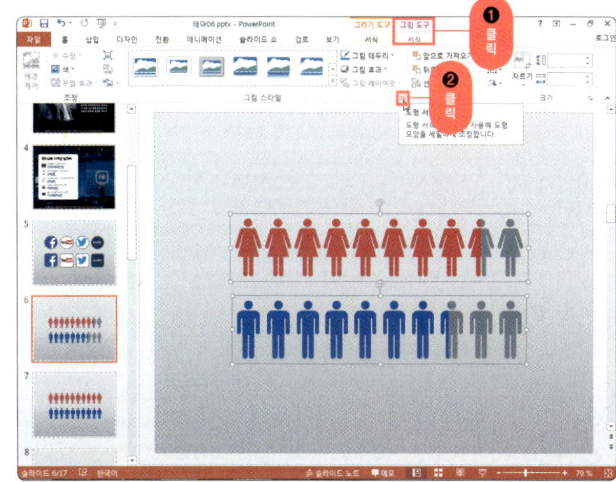

07 작업창에서 [그림자]를 클릭한 후 [미리 설정]을 클릭하고 [원근감 대각선 오른쪽 위]를 선택합니다.

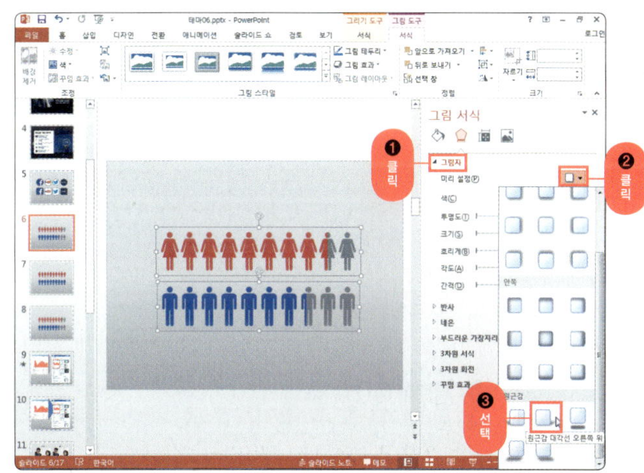

08 [투명도]를 [95%]로 변경합니다.

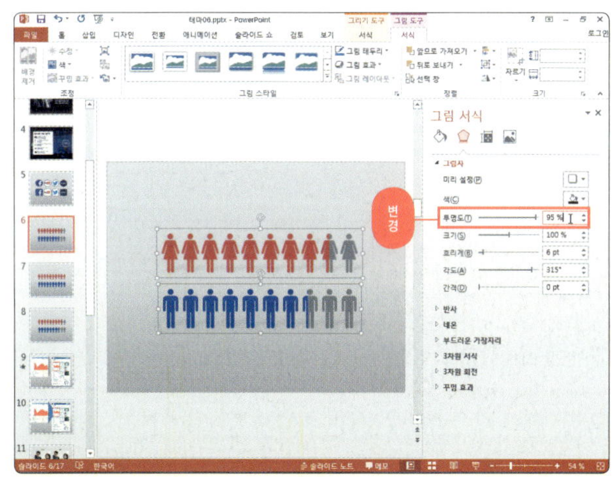

09 텍스트와 개체를 배치해 완성합
니다.

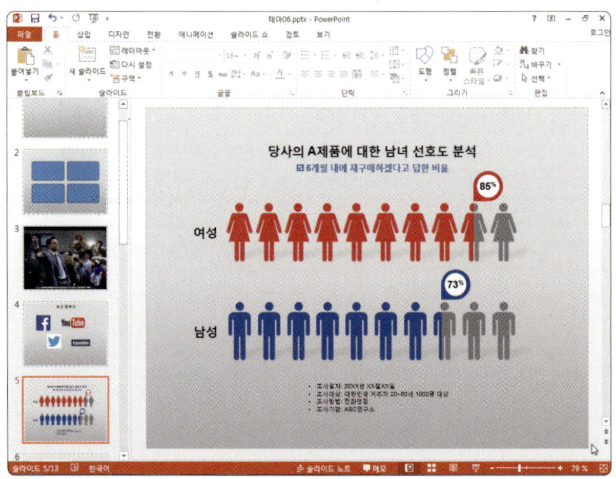

---

tip **픽토그램의 높이와 너비의 비율의 유지한 상태에서 크기 조정하기**

완성된 개체를 모두 선택한 후 Ctrl + G 키를 눌러 그룹을 만들고 Shift 를 누른 상태에서 선택된 그룹 개체 모서리에 있는 [크기 조정 핸들]□을 드래그합니다.

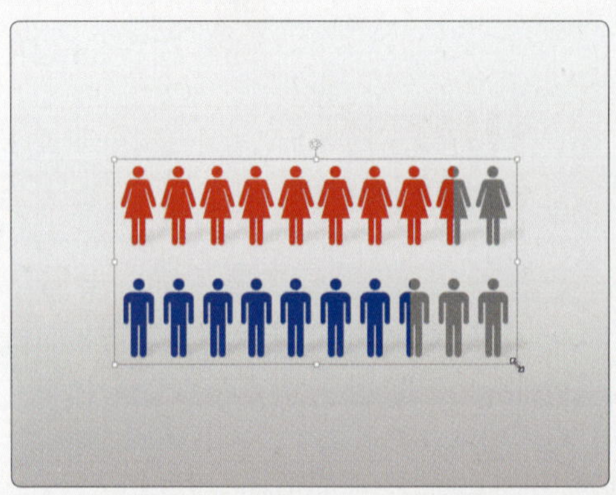

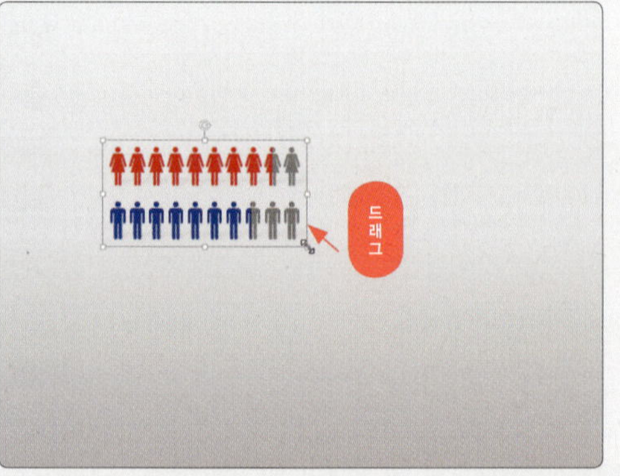

06

자르기와 필터 효과로
특정 부분을 강조해보자!

P O W E R P O I N T   K N O W H O W

포토샵을 사용자 중에서 '필터(filter)'라는 특별한 효과를 적용해본 분이 있을 것입니다. 파워포인트도 2010 버전부터 꾸밈 효과라고 하는 특별한 효과를 제공하는데 이것을 이용하면 그림은 흑백인데 특정 부분만 컬러로 표시하거나, 전체적으로 흐린데 특정 부분만 선명하게 만들어 특정 부분을 강조할 수 있습니다. 원본 그림을 복제하고 복제한 그림을 원본 포개놓은 후 자르기 기능으로 다르게 표시하고 싶은 부분만 남긴 후, 꾸밈 효과를 적용하는 것이죠. 그 방법을 알아보겠습니다.

- **실습 파일**: 부록 CD/테마06/테마06.pptx 9번 슬라이드
  결과 파일: 부록 CD/테마06(결과).pptx 7, 8번 슬라이드

STEP 01 | 그림 복제하고 자르기

01 [9번 슬라이드]에서 Ctrl + Shift 를 누른 상태에서 그림을 오른쪽으로 드래그해 수평 복제합니다.

02 현재 복제된 그림이 선택된 상태에서 Shift 를 누른 후 왼쪽에 살짝 보이는 원본 그림을 클릭해 두 그림을 모두 선택합니다.

03 [홈] 탭에서 [정렬]을 클릭한 후 [맞춤]에서 [왼쪽 맞춤]을 선택합니다.

04 두 그림이 겹치게 됩니다. Esc 를 눌러 선택을 모두 해제한 후 현재 보이는 그림을 선택하고 [그림 도구]-[서식] 탭에서 [자르기] 버튼을 클릭합니다.

05 자르기 핸들을 드래그해 오른쪽 그림처럼 잘라낸 후 Esc 를 눌러 자르기 작업을 마칩니다.

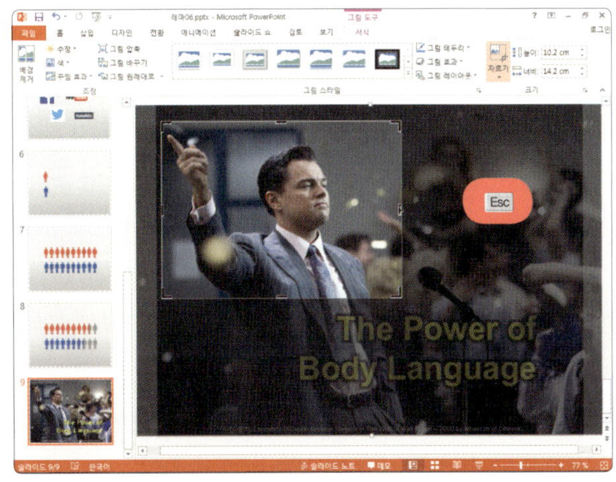

STEP 02 | 그림의 색 변경하고 꾸밈 효과 적용하기

01 원본 그림을 선택합니다.

02 [그림 도구]-[서식] 탭에서 [색]을 클릭한 후 [기타 변형]에서 [파랑]을 선택합니다.

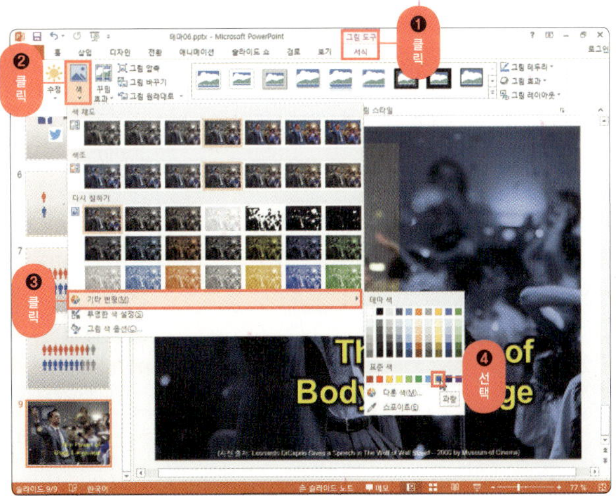

03 [수정]을 클릭한 후 [밝기: -40% 대비: 0%(표준)]을 선택합니다.

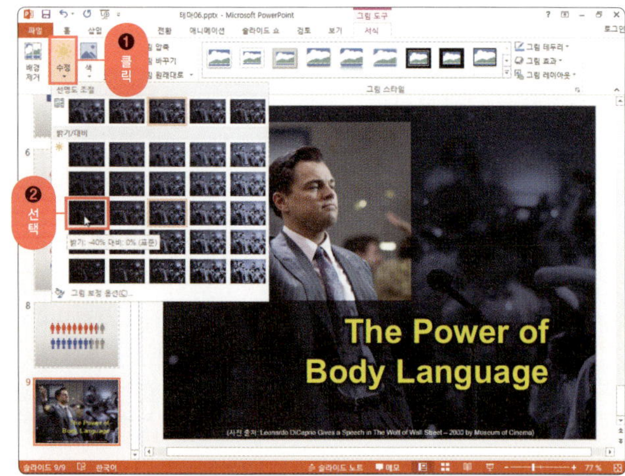

04 [꾸밈 효과]를 클릭한 후 [시멘트]를 선택합니다.

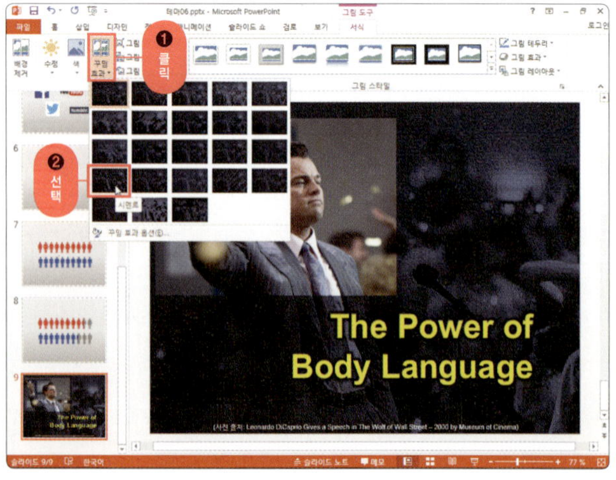

NOTE

꾸밈효과 옵션을 조정하고 싶다면

[그림 도구]–[서식] 탭에서 [꾸밈 효과]를 클릭하고 표시되는 목록 맨 아래에 있는 [꾸밈 효과 옵션]을 선택한 후 표시되는 그림 서식 작업창에서 [꾸밈 효과]의 값을 조정합니다.

05 컬러로 표시되고 있는 작은 그림을 선택합니다.

06 [그림 도구 – 서식] 탭에서 [그림 효과]를 클릭한 후 [부드러운 가장자리]에서 [50포인트]를 선택합니다.

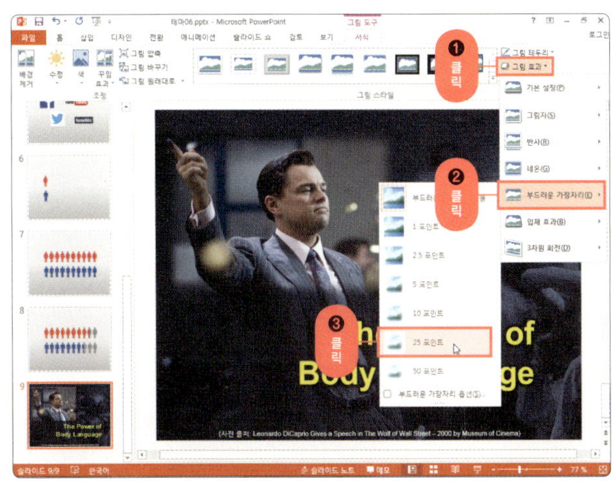

---

tip 그림과 텍스트 사이에 반투명한 도형 배치하기

그림 위에 텍스트를 배치할 때 가장 큰 문제는 텍스트가 잘 보이지 않는 것입니다. 이럴 때 가장 많이 사용하는 방법은 그림과 텍스트 사이에 도형을 하나 만들고 투명도를 주는 것입니다.

예를 들어, 직사각형을 선택하고 [도형 채우기]에서 [다른 채우기 색]을 선택한 후, 표시되는 대화상자에서 색을 선택하고 아래에 있는 [투명도]에 30~60% 정도의 값을 설정하는 것이죠.

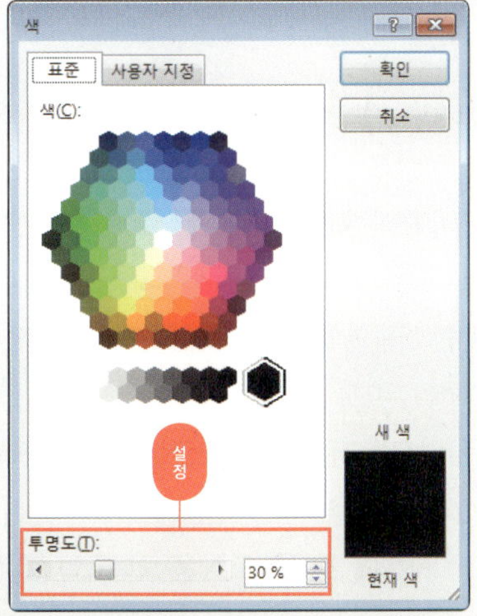

도형에 투명도가 적용되면서 텍스트도 읽기 쉽고, 뒤쪽으로 그림이 표시돼 멋진 장면이 만들어집니다. 결과는 [테마06(결과).pptx]의 [8번 슬라이드]에서 확인할 수 있습니다.

(사진 정보: Leonardo DiCaprio Gives a Speech in The Wolf of Wall Street – 2000 by Museum of Cinema)

텍스트와 수치 데이터는 기본적으로 사람의 '왼쪽 뇌(左腦)'가 처리하게 되는데,

이렇게 한쪽 뇌만 사용하면 자극이 약해 금방 지루해지고, 금방 잊어버린다고 합니다.

여러분이 프레젠테이션에서 텍스트, 수치와 함께 그림, 오디오, 비디오, 그리고 스토리를 보여주고

들려주면 사람의 '오른쪽 뇌(右腦)'를 자극하게 돼 청중의 관심을 유도할 수 있고,

양쪽 뇌를 모두 사용하게 되므로 청중의 기억력을 높일 수 있습니다.

이번 테마에서는 중요한 요소 중 오디오와 비디오를 효과적으로 다루는 방법에 대해 알아보겠습니다.

멀티미디어로 청중의 관심 유도하기

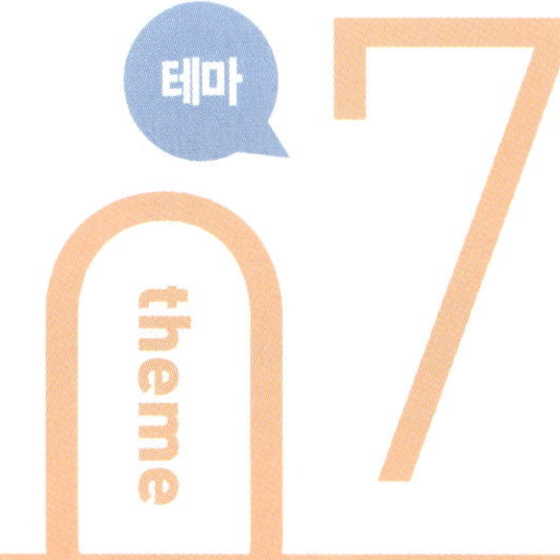

01

비디오를 삽입하고
보안 옵션을 변경해보자!

파워포인트 사용자는 내 컴퓨터에 있는 비디오와 YouTube에 있는 비디오를 슬라이드에 삽입한 후, 쇼 보기를 통해 청중에게 그 비디오를 보여줄 수 있습니다. 이번 레슨에서는 파워포인트에서 비디오를 삽입하는 방법과 YouTube에 있는 비디오를 삽입한 경우에 종종 발생하는 보안 관련 문제를 해결하는 방법에 대해 알아보겠습니다.

● **실습 파일**: 부록 CD/테마07/테마07_01.pptx | **결과 파일**: 부록 CD/테마07/테마07_01(결과).pptx

STEP 01 | 내 컴퓨터에 있는 비디오 삽입하기

01 [삽입] 탭의 [비디오]를 클릭한 후 [내 PC의 비디오]를 선택합니다.

02 [비디오 삽입] 대화상자에서 여러분의 컴퓨터에 있는 비디오를 선택한 후 [삽입] 버튼을 클릭합니다.

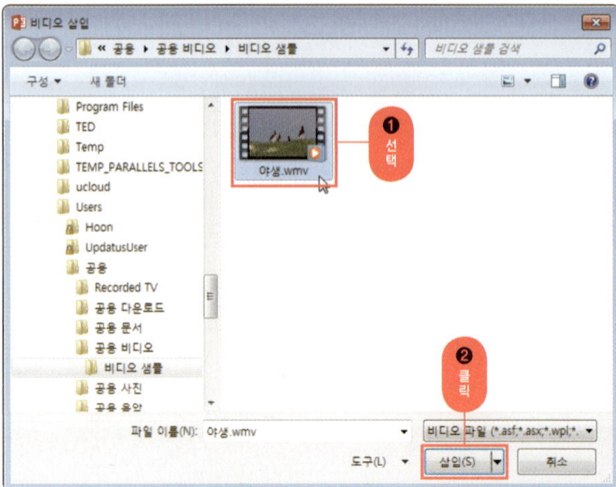

> **NOTE**
>
> **파워포인트에서 삽입할 수 있는 비디오 파일 형식**
>
> avi, mp4, wmv 등을 비롯해 일반적으로 알려진 비디오 파일 대부분을 삽입할 수 있으며 플래시(swf) 형식의 파일도 [비디오 삽입] 대화상자를 이용해 일반 비디오처럼 삽입할 수 있습니다.

03 비디오가 슬라이드의 정가운데에 배치됩니다. 비디오 가장자리에 표시되는 크기 조정 핸들을 드래그하여 비디오의 크기를 조정하고 비디오를 드래그하여 이동합니다.

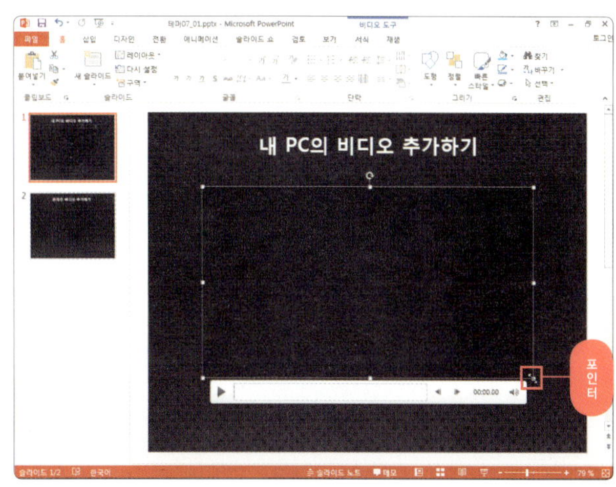

04 선택된 비디오 아래에 표시되는 재생 바에서 [재생] 버튼 ▶ 을 클릭합니다.

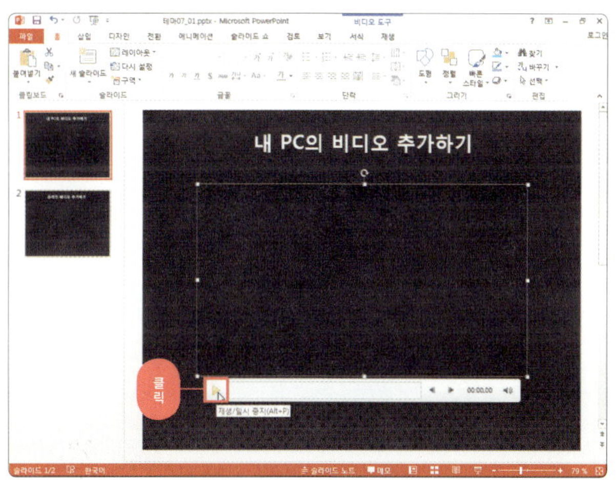

05 [일시 중지] 버튼 ❙❙ 을 클릭하여 비디오를 중지합니다.

NOTE

기본 보기에서 비디오 재생 바의 역할

- ▶ : 비디오 재생
- ❙❙ : 비디오 일시 중지
- **재생 슬라이드**: 현재 재생 상태를 보여주며, 이 부분을 클릭 또는 드래그하여 재생 시점을 조정할 수 있습니다.
- ◀ : 0.25초 뒤로 이동
- ▶ : 0.25초 앞으로 이동
- **현재 재생 시간**: 현재 재생 시간을 보여줍니다.
- 🔊 : 이 버튼을 클릭하면 음소거(mute) 가 됩니다. 볼륨을 조정하고 싶다면 마우스 포인터를 이 버튼 위에 올려 놓았을 때 표시되는 볼륨 조정 슬라이드를 드래그하면 됩니다.

06 [슬라이드 쇼] 를 클릭합니다.

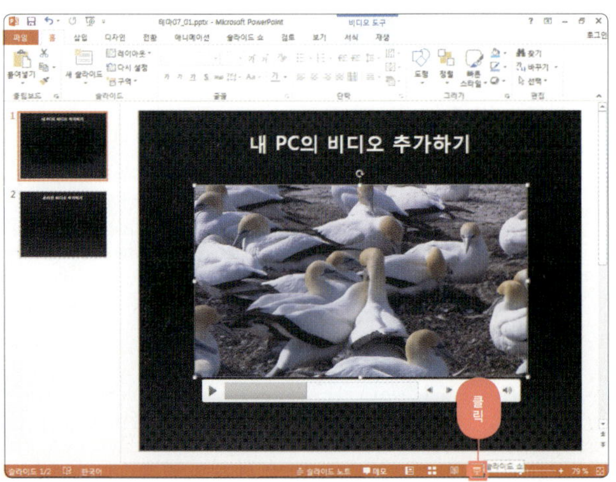

07 슬라이드 쇼에서 동영상에 마우스 포인터를 올려 놓으면 마우스 포인터가 손가락 모양으로 바뀌고 동영상 아래에 비디오 재생 바가 나타납니다.

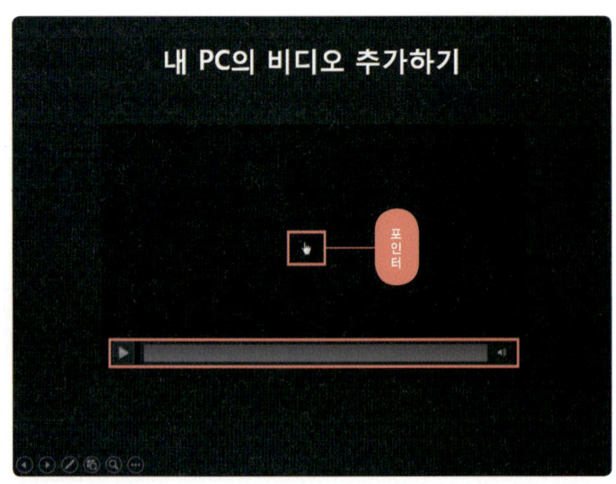

08 비디오 재생 바에서 [재생] 버튼 ▶을 클릭합니다.

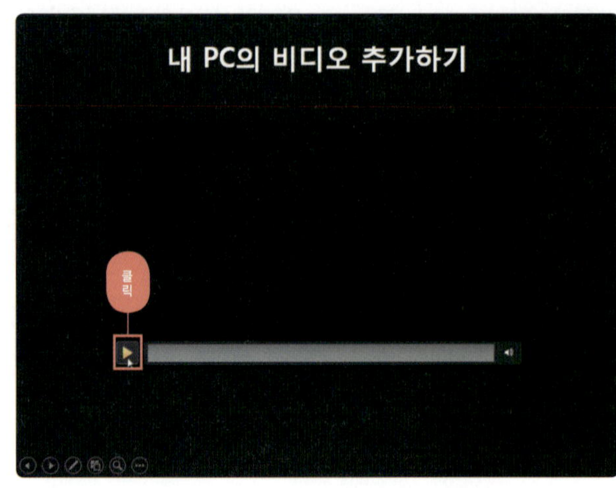

NOTE

비디오를 재생하는 다른 방법

슬라이드 쇼에서 비디오 자체를 클릭하여 재생하거나 다시 클릭하여 일시 중지할 수도 있습니다.

09 비디오가 재생됩니다. 일시 중지를 하고 싶다면 비디오에 마우스 포인터를 올려 놓은 후 비디오 아래에 표시되는 비디오 재생 바에서 [일시 중지] 버튼 ❚❚을 클릭합니다.

10 비디오에서 특정 부분으로 이동하고 싶다면 비디오 재생 바에서 해당 부분을 클릭합니다.

11 볼륨을 조정하고 싶다면 비디오 재생 바에서 [볼륨] 버튼 🔊에 마우스 포인터를 위치시킨 후 위쪽에 표시되는 슬라이드를 위 또는 아래로 드래그합니다. Esc 를 눌러 쇼를 마칩니다.

NOTE

비디오 재생 명령 관련 단축키

기능	영어	단축키
재생/일시 정지	Play/Pause	Alt + P
0.25초 앞으로	Move Back	Alt + Shift + ←
0.25초 뒤로	Move Forward	Alt + Shift + →
음소거/음재생	Mute/unmute	Alt + U

STEP 02 | 유튜브에 있는 비디오 삽입하기

01 2번 슬라이드를 선택한 후 [삽입] 탭에서 [비디오]를 클릭하고 [온라인 비디오]를 선택합니다.

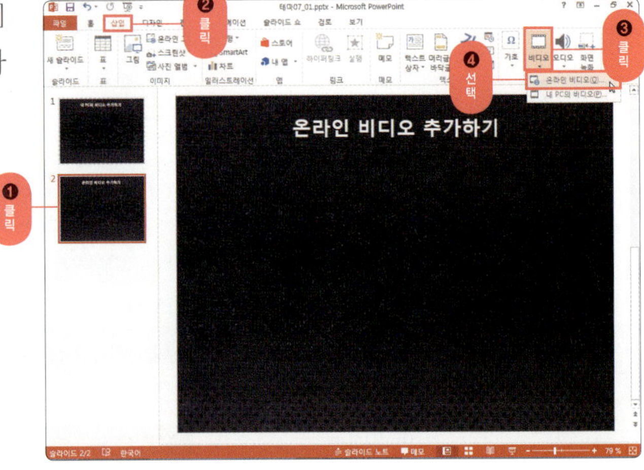

02 비디오 삽입 대화상자의 [YouTube] 입력상자에 검색어(⑨ khan academy)를 입력한 후 Enter 를 누릅니다.

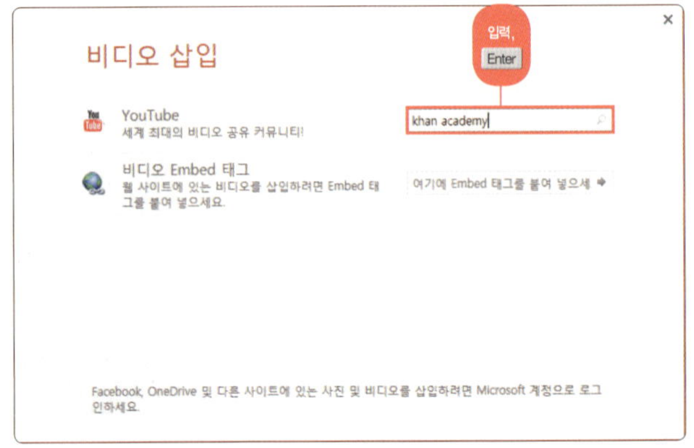

03 비디오 중에서 하나를 선택한 후 [삽입] 버튼을 클릭합니다(검색 결과 화면은 검색 시기에 따라 달라질 수 있습니다).

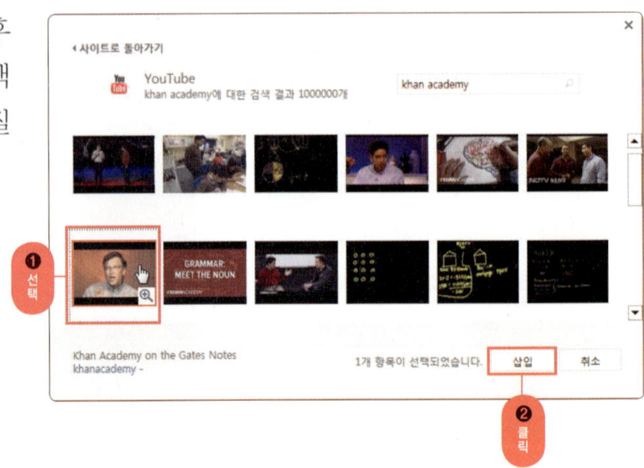

04 슬라이드에 선택한 유튜브 비디오가 표시됩니다. [슬라이드 쇼] ☐ 를 클릭합니다(단축키: Shift + F5).

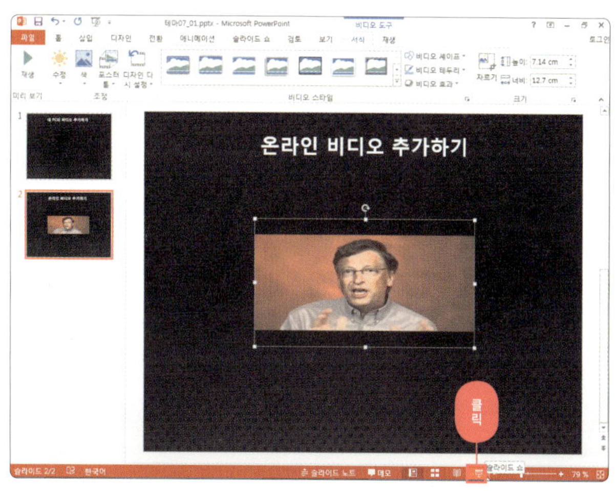

05 [재생] 버튼을 클릭합니다.

06 비디오가 재생됩니다. 비디오에 마우스 포인터를 올려 놓으면 아래에 표시되는 비디오 재생 바에서 재생을 조정한 후 Esc 를 눌러 쇼를 마칩니다.

NOTE

유튜브 비디오 사용 시 주의할 점

유튜브와 같이 인터넷에 있는 비디오는 인터넷이 연결되어 있는 상태가 아니면 볼 수 없습니다.

보안 경고 관련 옵션
조정하기

여기에서는 이번 한 번만 보안 경고를 해제하는 방법과 아예 보안 경고가 표시되지 않도록 하는
방법에 대해 알아보겠습니다.

이번에만 보안 경고 해제하기

1 [컨텐츠 사용]을 클릭합니다. 보안 경고가 사라지고 연결
된 모든 파일을 보거나 재생할 수 있습니다.

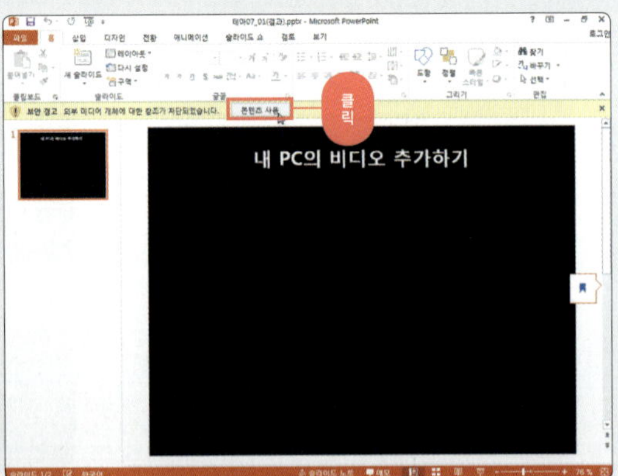

이에 보안 경고가 나타나지 않도록 하기

앞으로 이런 보안 경고가 나타나지 않도록 하고 싶다면 다음을 실행합니다.

1 [파일]을 클릭합니다.

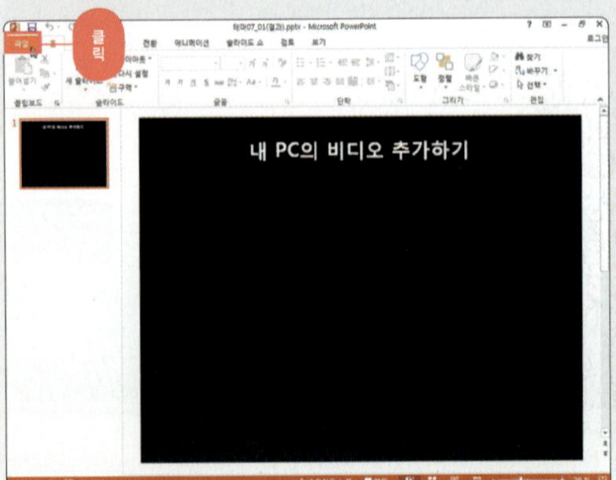

2 [옵션]을 선택합니다.

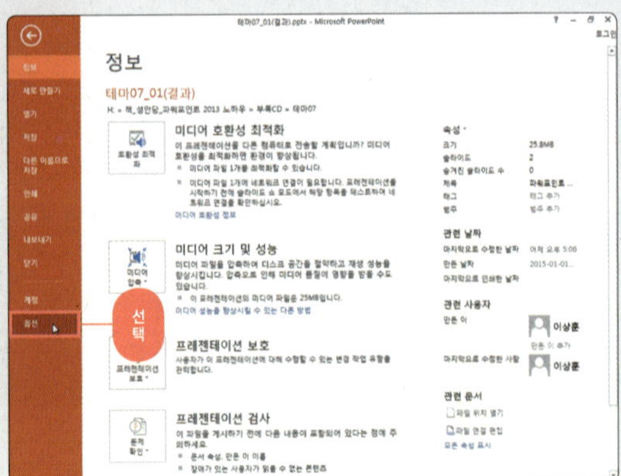

❸ [PowerPoint 옵션] 대화상자에서 [보안 센터]를 선택하고 [보안 센터 설정] 버튼을 클릭합니다.

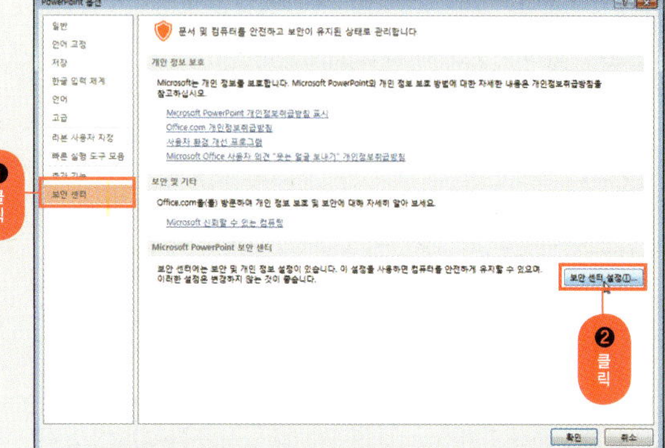

❹ [모든 매크로 포함(위험성 있는 코드가 실행될 수 있으므로 권장하지 않음)]을 선택하고 [확인] 버튼을 클릭합니다.

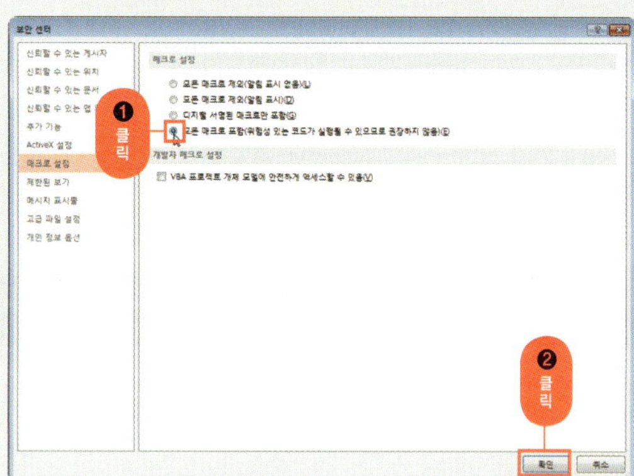

❺ [확인] 버튼을 클릭합니다.

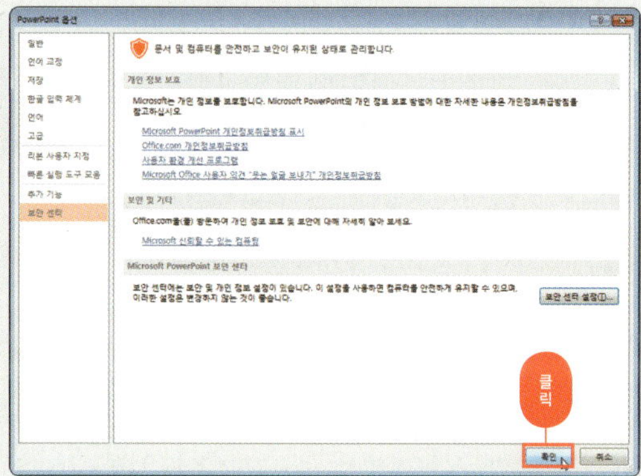

02

비디오의 서식을 변경해보자!

파워포인트에서 비디오를 삽입한 후, 사용자는 비디오에 처음 표시되는 장면을 내 맘대로 변경할 수 있으며, 그림처럼 비디오에서 필요 없는 부분을 잘라내거나, 비디오 모양을 직사각형이 아닌 타원과 같은 형태로 바꿀 수 있으며, 주변을 부드럽게 만들 수도 있습니다. 이번 레슨에서는 비디오의 서식을 변경하는 방법을 알아보겠습니다.

● **실습 파일**: 부록 CD/테마07/테마07_02.pptx | **결과 파일**: 부록 CD/테마07/테마07_02(결과).pptx

STEP 01 | 비디오 표지 만들기

비디오 중에서 첫 장면이 검은색이나 특별히 중요하지 않는 화면으로 나타나면 어떤 내용이 담겨 있는지 알 수 없습니다. 이 경우에는 비디오에 표지를 만드는 것이 좋습니다.

01 슬라이드에서 비디오를 선택한 후 비디오 아래에 있는 비디오 재생 바에서 [재생] 버튼▶을 클릭합니다.

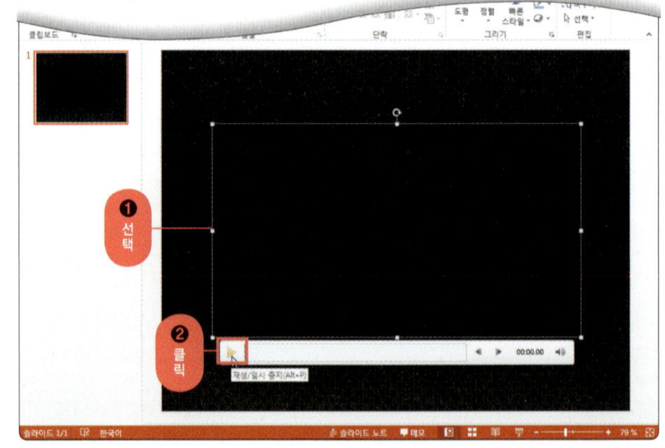

02 표지로 사용할 만한 장면이 나타나면 [일시 중지] 버튼⏸을 클릭합니다.

03 비디오 재생 바에서 [0.25초 뒤로 이동] 버튼 ◀ 또는 [0.25초 앞으로 이동] 버튼 ▶을 클릭하여 표지로 사용할 장면을 표시합니다.

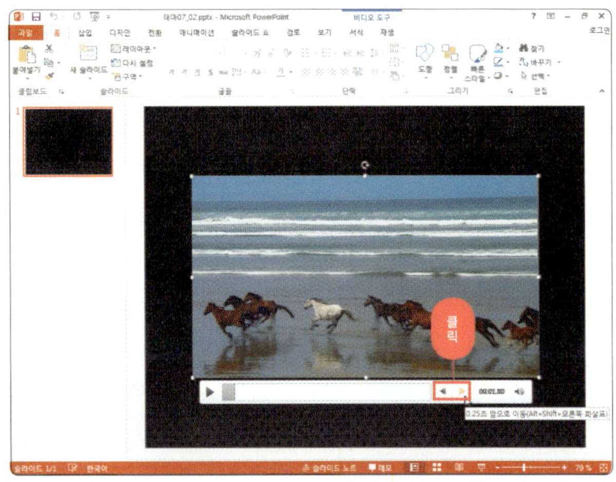

04 [비디오 도구–서식] 탭의 [포스터 틀]을 클릭한 후 [현재 틀]을 선택합니다.

현재 장면이 비디오 표지가 되고 재생 바에 '포스터 틀이 설정됨'이라는 문구가 나타납니다.

NOTE

포스터 틀에 있는 명령의 역할

[비디오 도구–서식] 탭에서 [포스터 틀]을 클릭했을 때 표시되는 명령은 다음과 같은 역할을 합니다.

- 파일의 이미지: 표시되는 대화상자에서 그림을 선택해 그 그림을 비디오의 표지로 사용합니다.
- 다시 설정: 비디오를 원래 상태로 만듭니다.

STEP 02 | 비디오 화면 자르기

비디오 중에서 상하 또는 좌우에 검은색으로 표시되는 것들이 있습니다. 이는 비디오 편집 시 원본 비디오와 출력 비디오의 가로/세로 비율이 맞지 않기 때문입니다. 이 경우에는 검은색 부분을 잘라낸(Crop) 상태로 보는 것이 좋습니다. 이는 그림을 잘라내는 작업과 동일합니다.

01 슬라이드에서 비디오를 선택한 후 [비디오 도구-서식] 탭에서 [자르기]를 클릭합니다.

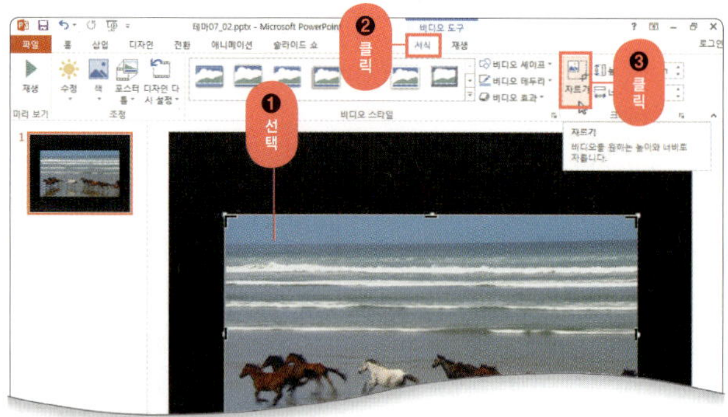

02 비디오 가장자리에 표시되는 자르기 핸들을 드래그하여 필요 없는 부분을 가립니다.

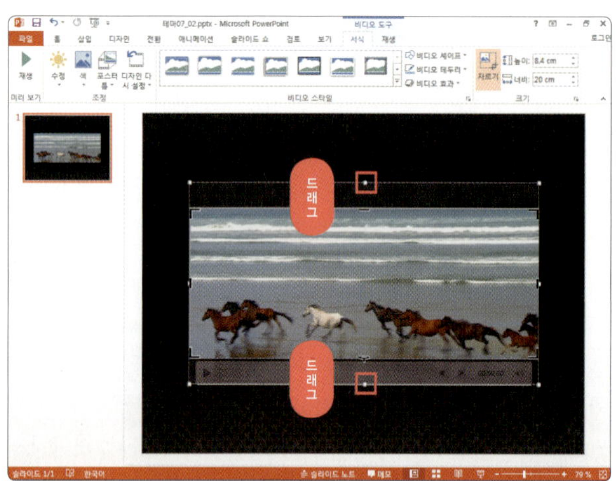

03 Esc 를 눌러 자르기를 마칩니다.

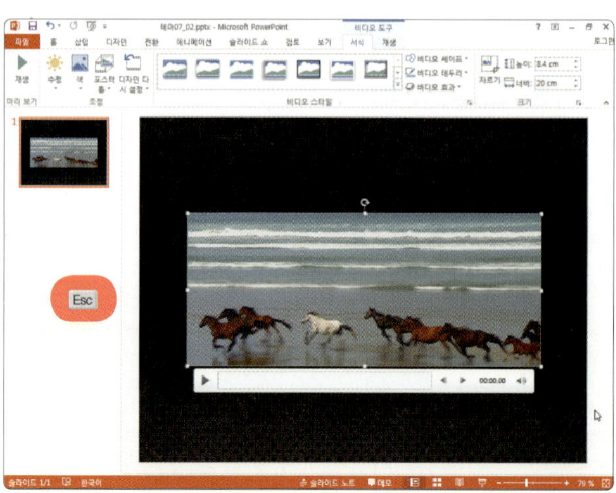

STEP 03 | 비디오 모양 변경하기

01 슬라이드에서 비디오를 선택한 후 [비디오 도구-서식] 탭에서 [비디오 셰이프]를 클릭하고 [타원]을 선택합니다. 비디오가 타원으로 변경됩니다.

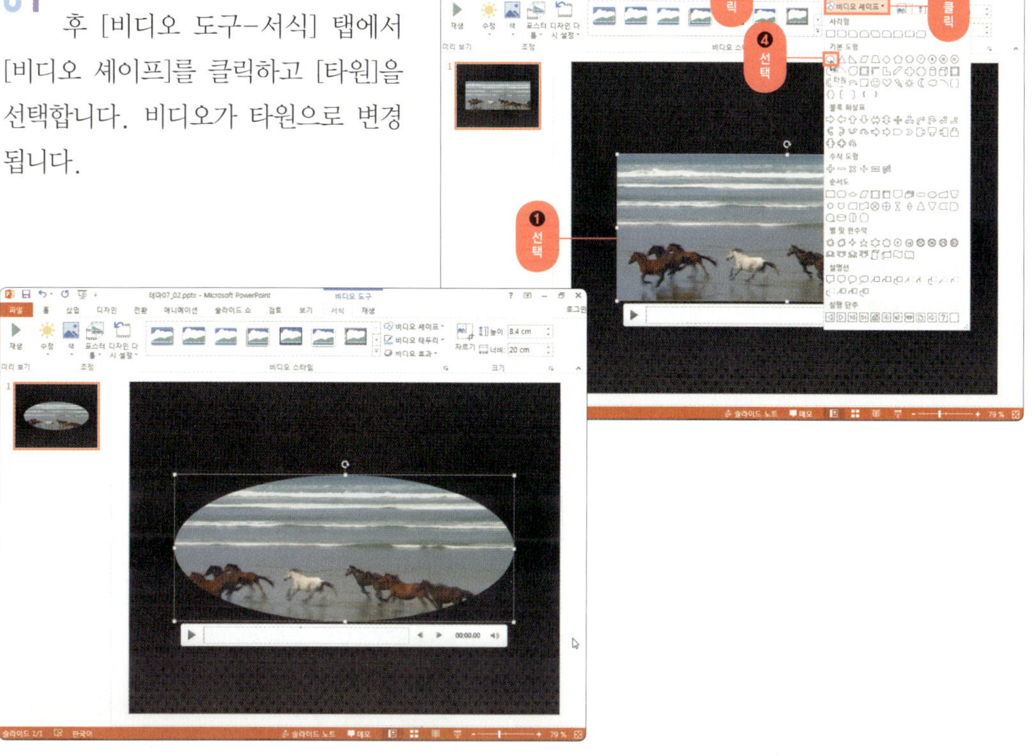

STEP 04 | 비디오 주변을 부드럽게 만들기

01 [비디오 도구-서식] 탭에서 [비디오 효과]를 클릭한 후 [부드러운 가장자리]에서 [25포인트]를 선택합니다. 비디오 주변이 부드럽게 표현됩니다.

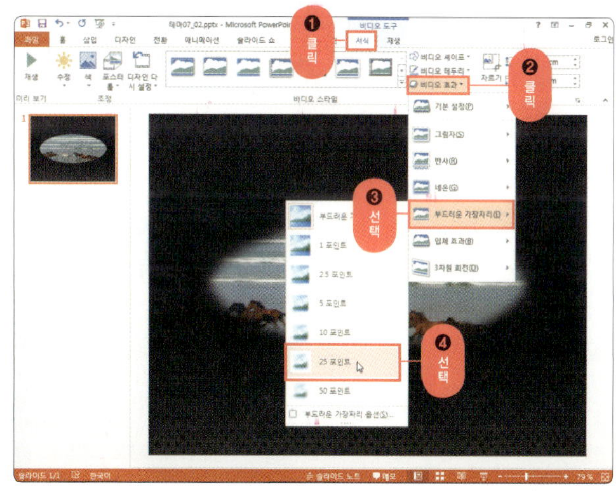

STEP 05 | 회색조로 변경하기

01 [비디오 도구-서식] 탭에서 [색] 버튼을 클릭한 후 [회색조]를 선택합니다.

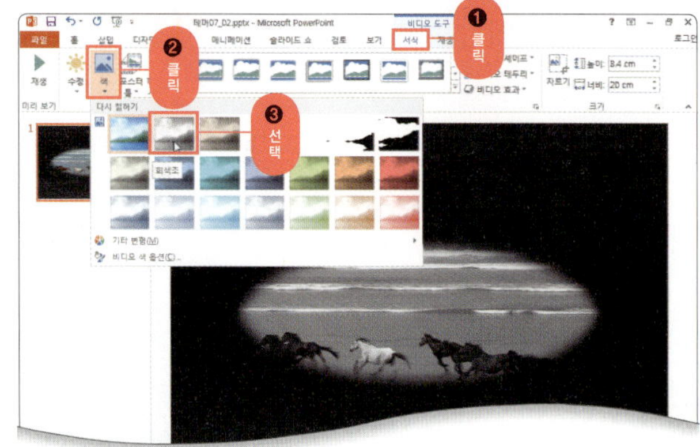

비디오가 회색조로 변경됩니다.

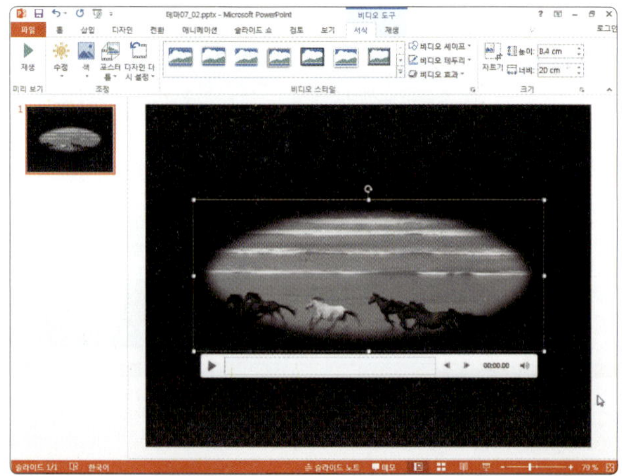

STEP 06 | 비디오 스타일 적용하기

01 [비디오 도구-서식] 탭에서 [비디오 스타일] 영역의 [자세히] 버튼 을 클릭합니다.

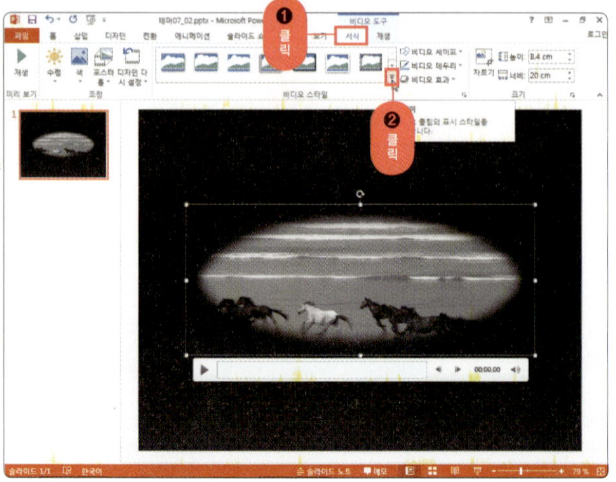

02 비디오 스타일 중에서 [반사형, 원근감(오른쪽)]을 선택합니다.

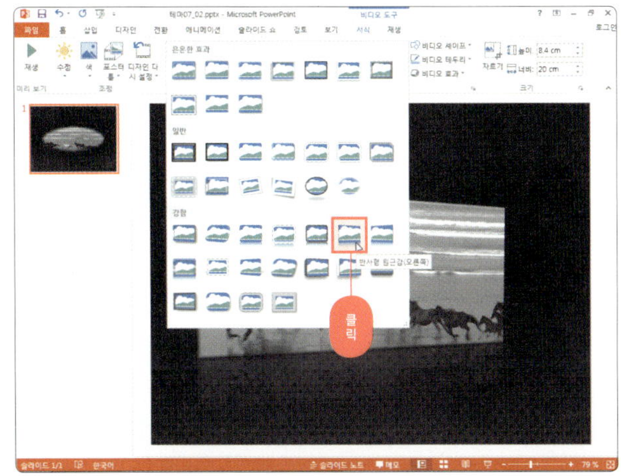

비디오의 스타일이 지정한 대로 변경 됩니다.

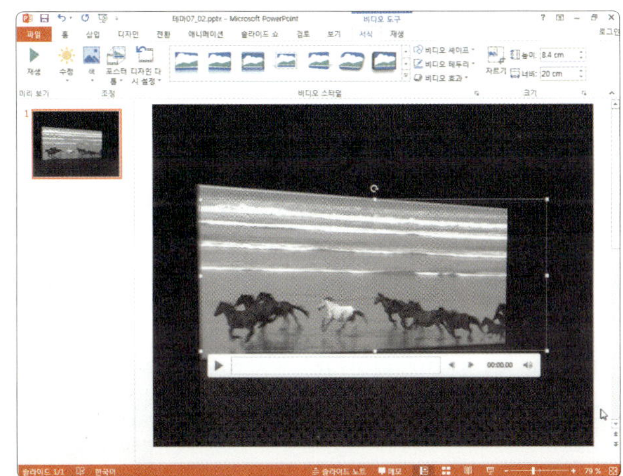

비디오를 원래 상태로 만들기

슬라이드에서 비디오를 선택한 후 [비디오 도구–서식] 탭에서 [디자인 다시 설정] 메뉴를 열고 다음 중 하나를 실행합니다.

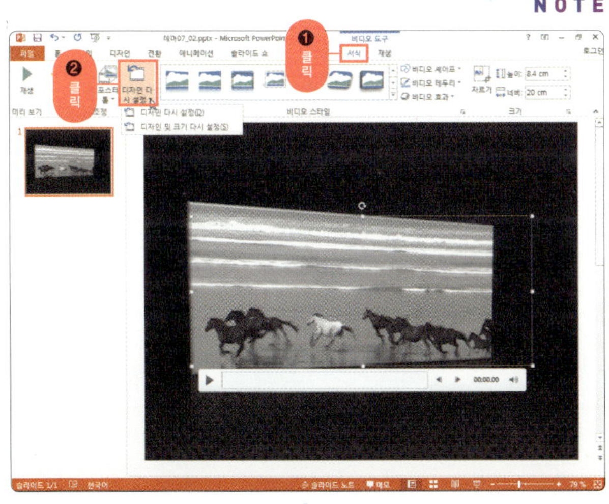

- **디자인 다시 설정**: 현재 탭에서 변경된 모든 서식을 취소합니다.
- **디자인 및 크기 다시 설정**: 현재 탭에서 변경된 모든 서식을 취소함과 동시에 크기도 원래 상태로 만듭니다.

03

비디오를 트리밍하고
전체 화면에서 재생해보자!

파워포인트에서 비디오 관련해 흥미로운 기능 중 하나가 비디오의 앞과 뒤의 특정 시점까지를 숨길 수 있다는 것입니다. 게다가 비디오를 전체 화면으로 재생하거나 슬라이드 쇼에서 비디오 자동 재생되도록 할 수 있습니다. 이런 기능은 모두 [비디오 도구]-[재생] 탭에서 할 수 있는데 간단하지만 매우 중요한 재생 관련 기능에 대해 알아보겠습니다.

● **실습 파일**: 부록 CD/테마07/테마07_03.pptx | **결과 파일**: 부록 CD/테마07/테마07_03(결과).pptx

STEP 01 | 비디오 트리밍하기

01 슬라이드에서 비디오를 선택한 후 [비디오 도구-재생] 탭에서 [비디오 트리밍]을 클릭합니다.

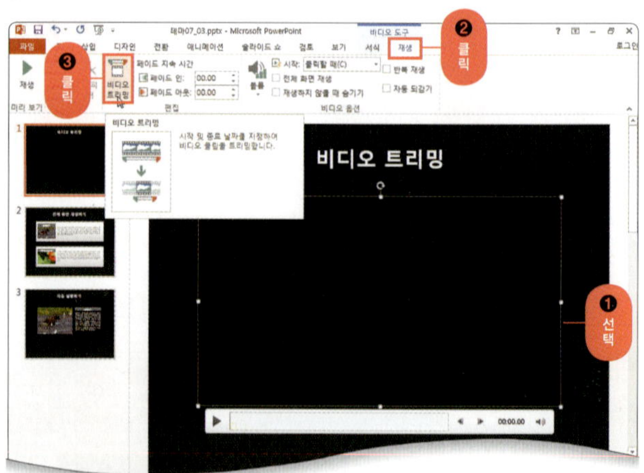

02 [비디오 맞추기] 대화상자에서 연두색의 [시작 지점] 조정 핸들을 오른쪽으로 드래그하여 시작 지점(대략 4.2초)을 조정합니다.

03 빨간색의 [종료 지점] 조정 핸들을 왼쪽으로 드래그
하여 종료 지점(대략 20초 정도)을 설정한 후 [확인]
버튼을 클릭합니다.

비디오에서 [비디오 맞추기] 대화상자
에서 지정한 부분에만 표시됩니다.

[비디오 맞추기] 대화상자 사용자 인터페이스

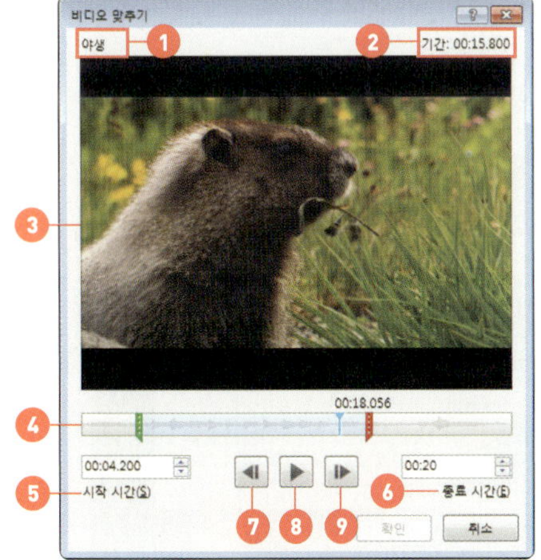

❶ **파일명**: 선택된 비디오 파일 이름입니다.

❷ **재생 시간**: 비디오 길이가 시간으로 표시됩니다.

❸ **미리 보기**: 비디오의 미리 보기가 표시됩니다.

❹ **자르기 바**: 현재 재생 지점(청록색 수직 바)과 시간 그리고 비디오의 오디오 크기가 회
색으로 표시됩니다. 또한 시작 시간을 의미하는 연두색 핸들과 종료 시간을 의미하는
빨간색 핸들이 표시되며, 각 핸들을 드래그하여 위치를 조정할 수 있습니다.

❺ **시작 시간**: 시작 시간을 표시합니다. 시간 부분을 클릭한 후 위 또는 아래 방향키를 눌
러 시간을 조정할 수 있습니다.

❻ **종료 시간**: 종료 시간을 표시합니다. 시간 부분을 클릭한 후 위 또는 아래 방향키를 눌
러 시간을 조정할 수 있습니다.

❼ **이전 프레임**: 현재 재생 시점을 이전 프레임으로 이동합니다.

❽ **재생**: 시작 시간부터 종료 시간까지만 비디오를 재생합니다.

❾ **다음 프레임**: 현재 재생 시점을 다음 프레임으로 이동합니다.

STEP 02 | 전체 화면에서 재생하기

01 [2번 슬라이드]에서 위쪽 비디오를 선택한 후 [비디오 도구–재생] 탭에서 [전체 화면 재생] 옵션을 선택합니다.

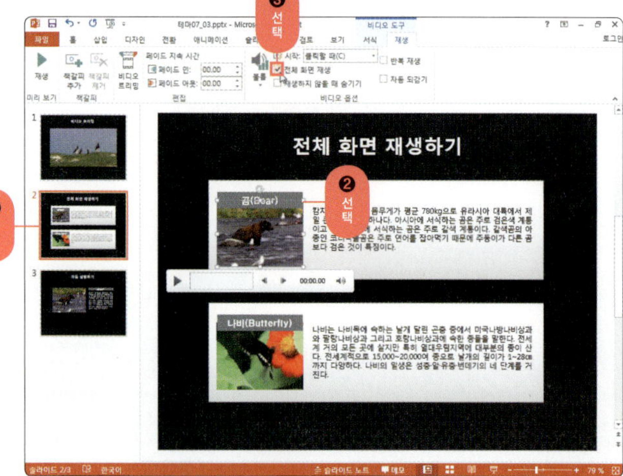

02 다시 아래쪽 비디오를 선택한 후 [전체 화면 재생] 옵션을 선택합니다.

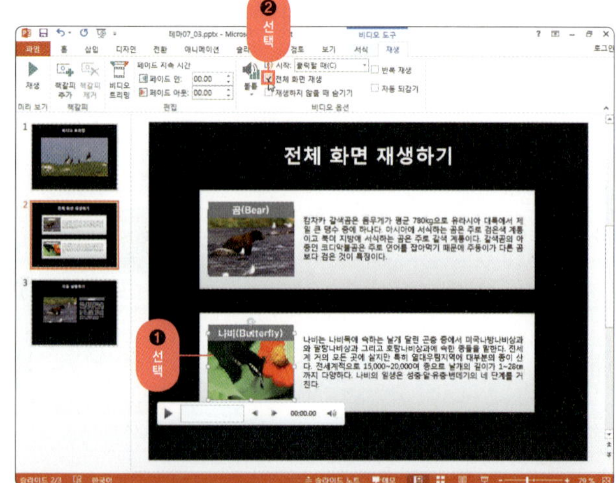

03 [슬라이드 쇼]를 클릭합니다 (단축키: Shift + F5).

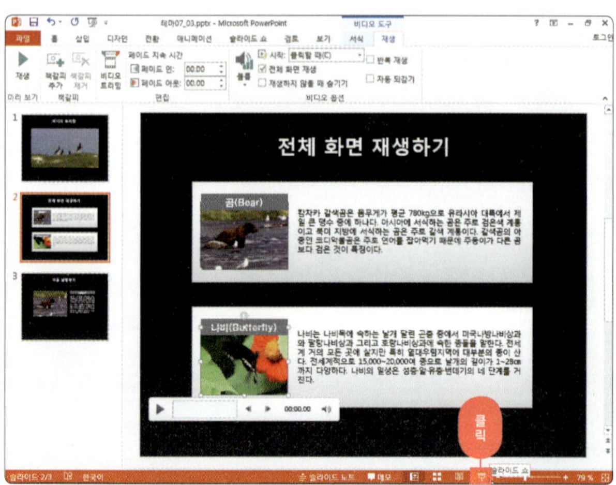

04 슬라이드 쇼 보기에서 위쪽 비디오에 마우스 포인터를 위치시킨 후 마우스 포인터가 손 모양으로 바뀌면 클릭하거나 비디오 아래에 표시되는 비디오 재생 바에서 [재생] 버튼 ▶ 을 클릭합니다. 비디오가 스크린에 꽉 찬 상태로 재생됩니다.

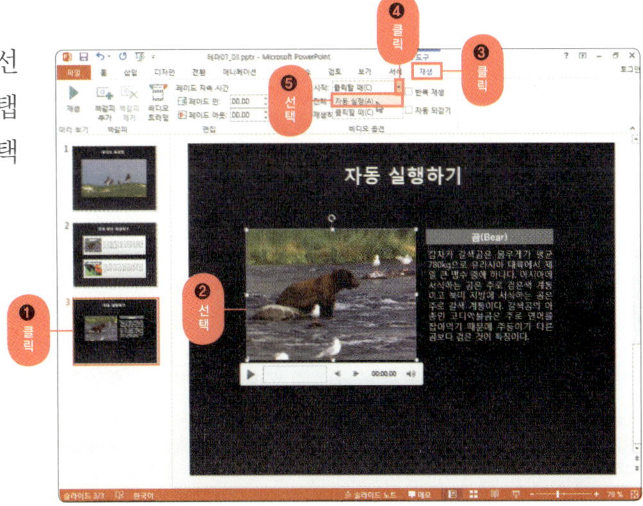

NOTE

원래 상태로 되돌아오려면

- 비디오 재생 도중에서 Esc 를 누릅니다.
- 비디오 재생이 끝날 때까지 기다립니다.

STEP 03 | 비디오 자동 재생하기

파워포인트 2010 이상 버전에서 내 컴퓨터에 있는 비디오를 삽입하면 기본적으로 클릭했을 때만 재생됩니다. 만약 자동으로 재생되도록 하고 싶다면 다음을 실행합니다.

01 [3번 슬라이드]에서 비디오를 선택한 후 [비디오 도구–재생] 탭의 [시작] 메뉴에서 [자동 실행]을 선택합니다.

02 [슬라이드 쇼] 🖵를 클릭합니다 (단축키: Shift + F5).

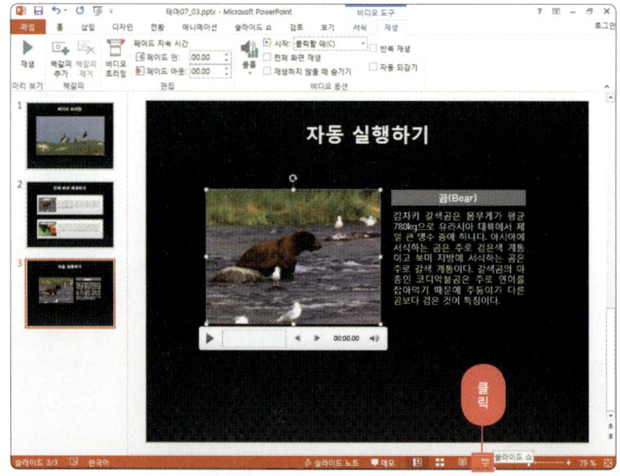

03 비디오가 자동으로 재생되는 것을 확인할 수 있습니다. Esc를 눌러 쇼를 마칩니다.

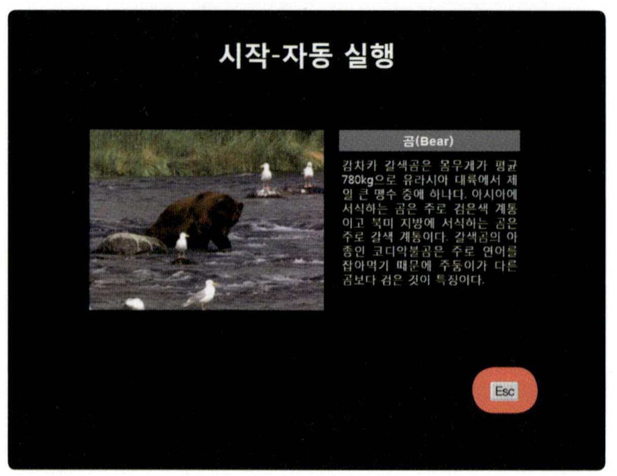

---

tip [비디오 도구—재생] 탭에서 제공하는 기능

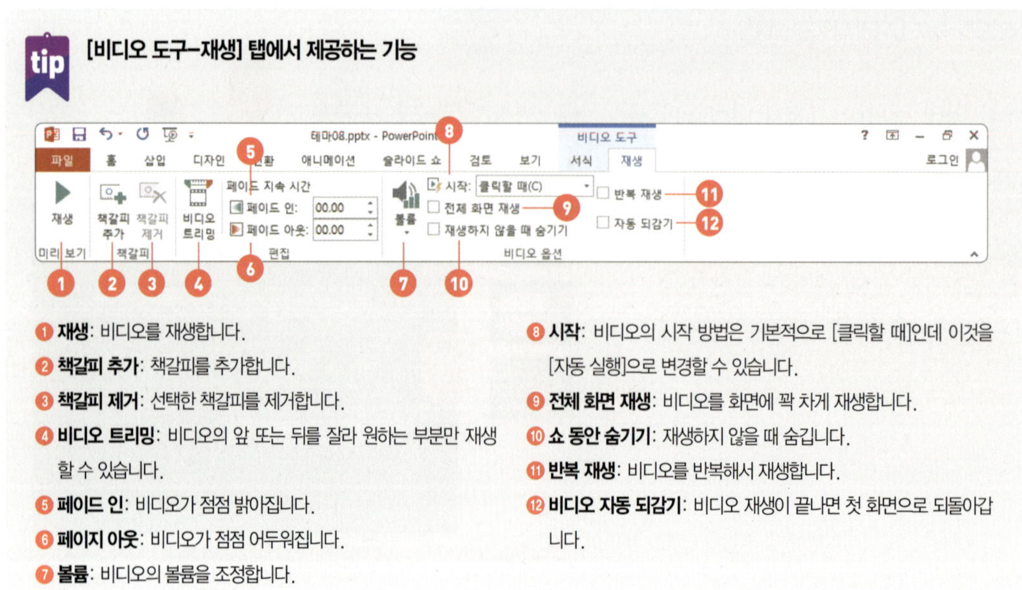

① **재생**: 비디오를 재생합니다.

② **책갈피 추가**: 책갈피를 추가합니다.

③ **책갈피 제거**: 선택한 책갈피를 제거합니다.

④ **비디오 트리밍**: 비디오의 앞 또는 뒤를 잘라 원하는 부분만 재생할 수 있습니다.

⑤ **페이드 인**: 비디오가 점점 밝아집니다.

⑥ **페이지 아웃**: 비디오가 점점 어두워집니다.

⑦ **볼륨**: 비디오의 볼륨을 조정합니다.

⑧ **시작**: 비디오의 시작 방법은 기본적으로 [클릭할 때]인데 이것을 [자동 실행]으로 변경할 수 있습니다.

⑨ **전체 화면 재생**: 비디오를 화면에 꽉 차게 재생합니다.

⑩ **쇼 동안 숨기기**: 재생하지 않을 때 숨깁니다.

⑪ **반복 재생**: 비디오를 반복해서 재생합니다.

⑫ **비디오 자동 되감기**: 비디오 재생이 끝나면 첫 화면으로 되돌아갑니다.

04

슬라이드에 있는 개체를 클릭하여
비디오를 재생해보자!

P O W E R P O I N T   K N O W H O W

슬라이드에서 어떤 개체(도형, 그림, 텍스트 등)를 클릭했을 때 비디오가 재생되도록 하고 싶다면 어떻게 해야 할까요? 아마도 파워포인트에서는 불가능한 것처럼 보일 것입니다. 여러분이 파워포인트의 시작 옵션을 사용할 수 있다면 의외로 쉽게 이런 장면을 연출할 수 있습니다. 이번 레슨에서는 시작 옵션을 이용해 재생 버튼 그림을 클릭하면 특정 비디오를 재생하는 방법에 대해 알아보겠습니다.

● **실습 파일**: 부록 CD/테마07/테마07_04.pptx | **결과 파일**: 부록 CD/테마07/테마07(결과)_04.pptx

STEP 01 | 곰 비디오를 그림 5에 연결하기

01 현재 슬라이드에 두 개의 비디오를 미리 삽입해 놓고 슬라이드 왼쪽 바깥에 배치해두었습니다. [애니메이션] 탭에서 [애니메이션] 창을 클릭하여 애니메이션 창을 표시합니다.

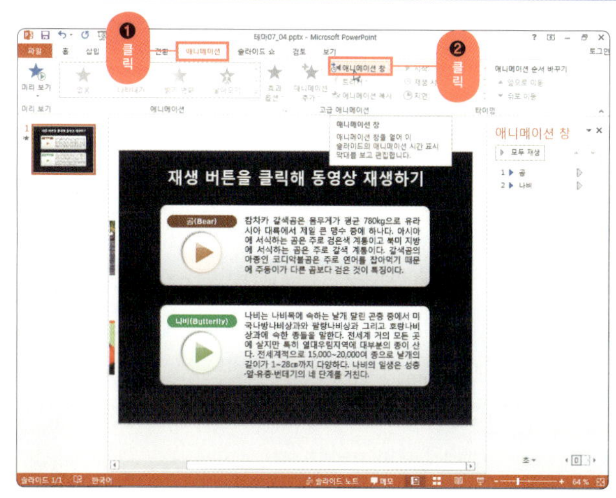

02 애니메이션 창에서 [곰]의 [메뉴 표시] 버튼 ▼을 클릭하고 [타이밍]을 선택합니다.

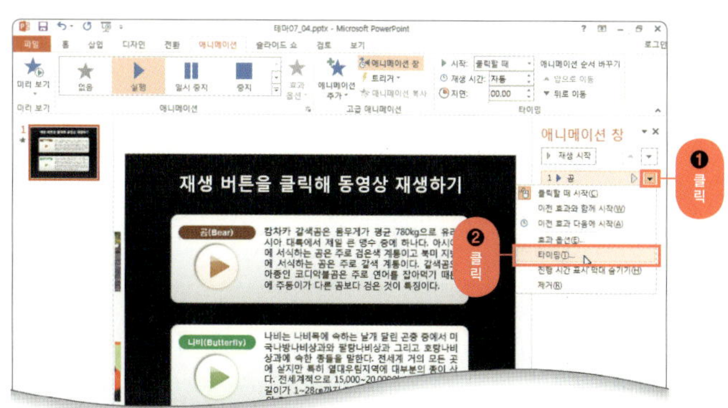

03 표시되는 대화상자 [타이밍] 탭의 [시작 옵션]에서 [다음을 클릭하면 효과 시작] 메뉴를 열고 [그림 5]를 선택합니다.

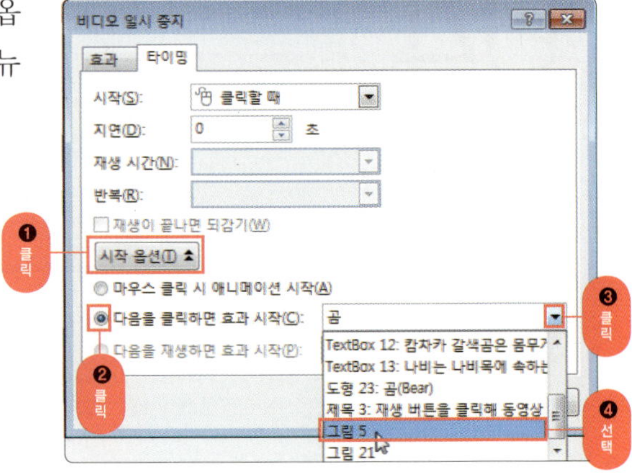

04 [확인] 버튼을 클릭합니다.

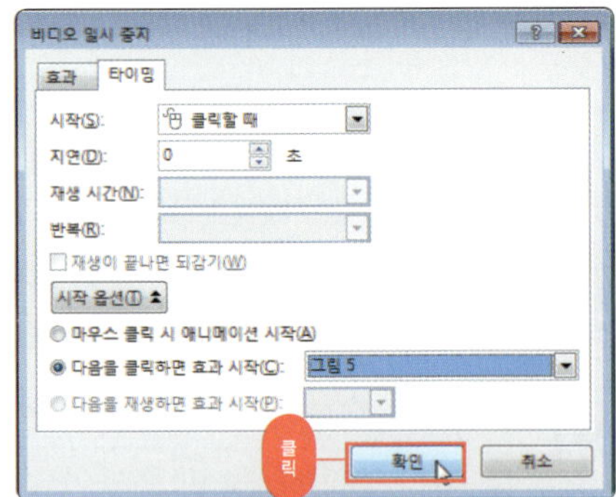

애니메이션 창을 보면 [시작 옵션: 곰]이 [시작 옵션: 그림 5]로 변경되었으며, 순서도 아래로 이동된 것을 확인할 수 있습니다. 이는 슬라이드에서 [그림 5]를 클릭하면 곰 비디오가 재생된다는 의미입니다.

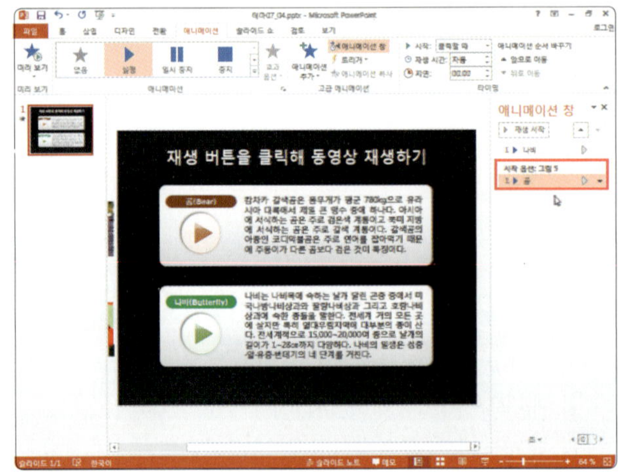

STEP 02 | 나비 비디오를 그림 21에 연결하기

01 애니메이션 창에서 [나비]의 [메뉴 표시] 버튼 ▼을 클릭하고 [타이밍]을 선택합니다.

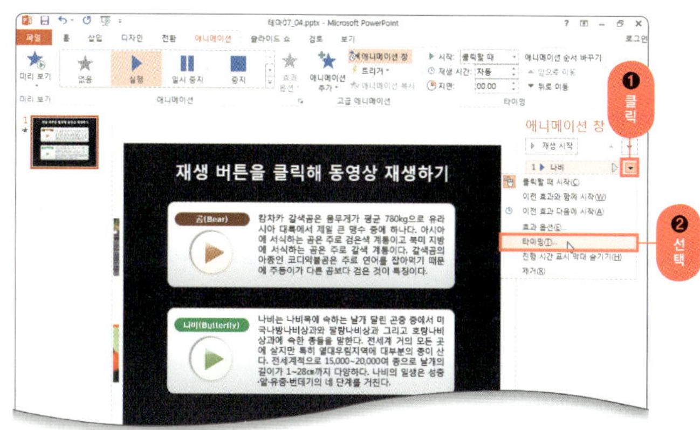

02 [비디오 일시 중지] 대화상자의 [타이밍] 탭의 [시작 옵션]에서 [다음을 클릭하면 효과 시작] 메뉴를 연 후 [그림 21]을 선택합니다.

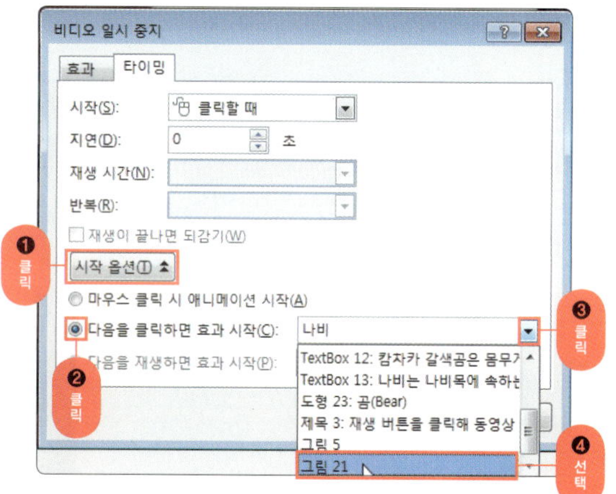

03 [확인] 버튼을 클릭합니다. 애니메이션 창을 보면 [시작 옵션: 나비]가 [시작 옵션: 그림 21]로 변경되었으며, 순서도 아래로 이동된 것을 확인할 수 있습니다. 이는 슬라이드에서 [그림 21]을 클릭하면 나비 비디오가 재생된다는 의미입니다.

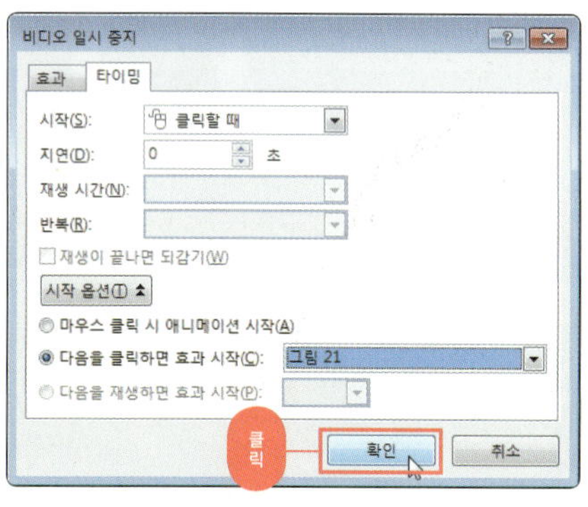

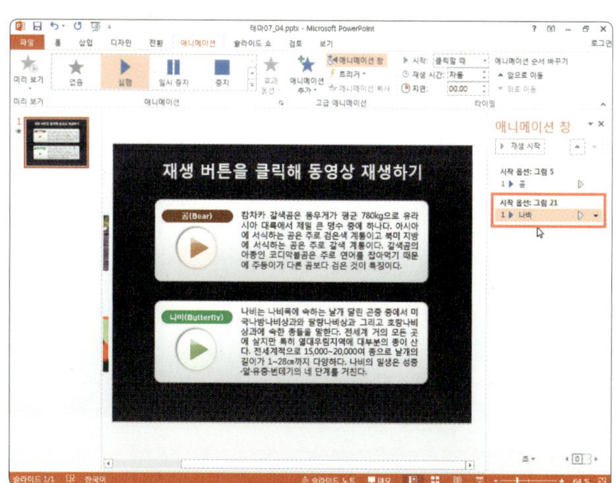

STEP 03 | 결과 확인하기

01 [슬라이드 쇼]를 클릭합니다
(단축키: Shift + F5).

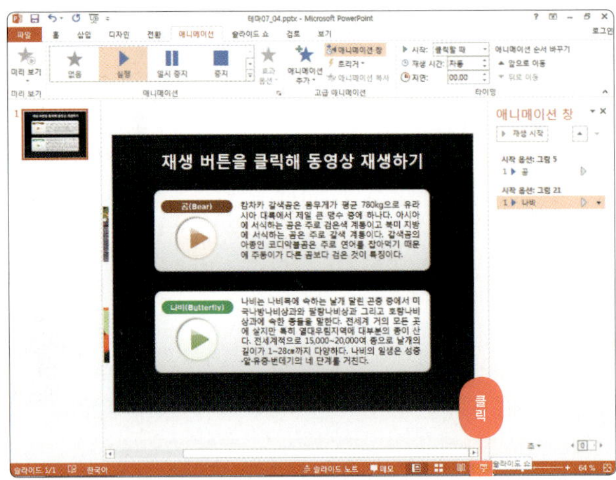

02 슬라이드 쇼가 표시되는데 비디오는 슬라이드의 왼쪽에 있기 때문에 보이지 않습니다. 슬라이드 쇼에서 [그림 5 재생 버튼]을 클릭합니다.

곰 비디오가 전체 화면으로 재생됩니다.

03 [그림 21 재생 버튼]을 클릭합니다.

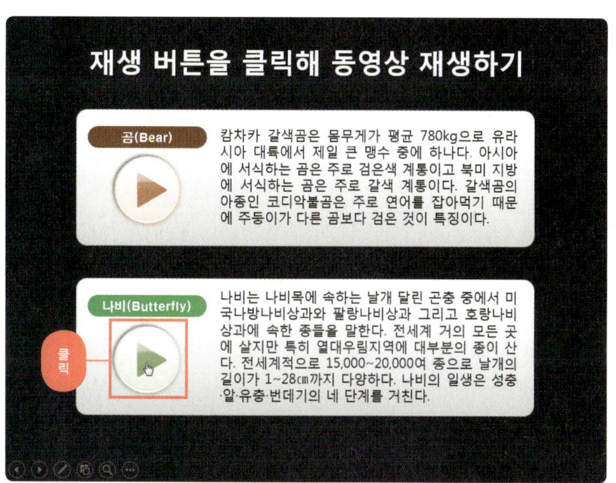

나비 비디오가 전체 화면으로 재생됩니다.

04 Esc 를 눌러 쇼를 마칩니다.

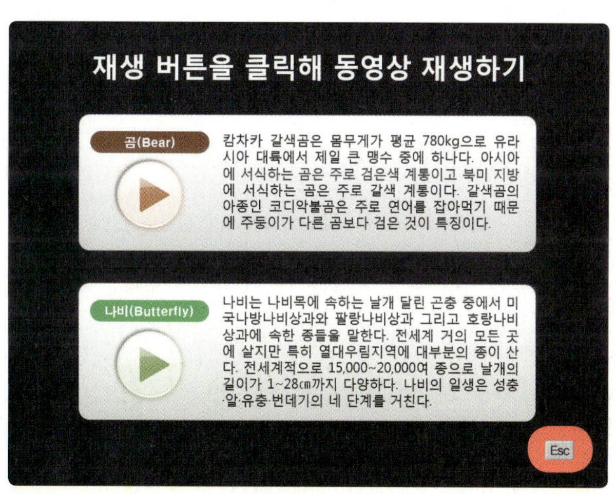

이 작업을 제대로 하려면 삽입한 비디오에 [전체 화면 재생] 옵션을 선택해두어야 합니다. 그 방법은 440페이지 'STEP 02. 전체 화면에서 재생하기' 편을 참조합니다.

05

POWERPOINT KNOWHOW

책갈피 기능으로 말풍선이 표시되는 장면을 만들어 보자!

파워포인트 사용자는 비디오에서 특정 시점에 여러 개의 '책갈피(bookmark)'를 추가할 수 있습니다. 이렇게 되면 슬라이드 쇼에서 비디오를 재생할 때 특정 책갈피를 클릭해 원하는 곳으로 곧바로 점프를 할 수 있게 됩니다. 흥미로운 것은 책갈피와 애니메이션을 결합하면 비디오에 자막이나 말풍선을 만들 수 있어서 중요한 내용을 좀 더 재미있고 효과적으로 내용을 전달할 수 있다는 것입니다. 그 방법을 알아보겠습니다.

● **실습 파일**: 부록 CD/테마07/테마07_05.pptx | **결과 파일**: 부록 CD/테마07/테마07_05(결과).pptx

STEP 01 | 비디오에 책갈피 추가하기

01 슬라이드에 있는 비디오를 선택한 후 비디오 재생기를 이용해 대략 18초 정도에서 멈춥니다.

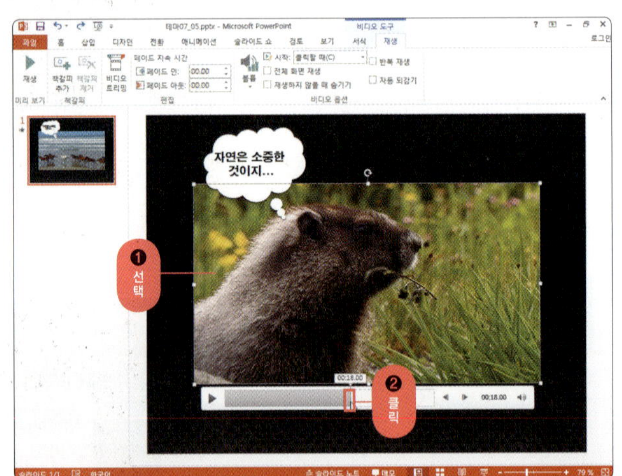

02 [비디오 도구-재생] 탭에서 [책갈피 추가]를 클릭합니다.

03 비디오 재생 바의 현재 위치에 책갈피를 표시하는 타원이 추가됩니다.

NOTE

책갈피 지우기

기본 보기에서 비디오를 선택하고 하단에 표시되는 재생 바에서 지우고 싶은 책갈피를 선택합니다. 그 후 [비디오 도구–재생] 탭에서 [책갈피 제거]를 클릭합니다.

04 비디오 재생 바에서 20초 정도를 표시한 후 [책갈피 추가]를 클릭합니다.

05 현재 위치에 두 번째 책갈피가 추가됩니다. [슬라이드 쇼] 를 클릭합니다(단축키: Shift + F5).

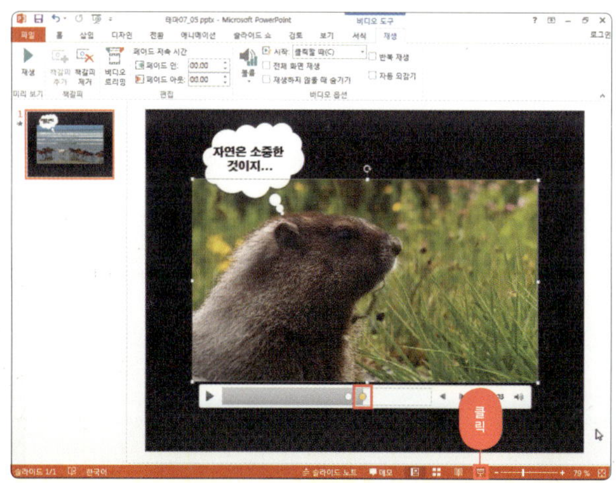

06 슬라이드 쇼에서 비디오 재생 바에서 책갈피를 클릭하여 해당 위치로 점프할 수 있습니다. Esc 를 눌러 쇼를 마칩니다.

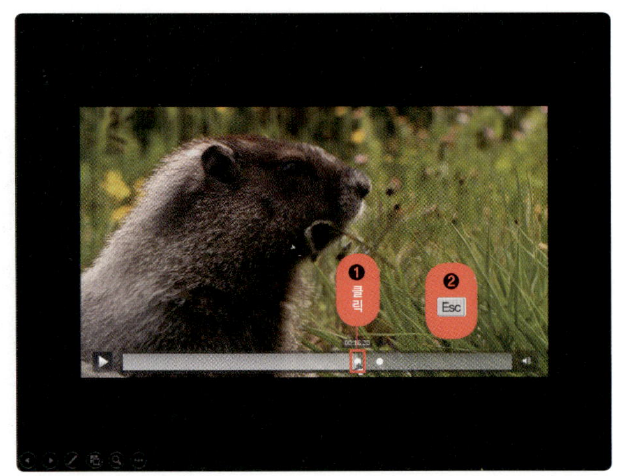

STEP 02 | 애니메이션과 책갈피 결합하기

01 슬라이드에서 [자연은 소중한 것이지…]가 입력된 도형을 선택한 후 [애니메이션] 탭에서 [밝기 변화]를 선택합니다.

02 [애니메이션 추가]를 클릭한 후 [끝내기]에서 [밝기 변화]를 선택합니다.

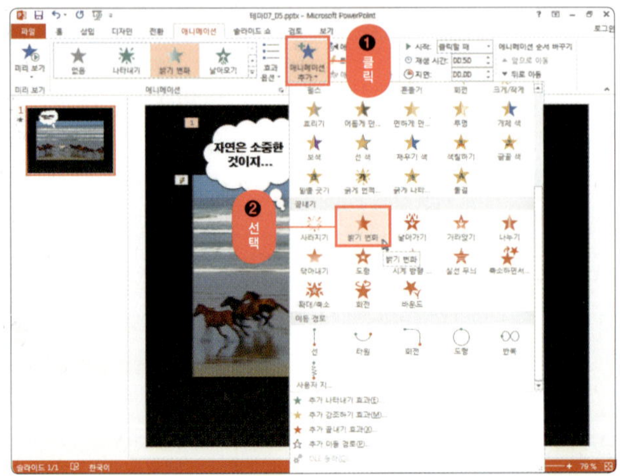

03 [애니메이션] 탭에서 [애니메이션 창]을 클릭한 후 표시된 애니메이션 창에서 [1번 애니메이션]을 선택합니다.

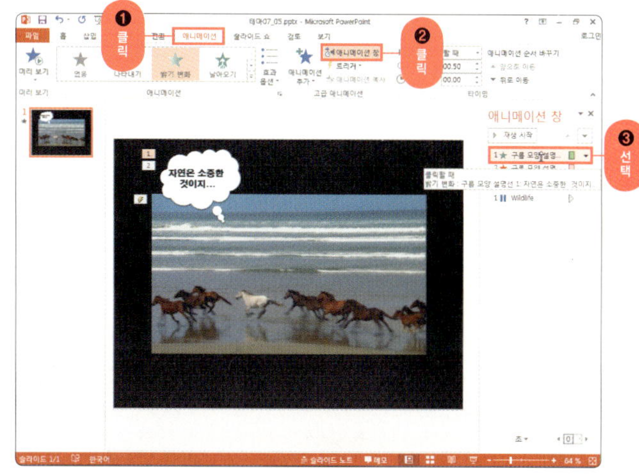

04 [애니메이션] 탭에서 [트리거]를 클릭한 후 [책갈피에서]를 선택하고 [책갈피 1]을 선택합니다.

애니메이션 창을 보면 첫 번째 애니메이션이 맨 아래로 이동하고 [시작 옵션: wildlife-책갈피 1]이 표시되는 것을 볼 수 있습니다. 이는 wildlife 비디오의 책갈피 1번에서 현재 애니메이션이 시작된다는 의미입니다.

05 애니메이션 창에서 맨 위에 있는 [1번 애니메이션]을 선택합니다.

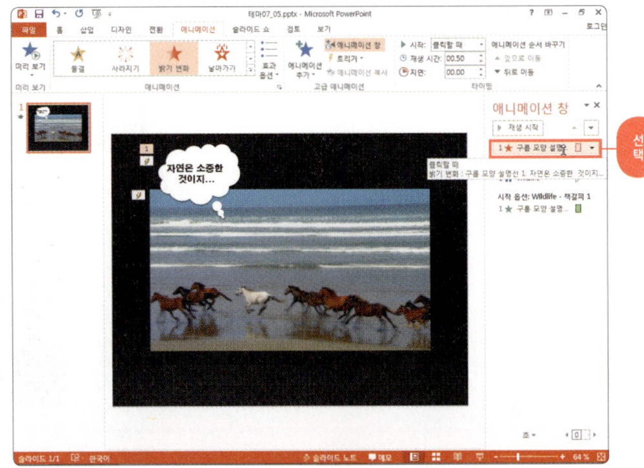

06 [애니메이션] 탭에서 [트리거]를 클릭한 후 [책갈피에서]를 선택하고 [책갈피 2]를 선택합니다.

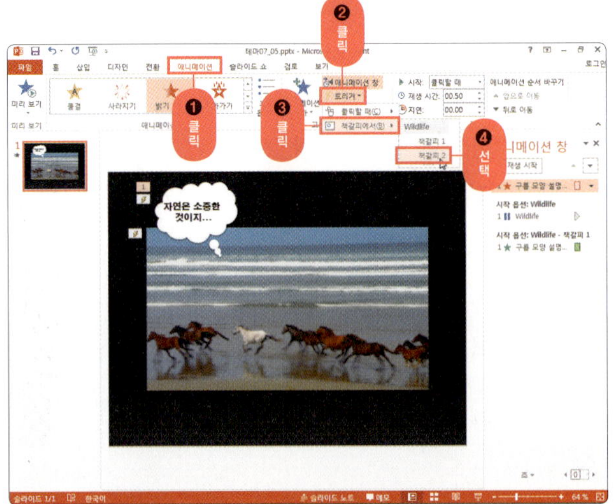

07 애니메이션 창을 보면 선택되어 있던 애니메이션이 맨 아래로 이동하고 [시작 옵션: wildlife-책갈피 2]가 표시되는 것을 볼 수 있습니다. 이는 wildlife 비디오의 책갈피 2번에서 현재 애니메이션이 시작된다는 의미입니다. [슬라이드 쇼]를 클릭합니다(단축키: Shift + F5).

08 비디오의 [재생] 버튼 ▶을 클릭합니다. 처음에는 말풍선이 표시되지 않습니다.

첫 번째 책갈피가 설정된 지점에서 말풍선이 나타났다가 두 번째 책갈피 지점에서 말풍선이 사라지는 것을 볼 수 있을 것입니다.

06

POWERPOINT KNOWHOW

오디오를 삽입하고
옵션을 변경해보자!

비디오 마찬가지로 오디오 파일을 여러분의 파워포인트 파일에 삽입했다가 프레젠테이션이나 강연에서 오디오를 재생해 들려줄 수 있습니다. 이번 레슨에서는 mp3와 같은 대표적인 오디오 파일을 파워포인트 슬라이드에 삽입하고, 재생 방법을 자동 실행으로 변경한 후, 오디오는 정상적으로 재생되지만 오디오 아이콘은 보이지 않게 만드는 방법에 대해 알아보겠습니다.

● **실습 파일**: 부록 CD/테마07/테마07_06.pptx | **결과 파일**: 부록 CD/테마07/테마07_06(결과).pptx

STEP 01 | 내 컴퓨터에 있는 오디오 삽입하기

01 [삽입] 탭에서 [오디오]를 클릭한 후 [내 PC의 오디오]를 선택합니다.

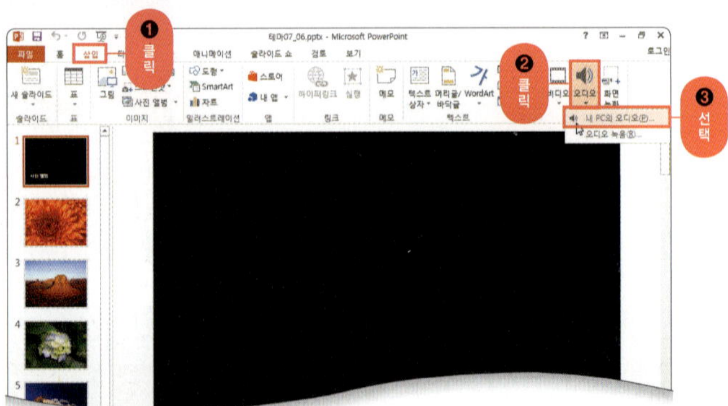

02 [오디오 삽입] 대화상자에서 여러분의 컴퓨터에 있는 오디오 파일을 선택한 후 [삽입] 버튼을 클릭합니다.

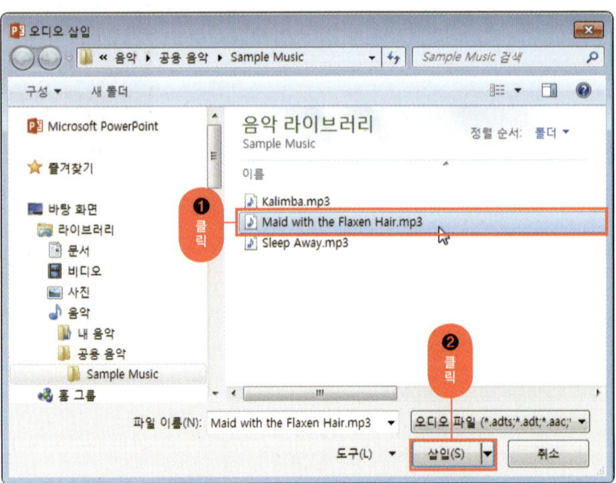

N O T E

파워포인트에 삽입할 수 있는 오디오 파일 형식

mp3, wav, mid 등 대부분의 오디오 파일을 파워포인트에 삽입할 수 있습니다.

03 슬라이드에 오디오 아이콘 이 표시됩니다. [슬라이드 쇼]를 클릭합니다(단축키: Shift + F5).

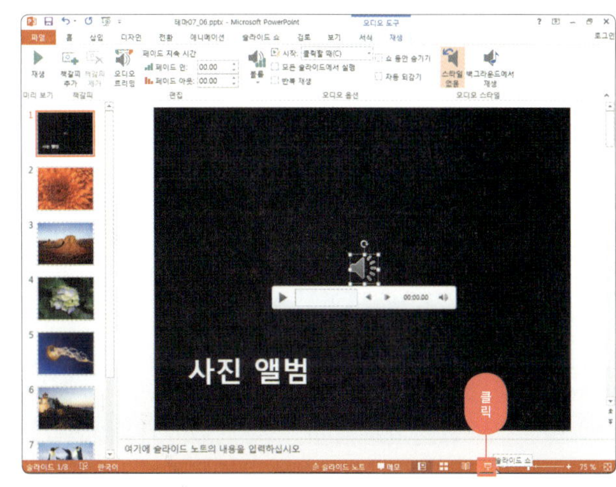

> **N O T E**
>
> **삽입된 오디오 아이콘을 이동하고 삭제하기**
>
> • **이동**: 일반 개체처럼 마우스로 드래그하거나 오디오 아이콘을 선택하고 키보드 방향키를 누릅니다.
> • **삭제**: 오디오 아이콘을 선택한 후, Delete 를 누릅니다.

04 슬라이드 쇼에서 오디오 아이콘 에 마우스 포인터를 위치시킨 후 표시되는 오디오 재생 바에서 [재생] 버튼을 클릭합니다. 컴퓨터의 스피커를 통해 오디오가 들립니다.

05 오디오 재생 바에서 [일시 중지] 버튼을 클릭합니다.

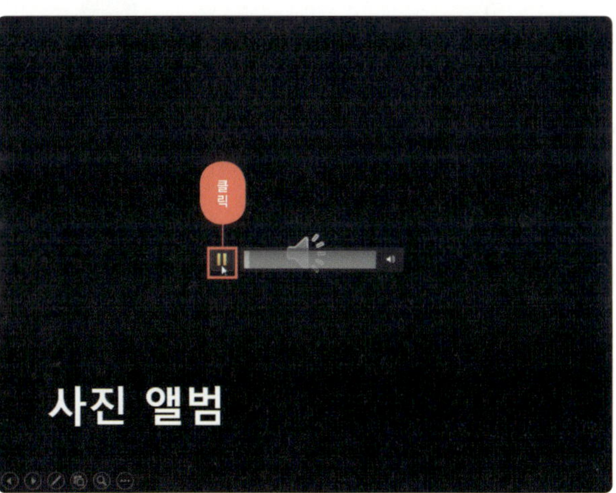

> **N O T E**
>
> **슬라이드 쇼에서 오디오 재생하기**
>
> 슬라이드 쇼 보기에서 오디오 아이콘에 마우스 포인터를 위치시켰을 때 마우스 포인터가 손가락 모양으로 변경되었을 때 클릭하여 오디오를 재생할 수 있으며, 같은 방법으로 오디오 아이콘을 클릭하면 일지 중지시킬 수 있습니다.

06 [볼륨] 아이콘 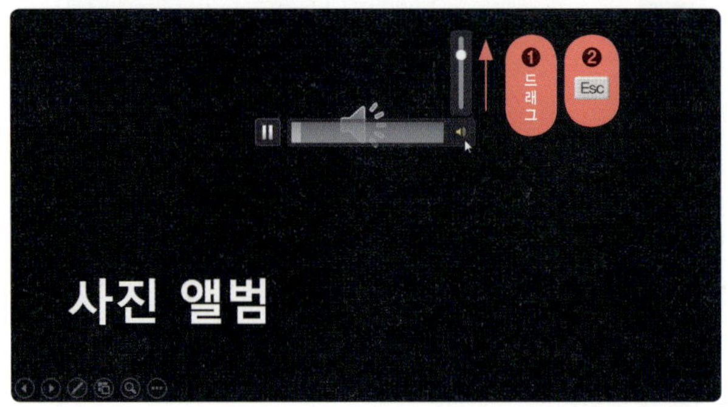에 마우스 포인터를 위치시킨 후 위쪽에 표시되는 슬라이드를 위 또는 아래로 드래그하여 볼륨을 조정합니다. 오디오를 재생해본 후 Esc 를 눌러 쇼를 마칩니다.

N O T E

오디오 재생 관련 단축키

기능	단축키
재생/일시 중지	Alt + P
0.25초 뒤로	Alt + Shift + ←
0.25초 앞으로	Alt + Shift + →
음소거/음소거 해제 버튼	Alt + U

STEP 02 | 오디오 자동 실행하기

파워포인트 2013 버전에서 오디오는 기본적으로 클릭하여야 재생되는데 자동으로 재생되도록 하고 싶다면 다음을 실행합니다.

01 기본 보기에서 슬라이드의 오디오 아이콘 을 선택한 후 [오디오 도구−재생] 탭에서 [시작] 메뉴를 열고 [자동 실행]을 선택합니다.

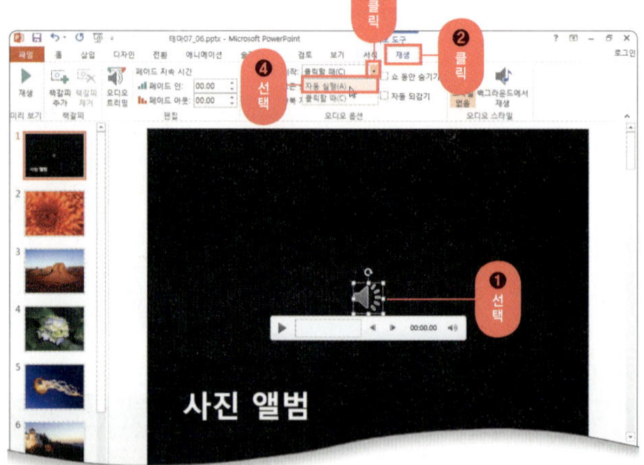

02 [슬라이드 쇼] 를 클릭합니다 (단축키: Shift + F5).

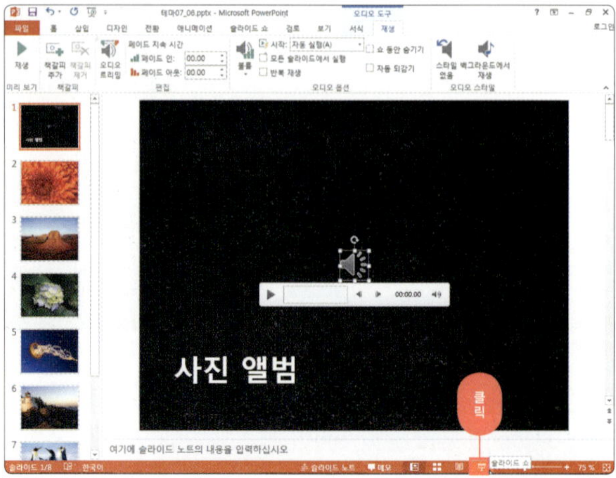

03 Esc를 눌러 쇼를 마칩니다. 쇼가 시작되면서 자동으로 오디오가 재생됩니다.

STEP 03 | 오디오 아이콘 숨기기

오디오를 자동 실행할 때 슬라이드 쇼에서 오디오 아이콘이 안 보이도록 하는 것이 좋은 경우가 있습니다.

01 기본 보기에서 슬라이드의 오디오 아이콘🔊을 선택한 후 [오디오 도구-재생] 탭에서 [쇼 동안 숨기기]를 선택합니다.

> **NOTE**
>
> **슬라이드 쇼에서 오디오 아이콘이 나타나지 않도록 하는 다른 방법**
>
> 오디오 아이콘을 슬라이드 바깥으로 이동합니다. 이렇게 되면 슬라이드 쇼에서 오디오 아이콘은 나타나지 않지만 오디오는 들리게 됩니다.

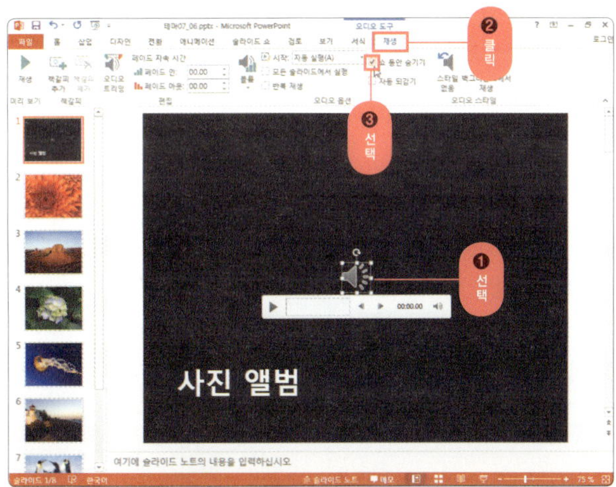

02 [슬라이드 쇼]📽를 클릭합니다 (단축키: Shift + F5).

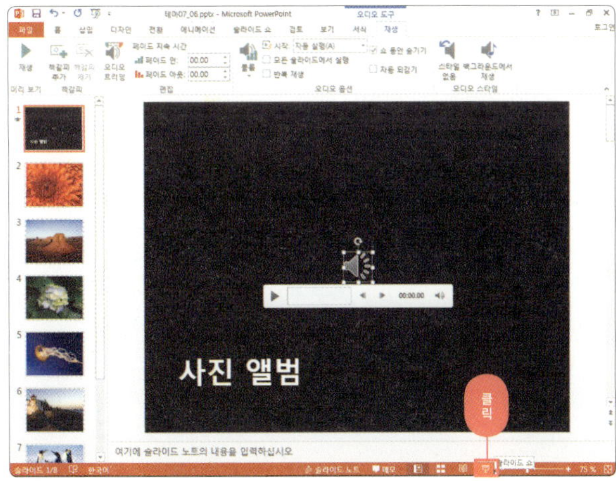

03 쇼가 시작되면 오디오 아이콘이 보이지 않습니다. 하지만 오디오는 자동으로 재생됩니다. Esc 를 눌러 쇼를 마칩니다.

[오디오 도구–재생] 탭에서 제공하는 기능

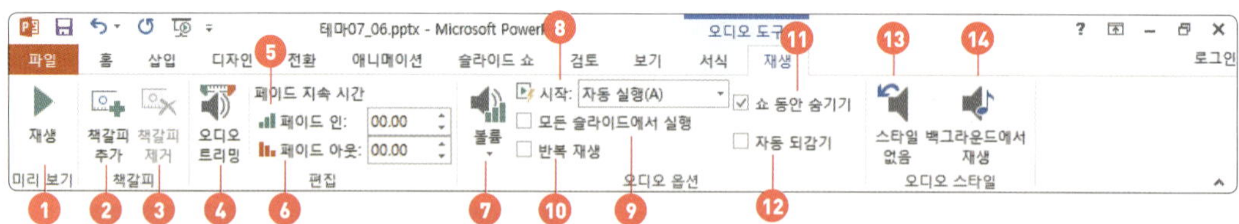

① **재생**: 기본 보기에서 오디오를 재생합니다.

② **책갈피 추가**: 오디오의 특정 부분에 책갈피를 추가합니다.

③ **책갈피 제거**: 선택한 책갈피를 지웁니다.

④ **오디오 트리밍**: 삽입된 오디오의 앞 또는 뒤쪽을 삭제해 필요한 부분만 들리게 합니다.

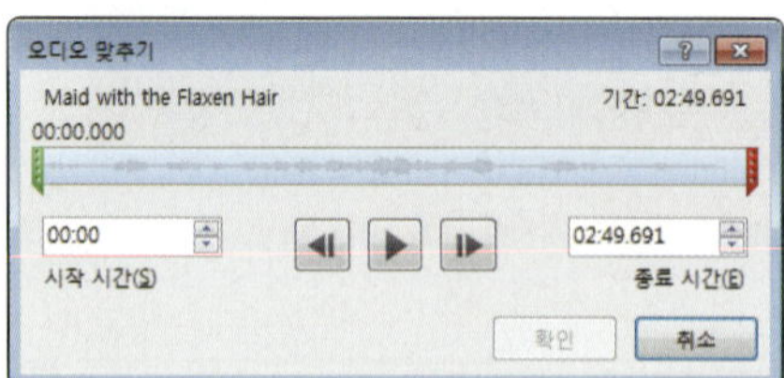

⑤ **페이드 인**: 오디오가 점점 커집니다.

⑥ **페이드 아웃**: 오디오가 점점 작아집니다.

⑦ **볼륨**: 오디오의 볼륨을 조정합니다.

⑧ **시작**: 오디오의 시작 방법을 선택합니다.

⑨ **모든 슬라이드에서 실행**: 모든 슬라이드에서 오디오를 재생합니다.

⑩ **쇼 동안 숨기기**: 슬라이드 쇼에서 오디오 아이콘이 나타나지 않게 합니다.

⑪ **반복 재생**: 오디오가 반복 실행됩니다.

⑫ **자동 되감기**: 원래 오디오를 한 번 재생하면 오디오 마지막 부분에 위치되는데 [자동 되감기] 옵션을 선택하면 재생이 완료된 후 자동으로 오디오의 시작 부분으로 되돌아갑니다.

⑬ **스타일 없음**: 모든 슬라이드에서 실행, 반복 재생, 쇼 동안 숨기기 옵션을 모두 취소하며, 시작이 [자동 실행]으로 되어 있었다면 [클릭할 때]로 변경합니다.

⑭ **백그라운드에서 재생**: 시작은 '자동 실행', 모든 슬라이드에서 실행, 반복 재생, 쇼 동안 숨기기 등과 같은 오디오 옵션이 모두 활성화됩니다. 이제 선택된 오디오는 모든 슬라이드에서 배경 음악처럼 들리게 됩니다.

07

여러 슬라이드에서
오디오가 들리도록 해보자!

P O W E R P O I N T   K N O W H O W

여러분이 여러 장의 사진을 가지고 있고 그것을 순차적으로 청중에게 보여줘야 할 때 사진과 어울리는 음악을 깔아 들려준다면 더 좋을 것입니다. 또는 회사 소개나 제품 소개 파일을 발표자 없이 사람들에게 보여주고 싶다면 나레이션을 오디오 파일로 만들어 배경 음악처럼 설정하면 될 것입니다. 문제는 파워포인트에서 오디오는 기본적으로 삽입한 슬라이드에서 재생된다는 것입니다. 이번 레슨에서는 전체 슬라이드 또는 원하는 몇 장의 슬라이드에서만 오디오를 재생시키는 방법에 대해 알아보겠습니다.

● **실습 파일**: 부록 CD/테마07/테마07_07.pptx | **결과 파일**: 부록 CD/테마07/테마07_07(결과).pptx

STEP 01 | 몇 장의 슬라이드에서 오디오가 재생되도록 하기

01 [1번 슬라이드]에서 오디오 아이콘 을 선택한 후 [애니메이션] 탭에서 [애니메이션 창]을 클릭하여 애니메이션 창을 표시합니다.

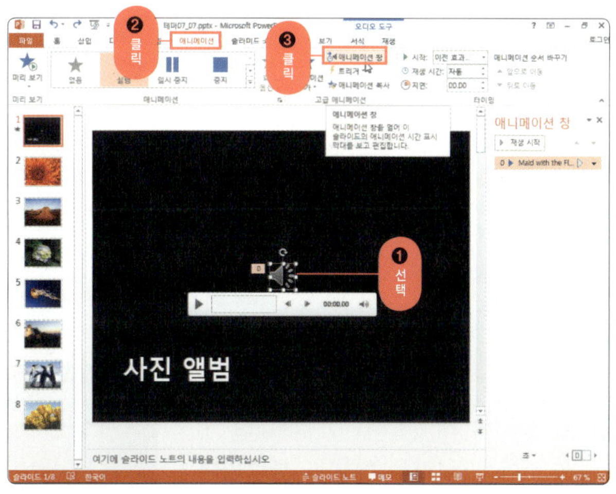

02 애니메이션 창에서 오디오의 [메뉴 표시] 버튼 을 클릭한 후 [효과 옵션]을 선택합니다.

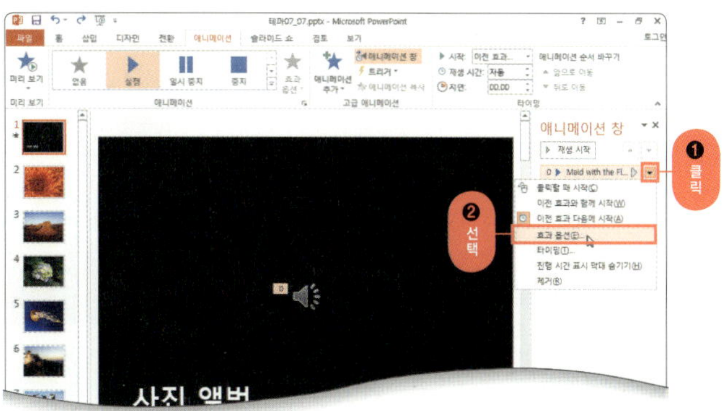

03 [재생 중지]에서 [지금부터]를 선택하고 [2]를 입력한 후 [확인] 버튼을 클릭합니다.

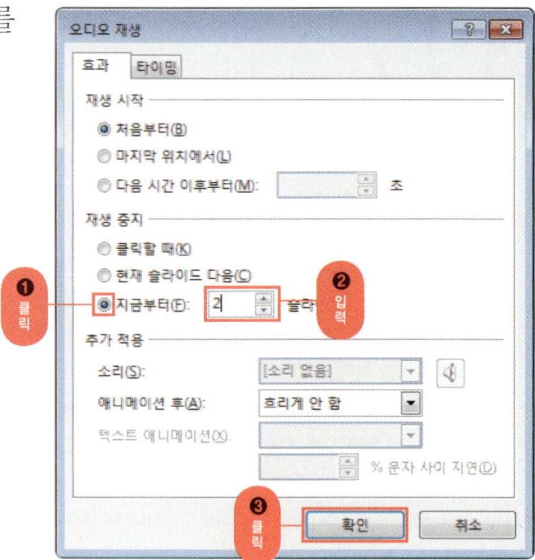

04 [슬라이드 쇼]를 클릭합니다 (단축키: Shift + F5).

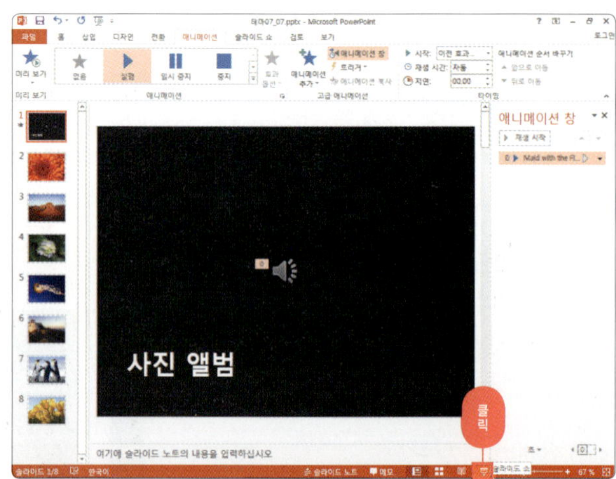

05 쇼가 실행되자마자 오디오가 자동으로 재생됩니다. Enter 를 누르거나 마우스 왼쪽 버튼을 클릭하여 다음 슬라이드로 전환합니다.

06 2번 슬라이드가 나타나며 오디오는 계속 재생됩니다. 마우스의 왼쪽 버튼을 클릭하거나 Enter 를 눌러 다음 슬라이드로 전환합니다.

07 3번 슬라이드가 나타나며 오디오 재생이 종료됩니다. Esc 를 눌러 쇼를 마칩니다.

STEP 02 | 모든 슬라이드에서 오디오 재생하기

01 [1번 슬라이드]에서 오디오 아이콘을 선택한 후 [오디오 도구-재생] 탭에서 [백그라운드에서 재생]을 선택합니다.

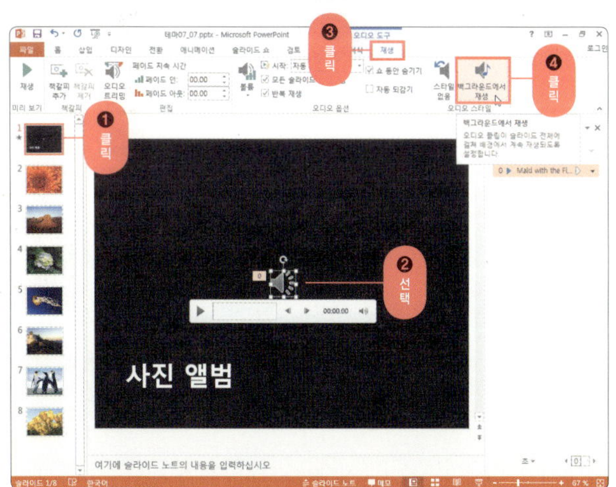

02 슬라이드 쇼에서 Enter 를 누르거 나 클릭하지 않고도 다음 슬라이 드로 전환되도록 하고 싶다면 [전환] 탭에서 [다음 시간 후] 입력상자에 [2초]를 입력합니다.

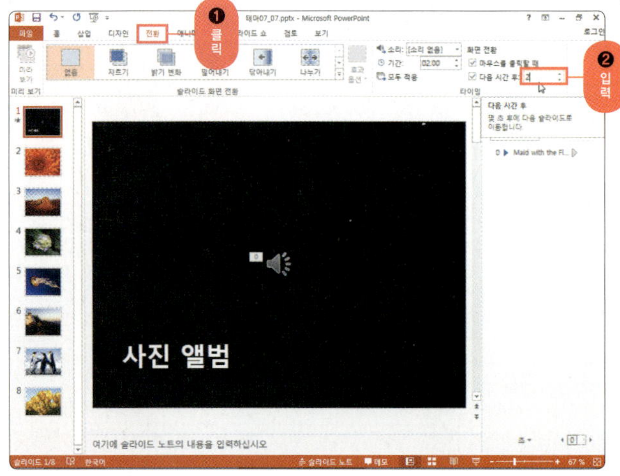

03 [모두 적용] 버튼을 클릭합니다.

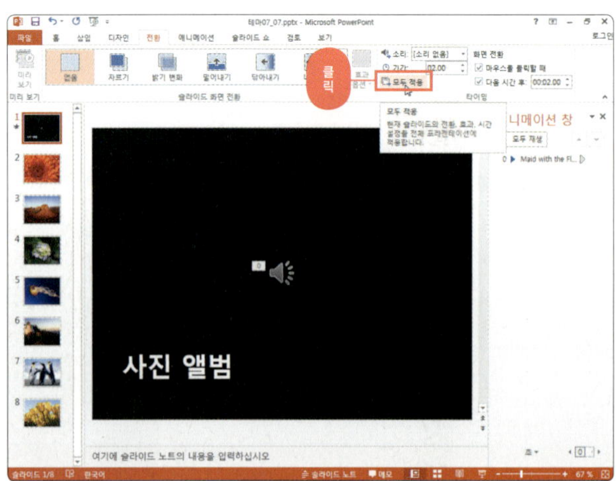

04 마지막 슬라이드에서 슬라이드 쇼가 종료되지 않고 다시 첫 번 째 슬라이드가 나타나도록, 즉 순환 (loop)되도록 하고 싶다면 [슬라이드 쇼] 탭에서 [슬라이드 쇼 설정]을 클릭 합니다.

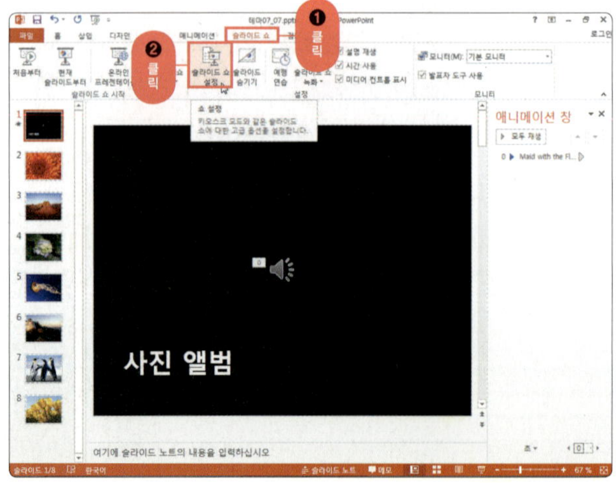

05 [Esc 를 누를 때까지 계속 실행] 옵션을 선택한 후 [확인] 버튼을 클릭합니다.

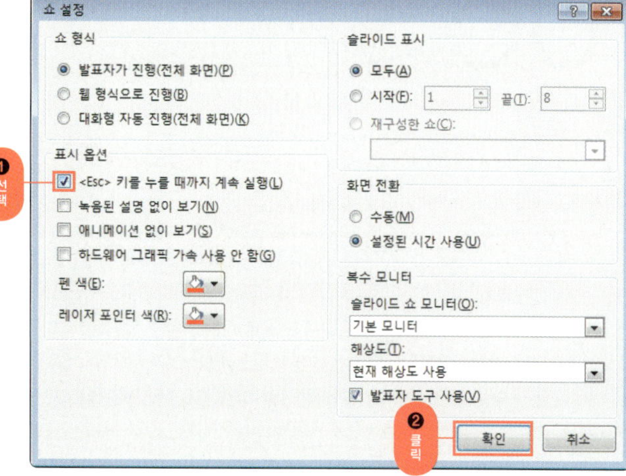

06 [슬라이드 쇼] 를 클릭합니다 (단축키: Shift + F5).

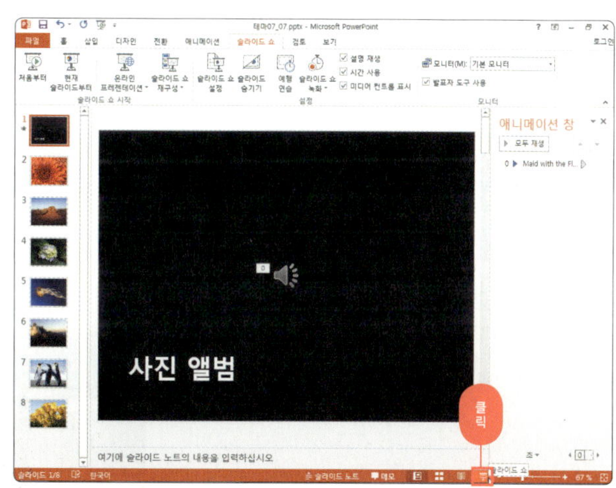

07 슬라이드 쇼가 시작되면 자동으로 오디오가 재생되며, 2초 뒤 다음 슬라이드로 넘어갑니다. 물론 오디오는 계속 재생됩니다. 마지막 슬라이드까지 자동으로 넘어가면 다시 1번 슬라이드가 나타나 슬라이드 쇼가 계속됩니다. 슬라이드 쇼를 마치고 싶다면 Esc 를 누릅니다.

08

비디오와 오디오를 연결해보자!

파워포인트 2007 버전에서 비디오/오디오를 삽입하면 파일은 파워포인트에 '연결(link)'되는 반면 파워포인트 2010 이상 버전에서는 파워포인트 파일에 '포함(embed)'됩니다. 포함 기능은 상당히 유용하지만 파워포인트 파일의 크기가 커지거나 이 기능을 지원하지 않는 하위 버전에서 파워포인트를 재생할 때 비디오나 오디오가 재생되지 않는 문제가 발생할 수 있습니다. 따라서 필요한 경우 비디오와 오디오를 연결(link)하는 방법을 알아두는 것이 좋습니다. 이번 레슨에서 그 방법을 알아보겠습니다.

● **실습 파일**: 부록 CD/테마07/테마07_08.pptx | **결과 파일**: 없음

STEP 01 | 비디오 연결하기

01 [삽입] 탭에서 [비디오]를 클릭한 후 [내 PC의 비디오]를 선택합니다.

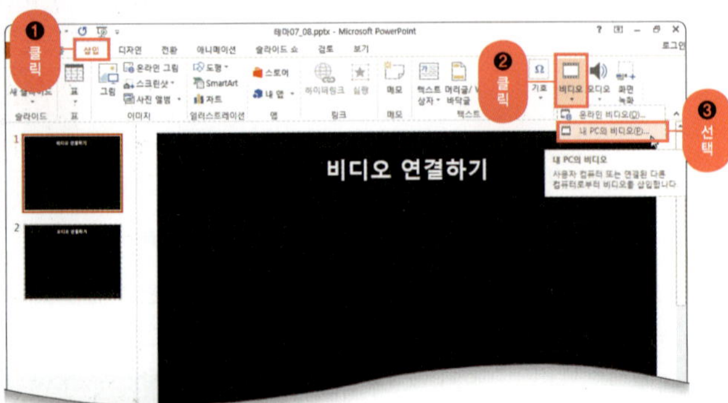

02 비디오 삽입 대화상자에서 비디오 파일을 선택한 후 [삽입] 메뉴 버튼을 클릭하고 [파일에 연결]을 선택합니다. 선택한 비디오가 연결된 상태로 삽입됩니다.

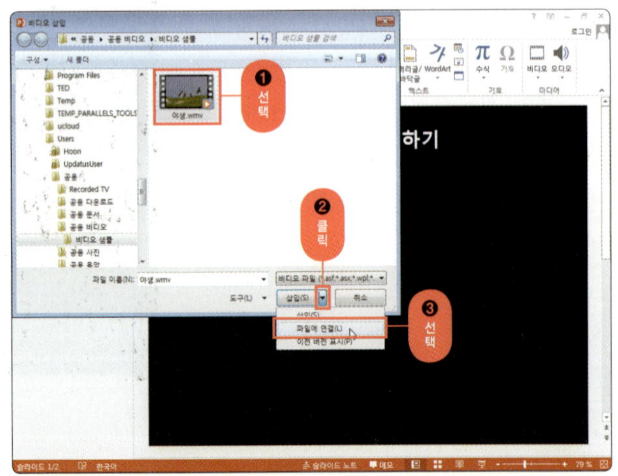

STEP 02 | 오디오 연결하기

01 2번 슬라이드를 선택한 후 [삽입] 탭에서 [오디오]를 클릭하고 [내 PC의 오디오]를 선택합니다.

02 [오디오 삽입] 대화상자에서 오디오 파일을 선택한 후 [삽입] 메뉴 버튼을 클릭하고 [파일에 연결]을 선택합니다.

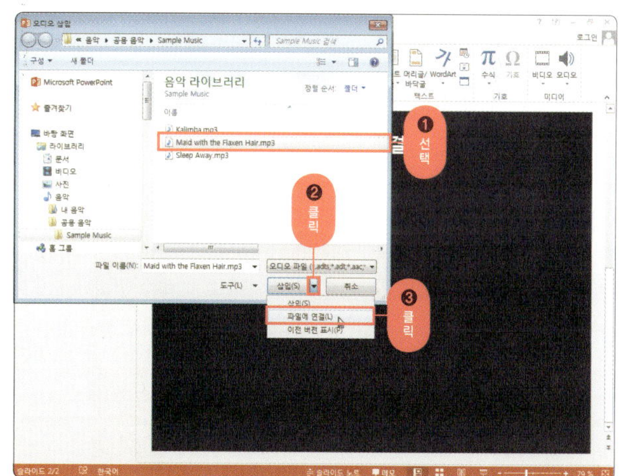

오디오가 연결 상태로 삽입됩니다.

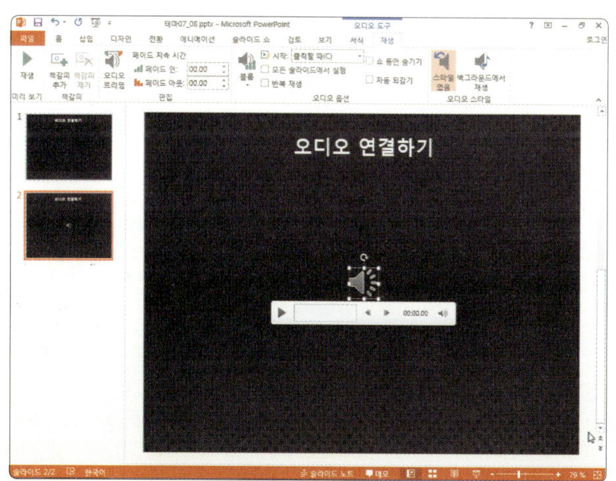

STEP 03 | CD용 패키지로 연결된 파일을 한 곳에 모으기

비디오나 오디오를 연결한 경우, 그 파워포인트 파일을 다른 컴퓨터에서 보고 싶다면 연결한 비디오와 오디오를 함께 가져가야 하는데 이런 경우 파일을 안 가져가거나 가져간 경우라도 경로가 안 맞아 재생되지 않는 경우가 종종 발생합니다. 이 경우 가장 좋은 방법은 CD용 패키지 기능을 활용하는 것입니다.

01 파일들을 저장할 USB 메모리 카드를 컴퓨터에 연결한 후 [파일]을 클릭합니다.

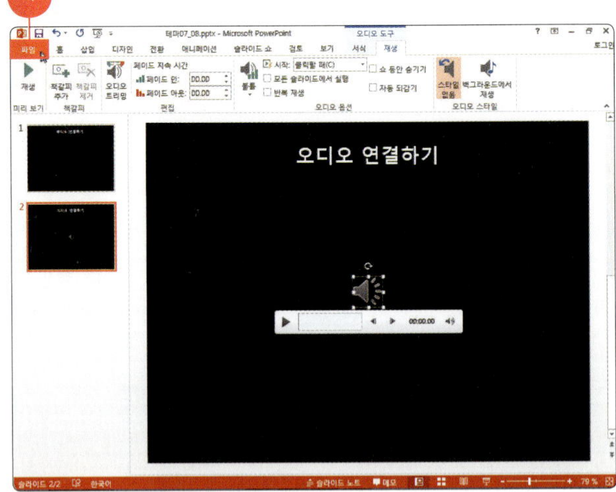

02 [내보내기]에서 [CD용 패키지 프레젠테이션]을 선택한 후 [CD용 패키지]를 클릭합니다.

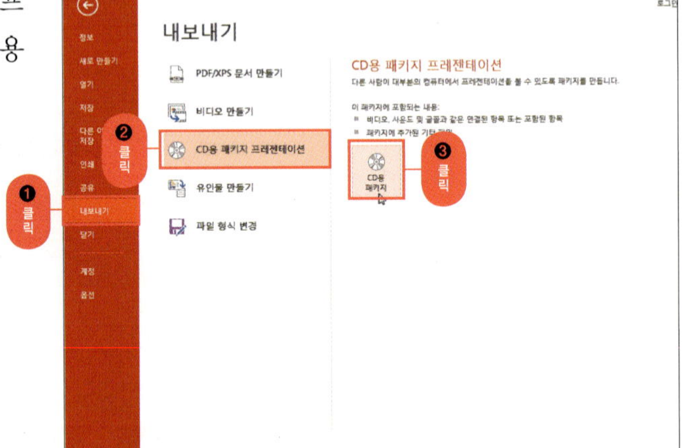

03 [옵션]을 클릭합니다.

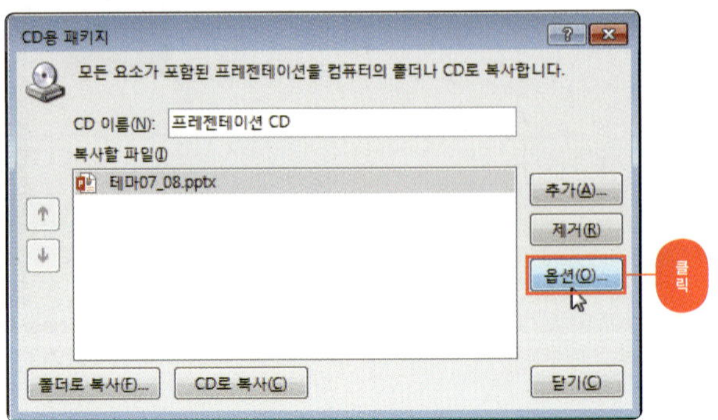

04 [연결된 파일]과 [포함된 트루타입 글꼴]이 선택되어 있음을 확인한 후 [확인] 버튼을 클릭합니다.

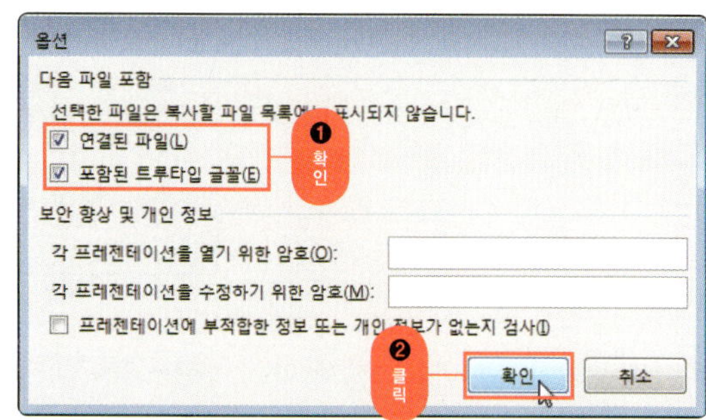

05 [폴더로 복사] 버튼을 클릭합니다.

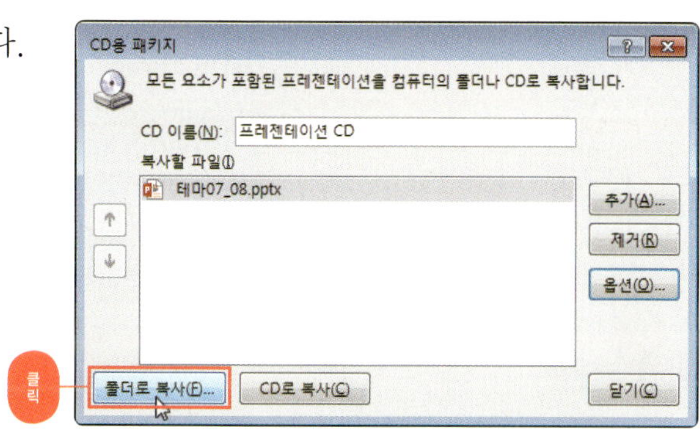

06 [찾아보기] 버튼을 클릭합니다.

07 [위치 선택] 대화상자에서 USB 메모리 카드 드라이브를 선택한 후 [선택] 버튼을 클릭합니다.

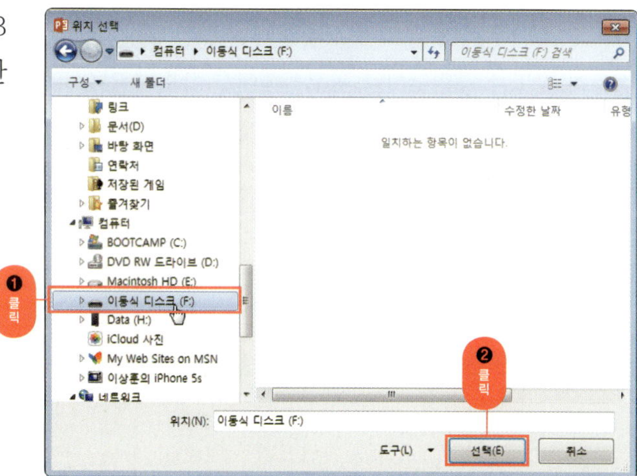

08 [확인] 버튼을 클릭합니다.

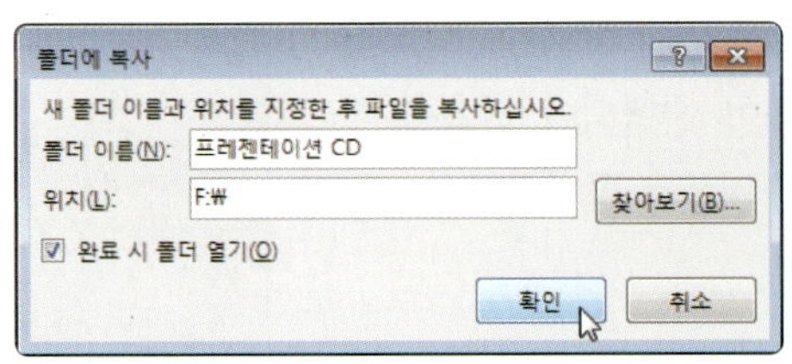

09 [예] 버튼을 클릭합니다. 현재 파워포인트 파일과 연결된 모든 파일이 지정한 폴더로 저장됩니다.

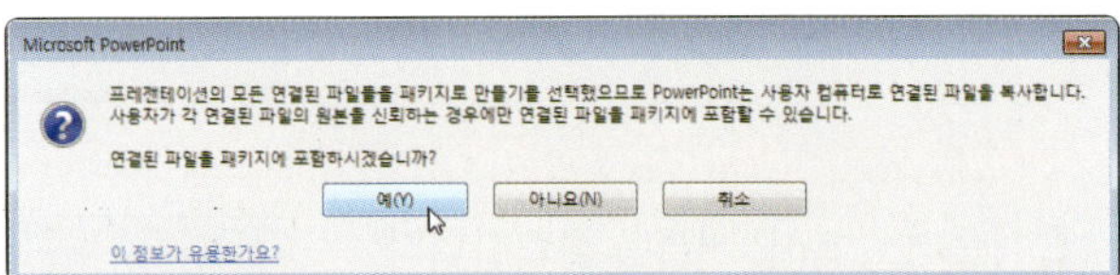

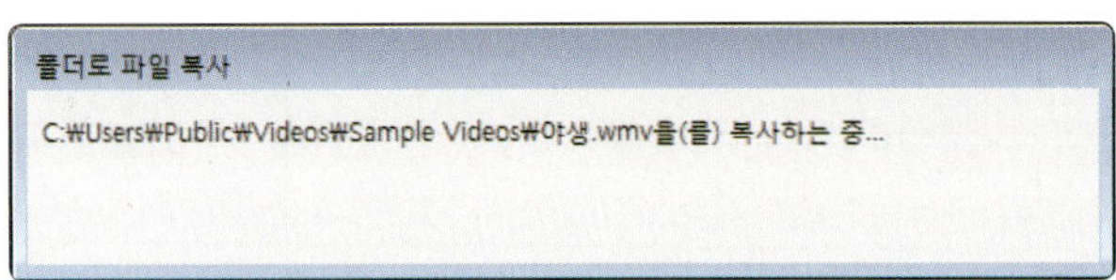

경고 메시지가 뜨는데요?

연결된 파일 중에서 지정한 곳에 없거나 파일 이름이 다른 경우, 다음과 같이 특정 파일을 처리할 수 없다는 메시지가 나타날 것입니다. [취소]를 클릭한 후, 해당 파일을 정확한 경로로 복사하고 다시 CD용 패키지 기능을 실행합니다.

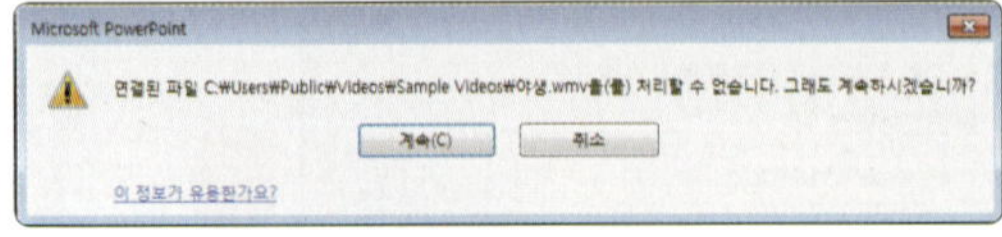

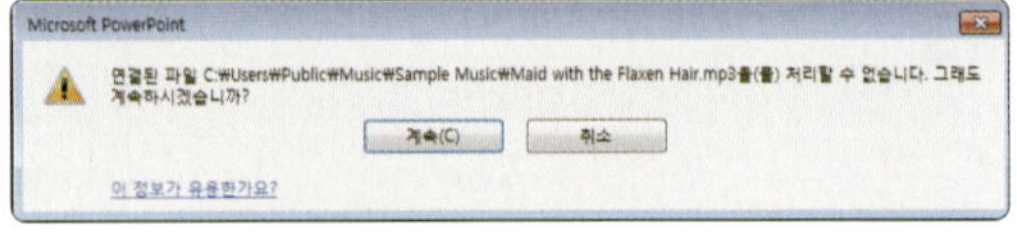

10 모든 파일이 복사되면 자동으로 복사된 폴더가 열립니다. [프레젠테이션 CD]를 더블 클릭합니다. 현재 파워포인트 파일과 연결된 모든 파일이 복사된 것을 확인할 수 있습니다. USB 메모리 카드를 강의장이나 프레젠테이션 장소에 있는 컴퓨터에 연결한 후 파워포인트 파일을 더블 클릭하고 슬라이드 쇼를 실행하고 강연/프레젠테이션을 진행합니다.

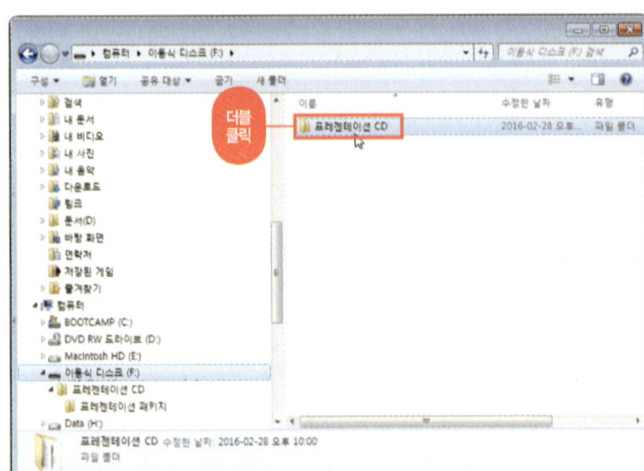

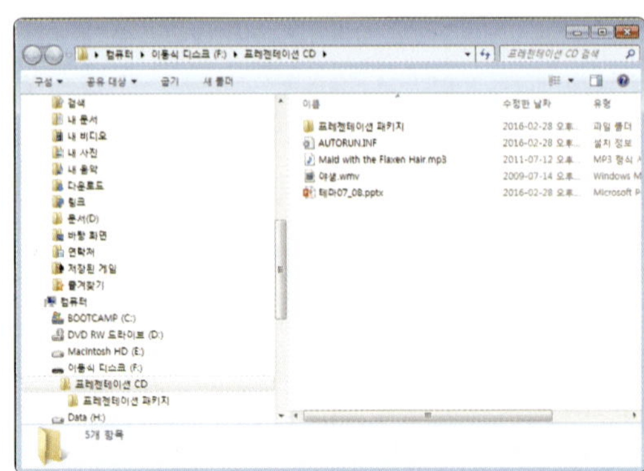

11 [CD용 패키지] 대화상자에서 [닫기] 버튼을 클릭합니다.

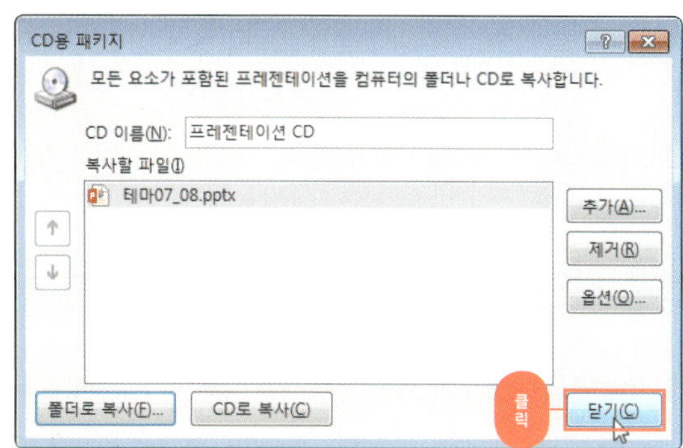

이상한 메시지가 표시되는데요?

CD용 패키지 옵션에서 [포함된 트루타입 글꼴]을 선택했다면 파워포인트 파일을 더블 클릭하여 열었을 때 그림과 같은 메시지가 나타날 수 있습니다. 이런 경우 [읽기 전용으로 열기] 버튼을 클릭한 후 슬라이드 쇼를 진행하면 됩니다.

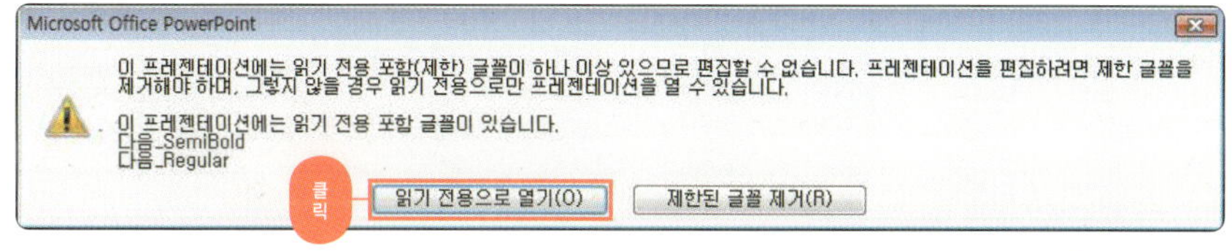

STEP 04 | 연결이 끊어진 비디오를 다시 연결하기

비디오가 연결된 경우 자주 발생하는 문제는 연결된 비디오의 파일 이름이 변경되거나 다른 곳으로 옮겨짐으로써 지정된 경로에 비디오가 없게 되는 것입니다. 이런 경우 가장 쉽게 해결하는 방법은 슬라이드에서 비디오의 [재생] 버튼을 눌러보는 것입니다.

방법 1

01 [재생] 버튼을 클릭합니다.

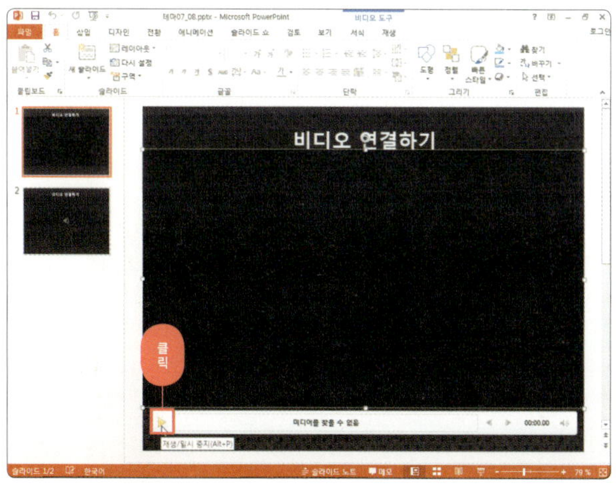

02 '미디어를 찾을 수 없음'이란 메시지가 나타나며 직접 찾겠느냐는 메시지 창이 나타납니다. [예] 버튼을 클릭합니다.

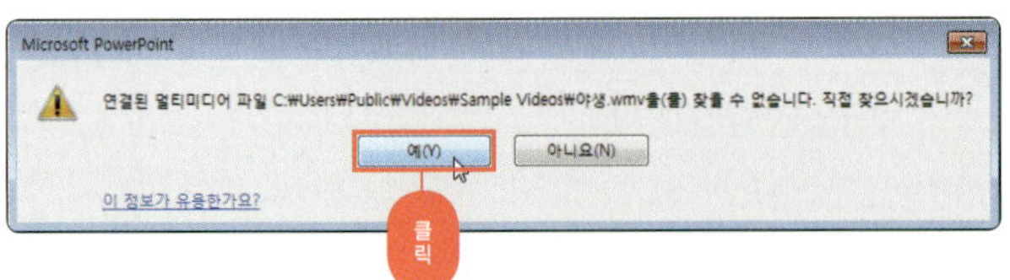

03 [파일에 대한 연결 편집] 대화상자에서 연결할 비디오를 선택한 후 [파일에 연결] 버튼을 클릭합니다.

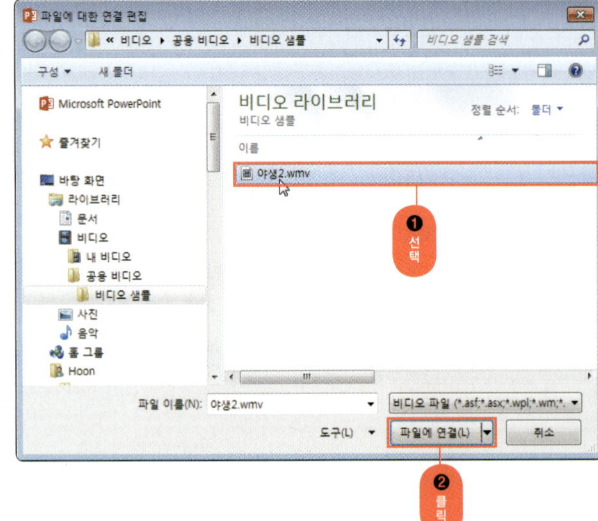

방법 2

비디오 재생 버튼을 클릭했을 때 '미디어를 찾을 수 없음'이란 메시지는 나타나는데, '직접 찾으시겠습니까?'라는 메시지 창이 나타나지 않는 경우라면 다음을 실행합니다.

01 [파일]을 클릭합니다.

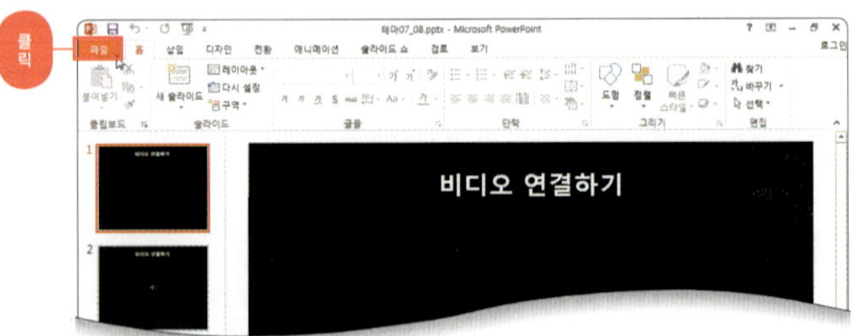

02 [파일 연결 편집]을 클릭합니다.

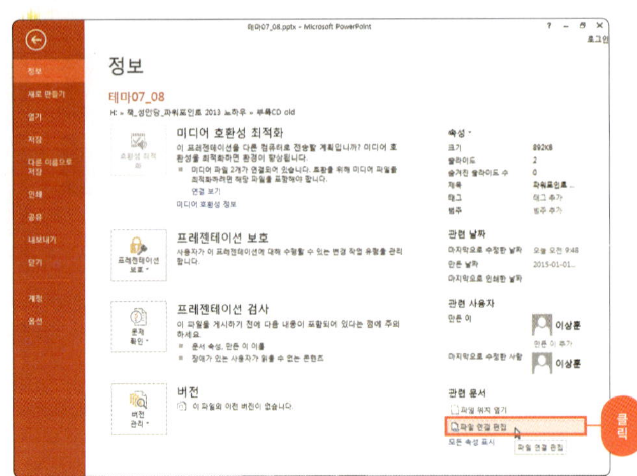

03 연결된 파일이 두 개 이상인 경우에는 연결을 변경하고 싶은 항목을 선택한 후 [원본 변경] 버튼을 클릭합니다.

NOTE

연결된 비디오를 포함시키기

연결된 비디오를 현재 파워포인트 파일에 포함시키고 싶다면 [연결] 대화상자에서 [연결 끊기]를 클릭합니다.

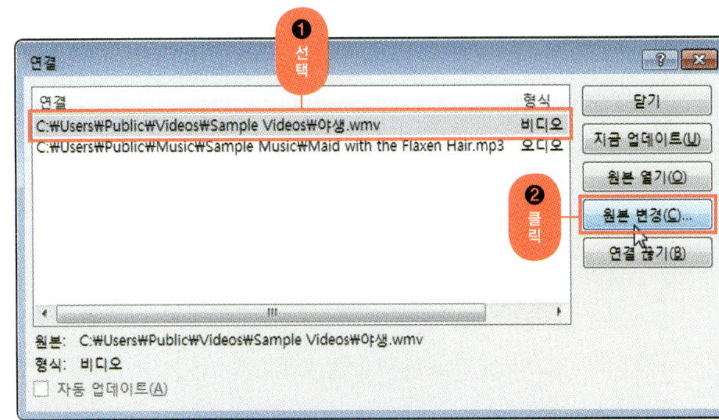

04 다른 비디오를 선택한 후 [열기] 버튼을 클릭합니다.

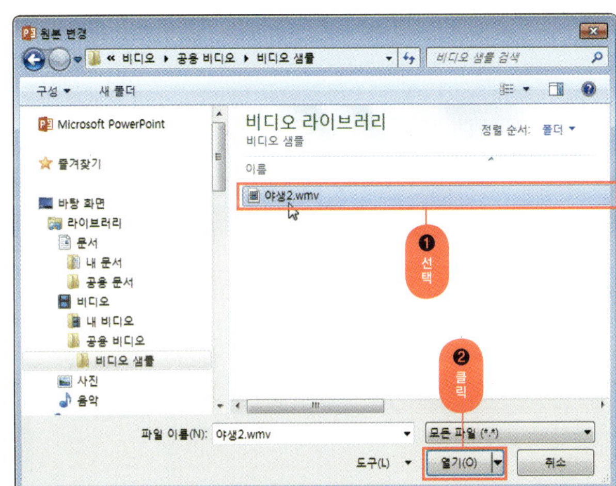

05 [닫기] 버튼을 클릭합니다.

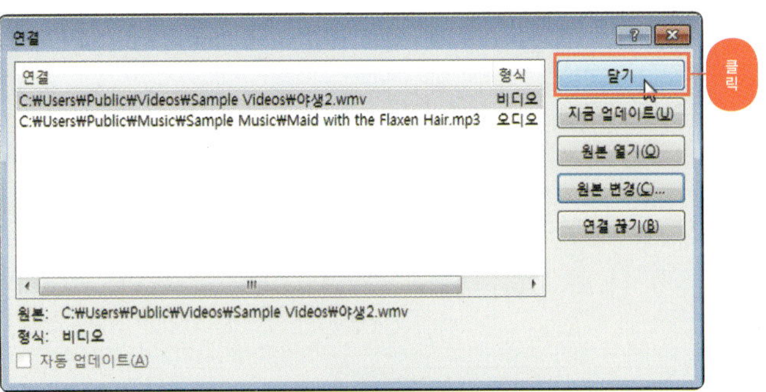

09

POWERPOINT KNOWHOW

슬라이드 쇼 녹화하고 비디오로 저장하기

간혹 파워포인트에 음성(나레이션)을 녹음해 들여주거나 판서된 장면을 보여주고 싶을 때가 있습니다. 쇼 녹화 기능을 이용하면 이런 작업을 쉽게 할 수 있는데 파워포인트 2010 이상 버전에서는 이와 별도로 파워포인트 파일을 비디오 파일을 저장할 수도 있게 되었습니다. 비디오 저장 기능은 아주 간단하지만 파워포인트가 없는 곳에서도 동영상 재생기만 있다면 언제 어디서든 프레젠테이션을 재생할 수 있다는 점에서 획기적이라 할 수 있습니다. 이번 레슨에서는 아주 특별한 쇼 녹화 및 비디오 저장 기능에 대해 알아보겠습니다.

● **실습 파일**: 부록 CD/테마07/회사소개서.pptx | **결과 파일**: 없음

STEP 01 | 슬라이드 쇼 녹화하기

01 [슬라이드 쇼] 탭에서 [슬라이드 쇼 녹화]를 클릭한 후 [처음부터 녹음 시작]을 선택합니다.

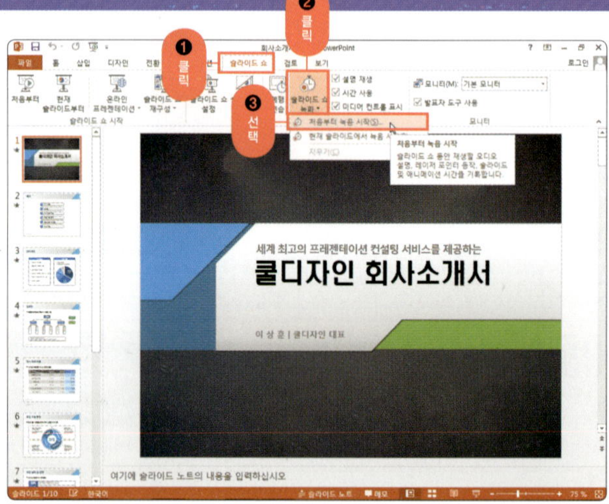

02 [녹화 시작] 버튼을 클릭합니다.

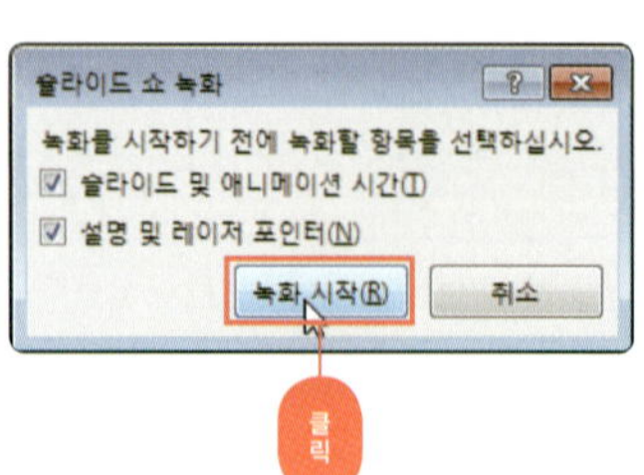

NOTE

슬라이드 쇼 녹화 옵션

· **슬라이드 및 애니메이션 시간**: 전환 시간이나 애니메이션 시간이 적용되어 있는 경우, 그 시간을 사용해 다음 슬라이드로 전환되거나 다음 애니메이션으로 전환됩니다.

· **설명 및 레이저 포인터**: 쇼가 실행된 후, 사용자의 멘트나 주변 소음이 모두 녹음됩니다. 펜 기능 Ctrl + P 를 눌러 펜 기능을 실행한 후 마우스 드래그과 레이저 포인터 Ctrl 을 누른 상태에서 마우스 드래그를 사용해 판서(파워포인트에서는 '잉크'라고 표현)를 할 경우, 판서가 모두 녹화됩니다.

03 쇼가 실행되면서 즉시 녹화가 시작됩니다.

슬라이드 쇼 녹화 시 표시되는 아이콘은?

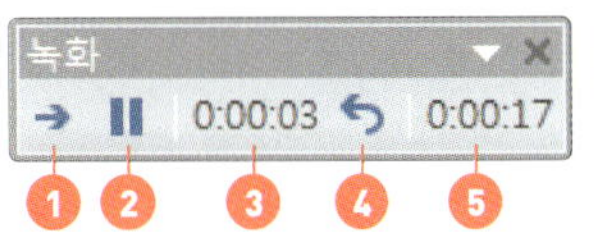

❶ 다음 슬라이드
❷ 녹화 일시 중지
❸ 현재 슬라이드에서 녹화 시간
❹ 반복
❺ 모든 슬라이드에서 녹화 시간

04 Enter 나 마우스 왼쪽 버튼을 클릭하여 다음 슬라이드 또는 다음 애니메이션을 실행합니다.

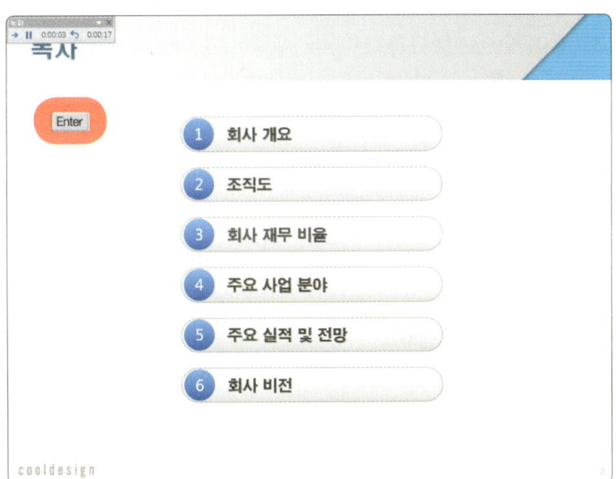

05 필요한 경우 Ctrl + P 를 눌러 펜 기능을 실행한 후 마우스를 드래그하여 펜을 칠하고 Esc 를 눌러 펜을 종료합니다.

레이저 포인터 사용하기

슬라이드 쇼 보기에서 Ctrl 을 누른 상태에서 드래그하면 레이저 포인터가 나타납니다.

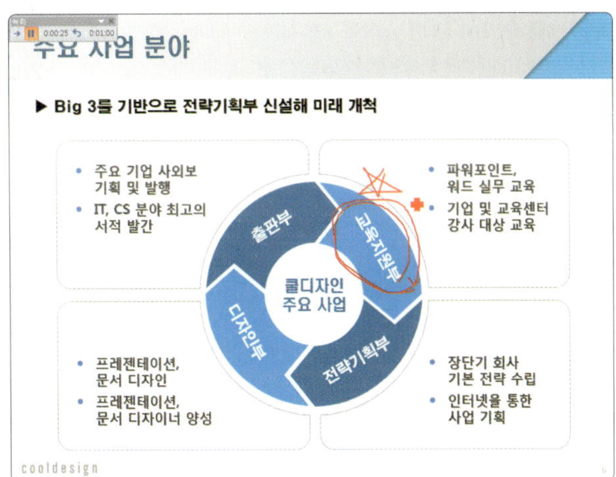

06 마지막 슬라이드에서 Enter 또는 Esc 를 눌러 녹화를 마칩니다.

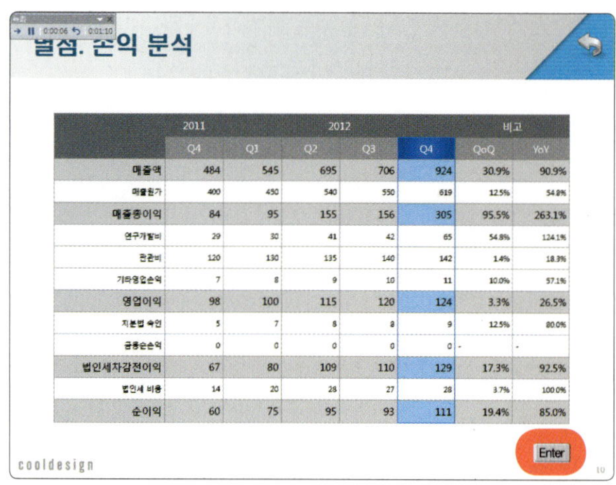

07 펜 기능을 실행한 경우 '잉크 주석을 유지하시겠습니까?' 라는 메시지가 나타납니다. 녹화를 시작하기 전에 [설명 및 레이저 포인터]를 선택한 채 [녹화 시작] 버튼을 클릭한 후 펜 기능을 사용해 판서를 하면 '잉크 주석을 유지하겠느냐'는 메

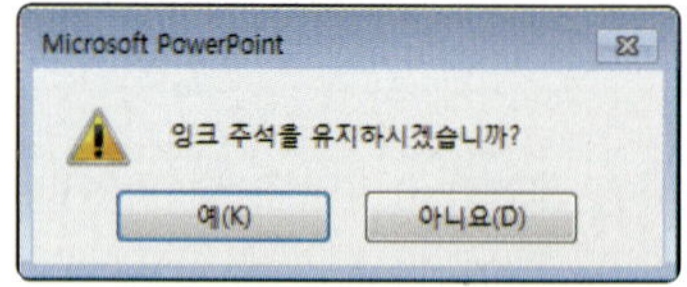

시지가 나타납니다. 이 경우 사용자가 했던 동작을 저장하고 싶다면 [예] 버튼을, 그렇지 않다면 [아니오] 버튼을 클릭합니다.

NOTE

[전환] 탭에서 시간 설정하기

사용자가 직접 슬라이드 전환 시간을 조정하고 싶다면 [전환] 탭을 열고 전환 효과를 선택한 후, [다음 시간 후] 입력 상자에 현재 슬라이드의 전환 시간을 설정합니다.

녹화된 쇼 확인하기

녹화된 것을 확인하고 싶다면 슬라이드 쇼를 실행하면 됩니다. [슬라이드 쇼] 탭에서 [처음부터]를 클릭합니다(단축키: F5).
그대로 두면 알아서 자동으로 쇼가 진행되며, 녹음한 내용과 잉크 주석 또한 표시됩니다.

녹화된 쇼 지우기

[슬라이드 쇼] 탭에서 [슬라이드 쇼 녹화]를 클릭한 후 [지우기]에서 명령을 선택합니다.

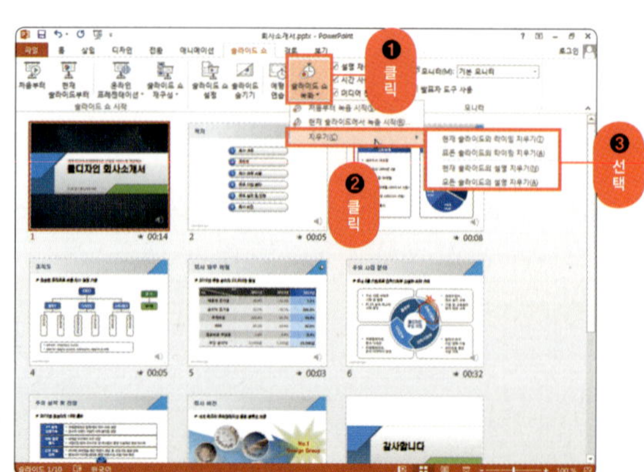

08 [여러 슬라이드]를 클릭합니다. 슬라이드 왼쪽 하단에 현재 슬라이드에서 소요된 시간이 표시됩니다.

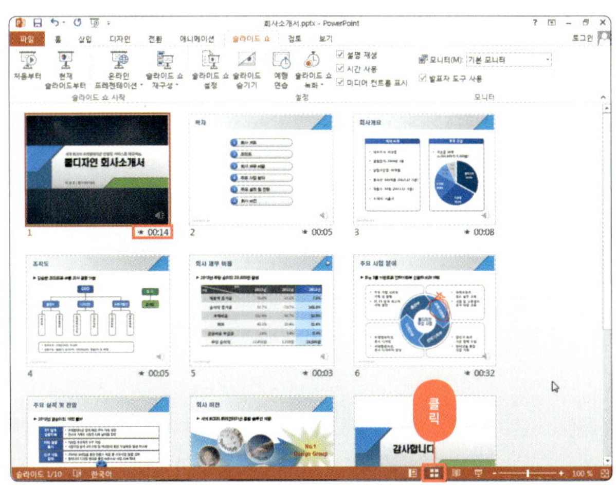

STEP 02 | 녹화된 쇼를 비디오로 저장하기

01 [파일]을 클릭합니다.

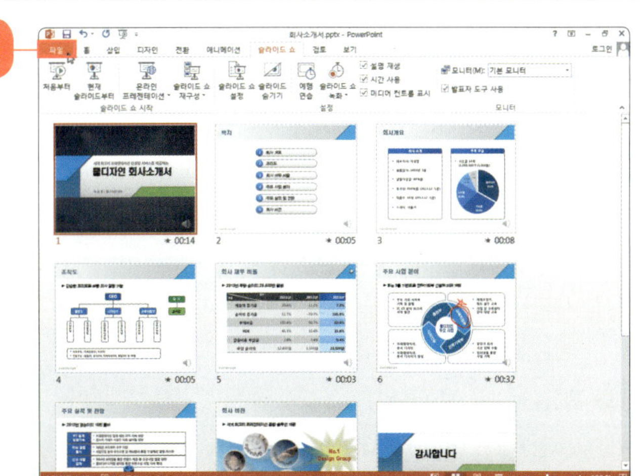

02 [내보내기]를 선택한 후 [파일 형식]에서 [비디오 만들기]를 클릭합니다. 그런 다음 [컴퓨터 및 HD 디스플레이]를 클릭하고 [인터넷 및 DVD]를 선택합니다.

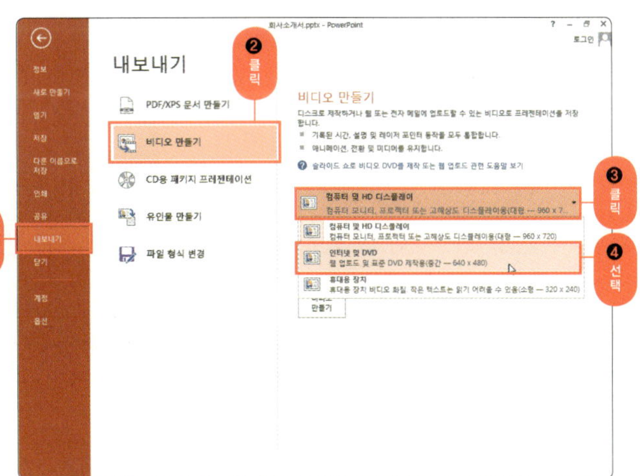

03 [기록된 시간 및 설명 사용]을 이 선택되어 있음을 확인한 후 [비디오 만들기]를 클릭합니다.

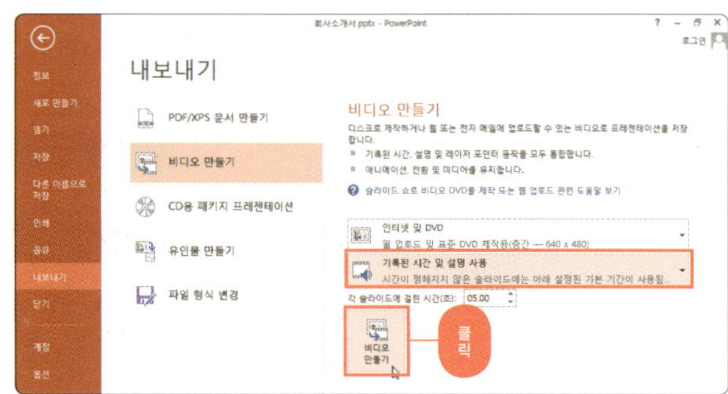

04 저장할 폴더를 선택한 후 이름을 입력하고 [저장] 버튼을 클릭합니다. 파워포인트 창 하단에 '비디오를 만드는 중'이라는 메시지가 표시됩니다. 잠시 기다립니다.

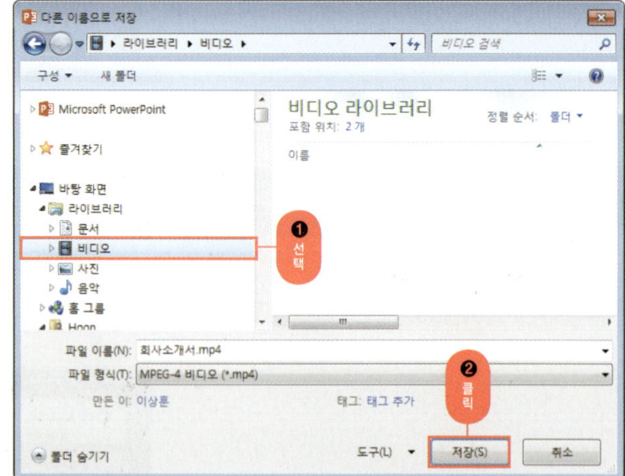

05 저장된 비디오를 더블 클릭합니다. 윈도우의 기본 비디오 재생기(예 Windows Media Player, 곰플레이어 등)에서 비디오가 재생됩니다.

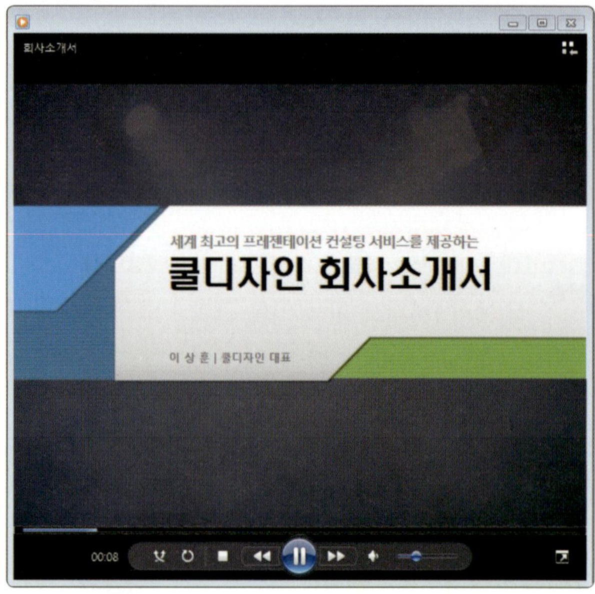

10

POWERPOINT KNOWHOW

다른 파워포인트 버전에서 사용할 수 있도록 변환하기

파워포인트 2010 이상 버전에서 비디오/오디오를 삽입하면 기본적으로 이 파일은 파워포인트 파일에 포함(embed)됩니다. 문제는 이 기능을 지원하지 않는 과거 버전에서는 이 파일을 보게 되다면 일반적인 내용은 볼 수 있지만 비디오/오디오가 보거나 들을 수 없게 됩니다. 만약 여러분이 이런 문제를 해결하고 싶다면 '호환성 최적화'라는 기능을 활용하면 됩니다. 이번 레슨에서는 하위 버전에서 만들어진 파워포인트 파일을 상위 버전에서 제대로 보기 위한 '변환' 기능과 상위 버전에서 만든 파일을 하위 버전에서 제대로 보기 위한 '호환성 최적화' 기능에 대해 알아보겠습니다.

- **실습 파일**: 부록 CD/테마07/2003 버전.pptx, 2013 버전(변환).pptx
  결과 파일: 부록 CD/테마07/2010 이상 버전.pptx, 2010 이상 버전(호환성 최적화).pptx

STEP 01 | 하위 버전 파일을 상위 버전에서 볼 수 있게 변환하기

파워포인트 2003, 2007과 같은 버전에서 만들어진 파워포인트 파일을 파워포인트 2010 이상 버전에서 열 경우, 비디오 아래에 재생 바가 나타나지 않습니다. 이런 경우 변환 기능을 통해 파일을 업그레이드하는 것이 좋습니다.

01 [2003 버전.ppt] 파일을 연 후 비디오를 더블 클릭합니다. 비디오 아래에 재생 바가 나타나지 않는 것을 볼 수 있습니다.

02 [파일]을 클릭합니다.

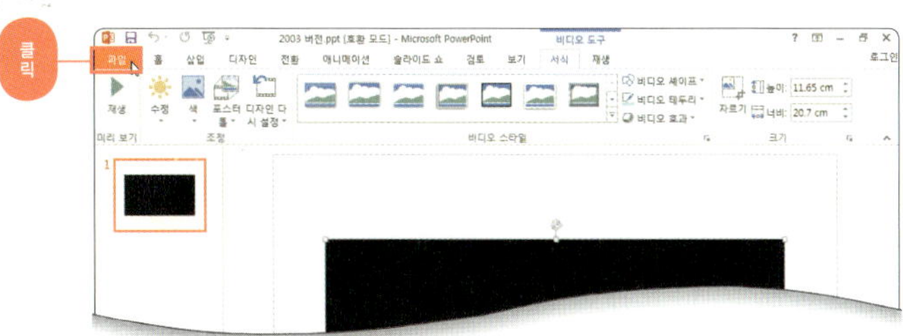

03 [변환]을 클릭합니다.

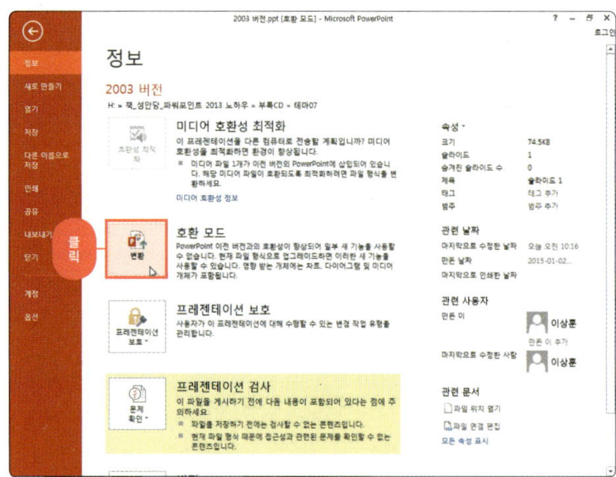

04 [다른 이름으로 저장] 대화상자에서 저장할 곳과 파일 이름을 입력한 후 [저장] 버튼을 클릭합니다.

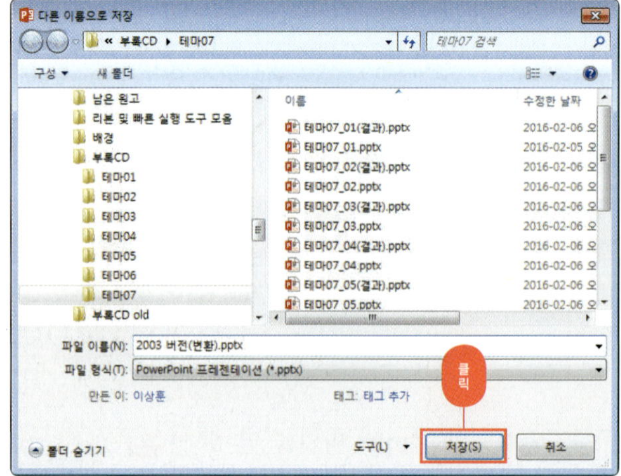

이제 비디오 아래에 재생 바가 나타나는 것을 확인할 수 있습니다.

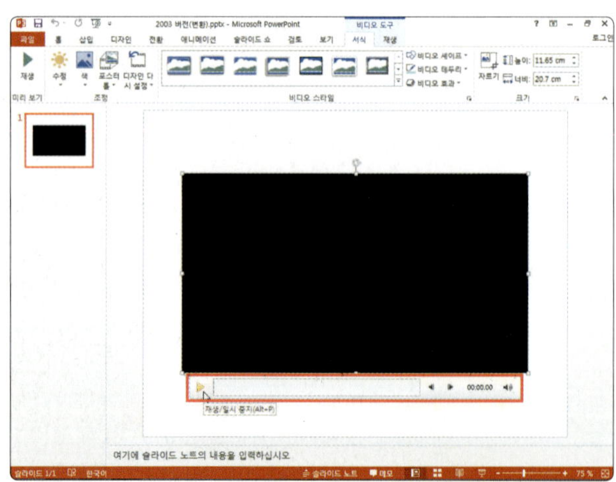

STEP 02 | 파워포인트 2010 이상 버전에서 만든 프레젠테이션을 하위 버전에서 열기

파워포인트 2010 이상 버전에서 비디오/오디오를 삽입하면 기본적으로 현재 파워포인트 파일에 포함됩니다. 이렇게 비디오/오디오가 포함된 파워포인트 파일을 파워포인트 2007 이하 버전에서 열면 포함된 비디오/오디오는 재생되지 않습니다. 이 경우 '호환성 최적화'로 파워포인트 파일을 변환하면 이 파일을 파워포인트 2007 이하 버전에서 열었을 때 포함된 비디오/오디오를 재생할 수 있습니다.

01 [2010 이상 버전.pptx] 파일을 연 후 [파일]을 클릭합니다.

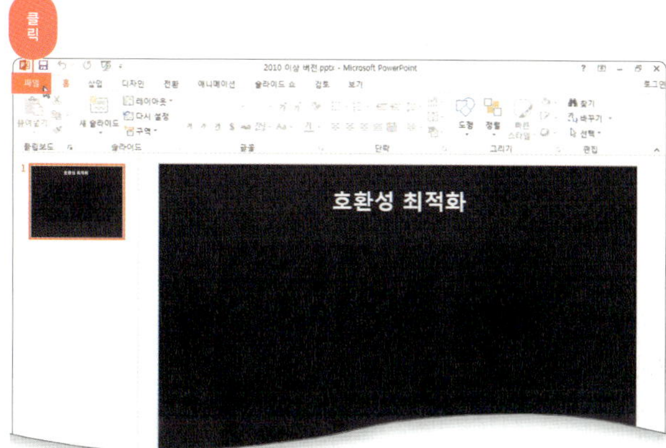

02 [호환성 최적화]를 클릭합니다.

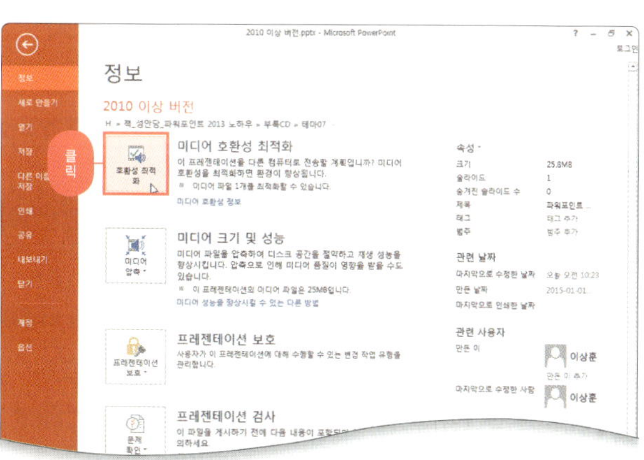

> **N O T E**
>
> **[파일]에 [호환성 최적화] 명령이 없는데요?**
>
> 호환성 최적화를 실행하려면 우선 모든 비디오/오디오가 포함 상태에 있어야 합니다. 만약 연결된 상태라면 포함시킨 후에 호환성 최적화를 실행해야 합니다.

03 미디어 호환성 최적화 창이 나타나 진행 상황을 볼 수 있습니다. [닫기] 버튼을 클릭합니다.

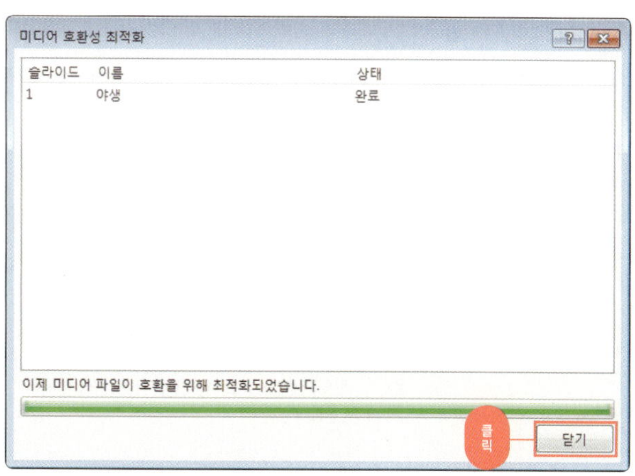

애니메이션은 슬라이드에 있는 개체를 하나씩 차례대로 표시하거나, 움직임을 주거나,

사라지게 할 수 있으며, 화면 전환은 현재 슬라이드가 파동을 치며 나타나거나 이전 슬라이드를 밀어내거나

함으로써 청중이 시선을 끄는 역할을 합니다. 이러한 점 때문에 한 가지 당부 드리고 싶은 것은

애니메이션과 전환은 가급적 사용하지 말라는 것입니다! 이게 무슨 얘기냐구요?

그것은 바로 파워포인트 애니메이션과 전환이 너무나 강력하고 재미있어 모든 것에 애니메이션과 전환을 사용할까

걱정되기 때문입니다. 애니메이션과 전환은 중요한 곳에서만 사용하는 것이 그 효과를 극대화할 수 있습니다.

이번 테마를 통해 애니메이션과 전환의 진수를 만끽해보기 바랍니다.

애니메이션과 전환으로 청중의 시선 유도하기

01

애니메이션의 기본기를 알아보자!

애니메이션에서 첫 번째 실습은 그림에서 특정 부분을 확대해 보여주는 것입니다. 이는 전체에서 특정 부분을 강조하여 보여주고 싶을 때 많이 사용하는 방법으로, 이번 연습을 통해 파워포인트 애니메이션의 기본기를 익힐 수 있을 것입니다.

● **실습 파일**: 부록 CD/테마08/테마08.pptx 1번 슬라이드 | **결과 파일**: 부록 CD/테마08/테마08(결과).pptx 1번 슬라이드

STEP 01 | 빨간색 점선 테두리 개체에 애니메이션 적용하기

01 [애니메이션] 탭에서 [애니메이션 창]을 클릭합니다. 오른쪽에 애니메이션 창이 나타납니다.

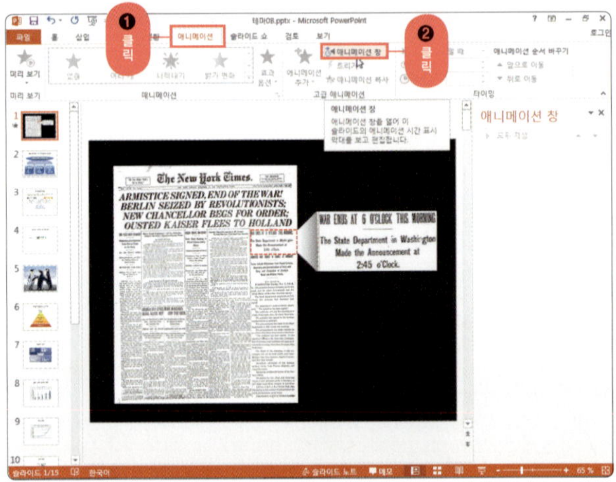

02 1번 슬라이드에서 빨간색 점선 테두리를 가진 개체를 선택합니다.

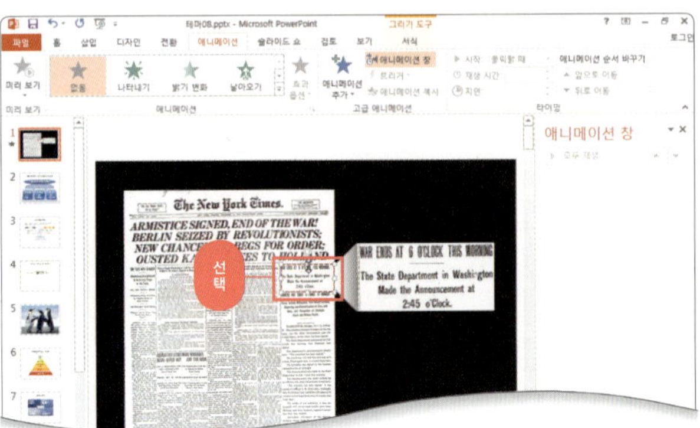

03 애니메이션 중에서 [밝기 변화]를 선택합니다. 애니메이션이 적용된 개체의 왼쪽 상단에 애니메이션 순서를 알려주는 번호 라벨 1 이 표시되며 애니메이션 창에는 애니메이션이 적용된 개체의 이름과 시작 시점과 재생 시간을 알려주는 녹색 직사각형 이 표시됩니다.

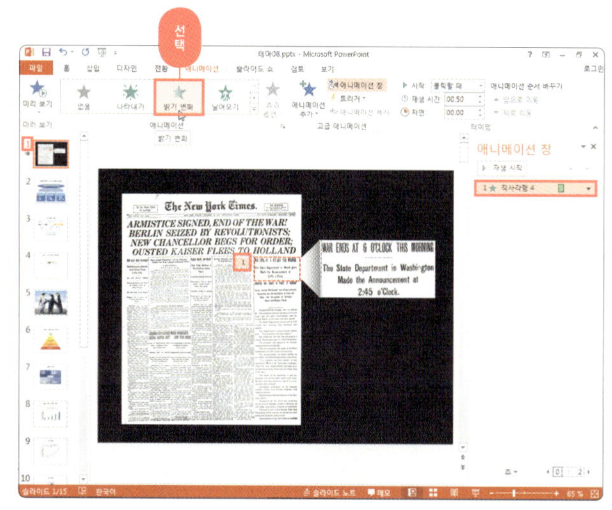

STEP 02 | 사다리꼴 도형에 애니메이션 적용하기

01 슬라이드에서 회색 그라데이션이 설정된 사다리꼴 도형을 선택합니다.

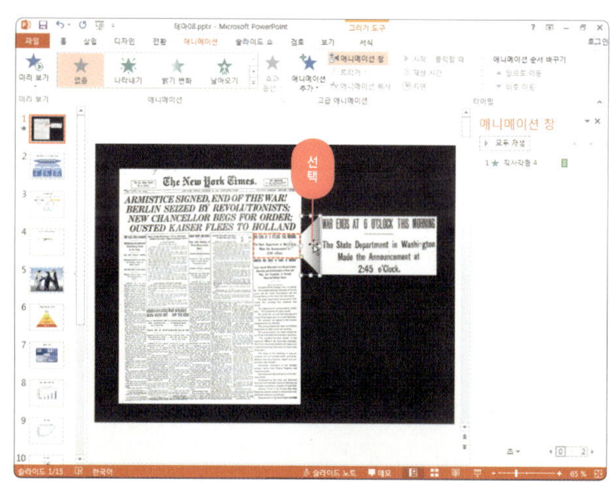

02 [나타내기] 목록 중에서 [닦아내기]를 선택합니다.

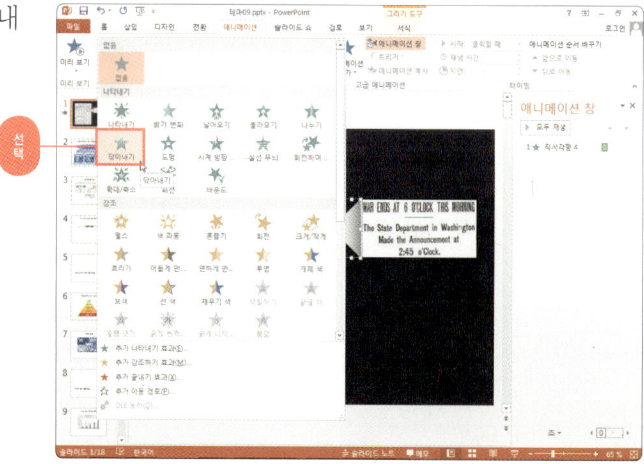

03 [효과 옵션]을 클릭한 후 [왼쪽에서]를 선택합니다.

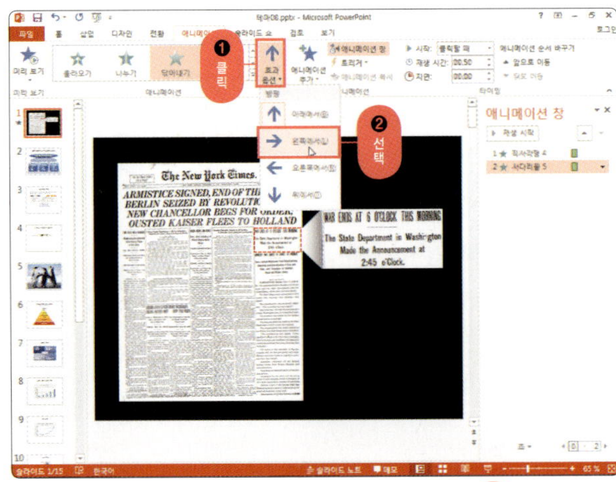

04 [시작] 메뉴에서 [이전 효과 다음에]를 선택합니다. 시작을 [이전 효과 다음에]로 설정합니다.

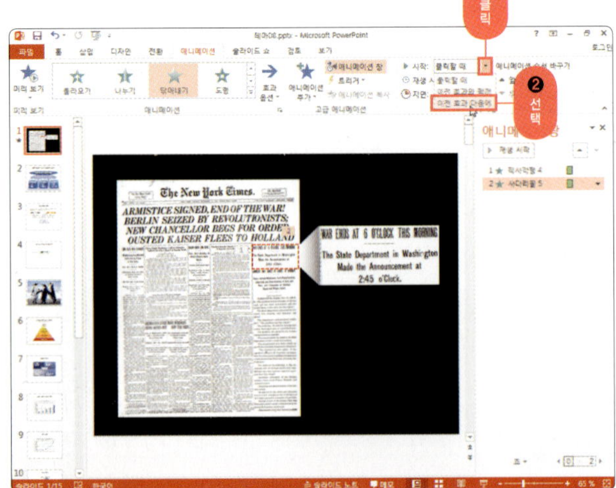

애니메이션 창에서 두 번째 애니메이션의 왼쪽에 있는 번호가 사라지고 녹색 사각형■ 위에 있는 애니메이션보다 약간 오른쪽으로 이동합니다. 이는 첫 번째 애니메이션이 실행되면 자동으로 두 번째 애니메이션이 실행된다는 의미입니다.

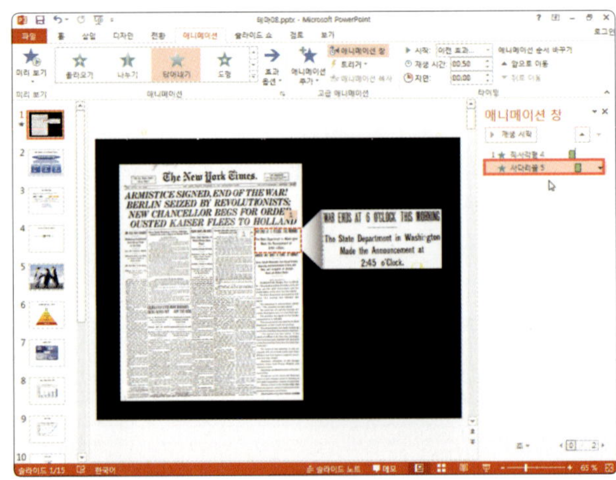

STEP 03 | 확대 개체에 애니메이션 적용하기

01 맨 오른쪽에 있는 개체를 선택합니다.

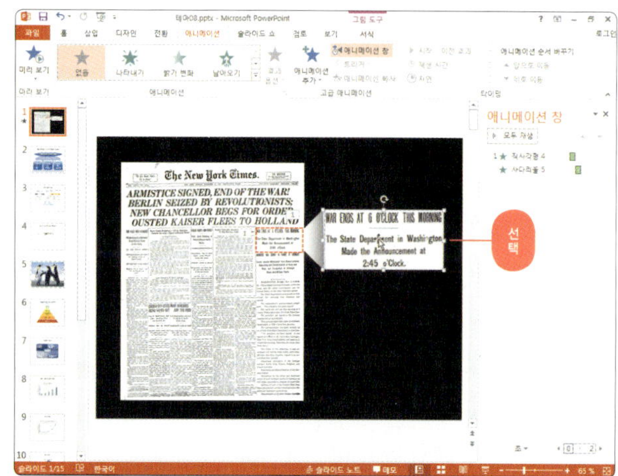

02 [닦아내기] 애니메이션을 선택합니다.

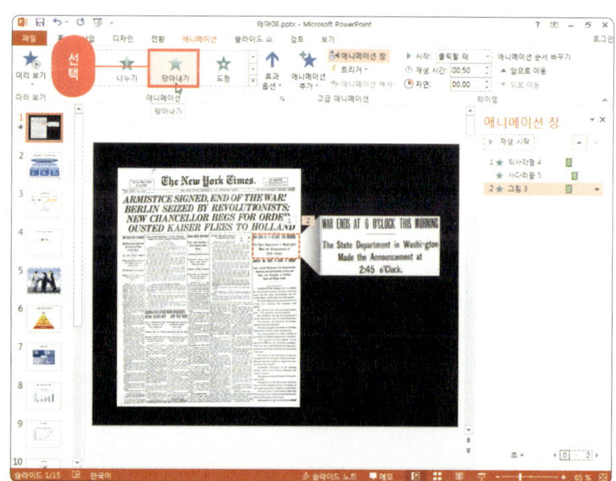

03 [효과 옵션]을 클릭한 후 [왼쪽에서]를 선택합니다.

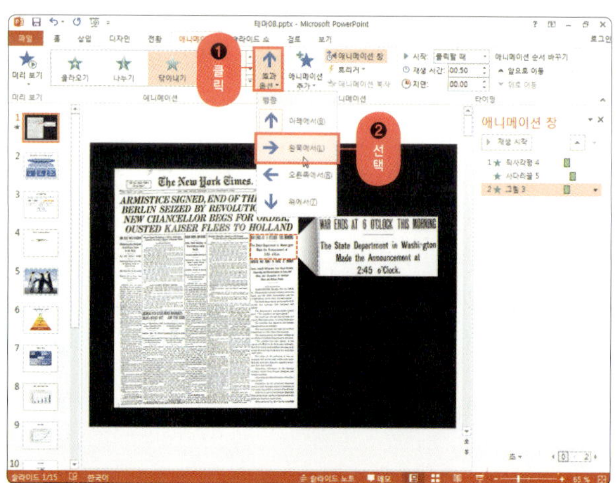

04 [시작] 메뉴에서 [이전 효과 다음에]를 선택합니다.

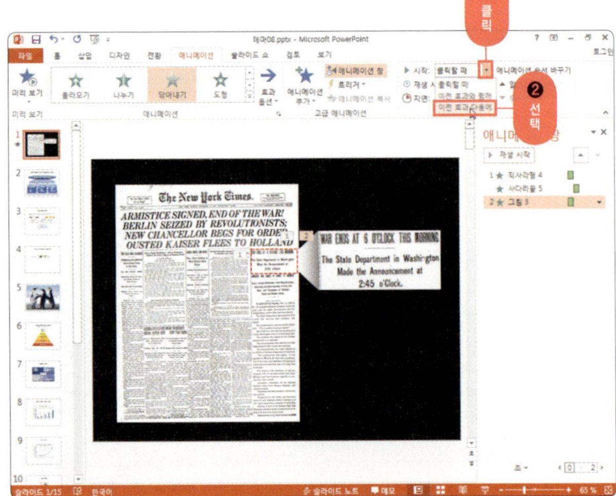

05 [시간]을 [00.50]으로 변경합니다. 시간을 변경하면 애니메이션 창에서 세 번째 애니메이션의 녹색 직사각형█ 너비가 변경되는 것을 볼 수 있습니다.

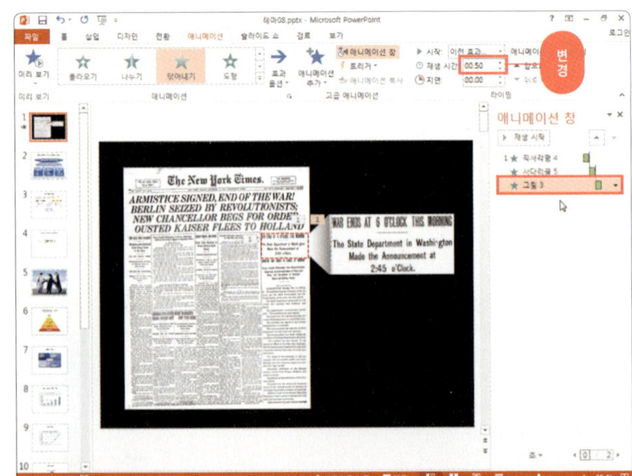

STEP 04 | 애니메이션 결과 확인하기

01 [슬라이드 쇼]█를 클릭합니다 (단축키: Ctrl + F5).

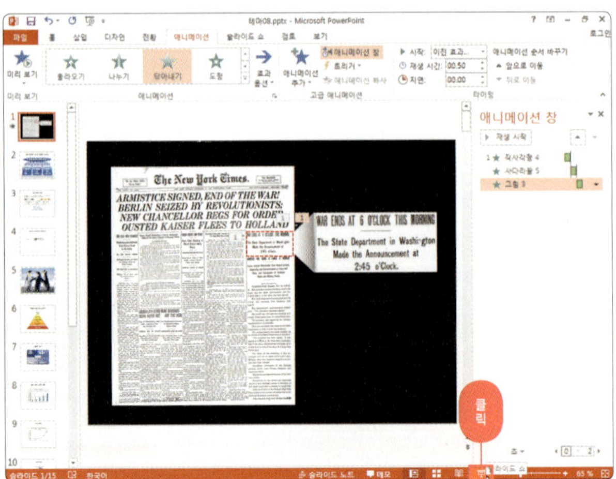

> **N O T E**
>
> **애니메이션을 확인하는 다른 방법**
> - [애니메이션] 탭에서 맨 왼쪽에 있는 [미리 보기] 버튼을 클릭합니다.
> - 애니메이션 창에서 [재생 시작] 버튼▶ 재생 시작 을 클릭합니다.

02 슬라이드 쇼에서 Enter 를 누르거나 마우스 왼쪽 버튼을 클릭합니다.

03 지정된 대로 애니메이션이 실행되는 것을 확인합니다.

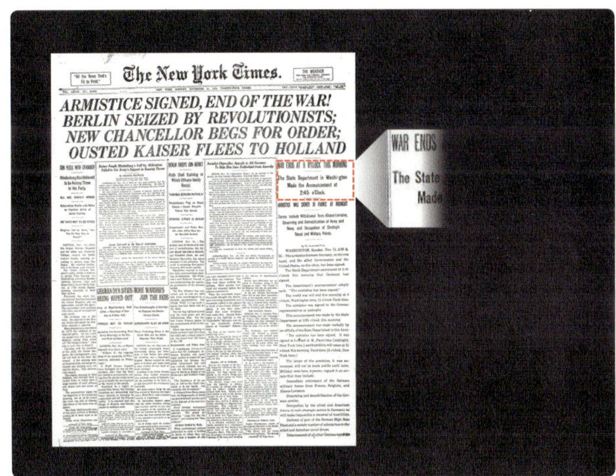

04 Esc 를 눌러 쇼를 마칩니다.

실제 도해에 애니메이션을 적용해보자!(1)

애니메이션 탭의 애니메이션 목록에는 여러 개의 나타내기 애니메이션 표시돼 있어 쉽게 애니메이션을 선택할 수 있습니다. 이번 레슨에 서는 이런 기본적으로 표시되는 애니메이션 외에 다른 애니메이션을 추가하는 방법, 세 가지 시작 방법간의 차이점 이해하기, 애니메이 션의 순서 조정 등과 같은 가장 기본적이면서도 꼭 알아두어야 할 기능에 대해 설명하겠습니다.

● **실습 파일**: 부록 CD/테마08/테마08.pptx 2번 슬라이드 | **결과 파일**: 부록 CD/테마08/테마08(결과).pptx 2번 슬라이드

STEP 01 | 개체에 확대/축소 애니메이션 적용하기

01 [2번 슬라이드]에서 [Design] 그룹 개체를 선택한 후 Shift 를 누른 상태에서 [Education] 그룹 개 체를 클릭하고 Shift 를 누른 상태에서 [Publishing] 그룹 개체를 클릭합니다.

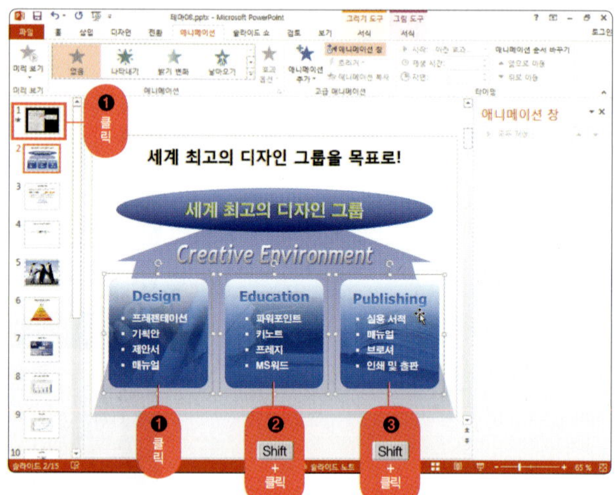

02 [애니메이션] 탭의 [애니메이션] 영역에서 [자세히] 버튼을 클 릭합니다.

03 애니메이션 목록의 [나타내기]에서 [확대/축소]를 선택합니다.

STEP 02 | 시작 방법 변경하기

01 애니메이션 창에서 두 번째 애니메이션을 선택한 후 Shift 를 누르고 바로 아래에 있는 애니메이션을 클릭하여 선택합니다.

N O T E

여러 애니메이션을 선택하는 방법

애니메이션 창에서 한 애니메이션을 선택한 후

- Shift 를 누른 상태에서 다른 애니메이션 클릭: 클릭한 두 애니메이션은 물론 그 사이에 있는 애니메이션 선택
- Ctrl 를 누른 상태에서 다른 애니메이션 클릭: 클릭한 애니메이션만 선택

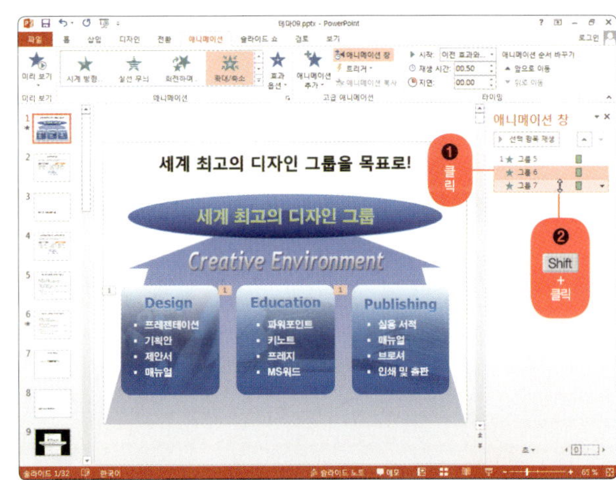

02 [애니메이션] 탭에서 [시작] 메뉴를 연 후 [이전 효과 다음에]를 선택합니다.

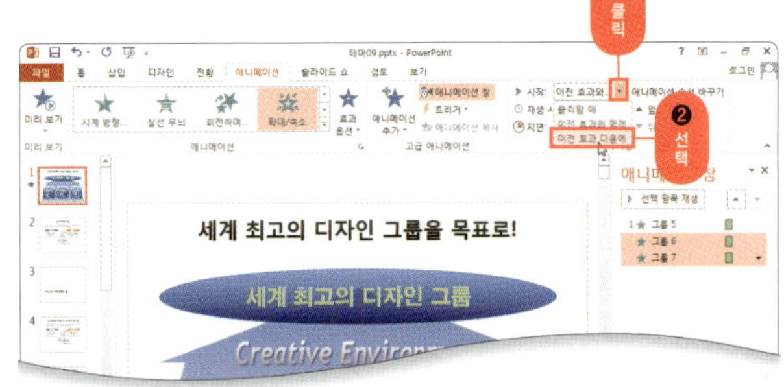

N O T E

애니메이션의 세 가지 시작 방법

- **클릭할 때**: 쇼 보기에서 Enter 를 누르거나 마우스 왼쪽 버튼을 클릭하면 해당 애니메이션이 실행됩니다. 애니메이션 왼쪽에 번호가 표시됩니다.
- **이전 효과와 함께**: 이전 애니메이션과 동시에 실행됩니다. 애니메이션 왼쪽에 아무것도 표시되지 않으며, 오른쪽에 녹색 사각형이 위의 애니메이션의 녹색 사각형과 같은 위치에 표시됩니다.
- **이전 효과 다음에**: 이전 애니메이션이 실행된 다음 자동으로 실행됩니다. 애니메이션 오른쪽에 녹색 사각형이 오른쪽으로 들여쓰기돼 나타납니다.

03 애니메이션 오른쪽에 초록색 사각형이 들여쓰기돼 나타납니다. 이는 첫 번째 애니메이션이 실행된 후 자동으로 두 번째와 세 번째 애니메이션이 실행된다는 의미입니다.

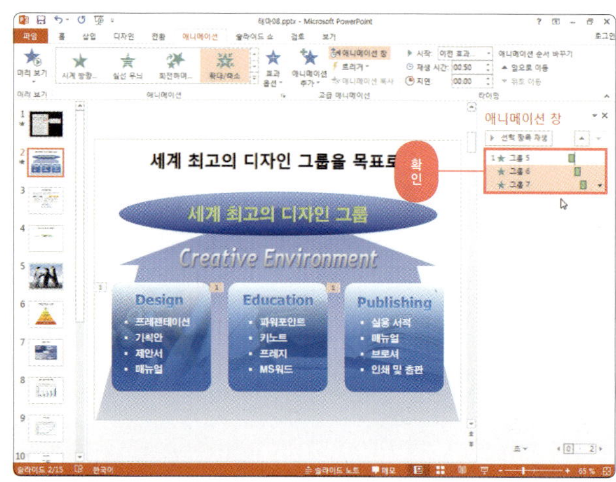

STEP 03 | 화살표와 WordArt에 애니메이션 적용하기

01 슬라이드에서 커다란 블록 화살표를 선택합니다.

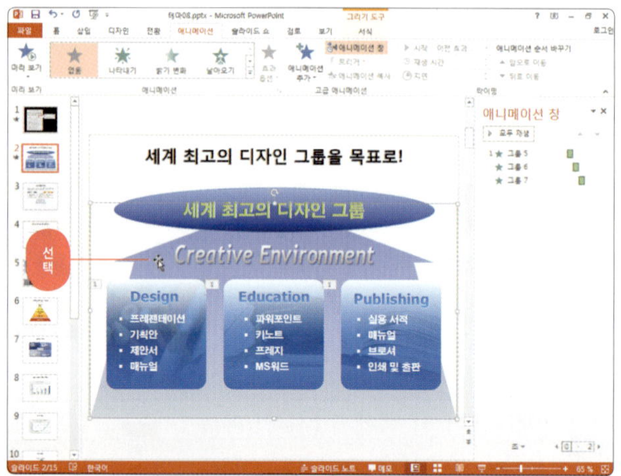

02 애니메이션에서 [날아오기]를 선택합니다.

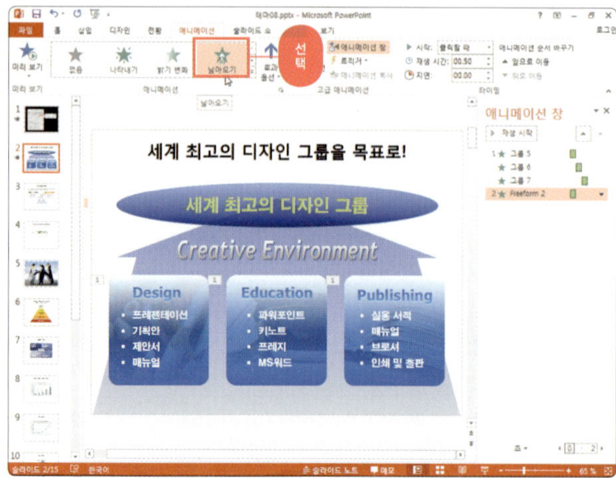

03 슬라이드에서 [Creative Environment] 텍스트를 선택합니다.

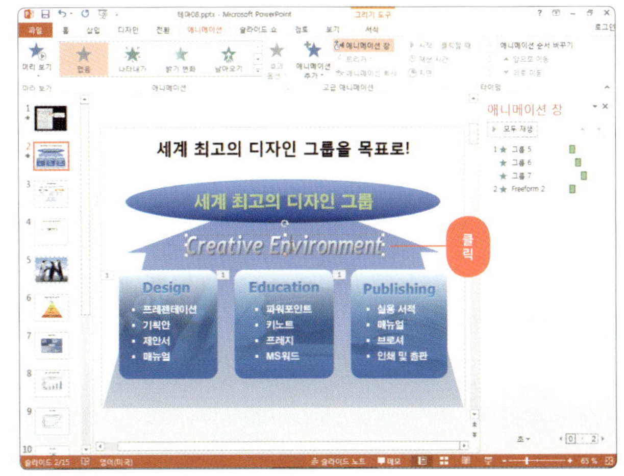

04 애니메이션에서 [자세히] 버튼 ▼을 클릭합니다.

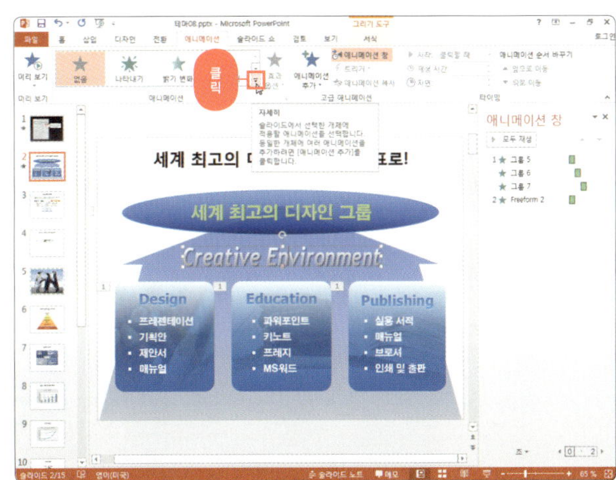

05 [추가 나타내기 효과]를 선택합니다.

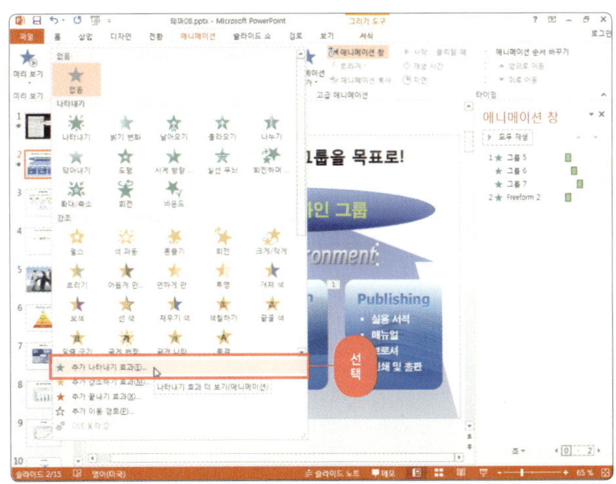

06 [나타내기 효과 변경] 대화상자의 [은은한 효과]에서
[확장]을 선택한 후 [확인] 버튼을 클릭합니다.

07 [애니메이션] 탭에서 [시작] 메뉴
를 연 후 [이전 효과 다음에]를
선택합니다.

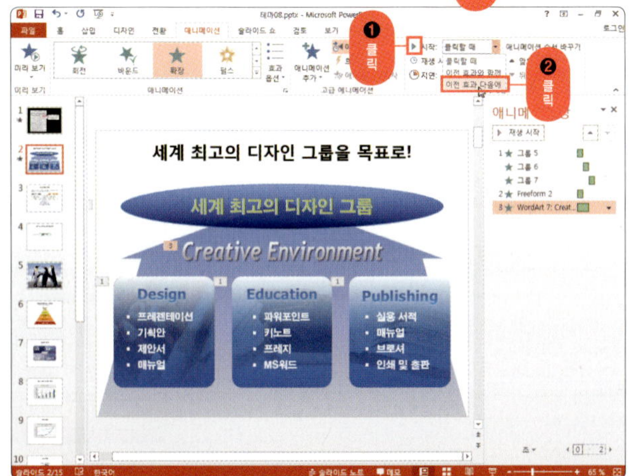

08 [재생 시간]을 [0.75초]로 변경
합니다.

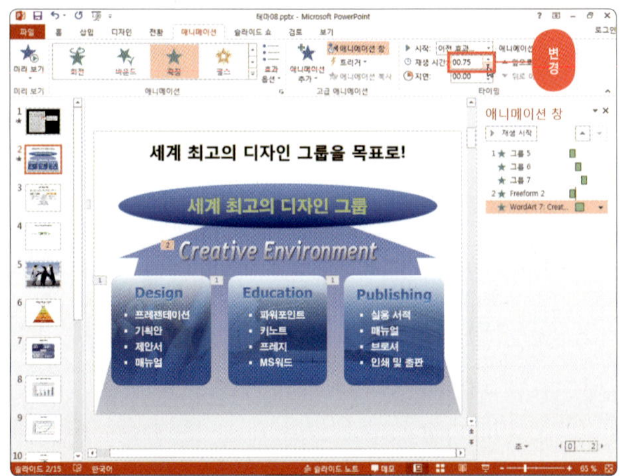

STEP 04 | 애니메이션 작업 마무리하기

01 [세계 최고의 디자인 그룹] 텍스트가 입력된 [타원]을 선택합니다.

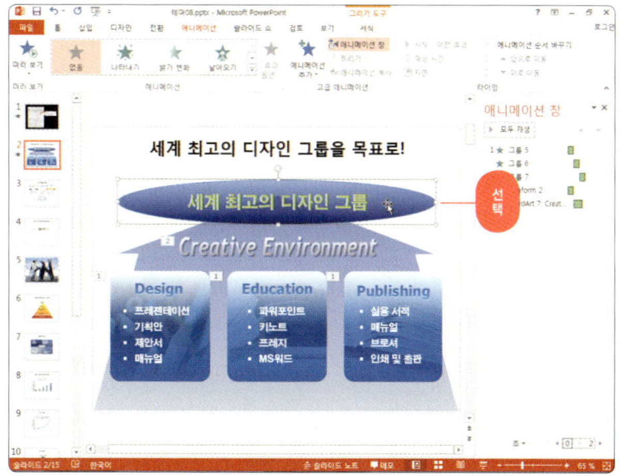

02 [올라오기] 애니메이션을 선택합니다.

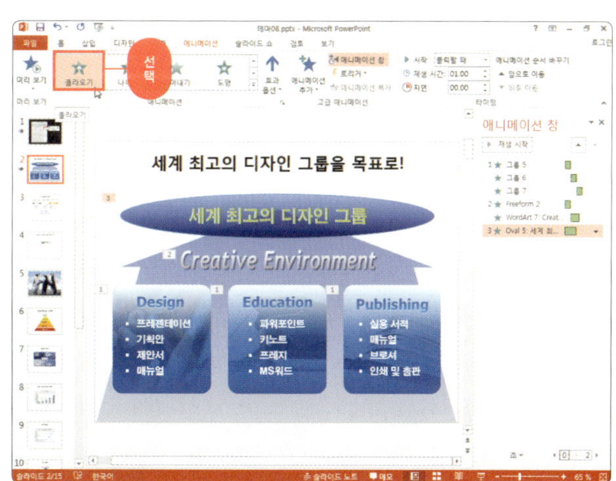

03 맨 위에 있는 제목 텍스트를 선택합니다.

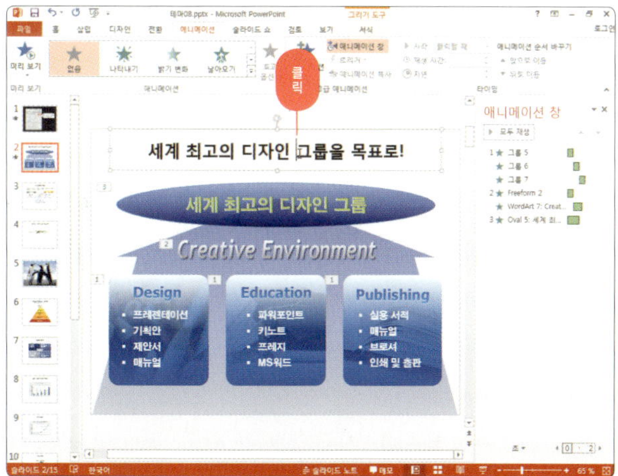

04 [밝기 변화]를 선택합니다.

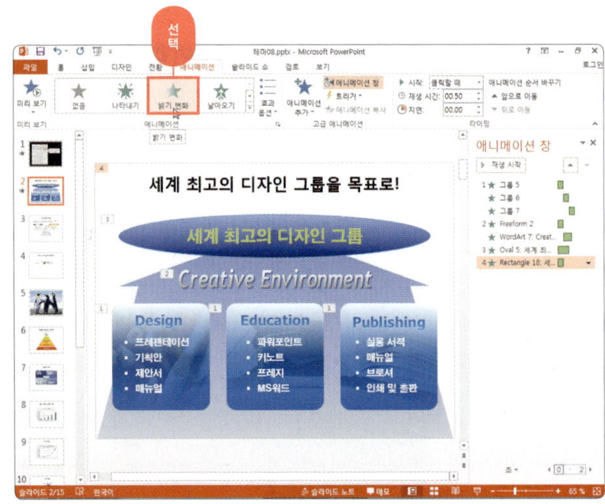

STEP 05 | 슬라이드 쇼에서 결과 확인하기

01 [슬라이드 쇼] 를 클릭합니다
(단축키: Ctrl + F5).

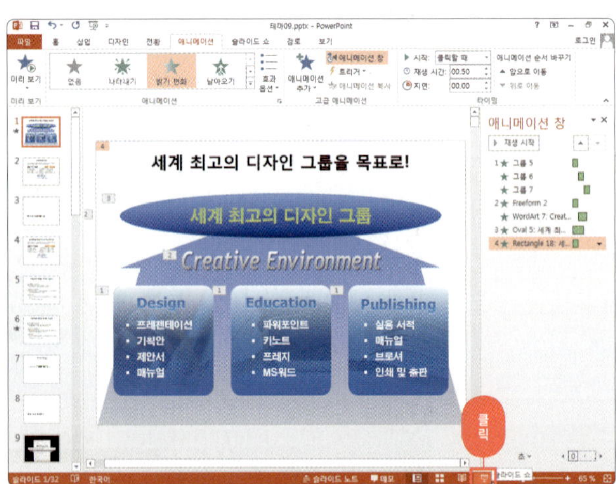

02 아무것도 없는 빈 화면이 표시됩니다.

03 Enter 를 누르거나 마우스 왼쪽 버튼을 클릭하여 애니메이션 적용 결과를 확인합니다.

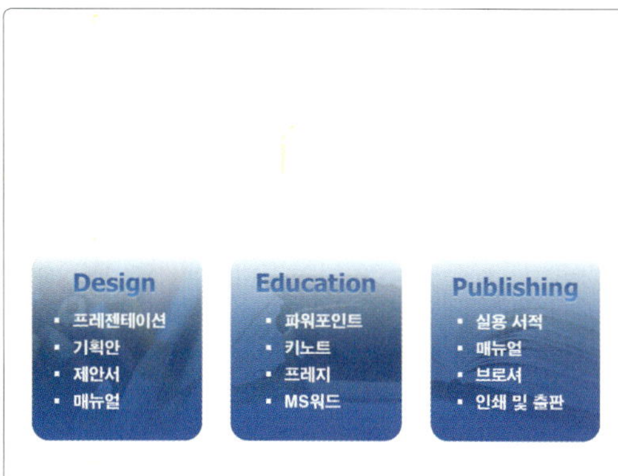

NOTE

애니메이션 순서 조정, 삭제, 변경

- **순서 조정**: 애니메이션 창에서 애니메이션을 선택한 후 [앞으로 이동] 버튼▲ 또는 [뒤로 이동] 버튼▼을 클릭하거나 애니메이션을 위 또는 아래로 드래그합니다.
- **삭제**: 애니메이션 창에서 지우고 싶은 애니메이션을 선택한 후 [애니메이션] 탭에서 [없음]을 클릭하거나 Delete 를 누릅니다.

03

실제 도해에 애니메이션을 적용해보자!(2)

이번 레슨에서는 기본적인 나타나기 애니메이션은 물론, 방향을 갖고 있는 블록 화살표에 애니메이션을 적용하고 화살표 방향에 맞게 애니메이션을 방향을 조정하는 방법과 한 텍스트 상자에 여러 단락의 텍스트가 입력되어 있을 때 단락별로 애니메이션이 표시되도록 하는 방법에 대해 알아보겠습니다.

● **실습 파일**: 부록 CD/테마08/테마08.pptx 3번 슬라이드 | **결과 파일**: 부록 CD/테마08/테마08(결과).pptx 3번 슬라이드

STEP 01 | [현재 문제] 그룹 개체에 애니메이션 적용하기

01 [3번 슬라이드]에서 [현재 문제] 그룹 개체를 선택한 후 [밝기 변화]를 선택합니다.

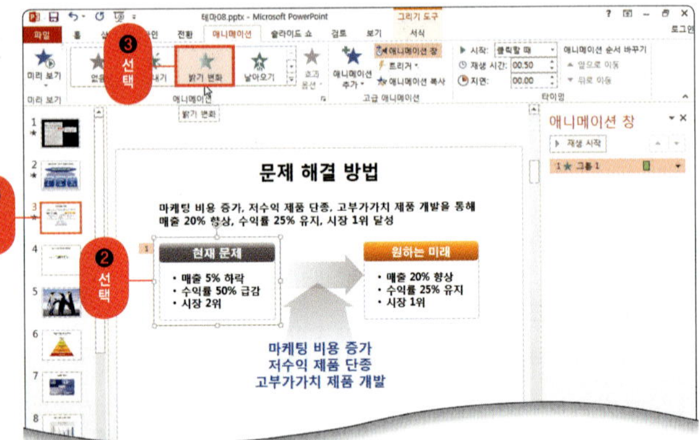

02 슬라이드에서 [오른쪽 방향 화살표]를 선택한 후 [닦아내기]를 선택합니다.

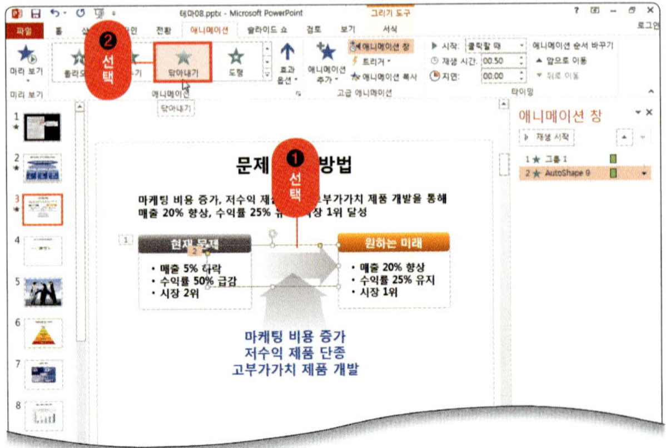

03 [애니메이션] 영역에서 [효과 옵션]을 클릭한 후 [왼쪽에서]를 선택합니다.

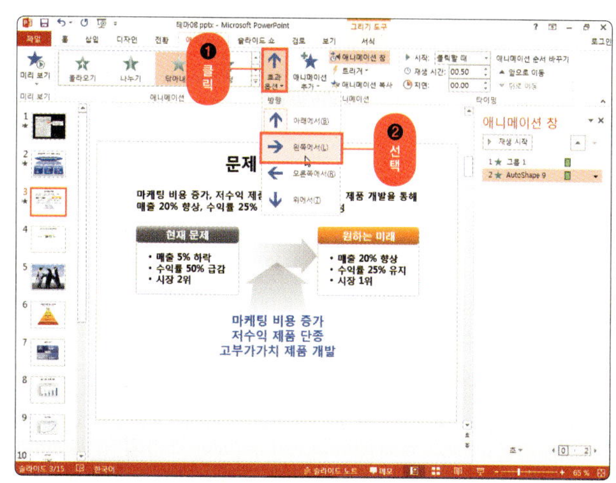

04 슬라이드에서 [원하는 미래] 그룹 개체를 선택한 후 [밝기 변화]를 선택합니다.

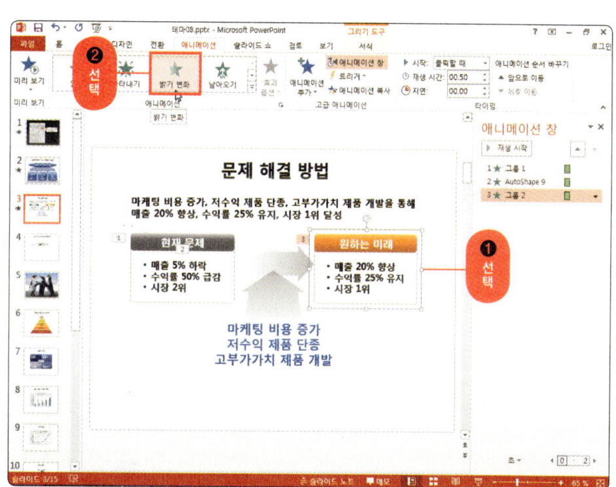

05 [시작] 메뉴에서 [이전 효과 다음에]를 선택합니다.

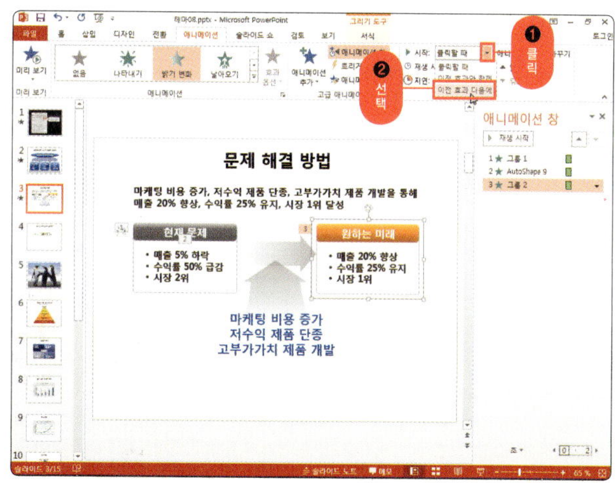

STEP 02 | 텍스트를 단락별로 애니메이션하기

01 슬라이드 하단에 있는 텍스트 상자에서 아무 글자나 클릭하여 커서를 위치시킵니다.

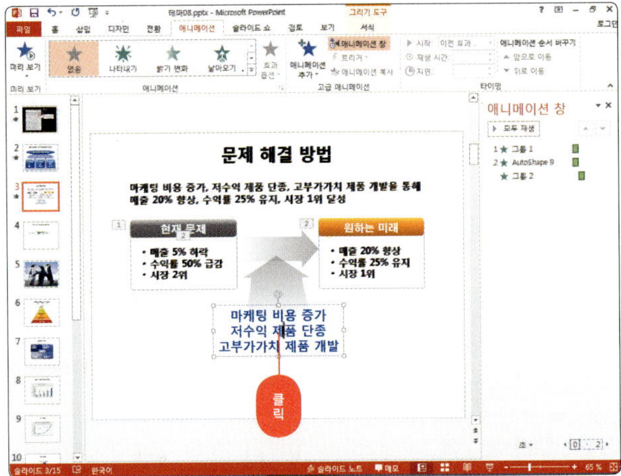

02 애니메이션 중에서 [밝기 변화]를 선택합니다.

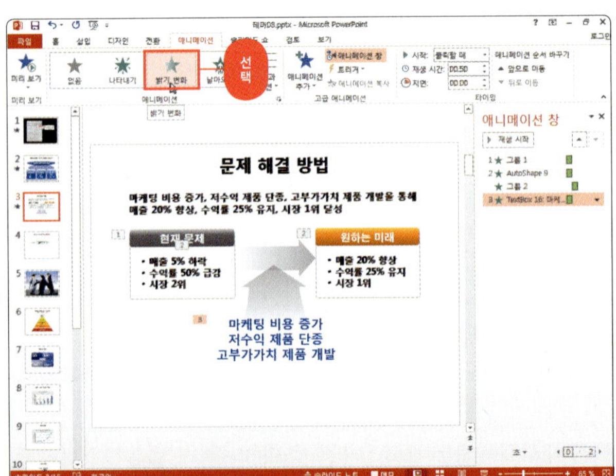

03 [애니메이션] 영역에서 [효과 옵션]을 클릭한 후 [단락별로]를 선택합니다.

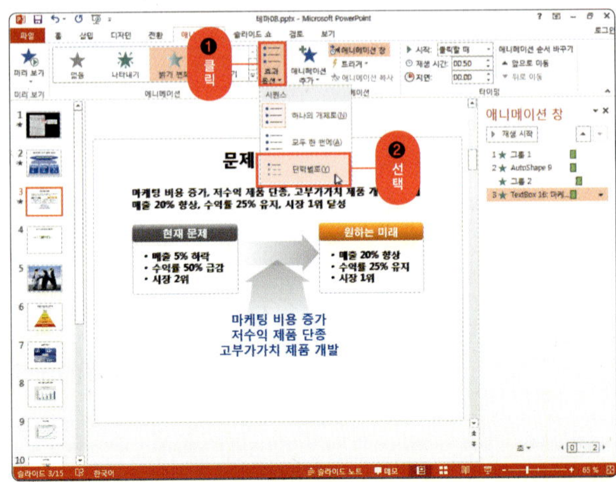

STEP 03 | [위쪽 방향 화살표]에 애니메이션 적용하기

01 슬라이드에서 [위쪽 방향 화살표]를 선택합니다.

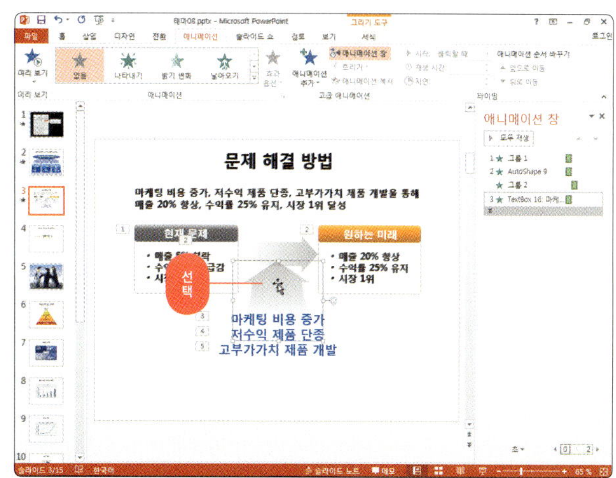

02 [닦아내기]를 선택합니다.

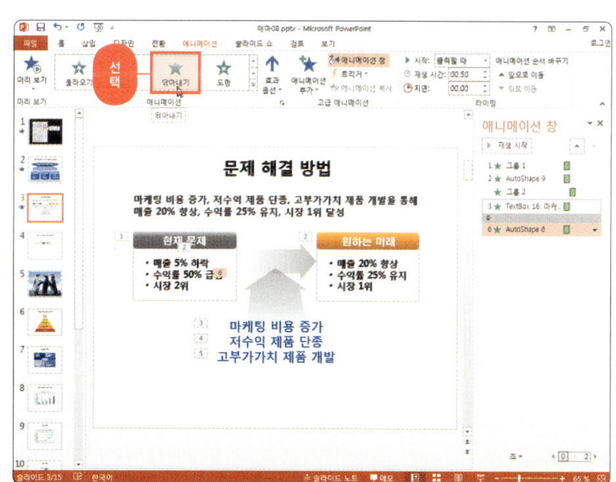

03 [시작] 메뉴에서 [이전 효과 다음에]를 선택한 후 슬라이드 쇼를 실행해 결과를 확인합니다.

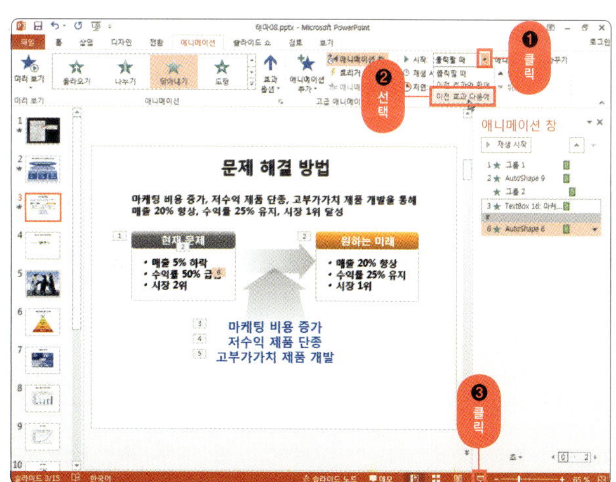

04

글자를 타이핑하는
애니메이션을 만들어 보자!

우리는 가끔 글자가 마치 타이핑되는 것처럼 보이는 장면을 종종 볼 수 있으며, 가끔은 '이런 건 어떻게 만드는 거지?'라고 생각해본 분도 있을 것입니다. 파워포인트 애니메이션을 이미 잘 사용하는 분들도 이것에 대해서는 잘 모르는 경우가 많습니다. 그것은 효과 옵션이라는 기능을 잘 모르기 때문인데요. 이번 레슨에서는 파워포인트 애니메이션의 중급 레벨의 기술이라 할 수 있는 '효과 옵션'을 이용해 타이핑하는 장면을 만들어보겠습니다.

● **실습 파일**: 부록 CD/테마08/테마08.pptx 4번 슬라이드 | **결과 파일**: 부록 CD/테마08/테마08(결과).pptx 4번 슬라이드

STEP 01 | 텍스트에 나타내기 애니메이션 적용하기

01 [4번 슬라이드]에서 [설득의 기술] 텍스트를 클릭하여 커서를 위치시킵니다.

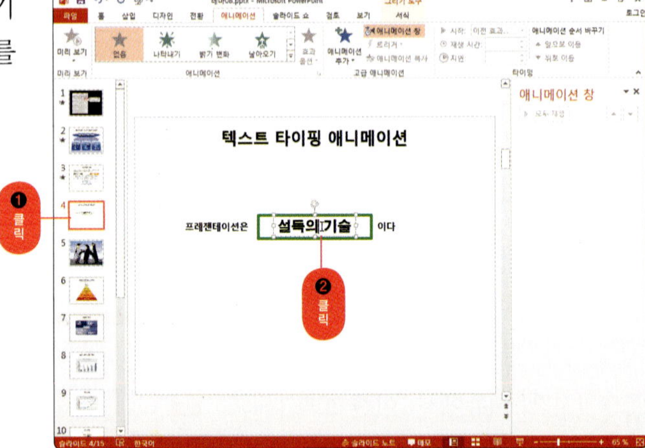

02 애니메이션 중에서 [나타내기]를 선택합니다.

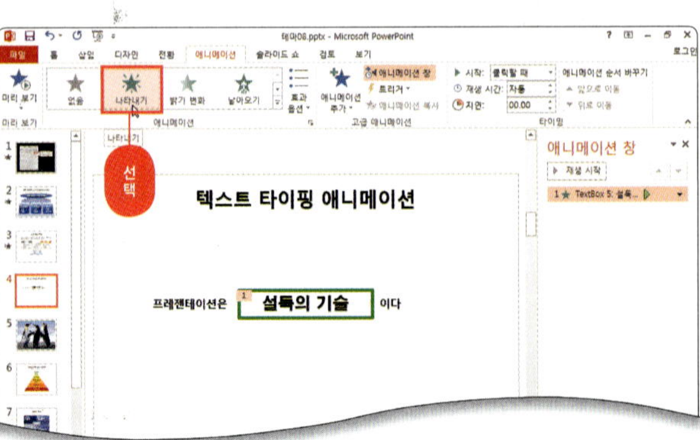

STEP 02 | 단어 단위로 애니메이션하기

01 애니메이션 창에서 [1번 애니메이션]의 [메뉴 표시] 버튼 ▼을 클릭한 후 [효과 옵션]을 선택합니다.

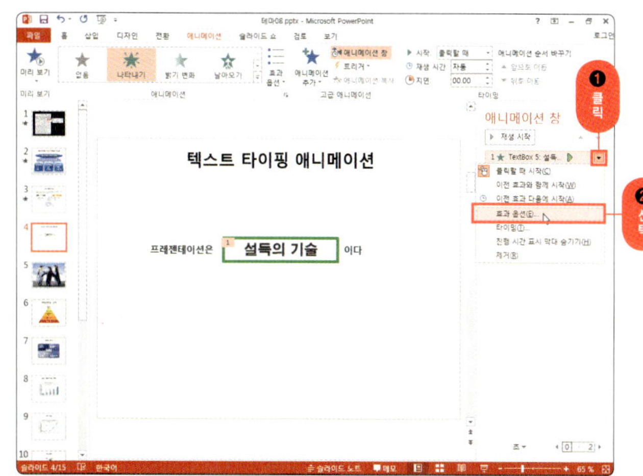

02 [나타내기] 대화상자에서 [텍스트 애니메이션] 메뉴를 연 후 [문자 단위로]를 선택합니다.

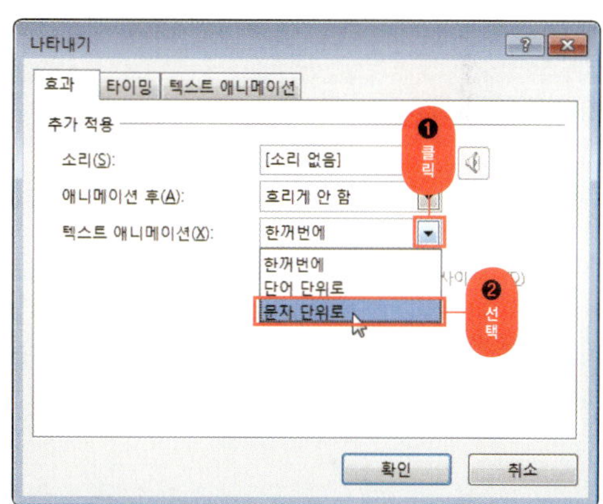

03 [문자 사이 지연]을 [0.1초]로 변경합니다.

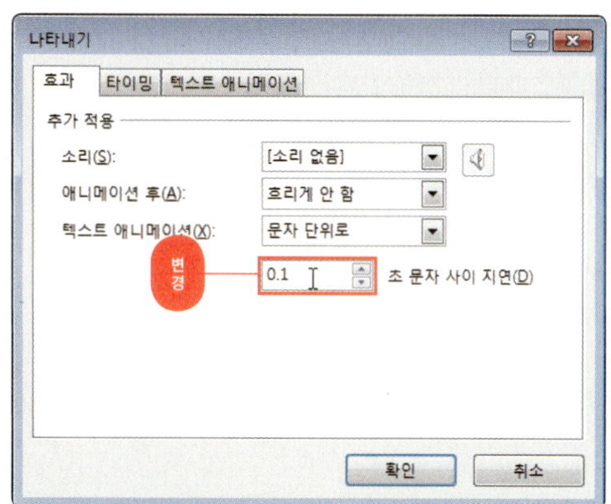

STEP 03 | 소리 설정하기

01 [소리]에서 [타자기]를 선택한 후 [확인] 버튼을 클릭합니다.

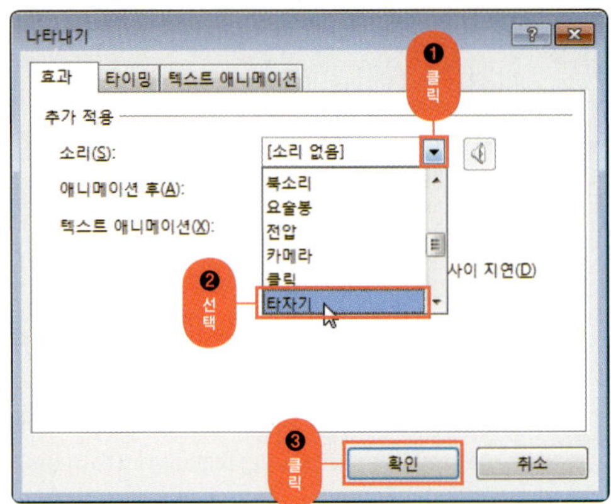

02 슬라이드 쇼를 통해 확인해보면 타자기 소리가 나는 것을 볼 수 있습니다.

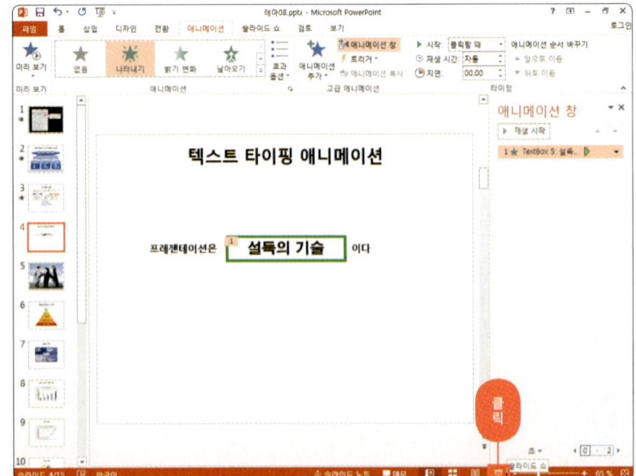

N O T E

오디오 파일을 선택하고 싶다면

[소리]에서 [다른 소리]를 선택하면 나타나는 [나타내기] 대화상자에서 오디오 파일을 선택합니다. 단, 웨이브 형식의 파일(*.wav)만 적용할 수 있습니다.

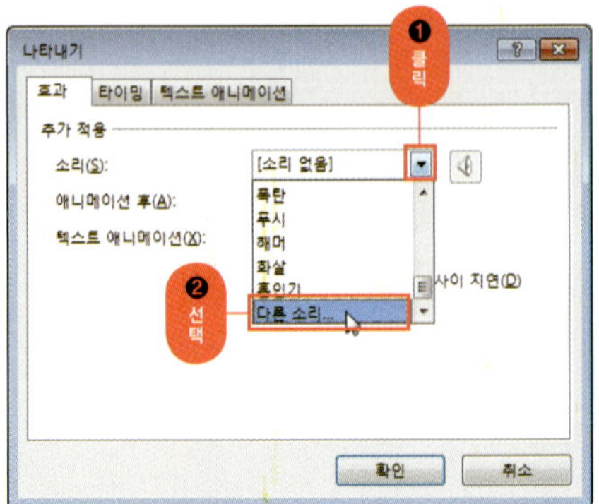

05

겹쳐 있는 사진을
차례대로 표시해보자!

P O W E R P O I N T   K N O W H O W

애니메이션과 관련하여 필자가 가장 많이 받는 질문 중에 하나가 여러 장의 사진을 겹쳐 놓고 하나씩 보여주고 싶은데 너무 많은 사진 때문에 정신이 하나도 없어서 이것을 어떻게 편하게 작업할 수 있을까에 대한 것이었습니다. 사실 슬라이드를 여러 장 만들고 각 슬라이드마다 한 장씩 사진이 배치해 순차적으로 표시하면 쉽게 해결할 수 있지만 반드시 한 슬라이드에 여러 장의 사진을 배치하고 그것을 차례로 표시해야 한다면 이번 레슨이 유용할 것입니다.

● **실습 파일**: 부록 CD/테마08/테마08.pptx 5번 슬라이드 | **결과 파일**: 부록 CD/테마08/테마08(결과).pptx 5번 슬라이드

STEP 01 | 표시 조정하기

01 [5번 슬라이드]를 보면 그림이 한 개만 있는 것처럼 보이지만, 실제로는 다른 그림이 숨어 있습니다. [홈] 탭에서 [선택]을 클릭한 후 [선택 창]을 선택합니다. [선택] 창에서 현재 슬라이드에 있는 모든 개체의 이름, 순서, 표시 유무를 알 수 있습니다.

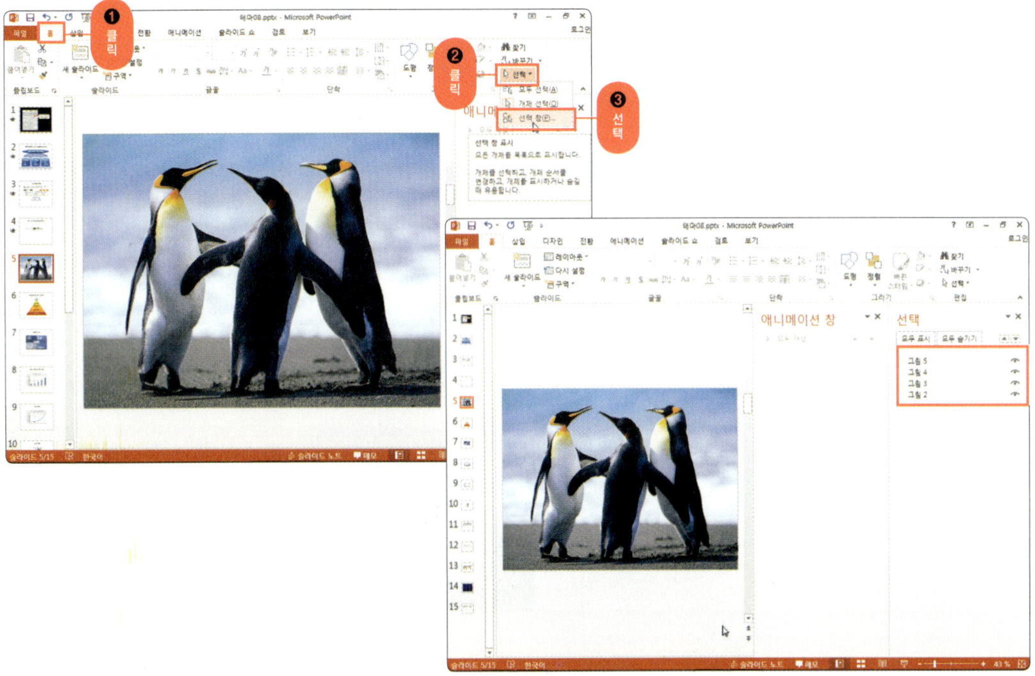

02 선택 창에서 [모두 숨기기] 모두 숨기기 를 클릭합니다. 슬라이드에 있는 모든 개체가 사라집니다.

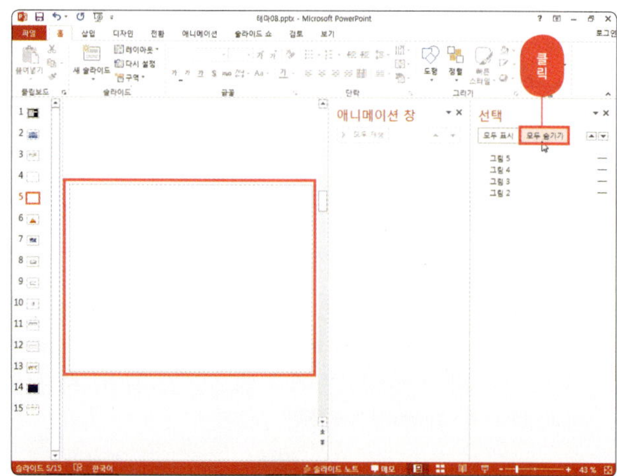

03 선택 창에서 맨 아래에 있는 개체의 ─를 클릭하여 눈 모양 아이콘 이 표시되도록 합니다.

STEP 02 | 개체에 나누기 애니메이션 적용하기

01 바로 위에 있는 개체의 ─를 클릭하여 눈 모양 아이콘 이 표시되도록 합니다.

02 슬라이드에서 표시되는 그림을
   클릭하여 선택합니다.

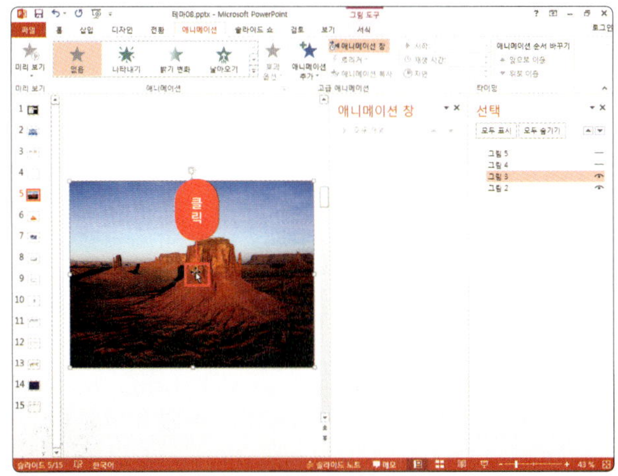

03 [애니메이션] 탭에서 [나누기]를
   선택합니다.

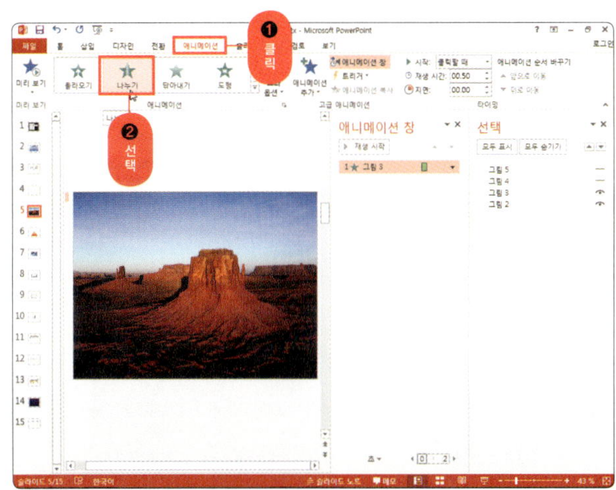

04 [효과 옵션]을 클릭한 후 [세로
   바깥쪽으로]를 선택합니다.

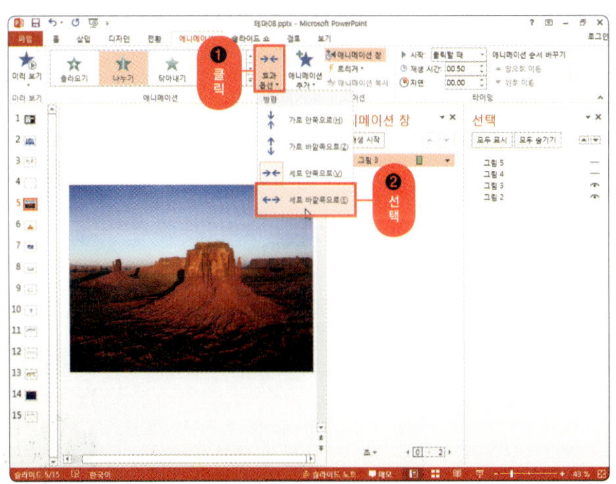

STEP 03 | 개체에 시계 방향 애니메이션 적용하기

01 선택 창에서 두 번째 그림의 이름을 클릭합니다. 그러면 해당 개체가 표시됨과 동시에 선택됩니다.

02 애니메이션 중에서 [시계 방향]을 선택합니다.

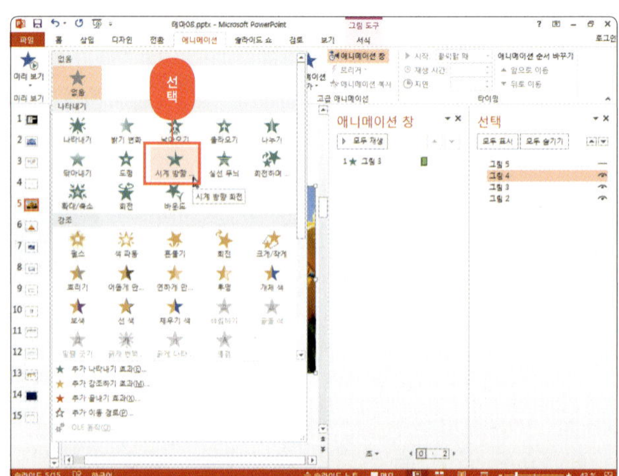

03 [재생 시간]을 [1.00초]로 변경합니다.

STEP 04 | 개체에 애니메이션 적용하기

01 선택 창에서 첫 번째 그림의 이름을 클릭합니다. 그러면 해당 개체가 표시됨과 동시에 선택됩니다.

02 [애니메이션] 영역에서 [자세히] 버튼을 클릭합니다.

03 [추가 나타내기 효과]를 선택합니다.

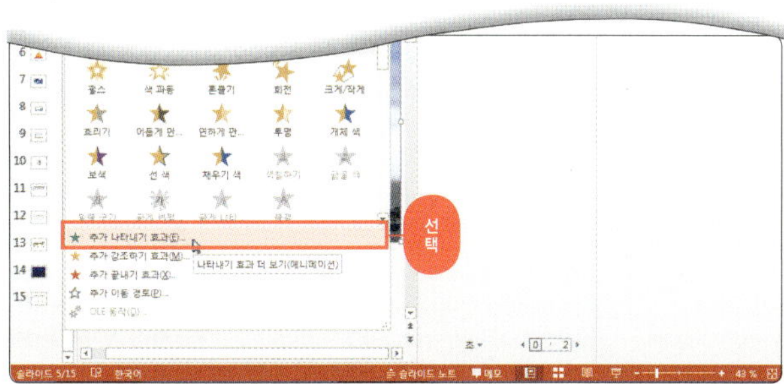

04 [기본 효과]에서 [내밀기]를 선택한 후 [확인] 버튼을 클릭합니다.

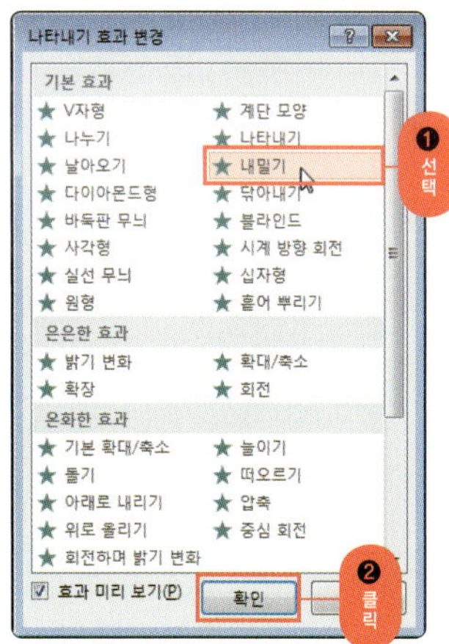

05 [재생 시간]을 [0.75초]로 변경
합니다.

NOTE

선택 창에서 개체 순서 변경하기

선택 창에서 개체를 선택한 후 ▲ 또는 ▼ 버튼을 클릭
하여 개체의 배치 순서를 조정할 수 있습니다.

STEP 05 | 슬라이드 쇼 보기에서 확인하기

01 [슬라이드 쇼] 🖵 를 클릭합니다
(단축키: Ctrl + F5).

02 첫 번째 개체가 표시됩니다.
Enter 를 누르거나 마우스의 왼쪽
버튼을 클릭합니다.

03 다음 개체가 지정한 애니메이션으로 나타납니다.

tip 애니메이션 적용 후, 그림 변경하기

겹쳐진 여러 장의 그림에 애니메이션을 적용했는데 그림 자체를 바꿔야 할 경우가 발생하게 되면 그 그림을 삭제하고, 새 그림을 삽입한 후, 애니메이션을 적용하고, 순서를 조정하는 등 상당히 작업이 많아집니다.

이런 경우에는 그 그림을 선택하고 [그림 도구]-[서식] 탭에서 [그림 바꾸기]를 클릭해 다른 그림으로 바꿔 버리면 적용된 애니메이션은 그대로 유지된 상태에서 그림만 바꿀 수 있어 작업을 훨씬 더 편하게 할 수 있습니다.

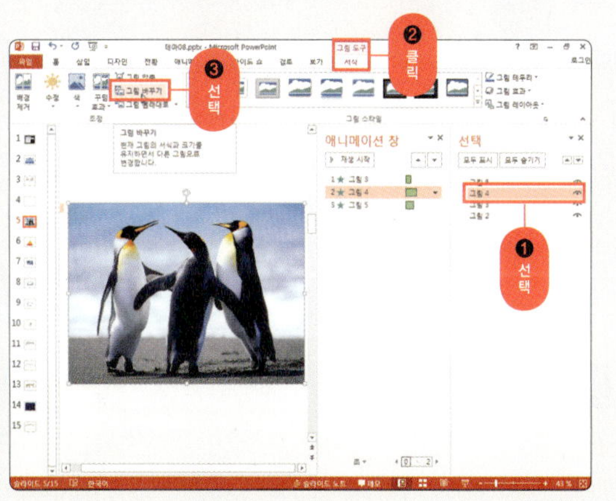

06

POWERPOINT KNOWHOW

SmartArt에 애니메이션을 적용해보자!

도해를 쉽게 그릴 수 있도록 해주는 SmartArt에 애니메이션을 사용할 때 발생하는 가장 큰 문제는 SmartArt의 개별적인 요소에 애니메이션을 적용할 수 없다는 믿음(?)입니다. 이런 믿음은 파워포인트 2007 버전에서 SmartArt가 처음 추가되었을 때부터 당연한 것으로 여겨져 왔고 아직도 그렇게 생각하는 분들이 많습니다. 물론 이것은 사실이 아닙니다. SmartArt의 모든 개별 요소에는 애니메이션을 적용할 수 있으며, 방법 또한 매우 쉽습니다. 이번 레슨에서 그 방법을 알아보겠습니다.

● **실습 파일**: 부록 CD/테마08/테마08.pptx 6, 7번 슬라이드
　결과 파일: 부록 CD/테마08/테마08(결과).pptx 6, 7번 슬라이드

STEP 01 | 피라미드형 도해 애니메이션

01 [6번 슬라이드]에서 SmartArt 를 선택합니다.

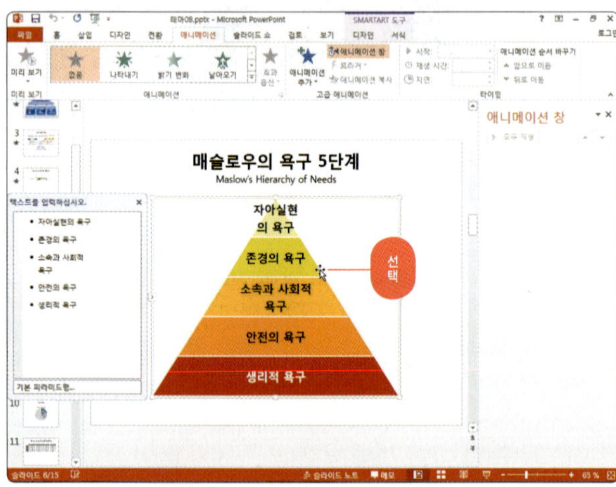

02 애니메이션 중에서 [밝기 변화] 를 클릭합니다.

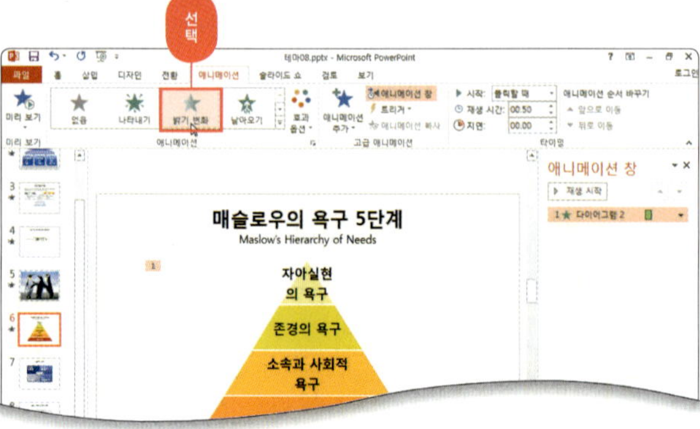

03 [효과 옵션]을 클릭한 후 [개별적으로]를 선택합니다.

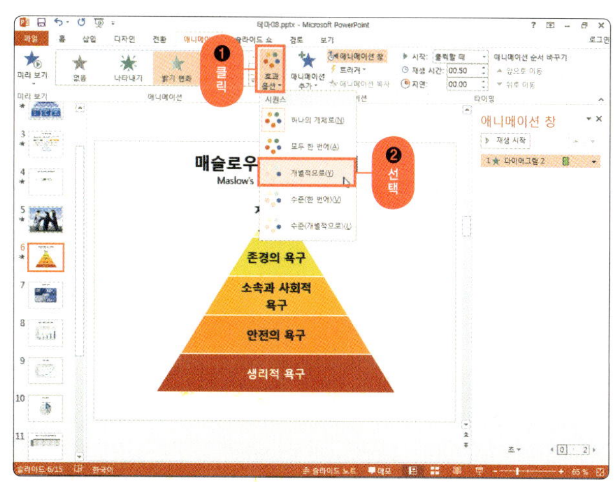

04 애니메이션 창에서 [메뉴 표시] 버튼▼을 클릭한 후 [효과 옵션]을 선택합니다.

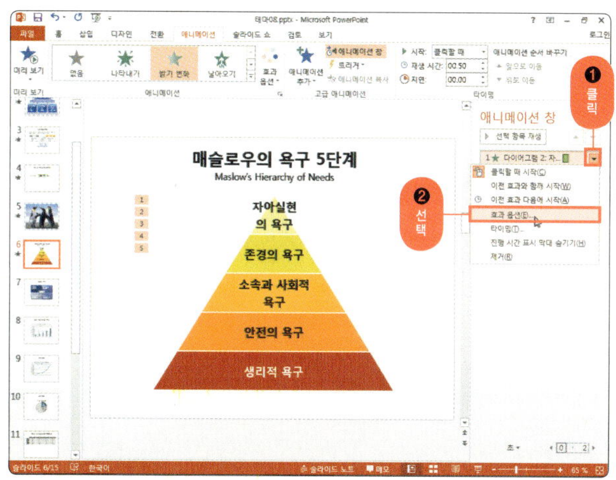

05 [밝기 변화] 대화상자의 [Smart Art 애니메이션] 탭에서 [역순으로]를 선택한 후 [확인] 버튼을 클릭합니다. 슬라이드 쇼에서 애니메이션을 확인합니다.

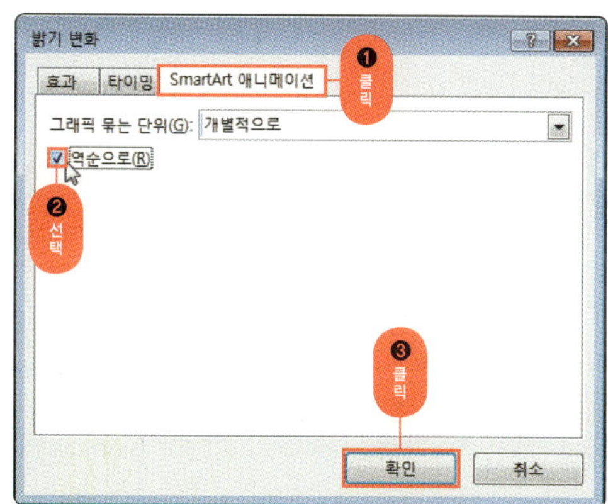

STEP 02 | 행렬형 도해 애니메이션

01 [7번 슬라이드]에서 SmartArt를 선택합니다.

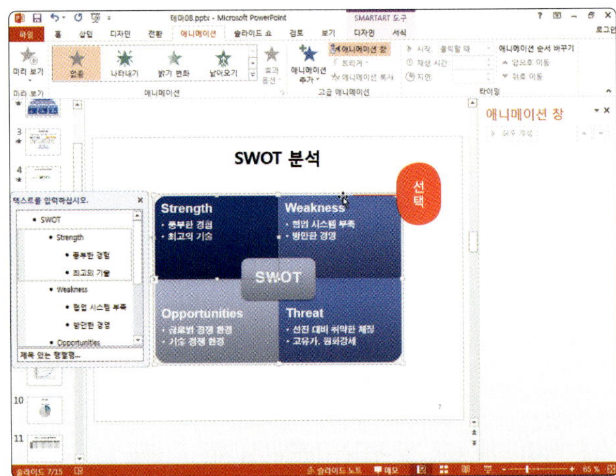

02 애니메이션에서 [자세히] 버튼을 클릭합니다.

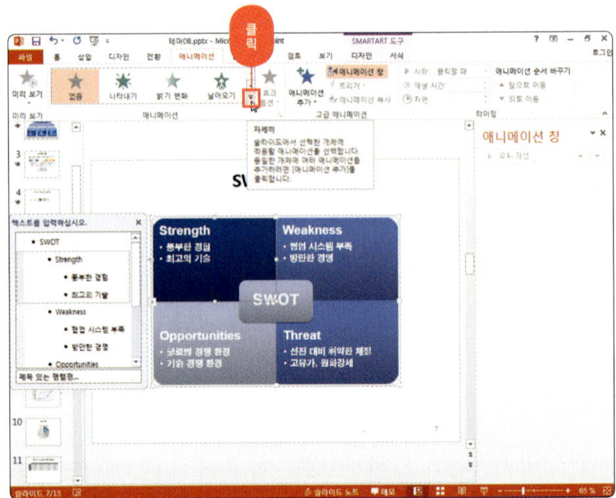

03 [확대/축소]를 선택합니다.

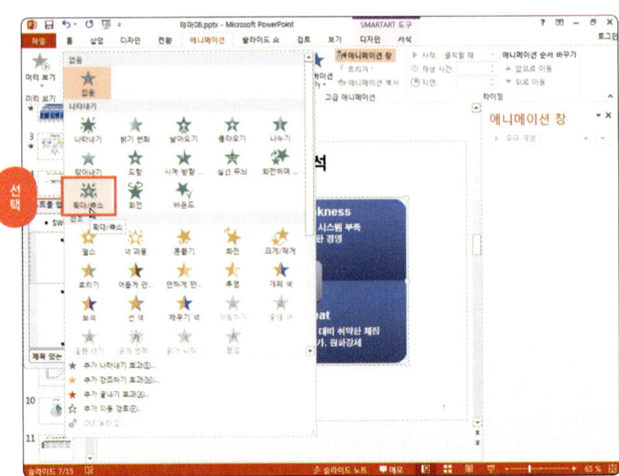

04 [효과 옵션]을 클릭한 후 [개별적으로]를 선택합니다.

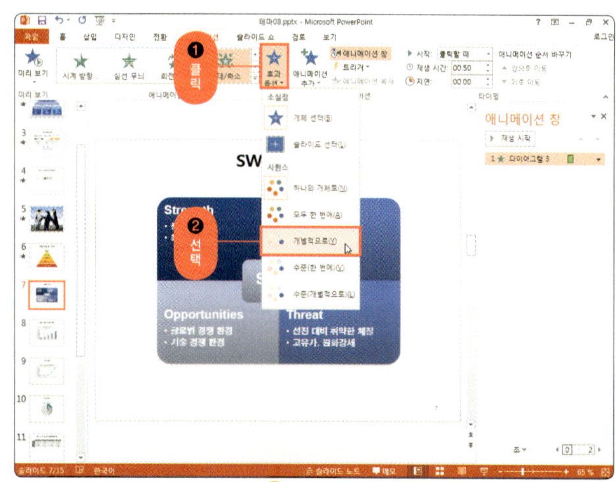

05 다시 [효과 옵션]을 클릭한 후 [슬라이드 센터]를 선택합니다.

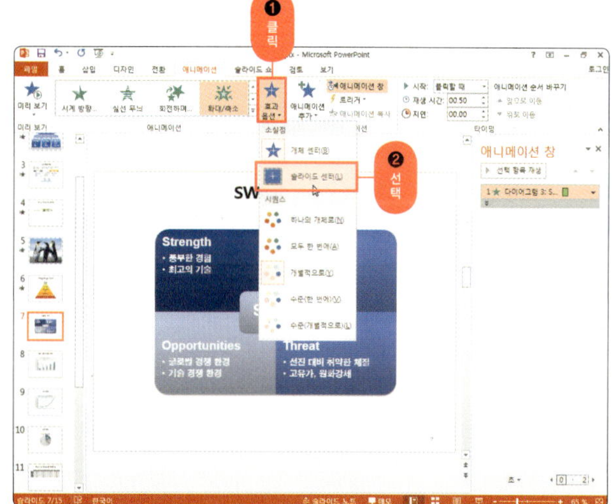

06 슬라이드 쇼를 통해 애니메이션 확인합니다.

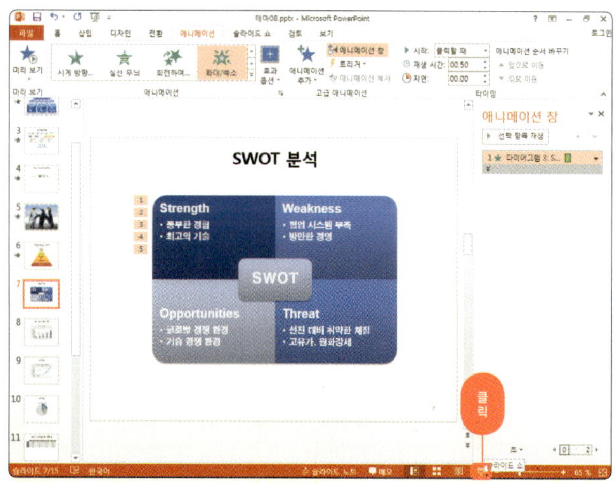

07

차트에 애니메이션을 적용해보자!

POWERPOINT KNOWHOW

SmartArt와 마찬가지로 차트에도 개별적으로 애니메이션을 적용할 수 없다고 생각하는 분들이 많습니다. 그래서 차트에 애니메이션을 적용하는 것을 아예 포기하거나 모든 차트를 도형으로 그린 후 애니메이션을 적용하는 분들이 많습니다. 도형으로 차트를 그리는 것은 좋은 방법이지만 애니메이션을 위해서라면 차트 기능으로 차트를 만들어도 됩니다. SmartArt와 거의 같은 방법으로 차트에도 개별적인 애니메이션이 가능합니다. 이번 레슨에서 알아보겠습니다.

- **실습 파일**: 부록 CD/테마08/테마08.pptx 8~10번 슬라이드
  결과 파일: 부록 CD/테마08/테마08(결과).pptx 8~10번 슬라이드

STEP 01 | 세로 막대형 차트 애니메이션

01 [8번 슬라이드]에서 차트를 선택합니다.

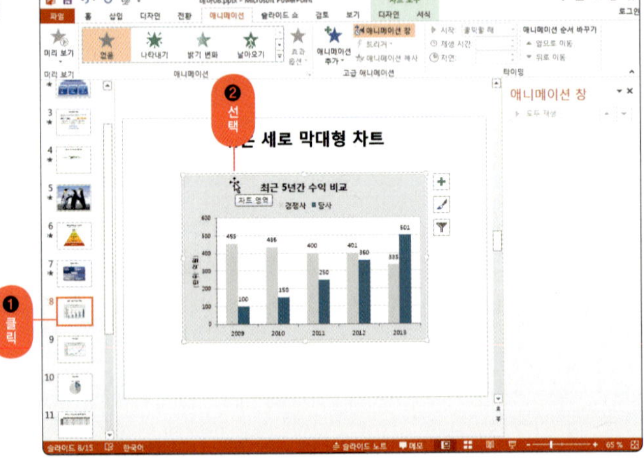

02 [애니메이션] 탭에서 [닦아내기]를 선택합니다.

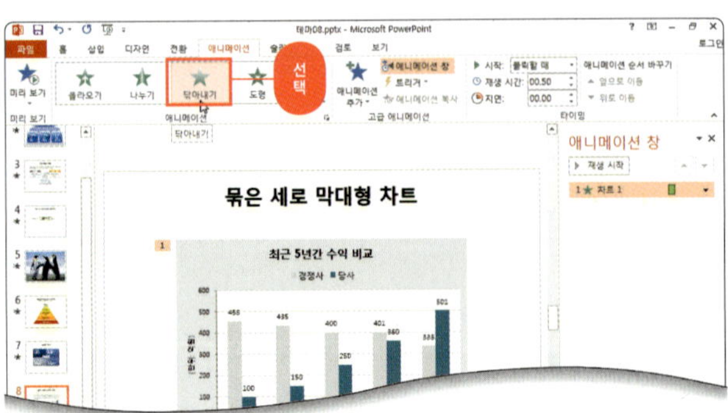

"

03 [효과 옵션]을 클릭한 후 [계열별로]를 선택합니다.

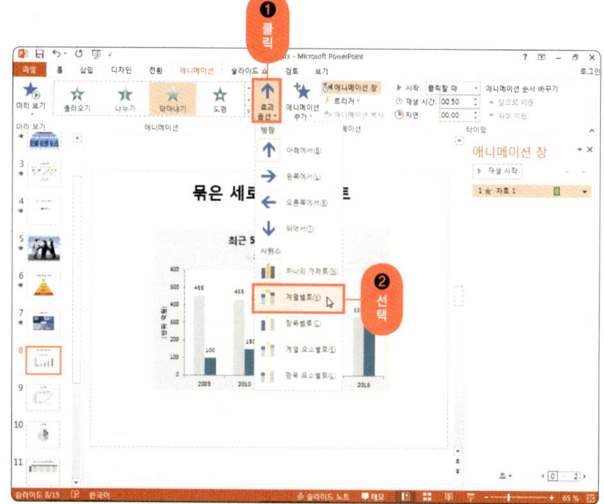

STEP 02 | 선형 차트 애니메이션

01 [9번 슬라이드]에서 차트를 선택합니다.

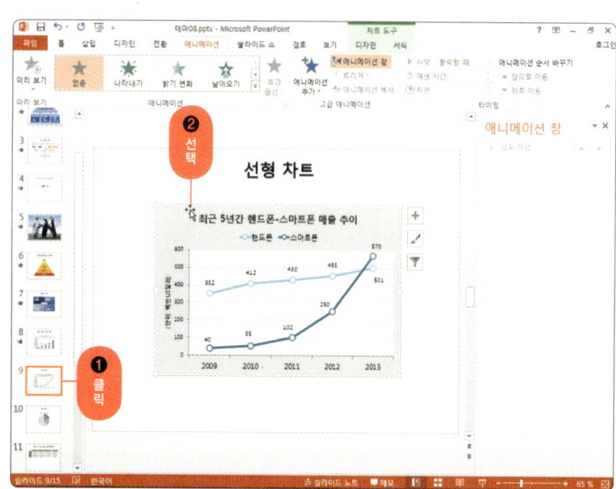

02 [닦아내기]를 선택합니다.

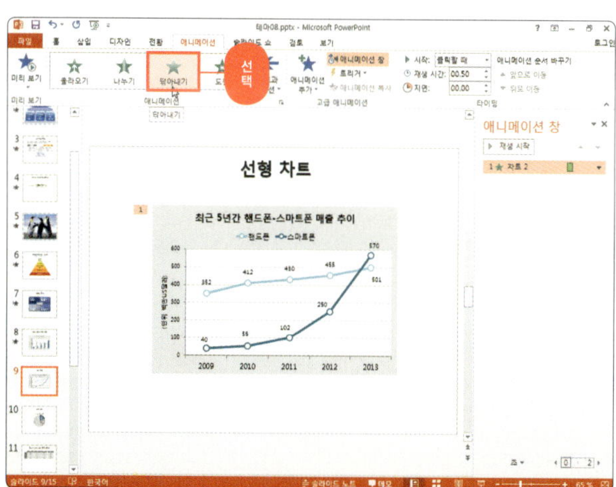

03 [효과 옵션]을 클릭한 후 [왼쪽에서]를 선택합니다.

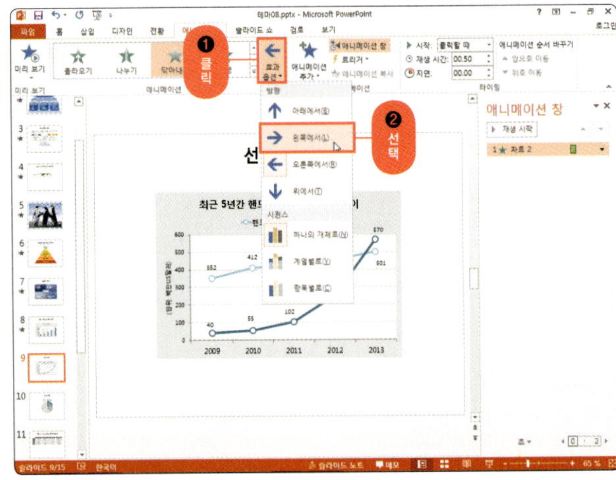

04 [효과 옵션]을 클릭한 후 [계열별로]를 선택합니다.

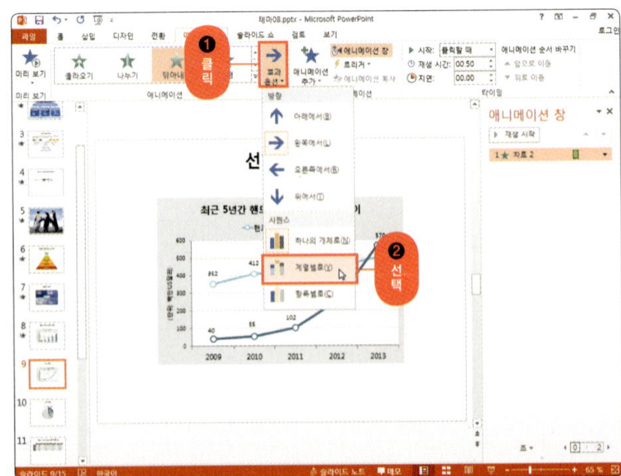

STEP 03 | 원형 차트 애니메이션

01 [10번 슬라이드]에서 차트를 선택합니다.

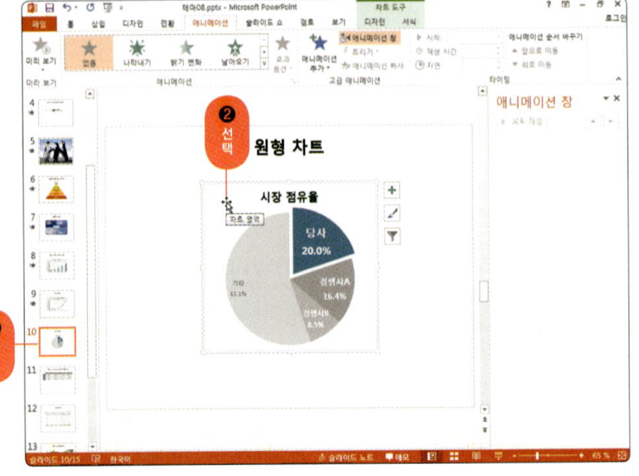

02 [밝기 변화]를 선택합니다.

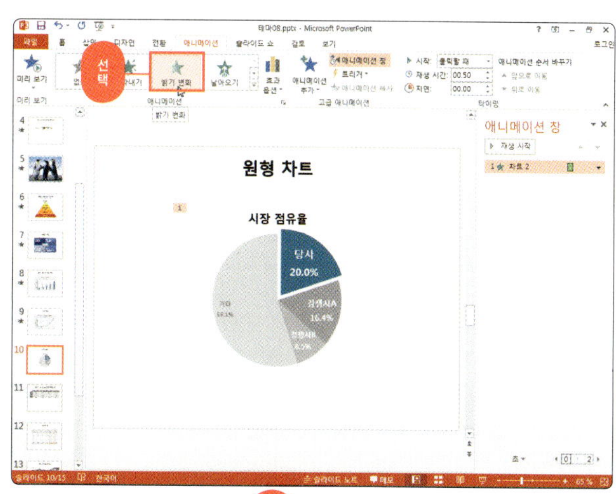

03 [효과 옵션]을 클릭한 후 [항목별로]를 선택합니다.

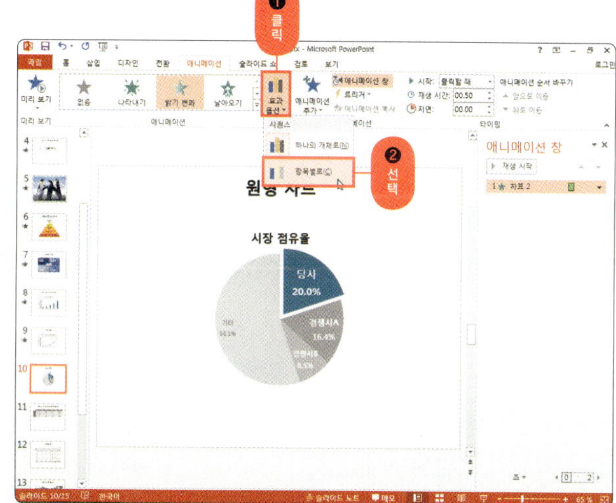

04 8번 슬라이드를 클릭하고 슬라이드 쇼를 실행해 결과를 확인합니다.

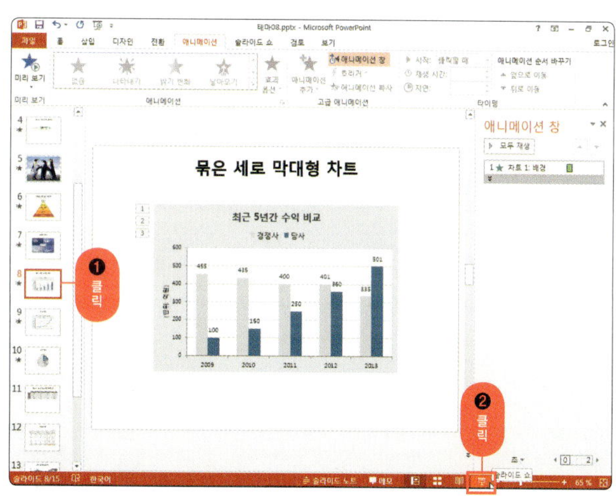

08

강조 및 끝내기 애니메이션을 적용해보자!

POWERPOINT KNOWHOW

지금까지 우리는 나타내기 애니메이션을 적용해봤습니다. 물론 애니메이션에는 나타내기만 있는 것은 아니며 강조와 끝내기 애니메이션도 있는데 개체가 숨겨져 있다가 나타나도록 해주는 나타내기 애니메이션과 달리 강조와 끝내기 애니메이션은 개체가 표시된 상태에서 강조가 되거나 사라지도록 해줍니다. 따라서 강조 애니메이션의 경우 그 효과를 극대화하기 위해 나타내기 애니메이션을 적용한 후 강조 애니메이션을 적용하는 경우가 종종 있습니다. 이번 레슨이 바로 그런 경우죠. 방법을 알아보겠습니다.

- **실습 파일**: 부록 CD/테마08/테마08.pptx 11~13번 슬라이드
- **결과 파일**: 부록 CD/테마08/테마08(결과).pptx 11~13번 슬라이드

STEP 01 | 채우기 색 변경 애니메이션 적용하기

01 [11번 슬라이드]에서 [A1] 도형을 클릭하여 선택한 후 Shift 를 누른 상태에서 [B2], [C3], [D4] 도형을 클릭하여 선택합니다.

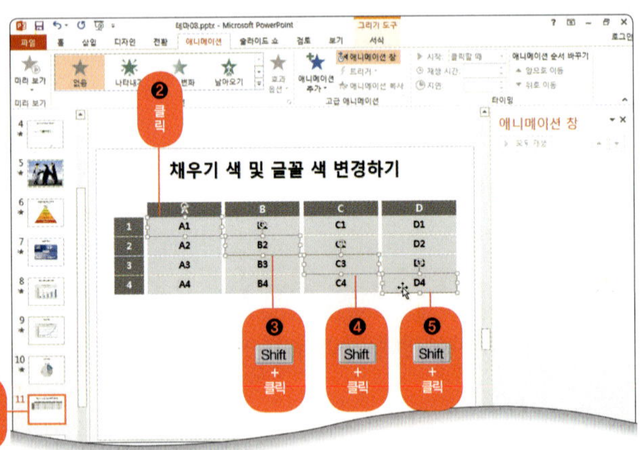

02 [애니메이션] 영역에서 [자세히] 버튼을 클릭합니다.

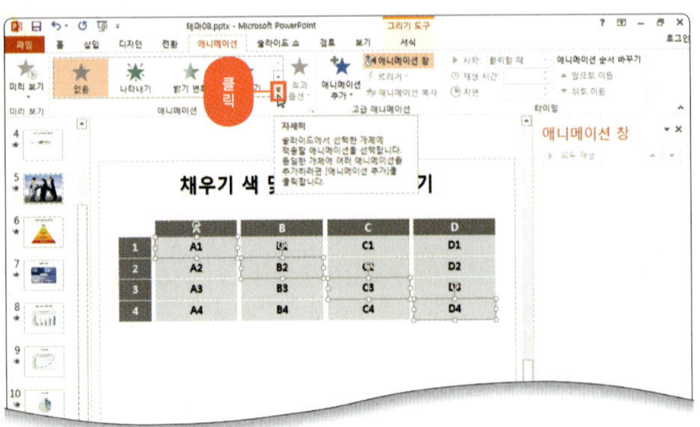

03 [강조]에서 [채우기 색]을 선택합니다.

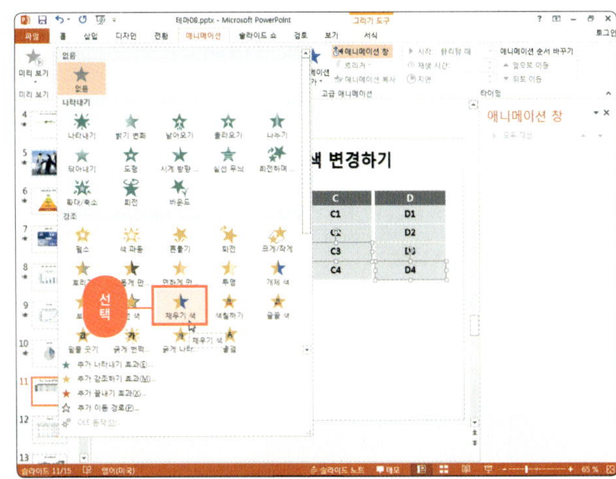

04 [효과 옵션]을 클릭한 후 [파랑]을 선택합니다.

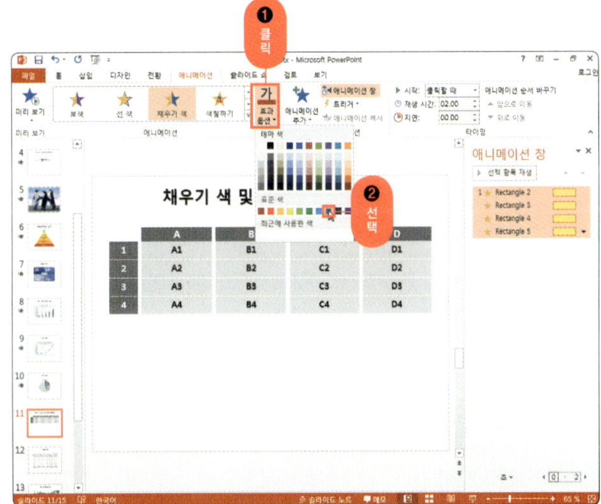

05 [재생 시간]을 [0.75초]로 변경합니다.

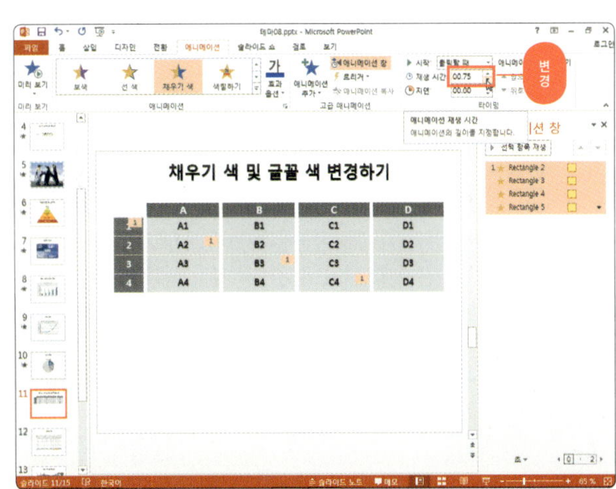

STEP 02 | 글꼴 색 변경 애니메이션 적용하기

01 [애니메이션 추가]를 클릭한 후 [강조]에서 [글꼴 색]을 선택합니다.

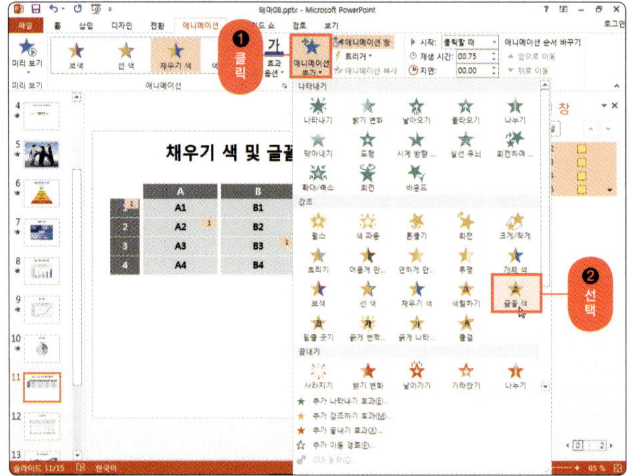

02 [효과 옵션]을 클릭한 후 [흰색]을 선택합니다.

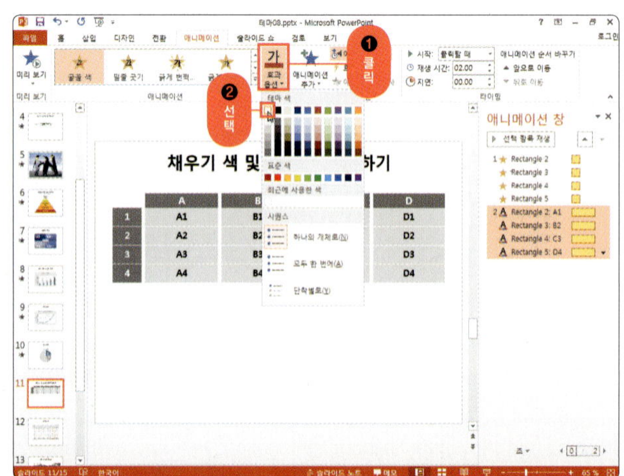

03 [재생 시간]을 [0.75초]로 조정합니다.

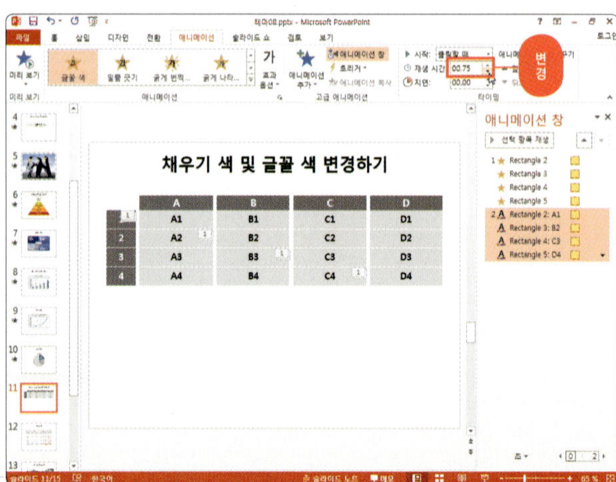

04 [시작] 메뉴에서 [이전 효과와 함께]를 선택합니다.

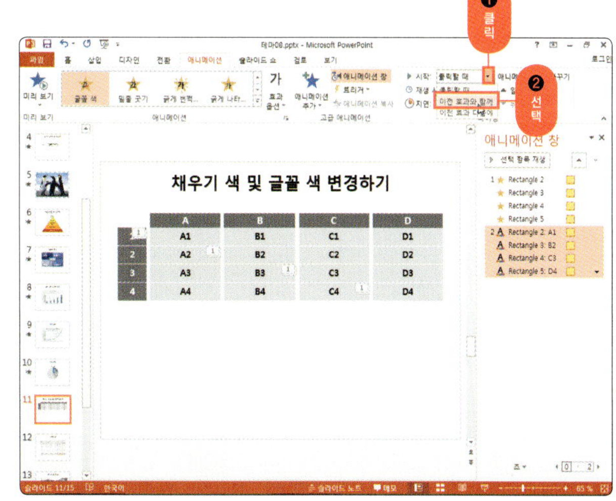

05 [슬라이드 쇼] 를 클릭합니다 (단축키: Ctrl + F5).

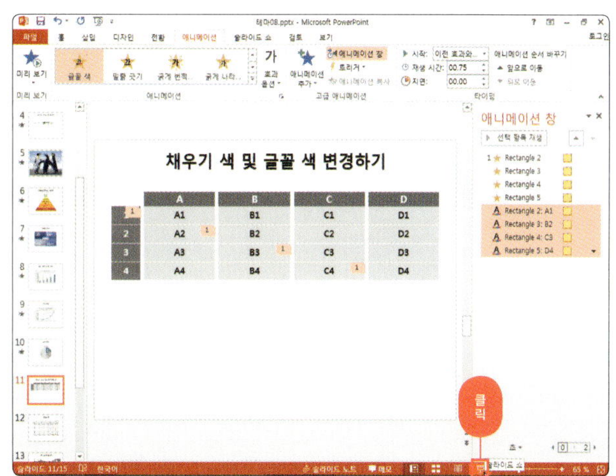

06 Enter 를 누르거나 마우스 왼쪽 버튼을 클릭합니다.

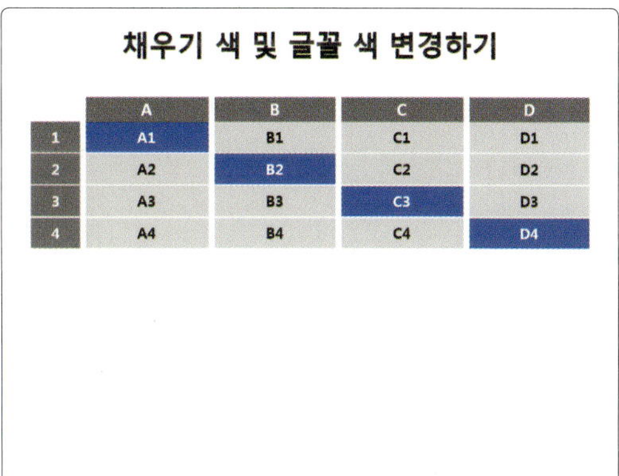

STEP 02 | 깜박이기 애니메이션 적용하기

01 [12번 슬라이드]에서 강조할 개체를 선택합니다.

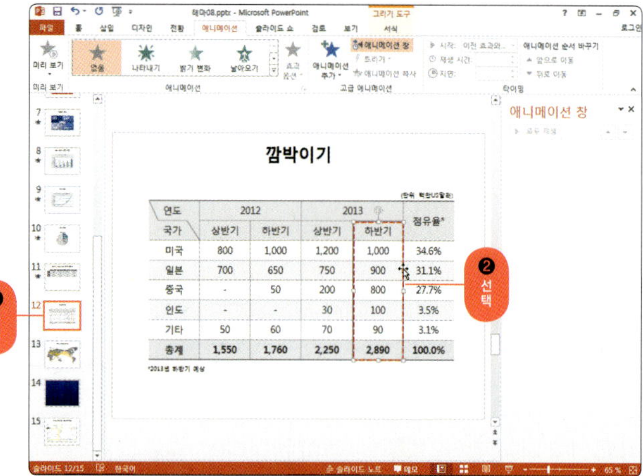

02 [애니메이션] 영역에서 [나타내기]를 선택합니다.

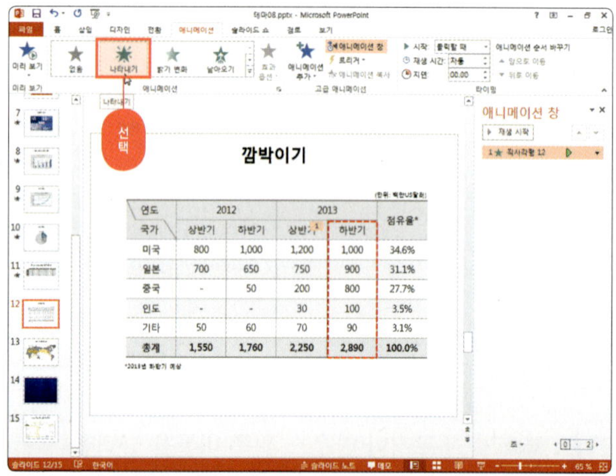

03 애니메이션 창에서 [애니메이션 추가]를 클릭한 후 [추가 강조하기 효과]를 선택합니다.

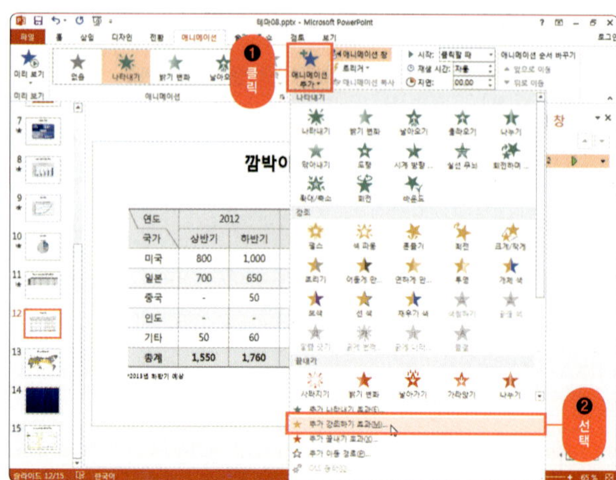

04 [강조하기 효과 추가] 대화상자의 [화려한 효과]에서 [깜박이기]를 선택한 후 [확인] 버튼을 클릭합니다.

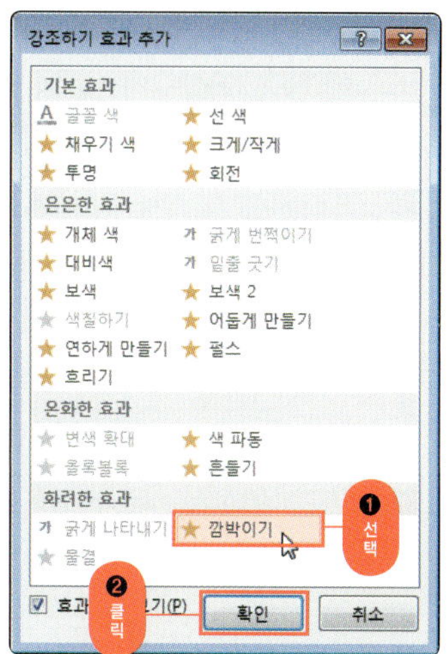

05 애니메이션 창에서 두 번째 애니메이션의 [메뉴 표시] 버튼 ▼을 클릭한 후 [타이밍]을 선택합니다.

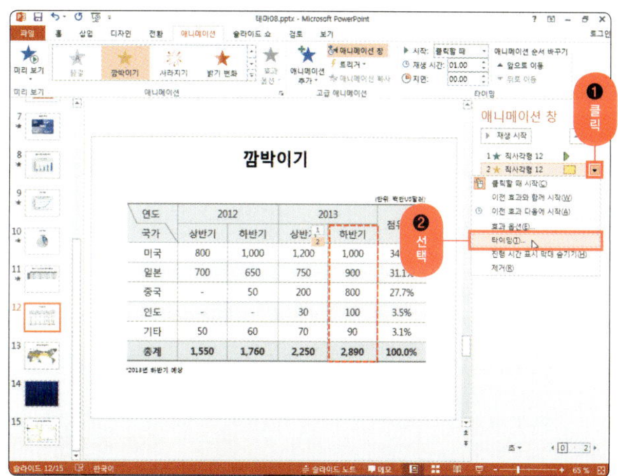

06 [깜박이기] 대화상자에서 [타이밍] 탭에서 [반복] 메뉴를 연 후 [3]을 선택하고 [확인] 버튼을 클릭합니다.

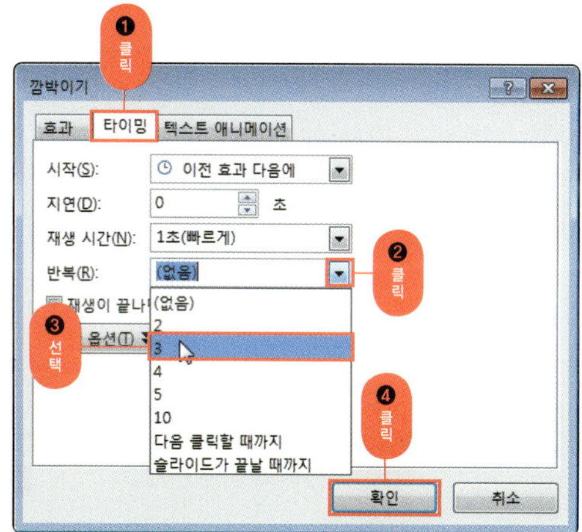

07 [시작] 메뉴에서 [이전 효과 다음에]를 선택합니다.

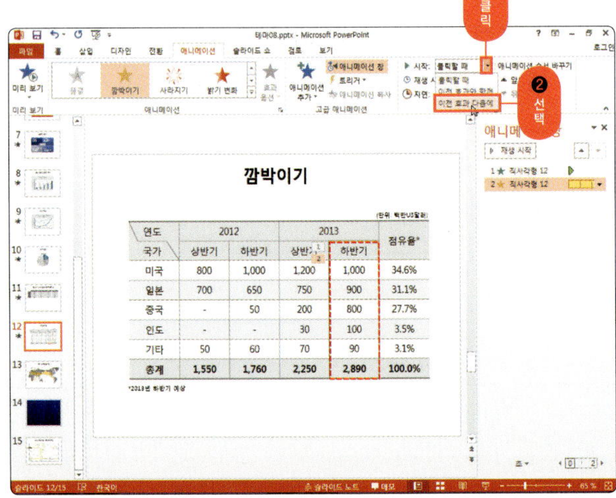

08 [애니메이션 추가]를 클릭한 후 [끝내기]에서 [밝기 변화]를 선택합니다.

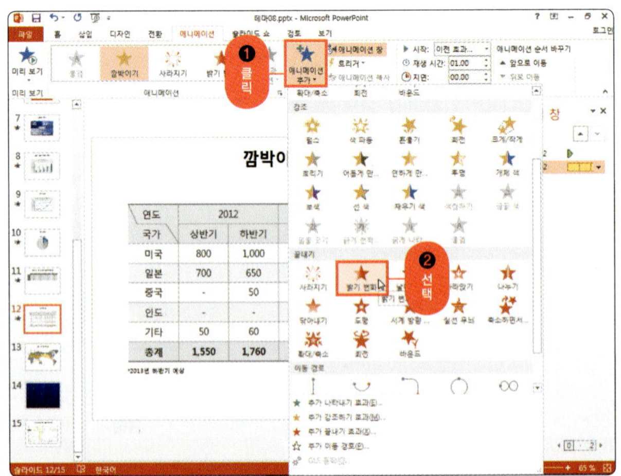

09 슬라이드 쇼를 통해 결과를 확인합니다.

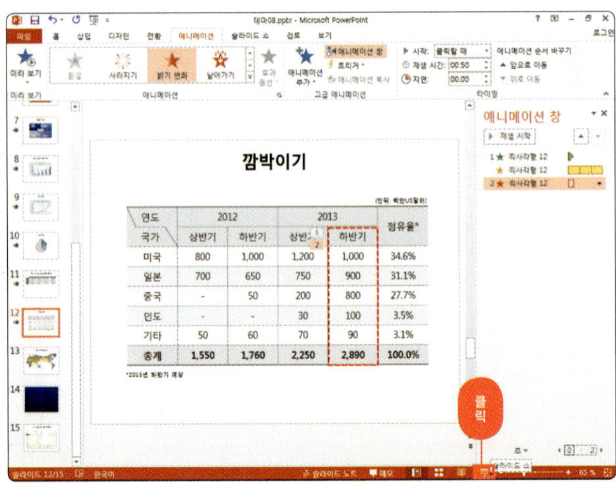

STEP 04 | 지도에서 화살표가 펼쳤다 사라지는 애니메이션 만들기

01 [13번 슬라이드]에서 왼쪽에 있는 화살표 그룹을 선택합니다.

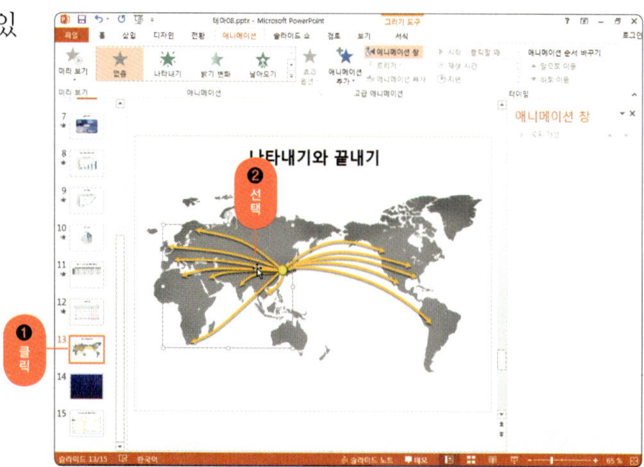

02 [닦아내기]를 선택합니다.

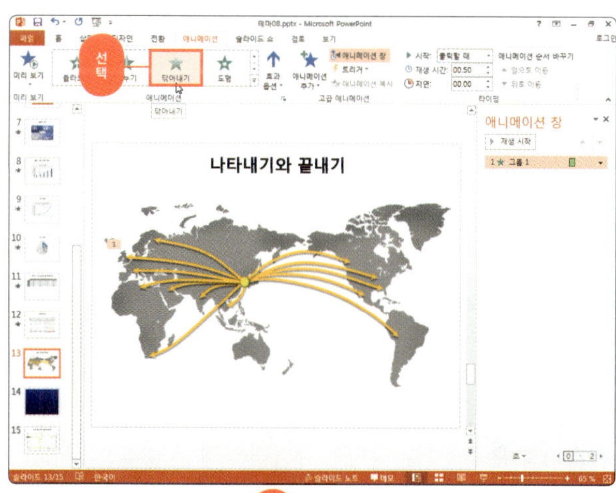

03 [효과 옵션]을 클릭한 후 [오른쪽에서]를 선택합니다.

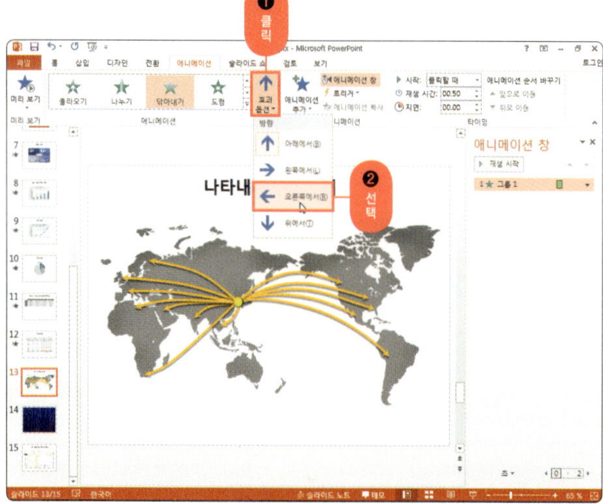

04 오른쪽에 있는 화살표 그룹 개체를 선택합니다.

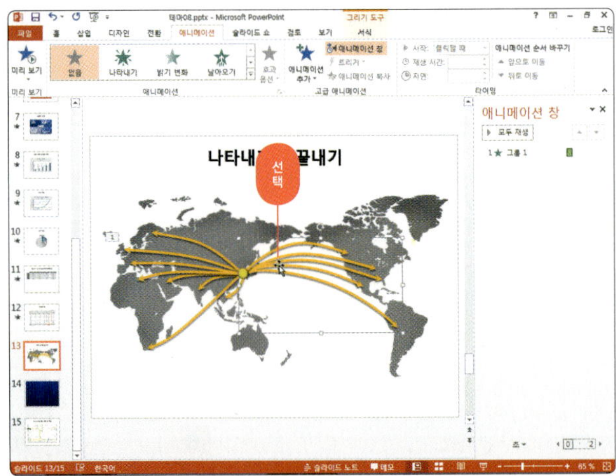

05 [닦아내기]를 선택합니다.

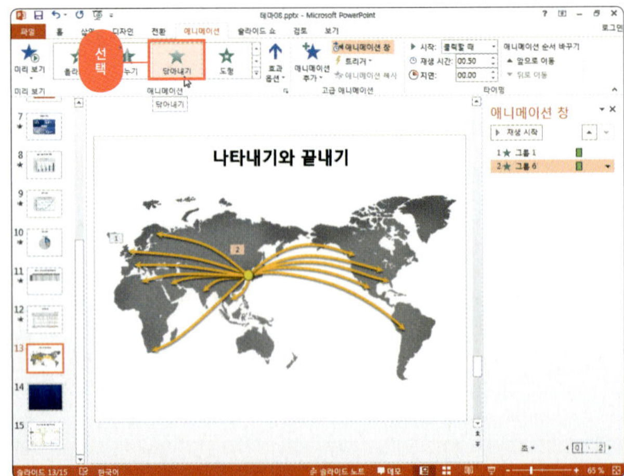

06 [효과 옵션]을 클릭한 후 [왼쪽에서]를 선택합니다.

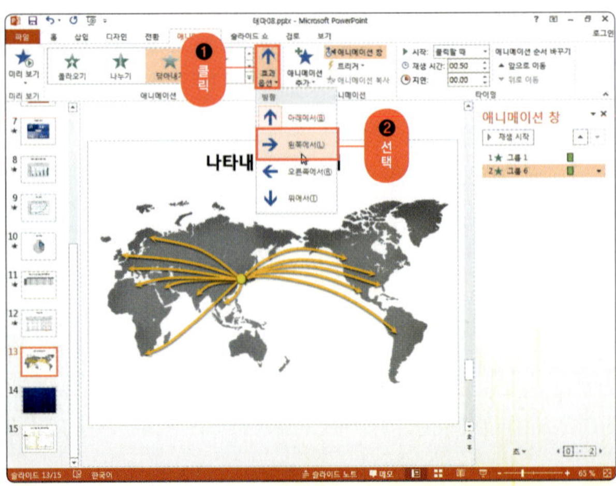

07 [시작] 메뉴를 연 후 [이전 효과와 함께]를 선택합니다.

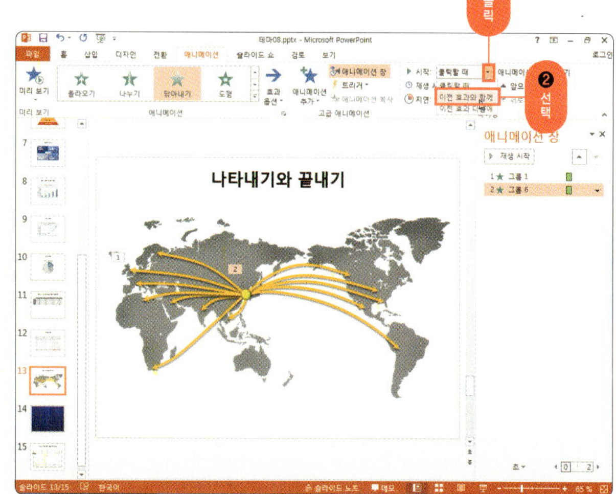

08 슬라이드에서 왼쪽에 있는 화살표 그룹 개체를 선택합니다.

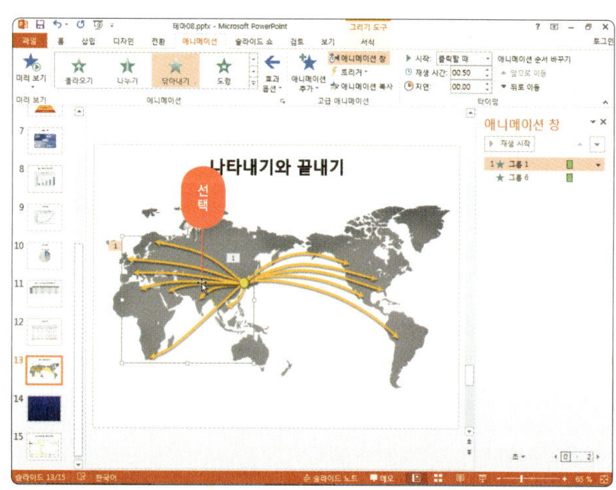

09 [애니메이션 추가]를 클릭한 후 [끝내기]에서 [닦아내기]를 선택합니다.

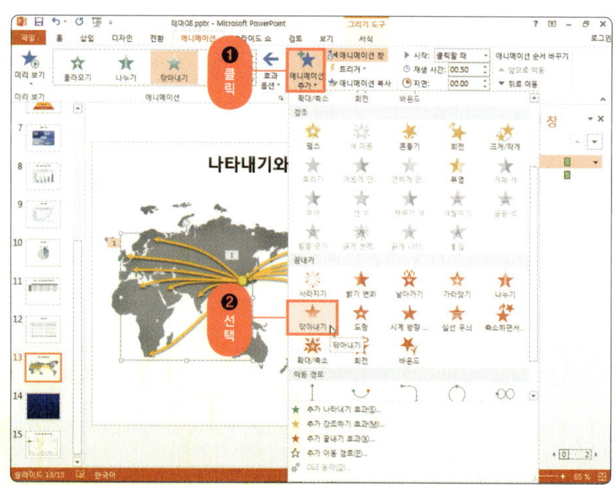

10 [효과 옵션]을 클릭한 후 [오른쪽에서]를 선택합니다.

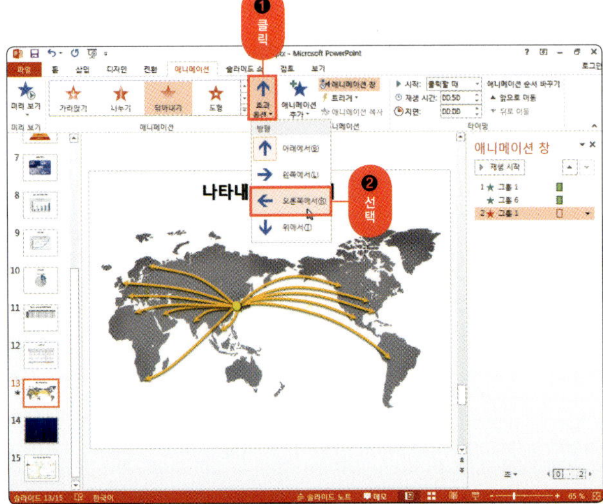

11 슬라이드에서 오른쪽에 있는 화살표 그룹 개체를 선택합니다.

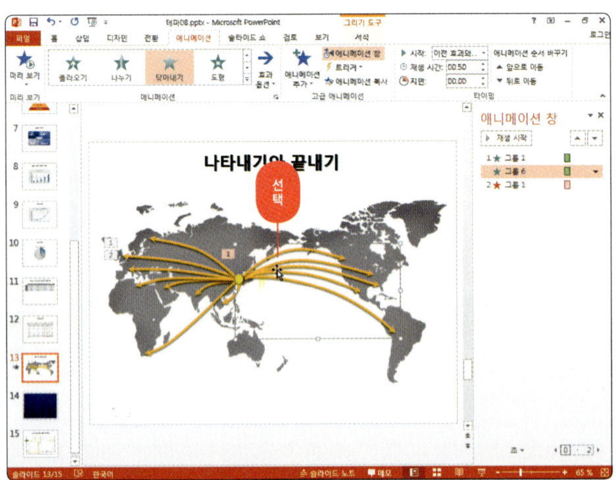

12 [애니메이션 추가]를 클릭한 후 [끝내기]에서 [닦아내기]를 선택합니다.

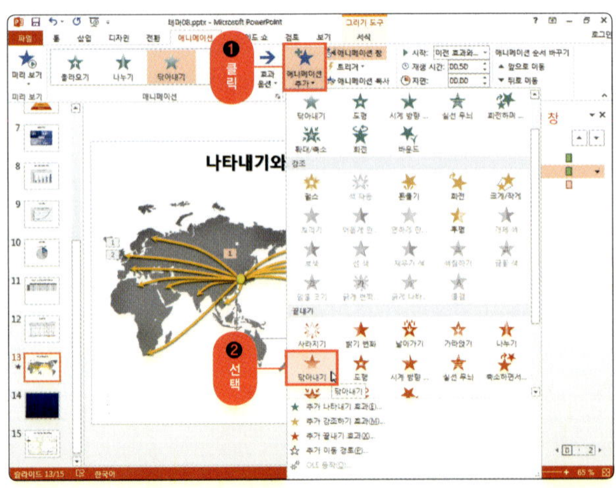

13 [효과 옵션]을 클릭한 후 [왼쪽에서]를 선택합니다.

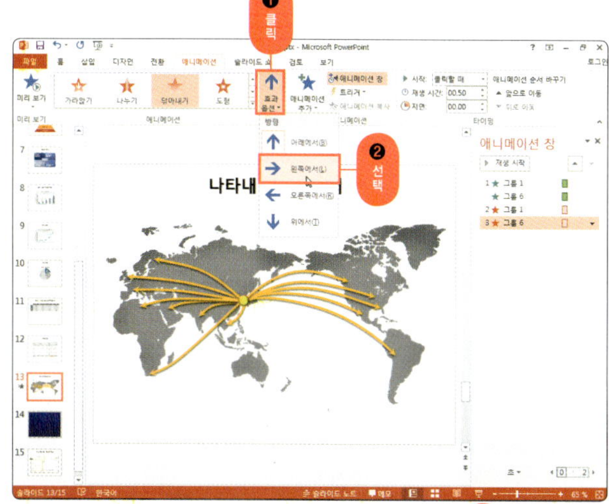

14 [시작] 메뉴에서 [이전 효과와 함께]를 선택합니다.

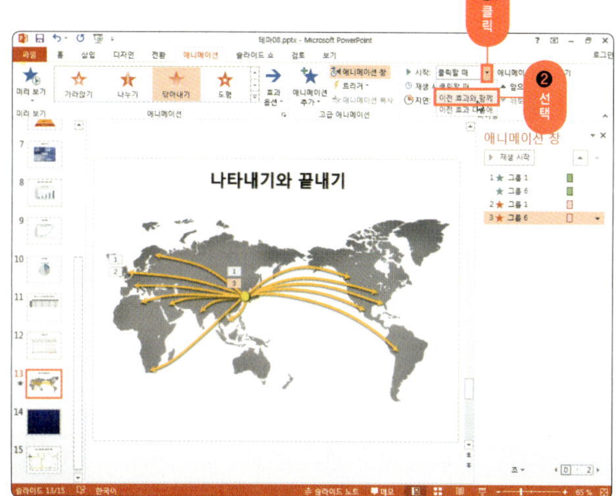

15 슬라이드 쇼를 실행해 결과를 확인합니다.

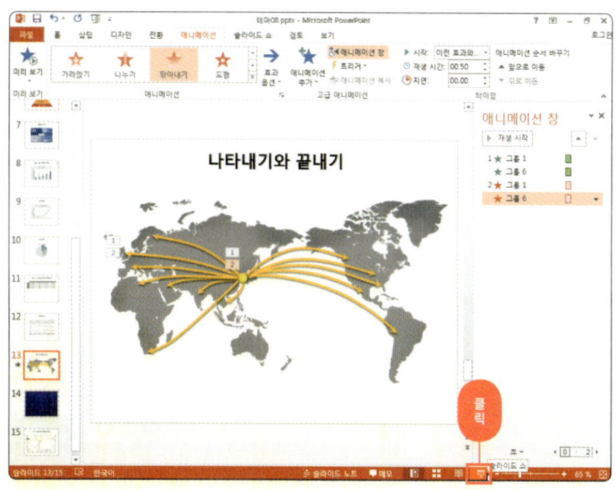

09

이동 애니메이션으로 커튼이 열리는 장면을 만들어보자!

개체를 이동하는 이동 경로 애니메이션은 다른 애니메이션에 비해 사용 빈도는 적지만 사용했을 때 청중에 주는 임팩트는 상당히 큰 애니메이션입니다. 이번 레슨에서는 이동 애니메이션의 기본이라고 할 수 있는 특정 방향으로 개체를 움직이는 애니메이션을 적용해 커튼이 열리는 장면을 만든 후, 자유형 도형처럼 자유롭게 경로를 만들고, 점 편집을 통해 경로를 수정함으로써 청중의 흥미를 이끌어내는 장면을 연출해보겠습니다.

● **실습 파일**: 부록 CD/테마08/테마08.pptx 14, 15번 슬라이드
　결과 파일: 부록 CD/테마08/테마08(결과).pptx 14, 15번 슬라이드

STEP 01 | 커튼에 기본 이동 경로 애니메이션 적용하기

01 [14번 슬라이드]에서 왼쪽 커튼 그림을 선택한 후 Shift 를 누른 상태에서 오른쪽 커튼 그림을 클릭하여 양쪽의 커튼 그림을 모두 선택합니다.

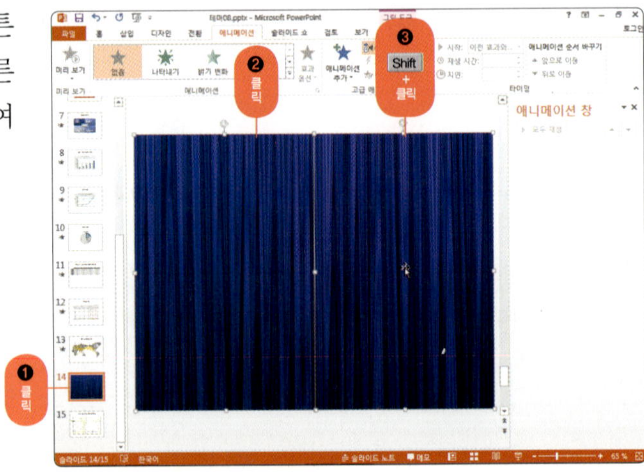

02 [애니메이션] 영역에서 [자세히] 버튼 을 클릭합니다.

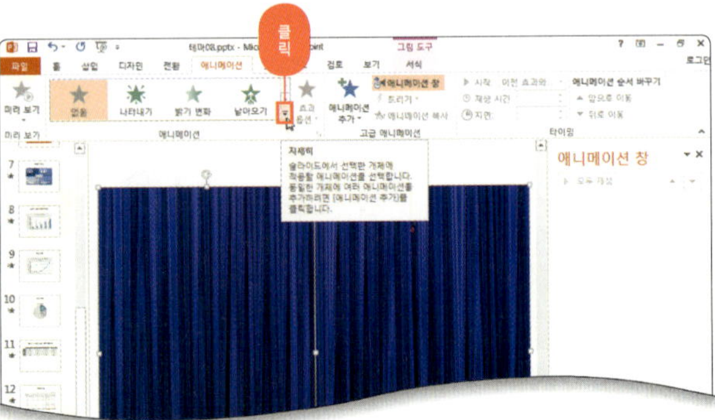

03 [이동 경로]에서 [선]을 선택합니다.

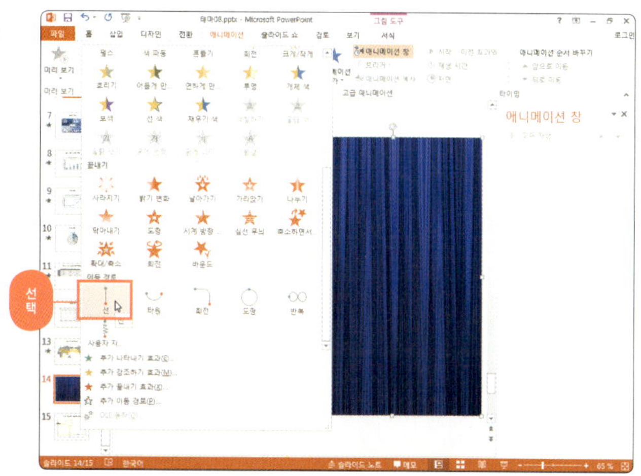

STEP 02 | 애니메이션 방향 변경하기

01 슬라이드에 왼쪽에 있는 커튼 그림을 클릭하여 선택합니다.

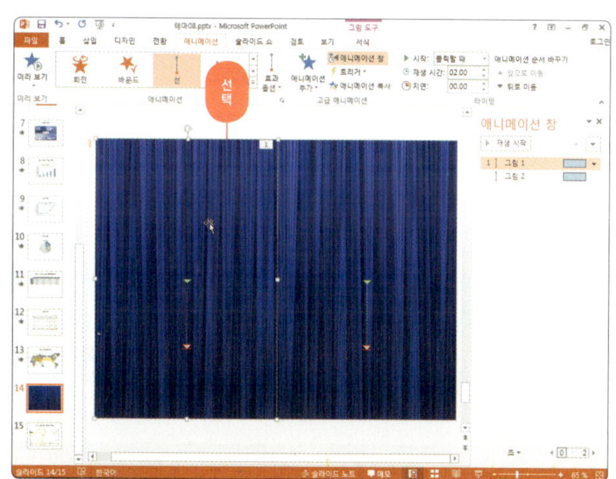

02 [효과 옵션]을 클릭한 후 [왼쪽]을 선택합니다.

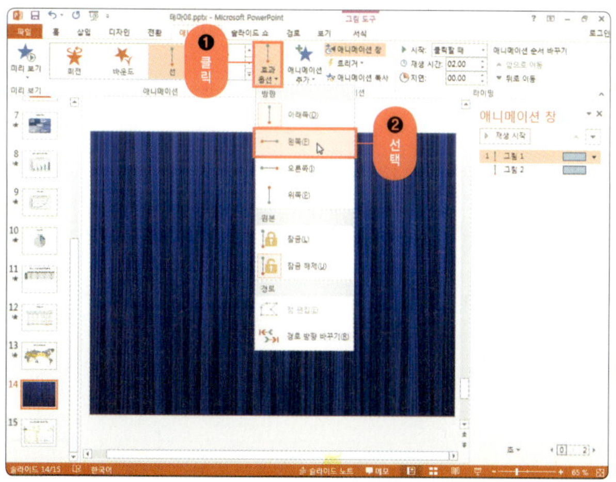

03 오른쪽에 있는 커튼 개체를 선택
합니다.

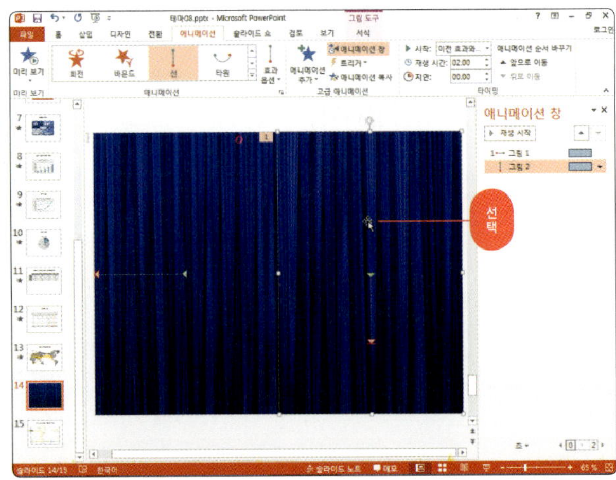

04 [효과 옵션]을 클릭한 후 [오른
쪽]을 선택합니다.

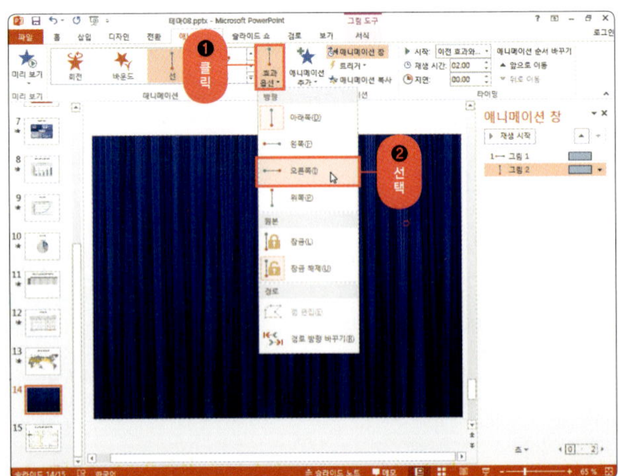

STEP 03 | 애니메이션 경로 편집하기

01 [축소] ▬ 를 몇 번 클릭하여 화면
을 축소합니다.

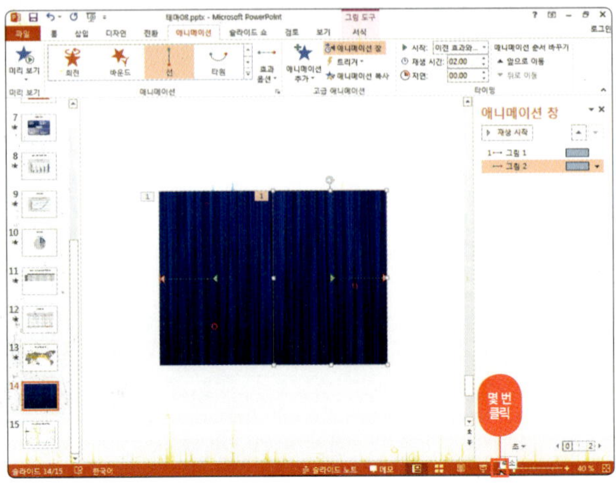

02 슬라이드에서 왼쪽 커튼의 이동 경로를 클릭합니다. 이동 경로가 으로 변경됩니다.

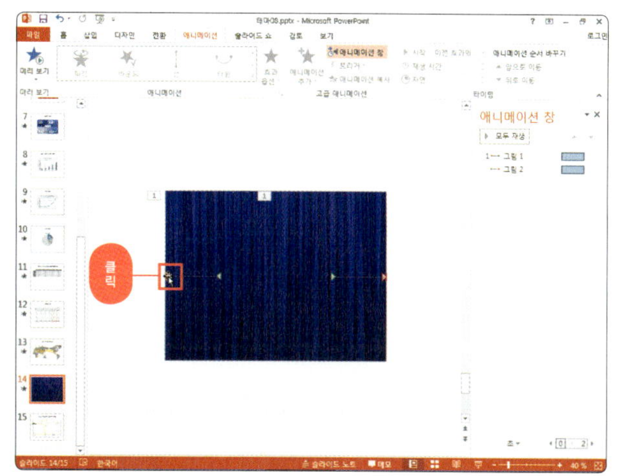

03 이동 경로의 종료 지점을 알려주는 빨간색 핸들에 마우스 포인터를 위치시킵니다.

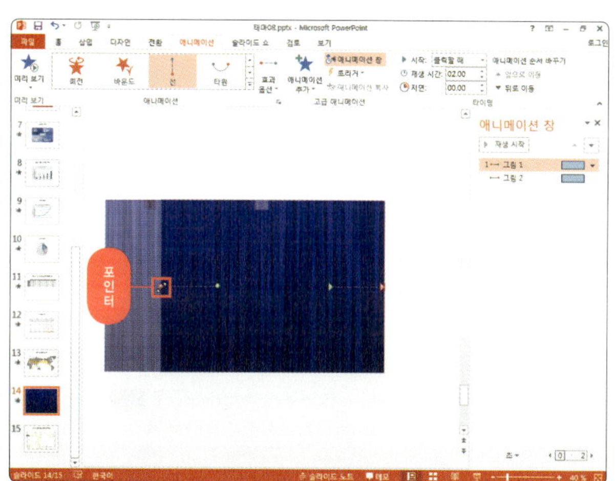

04 Shift 를 누른 상태에서 슬라이드 왼쪽 바깥으로 드래그합니다.

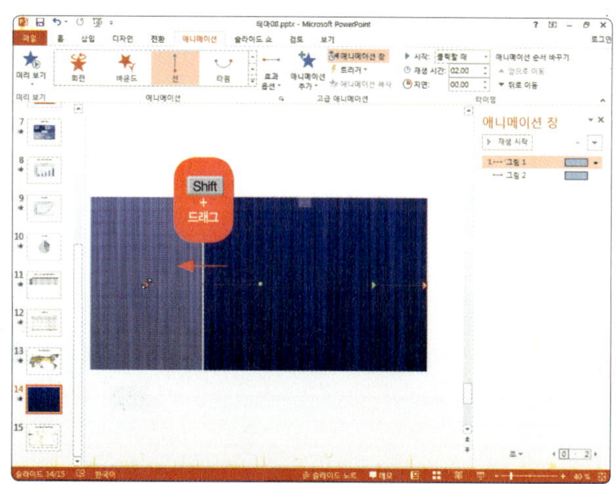

05 슬라이드에서 오른쪽 커튼의 이동 경로 ◀를 클릭합니다.

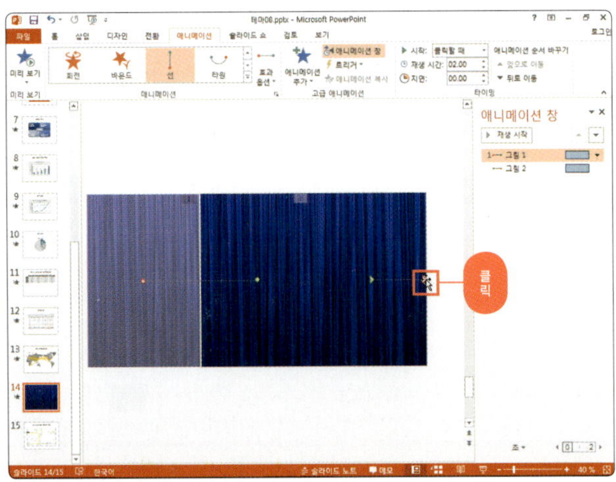

06 이동 경로가 ●--○ 으로 변경됩니다. 이동 경로의 종료 지점을 알려주는 빨간색 핸들 ●에 마우스 포인터를 위치시킵니다.

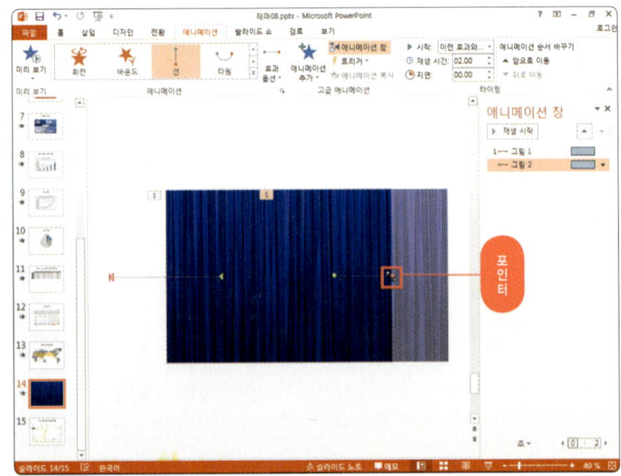

07 Shift 를 누른 상태에서 슬라이드 오른쪽 바깥으로 드래그합니다.

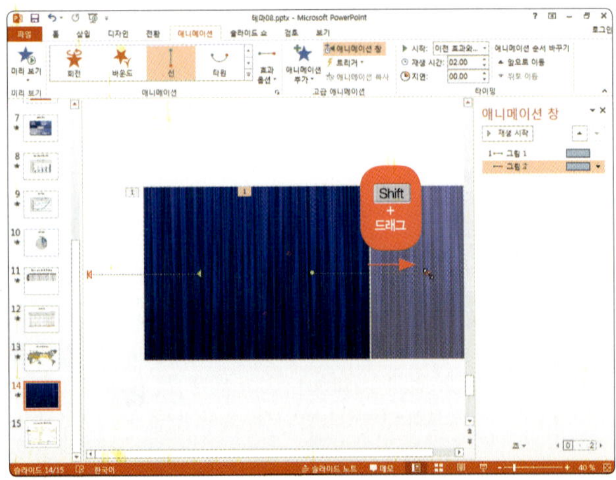

STEP 04 | 자유롭게 이동 경로 만들기

01 [15번 슬라이드]에서 [창에 맞춤] 을 클릭하여 슬라이드 전체를 봅니다.

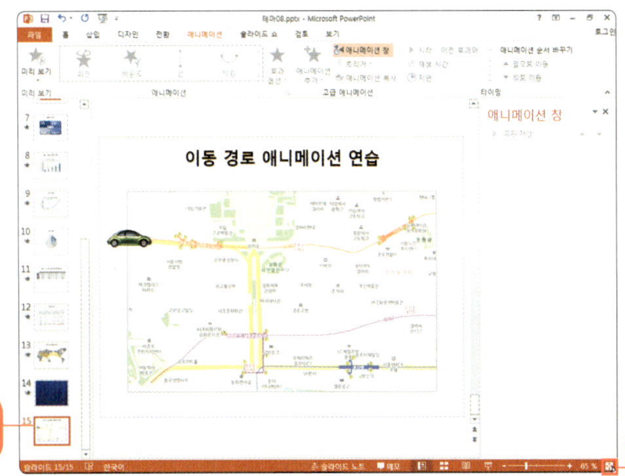

02 슬라이드에서 자동차 그림을 선택한 후 애니메이션에서 [자세히] 버튼 을 클릭합니다.

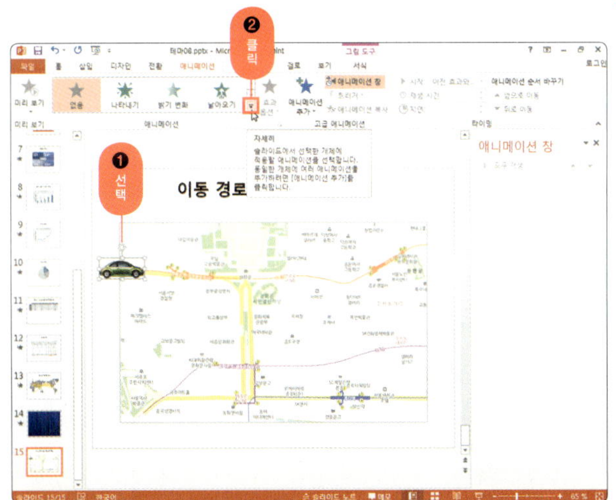

03 [이동 경로]에서 [사용자 지정 경로 그리기]를 선택합니다.

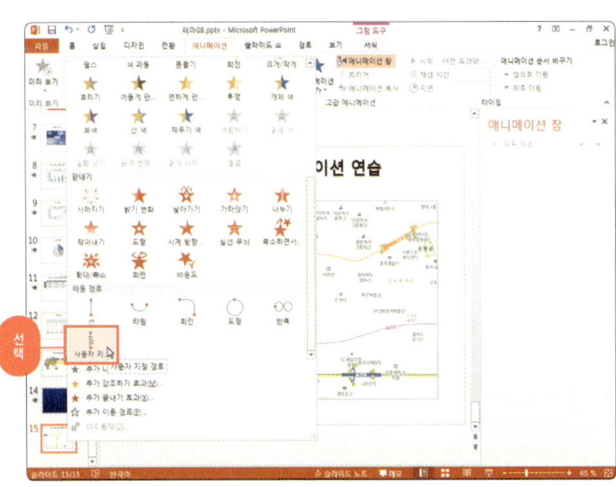

04 현재 선택되어 있는 자동차의 중심 부근을 클릭하여 시작 지점을 선택합니다.

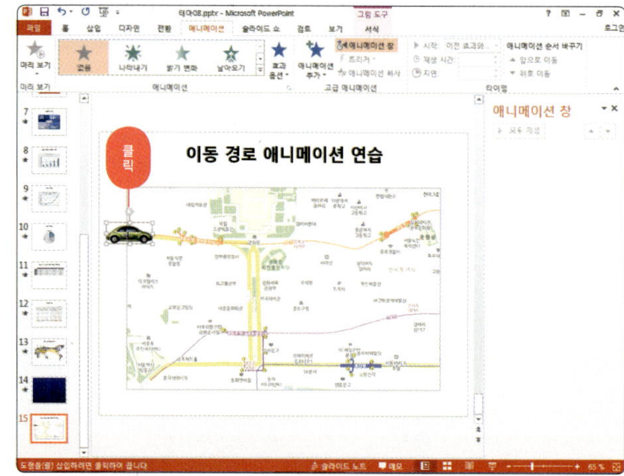

05 마우스를 이동하고 두 번째 지점을 클릭합니다.

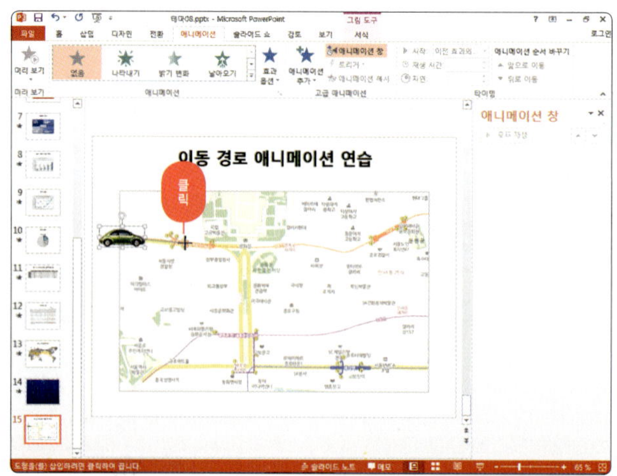

06 계속해서 다른 지점을 클릭하여 경로를 만듭니다.

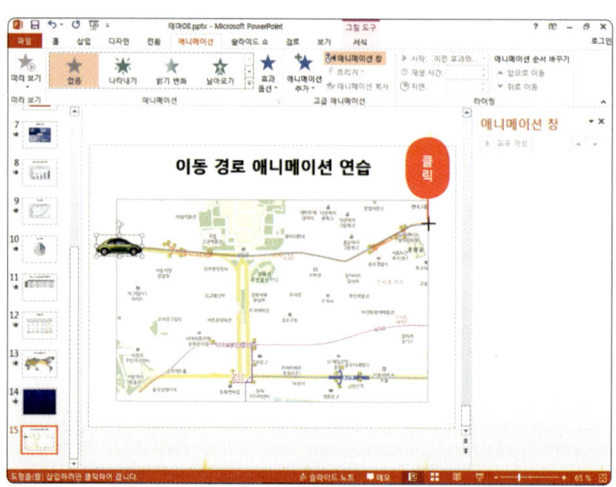

07 Esc 를 눌러 경로 그리기를 마칩니다.

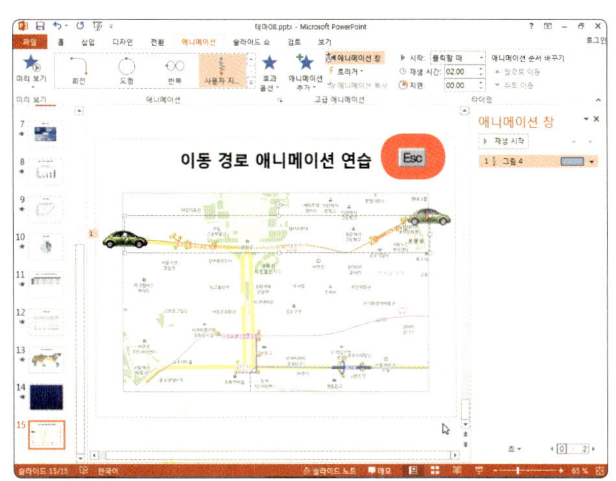

08 이동 경로를 마우스 오른쪽 버튼으로 클릭하면 나타나는 컨텍스트 메뉴 중에서 [점 편집]을 선택합니다.

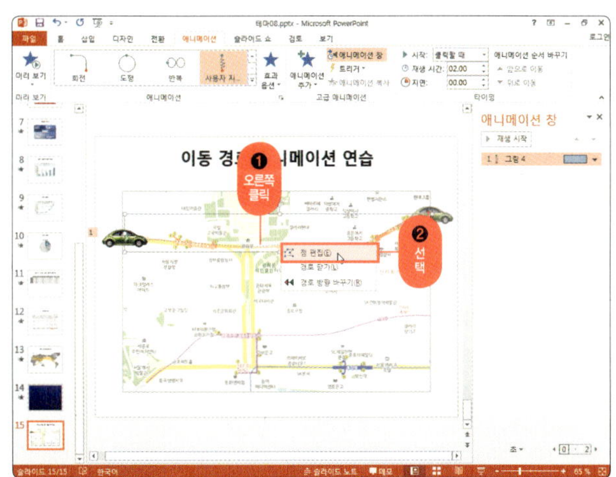

09 경로에 표시되는 검은색 조정점 ■을 드래그하여 경로를 수정합니다.

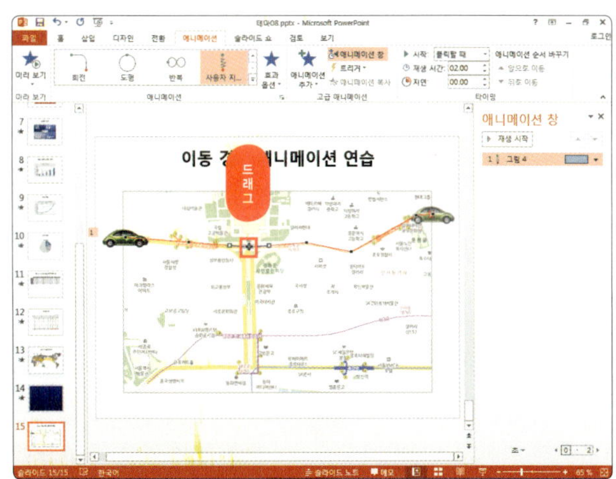

10 검은색 조정점 ■을 클릭하면 표시되는 흰색 조정점 ┌을 드래그하여 경로를 곡선으로 만듭니다.

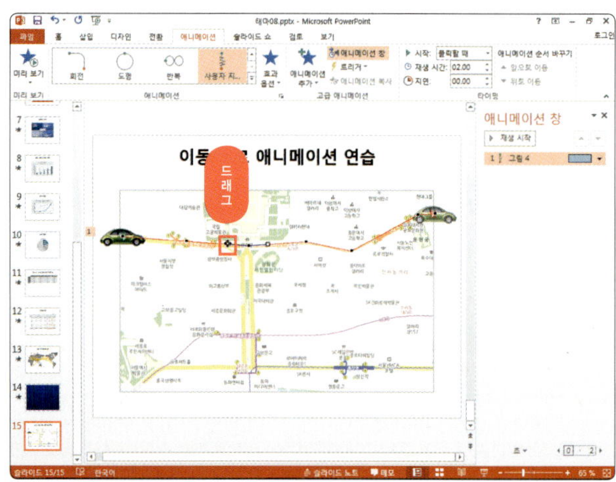

11 점을 추가하고 싶다면 경로를 마우스 오른쪽 버튼으로 클릭하면 나타나는 컨텍스트 메뉴 중에서 [점 추가]를 선택합니다.

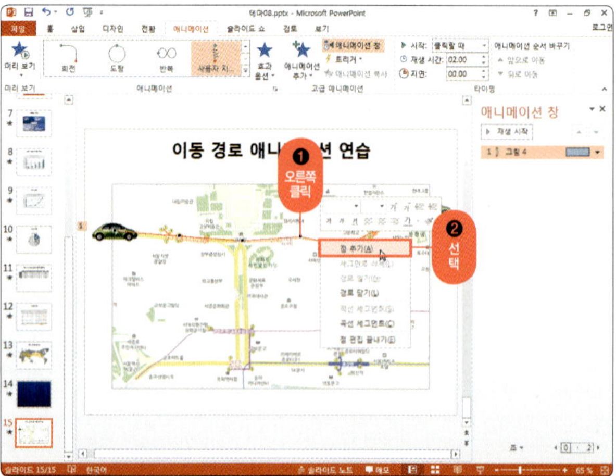

NOTE

점 추가 및 삭제 방법

- **점 추가**: 경로를 드래그
- **점 삭제**: 검은색 조정점 ■을 마우스 오른쪽 버튼으로 클릭하면 나타나는 컨텍스트 메뉴 중에서 [점 삭제] 선택

NOTE

추가 이동 경로 사용하기

개체를 선택한 후 애니메이션 목록에서 [추가 이동 경로]를 선택하면 [이름 경로 변경] 대화상자가 표시되는데, 여기에서 다양한 형태의 이동 경로를 선택할 수 있습니다. 모든 이동 경로는 크기와 위치를 조정할 수 있으며, 점 편집할 수 있습니다.

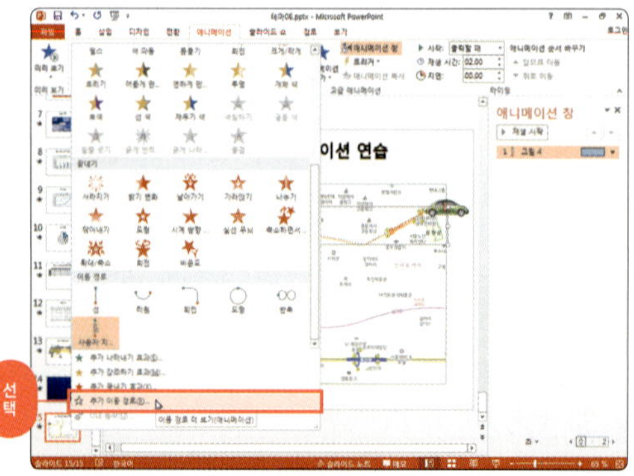

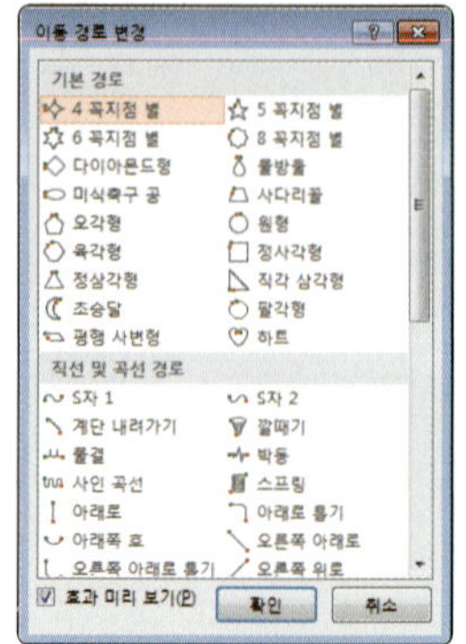

12 Esc를 눌러 점 편집을 마칩니다.

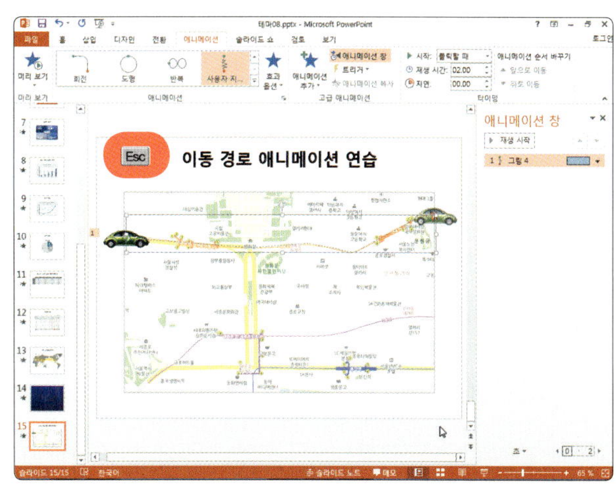

N O T E

[애니메이션] 탭에서 제공하는 기능

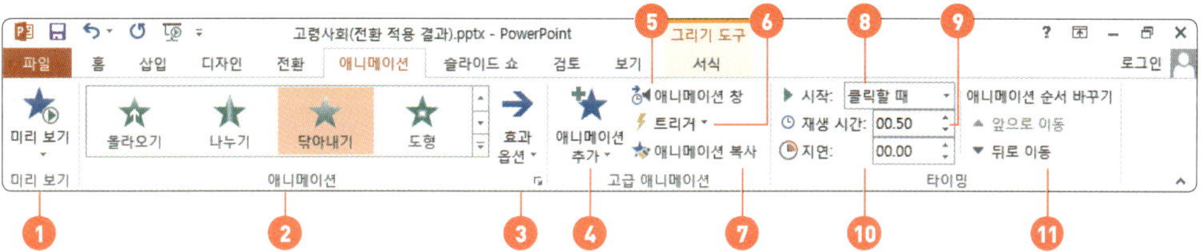

① **미리 보기**: 애니메이션 결과를 미리 봅니다.

② **애니메이션 종류**: 애니메이션을 선택합니다.

③ **효과 옵션**: 선택된 애니메이션의 방향과 같은 옵션을 선택합니다.

④ **애니메이션 추가**: 한 개체에 두 개 이상의 애니메이션을 적용할 수 있도록 해줍니다.

⑤ **애니메이션 창**: 애니메이션 창을 표시합니다.

⑥ **트리거**: 애니메이션을 슬라이드에 있는 특정 개체 또는 비디오나 오디오에 설정된 책갈피와 연결합니다. 특정 개체에 연결된 결과를 확인하고 싶다면 슬라이드 쇼에서 그 개체를 클릭합니다. 책갈피에 연결한 경우라면 비디오나 오디오에서 책갈피가 설정된 시점에 애니메이션이 실행되는 것을 확인할 수 있습니다.

⑦ **애니메이션 복사**: 애니메이션이 적용된 개체를 선택한 후 이 버튼을 클릭하고 다른 개체를 클릭하면 애니메이션을 복사할 수 있습니다. 계속해서 복사하고 싶다면 개체를 선택한 후 [애니메이션 복사] 버튼을 더블 클릭한 후 다른 개체를 클릭합니다.

⑧ **시작**: 애니메이션의 시작 방법을 선택합니다.

⑨ **재생 시간**: 애니메이션이 재생되는 시간을 설정합니다.

⑩ **지연**: 애니메이션이 실행되기까지 지연되는 시간을 설정합니다.

⑪ **애니메이션 순서 바꾸기**: 애니메이션의 순서를 바꿉니다.

10

슬라이드에 전환 효과를 적용해보자!

전환 효과는 테마 7에서 사진 앨범 프레젠테이션에 오디오를 추가하는 연습에서 잠깐 다뤄본 적이 있습니다. 이번 레슨에서는 좀 더 디테일하게 전환 효과를 적용하고 옵션을 변경하는 방법에 대해 알아보겠습니다. 애니메이션과 마찬가지로 모든 슬라이드에 전환 효과를 적용할 필요는 없으며, 중요한 슬라이드에서 청중의 주의를 끌 목적으로만 조금씩 활용하는 것이 좋습니다.

● **실습 파일**: 부록 CD/테마08/고령사회.pptx | **결과 파일**: 부록 CD/테마08/고령사회(전환 적용 결과).pptx

STEP 01 | 밝기 변화 전환 효과 적용하기

01 [고령사회.pptx]를 연 후 [여러 슬라이드] ▦ 를 클릭합니다.

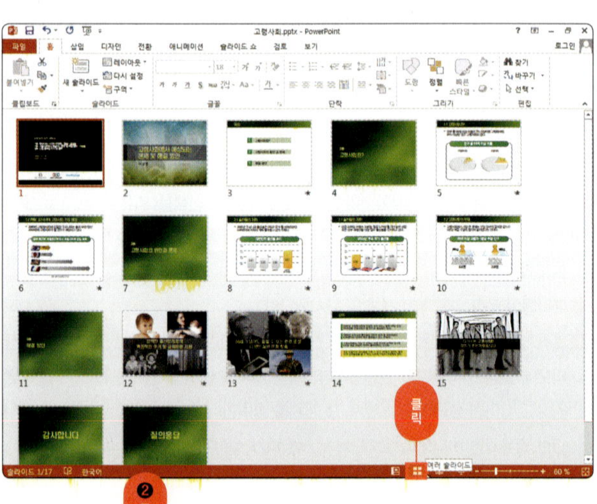

02 [1번 슬라이드]가 선택되어 있는 상태에서 [전환] 탭을 연 후 [밝기 변화]를 클릭합니다.

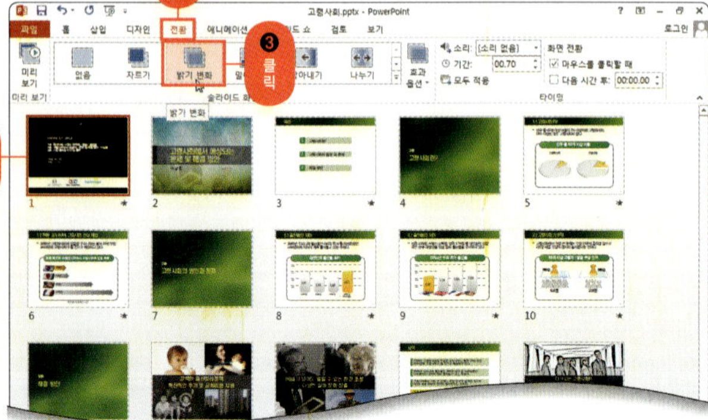

03 [모두 적용]을 클릭합니다. 모든 슬라이드에 밝기 변화 전환 효과가 적용됩니다.

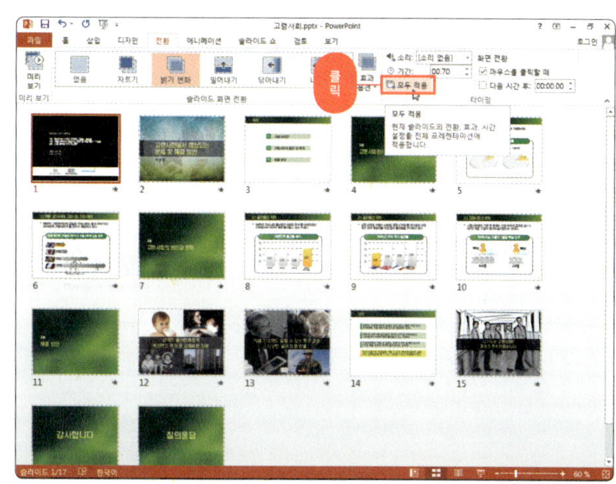

STEP 02 | 표지에 문 전환 효과 적용하기

01 [2번 슬라이드]를 선택한 후 [슬라이드 화면 전환] 영역에서 [자세히] 버튼을 클릭합니다.

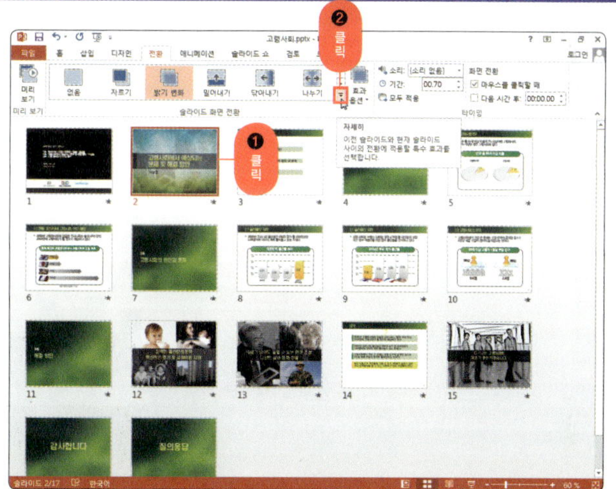

02 [화려한 효과]에서 [문]을 선택합니다.

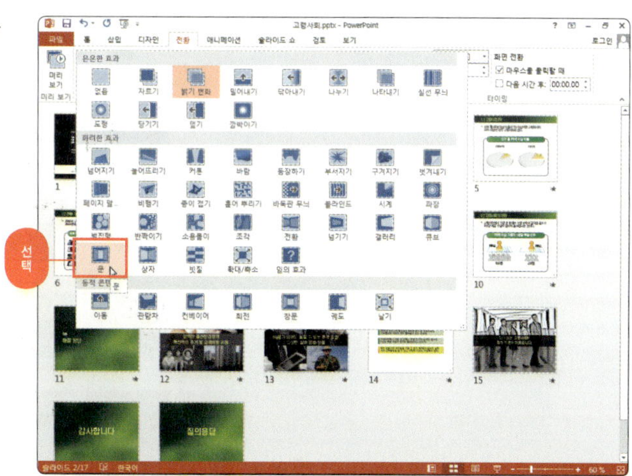

STEP 03 | 중간 페이지에 큐브 전환 효과 적용하기

01 [4번 슬라이드]를 선택한 후 `Ctrl`을 누른 상태에서 [7번 슬라이드]를 클릭합니다. 그런 다음, `Ctrl`을 누른 상태에서 [11번 슬라이드]를 클릭하여 선택하고 [슬라이드 화면 전환] 영역에서 [자세히] 버튼 을 클릭합니다.

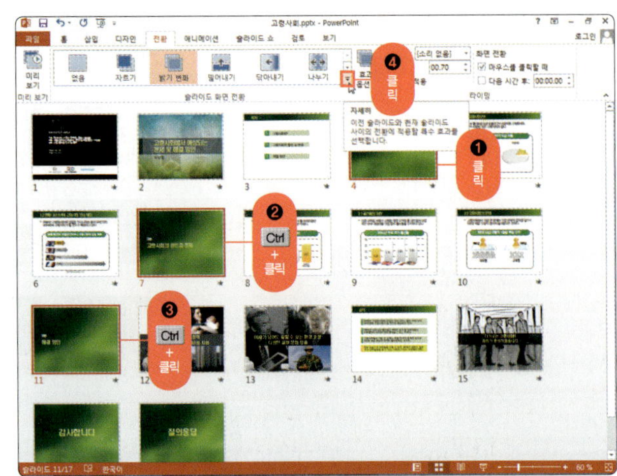

02 [화려한 효과]에서 [큐브]를 선택합니다.

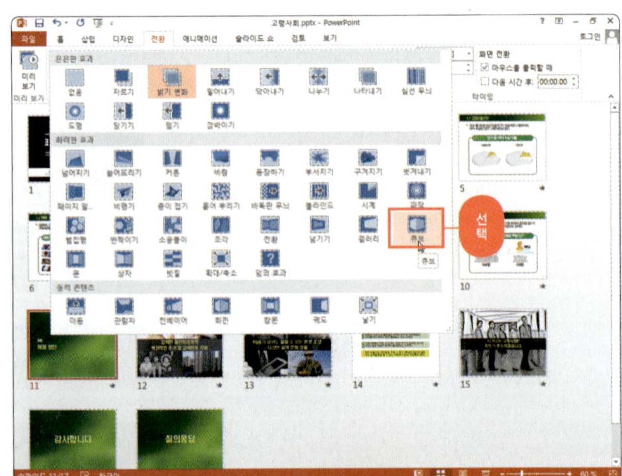

03 [효과 옵션]을 클릭한 후 [아래에서]를 선택합니다.

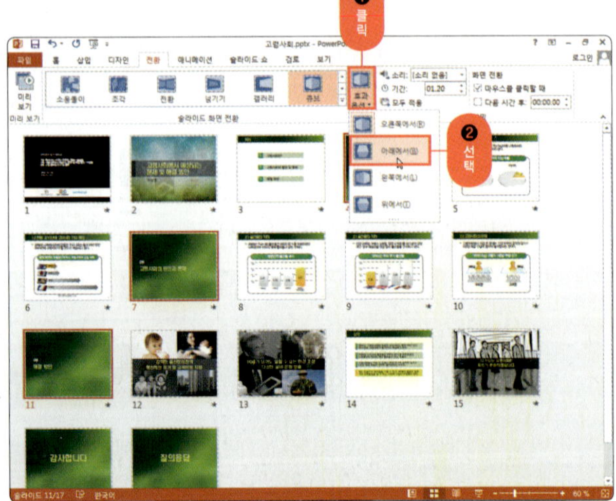

STEP 04 | 메시지 슬라이드에 파장 전환 효과 적용하기

01 [15번 슬라이드]를 선택한 후 [슬라이드 화면 전환] 영역에서 [자세히] 버튼 ▼을 클릭합니다.

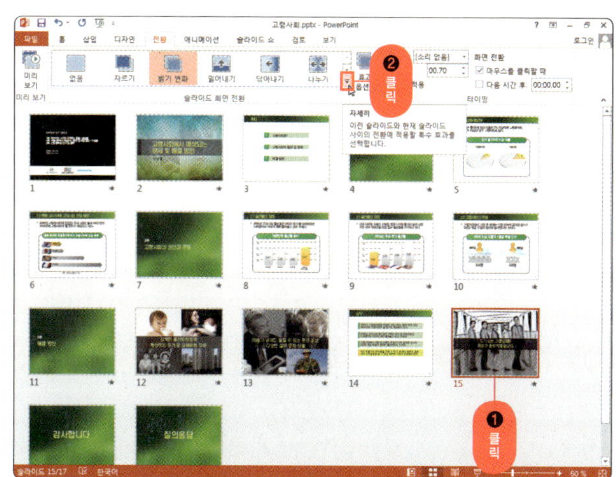

02 [화려한 효과]에서 [파장]을 선택합니다.

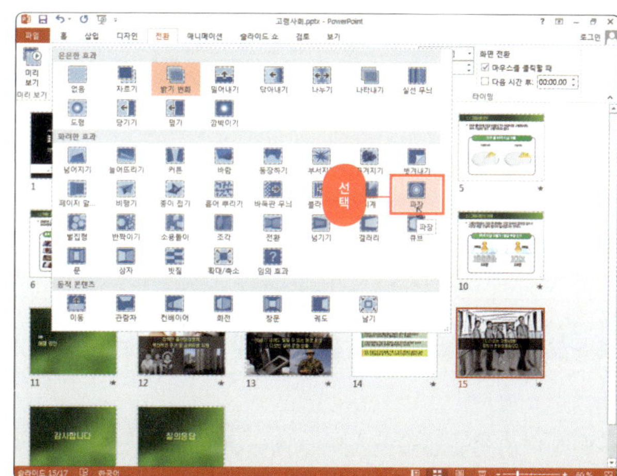

NOTE

슬라이드 전환 효과 적용

전환 효과의 기본은 '밝기 변화'이며, 표지, 중간 제목, 메시지 슬라이드와 같은 특별한 슬라이드에만 문, 큐브, 파장과 같은 화려한 효과를 적용합니다.

NOTE

[전환] 탭에서 제공하는 기능

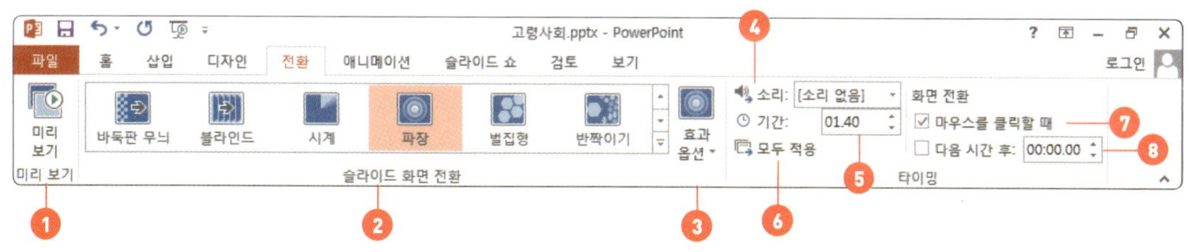

❶ **미리 보기**: 전환 결과를 미리 봅니다.

❷ **전환 종류**: 전환을 선택합니다.

❸ **효과 옵션**: 선택된 전환의 방향과 같은 옵션을 선택합니다.

❹ **소리**: 전환 효과에 소리를 추가합니다.

❺ **기간**: 전환의 재생 시간을 설정합니다.

❻ **모두 적용**: 현재 전환 효과를 모든 슬라이드에 적용합니다.

❼ **마우스 클릭할 때**: 슬라이드 쇼에서 Enter를 누르거나 마우스 왼쪽 버튼을 클릭했을 때 다음 슬라이드로 전환됩니다.

❽ **다음 시간 후**: 설정된 시간이 지나면 다음 슬라이드로 자동 전환됩니다.

프레젠테이션 제작의 마무리는 발표 시 슬라이드나 슬라이드에 있는

개체가 어떤 순서로 표시될 것인지를 결정하고, 청중들에게 배포할 유인물을 인쇄하는 것입니다.

이번 테마에서는 슬라이드의 순서나 하이퍼링크를 이용한 슬라이드 연결, 화면 전환, 인쇄 등과 같은

발표를 앞두고 마지막으로 해야 할 작업들에 대해 알아보겠습니다.

고품위 인쇄 및 멋진 슬라이드 쇼 기법

01

POWERPOINT KNOWHOW

유인물 – 회색조 인쇄를 해보자!

프레젠테이션 제작이 어느 정도 진행되면 인쇄해보는 것이 좋습니다. 컴퓨터 화면에서만 보면 발견되지 않는 오류들이 인쇄된 결과물을 보면 의외로 쉽게 발견되기 때문이죠. 희소식은 파워포인트에서는 모든 프레젠테이션을 PDF 형식으로 저장할 수 있게 되었다는 것입니다. 이번 레슨에서는 흑백과 회색조 인쇄의 차이점과 배포용 인쇄물을 디자인하는 방법, 그리고 PDF와 같은 디지털 인쇄 기법 등과 같은 인쇄의 모든 것에 대해 알아보겠습니다.

● **실습 파일**: 부록 CD/테마09/고령사회(인쇄용).pptx | **결과 파일**: 부록 CD/테마09/고령사회(인쇄용)(결과).pptx

STEP 01 | 유인물 – 회색조 인쇄하기

기본 인쇄를 하면 한 장의 슬라이드가 한 장의 인쇄용지에 인쇄됩니다. 가장 많이 사용하는 인쇄 방법은 A4 용지 한 장에 두 장의 슬라이드를 여백을 최소화한 후 회색조로 인쇄하는 것입니다.

01 [고령사회(인쇄용).pptx] 파일을 연 후 [파일]을 클릭합니다.

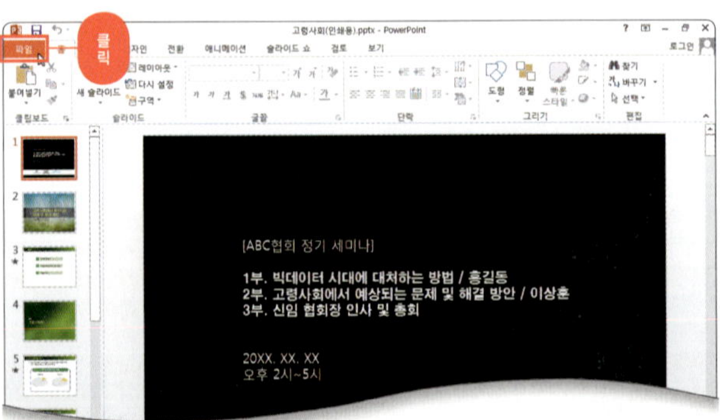

02 [인쇄]를 선택합니다(단축키: Ctrl + P).

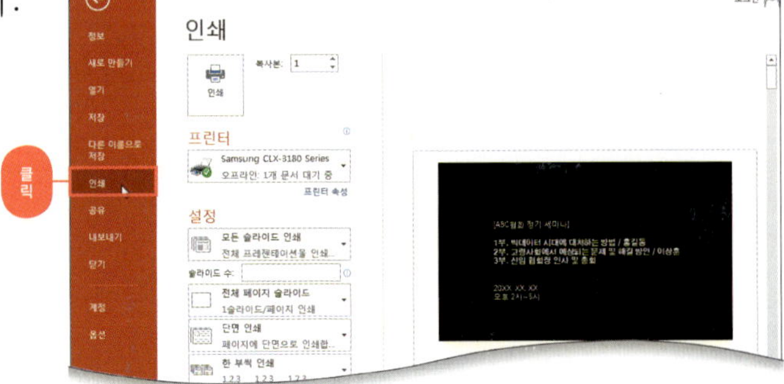

03 [프린터]에는 기본 프린터가 표시됩니다. 만약, 인쇄할 프린터를 바꾸고 싶다면 [프린터]의 현재 프린터를 클릭한 후 다른 프린터를 선택합니다.

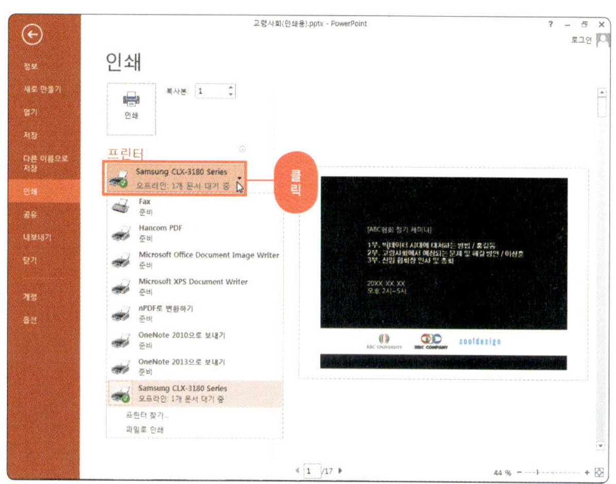

N O T E

기본 프린터 설정하기

[제어판]의 [장치 및 프린터]에서 프린터를 마우스 오른쪽 버튼으로 클릭하면 나타나는 컨텍스트 메뉴 중에서 [기본 프린터로 설정]을 선택합니다.

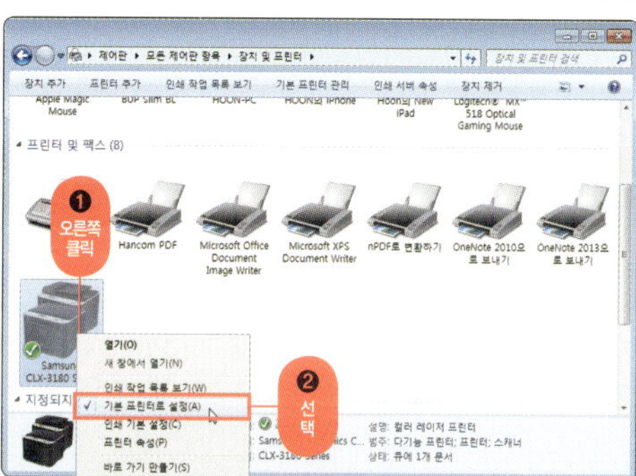

04 한 페이지에 여러 장의 슬라이드를 인쇄하고 싶다면 [전체 페이지 슬라이드]를 클릭한 후 [유인물] 영역에서 슬라이드 숫자(예 2슬라이드)를 선택합니다.

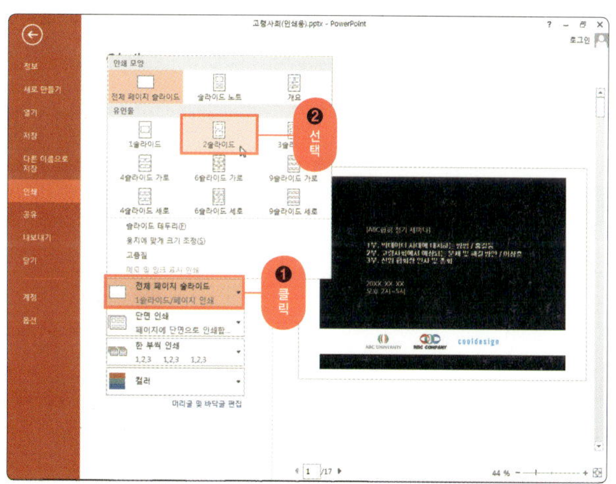

05 유인물 인쇄는 기본적으로 여백이 많이 발생하는데, 여백을 줄이고 싶다면 [현재 유인물(예 2슬라이드)]를 클릭한 후 [용지에 맞게 크기 조정]을 선택합니다.

NOTE

유인물 인쇄 시 여백을 더 줄이고 싶다면

[프린터]에서 [프린터 속성]을 클릭한 후 [면당 여러 페이지 인쇄]를 선택하고 [면 당 페이지 수]를 2 이상으로 설정하고 [확인] 버튼을 클릭합니다. 이 옵션은 프린터 종류에 따라 다를 수 있습니다. 파워포인트 인쇄 옵션에서는 [유인물 인쇄]가 아닌 [전체 페이지 슬라이드]를 선택한 후에 [인쇄]를 클릭해야 합니다.

06 [컬러]를 클릭한 후 [회색조]를 선택합니다.

07 [머리글 및 바닥글 편집]을 클릭합니다.

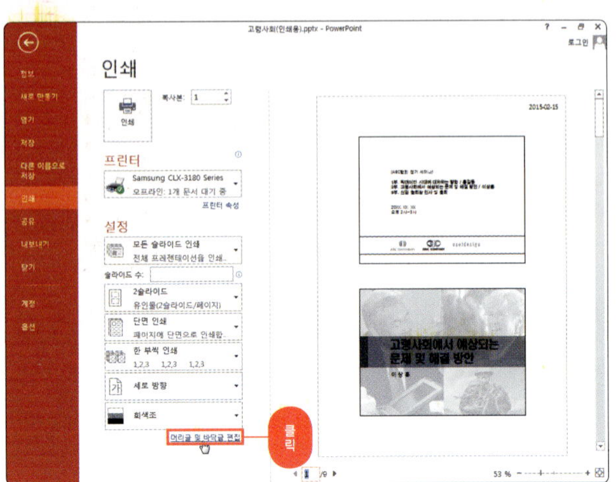

08 [머리글/바닥글] 대화상자에서 필요한 옵션을 선택한 후 [모두 적용]을 클릭합니다.

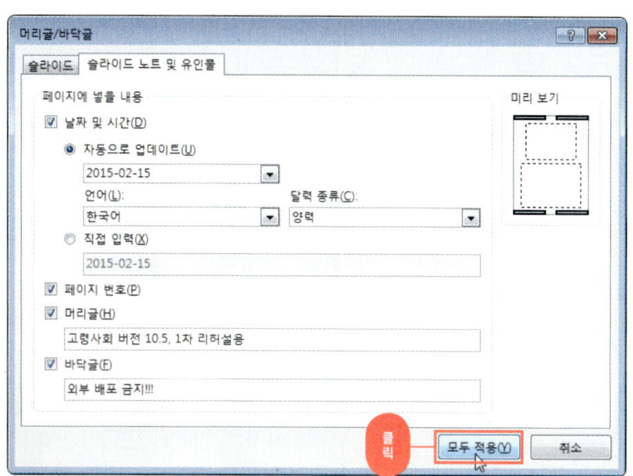

09 오른쪽에 나타나는 미리 보기에 현재 인쇄 상태가 표시됩니다. [다음 페이지] 버튼을 클릭합니다.

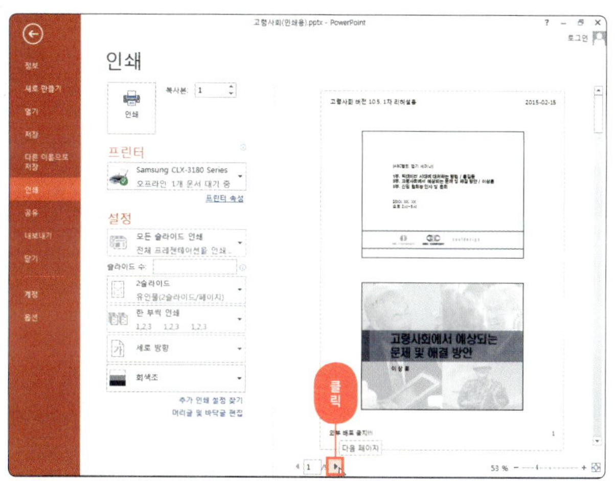

10 계속해서 페이지를 넘기면서 인쇄가 제대로 될 것인지를 확인하고 문제가 발생할 가능성이 있다면 Esc 를 눌러 인쇄 모드를 종료합니다.

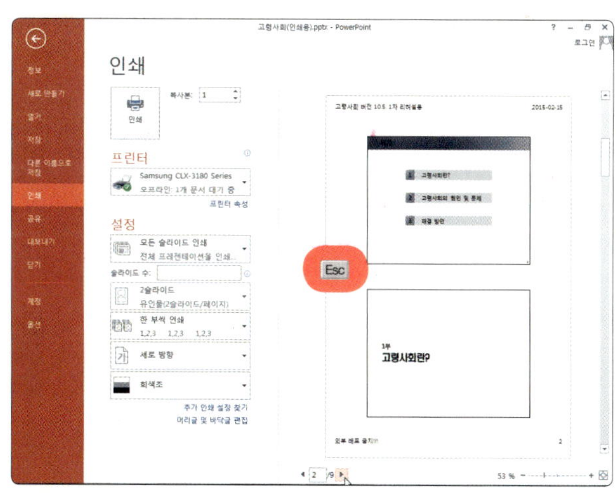

STEP 02 | 회색조 인쇄 문제 해결하기

인쇄에서 문제가 발생할 가능성이 있다면 그것을 수정한 후 인쇄를 하는 것이 좋을 것입니다. 이번에는 회색조 인쇄에서 글자가 잘 보이지 않는 경우를 예로 들어 보겠습니다.

01 [보기] 탭에서 [회색조] 버튼을 클릭합니다. 회색조 인쇄 상태로 전환됩니다. 배경은 흰색으로, 텍스트는 검은색으로 표시되고, 도형은 테두리가 표시되며, 그림은 회색조로 표시됩니다.

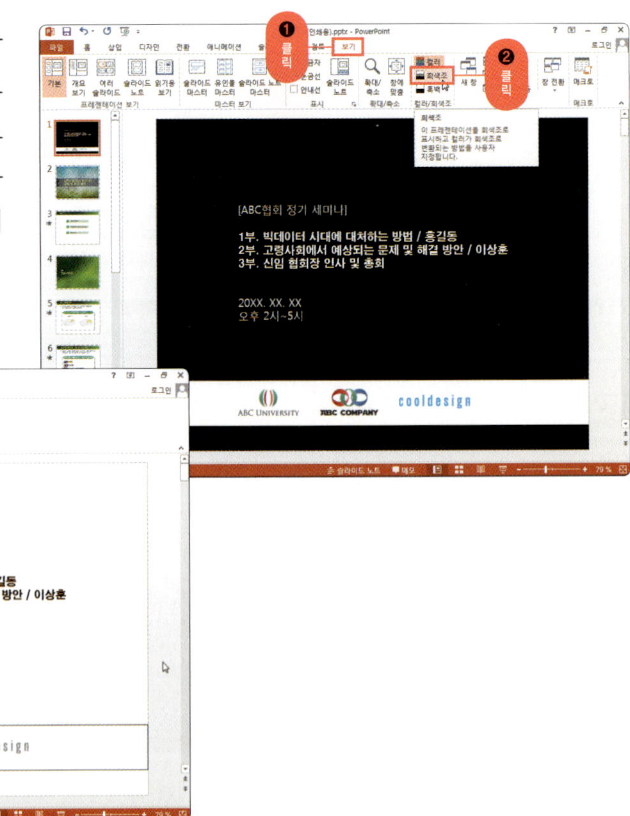

02 [2번 슬라이드]로 이동합니다. 슬라이드에 있는 제목 텍스트가 검은색으로 표시돼 인쇄 시 잘 보이지 않을 가능성이 있습니다. 텍스트를 선택합니다.

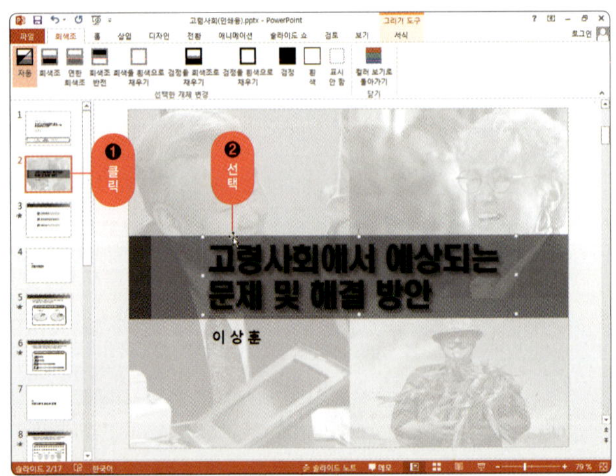

03 [회색조] 탭에서 [회색조] 버튼을 클릭합니다. 선택된 글자가 흰색으로 변경돼 선명하게 보이는 것을 볼 수 있습니다. 이렇게 특정 개체의 인쇄 결과를 바꿀 수 있습니다.

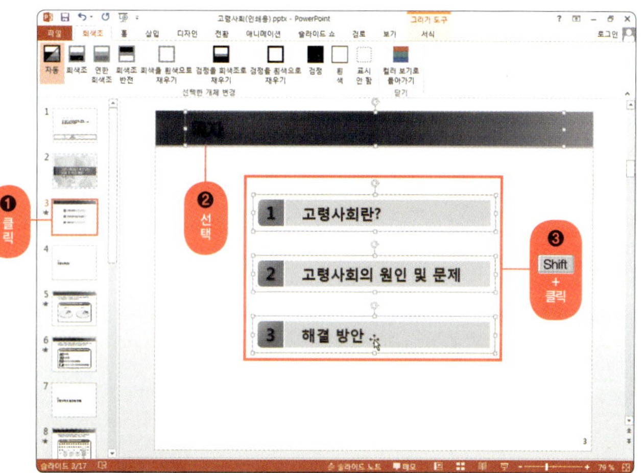

04 [3번 슬라이드]에서 제목 텍스트와 세 개의 도형 그룹 개체를 선택합니다.

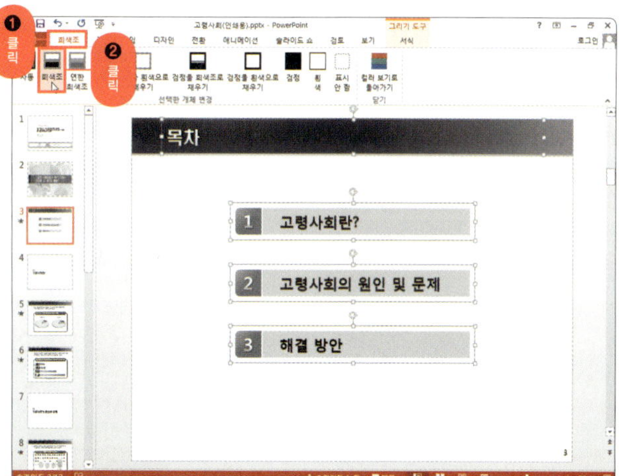

05 다시 한 번 [회색조] 탭에서 [회색조]를 클릭합니다.

> **NOTE**
>
> **다시 원래 상태로 되돌리려면**
>
> [회색조] 탭에서 맨 왼쪽에 있는 [자동] 버튼을 클릭합니다.
>
> **컬러 보기로 돌아가고 싶다면**
>
> [회색조] 탭에서 맨 오른쪽에 있는 [컬러 보기로 돌아가기]를 클릭합니다.

06 현재 설정대로 인쇄를 하고 싶다면 [파일]을 클릭합니다.

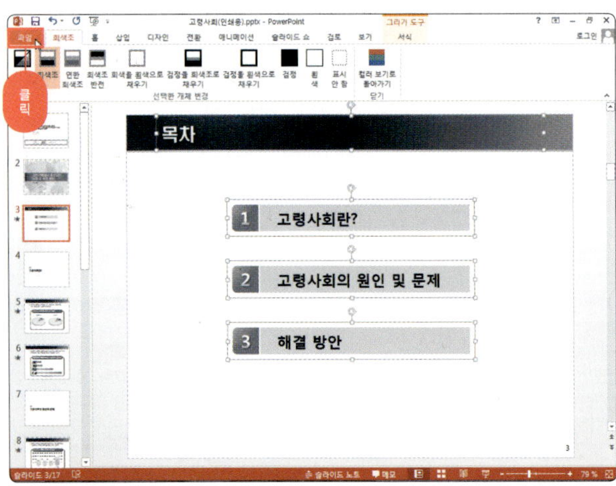

07 인쇄 미리 보기에서 문제가 해결되었는지 확인한 후 [이전 페이지]를 클릭합니다.

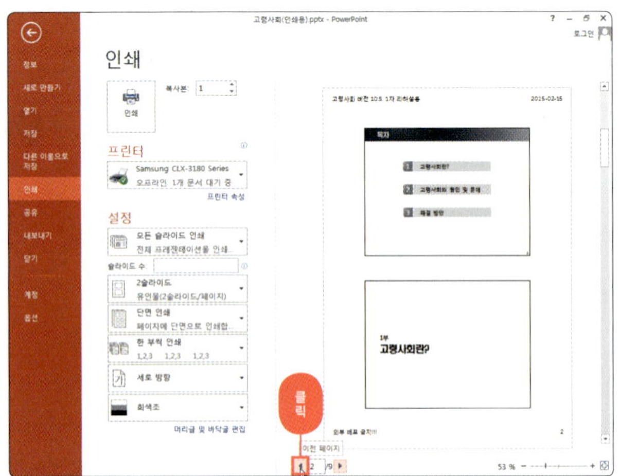

08 두 번째 슬라이드에서 제목 텍스트 색이 변경된 것을 확인한 후 더 이상 문제가 없다면 [인쇄]를 클릭합니다.

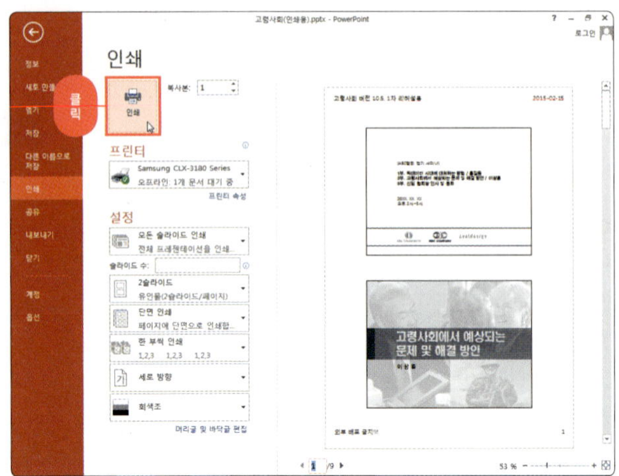

STEP 03 | 여러 장 인쇄하기

시험 인쇄를 해본 후 문제가 없다면 이제 참석할 사람 수 대로 인쇄합니다.

01 [파일]을 클릭합니다.

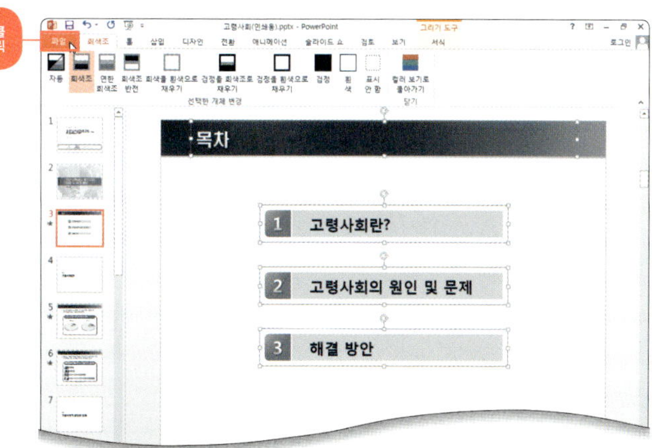

02 인쇄에서 [복사본] 입력상자에 인쇄할 부수를 입력합니다.

03 단면 인쇄가 아닌 양면 인쇄를 하고 싶다면 [단면 인쇄]를 클릭한 후 [양면 인쇄]를 선택합니다.

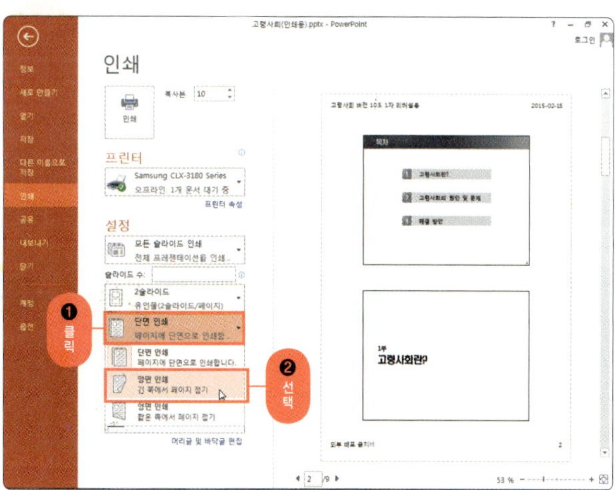

04 파워포인트는 기본적으로 지정한 페이지(**예** 1~9)를 모두 인쇄하고, 다시 1~9페이지를 인쇄합니다. 만약 1페이지를 10부 인쇄하고, 2페이지를 10부 인쇄하는 방식으로 인쇄하고 싶다면 [한 부씩 인쇄]를 클릭한 후 [한 부씩 인쇄 안 함]을 선택합니다.

NOTE

일부 슬라이드만 인쇄하고 싶다면

[모든 슬라이드]를 클릭한 후 [범위 지정]을 선택하고 [슬라이드 수] 입력상자에 인쇄할 슬라이드 번호를 입력합니다. 범위는 옆줄(–), 개별 슬라이드는 쉼표(,)로 구분합니다. 예를 들어, '1-4,10,15'와 같이 입력했다면, 1번에서 4번까지 슬라이드와 10번, 15번 슬라이드를 인쇄하겠다는 의미입니다.

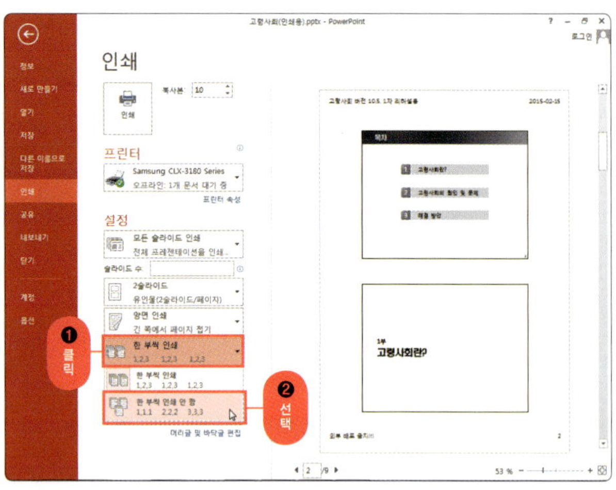

05 [인쇄]를 클릭합니다.

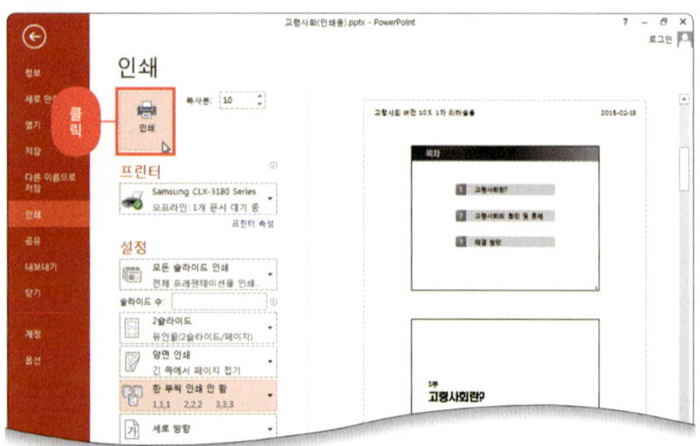

STEP 04 | 유인물 마스터에서 유인물 레이아웃 변경하기

청중에게 배포할 유인물에 특별한 내용(**예** 문서의 저작권, 비밀 유지 등)을 입력하고 싶다면, 유인물의 기본 디자인을 조정해야 하는데, 이는 유인물 마스터에서 가능합니다.

01 [보기] 탭에서 [유인물 마스터 보기]를 클릭합니다. 유인물 마스터 편집 모드로 전환됩니다.

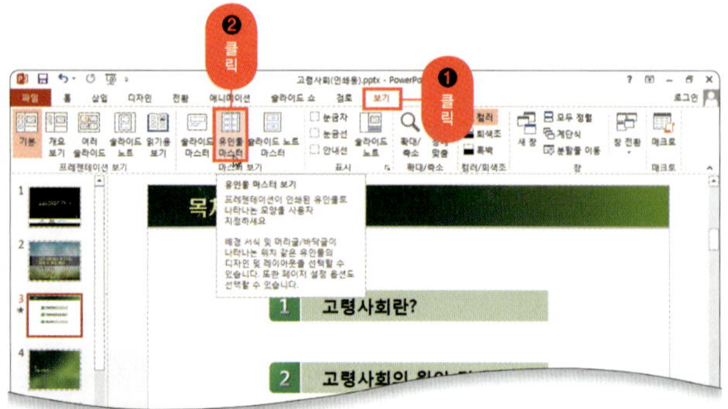

유인물에서 가운데에 점선으로 나타나는 직사각형은 각 슬라이드가 인쇄될 위치를 알려줍니다. 유인물 각 모서리에는 머리글/바닥글, 날짜, 번호 등을 표시하는 개체 틀이 기본적으로 표시됩니다.

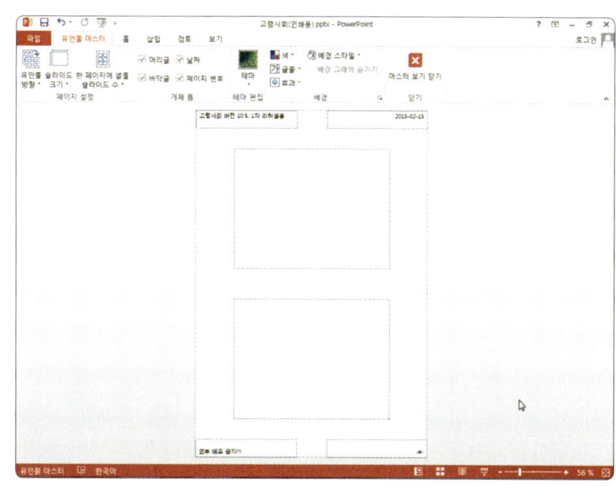

02 [유인물 마스터] 탭의 [개체 틀] 영역에서 [머리글], [날짜], [바닥글], [페이지 번호] 옵션을 모두 선택 해제합니다. 위와 아래에 있었던 개체 틀이 모두 사라진 것을 볼 수 있습니다.

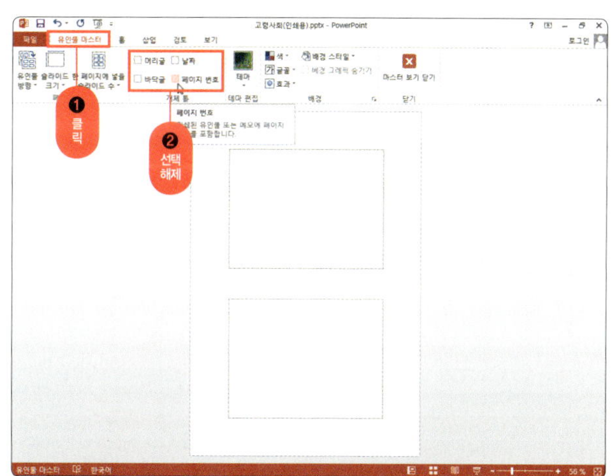

03 [삽입] 탭을 연 후 [가로 텍스트 상자 그리기]를 클릭합니다.

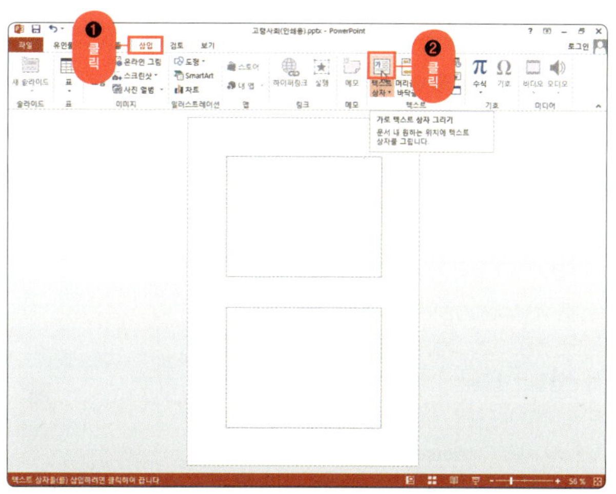

04 하단에서 빈 곳을 클릭해 기본 텍스트 상자를 만듭니다.

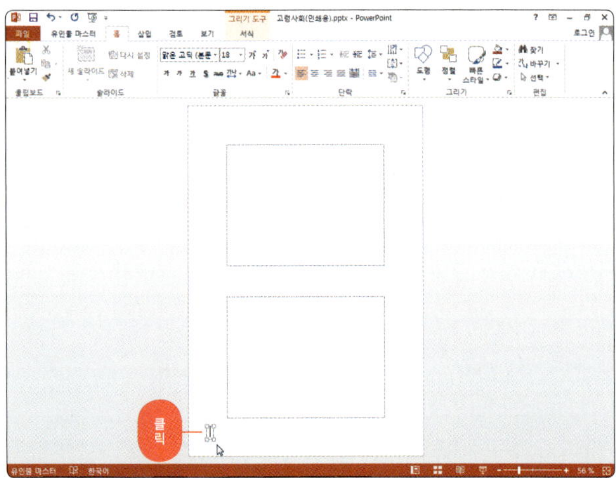

05 다음과 같이 필요한 내용을 입력합니다.

Copyright (c) cooldesign. All Rights Reserved.
이 문서의 저작권은 쿨디자인에 있습니다.
쿨디자인의 허가 없이 상업적으로 이용하거나, 재배포는 불법입니다.

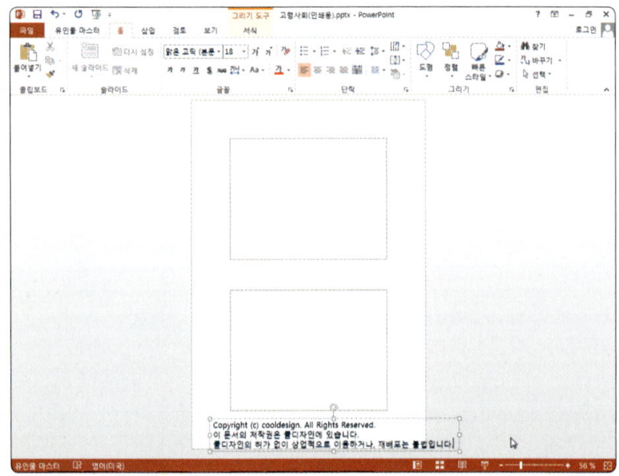

06 Esc 를 눌러 텍스트 상자의 테두리를 선택한 후 [홈] 탭에서 [글꼴 크기]를 [10]으로 변경합니다.

NOTE

유인물 마스터에서는 대부분의 개체 삽입 가능

유인물 마스터에서 사용자는 일반 슬라이드에서처럼 텍스트 상자는 물론, 도형, 그림 등과 같은 개체를 삽입하고, 서식을 변경할 수 있습니다. 마음껏 디자인해보세요. 일반적으로 프레젠테이션 제목, 페이지 번호, 조직의 로고, 또는 특별한 메시지(예 Confidential) 등을 삽입합니다.

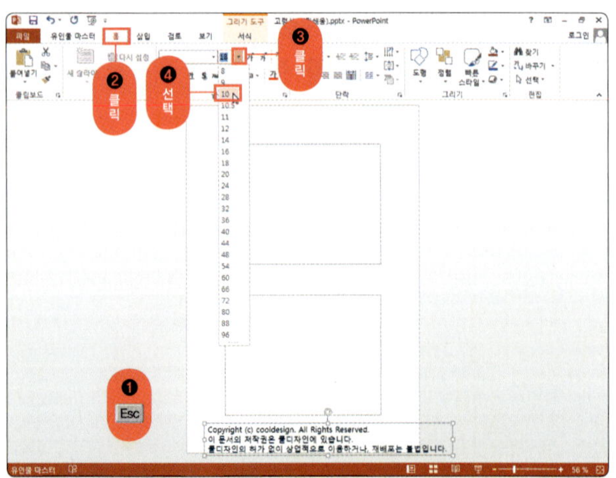

07 [단락] 영역에서 [가운데 맞춤]을 클릭합니다.

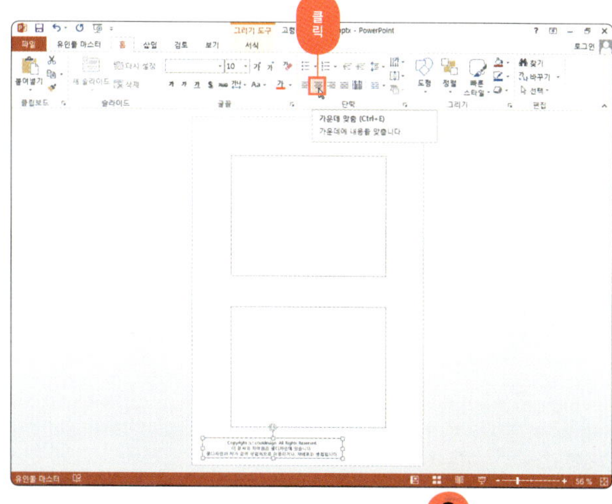

08 [정렬]을 클릭한 후 [맞춤]에서 [가운데 맞춤]을 클릭합니다.

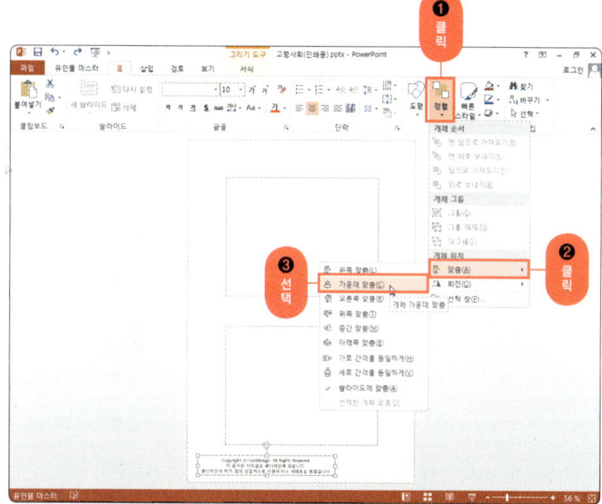

09 텍스트 상자가 가운데로 이동합니다. 필요한 경우 위 또는 아래 방향키(↑ 또는 ↓)를 눌러 상하 위치를 조정합니다.

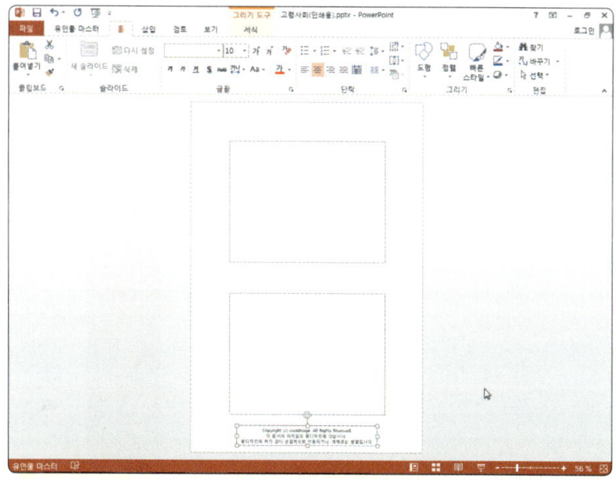

10 [유인물 마스터] 탭에서 [마스터 보기 닫기]를 클릭합니다.

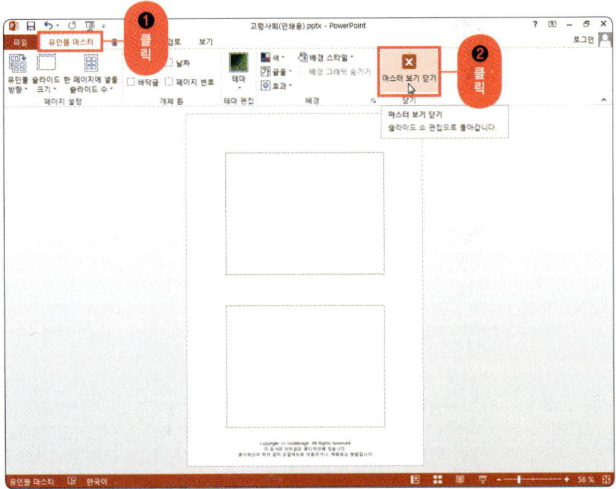

11 [파일]을 클릭합니다.

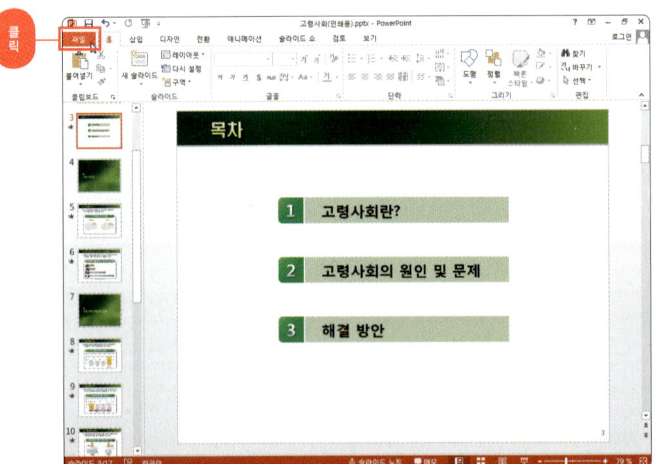

12 미리 보기에서 변경된 유인물 레이아웃을 확인한 후, [인쇄]를 클릭합니다.

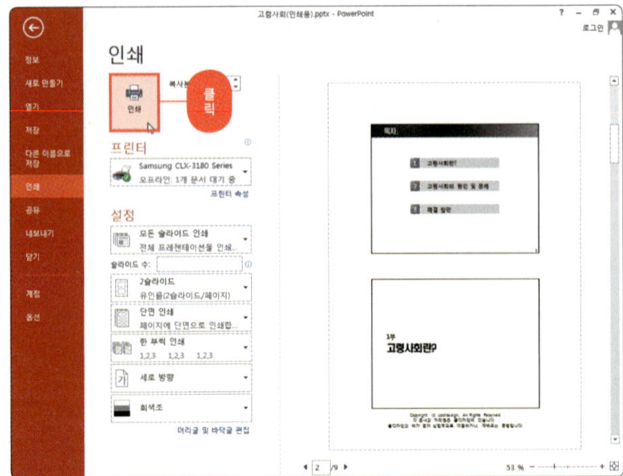

02

슬라이드 노트 레이아웃을 변경하고 인쇄를 해보자!

P O W E R P O I N T   K N O W H O W

만약 여러분이 슬라이드 하단에 있는 슬라이드 노트에 무엇인가를 입력했다면 슬라이드 노트 인쇄 기능으로 노트에 입력한 것을 슬라이드와 함께 인쇄할 수 있습니다. 일반적으로 슬라이드 노트에는 발표/강연과 관련된 핵심 내용, 스피치 대본, 참조할 내용 등을 입력하는데, 이 때문에 슬라이드 노트를 인쇄한 자료를 배포한 상태에서 리허설을 진행하는 경우가 많습니다. 이번 레슨에서는 슬라이드 노트 레이아웃 및 인쇄 방법에 대해 알아보겠습니다.

● **실습 파일**: 부록 CD/테마09/고령사회(인쇄용).pptx | **결과 파일**: 부록 CD/테마09/고령사회(인쇄용)(결과).pptx

STEP 01 | 슬라이드 노트 입력하기

01 기본 보기에서 슬라이드 하단의 상태 표시줄 위에 있는 수평 경계선에 마우스 포인터를 위치시킵니다.

02 위로 드래그해 슬라이드 노트 영역을 표시한 후 텍스트(발표 내용이나 주의할 점 등)를 입력합니다.

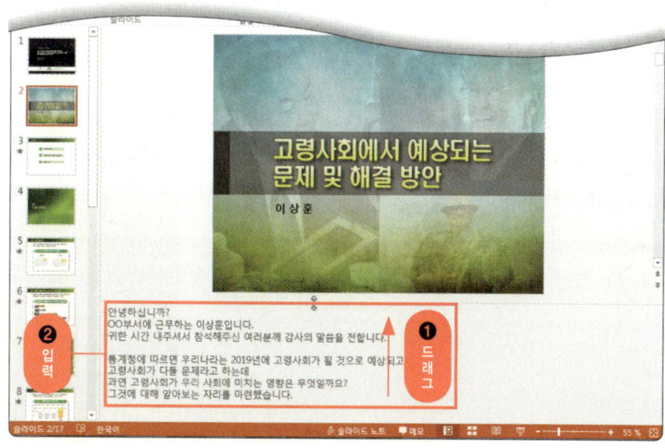

STEP 02 | 슬라이드 노트 인쇄 미리 보기

01 [파일]을 클릭합니다.

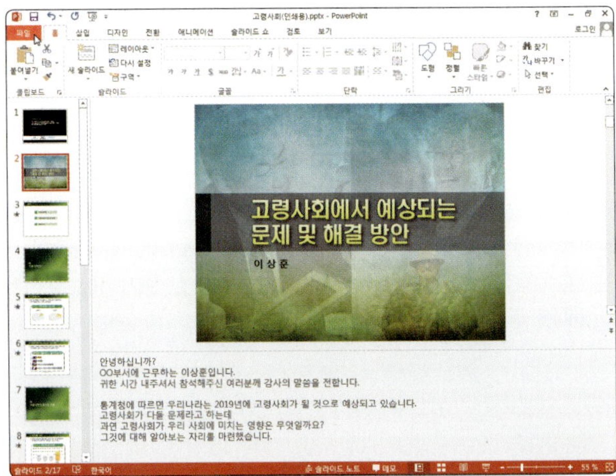

02 [인쇄]에서 앞에서 설정한 상태(**예** 2슬라이드 또는 전체 페이지 슬라이드)를 클릭한 후 [슬라이드 노트]를 선택합니다.

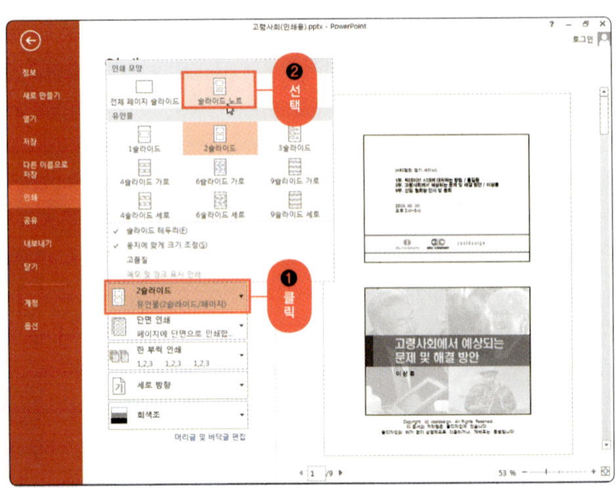

03 [다음 페이지]를 클릭합니다.

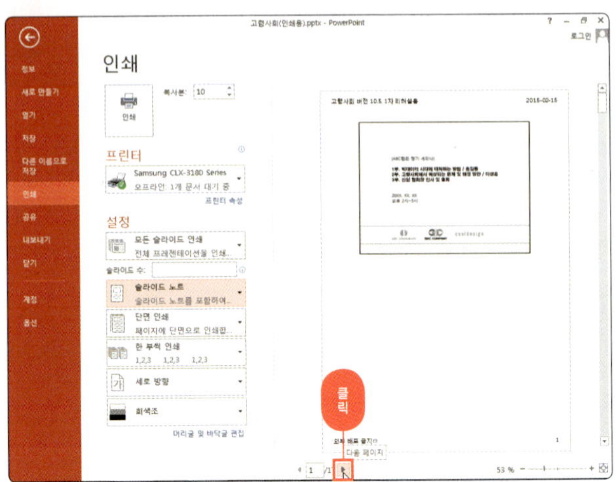

04 슬라이드 미리 보기와 노트가 나타나는 것을 확인합니다. [복사본]에 적당한 부수를 입력한 후 [인쇄]를 클릭합니다.

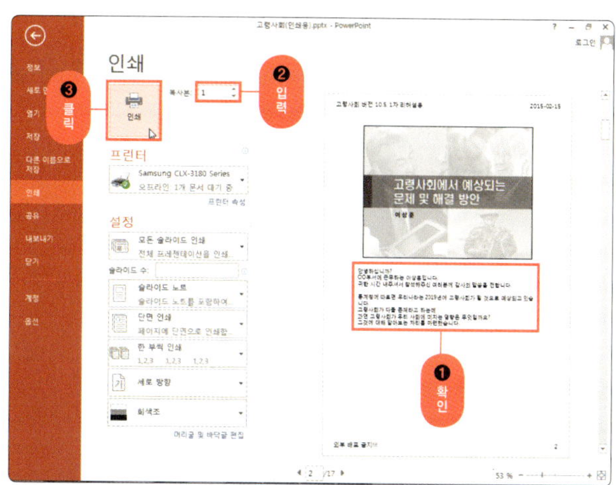

STEP 03 | 슬라이드 노트 마스터 설정하기

슬라이드 노트 인쇄 구조가 마음에 들지 않는다면, 슬라이드 노트 마스터에서 수정할 수 있습니다.

01 [보기] 탭에서 [슬라이드 노트 마스터]를 클릭합니다.

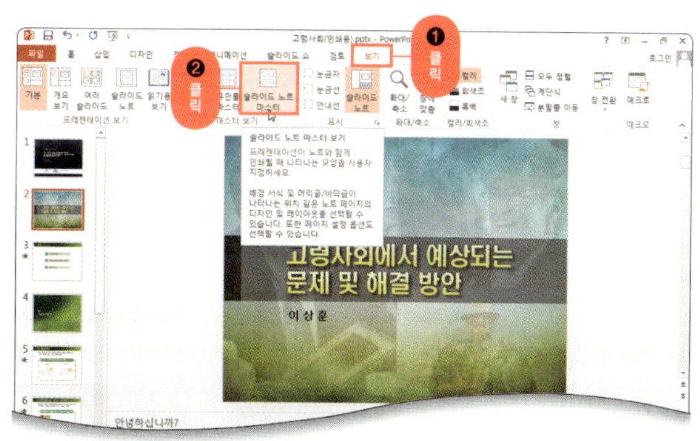

02 슬라이드 노트 마스터 편집 모드로 전환됩니다.

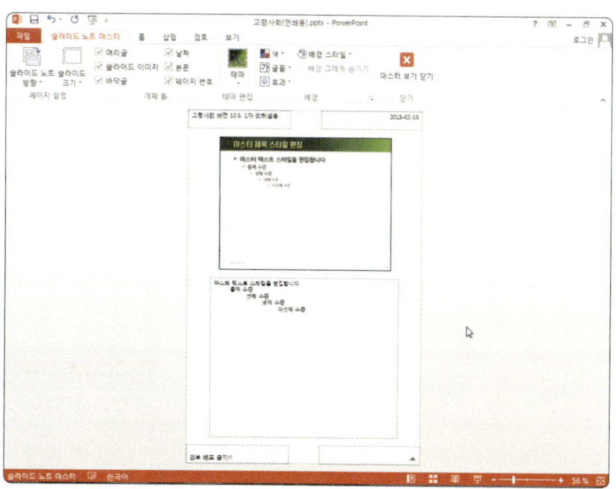

02 슬라이드 미리 보기를 클릭한 후 크기와 위치를 조정합니다.

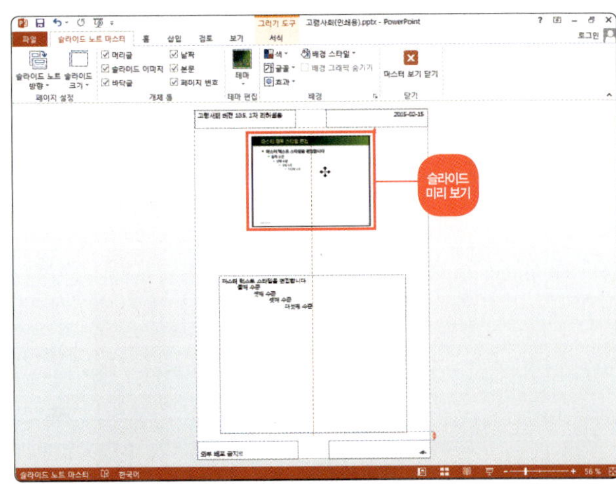

03 노트 입력 창의 크기와 위치를 변경합니다.

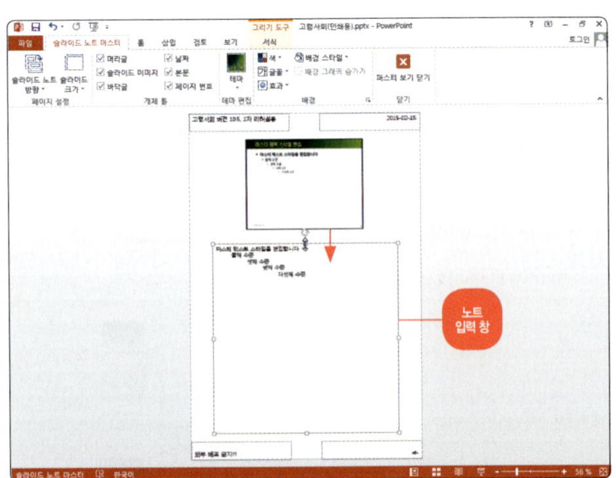

04 [홈] 탭에서 [글꼴 크기]를 [14]로 변경합니다. 필요하면 글꼴도 변경합니다.

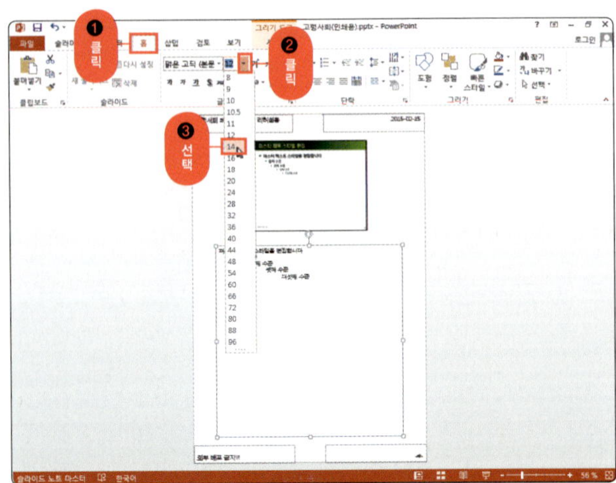

05 [슬라이드 노트 마스터] 탭에서 [마스터 보기 닫기]를 클릭합니다.

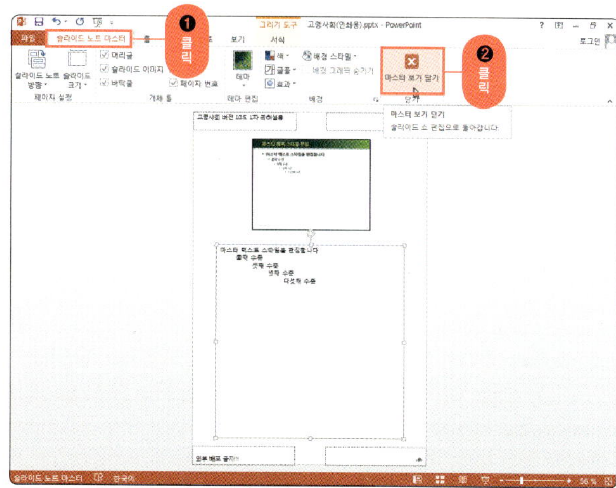

06 [파일]을 클릭합니다.

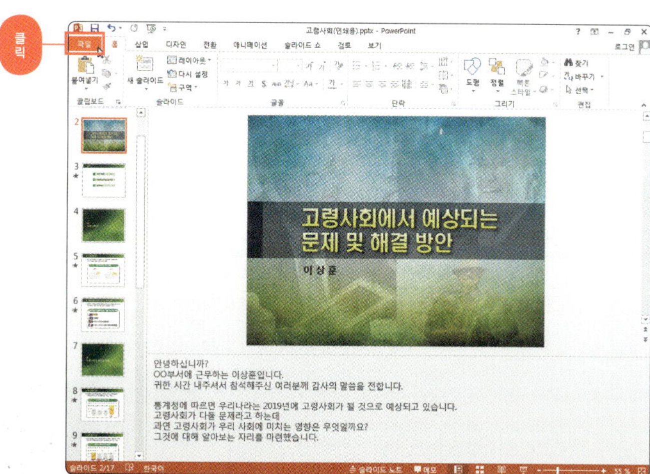

07 미리 보기에서 결과를 확인한 후 [인쇄]를 클릭합니다.

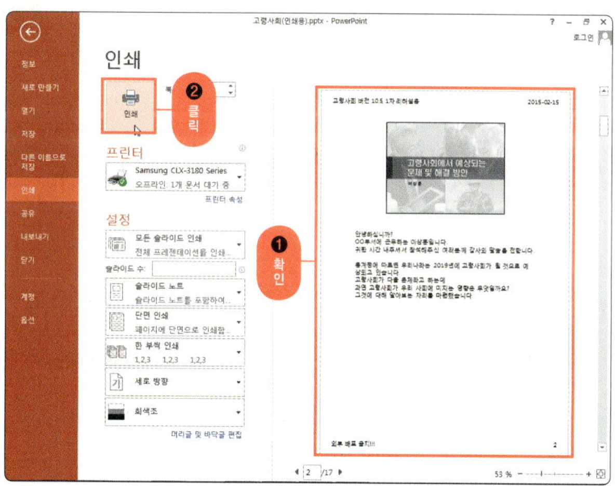

03

파워포인트를 PDF로 저장하고 MS 워드로 보내보자!

몇 년 전부터 플랫폼(윈도우, 매킨토시 등)과 상관없이 읽을 수 있는 PDF 형식의 문서가 각광을 받고 있으며, 파워포인트 문서를 PDF로 변환해 전달하거나 인터넷에 올리는 경우도 많아지고 있습니다. 당연하게도 파워포인트 2013 버전은 프레젠테이션을 PDF로 변환할 수 있는 기능을 제공합니다. 이번 레슨에서는 유인물을 PDF 형식으로 저장하는 방법과 파워포인트 파일을 MS 워드로 보내 특별한 디자인을 하는 방법에 대해 알아보겠습니다.

● **실습 파일**: 부록 CD/테마09/고령사회(인쇄용).pptx
　결과 파일: 부록 CD/테마09/고령사회(인쇄용).pdf, 슬라이드 아래 설명문.docx, 슬라이드 옆에 설명문.docx

STEP 01 | PDF 형식으로 저장하기

01 [파일]을 클릭합니다.

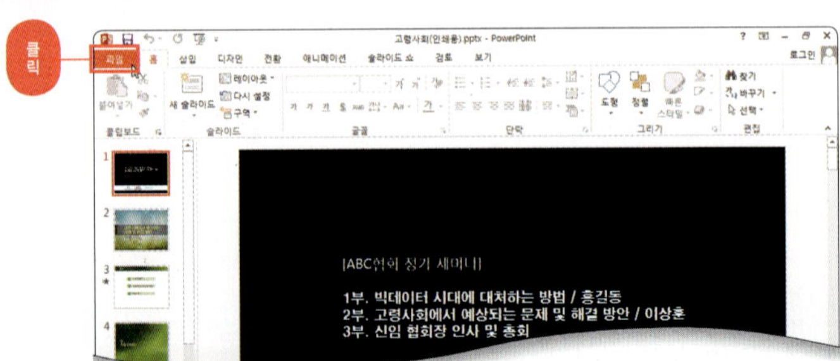

02 [내보내기]를 선택한 후 [PDF/XPS 문서 만들기]에서 [PDS/XPS 만들기]를 클릭합니다.

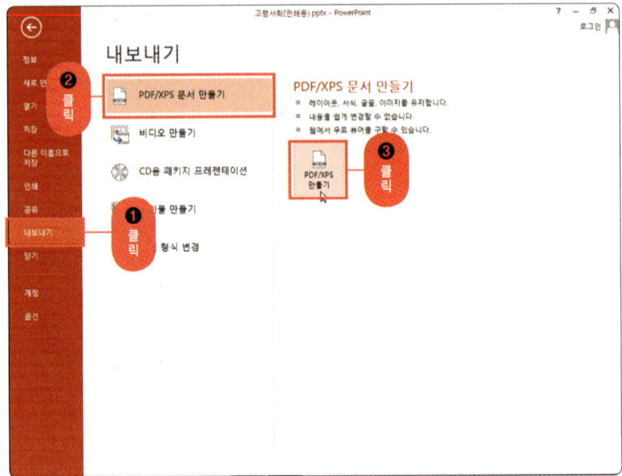

NOTE

PDF란?

PDF는 'Portable Document Format'의 약자로 인쇄 상태 그대로를 컴퓨터에서 보여주므로 전자책과 CD출판 등 디지털 출판에 적합합니다. PDF 포맷을 만들 수 있는 프로그램은 많지만 포토샵을 개발한 어도비 사에서 만든 애크로뱃(Acrobat)이 가장 유명합니다. PDF 형식의 파일은 무료로 배포되는 어도비 리더(Adobe Reader)가 설치되어 있으면 PDF를 보거나 인쇄할 수 있습니다.

03 나타나는 대화상자에서 [옵션]을 클릭합니다.

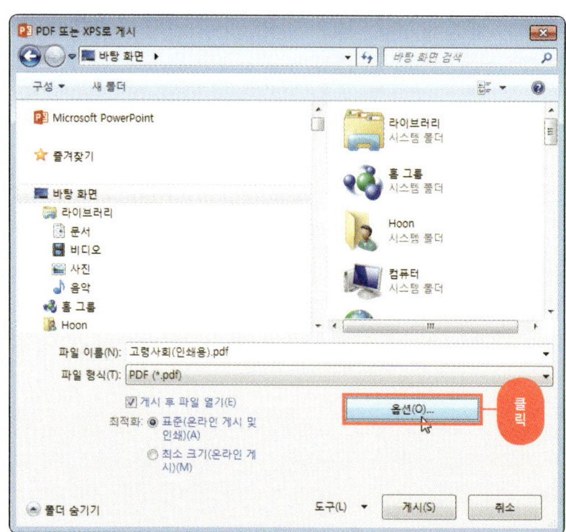

04 [게시 대상] 메뉴를 연 후 [유인물]을 선택합니다.

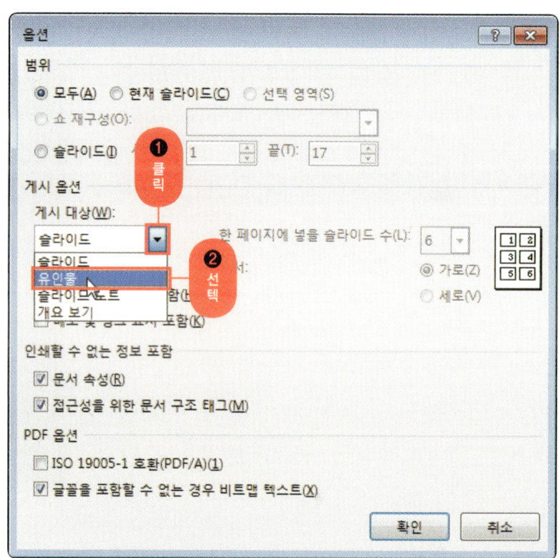

05 [한 페이지에 넣을 슬라이드 수] 메뉴를 연 후 [2]를 선택합니다. [슬라이드 테두리]를 선택한 후 [확인] 버튼을 클릭합니다.

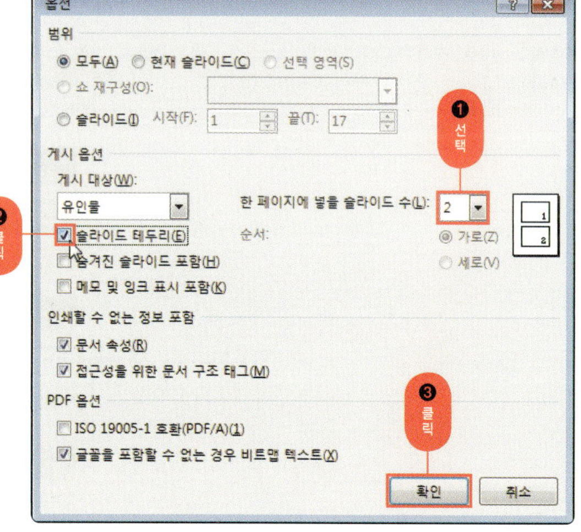

06 저장할 위치(**예** 바탕 화면)를 선택한 후 [게시]를 클릭합니다.

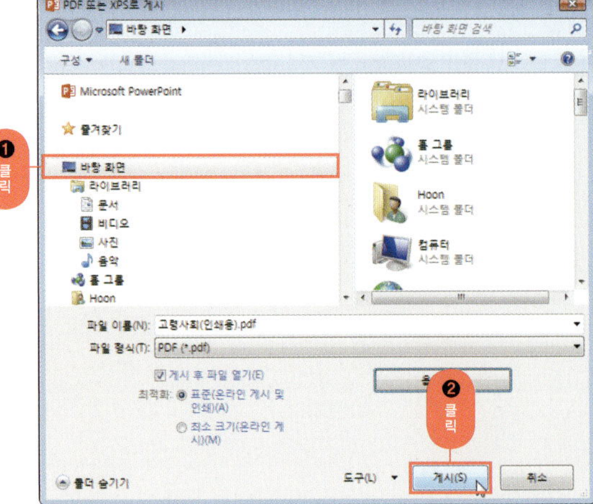

07 PDF로 변환이 완료되고 여러분 의 컴퓨터에 어도비 리더 (Adobe Reader)와 같은 PDF 뷰어 가 있다면 변환된 PDF는 자동으로 열 리게 됩니다.

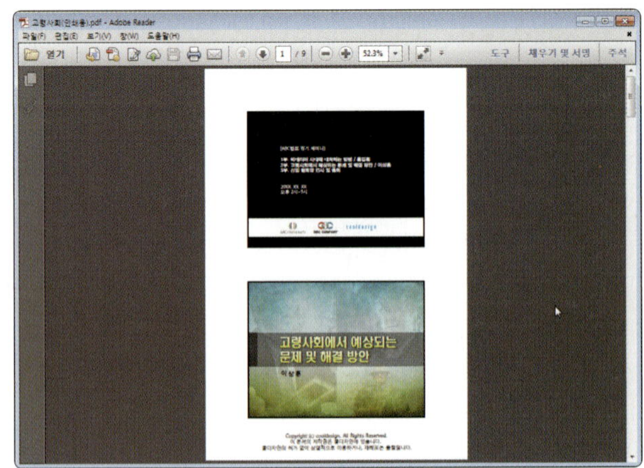

STEP 02 | MS 워드에서 유인물 만들기

01 파워포인트에서 [파일]을 클릭합 니다.

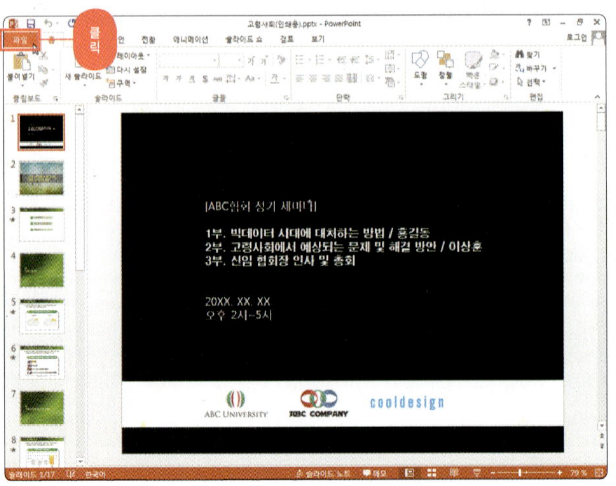

02 [내보내기]를 클릭한 후 [유인물 만들기]를 선택하고 [유인물 만들기]를 클릭합니다.

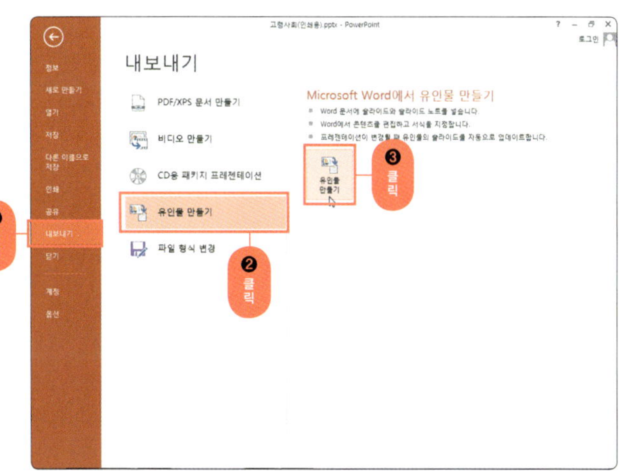

03 [Microsoft Word로 보내기] 대화상자에서 옵션을 선택한 후 [확인] 버튼을 클릭합니다.

NOTE

Microsoft Word의 페이지 레이아웃

· **슬라이드 옆에 설명문**: 슬라이드 이미지와 오른쪽에 슬라이드 노트에 입력한 내용이 배치됨
· **슬라이드 옆에 여백**: 슬라이드 이미지와 오른쪽에 여백 배치
· **슬라이드 아래 설명문**: 슬라이드 이미지와 아래쪽에 슬라이드 노트에 입력한 내용이 배치됨. 마치 슬라이드 노트 인쇄와 같은 결과
· **슬라이드 아래 여백**: 슬라이드 이미지와 아래쪽에 여백 배치
· **개요만**: 제목 및 내용 개체 틀에 입력한 내용만 배치됨

Microsoft Word 문서에 슬라이드 추가

· **붙여 넣기**: 현재 슬라이드 이미지가 복사되어 붙여 넣어짐
· **연결하여 붙여 넣기**: 현재 슬라이드와 연결돼 나중에 파워포인트에서 슬라이드 디자인이 변경된 경우 그것을 업데이트할 수 있음

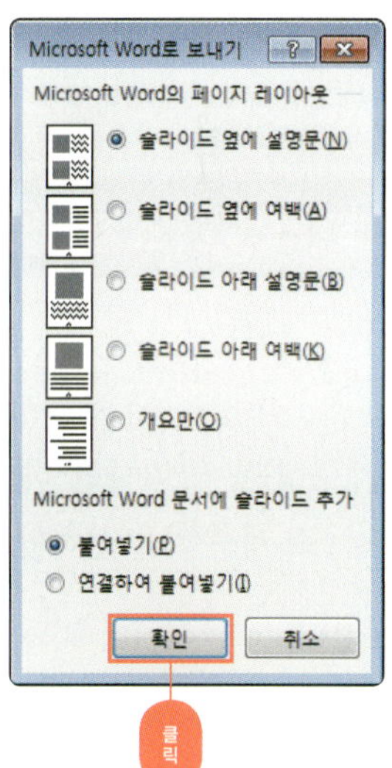

04 현재 파워포인트 파일이 MS 워드로 보내져 지정한 옵션대로 레이아웃이 배치됩니다.

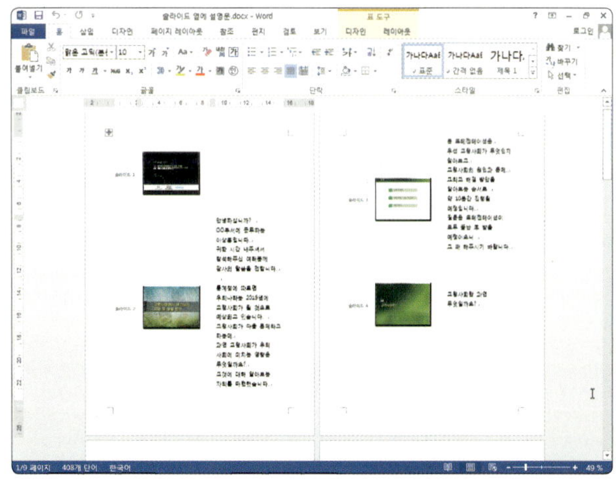

04

쇼 재구성으로
쇼를 재구성해보자!

POWERPOINT KNOWHOW

여러분에게 10분의 프레젠테이션 시간이 주어졌고, 그렇게 준비했는데 발표 직전에 그 시간이 5분으로 줄어들 수도 있다는 이야기가 들려왔다면 어떻게 해야 할까요? 대부분 몇 장의 슬라이드를 건너 뛰거나, 숨기기 기능으로 몇 장의 슬라이드를 숨겨 놓고 발표할 것입니다. 물론 그럴 수도 있겠지만 쇼 재구성 기능을 알고 있다면 사전에 5분용, 3분용, 1분용 등과 같은 버전을 만들어놓고 변경된 시간에 따라 적절한 버전을 발표할 수 있을 것입니다. 이번 레슨에서는 이렇게 한 파일에 여러 가지 발표 버전을 만들 수 있도록 해주는 쇼 재구성 방법에 대해 알아보겠습니다.

● **실습 파일**: 부록 CD/테마09/회사소개서.pptx | **결과 파일**: 부록 CD/테마09/회사소개서(쇼 재구성 결과).pptx

STEP 01 | 쇼 재구성 만들기

01 [회사소개서.pptx]를 연 후 [슬라이드 쇼] 탭에서 [슬라이드 쇼 재구성]을 클릭하면 나타나는 메뉴에서 [쇼 재구성]을 선택합니다.

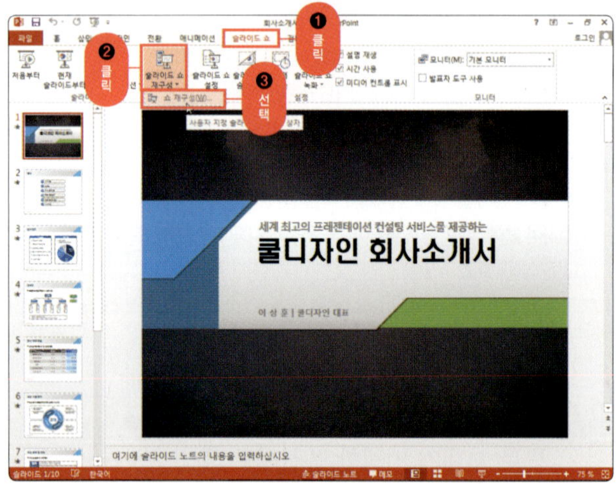

02 [쇼 재구성] 대화상자에서 [새로 만들기]를 클릭합니다.

03 [쇼 재구성하기] 대화상자의 [슬라이드 쇼 이름] 입력상자에 [5분 발표용]을 입력한 후 왼쪽의 [프레젠테이션에 있는 슬라이드] 목록에서 1, 5, 6, 7, 8번 슬라이드의 체크 상자를 선택하고 [추가]를 클릭합니다.

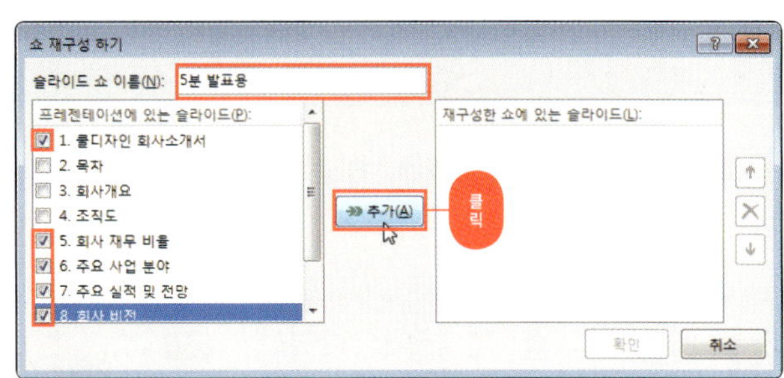

04 선택한 슬라이드가 오른쪽 [재구성한 쇼에 있는 슬라이드] 목록에 표시됩니다. [확인] 버튼을 클릭합니다.

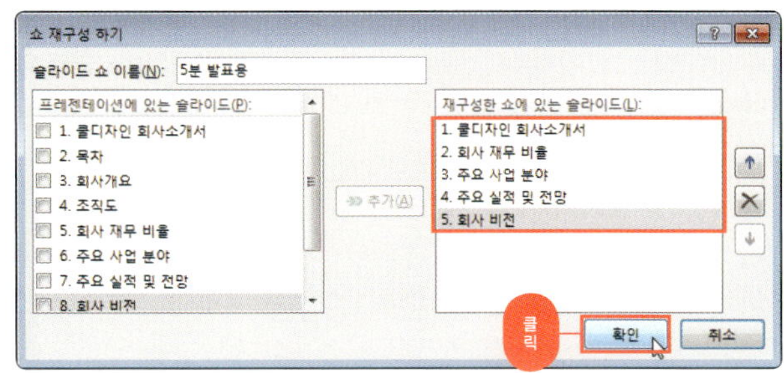

05 [닫기]를 클릭합니다.

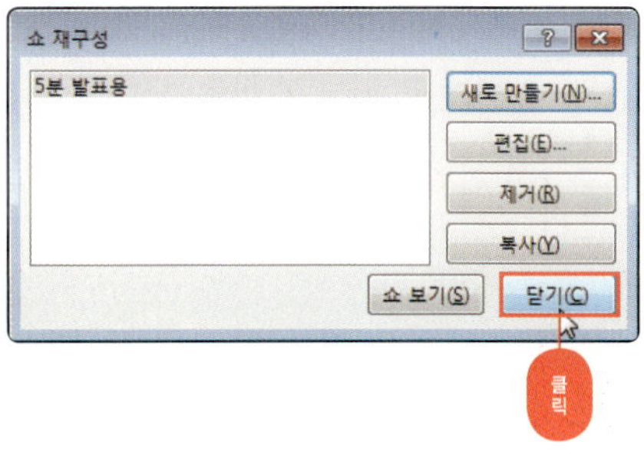

재구성한 쇼 수정하기

- 재구성한 쇼에서 슬라이드 순서를 바꾸고 싶다면 오른쪽 [재구성한 쇼에 있는 슬라이드] 목록에서 슬라이드를 선택한 후 오른쪽에 있는 화살표 버튼을 클릭해 이동합니다.
- 재구성한 쇼 목록에서 제거하고 싶은 것이 있다면 오른쪽 [재구성한 쇼에 있는 슬라이드] 목록에서 슬라이드를 선택한 후 ✕ 버튼을 클릭합니다.

슬라이드 중복 기능

재구성한 쇼의 경우 중복 추가가 가능합니다. 예를 들어, 목차 슬라이드를 중간에 추가해 필요할 때마다 표시되도록 하거나, 한번 나왔던 슬라이드를 뒤쪽에서 다시 표시하도록 설정할 수도 있는 것입니다.

STEP 02 | 재구성한 쇼로 슬라이드 쇼 보기

일반적인 슬라이드 쇼 명령을 이용해 쇼를 하면 처음부터 끝까지 쇼가 진행된다면 재구성한 쇼로 슬라이드 쇼를 하면 처음부터 끝까지 쇼가 진행됩니다.

01 [슬라이드 쇼] 탭에서 [슬라이드 쇼 재구성]을 클릭하면 나타나는 메뉴 중에서 [5분 발표용]을 선택합니다.

02 슬라이드 쇼가 실행됩니다. Enter 를 눌러 쇼를 진행해봅니다. 우리가 앞에서 재구성한 쇼에서 선택한 슬라이드만 표시될 것입니다.

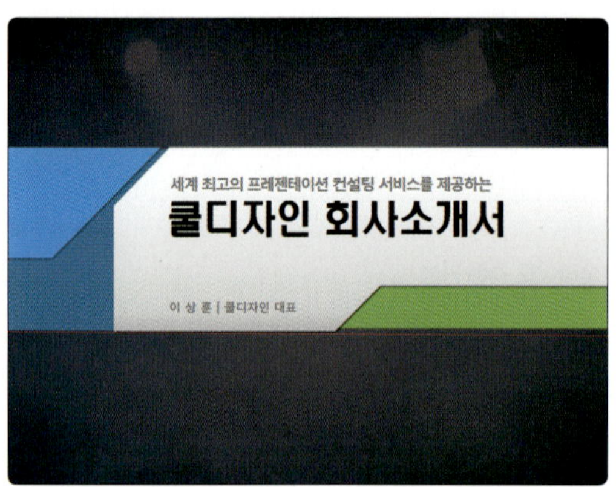

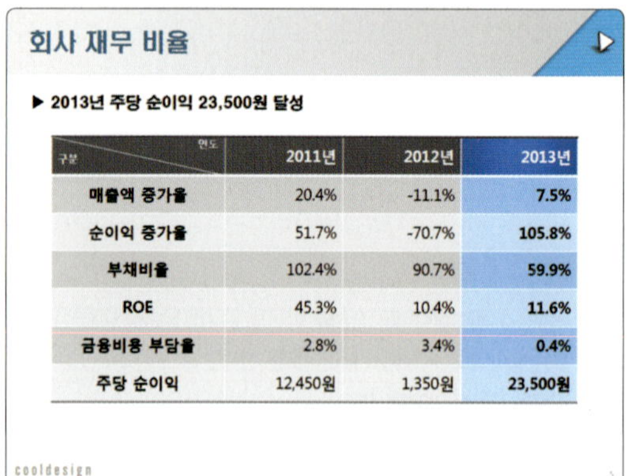

구분 \ 연도	2011년	2012년	2013년
매출액 증가율	20.4%	-11.1%	7.5%
순이익 증가율	51.7%	-70.7%	105.8%
부채비율	102.4%	90.7%	59.9%
ROE	45.3%	10.4%	11.6%
금융비용 부담율	2.8%	3.4%	0.4%
주당 순이익	12,450원	1,350원	23,500원

05

P O W E R P O I N T   K N O W H O W

하이퍼링크와 실행 설정으로 슬라이드를 연결해보자!

'하이퍼링크(hyperlink)'란 쇼 보기에서 슬라이드에 있는 특정 개체(텍스트, 도형 등)를 클릭했을 때 지정된 슬라이드로 이동하거나, 특정 파일을 열거나, 웹 사이트를 방문할 수 있도록 해주는 기능입니다. 예를 들어, 여러분이 프레젠테이션에서 특정 슬라이드를 보여줄지 말지를 결정하지 못했고 상황에 따라 보여줄 것이라 생각했다면 그 슬라이드를 하이퍼링크로 연결해놓을 수 있습니다. 슬라이드 쇼를 통해 발표를 하다가 그 슬라이드를 보여줄 필요성이 생기면 하이퍼링크로 설정해놓은 개체를 클릭해 연결된 슬라이드를 보여주면 되기 때문입니다.

● **실습 파일**: 부록 CD/테마09/회사소개서.pptx | **결과 파일**: 부록 CD/테마09/회사소개서(하이퍼링크 설정 결과).pptx

STEP 01 | 하이퍼링크로 다른 슬라이드로 이동하는 링크 만들기

01 [5번 슬라이드]로 이동한 후 슬라이드 오른쪽 상단에 있는 삼각형 그림을 선택합니다. 그런 다음 [삽입] 탭을 열고 [하이퍼링크] 버튼을 클릭합니다.

NOTE

[하이퍼링크 삽입]을 실행하는 다른 방법

• 개체를 마우스 오른쪽 버튼으로 클릭하면 나타나는 컨텍스트 메뉴 중에서 [하이퍼링크]를 선택합니다.

• 단축키인 Ctrl + K 를 누릅니다.

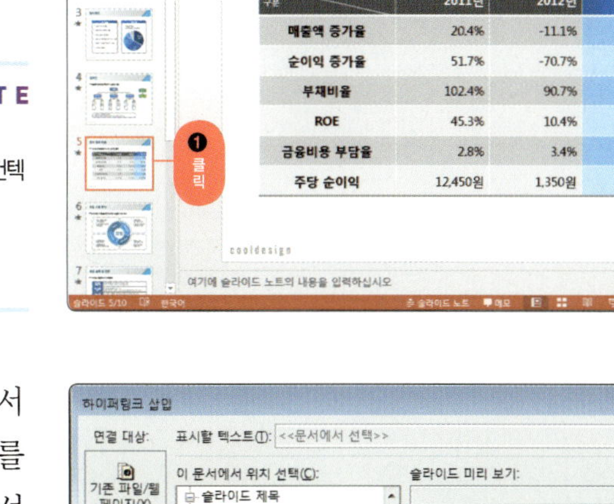

02 [하이퍼링크 삽입] 대화상자에서 [연결 대상:]으로 [현재 문서]를 선택한 후 [10. 별첨. 손익 분석]을 선택하고 [확인] 버튼을 클릭합니다. 삼각형 개체에 10번 슬라이드로 이동하는 하이퍼링크가 설정되었습니다.

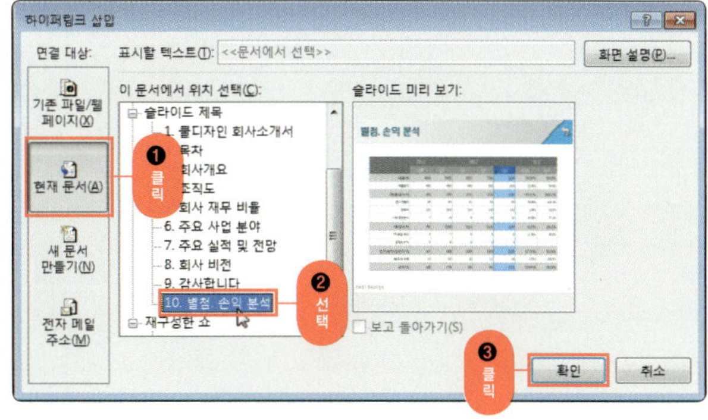

STEP 02 | 실행 설정으로 되돌아가는 링크 만들기

이번에는 10번 슬라이드에 있는 개체에 5번 슬라이드로 이동하는 하이퍼링크를 만들어보겠습니다. 앞에서 배운대로 10번 슬라이드에 있는 개체에 5번 슬라이드로 이동하는 하이퍼링크를 설정해도 되지만 개체에 '되돌아가기'라는 '실행 설정'을 적용해 그 개체를 클릭했을 때 가장 최근에 봤던 곳으로 되돌아가게 만들 수도 있습니다.

01 [10번 슬라이드] 슬라이드 오른쪽 상단에 있는 되돌아가는 모양의 화살표 개체를 선택한 후 [삽입] 탭에서 [실행] 버튼을 클릭합니다.

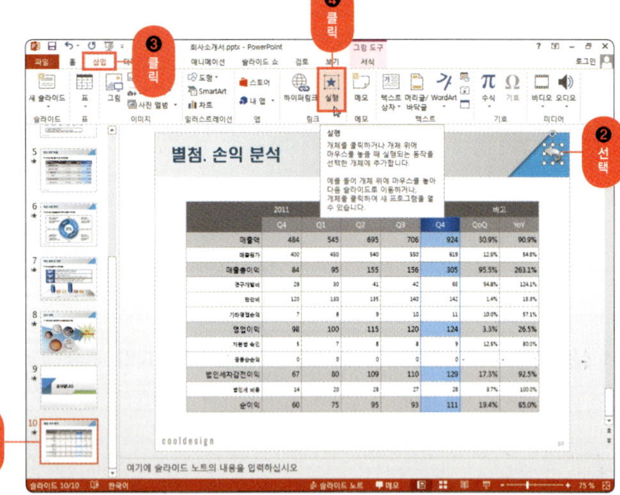

02 [실행 설정] 대화상자에서 [하이퍼링크]를 선택한 후 메뉴를 엽니다. 그런 다음 [마지막으로 본 슬라이드]를 선택하고 [확인] 버튼을 클릭합니다. 선택된 개체에 가장 최근에 본 슬라이드로 되돌아가는 실행 설정 기능이 지정되었습니다.

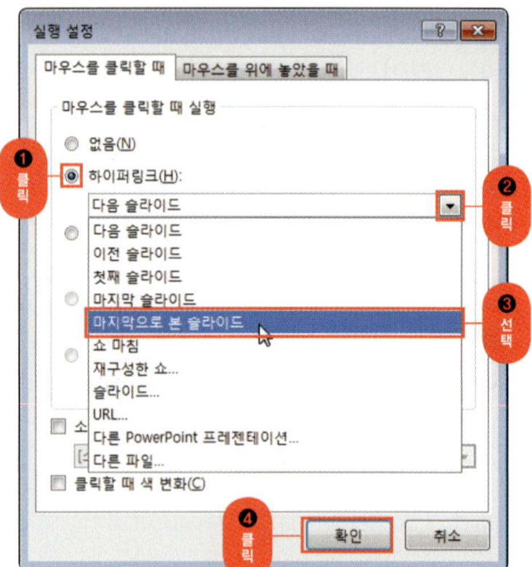

STEP 03 | 쇼 보기에서 확인하기

01 [5번 슬라이드]로 이동한 후 상태 표시줄에서 [슬라이드 쇼]를 클릭합니다(단축키: Shift + F5).

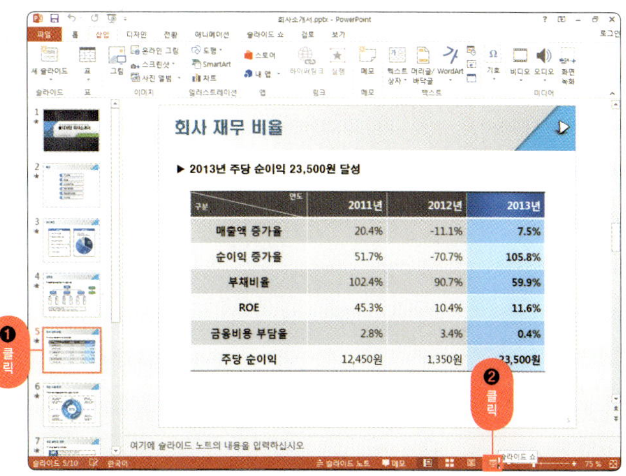

02 슬라이드 쇼에서 하이퍼링크가 설정된 삼각형 개체에 마우스 포인터를 위치시킨 마우스 포인터가 손 모양으로 바뀌면 클릭합니다.

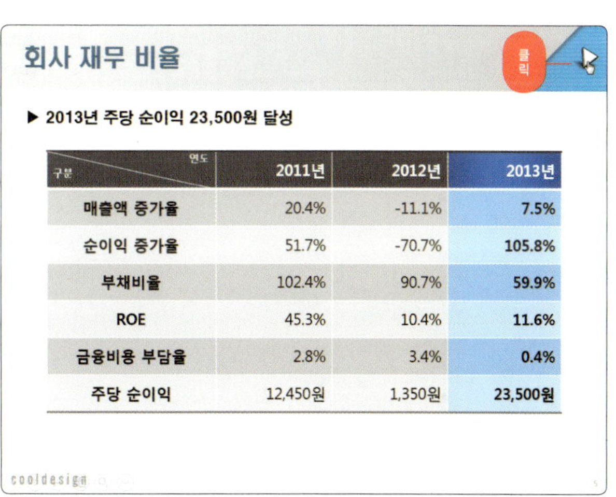

03 하이퍼링크로 연결된 [별첨. 손익 분석] 슬라이드가 표시됩니다. 슬라이드 오른쪽 상단에 있는 실행 설정 기능이 적용된 화살표 개체에 마우스 포인터를 위치시킨 후 마우스 포인터가 손 모양으로 바뀌면 클릭합니다.

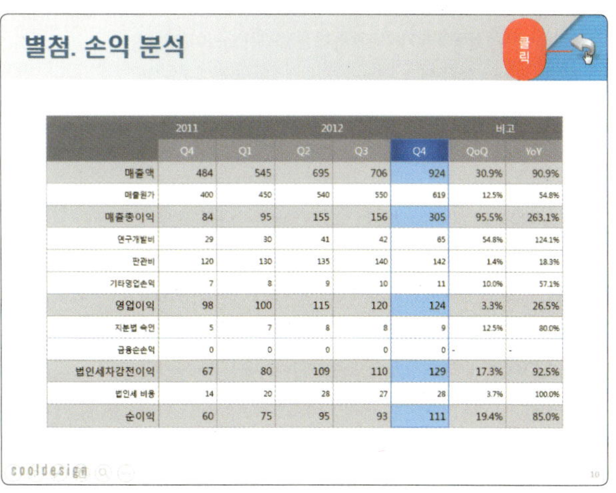

04 가장 최근에 본 [회사 재무 비율] 슬라이드가 다시 표시됩니다. Esc 를 눌러 슬라이드쇼를 종료합니다.

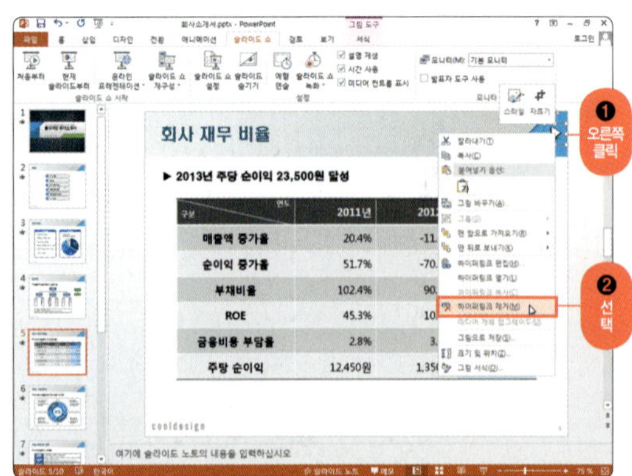

구분 \ 연도	2011년	2012년	2013년
매출액 증가율	20.4%	-11.1%	7.5%
순이익 증가율	51.7%	-70.7%	105.8%
부채비율	102.4%	90.7%	59.9%
ROE	45.3%	10.4%	11.6%
금융비용 부담율	2.8%	3.4%	0.4%
주당 순이익	12,450원	1,350원	23,500원

하이퍼링크 수정 또는 제거하기

하이퍼링크를 수정하거나 제거하고 싶다면 기본 보기에서 하이퍼링크를 설정한 개체를 마우스 오른쪽 버튼으로 클릭하면 나타나는 컨텍스트 메뉴 중에서 [하이퍼링크 편집] 또는 [하이퍼링크 제거] 명령을 선택합니다.

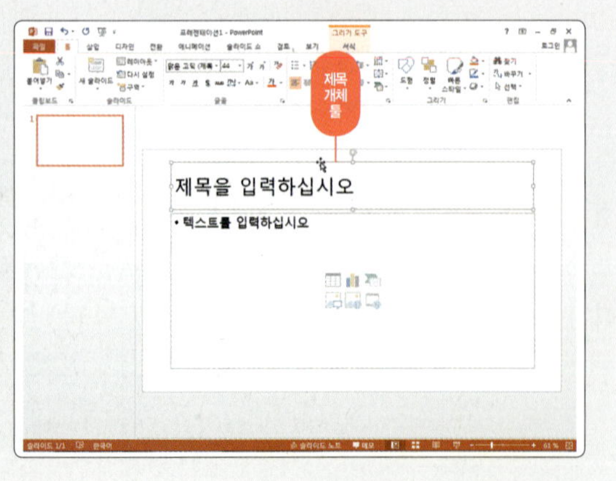

tip 제목은 반드시 제목 개체 틀에 입력하세요!

[하이퍼링크 삽입] 대화상자의 [연결 대상]에서 [현재 문서] 버튼을 클릭하면 가운데에 현재 문서의 각 슬라이드의 제목이 나타나는 것을 볼 수 있을 것입니다. 이는 슬라이드에 [제목을 입력하십시오]라는 글자가 나타나는 '제목 개체 틀'에 텍스트를 입력했을 때만 나타나는 것입니다. 만약, 기본 [제목 개체 틀]을 지우고 텍스트 상자를 만든 후 제목 텍스트를 입력하고 제목 개체 틀처럼 배치해도 파워포인트는 그것을 제목 개체 틀이라 생각하지 않습니다. 따라서 목록에는 제목을 알 수 없다는 의미로 슬라이드 1, 슬라이드 2와 같이 표시될 것입니다. 이렇게 되면 해당 슬라이드가 어떤 내용을 담고 있는지 전혀 확인할 수 없게 됩니다. 따라서 슬라이드에서 반드시 제목만큼은 기본 제목 개체 틀에 입력해야 합니다.

06

POWERPOINT KNOWHOW

하이퍼링크로 다른 프레젠테이션을 연결해보자!

하이퍼링크의 책갈피 기능을 이용하면 다른 프레젠테이션의 특정 슬라이드로 이동하는 하이퍼링크를 설정할 수 있습니다. 이 기능을 이용하면 두 개 이상의 프레젠테이션을 마치 하나의 프레젠테이션처럼 표시할 수 있게 됩니다. 예를 들어, 기본인 가로 방향의 슬라이드를 보다가, 갑자기 세로 방향의 슬라이드를 표시한 후 다시 가로 방향의 슬라이드를 볼 수 있게 됩니다.

- **실습 파일**: 부록 CD/테마09/회사소개서.pptx, 디자인 포트폴리오.pptx
  결과 파일: 부록 CD/테마09/회사소개서(하이퍼링크 설정 결과).pptx

STEP 01 | 다른 프레젠테이션 연결하기

01 [회사소개서.pptx]의 [6번 슬라이드]에서 [출판부] 글자 뒤에 있는 개체를 선택한 후 [삽입] 탭에서 [하이퍼링크]를 클릭합니다.

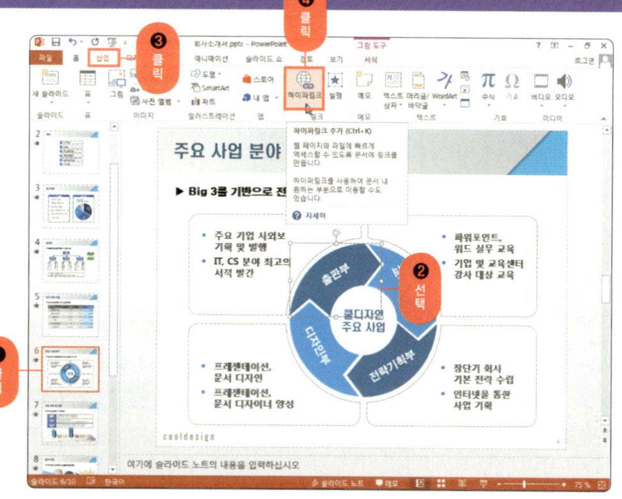

02 [하이퍼링크 삽입] 대화상자의 [연결 대상:]에서 [기존 파일/웹 페이지]를 클릭한 후 [디자인 포트폴리오.pptx]를 선택하고 [책갈피]를 클릭합니다.

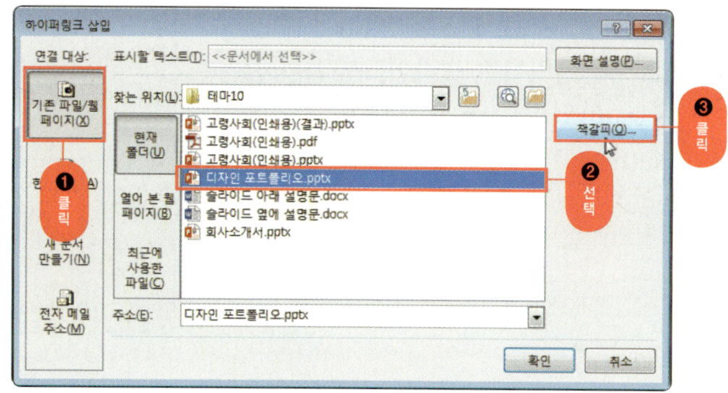

03 [문서에서 위치 선택] 대화상자에서 [4. 저술한 책]을 선택한 후 [확인] 버튼을 클릭합니다.

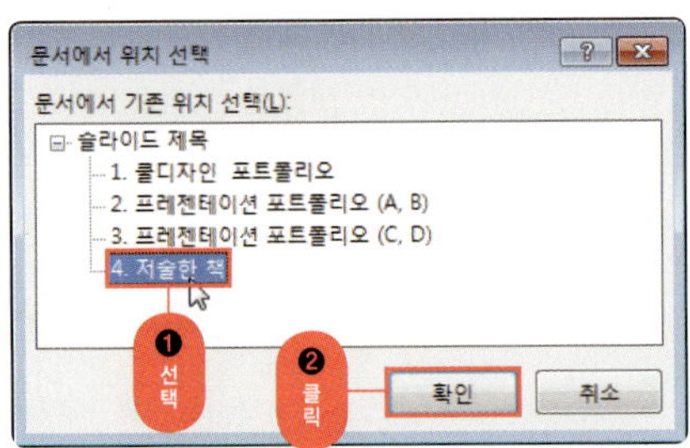

슬라이드 제목에 나타나는 텍스트도?

[문서에서 위치 선택] 대화상자에 나타나는 각 슬라이드의 제목도 역시 슬라이드에서 기본적으로 제공되는 [제목 개체 틀]에 입력된 텍스트입니다. 제목만큼은 반드시 [제목 개체 틀]에 입력해야 한다는 것을 꼭 기억하세요.

04 [화면 설명]을 클릭합니다.

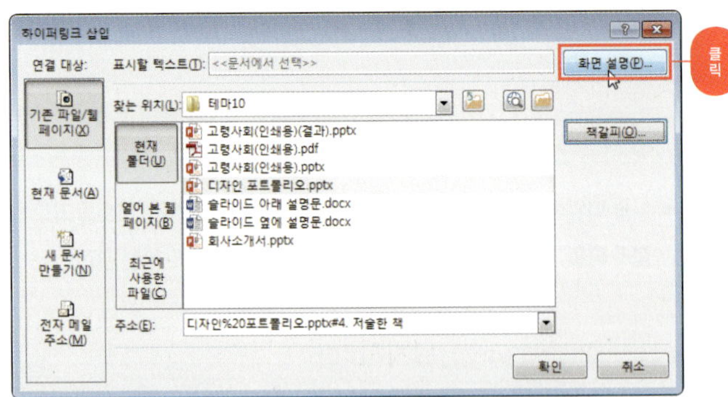

05 [하이퍼링크 화면 설명 설정] 대화상자에서 [쿨디자인이 저술한 책]을 입력한 후 [확인] 버튼을 클릭합니다.

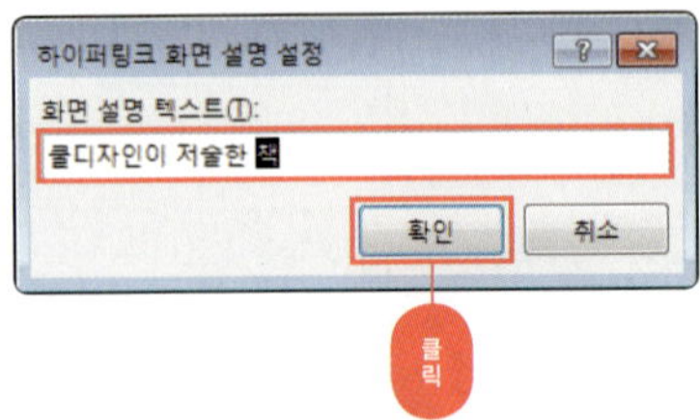

화면 설명이 뭐죠?

화면 설명은 슬라이드 쇼에서 하이퍼링크가 설정된 개체에 마우스 포인터를 위치시켰을 때 나타나는 메시지를 지정할 수 있도록 해주는 기능입니다. 따라서 좀 구체적으로 입력하는 것이 좋겠죠?

화면 설명은 해당 개체를 클릭했을 때 어떤 일이 벌어지는지를 알려주는 역할도 하지만, 화면 설명을 설정하지 않은 경우에 나타나는 설정된 하이퍼링크와 관련된 긴 정보(지저분해 보이는)가 표시되지 않도록 해주는 역할도 합니다.

06 [확인]을 클릭합니다. 이제 선택한 개체에 [디자인 포트폴리오.pptx]의 4번 슬라이드를 표시하는 하이퍼링크가 설정되었습니다.

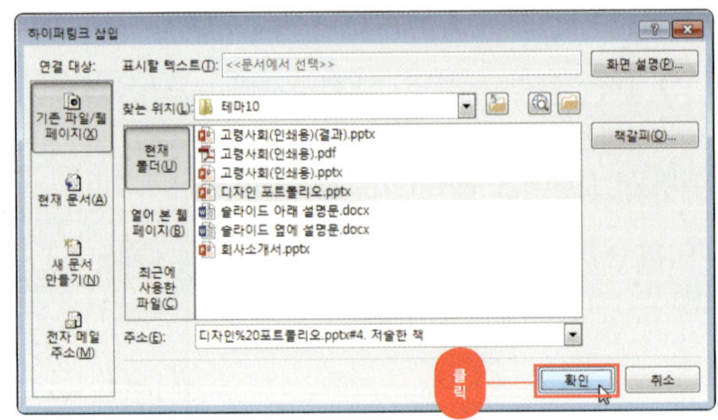

STEP 02 | 슬라이드 쇼에서 확인하기

01 [슬라이드 쇼]를 클릭합니다.

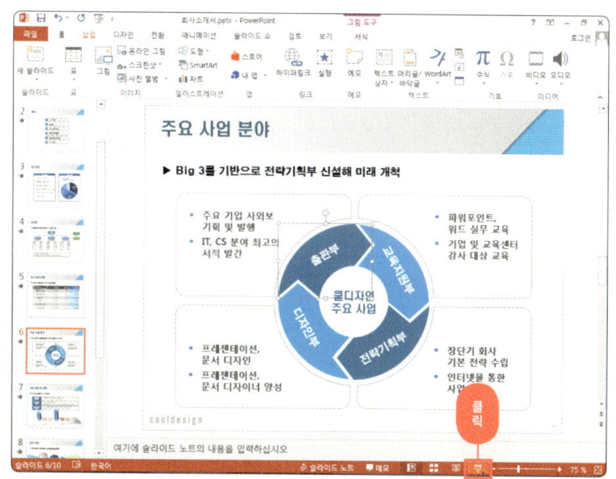

02 [출판부] 뒤에 있는 개체에 마우스 포인터를 위치시키면 마우스 포인터가 손 모양으로 바뀌고 앞에서 [화면 설명]으로 입력한 내용이 표시될 것입니다. 클릭하면 하이퍼링크로 연결된 '디자인 포트폴리오.pptx' 파일의 4번 슬라이드가 곧바로 표시됩니다.

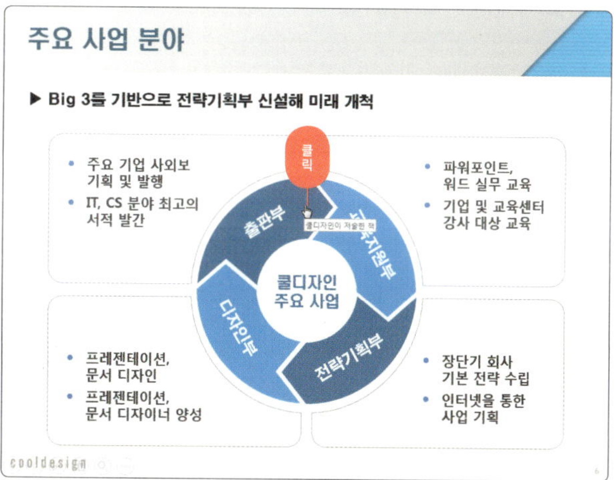

03 Esc를 누릅니다. 디자인 포트폴리오.pptx의 슬라이드 쇼가 종료되고, 원래 프레젠테이션의 슬라이드 쇼만 표시됩니다.

N O T E

만약 책갈피를 설정하지 않았다면

[하이퍼링크 삽입] 대화상자에서 파워포인트 문서를 선택한 후 [책갈피] 버튼을 눌러 슬라이드를 지정하지 않았다면, 하이퍼링크 연결된 프레젠테이션의 첫 번째 슬라이드가 표시됩니다.

07

POWERPOINT KNOWHOW

유튜브 동영상을 하이퍼링크로 연결해보자!

하이퍼링크를 이용하면 슬라이드 쇼에서 특정 개체를 클릭했을 때 인터넷의 특정페이지가 열리도록 할 수 있습니다. 예를 들어, 정부나 기업의 홈페이지, 개인의 블로그나 페이스북페이지 등을 하이퍼링크 연결할 수 있습니다. 인터넷 URL 주소만 있다면 어떤 곳이든 찾아갈 수 있죠. 이번 레슨에서는 유튜브에 있는 스티브 잡스의 스탠포드 대학교 졸업 축사 동영상페이지를 연결해보겠습니다.

● **실습 파일**: 부록 CD/테마09/동영상 연결 하이퍼링크.pptx
  결과 파일: 부록 CD/테마09/동영상 연결 하이퍼링크(결과).pptx

STEP 01 | 유튜브에서 동영상을 찾아 주소 복사하기

01 인터넷 익스플로러와 같은 웹 브라우저를 실행한 후 유튜브(www.youtube.com) 사이트에서 검색 창에 [steve jobs]를 입력하고 [steve jobs stanford]를 선택합니다.

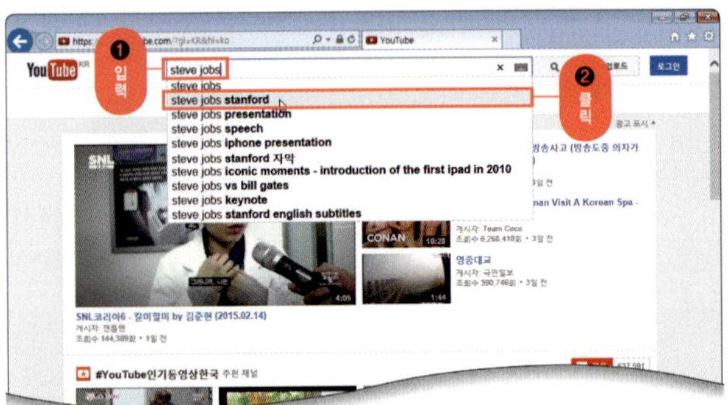

02 동영상을 클릭합니다.

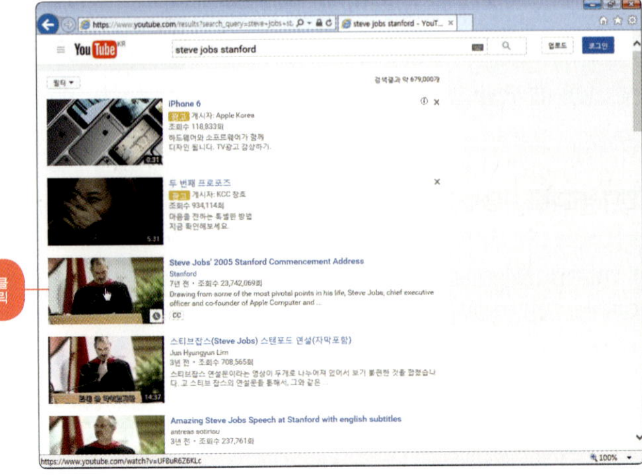

03 웹 브라우저 상단의 주소를 마우스 오른쪽 버튼으로 클릭하면 나타나는 컨텍스트 메뉴 중에서 [복사]를 선택합니다(단축키: Ctrl + C).

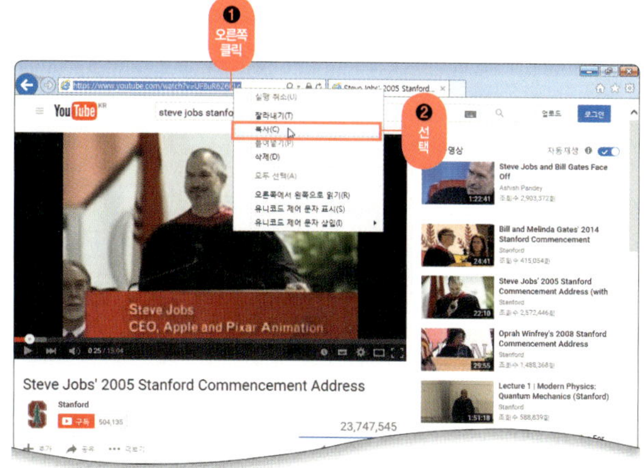

STEP 02 | 파워포인트에서 하이퍼링크 설정하기

01 [동영상 연결 하이퍼링크.pptx] 파일을 연 후 슬라이드에서 왼쪽에 있는 개체를 선택하고 [삽입] 탭에서 [하이퍼링크]를 클릭합니다.

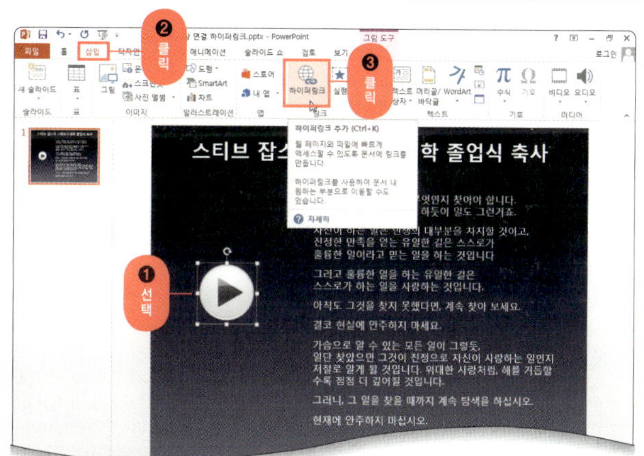

02 [하이퍼링크 삽입] 대화상자의 [연결 대상] 항목에서 [기존 파일/웹 페이지]를 클릭한 후 [주소] 입력상자를 클릭해 커서를 위치시키고 Ctrl + V를 눌러 앞에서 복사한 주소를 붙여 넣은 다음 [화면 설명]을 클릭합니다.

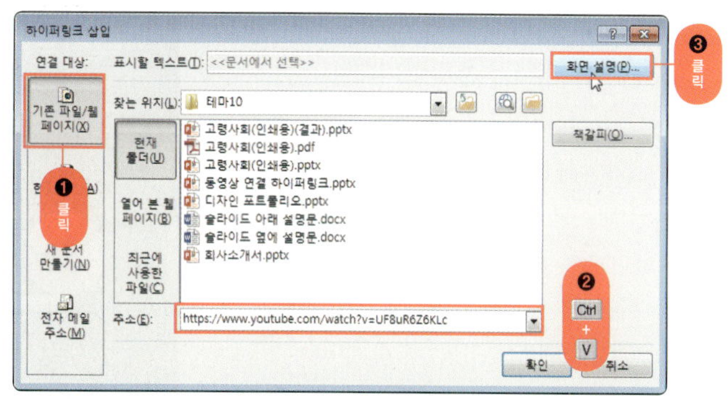

03 [하이퍼링크 화면 설명 설정] 대화상자에서 [스티브 잡스 스탠포드대학 축사 동영상]을 입력한 후 [확인] 버튼을 클릭합니다.

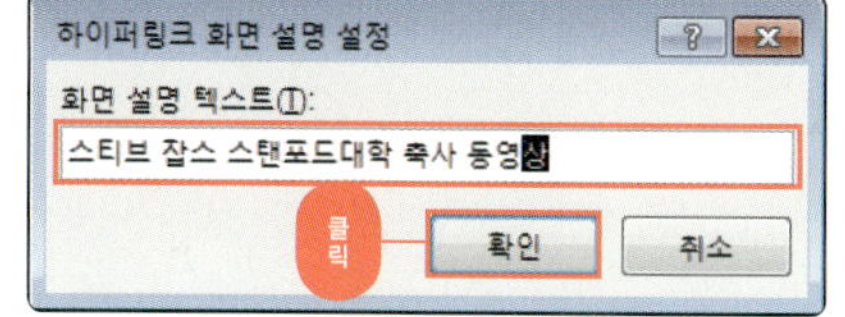

04 [확인] 버튼을 클릭합니다. 선택
한 개체에 하이퍼링크가 설정되
었습니다.

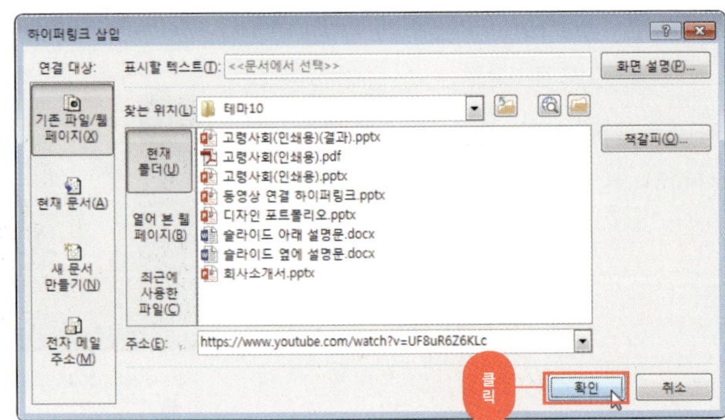

STEP 031 | 슬라이드 쇼에서 하이퍼링크 확인하기

01 [슬라이드 쇼]를 클릭합니다
(단축키: Shift + F5).

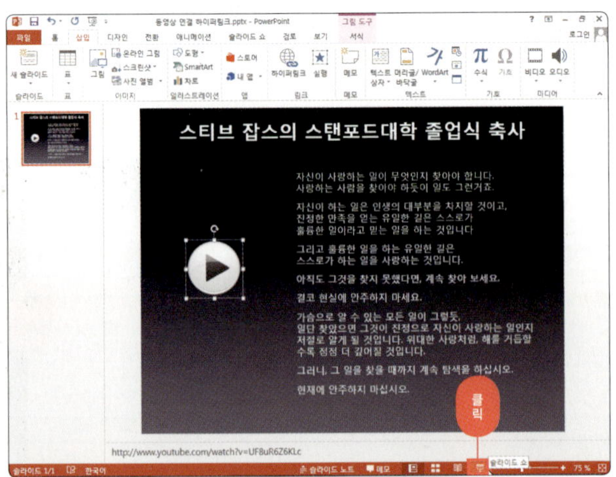

02 쇼 보기에서 하이퍼링크를 설정
한 개체를 클릭합니다.

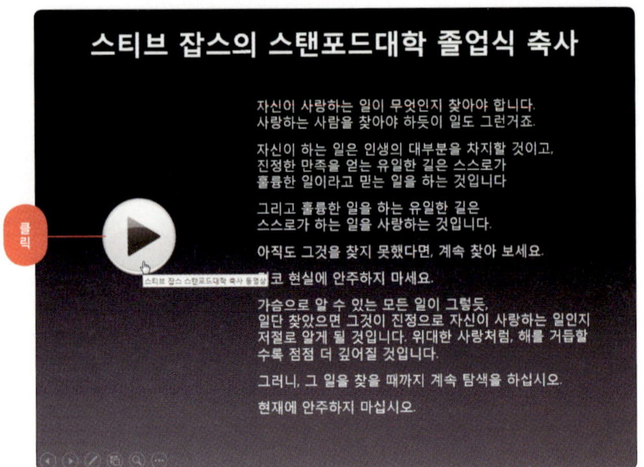

03 연결된 웹 페이지가 표시됩니다. [전체 화면]을 클릭합니다. 동영상이 화면에 꽉 차게 표시됩니다.

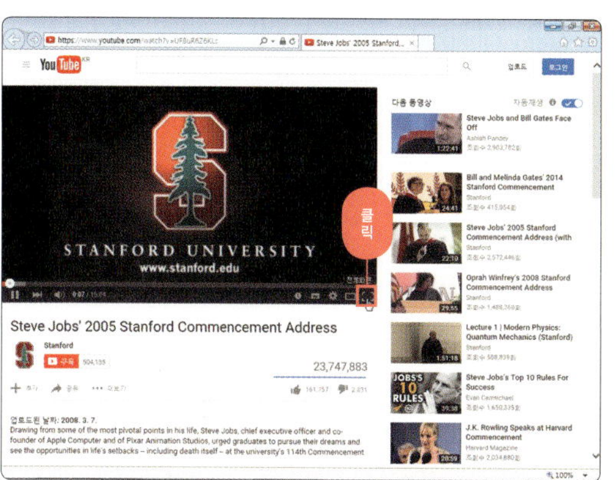

04 동영상이 끝나면 웹 브라우저를 닫습니다. 그러면 다시 파워포인트 쇼 보기가 나타납니다.

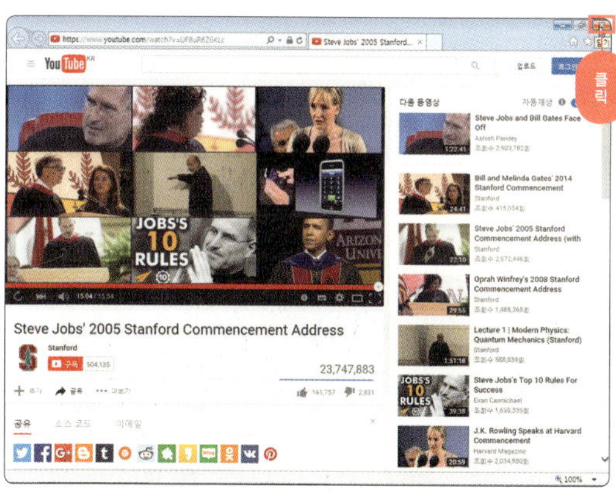

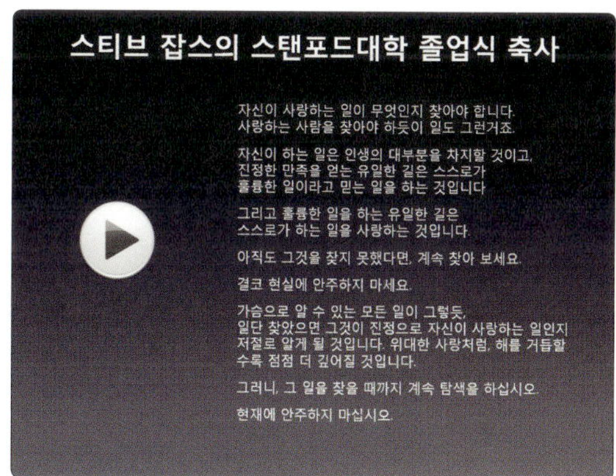

N O T E

텍스트에 하이퍼링크를 설정하면 색이 변해요!

텍스트를 선택한 후 하이퍼링크를 설정하면 텍스트의 색이 변하고(기본적으로 파란색) 밑줄이 쳐지게 되는데 아무리 다른 색상으로 바꾸거나 밑줄을 제거하려고 해도 제거되지 않습니다. 그 이유는 텍스트에 하이퍼링크를 설정할 경우 그렇게 변하도록 설정되어 있기 때문입니다. 이를 해결하려면 다음 중 하나를 실행해야 합니다.

- 텍스트 상자 테두리를 선택한 후 하이퍼링크를 설정합니다. 텍스트 색상도 변하지 않고, 밑줄도 쳐지지 않습니다.
- 테마 색에서 [하이퍼링크] 색을 변경합니다. 테마 색에 대해서는 테마 10을 참조하세요.

08

POWERPOINT KNOWHOW

최고의 발표를 위한 슬라이드 쇼를 해보자!

모든 준비가 끝나면 컴퓨터를 프로젝터에 연결하고 슬라이드 순서대로 발표를 진행하게 됩니다. 그런데 갑자기 한 청중이 특정 슬라이드에서 의문이 있다며 그 슬라이드를 보자고 합니다. 이런 경우 대부분의 발표자는 무선 프리젠터의 이전/다음 버튼을 부지런히 누르거나, Enter 키 혹은 [왼쪽 방향키]를 버튼을 눌러 그 슬라이드로 이동합니다. 또는 Esc 를 눌러 쇼를 마치고 그 슬라이드로 이동한 후, 쇼를 시작하는 분도 있을 것입니다. 당연한 것이 아니냐구요? 그렇지 않습니다. 파워포인트 슬라이드 쇼 보기에서 원하는 슬라이드로 곧바로 이동할 수 있습니다. 이번 레슨에서는 이렇게 사용자들은 잘 모르지만 아주 유용한 쇼 관련 기능을 알아보도록 하겠습니다.

● **실습 파일**: 부록 CD/테마09/회사소개서.pptx | **결과 파일**: 없음

STEP 01 | 슬라이드 쇼 시작하고 다음/이전 장면 보기

01 [회사소개서.pptx] 파일을 연 후 [슬라이드 쇼] 탭에서 [처음부터]를 클릭합니다.

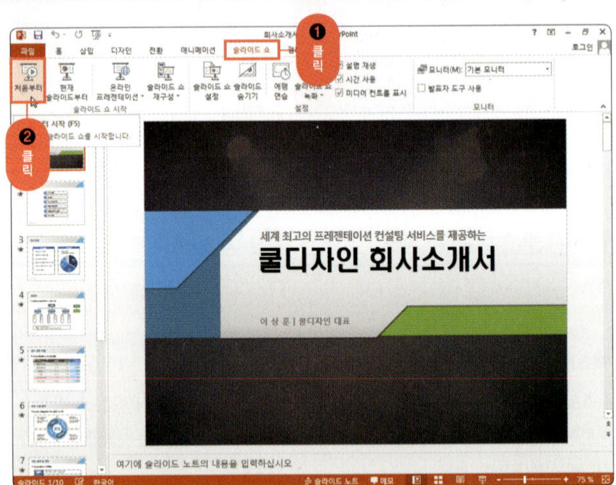

슬라이드 쇼를 실행하는 방법

슬라이드 쇼는 파워포인트 파일을 전체 화면으로 볼 수 있도록 해주는 기능으로 이 모드에서는 다음/이전/특정 슬라이드로 전환, 애니메이션 실행, 멀티미디어 재생 등과 같은 작업을 할 수 있습니다. 슬라이드 쇼를 실행하는 방법은 다음과 같습니다.

첫 번째 슬라이드부터 슬라이드 쇼 시작하기

아무 슬라이드에서나

- [슬라이드 쇼] 탭에서 [처음부터] 클릭
- 빠른 실행 도구 모음에서 [슬라이드 쇼] 버튼 클릭
- 단축키인 F5 키 누르기

첫 번째 슬라이드부터 슬라이드 쇼 시작하기

첫 번째 슬라이드가 아닌 다른 슬라이드에서

- [슬라이드 쇼] 탭에서 [현재 슬라이드부터] 클릭
- 상태 표시줄에서 [슬라이드 쇼] 클릭
- 단축키인 Shift + F5 키 누르기

02 슬라이드 쇼 보기가 실행되고, 기본적으로 첫 번째 페이지가 표시됩니다. 다음 슬라이드로 화면을 전환하거나 애니메이션을 실행하려면 다음 중 하나를 실행합니다.

- 마우스 왼쪽 버튼을 클릭합니다.
- Enter 를 누릅니다.
- Space Bar 를 누릅니다.
- Page Down 를 누릅니다.
- → 또는 ↓ 를 누릅니다.
- N 를 누릅니다(N: Next).
- 쇼 왼쪽 하단의 [다음] 버튼을 클릭합니다.

마우스 포인터 표시하기

기본적으로 슬라이드 쇼에서 마우스 포인터는 표시되지 않습니다. 포인터를 표시하고 싶을 경우 마우스를 이동하면 포인터와 함께 왼쪽 하단에 네 개의 버튼이 표시될 것입니다. 만약, 포인터를 움직이지 않으면 포인터가 사라집니다.

03 이전 슬라이드로 이동하고 싶거나 애니메이션 실행 전으로 되돌아가고 싶다면 다음 중 하나를 실행합니다.

- ← 또는 ↑ 를 누릅니다.
- Page Up 를 누릅니다.
- Back Space 를 누릅니다.
- P 를 누릅니다(P: Previous).
- 쇼 왼쪽 하단의 [이전] 버튼을 클릭합니다.

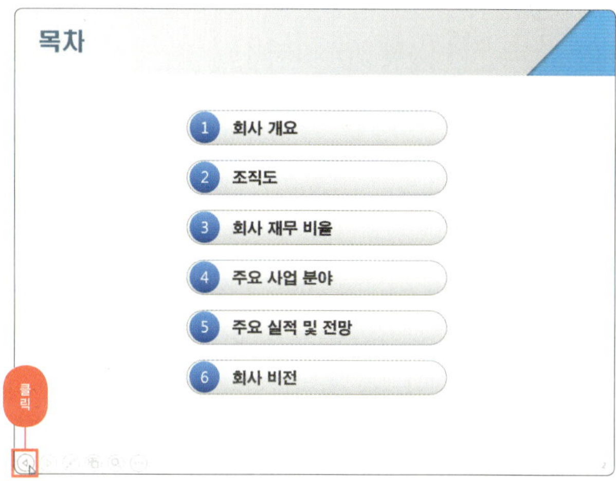

tip 단축키가 말을 듣지 않는데요!

간혹 N 이나 P 를 눌렀을 때 원하는 대로 다음 슬라이드로 이동하거나, 이전 슬라이드로 이동하지 않고 왼쪽 상단에 'ㅜ'나 'ㅐ' 글자가 나타나는 경우가 있습니다. 그 이유는 현재 한글 입력 상태이기 때문입니다. 이런 경우에는 키보드에서 한/영 을 눌러 영문 입력 모드로 전환한 후 다시 N 이나 P 를 누르면 됩니다.

STEP 02 | 특정 슬라이드로 빠르게 이동하기

01 슬라이드 쇼 도중에 특정 슬라이드로 곧바로 이동해야 하는 경우가 발생한다면 키보드에서 번호를 입력한 후 `Enter`를 누릅니다. 예를 들어, 10번 슬라이드로 이동해야 한다면 키보드에서 `1`, `0`, `Enter`를 차례로 누르면 됩니다.

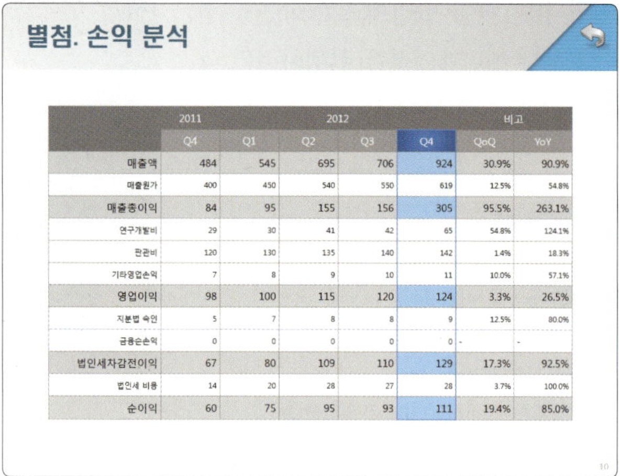

02 만약, 이동하고 싶은 슬라이드의 페이지 번호를 모른다면 쇼 보기 왼쪽 하단에서 [모든 슬라이드 보기]🖼를 클릭합니다.

03 [3번 슬라이드]를 클릭합니다. 3번 슬라이드가 표시됩니다.

04 슬라이드가 너무 많아 찾기가 힘들다면 Ctrl + S 를 누른 후 모든 슬라이드 창에서 [8. 회전 비전]을 선택한 후 [이동]을 클릭합니다.

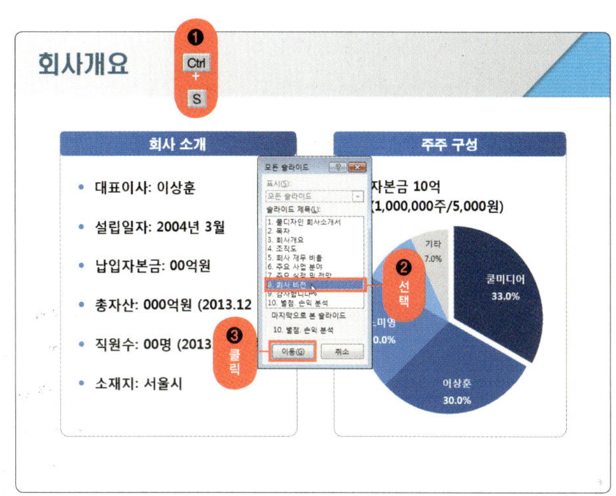

슬라이드의 제목은 기본 개체 틀에 입력하세요.

슬라이드에 기본적으로 나타나는 제목 개체 틀에 제목 텍스트를 입력하면 지금처럼 슬라이드를 이동할 때도 제목이 표시돼 쉽게 이동할 수 있게 됩니다. 만약, 텍스트 상자를 만든 후 그곳에 제목을 입력했다면 [슬라이드로 이동] 메뉴에 [슬라이드 1], [슬라이드 2]와 같이 표시될 것입니다.

---

05 8번 슬라이드가 표시됩니다. 만약, 방금 전에 본 슬라이드로 되돌아가고 싶은데 그 슬라이드의 번호나 제목이 기억나지 않는다면 쇼 보기 왼쪽 하단에서 [슬라이드 쇼 옵션 더 보기] 를 클릭한 후 [마지막으로 본 상태]를 선택합니다. 가장 최근에 본 슬라이드 또는 상태가 표시될 것입니다.

STEP 03 | 펜 기능 사용하기

간혹 슬라이드 쇼에서 특정 내용에 밑줄을 긋거나 간략하게 캡션을 달고 싶을 때가 있습니다. 이런 경우에는 펜 기능이 유용합니다.

01 쇼 보기 왼쪽 하단에서 [펜 및 레이저 포인터 도구]⊘을 클릭한 후 [펜]을 선택합니다.

NOTE

펜 기능 단축키

쇼 보기에서 Ctrl + P 를 누릅니다. 여기에서 P는 'Pen'을 의미합니다.

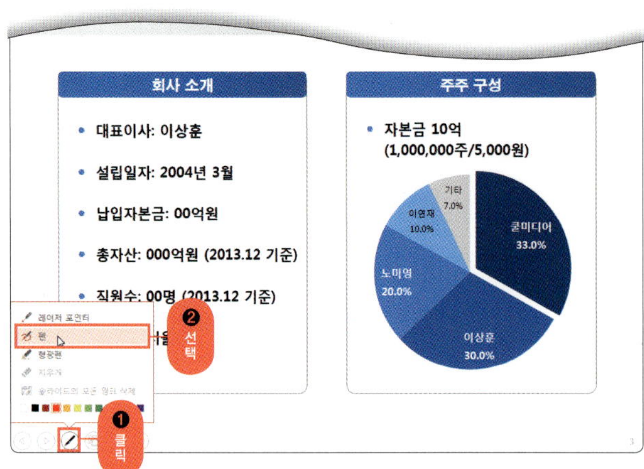

02 마우스 포인터가 점으로 바뀌면 드래그해 잉크를 칠합니다.

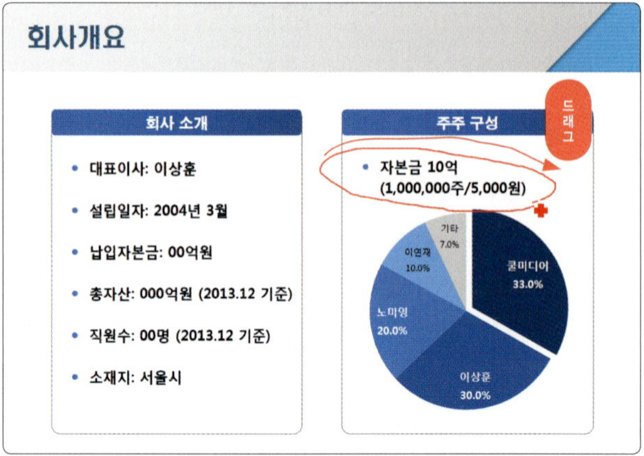

03 펜으로 작성한 잉크를 지우고 싶다면 다시 [펜 및 레이저 포인터 도구]를 클릭한 후 [슬라이드의 모든 잉크 삭제]를 선택합니다.

NOTE

일부 잉크만 지우고 싶다면

[펜 및 레이저 포인터 도구]⊘를 클릭한 후 [지우개]를 선택하고 지우고 싶은 잉크를 클릭합니다.

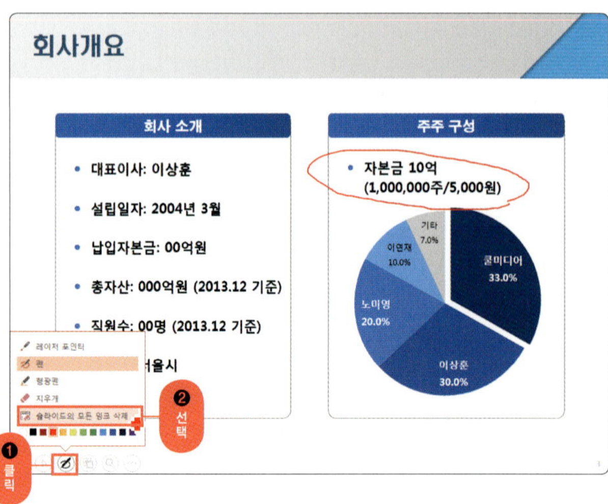

04 모든 잉크가 삭제됩니다. 펜 기능을 종료하고 싶다면 Esc 를 누릅니다. 레이저 기능을 실행하고 싶다면 [펜 및 레이저 포인터 도구] ✐ 을 선택한 후 [레이저 포인터]를 선택합니다.

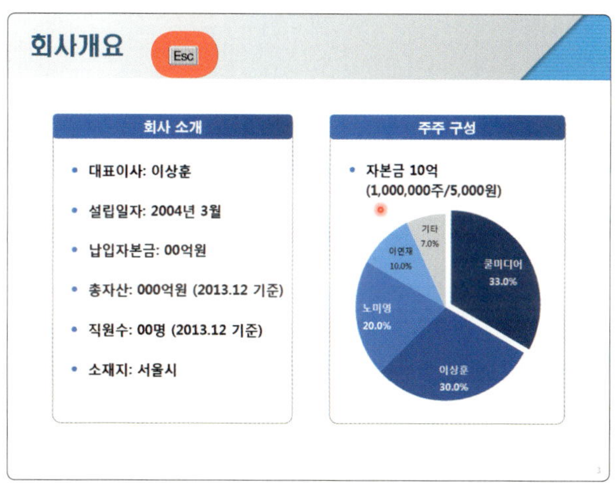

NOTE

레이저 포인터를 실행하는 다른 방법

- Ctrl + L 을 누릅니다.
- 쇼 보기에서 Ctrl 을 누른 상태에서 마우스를 드래그합니다.

05 쇼 보기에서 마우스 포인터를 움직입니다. 더 이상 레이저 포인터를 사용하고 싶지 않다면 Esc 를 누릅니다.

NOTE

잉크 저장 및 인쇄하기

슬라이드 쇼에서 작성한 잉크는 문서에 저장할 수 있습니다. 중요한 잉크의 경우 남겨두는 것이 좋겠죠? 슬라이드 쇼를 종료하면 잉크를 저장할 것인지를 물어봅니다. [예] 버튼을 클릭하면 잉크가 개체로 남게 됩니다. 잉크는 일반 개체처럼 마우스로 클릭한 후 Delete 를 눌러 지울 수 있습니다.

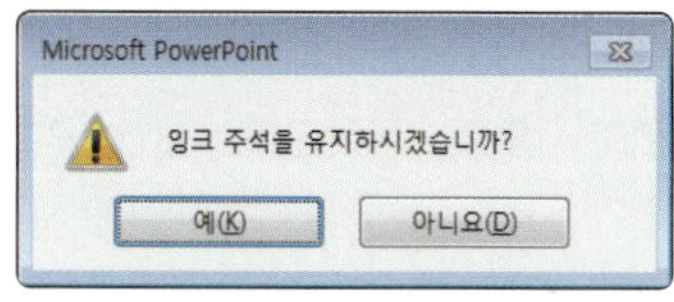

STEP 04 | 확대하기

파워포인트 2013 이상 버전에서는 쇼 보기에서 특정 부분을 확대할 수 있습니다.

01 쇼 보기 왼쪽 하단에서 [슬라이드 확대] 🔍를 클릭합니다.

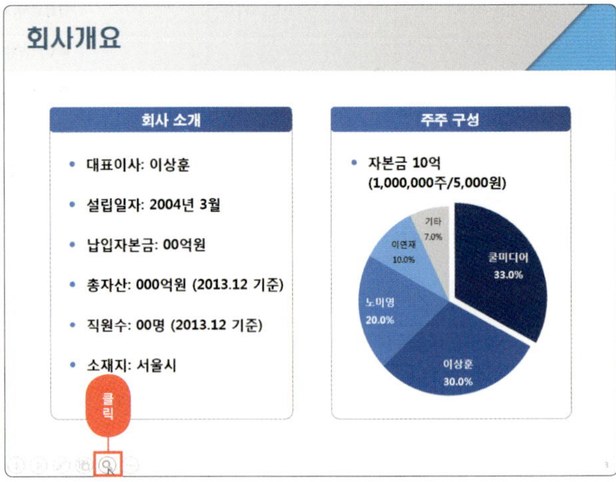

02 확대할 부분을 클릭합니다.

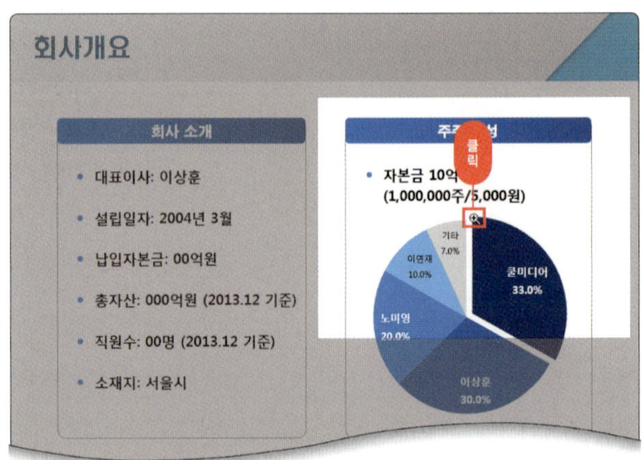

03 마우스를 드래그해 다른 부분을 봅니다.

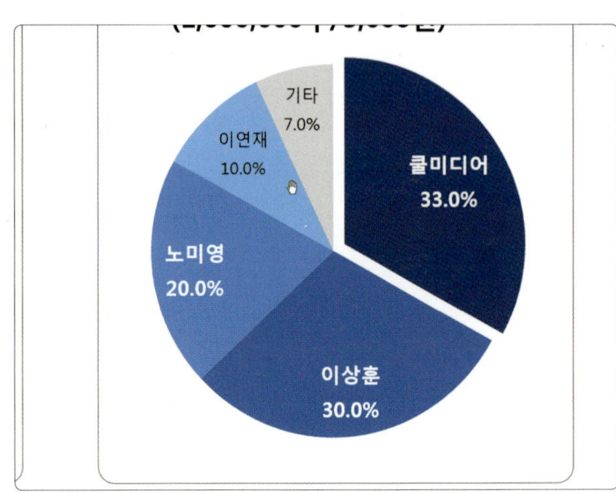

04 `Esc`를 눌러 슬라이드 확대 모드를 마칩니다.

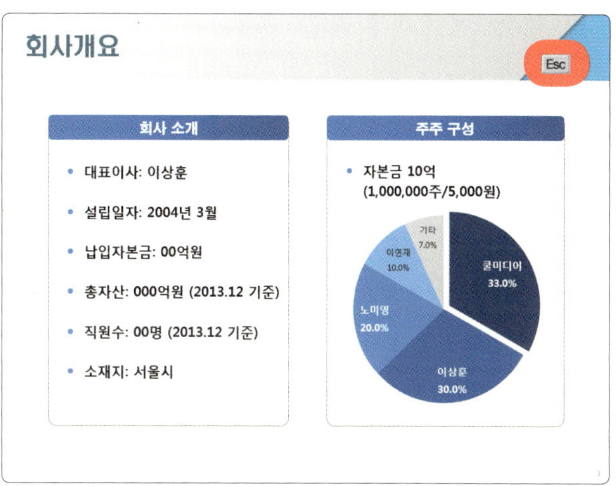

STEP 05 | 화면을 검은색 또는 흰색으로 만들기

슬라이드 쇼를 하다 보면 잠깐 휴식을 취한다거나, 청중들이 발표자를 보도록 하고 싶을 때는 잠시 화면을 꺼야 합니다.

01 쇼 보기에서 `B`를 누릅니다. 여기서 'B'는 'Black out'의 약어로, 화면이 검은색으로 변하게 됩니다.

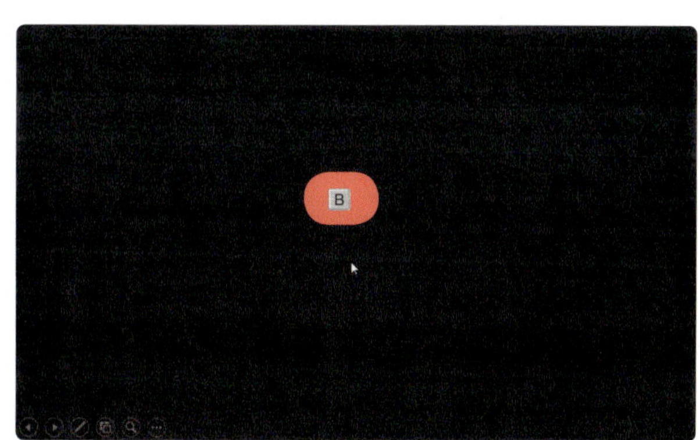

화면을 검은색으로 만드는 다른 방법

쇼 보기 왼쪽 하단에서 [슬라이드 쇼 옵션 더 보기]⊙를 클릭한 후 [화면]에서 [화면 어둡게 하기]를 선택합니다.

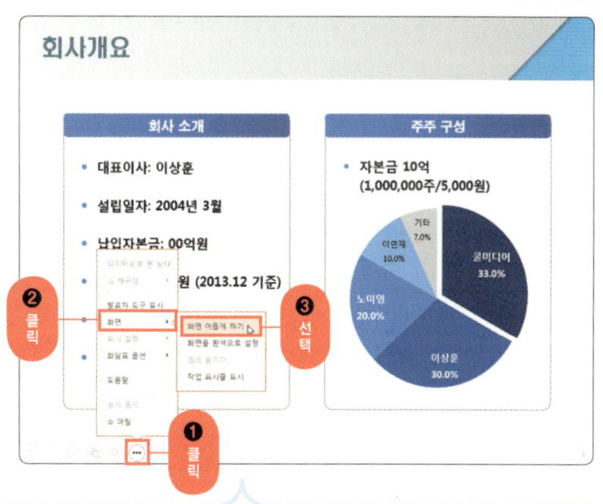

02 키보드에서 아무 키(예 Enter)나 누릅니다. 가장 최근의 화면이 표시됩니다.

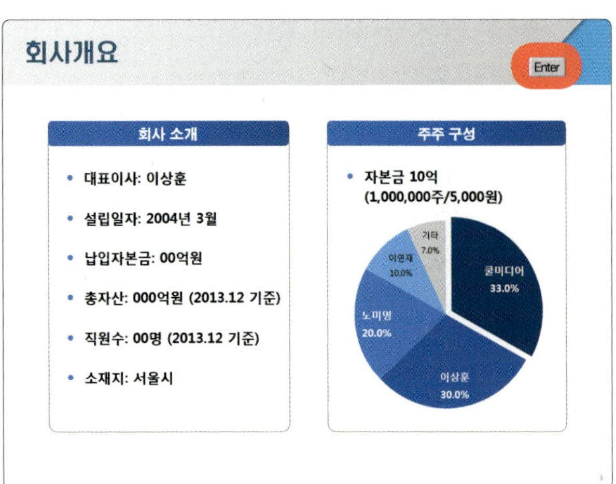

03 만약, 어두운 공간에서 발표를 하던 중에 B 를 눌러 Black out을 하면 너무 깜깜해 질 수 있습니다. W 를 누릅니다. 여기서 'W'는 'White out'의 약어입니다. 화면이 흰색으로 변합니다.

04 다시 아무 키(예 Enter)나 눌러 원래 보기 상태로 전환합니다.

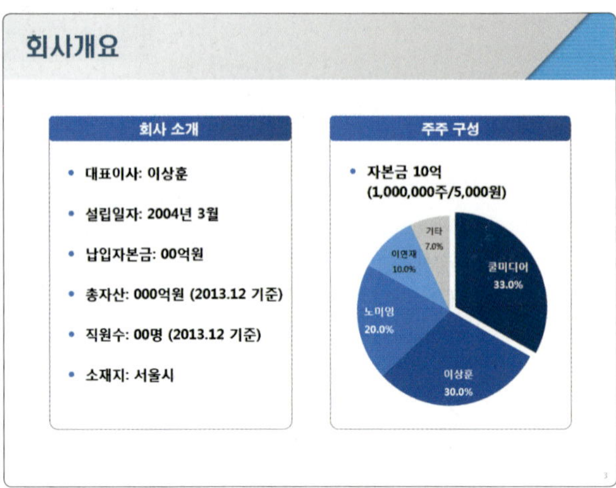

05 쇼를 진행하다 마지막 슬라이드에서 Enter 를 누르면 검은색 화면이 나타납니다. Enter 를 누르면 쇼가 종료됩니다.

NOTE

쇼 도중에 쇼를 마치고 싶다면

Esc 를 누릅니다.

NOTE

쇼 도움말 보기

사실 이 정도만 익히면 슬라이드 쇼에서 별 어려움 없이 발표를 할 수 있을 것입니다. 하지만 슬라이드 쇼에서 실행할 수 있는 기능들을 모두 알고 싶다면 쇼 보기 왼쪽 하단에서 [슬라이드 쇼 옵션 더 보기]⊙를 클릭한 후 [도움말]을 선택합니다.

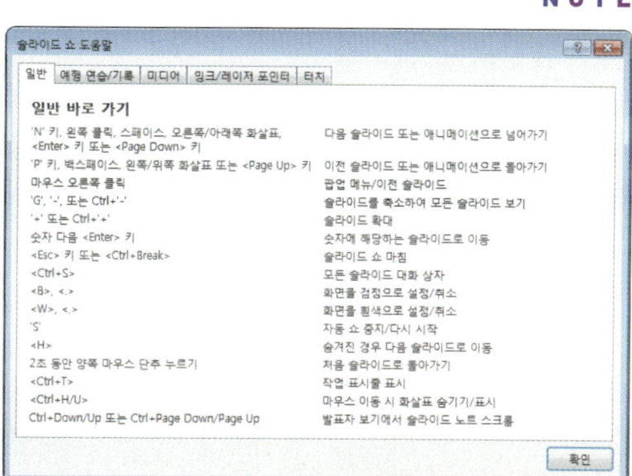

단축키를 외우세요

슬라이드 쇼는 청중이 보고 있는 상태이기 때문에 슬라이드 내용 외적인 것들(주로 메뉴)이 자주 표시되면 청중에게 좋은 인상을 줄 수 없습니다. 프로처럼 보이고 싶다면 가급적 메뉴를 사용하지 않고 단축키로만 슬라이드 쇼를 진행하는 것이 좋습니다. 필자가 가장 많이 사용하는 슬라이드 쇼 단축키는 다음과 같습니다.

- Ctrl + P : 펜 기능
- E : 잉크 삭제
- B : 검은색 화면
- W : 흰색 화면
- 슬라이드 번호 입력 후 Enter : 슬라이드 이동

09

효과적인 쇼를 위한
쇼 설정 기능을 알아보자!

슬라이드 쇼를 제대로 하려면 쇼 설정 기능을 통해 몇 가지 옵션을 미리 설정해놓는 것이 좋습니다. 예를 들어, 펜 기능을 사용하겠다고 생각했다면 기본 펜 색을 원하는 색으로 설정하는 것이 좋습니다. 흰색 배경이라면 기본인 빨강이 좋지만, 어두운 배경이라면 노랑이 더 좋죠. 이렇게 슬라이드 쇼의 기본 옵션을 설정할 수 있는 곳을 쇼 설정이라 하는데 이번 레슨에서 어떤 쇼 설정 옵션이 있는지 알아보겠습니다.

● **실습 파일**: 부록 CD/테마09/고령사회(발표용).pptx | **결과 파일**: 없음

STEP 01 | [쇼 설정] 대화상자 표시하고 옵션 변경하기

01 [슬라이드 쇼] 탭에서 [슬라이드 쇼 설정]을 클릭합니다.

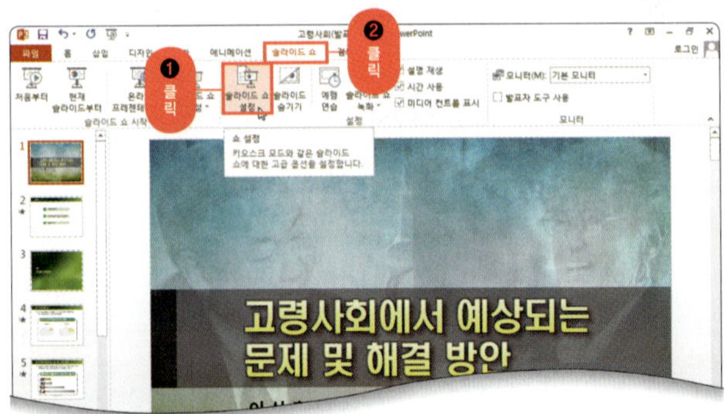

02 표시되는 쇼 설정 대화상자에서 다음 페이지 내용을 참조해 옵션을 조정하고 [확인]을 클릭합니다.

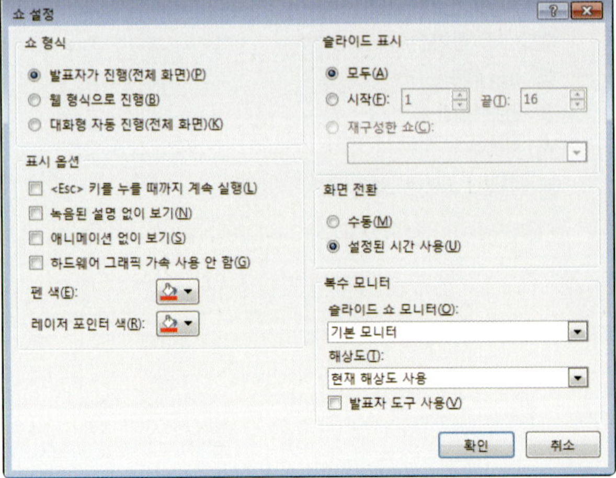

쇼 형식

슬라이드 쇼를 어떻게 진행할 것인지를 결정합니다.

- **발표자가 진행(전체 화면)**: 일반적으로 쇼 보기 상태입니다. 발표자가 `Enter` 나 마우스 클릭으로 다른 슬라이드로 전환하면서 발표할 수 있습니다.
- **웹 형식으로 진행**: 인터넷 웹 페이지처럼 표시됩니다.
- **대화형 자동 진행(전체 화면)**: 이 옵션을 선택하면 슬라이드 쇼에서 `Enter` 나 마우스 클릭은 전혀 사용할 수 없습니다. 단지, 하이퍼링크가 설정된 개체를 클릭하는 방법으로만 슬라이드 쇼가 실행됩니다.

[대화형 자동 진행] 옵션에 유의하세요

간혹, 슬라이드 쇼에서 `Enter` 나 마우스를 클릭해도 다음 슬라이드로 넘어가지 않는 때가 있는데, 그 이유는 바로 [대화형 자동 진행] 옵션이 활성화되어 있기 때문입니다. 이 모드에서는 하이퍼링크가 설정되어 있는 부분만 클릭하여 진행할 수 있습니다. 이때 하이퍼링크를 찾는 가장 쉬운 방법은 `Tab` 을 누르는 것입니다. 그러면 파워포인트가 하이퍼링크가 있는 개체를 찾아 선택해주며, `Enter` 를 누르면 그 하이퍼링크가 실행됩니다.
이 모드를 사용하고 싶지 않다면 [발표자가 진행(전체 화면)] 옵션을 선택합니다.

슬라이드 표시

- **모두**: 모든 슬라이드를 쇼에서 재생합니다(숨겨진 슬라이드는 제외).
- **시작/끝**: 시작과 끝 슬라이드를 지정합니다.
- **재구성한 쇼**: [슬라이드 쇼] 탭에서 [슬라이드 쇼 재구성]을 클릭해 재구성한 쇼를 만든 경우에만 선택할 수 있는 옵션입니다. 슬라이드 쇼를 실행하면 기본적으로 재구성한 쇼가 실행됩니다.

표시 옵션

- `Esc` **를 누를 때까지 계속 실행**: 슬라이드 쇼는 기본적으로 맨 마지막 슬라이드에서 `Enter` 를 누르면 종료됩니다. 하지만 `Enter` 를 눌렀을 때 다시 첫 번째 슬라이드로 되돌아와서 계속 실행되도록 하고 싶다면 이 옵션을 선택해야 합니다. 화면 전환 기능을 이용해 자동으로 슬라이드 쇼가 진행되도록 할 경우에 이 옵션을 설정하면 계속해서 반복 실행되도록 할 수 있습니다.
- **녹음된 설명 없이 보기**: 현재 프레젠테이션에 설명이 녹음되어 있는 경우에 이 옵션을 선택하면 이 녹음 없이 슬라이드 쇼를 진행할 수 있습니다.
- **애니메이션 없이 보기**: 애니메이션을 사용하지 않고 슬라이드 쇼를 진행합니다. 내용만 빠르게 확인하고 싶을 때 유용합니다.
- **펜 색**: 슬라이드 쇼에서 펜 기능 실행 시 기본 색을 지정합니다. 기본적은 빨간색입니다.
- **레이저 포인터 색**: 슬라이드 쇼에서 레이저 포인터 기능 실행 시 기본 색을 지정합니다. 기본은 빨간색입니다.

화면 전환

- **수동**: 화면 전환 시간을 사용하지 않고 사용자가 Enter 나 기본적인 방법을 이용해 쇼를 진행할 수 있습니다.
- **설정된 시간 사용**: 슬라이드에 재생 시간이 설정되어 있는 경우, 그 시간을 사용해 쇼를 진행할 수 있습니다.

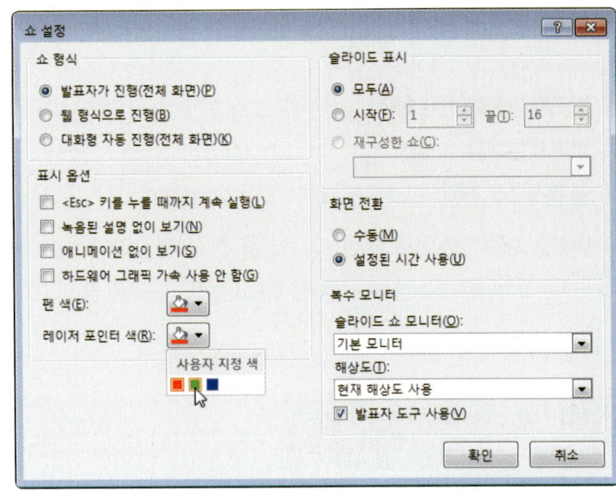

레이저 포인터 색을 선택하는 장면

복수 모니터

슬라이드 쇼는 기본적으로 발표자의 컴퓨터 모니터와 빔 프로젝터로 스크린에 영사하는 내용이 일치합니다. 하지만 여러분의 컴퓨터가 복수 모니터를 볼 수 있는 기능이 있다면, 이 기능을 사용해 발표자의 컴퓨터 모니터와 스크린에 나타나는 내용을 다르게 설정할 수 있습니다.

- **① 슬라이드 쇼 모니터**: 슬라이드 쇼를 통해 보이는 모니터를 선택할 수 있습니다.
- **② 해상도**: [현재 해상도]가 선택되어 있다면 현재 컴퓨터의 기본 해상도를 사용해 쇼를 진행합니다. 만약, 고해상도의 화면을 재생할 수 없는 프로젝터의 경우 프로젝터를 통해 영사되는 화면이 왜곡되거나 정상적으로 표시되지 않는 경우가 있습니다. 이런 경우 해상도를 1024x768이나 800x600으로 변경하면 정상적으로 볼 수 있습니다.
- **③ 발표자 도구 사용**: 이 옵션을 선택하면 현재 컴퓨터가 프로젝터에 연결되어 있는 경우, 쇼를 시작했을 때 자동으로 발표자 도구가 실행됩니다.

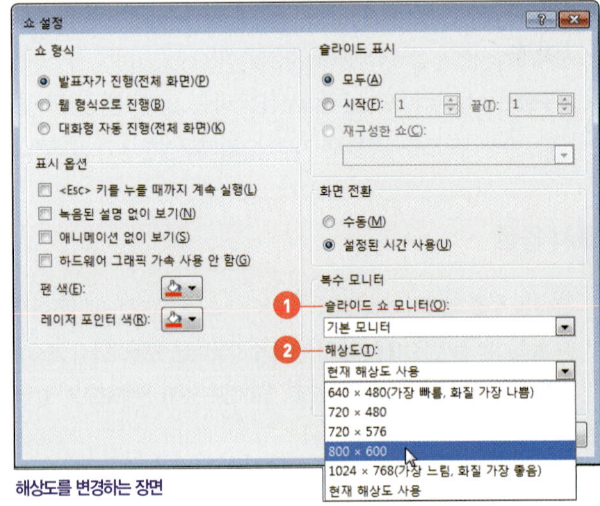

해상도를 변경하는 장면

청중 몰래 슬라이드 노트를 보면서 발표를 해보자!

세상에서 가장 어려운 일 중에 하나가 대중 앞에서의 연설이라는 말이 있듯이 누구에게 나 발표는 어렵습니다. 이런 어려운 발표 때 무엇인가 참조할 만한 내용을 청중 몰래 볼 수 있다면 좋을 것인데 파워포인트 2010 이상 버전에서 업그레이드된 발표자 도구를 활용하면 청중 몰래 슬라이드 노트에 입력한 내용을 보거나 다른 파일을 열어 내용을 확 인하는 등의 작업을 할 수 있습니다.

● **실습 파일**: 부록 CD/테마09/고령사회(발표용).pptx

발표자의 도구로 전환

❶ 빠른 실행 도구 모음에서 [슬라이드 쇼]를 클릭합니다(단축키: F5).

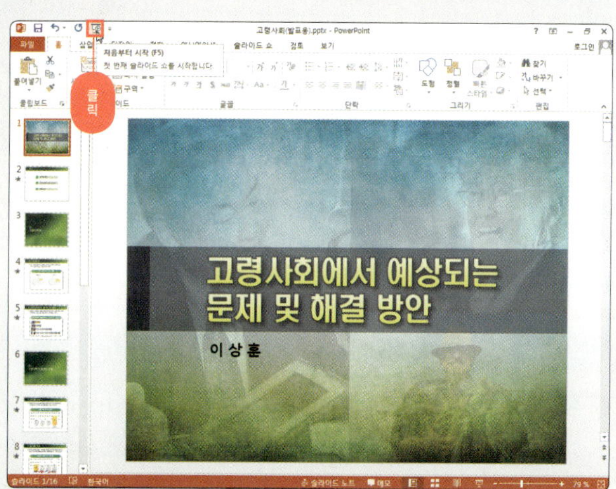

❷ 쇼 보기 왼쪽 하단에서 [슬라이드 쇼 옵션 더 보기]를 클릭한 후 [발표자 도구 표시]를 선택 합니다.

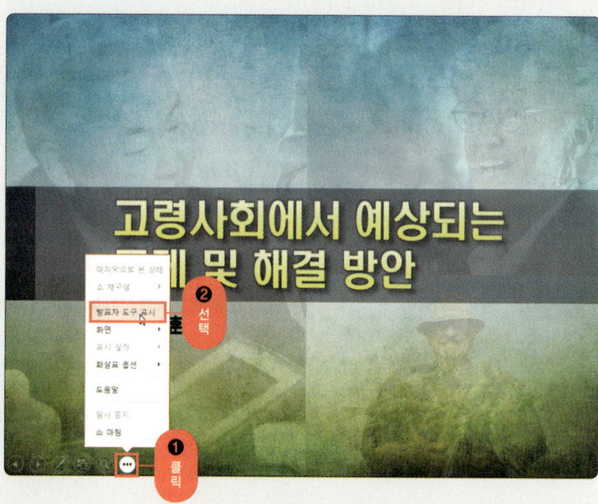

내 컴퓨터의 화면이 다음과 같이 변경됩니다. 왼쪽에 현재 화면, 오른쪽에 다음 화면, 오른쪽 하단에 슬라이드 노트에 입력한 내용, 그리고 각종 도구가 표시됩니다. 물론 프로젝터를 통해 스크린으로 영사되는 화면은 슬라이드만 표시됩니다.

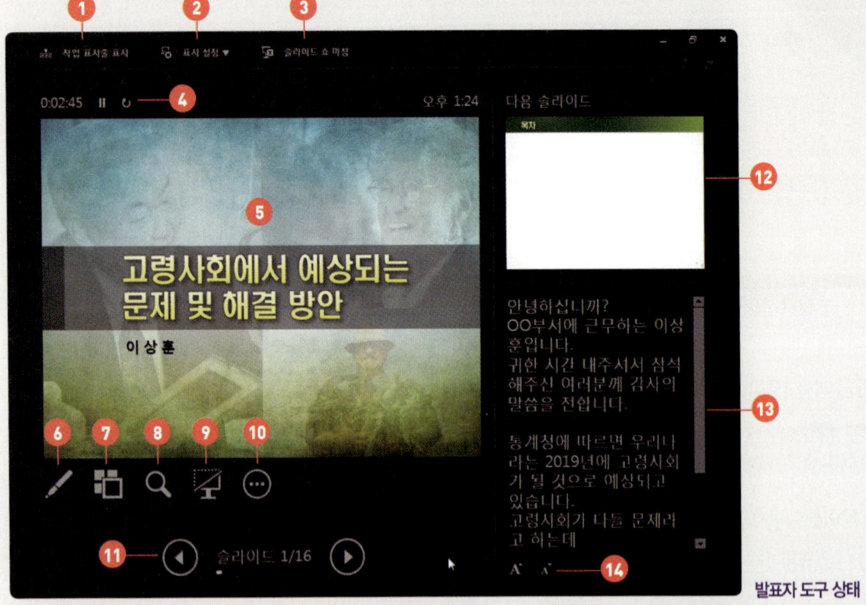

발표자 도구 상태

발표자 도구 상태에서 제공하는 주요 기능은 다음과 같습니다.

1 **작업 표시줄 표시**: 화면 하단에 작업 표시줄이 표시됩니다. 이 상태에서 다른 프로그램을 실행하거나, 인터넷을 실행하거나, 다른 자료를 여는 등의 작업을 할 수 있습니다. 물론 청중은 여러분이 하는 작업을 전혀 볼 수 없습니다.

2 **표시 설정**: 발표자 도구와 슬라이드 쇼를 서로 바꾸거나 기본 보기 상태인 슬라이드 쇼 복제를 선택할 수 있습니다.

3 **슬라이드 쇼 마침**: 쇼를 마칩니다.

4 **시간 표시**: 슬라이드 쇼 진행 시간, 타이머 일시 중지, 타이머 다시 시작, 현재 시간을 표시합니다.

5 **현재 화면**: 현재 프로젝트를 통해 스크린에 영사되는 화면

6 **펜 및 레이저 포인터 도구**: 이 버튼을 클릭하면 펜과 레이저 포인터를 실행하거나 지우개를 실행할 수 있는 메뉴가 표시됩니다.

7 **모든 슬라이드 보기**: 이 버튼을 클릭하면 여러 슬라이드 보기처럼 모든 슬라이드가 표시되며 슬라이드를 클릭하면 그 슬라이드가 표시됩니다.

8 **슬라이드 확대**: 슬라이드의 특정 부분을 클릭하면 그 부분이 확대되며, 마우스를 드래그해 확대된 상태에서 다른 부분을 볼 수 있습니다. Esc 키를 누르면 원래 상태로 되돌아옵니다.

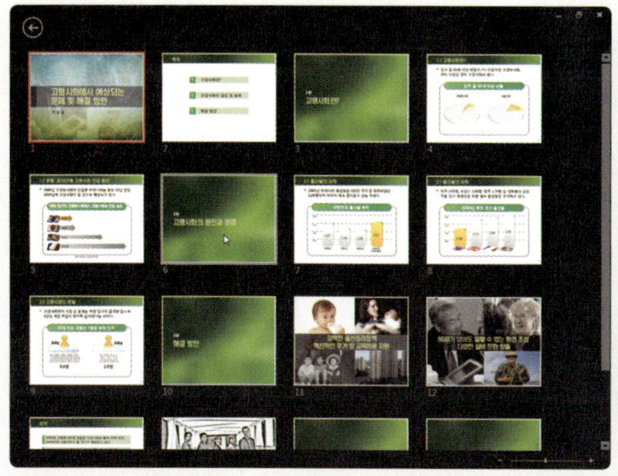

모든 슬라이드 보기 상태

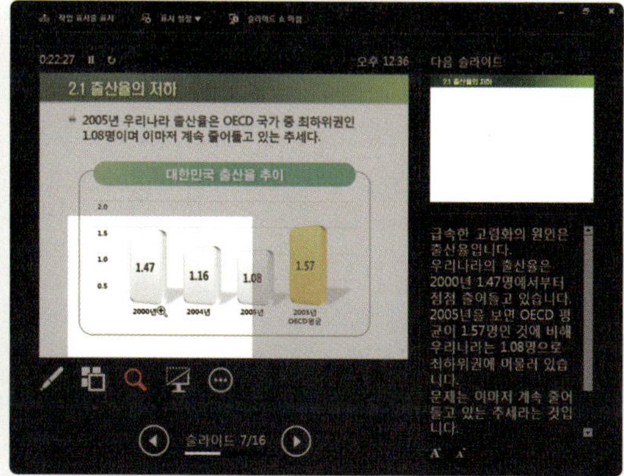

슬라이드 확대 명령 실행 상태

❾ **슬라이드 쇼를 검정으로 설정/취소**: 이 버튼을 클릭하면 화면이 검은색으로 변하며, Esc 키를 누르면 원래 상태로 되돌아옵니다.

❿ **슬라이드 옵션 더 보기**: 이 버튼을 클릭하면 마지막으로 본 상태, 발표자 도구 숨기기 등 쇼 관련 옵션을 볼 수 있습니다.

⓫ **슬라이드 네비게이터**: 이전 또는 다음 슬라이드/애니메이션으로 전환할 수 있으며, 현재 슬라이드 번호와 전체 슬라이드 수를 표시합니다.

⓬ **다음 슬라이드/애니메이션**: 다음에 표시되는 슬라이드나 애니메이션을 보여줌으로써 발표자가 다음에 이야기해야 할 것을 미리 생각하며 발표할 수 있도록 도와줍니다.

⓭ **슬라이드 노트**: 슬라이드 노트에 입력한 내용이 표시됩니다.

⓮ **텍스트 확대/축소**: 표시되는 슬라이드 노트 텍스트의 크기를 조정할 수 있습니다.

NOTE

발표자 도구 모드에서도 일반 쇼 보기처럼 단축키를 이용해 쇼를 진행할 수 있음

발표자 도구 모드에서 여러분은 앞 레슨에서 배운 것처럼 Enter 키를 눌러 다음 슬라이드로 이동하거나 번호를 입력하고 Enter 키를 눌러 특정 슬라이드로 이동하거나, B 키를 눌러 화면을 검은색으로 만들거나 하는 등 슬라이드 쇼에서 할 수 있는 모든 작업을 할 수 있습니다.

프레젠테이션 디자인에서 첫 번째로 꼽는 것은 바로 일관성/통일성입니다.

모든 슬라이드는 기본적으로 동일한 레이아웃, 글꼴, 색을 사용하는 것이 보기에 좋기 때문입니다.

파워포인트에서 이렇게 기본적인 레이아웃, 글꼴, 색 등을 설정해놓는 곳을 테마와 슬라이드 마스터라 합니다.

이번 테마에서는 테마와 슬라이드 마스터를 이용해 프레젠테이션 기본 디자인을 한 후,

그 디자인을 서식 파일 형태로 저장했다가 다른 프레젠테이션에 적용하는 방법에 대해 알아보겠습니다.

테마와
슬라이드 마스터로
전달할 주제에
꼭 맞는
템플릿 만들기

01

POWERPOINT KNOWHOW

나만의 테마 글꼴과 테마 색을 만들어 보자!

파워포인트에서 텍스트 상자를 만들면 기본적으로 맑은 고딕체가 적용되고 도형을 그리면 항상 파랑색이 칠해지는 것에 대해서 한번이라도 왜 그런지 의문을 품은 분이 있다면 이번 레슨에서 정답을 얻을 수 있습니다. 바로 테마 글꼴과 테마 색에서 맑은 고딕과 파랑색이 기본으로 설정되어 있기 때문입니다. 좋은 소식은 사용자가 이것을 바꿀 수 있으며, 또한 그 결과물을 저장해두었다가 다른 프레젠테이션에도 저장할 수 있다는 것입니다.

● **실습 파일**: 없음 | **결과 파일**: 부록 CD/테마10/템플릿_기본(결과).pptx

STEP 01 | 새 프레젠테이션 만들고 저장하기

01 [파일]을 클릭합니다.

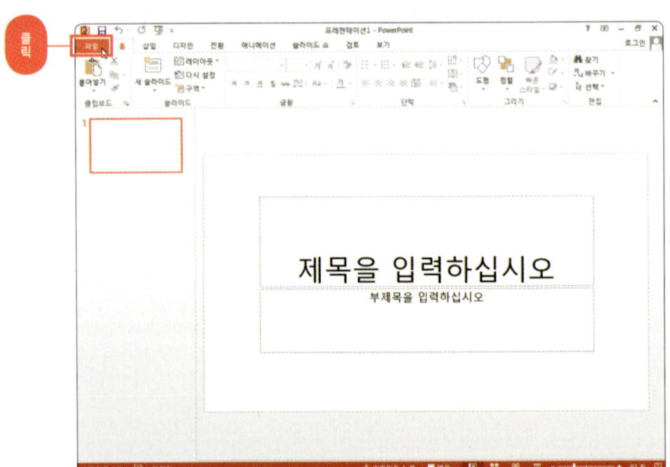

02 [새로 만들기]를 선택한 후 [새 프레젠테이션]을 클릭합니다.

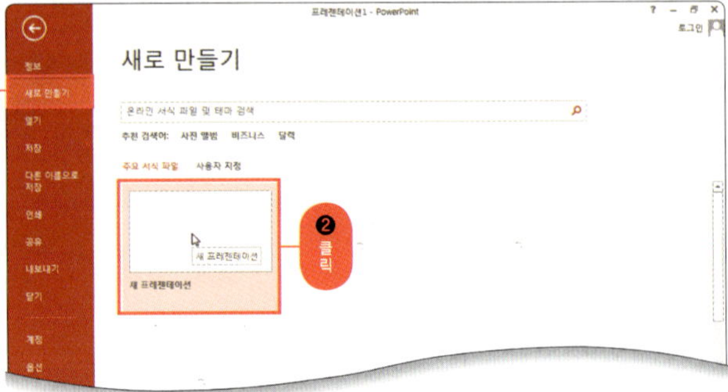

NOTE

새 프레젠테이션 만들기 단축키

Ctrl + N 을 누릅니다. N은 'New'의 약어입니다.

03 새 프레젠테이션이 만들어집니다. 다시 [파일]을 클릭합니다.

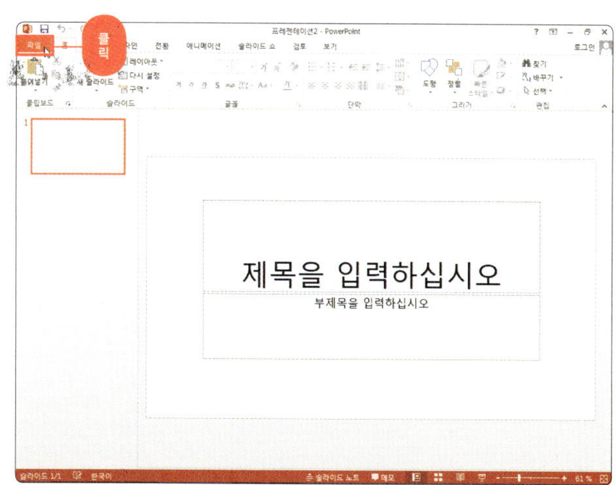

04 [다른 이름으로 저장]을 선택한 후 [찾아보기]를 클릭합니다.

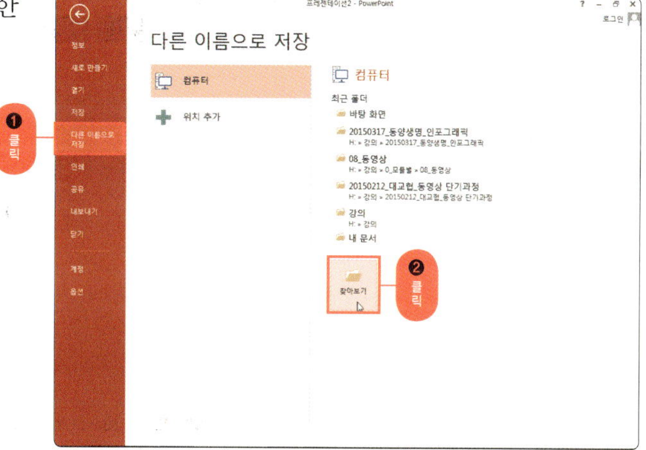

05 저장할 위치(예 바탕화면)를 선택한 후 [파일 이름] 입력 상자에 [템플릿_기본]을 입력하고 [저장] 버튼을 클릭합니다.

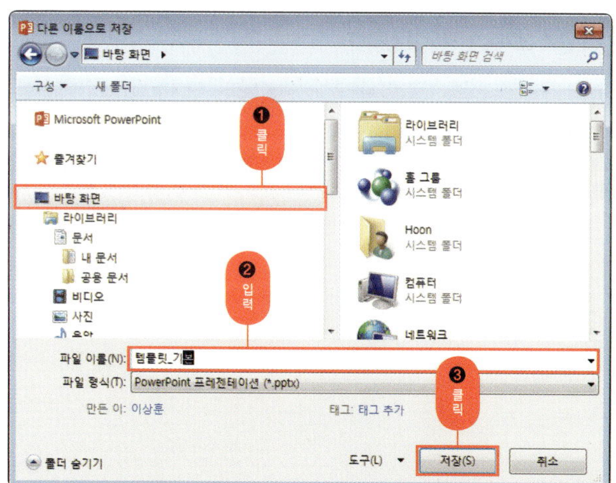

06 [디자인] 탭에서 [슬라이드 크기]를 클릭한 후 [표준(4:3)]을 선택합니다.

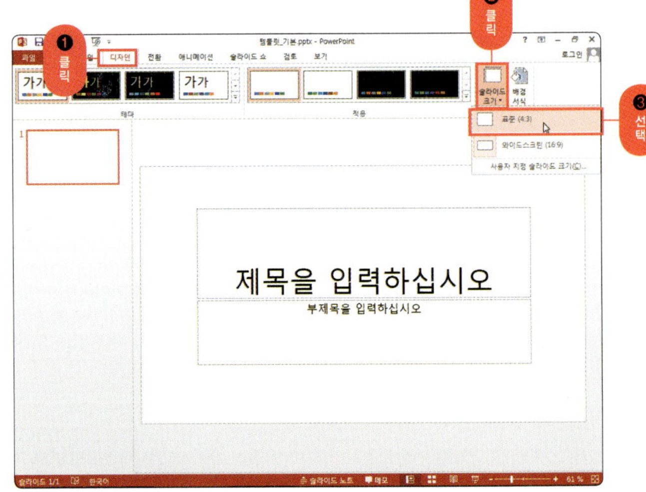

슬라이드 크기가 지정된 대로 변경됩니다.

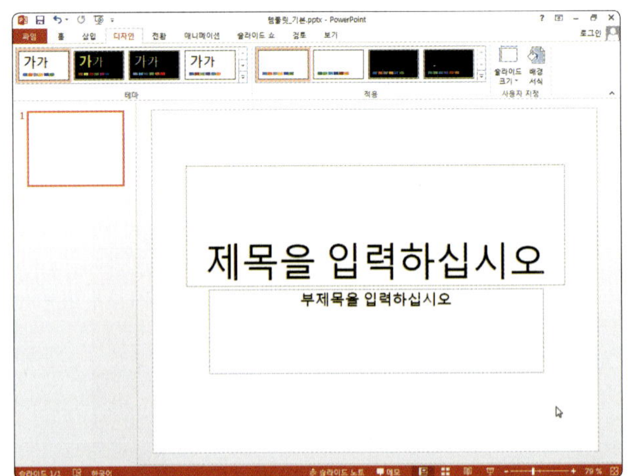

N O T E

A4 용지 크기로 변경하고 싶다면

❶ [디자인] 탭에서 [슬라이드 크기]를 클릭한 후 [사용자 지정 슬라이드 크기]를 선택합니다.

❷ [슬라이드 크기] 대화상자에서 [슬라이드 크기] 메뉴를 연 후 [A4 용지(210x297mm)]를 선택합니다.

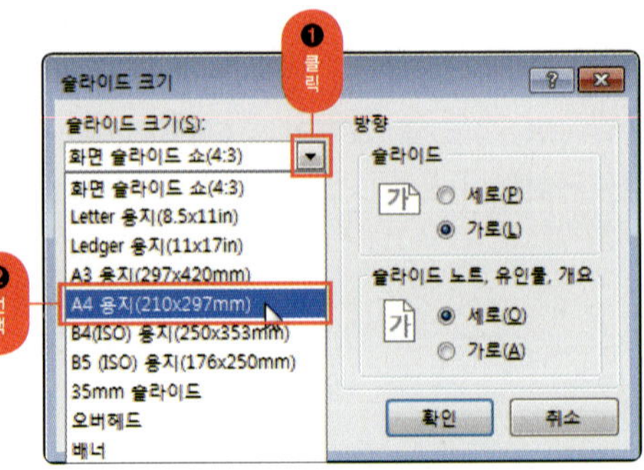

STEP 02 | 새 테마 글꼴 만들기

01 [디자인] 탭의 [적용] 영역에서 [자세히] 버튼 ▾을 클릭합니다.

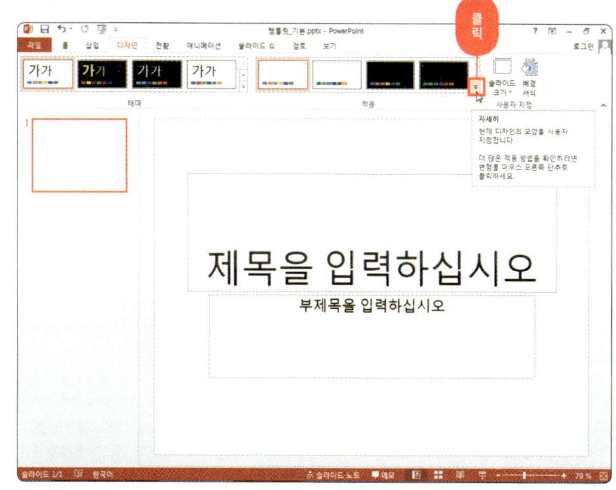

02 [글꼴]에서 [글꼴 사용자 지정]을 선택합니다.

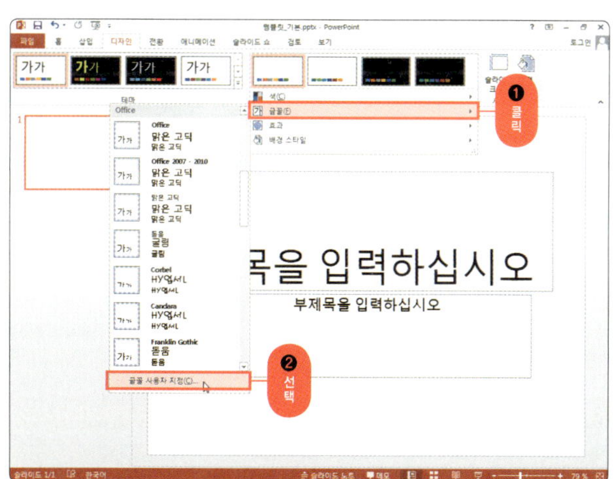

03 [한글 글꼴]의 [제목 글꼴(한글)]에서 [HY견고딕]을 선택합니다.

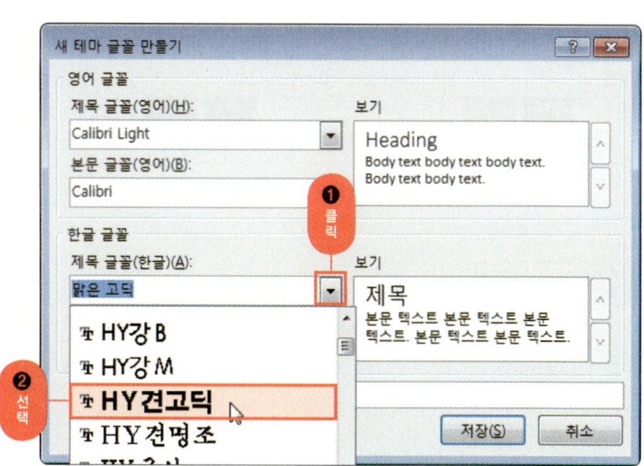

04 [영어 글꼴]의 [제목 글꼴(영어)]에서 [HY견고딕]을 선택합니다.

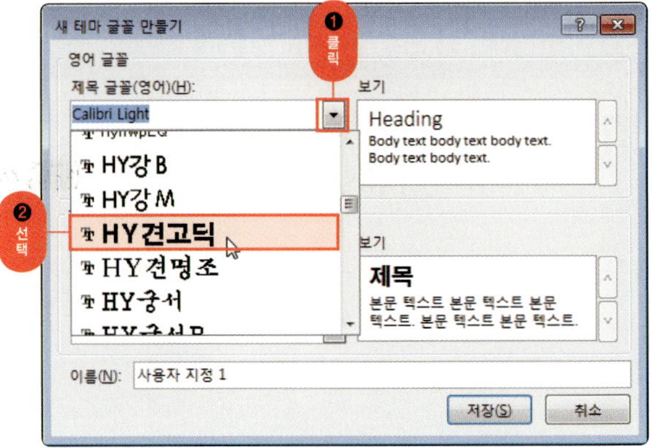

05 [본문 글꼴(영어)]에서 [맑은 고딕]을 선택합니다.

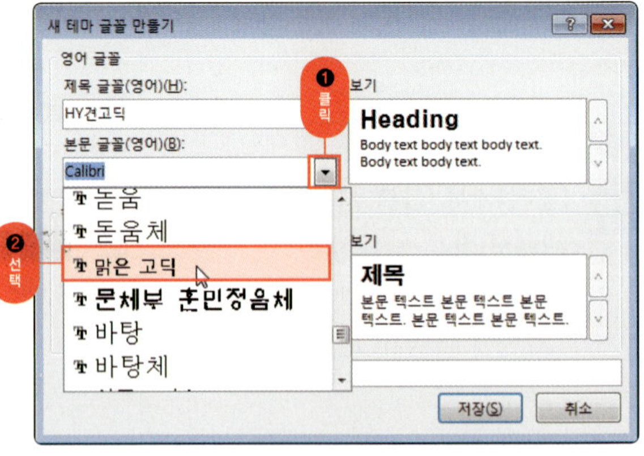

06 [이름]에 [기본]을 입력한 후 [저장] 버튼을 클릭합니다. 설정된 테마 글꼴이 현재 프레젠테이션에 적용됩니다.

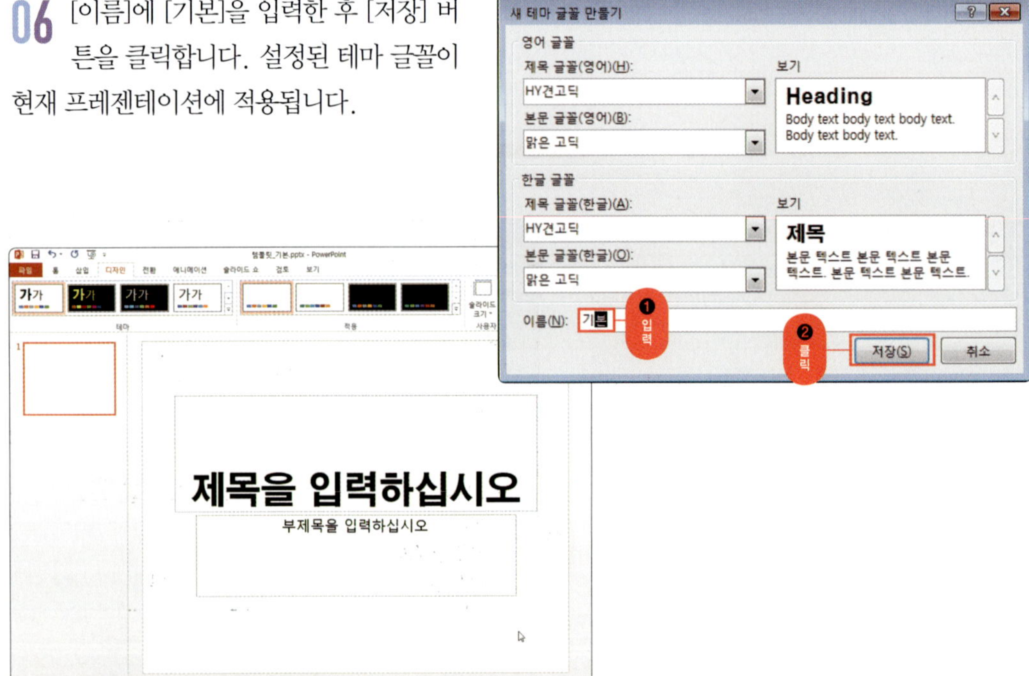

STEP 03 | 테마 글꼴 확인 및 편집하기

01 [디자인] 탭의 [적용] 영역에서 [자세히] 버튼을 클릭합니다.

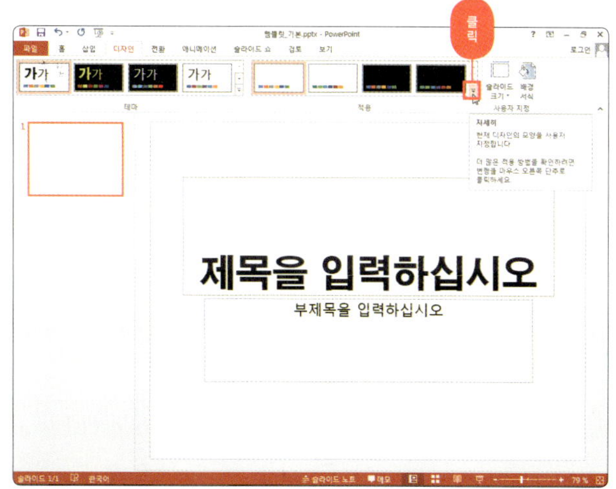

02 [글꼴]에서 [HY견고딕, 맑은 고딕]을 마우스 오른쪽 버튼으로 클릭하면 나타나는 컨텍스트 메뉴 중에서 [편집]을 선택합니다.

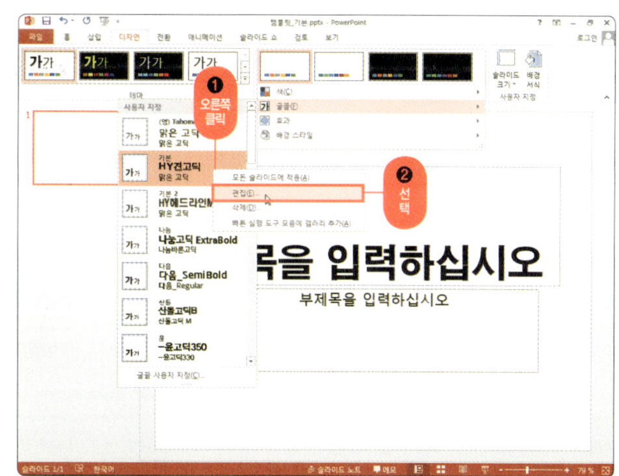

03 테마 글꼴을 편집한 후 [저장] 버튼을 클릭합니다.

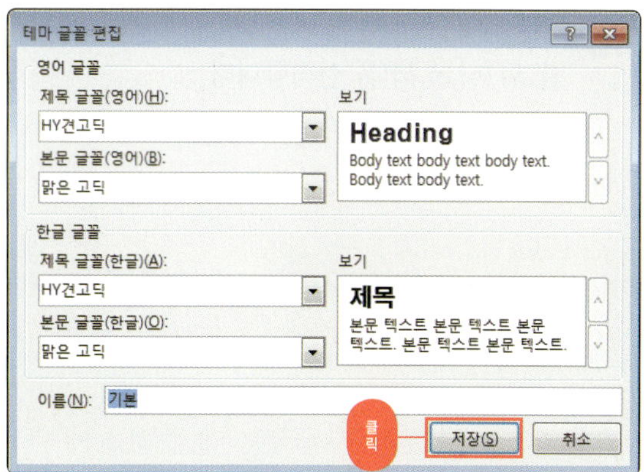

N O T E

테마 글꼴 적용 및 삭제하기

• 테마 글꼴을 다른 프레젠테이션에 적용하고 싶다면 해당 프레젠테이션을 연 후 [디자인] 탭에서 테마 글꼴을 선택합니다. 테마 글꼴은 다른 오피스 프로그램인 MS 워드(디자인 탭)는 물론, 심지어 엑셀(페이지 레이아웃 탭)에서도 적용할 수 있습니다.

• 테마 글꼴을 지우고 싶다면 테마 글꼴을 마우스 오른쪽 버튼으로 클릭하면 나타나는 컨텍스트 메뉴 중에서 [삭제]를 선택합니다.

STEP 04 | 새 테마 색 만들기

01 [디자인] 탭의 [적용] 영역에서
[자세히] 버튼을 클릭합니다.

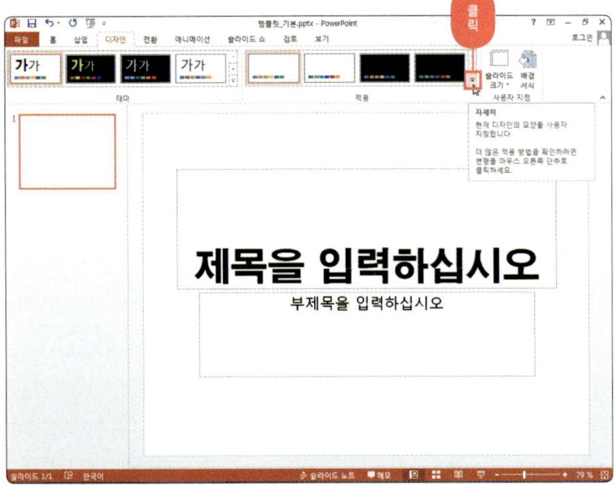

02 [색]에서 [색 사용자 지정]을 선
택합니다.

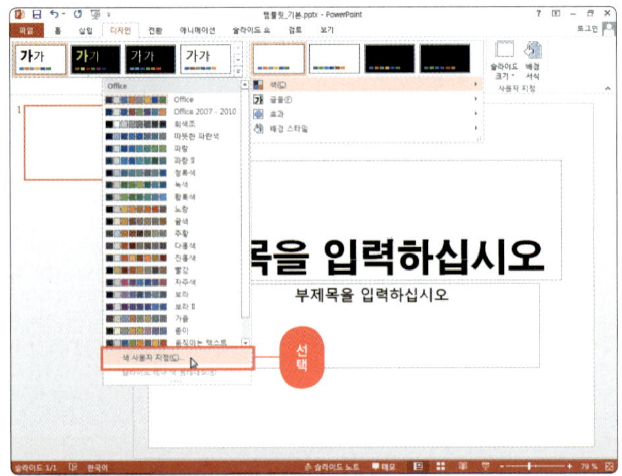

03 [강조 1] 오른쪽에 있는 [색 견본]을 클릭
한 후 [다른 색]을 선택합니다.

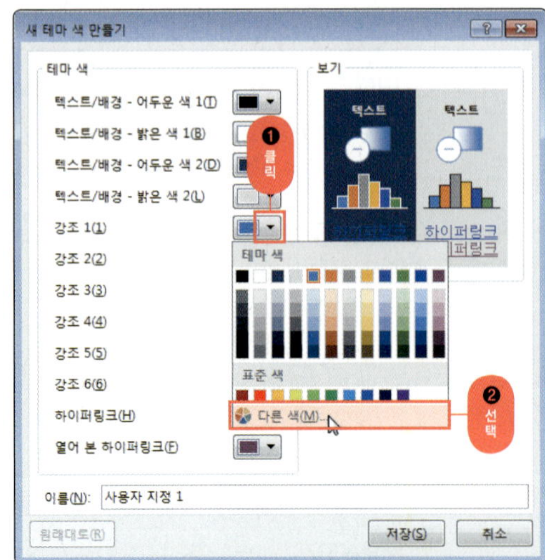

04 [사용자 지정] 탭에서 색의 값을 입력한 후 [확인] 버튼을 클릭합니다.

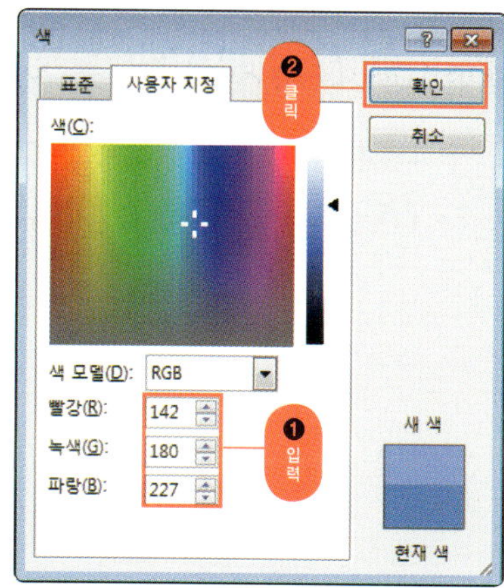

강조 1의 색이 지정한 대로 변경됩니다.

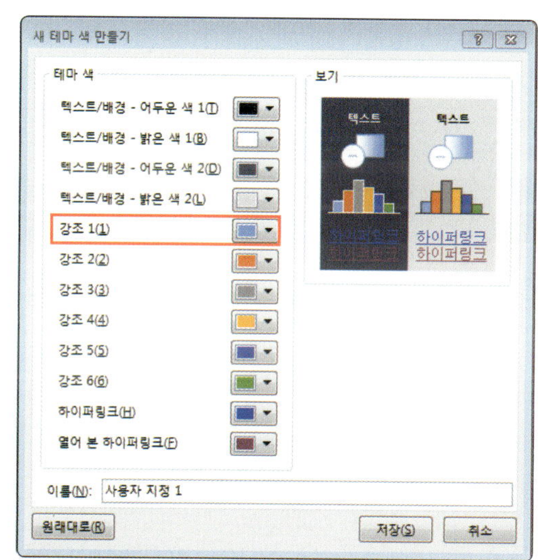

05 같은 방법으로 다음과 같이 변경한 후 [이름]에 [기본]을 입력하고 [저장]을 클릭합니다. 방금 만든 테마 색이 프레젠테이션 문서 전체에 적용됩니다.

	강조 2	강조 3	강조 4	강조 5	강조 6
빨강	94	87	163	232	250
녹색	204	120	206	134	0
파랑	243	163	94	68	48

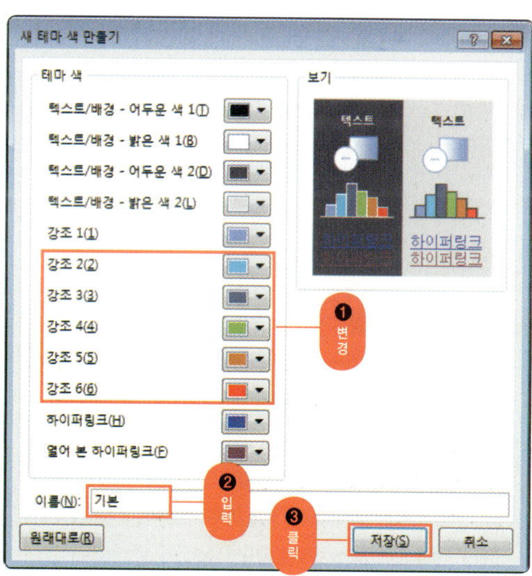

STEP 05 | 테마 색 확인 및 편집하기

01 [디자인] 탭의 [적용] 영역에서 [자세히] 버튼 ▼을 클릭합니다.

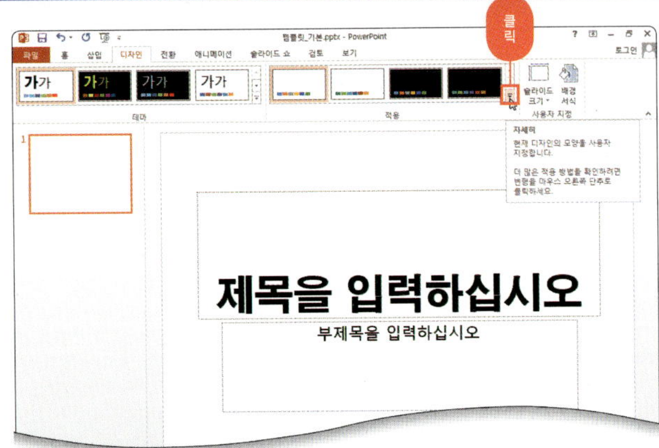

02 [색]에서 [기본]을 마우스 오른쪽 버튼으로 클릭하면 나타나는 컨텍스트 메뉴 중에서 [편집]을 선택합니다.

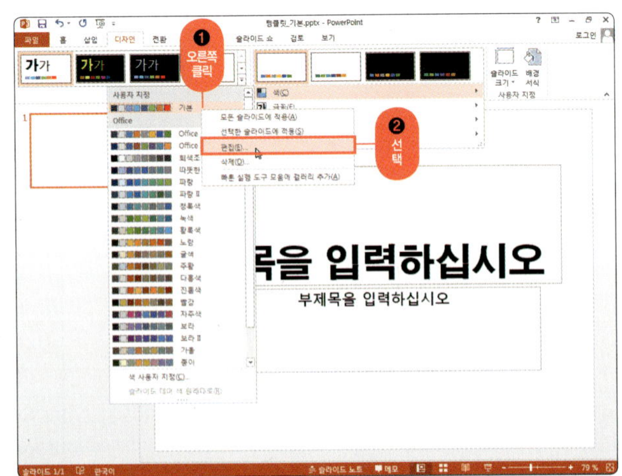

03 테마 색을 편집한 후 [저장]을 클릭합니다.

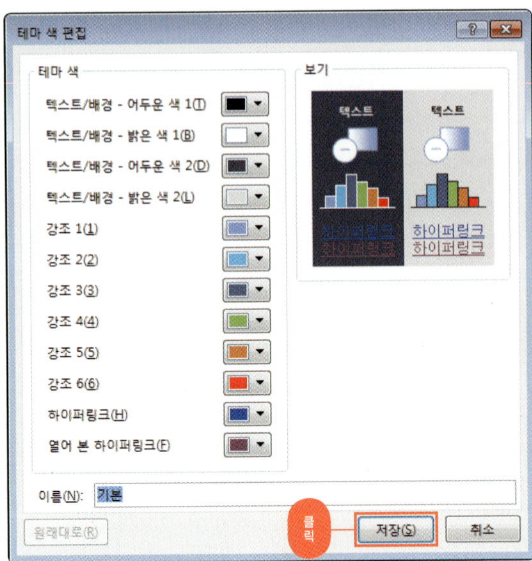

N O T E

테마 색 적용 및 삭제하기

- 테마 색을 다른 프레젠테이션에 적용하고 싶다면 해당 프레젠테이션을 연 후 [디자인] 탭에서 테마 색을 선택합니다. 테마 색은 다른 오피스 프로그램인 MS 워드(디자인 탭)는 물론, 심지어 엑셀(페이지 레이아웃 탭)에서도 적용할 수 있습니다.
- 테마 색을 지우고 싶다면 테마 색을 마우스 오른쪽 버튼으로 클릭하면 나타나는 컨텍스트 메뉴 중에서 [삭제]를 선택합니다.

02

초간단 템플릿을 만들어 보자!

P O W E R P O I N T   K N O W H O W

일반 사용자들이 가장 레이아웃은 슬라이드 상단에 제목 텍스트를 입력할 수 있는 개체 틀이 있는 '제목만' 레이아웃입니다. 다른 것은 그리 많이 사용하지 않죠. 따라서 슬라이드 마스터를 활용해 기본 프레젠테이션 디자인을 할 때 '제목만' 레이아웃만 디자인해도 크게 문제가 없습니다. 따라서 우선 슬라이드 마스터에서 가장 많이 사용되는 '제목만' 레이아웃만 디자인하는 방법에 대해 알아보겠습니다.

● **실습 파일**: 부록 CD/테마10/템플릿_기본.pptx | **결과 파일**: 부록 CD/테마10/템플릿_기본(결과).pptx

STEP 01 | 슬라이드 마스터 편집 모드로 전환하기

01 [보기] 탭에서 [슬라이드 마스터]를 클릭합니다.

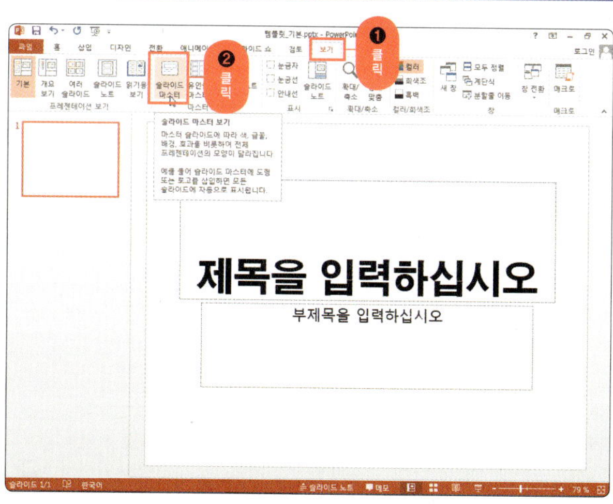

> **NOTE**
>
> **슬라이드 마스터 편집 모드로 전환하는 다른 방법**
>
> Shift 를 누른 상태에서 상태 표시줄의 [기본] 回를 클릭합니다.

02 슬라이드 마스터 편집 모드 왼쪽에서 [제목만 레이아웃]을 클릭합니다.

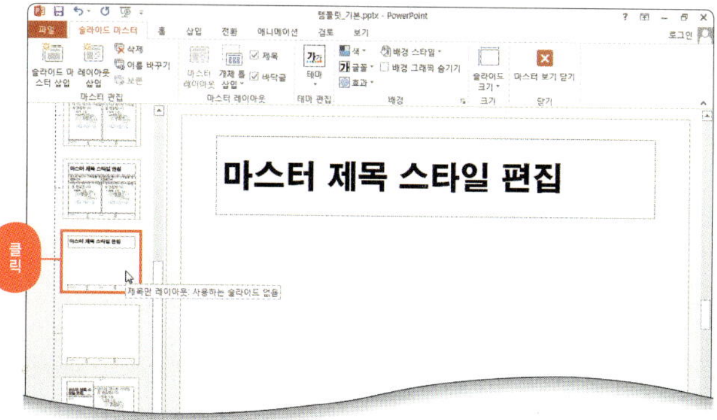

01 [삽입] 탭에서 [그림]을 클릭합니다.

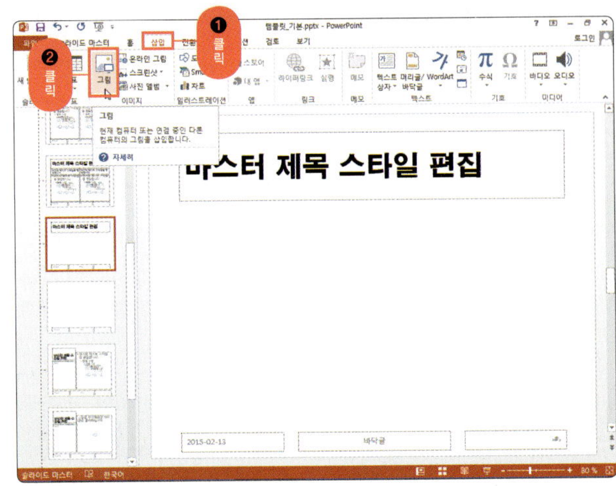

02 부록 CD에 있는 [배경_상단바_기본.png]를 선택한 후 [삽입]을 클릭합니다.

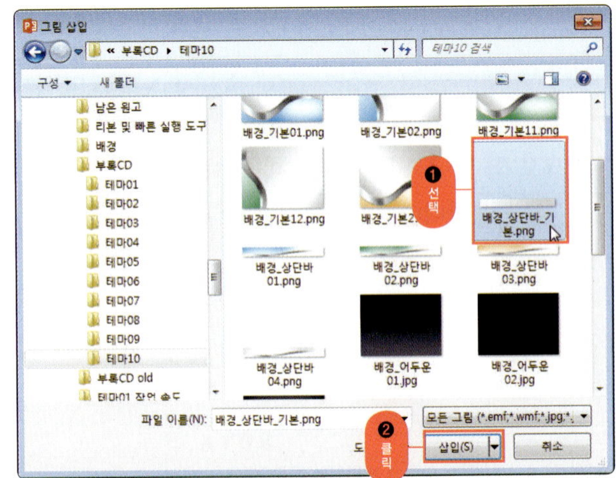

03 선택한 그림이 슬라이드 정가운데에 삽입되고 선택된 상태이며 자동으로 [그림 도구–서식] 탭이 열립니다. 삽입된 그림을 슬라이드 맨 위로 이동합니다.

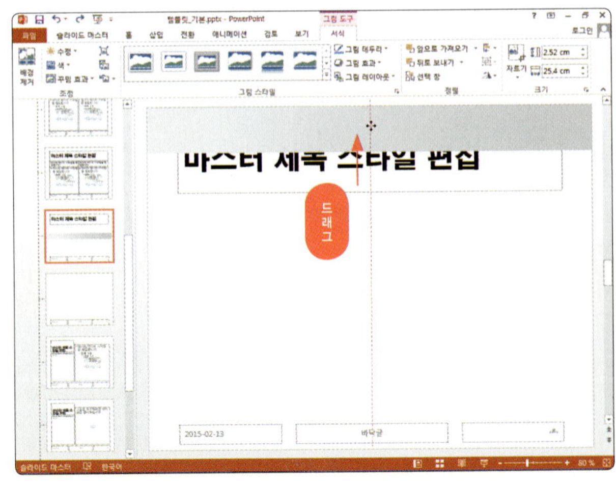

04 [삽입] 탭에서 [그림]을 클릭합니다.

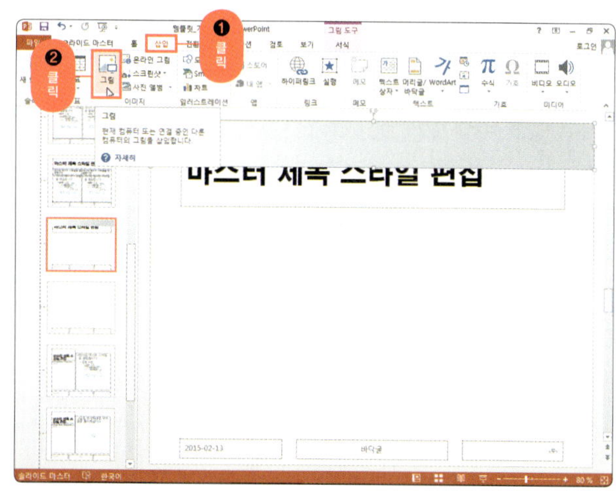

05 [그림 삽입] 대화상자에서 [배경_오른쪽 상단01.png]를 선택한 후 [삽입] 버튼을 클릭합니다.

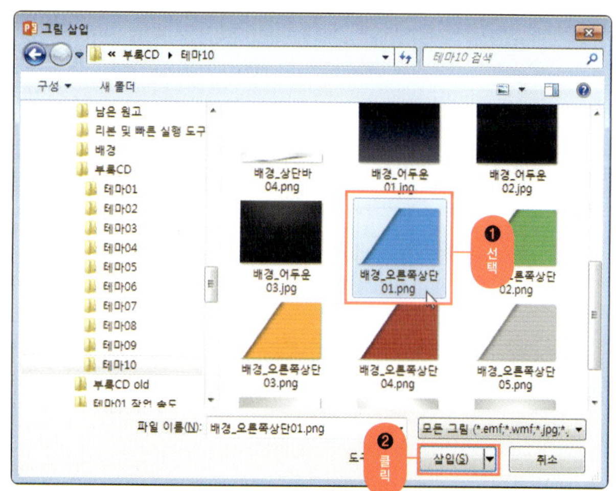

06 삽입된 그림을 슬라이드 오른쪽 상단 모서리로 이동합니다.

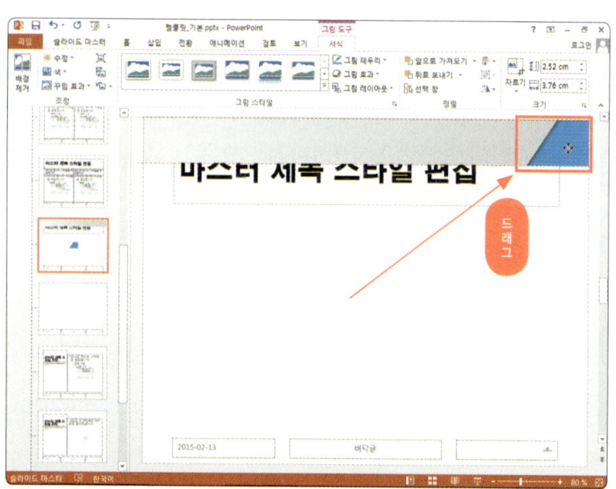

07 Shift 를 누른 상태에서 왼쪽에 있는 은색 상단바 그림을 클릭하여 두 그림을 모두 선택합니다.

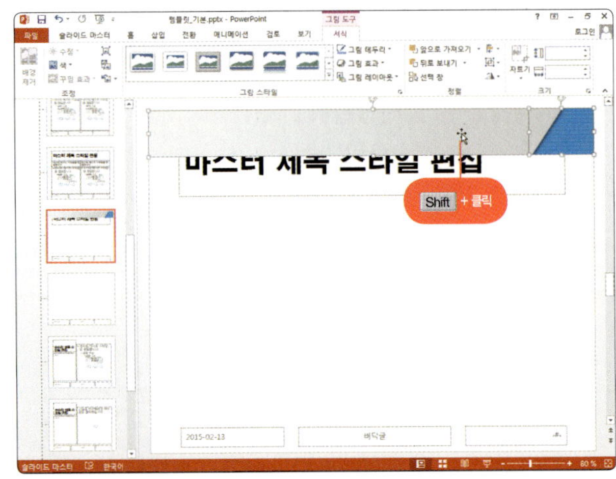

08 선택된 그림 중에서 아무것이나 마우스 오른쪽 버튼으로 클릭하면 나타나는 컨텍스트 메뉴 중에서 [맨 뒤로 보내기]를 선택합니다. 선택된 두 그림이 슬라이드 맨 뒤로 이동합니다.

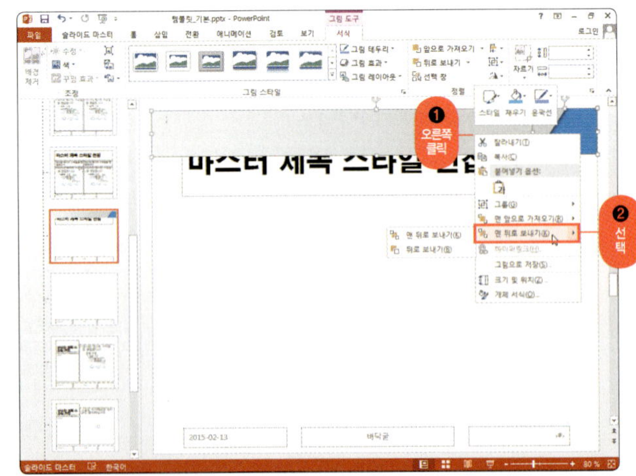

STEP 03 | 제목 개체 틀 변경하기

01 [마스터 제목 스타일 편집] 제목 개체 틀의 크기와 위치를 변경해 뒤쪽 그림에 맞춥니다.

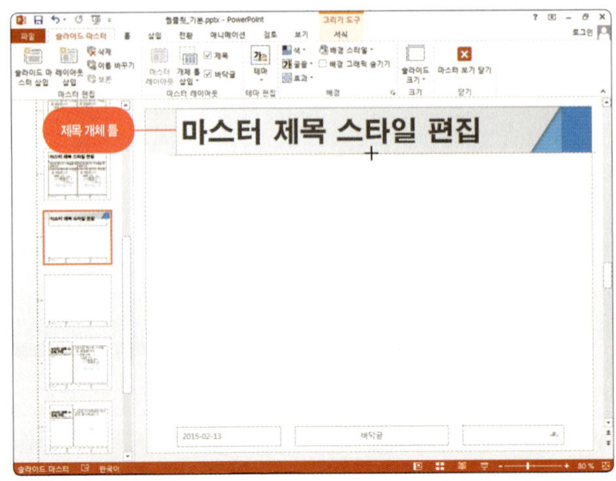

02 [홈] 탭에서 [글꼴] 메뉴를 연 후 [테마 글꼴]에서 [HY견고딕]이 선택되어 있음을 확인합니다. 앞에서 설정했던 테마 글꼴입니다.

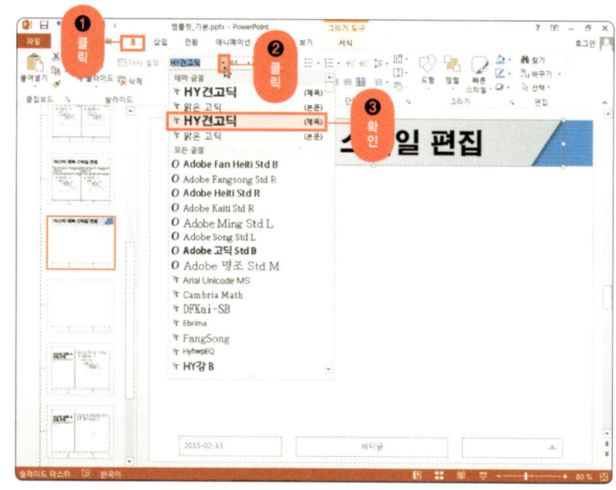

03 [글꼴 크기]를 [32]로 변경합니다.

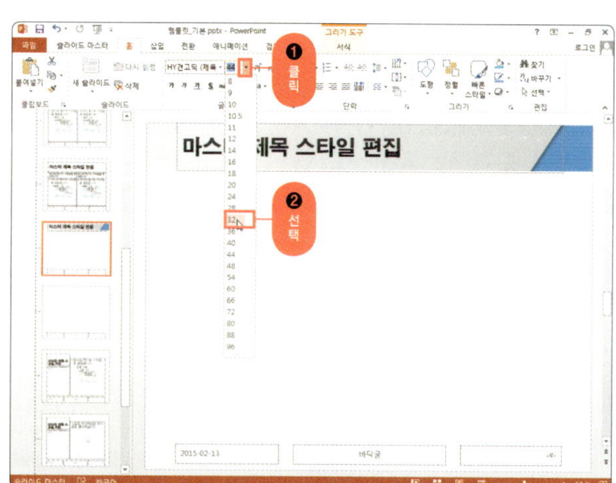

STEP 04 | 슬라이드 번호, 제목, 로고 삽입하기

01 [삽입] 탭에서 [머리글/바닥글]을 클릭합니다.

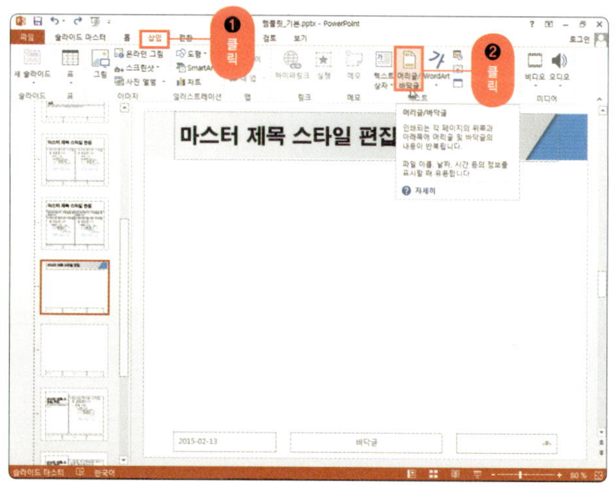

02 [머리글/바닥글] 대화상자에서 다음과 같이 설정합니다.

- [슬라이드 번호] 선택
- [바닥글] 선택 후 입력 상자에 프레젠테이션 제목(예 회사소개서) 입력
- [제목 슬라이드에는 표시 안 함] 선택
- [모두 적용] 버튼 클릭

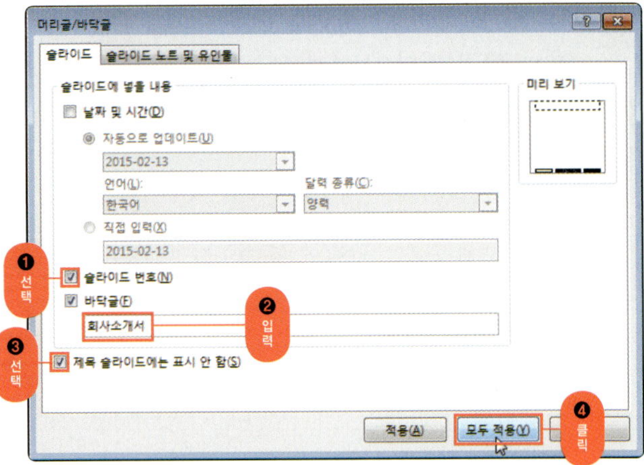

03 슬라이드 왼쪽 하단의 [날짜] 개체 틀을 선택한 후 Delete 를 누릅니다.

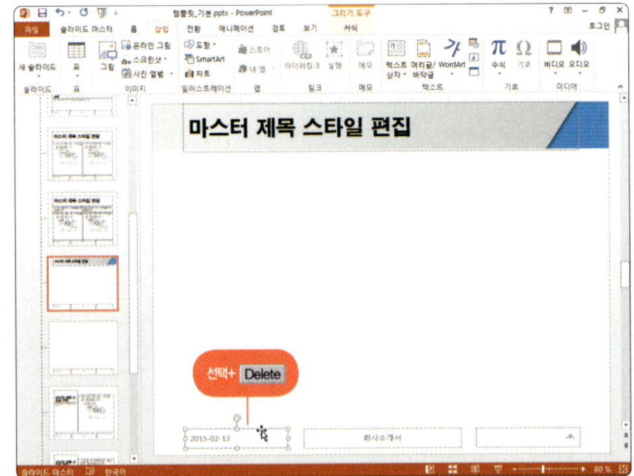

04 날짜 개체 틀이 삭제됩니다. 바닥글 개체 틀을 슬라이드 왼쪽 모서리로 이동합니다.

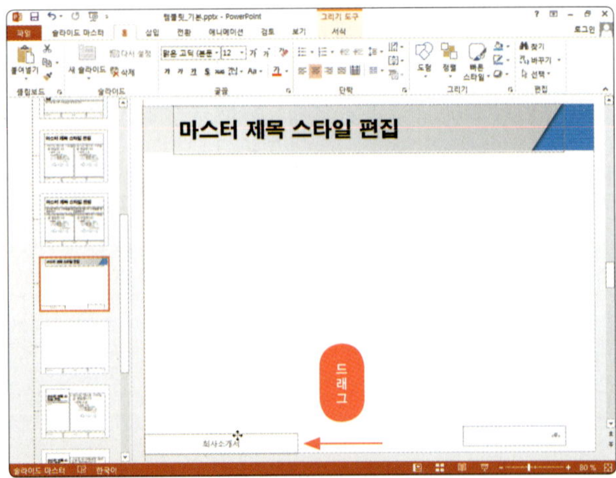

05 [홈] 탭에서 [왼쪽 맞춤]을 클릭합니다.

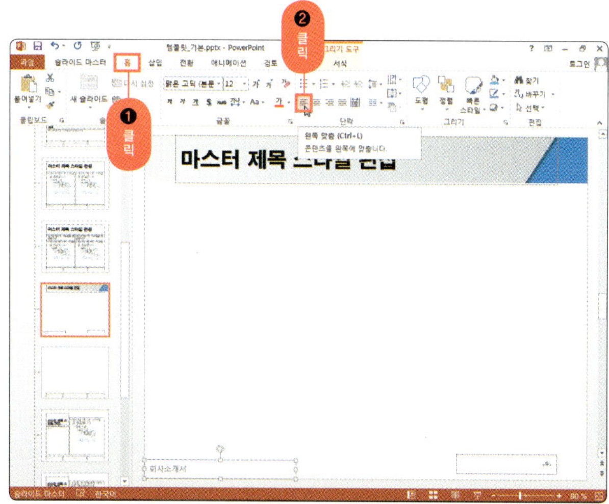

06 〈#〉 표시가 있는 슬라이드 번호 개체 틀을 오른쪽 하단 모서리로 이동합니다.

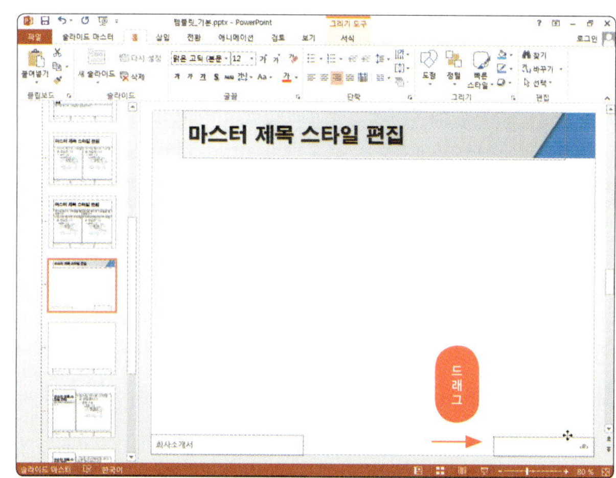

07 [삽입] 탭에서 [그림]을 클릭합니다.

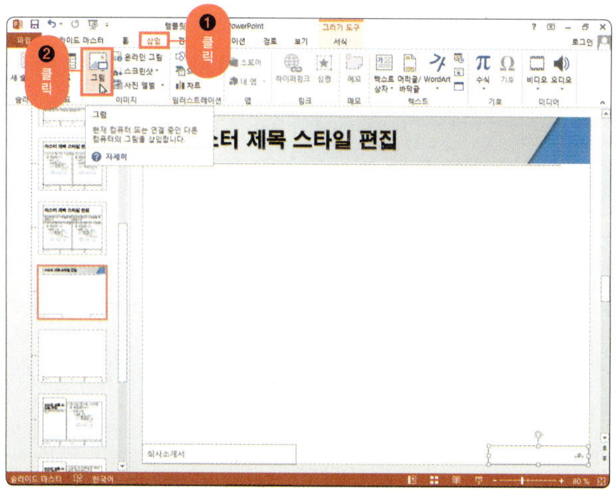

08 [그림 삽입] 대화상자에서 [로고_ABC Company.png] 그림을 선택한 후 [삽입] 버튼을 클릭합니다.

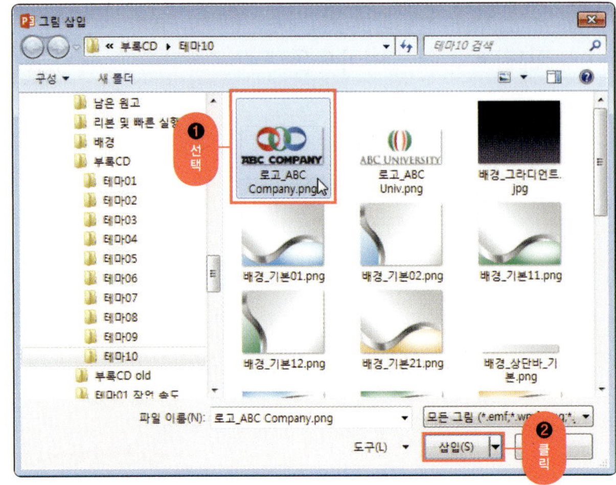

09 삽입한 로고 그림을 슬라이드 오른쪽 상단으로 이동한 후 크기를 조정합니다.

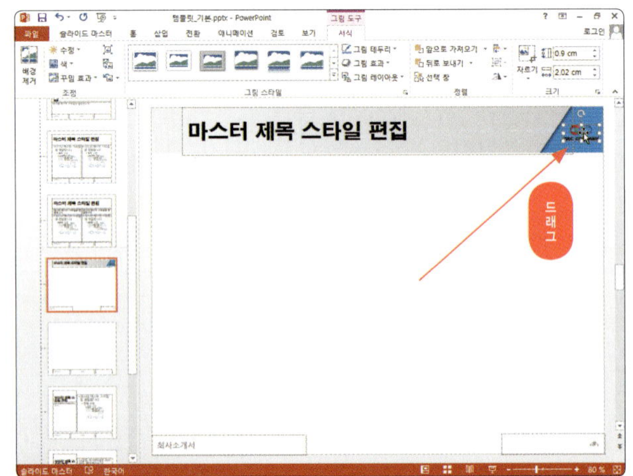

STEP 05 | 필요 없는 레이아웃 지우기

01 맨 아래에 있는 레이아웃을 선택합니다.

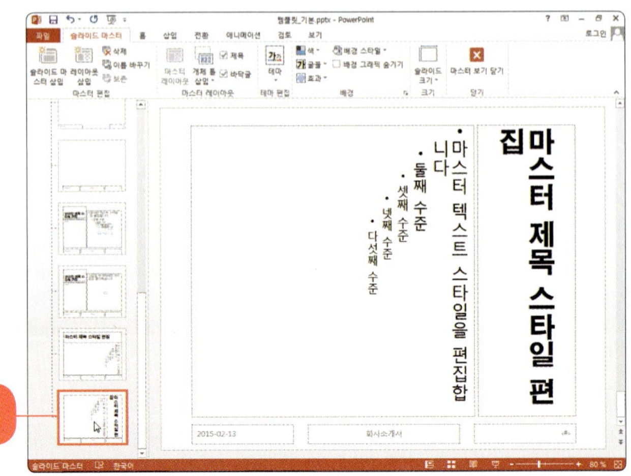

02 Shift 를 누른 상태에서 맨 아래에서 네 번째 레이아웃을 클릭한 후 Delete 를 누릅니다.

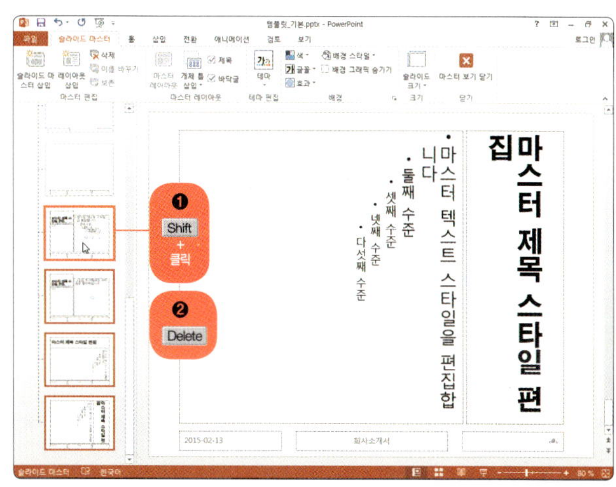

03 선택되어 있던 네 개의 레이아웃이 삭제됩니다. [제목만 레이아웃] 바로 위에 있는 레이아웃을 클릭하여 선택합니다.

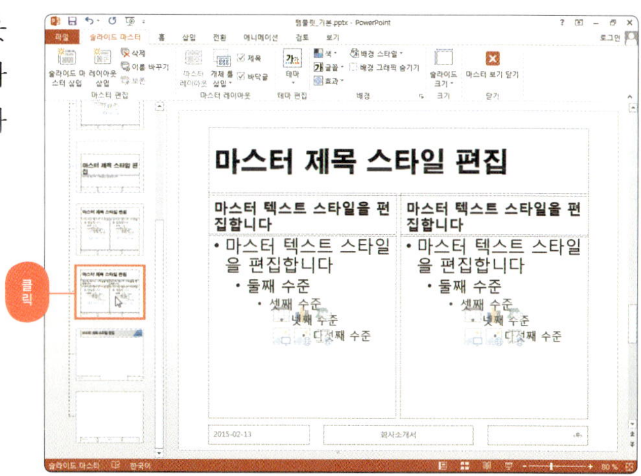

04 Shift 를 누른 상태에서 선택한 레이아웃의 바로 위에 있는 레이아웃을 클릭하여 선택한 후 Delete 를 누릅니다. 이제 다섯 개의 레이아웃만 남게 됩니다.

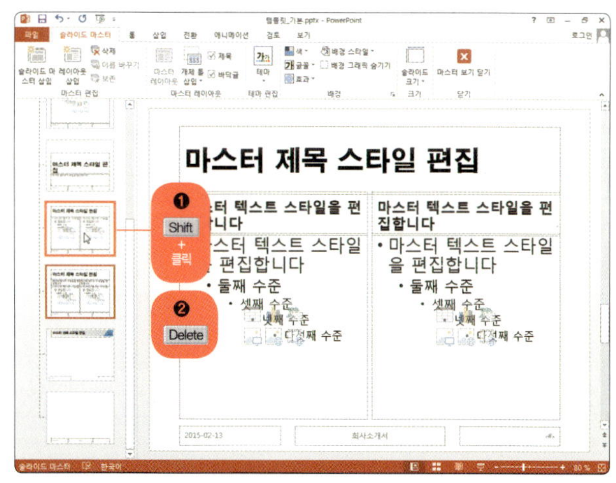

STEP 06 | 기본 보기에서 새 슬라이드 만들기

01 [슬라이드 마스터] 탭에서 [마스터 보기 닫기]를 클릭합니다.

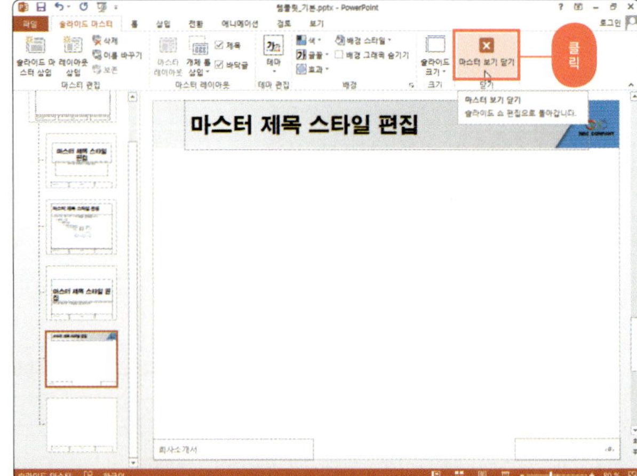

NOTE

마스터 보기를 닫는 다른 방법

상태 표시줄에서 [기본] 을 클릭합니다.

---

02 기본 보기의 [홈] 탭에서 [새 슬라이드]를 클릭한 후 [제목만]을 선택합니다.

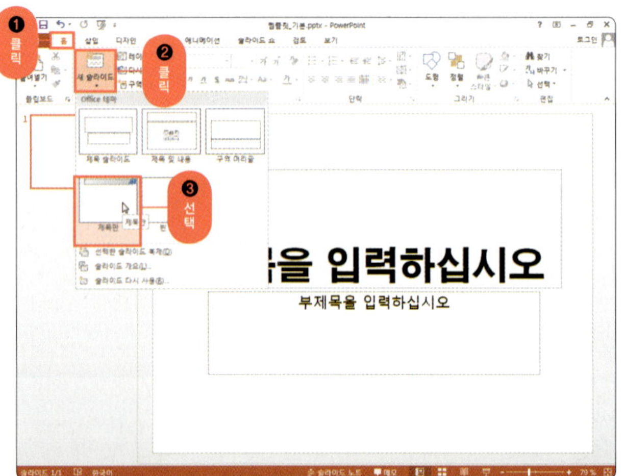

슬라이드 마스터 편집 모드에서 디자인한 [제목만] 레이아웃에서 설정한 모든 것들이 적용된 새 슬라이드가 만들어집니다.

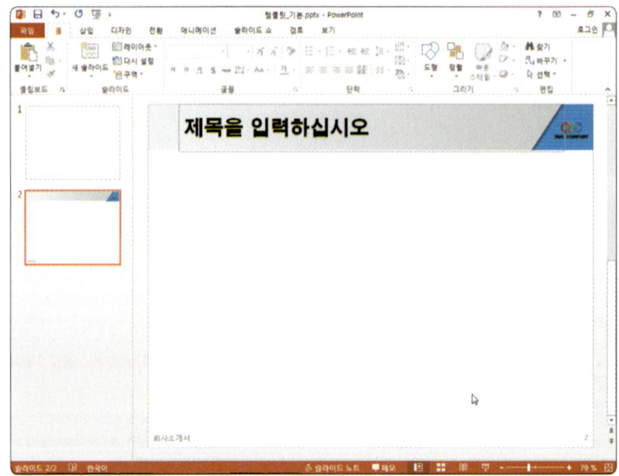

03

POWERPOINT KNOWHOW

슬라이드 마스터를
제대로 디자인해보자!

앞 레슨에서 우리는 '제목만' 레이아웃만 디자인하는 초간단 템플릿을 만들어봤습니다. 이것만으로도 디자인하는 데에 큰 문제는 없을 것입니다. 하지만 템플릿을 제대로 만들려면 슬라이드 마스터를 디자인하고, 그 디자인 결과가 다른 레이아웃에 어떤 영향을 미치는지 알아야 합니다. 이번 레슨에서는 새 프레젠테이션을 만들고 테마 글꼴과 테마 색을 적용한 후, 슬라이드 마스터에서 안내선을 설정하고, 슬라이드 마스터를 제대로 디자인해보겠습니다.

● **실습 파일**: 없음 | **결과 파일**: 부록 CD/테마10/템플릿_심화_슬라이드 마스터 편집(결과).pptx

STEP 01 | 새 프레젠테이션 만들고 저장하기

01 Ctrl + N 을 눌러 새 프레젠테이션을 만듭니다.

NOTE

새 프레젠테이션 만들기 단축키

Ctrl + N 에서 N은 New의 약어입니다.

02 Ctrl + S 를 누른 후 [다른 이름으로 저장]에서 [찾아보기]를 클릭합니다.

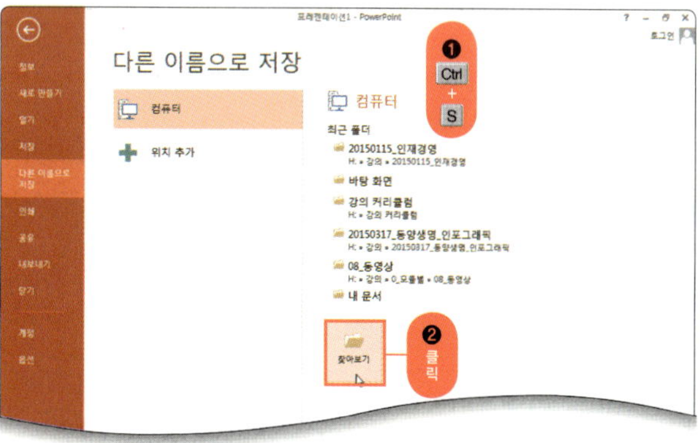

03 저장할 위치(⑩ 바탕화면)를 선택한 후 [파일 이름] 입력 상자에 [템플릿_심화]를 입력하고 [저장] 버튼을 클릭합니다.

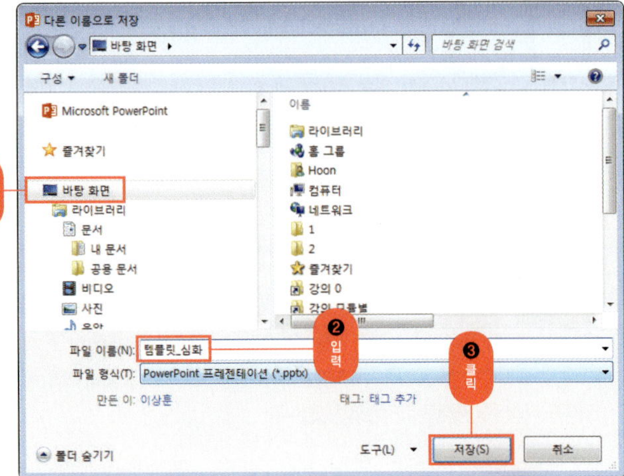

04 [디자인] 탭에서 [슬라이드 크기]를 클릭한 후 [표준(4:3)]을 선택합니다. 슬라이드 크기가 지정된 대로 변경됩니다.

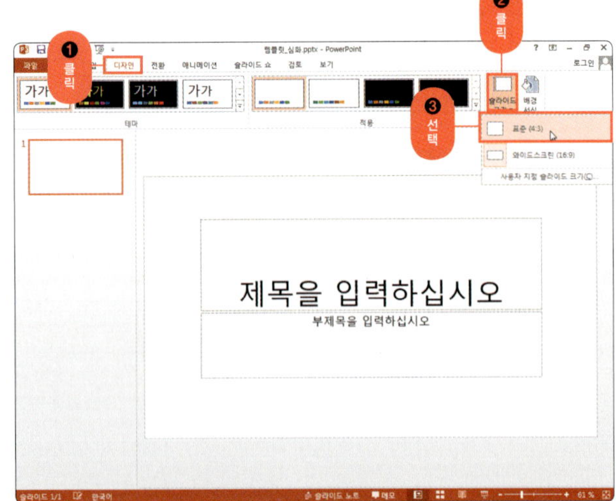

STEP 02 | 테마 색 및 테마 글꼴 적용하기

01 [디자인] 탭에서 [적용] 영역에서 [자세히] 버튼 을 클릭합니다.

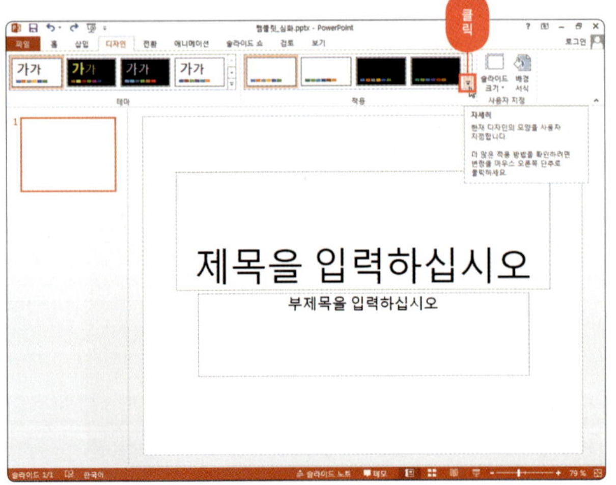

02 [색]에서 앞에서 만든 [기본]을 선택합니다.

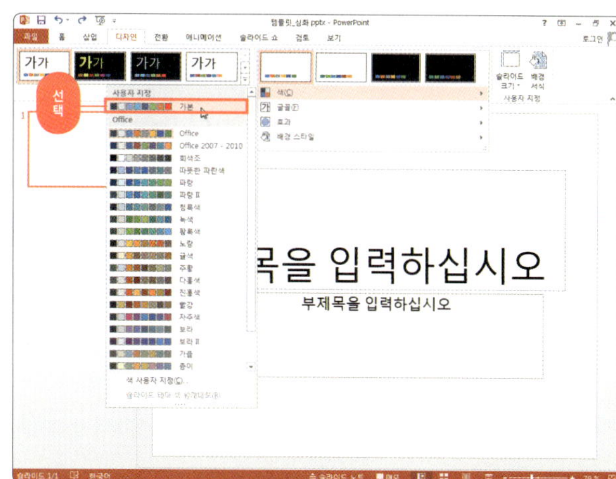

03 [디자인] 탭에서 [적용] 영역에서 [자세히] 버튼 을 클릭합니다.

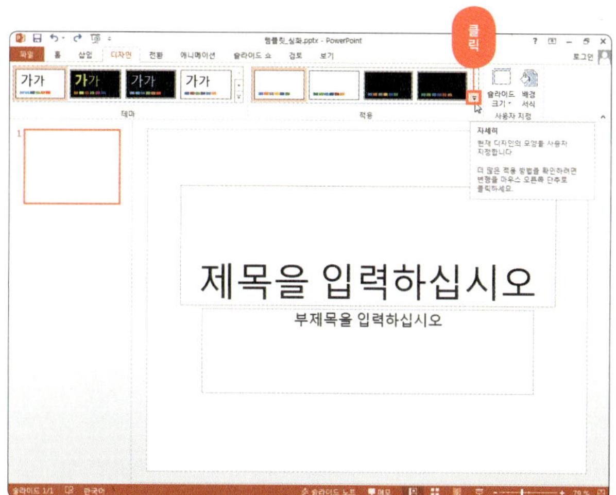

04 [글꼴]에서 [기본]을 선택합니다. 테마 색과 테마 글꼴이 적용되었습니다.

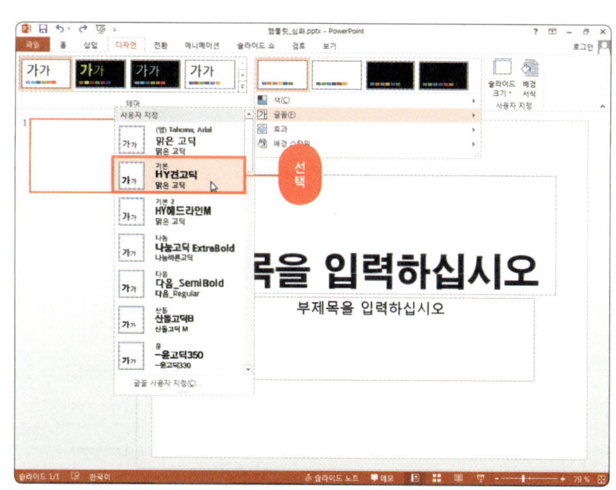

STEP 03 | 슬라이드 마스터에서 안내선 설정하기

01 [보기] 탭에서 [슬라이드 마스터]를 클릭합니다.

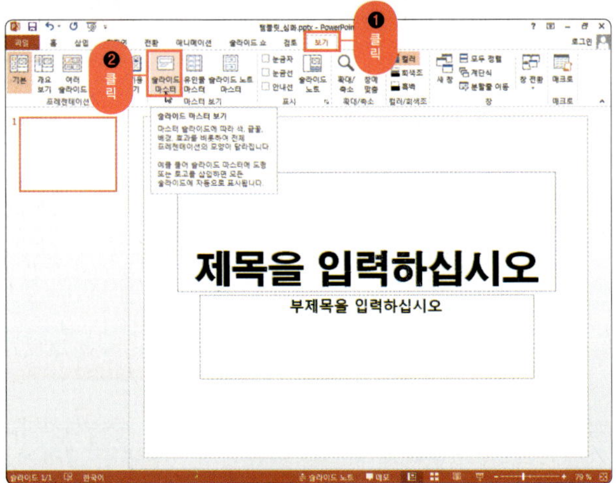

02 마스터 편집 모드에서 맨 위에 있는 [슬라이드 마스터]를 클릭합니다.

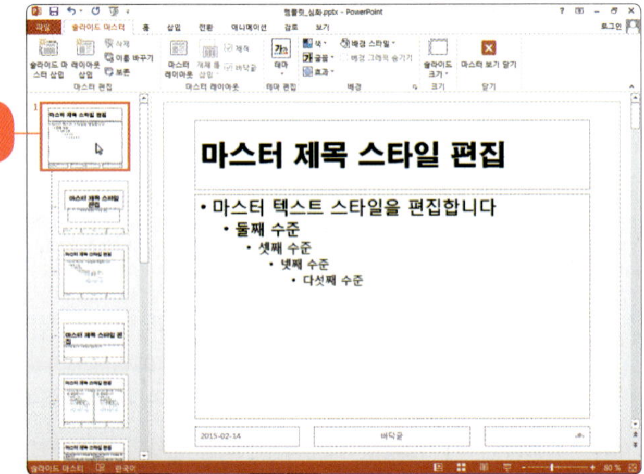

03 [보기] 탭에서 [안내선]을 선택합니다. 슬라이드 정가운데에 수직 및 수평 안내선이 표시됩니다.

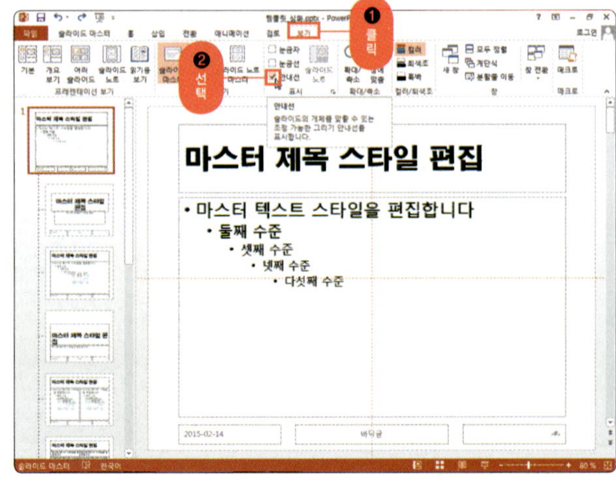

NOTE

안내선 표시/감추기 단축키

Alt + F9

04 Ctrl 을 누른 상태에서 수직 안내선을 왼쪽으로 드래그하여 복제합니다.

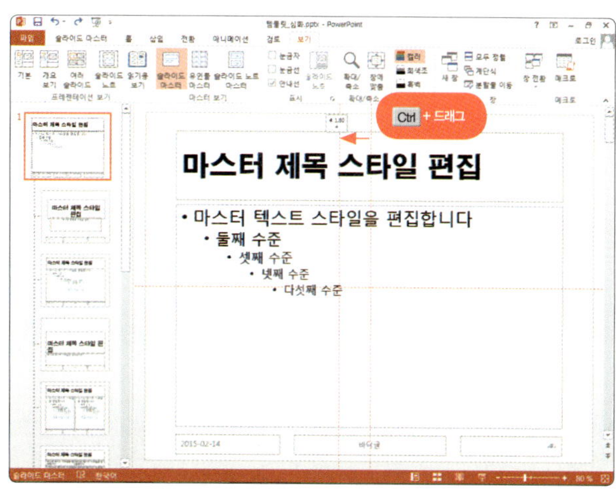

05 복제한 수직 안내선을 왼쪽으로 드래그하여 [12cm]까지 이동합니다.

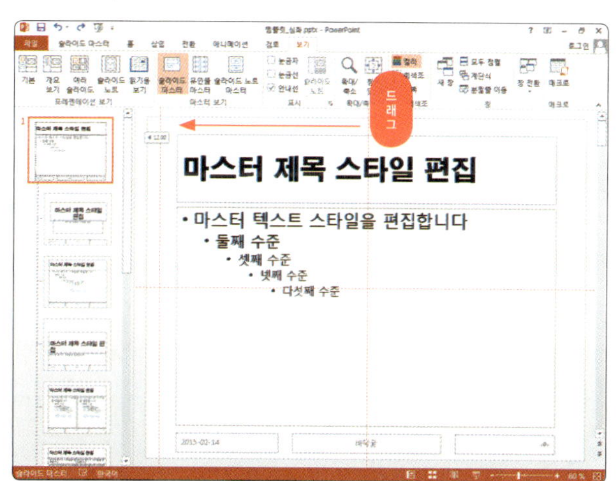

06 Ctrl 을 누른 상태에서 수직 안내선을 오른쪽으로 드래그하여 복제한 후 복제한 수직 안내선을 오른쪽으로 드래그하여 [12cm]까지 이동합니다.

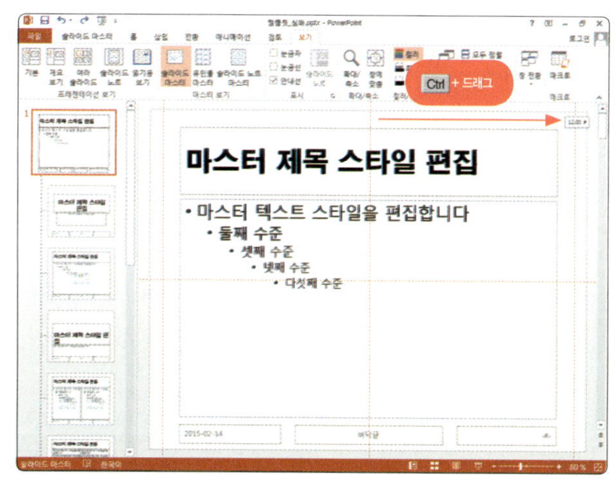

07 같은 방법으로 두 개의 수직 안내선을 더 복제한 후 왼쪽과 오른쪽의 [11cm] 위치에 배치합니다.

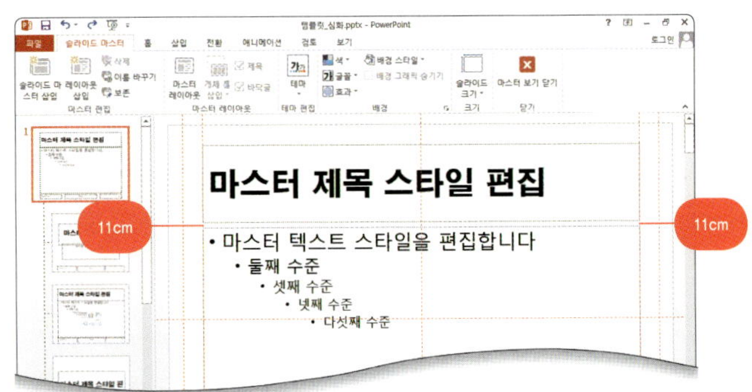

08 같은 방법으로 수평 안내선을 네 번 복제한 후 두 개는 위쪽에 7cm와 5cm에 배치하고 다른 두 개는 아래에 7cm와 8cm에 배치합니다.

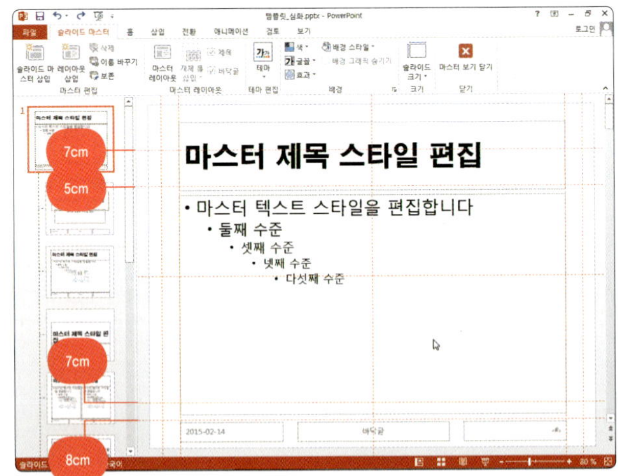

---

tip 안내선의 역할은?

'안내선(guideline)'은 슬라이드의 큰 틀을 잡을 수 있도록 해줍니다. 예를 들어, 이번 레슨에서 슬라이드 좌우 12cm 위치에 배치한 수직 안내선은 좌우 여백을 설정한 것입니다. 여기까지만 개체를 배치하겠다는 것이죠. 또한 몇 개의 수평 안내선은 제목과 본문이 표시될 위치, 그리고 아래쪽 여백 등을 설정한 것입니다. 이런 기준 위치를 설정하게 되면 슬라이드마다 개체의 배치를 일정하게 할 수 있게 되고 결과적으로 보기 좋은 디자인 가능해집니다.

특이한 것은 파워포인트 2010 이상 버전의 경우 기본 보기와 슬라이드 마스터에서 각각 따로 안내선을 설정할 수 있다는 점입니다. 기본 보기에서 만들어진 안내선은 회색 점으로 표시되고, 슬라이드 마스터에서 만들어진 안내선은 빨강색 점선으로 표시됩니다. 기본 보기나 슬라이드 마스터에서 만들어진 안내선은 각각 만들어진 보기에서만 편집이 가능합니다.

다음은 안내선의 특징을 요약한 것입니다.

- [보기] 탭에서 [안내선]을 선택 또는 선택 해제해 안내선 표시를 조정할 수 있습니다.
- 안내선 표시/감추기 단축키는 Alt + F9 입니다.
- 안내선을 이동하고 싶다면 마우스로 드래그합니다.
- 안내선을 복제하고 싶다면 Ctrl 키를 누른 상태에서 안내선을 드래그합니다.
- 안내선을 지우고 싶다면 안내선을 슬라이드 바깥으로 드래그합니다.
- 안내선 복제, 이동, 삭제는 취소되지 않습니다.
- 슬라이드 마스터에서 만들어진 안내선은 빨강색 점선으로 표시됩니다(파워포인트 2013 이상 버전 only).
- 기본 보기에서 만들어진 안내선은 회색 점선으로 표시됩니다.
- 각 안내선은 자신이 만들어진 보기에서만 편집할 수 있습니다(파워포인트 2013 이상 버전 only).
- 안내선은 인쇄나 슬라이드 쇼 보기에서 나타나지 않습니다.

STEP 04 | 슬라이드 마스터의 제목 디자인하기

01 [삽입] 탭에서 [그림]을 클릭합니다.

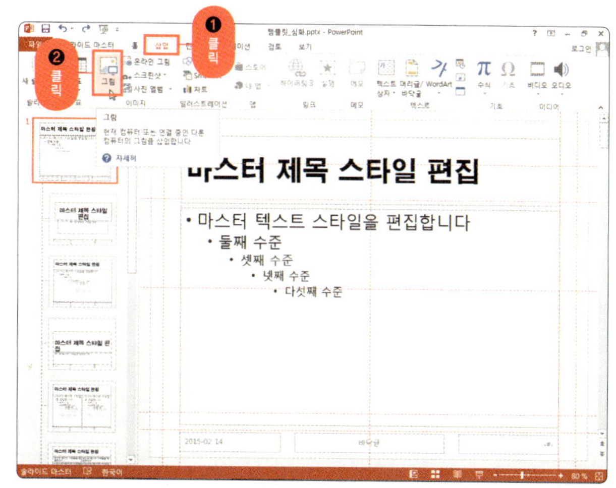

02 [배경_상단바_기본.png] 그림을 선택한 후 [삽입] 버튼을 클릭합니다.

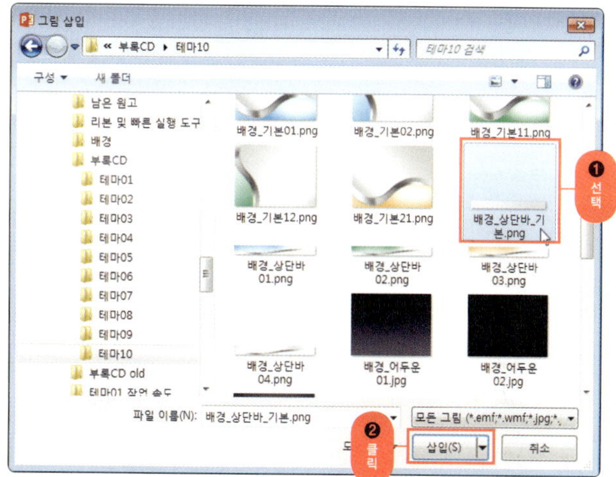

03 삽입된 그림을 슬라이드 맨 위로 이동합니다.

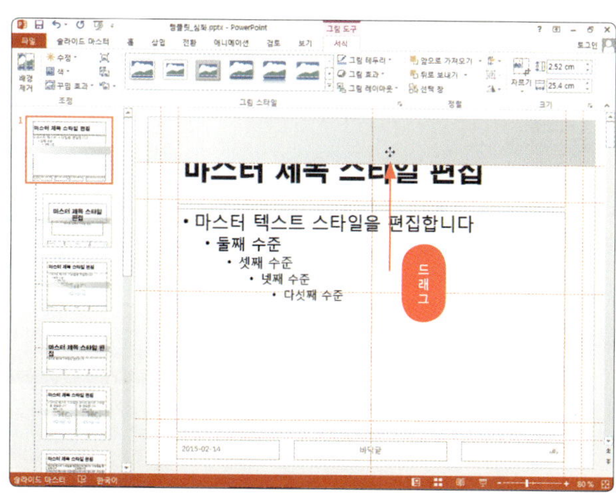

04 [삽입] 탭에서 [그림]을 클릭합니다.

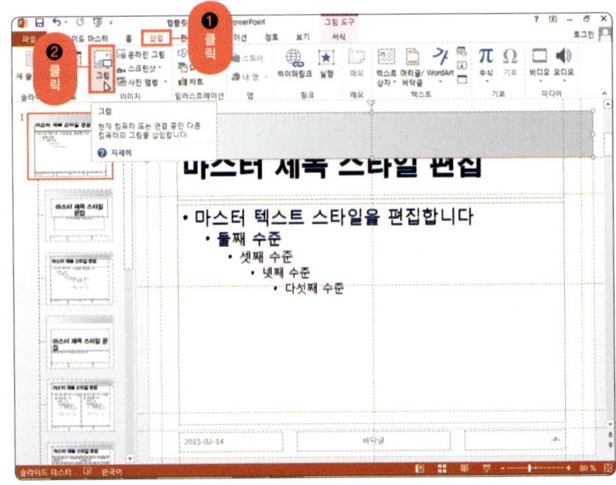

05 [배경_오른쪽상단01.png] 그림을 선택한 후 [삽입] 버튼을 클릭합니다.

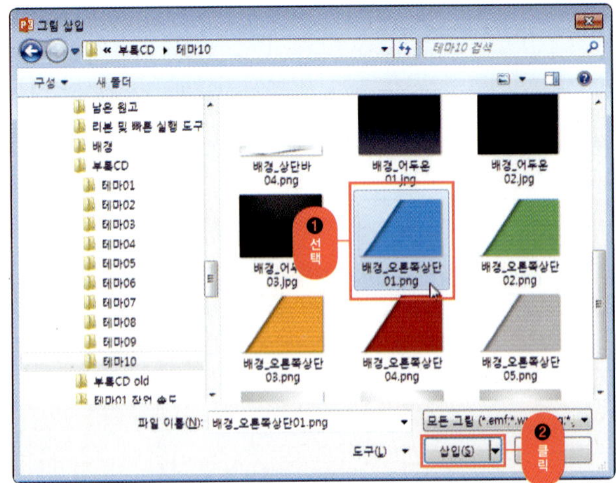

06 삽입된 개체를 슬라이드 오른쪽 상단 모서리로 이동합니다.

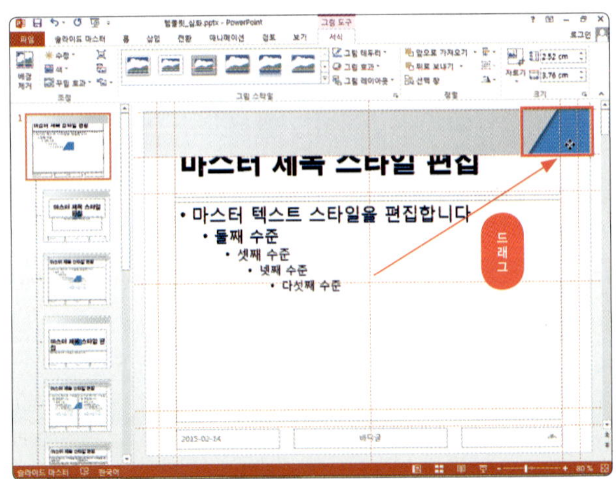

07 Shift 를 누른 상태에서 왼쪽에 있는 은색 상단 바 그림을 클릭하여 두 그림을 모두 선택합니다.

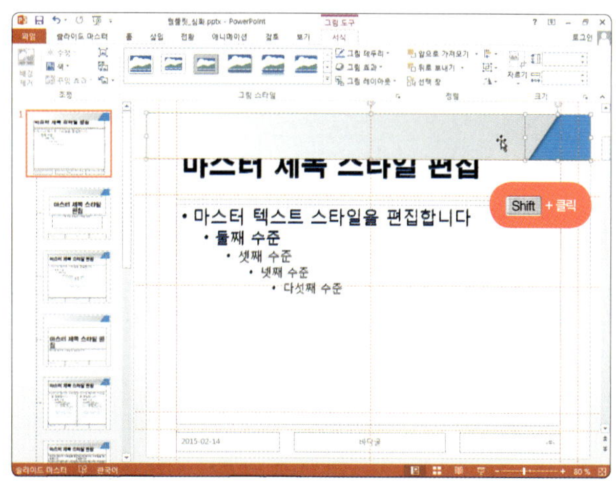

08 선택된 그림 중에서 아무것이나 마우스 오른쪽 버튼으로 클릭하면 나타나는 컨텍스트 메뉴 중에서 [맨 뒤로 보내기]를 선택합니다.

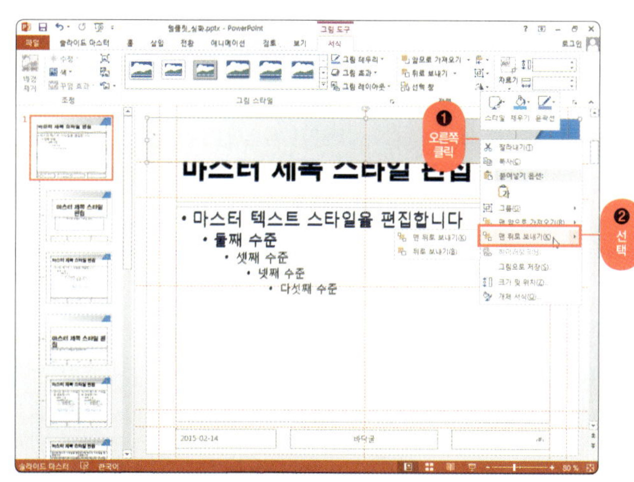

09 [마스터 제목 스타일 편집] 제목 개체 틀을 선택한 후 [크기 조정 핸들] ▢ 을 드래그하여 높이와 너비를 앞에서 설정한 안내선에 맞게 변경합니다.

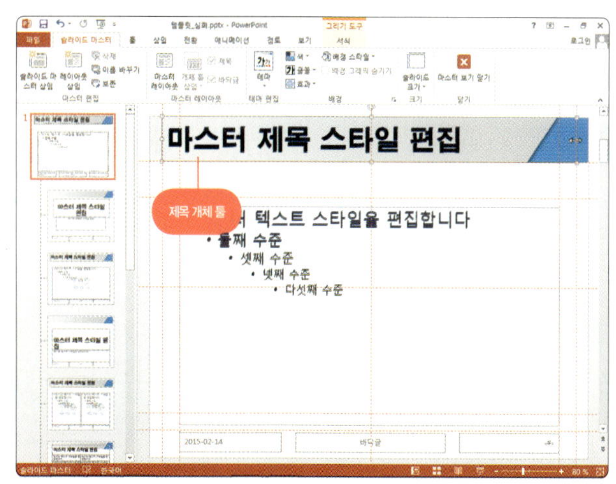

10 [홈] 탭에서 [글꼴 크기]를 [32]로 변경합니다.

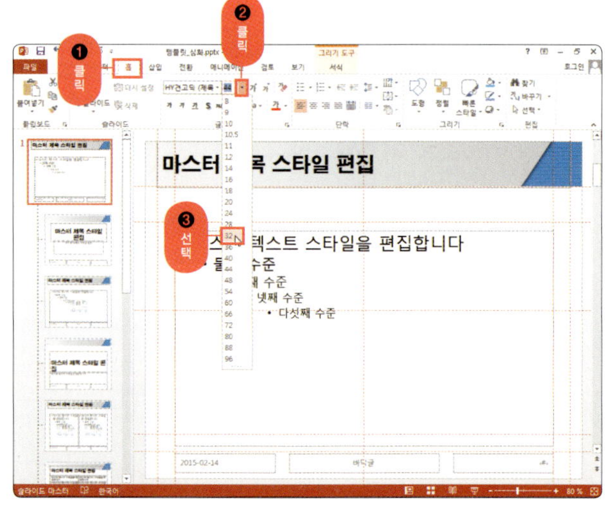

STEP 05 | 본문 개체 틀의 첫째 수준 서식 변경하기

01 본문 개체 틀을 선택한 후 [크기 조정 핸들] □ 을 드래그하여 높이와 너비를 앞에서 설정한 안내선에 맞게 변경합니다.

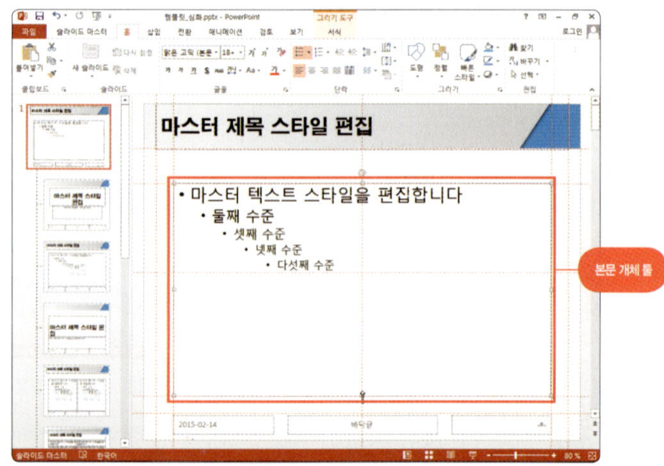

02 [글꼴 크기 작게] 버튼 가 을 두 번 클릭하여 글꼴 크기가 +14가 되도록 합니다. 가장 작은 글자의 크기가 14라는 의미입니다.

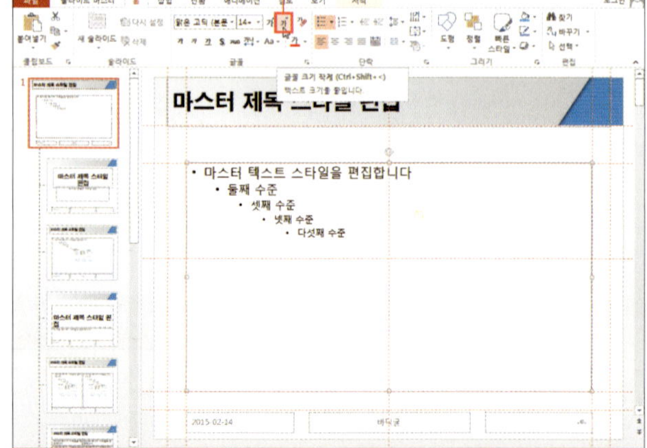

NOTE

글꼴 크기 조정 단축키

- **글꼴 크기 작게**: Ctrl + [
- **글꼴 크기 크게**: Ctrl +]

03 [마스터 텍스트 스타일을 편집합
니다] 글자를 선택한 후 [굵게]를
클릭합니다(단축키: Ctrl + B).

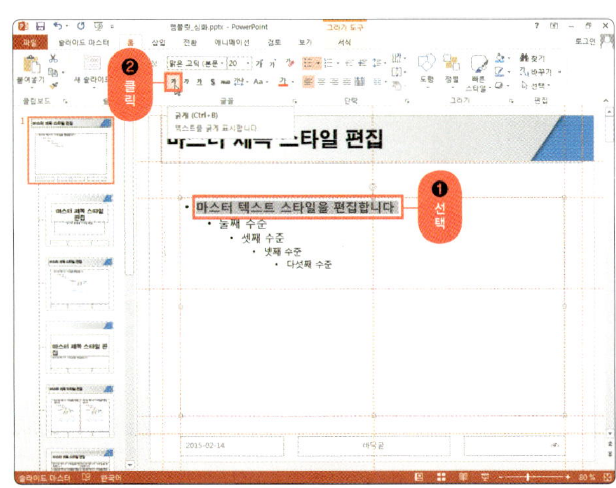

04 [홈] 탭의 [단락] 영역에서 [글머
리 기호] 메뉴를 연 후 [글머리
기호 및 번호 매기기]를 선택합니다.

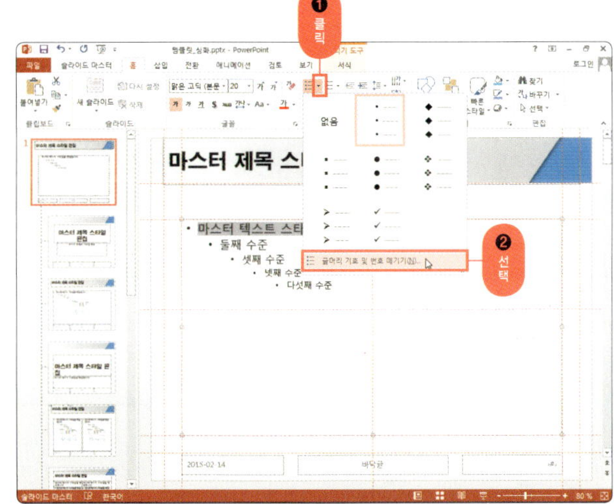

05 [글머리 기호 및 번호 매기기] 대화상자에서 [사
용자 지정]을 클릭합니다.

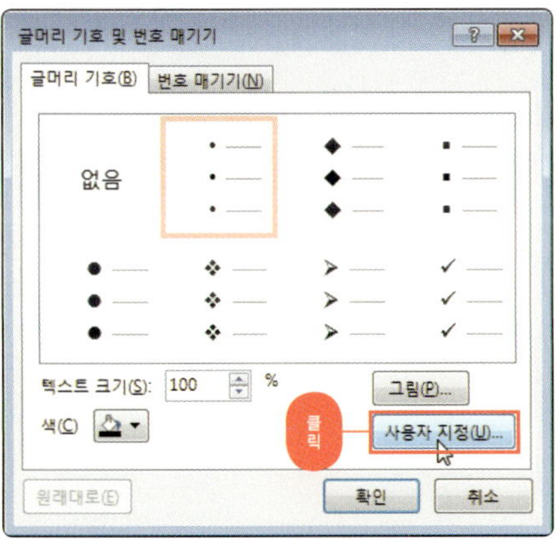

06 [기호] 대화상자에서 [글꼴] 메뉴를 연 후 [Wingdings 2]를 선택합니다.

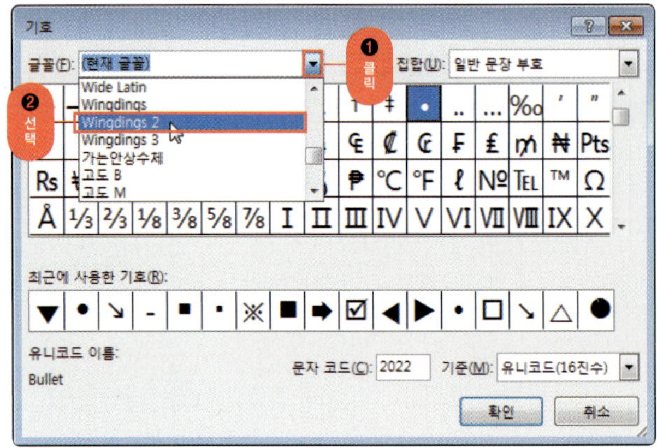

07 기호를 하나 선택한 후 [확인] 버튼을 클릭합니다.

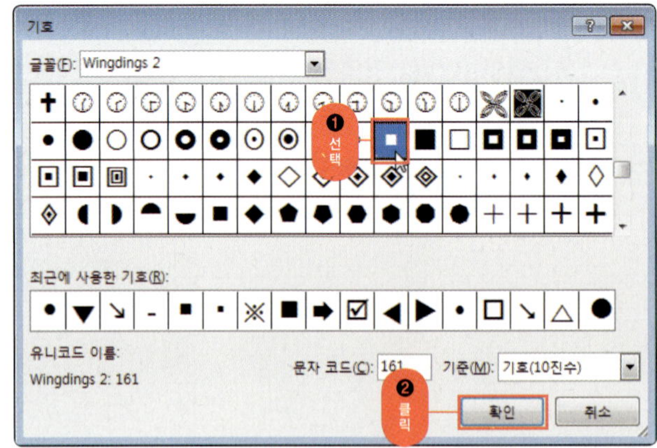

08 [확인] 버튼을 클릭합니다.

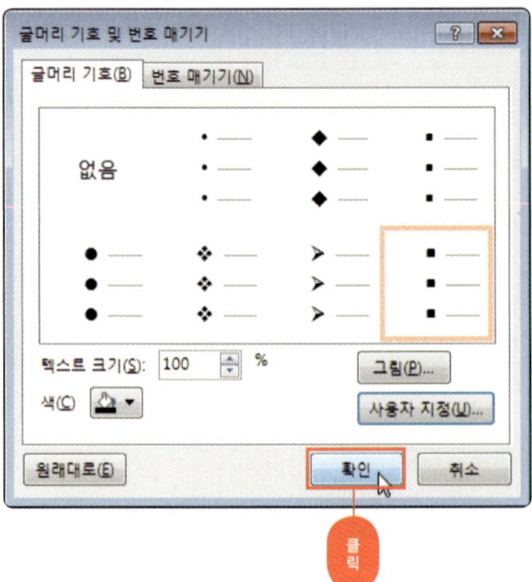

09 [홈] 탭 [단락] 영역에서 [단락] 버튼을 클릭합니다.

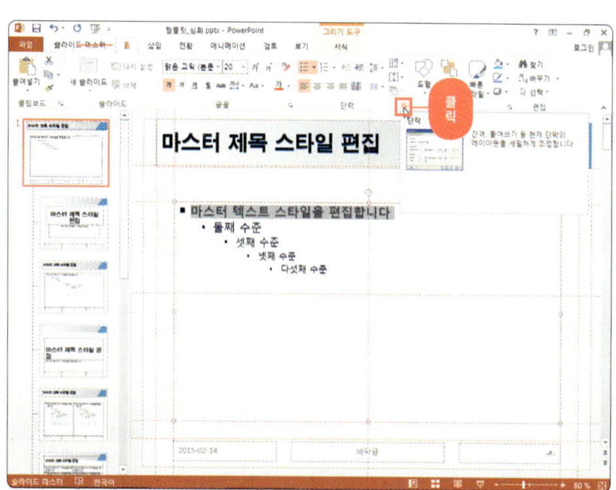

10 [단락] 대화상자에서 다음과 같이 변경하고 [확인] 버튼을 클릭합니다.

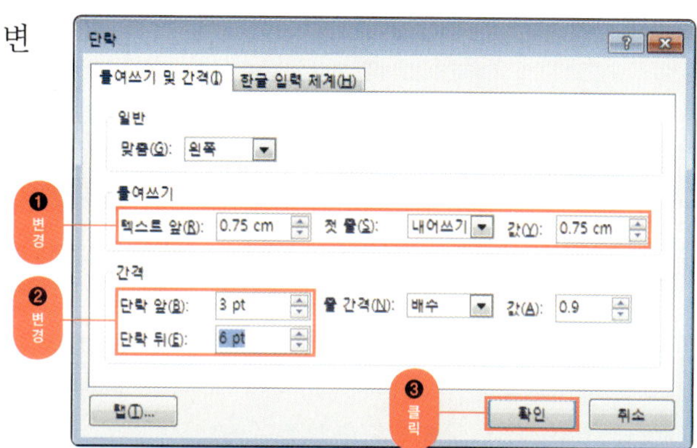

11 [둘째 수준]을 선택합니다.

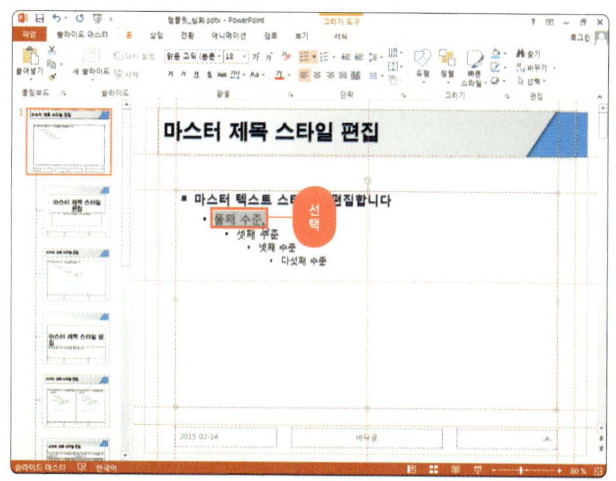

12 앞 실습의 04~08번처럼 글머리 기호를 Wingdings 2의 동그라미 기호로 변경합니다.

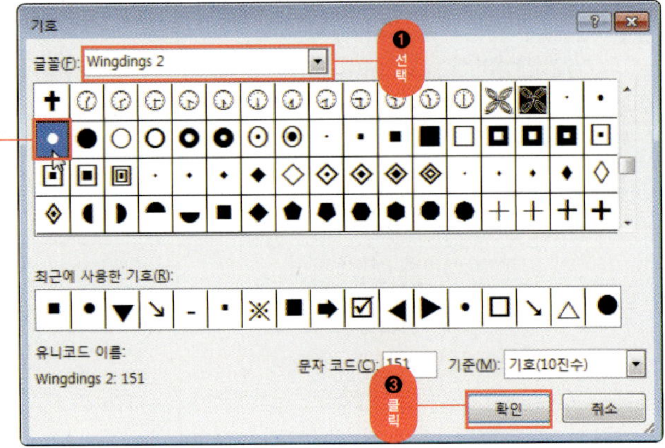

13 앞 실습의 09~10번처럼 [단락] 대화상자에서 다음과 같이 설정합니다.

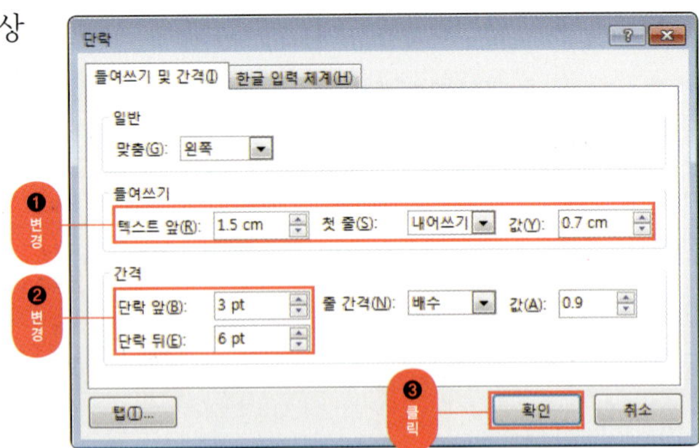

선택된 둘째 수준의 서식이 변경됩니다. 슬라이드 마스터 디자인은 아래에 있는 다른 레이아웃에 영향을 미치게 됩니다.

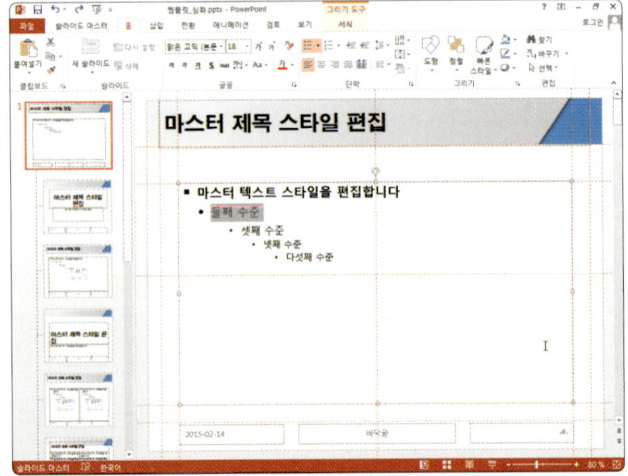

04

개별 레이아웃을 디자인해보자!

프레젠테이션 디자인에서 가장 많이 사용하는 레이아웃은 역시 '제목만'입니다. 우리는 이번 테마의 두 번째 레슨에서 '제목만' 레이아웃만 디자인하는 초간단 템플릿을 만들어봤습니다. 이번 레슨에서는 제목만 레이아웃만큼은 아니지만 꼭 필요한 슬라이드 레이아웃 중에 하나인 표지(제목 레이아웃), 중간페이지(구역 레이아웃), 어두운 화면 등을 디자인하는 방법을 알아보겠습니다. 여기까지 만들어야 사실 제대로 된 템플릿이라 할 수 있을 것입니다.

● **실습 파일**: 부록 CD/테마10/템플릿_심화.pptx(또는 앞 레슨에 이어서 계속)
　결과 파일: 부록 CD/테마10/템플릿_심화02.pptx

STEP 01 | 제목 슬라이드 레이아웃 디자인하기

01 [제목 슬라이드 레이아웃]을 선택합니다.

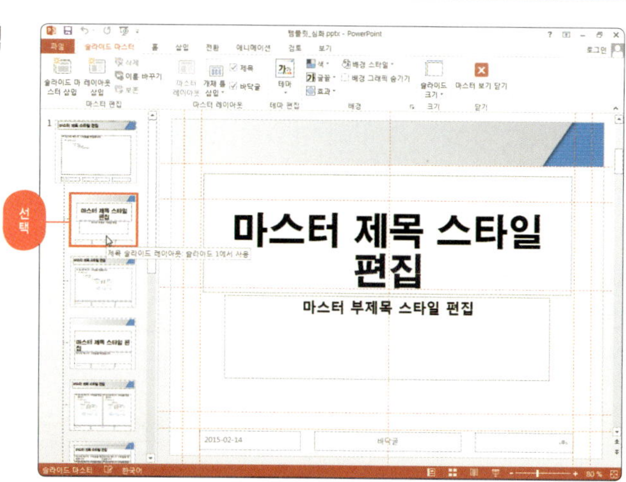

02 [슬라이드 마스터] 탭의 [배경] 영역에서 [배경 그래픽 숨기기] 옵션을 선택합니다. 슬라이드 마스터에서 삽입했던 상단 바가 사라집니다.

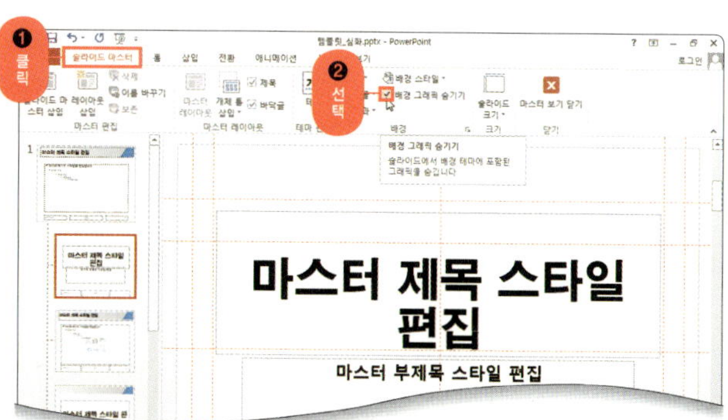

03 [배경] 영역에서 [배경 서식] 버튼 을 클릭합니다.

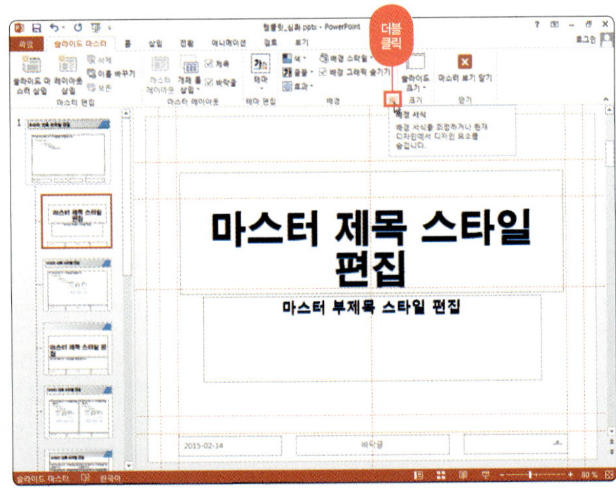

04 배경 서식 창에서 [그림 또는 질 감 채우기]를 선택합니다.

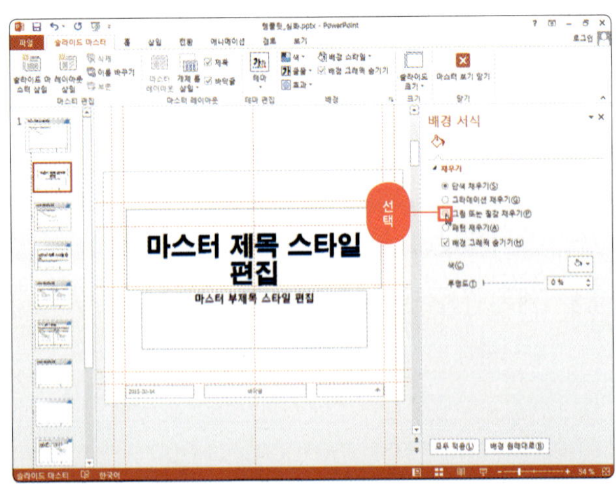

05 [파일]을 클릭합니다.

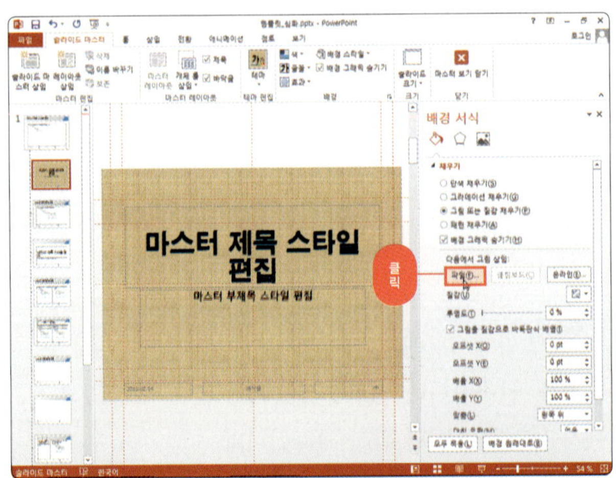

06 [배경_기본01.jpg]를 선택한 후 [삽입]을 클릭합니다.

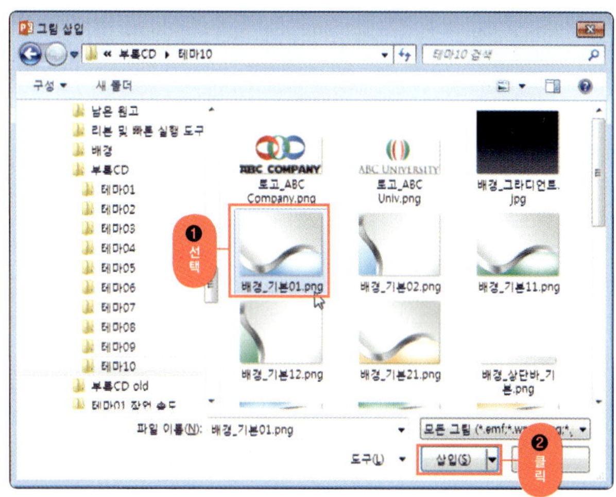

07 선택한 그림이 배경에 추가됩니다. [배경 서식] 창을 닫습니다.

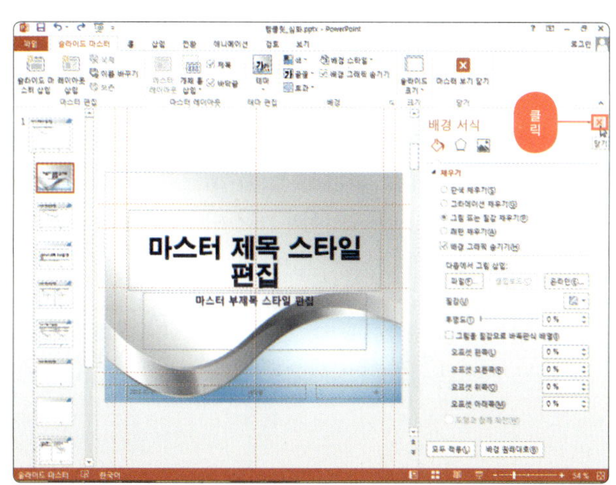

08 제목 개체 틀의 글꼴 크기를 [44]로 변경한 후 제목 개체 틀과 부제목 개체 틀의 위치와 크기를 적당히 조정합니다.

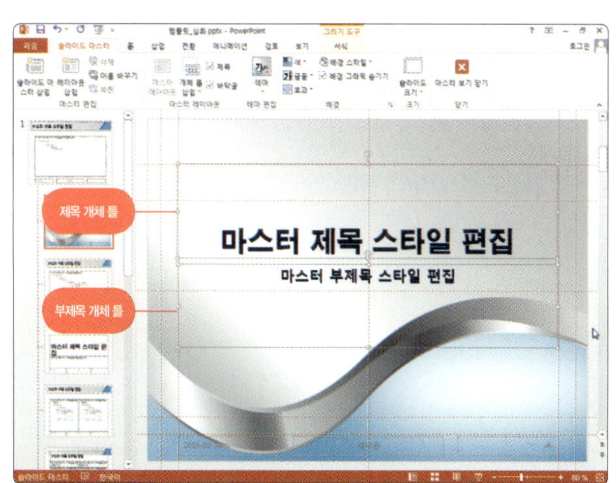

STEP 02 | 구역 머리글 레이아웃 디자인하기

01 [구역 머리글 레이아웃]을 선택합니다.

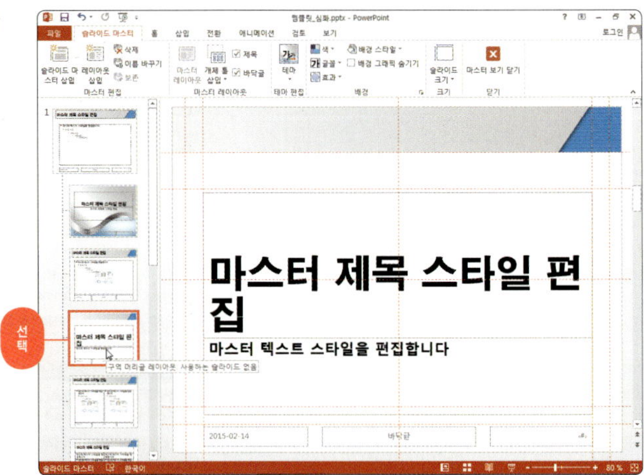

02 [슬라이드 마스터] 탭의 [배경] 영역에서 [배경 그래픽 숨기기] 옵션을 선택합니다. 슬라이드 마스터에서 삽입했던 상단 바가 사라집니다.

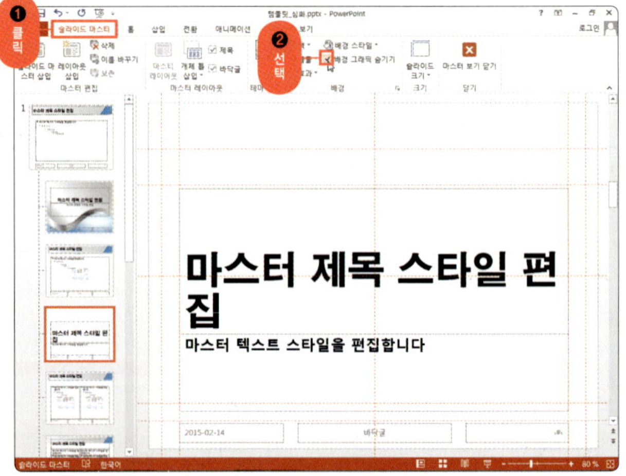

03 [배경] 영역에서 [배경 서식] 버튼 을 클릭합니다.

04 배경 서식 창에서 [그림 또는 질 감 채우기]를 선택한 후 [파일]을 클릭합니다.

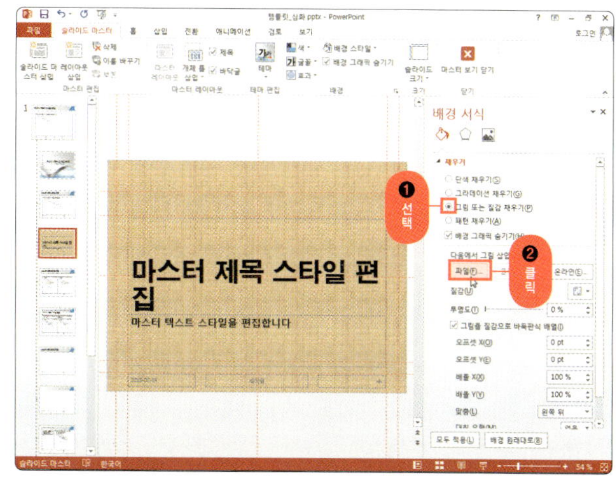

05 [배경_기본02.jpg]를 선택한 후 [삽입] 버튼을 클릭합니다.

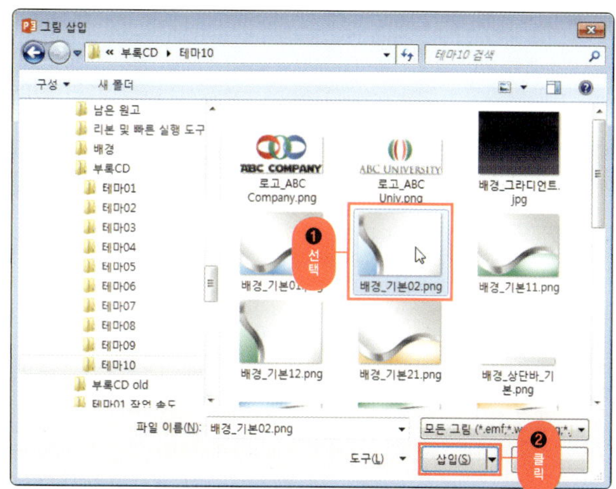

06 선택한 그림이 배경에 추가됩니 다. [배경 서식] 창을 닫습니다.

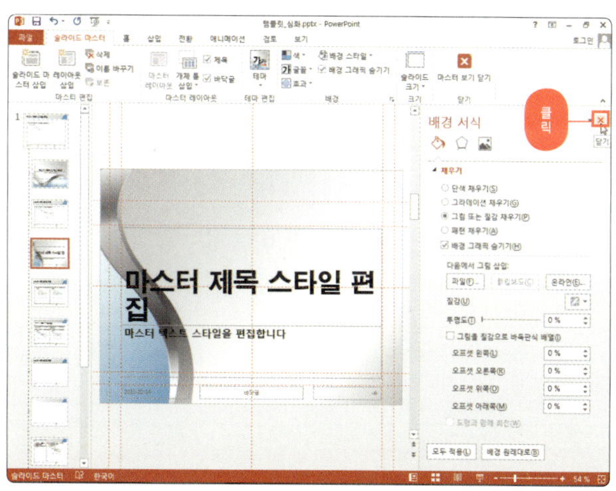

07 제목 개체 틀의 글꼴 크기를 [40]으로 변경한 후 제목 개체 틀과 부제목 개체 틀의 위치와 크기를 적당히 조정합니다.

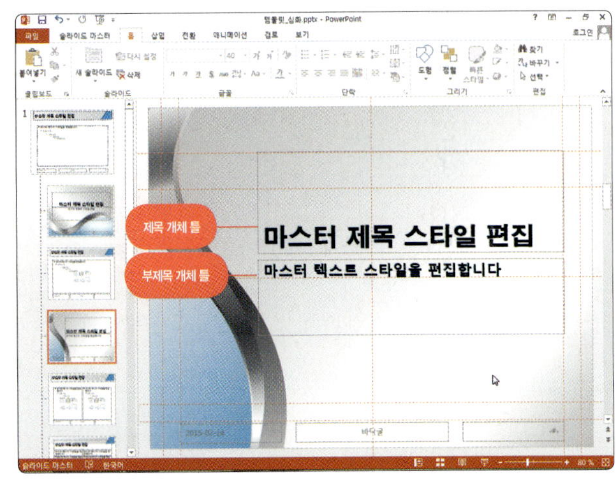

STEP 03 | 빈 화면 레이아웃 디자인하기

01 [빈 화면 레이아웃]을 선택합니다.

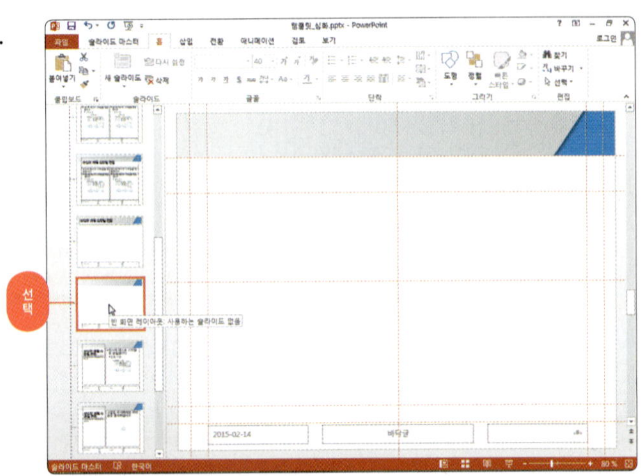

02 [슬라이드 마스터] 탭에서 [배경 그래픽 숨기기] 옵션을 선택해 슬라이드 마스터에서 삽입했던 상단 바를 숨깁니다.

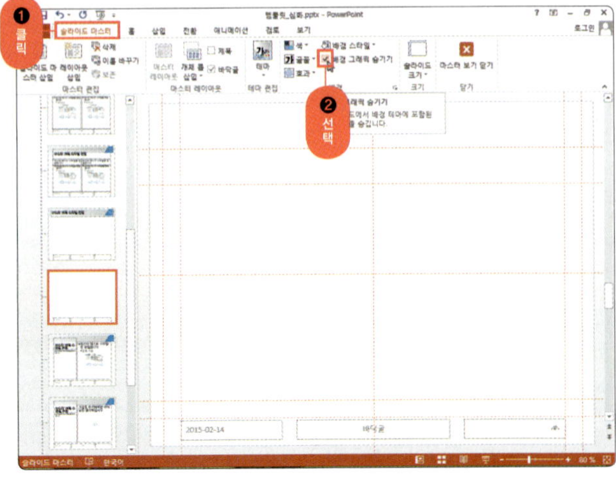

STEP 04 | 필요 없는 레이아웃 지우기

01 맨 아래에 있는 레이아웃을 선택합니다. Shift 를 누른 상태에서 맨 아래에서 네 번째 레이아웃을 클릭한 후 Delete 를 누릅니다. 선택되어 있던 네 개의 레이아웃이 삭제됩니다.

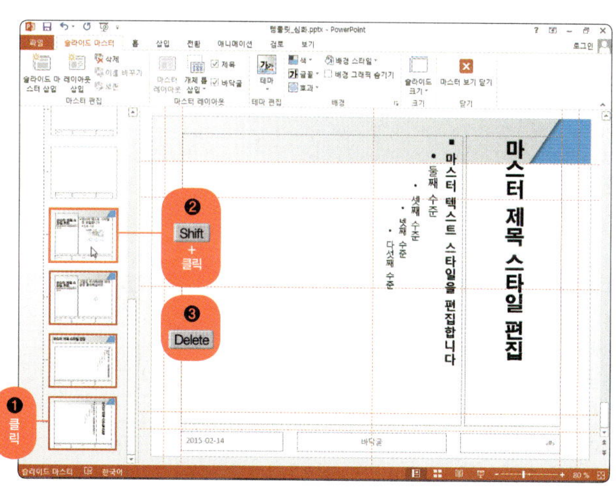

02 [제목만 레이아웃] 바로 위에 있는 레이아웃을 클릭하여 선택한 후 Shift 를 누른 상태에서 선택한 레이아웃의 바로 위에 있는 레이아웃을 클릭하여 선택합니다.

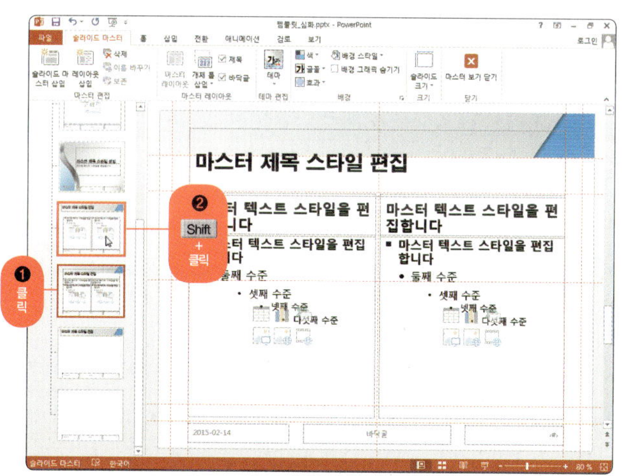

03 Delete 를 누릅니다. 이제 다섯 개의 레이아웃만 남게 됩니다.

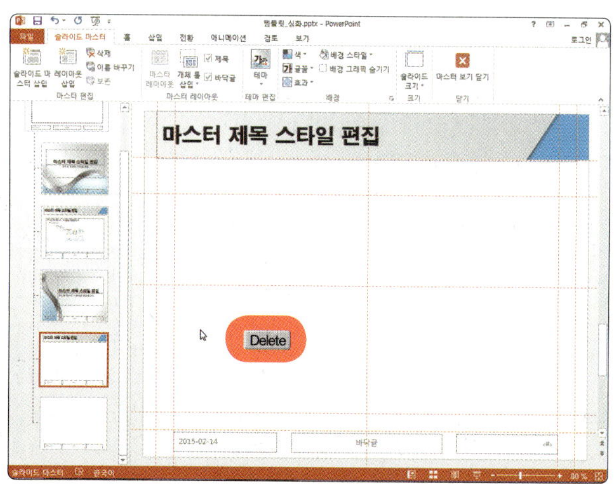

05

POWERPOINT KNOWHOW

어두운 배경의
새 레이아웃을 만들어 보자!

레이아웃은 기존에 있는 것만 변경할 수 있는 것이 아니라 새로운 레이아웃을 만들어 디자인할 수도 있습니다. 필자의 경우 기본 배경의 밝을 때는 어두운 배경의 슬라이드 레이아웃을 만들고, 반대로 기본 배경이 어두울 때는 밝은 배경의 슬라이드 레이아웃을 만들어놓습니다. 그래야 가끔이기는 하지만 기본 배경과 반대의 배경을 사용해야 할 때 유용하게 사용할 수 있기 때문입니다. 이번 레슨에서는 어두운 배경의 새 레이아웃을 만드는 방법에 대해 알아보겠습니다.

- **실습 파일**: 부록 CD/테마10/템플릿_심화02.pptx(또는 앞 레슨에 이어서 계속)
  결과 파일: 부록 CD/테마10/템플릿_심화03.pptx

STEP 01 | 새 레이아웃 만들기

01 [슬라이드 마스터] 탭에서 [레이아웃 삽입]을 클릭합니다.

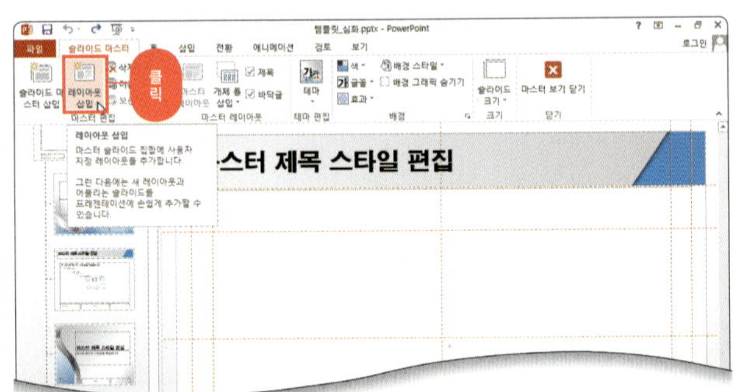

02 [제목만 레이아웃]과 똑같은 새 레이아웃이 만들어집니다. [배경 스타일]을 클릭한 후 [스타일 12]를 선택합니다.

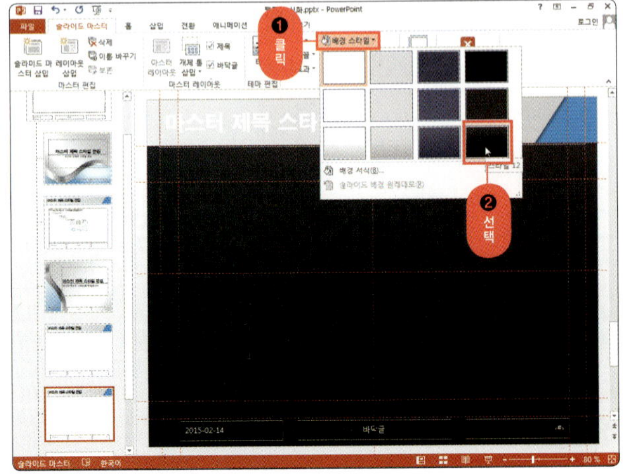

03 슬라이드 상단의 [마스터 제목 스타일 편집] 글자를 선택합니다.

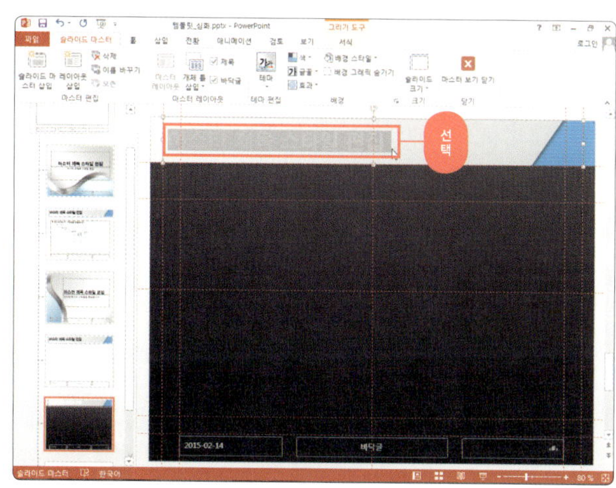

04 [홈] 탭에서 [글꼴 색] 메뉴를 연 후 [테마 색]에서 [검정, 배경 1]을 선택합니다.

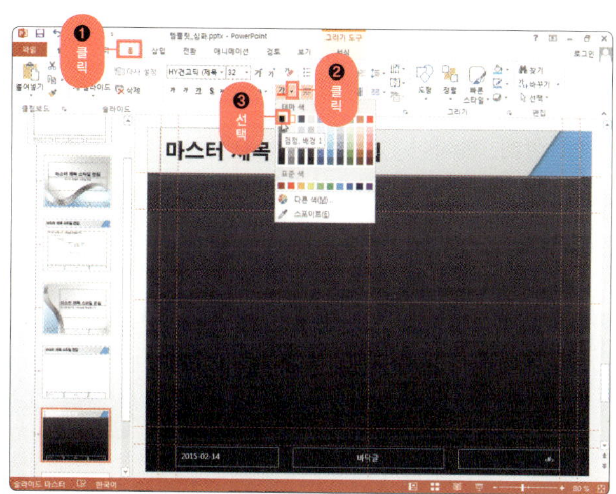

05 [슬라이드 마스터] 탭에서 [이름 바꾸기] 버튼을 클릭합니다.

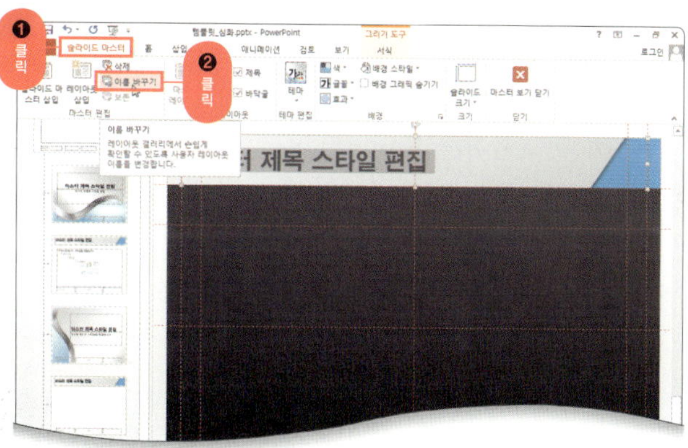

06 [제목만, 어두운 배경]을 입력한 후 [이름 바꾸기] 버튼을 클릭합니다.

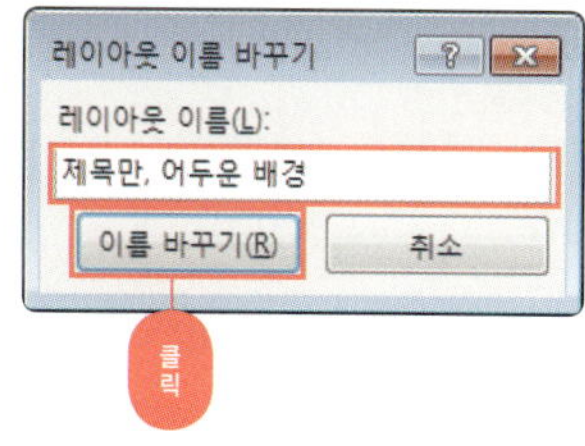

STEP 02 | 레이아웃 복제하기

01 왼쪽에서 [빈 화면 레이아웃]을 마우스 오른쪽 버튼으로 클릭하면 나타나는 컨텍스트 메뉴 중에서 [레이아웃 복제]를 선택합니다.

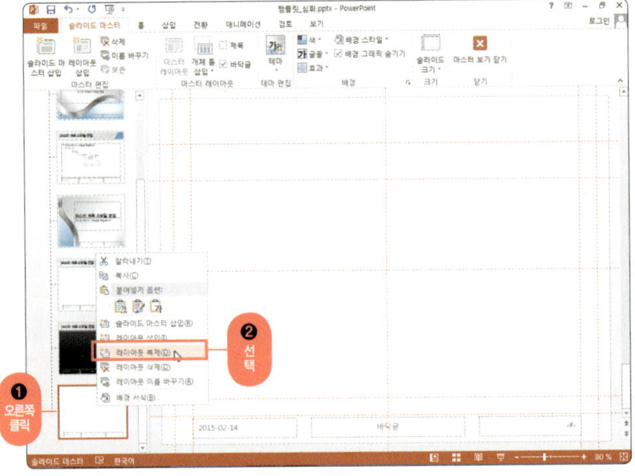

02 현재 레이아웃이 복제됩니다. [슬라이드 마스터] 탭의 [배경] 영역에서 [배경 스타일]을 클릭한 후 [스타일 12]를 선택합니다.

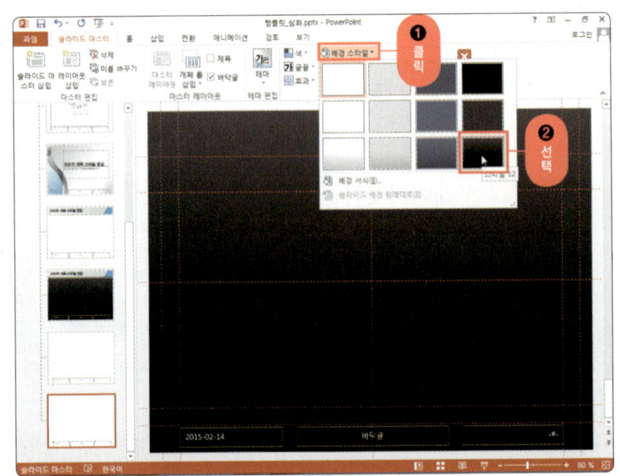

03 [이름 바꾸기]를 클릭합니다.

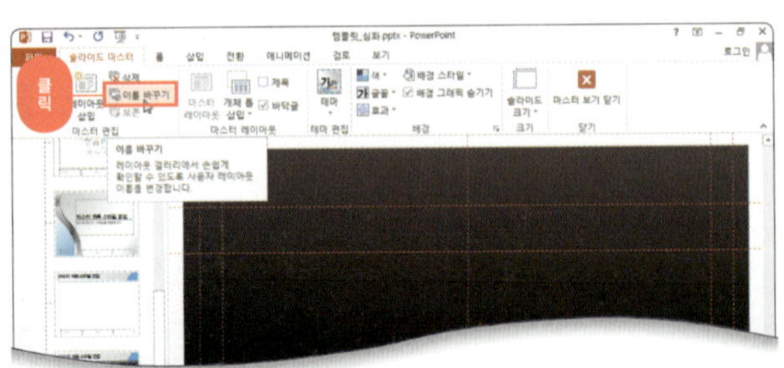

04 [빈 화면, 어두운 배경]을 입력하고 [이름 바꾸기]를 클릭합니다.

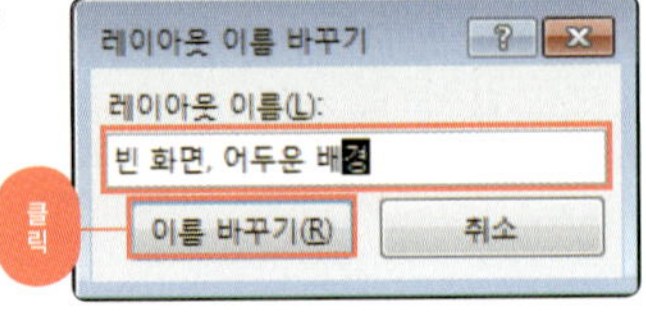

06

POWERPOINT KNOWHOW

슬라이드 번호 및
바닥글을 삽입해보자!

슬라이드 번호와 바닥글을 삽입하는 기본적인 방법은 [삽입] 탭에서 [머리글/바닥글]을 클릭하는 것입니다. 이 방법은 이미 'LESSON 02. 초간단 템플릿을 만들어보자!'편에서 배운 적이 있습니다. 사용 방법이 간단하기 때문에 강력 추천되는 방법이죠. 하지만 필자의 경우 텍스트 상자나 도형에 슬라이드 번호나 바닥글을 추가하는 방법을 주로 사용하고 있습니다. 작업에 시간이 좀 걸리고 다루기가 조금 어렵지만 내 마음대로 디자인할 수 있다는 점 때문이죠. 일단 방법을 알아두고 둘 중에서 자신에게 맞는 방법을 선택하면 될 것입니다. 이번 레슨에서는 텍스트 상자를 이용해 슬라이드 번호와 바다글을 삽입하는 방법에 대해 알아보겠습니다.

● **실습 파일**: 부록 CD/테마10/템플릿_심화03.pptx(또는 앞 레슨에 이어서 계속)
  결과 파일: 부록 CD/테마10/템플릿_심화(결과).pptx

STEP 01 | 프레젠테이션 제목 입력하기

01 [제목만 레이아웃]을 선택합니다.

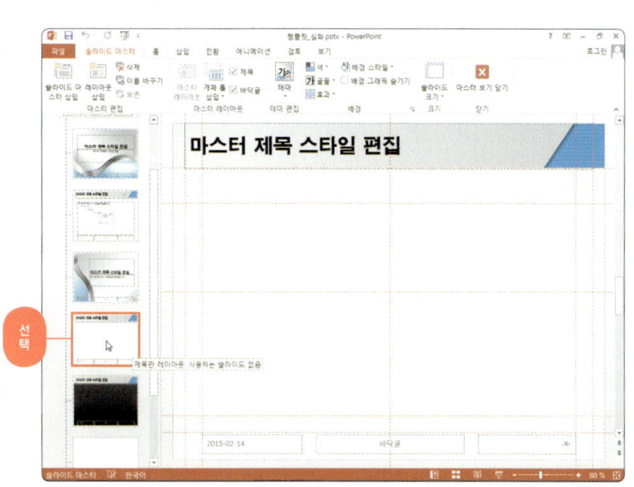

02 [슬라이드 마스터] 탭에서 [바닥글]을 선택 해제합니다.

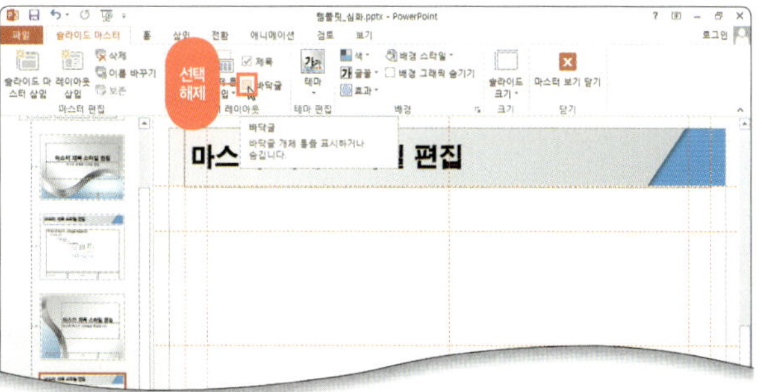

03 [삽입] 탭에서 [텍스트 상자]를 클릭한 다음 슬라이드의 빈 곳을 클릭하여 텍스트 상자를 만들고, 프레젠테이션 제목(예 회사소개서)을 입력합니다.

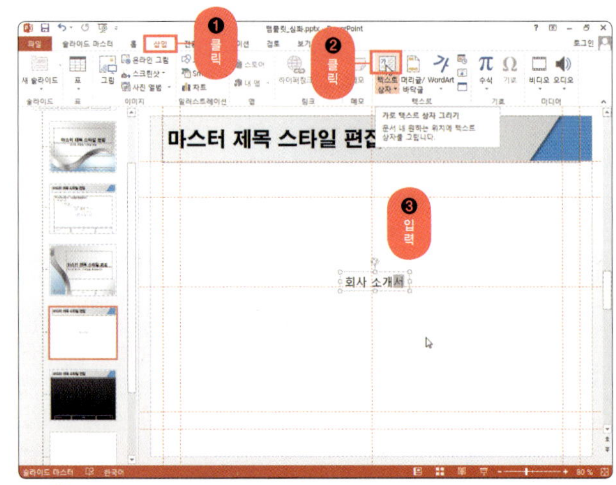

04 Esc 를 눌러 텍스트 상자의 테두리를 선택한 후 [홈] 탭에서 [글꼴 크기]를 [12]로 변경합니다.

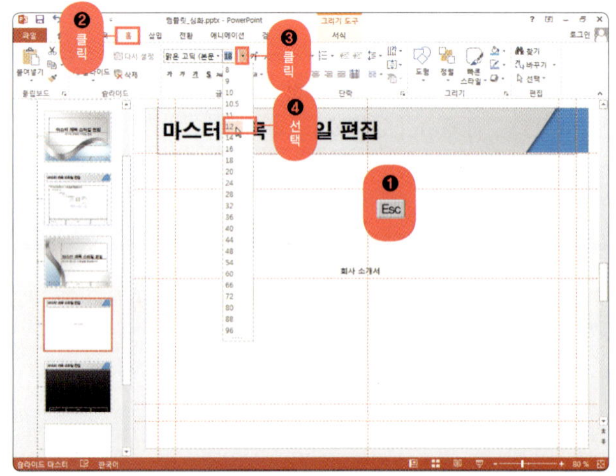

05 [글꼴 색] 메뉴를 연 후 [테마 색]에서 [검정, 텍스트 1, 50% 더 밝게]를 선택한 다음 텍스트 상자를 슬라이드 왼쪽 하단 모서리쪽으로 이동합니다.

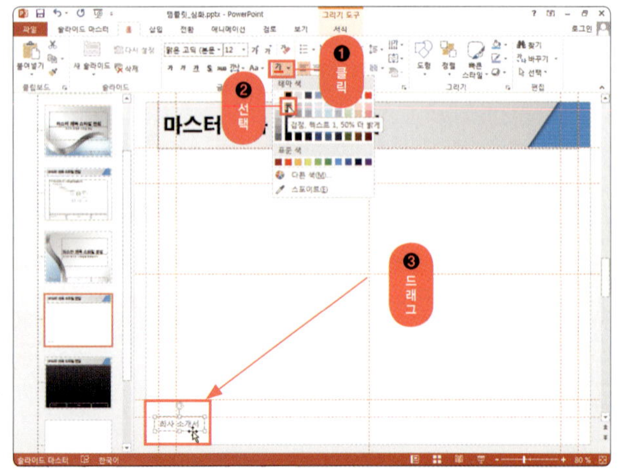

STEP 02 | 슬라이드 번호 만들기

01 Ctrl + Shift 를 누른 상태에서 텍스트 상자를 오른쪽으로 드래그하여 수평 복제합니다.

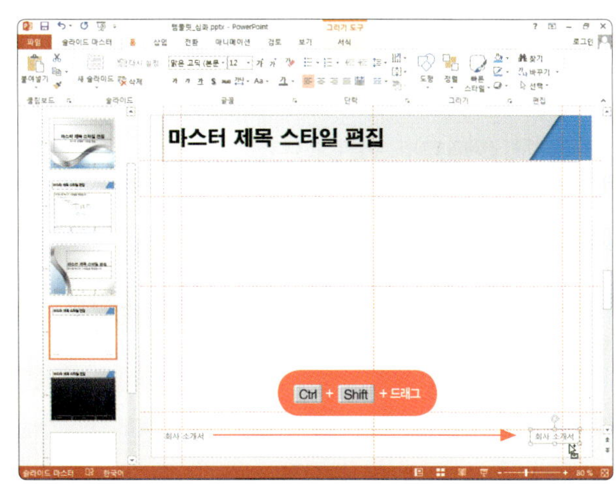

02 [홈] 탭에서 [오른쪽 맞춤]을 클릭합니다.

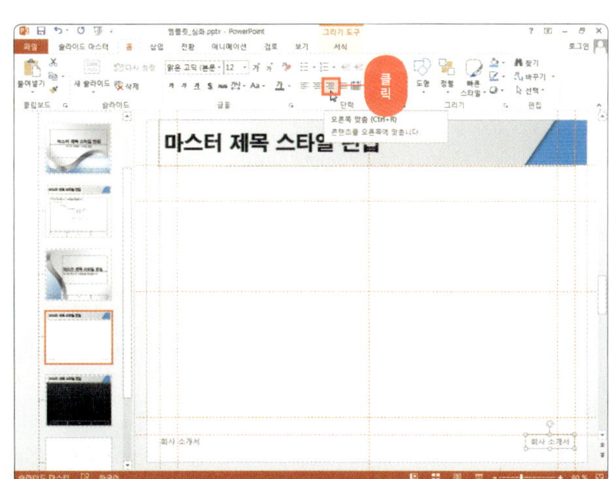

03 텍스트 상자에 있는 글자를 모두 선택한 후 [삽입] 탭에서 [슬라이드 번호]를 클릭합니다.

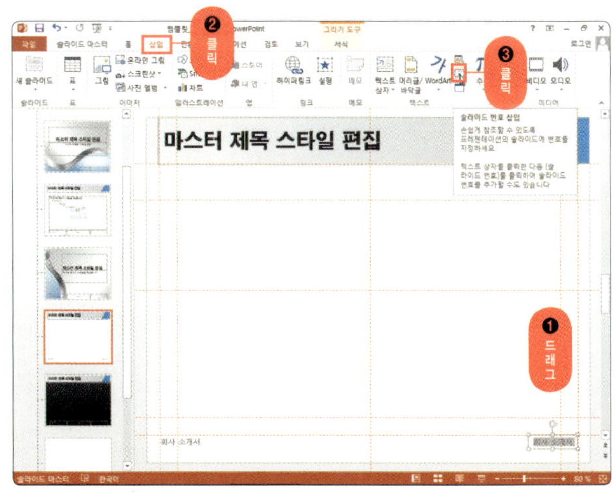

04 선택되어 있던 글자가 지워지고 〈#〉이 표시되는데, #이 바로 슬라이드 번호가 들어갈 곳입니다.

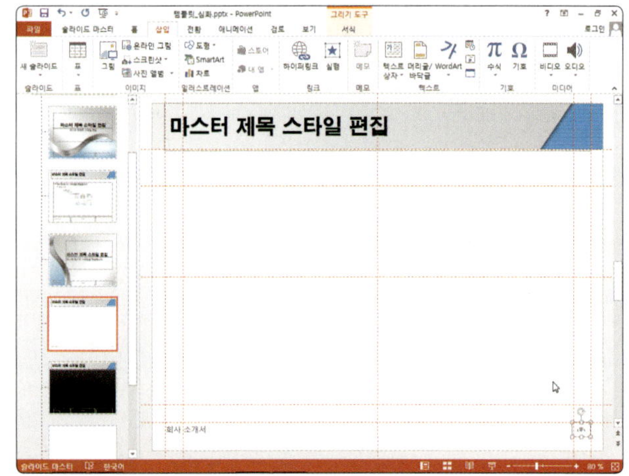

N O T E

프레젠테이션 전체의 페이지 수를 넣고 싶다면

〈#〉 뒤에 직접 입력합니다.

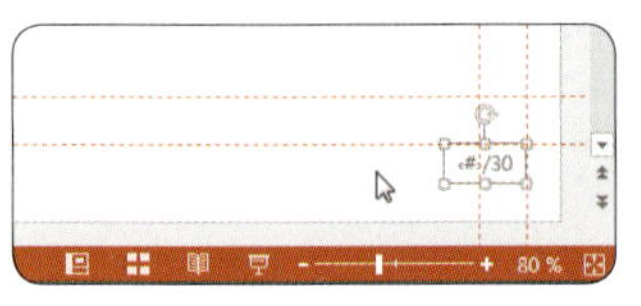

STEP 03 | 로고 삽입하기

01 [삽입] 탭에서 [그림]을 클릭합니다.

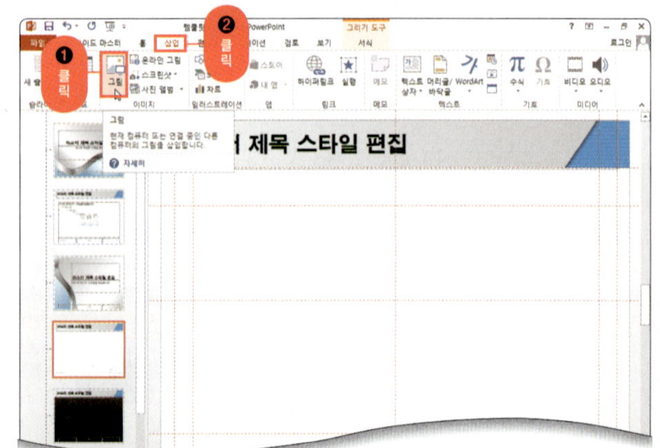

02 [로고_ABC Company.png]를 선택한 후 [삽입]을 클릭합니다.

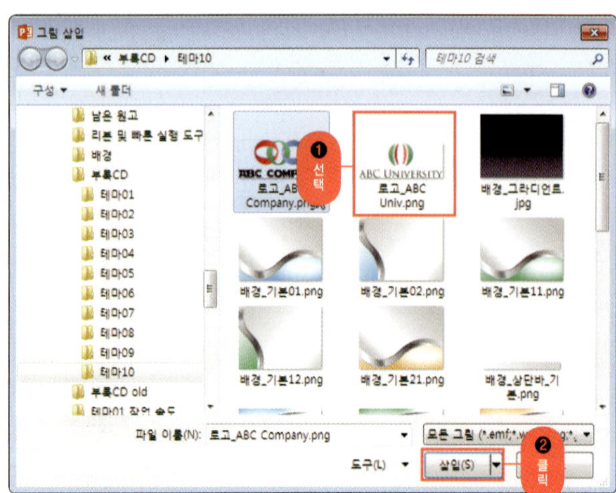

03 로고의 크기를 조정하고 오른쪽 상단 모서리로 이동합니다.

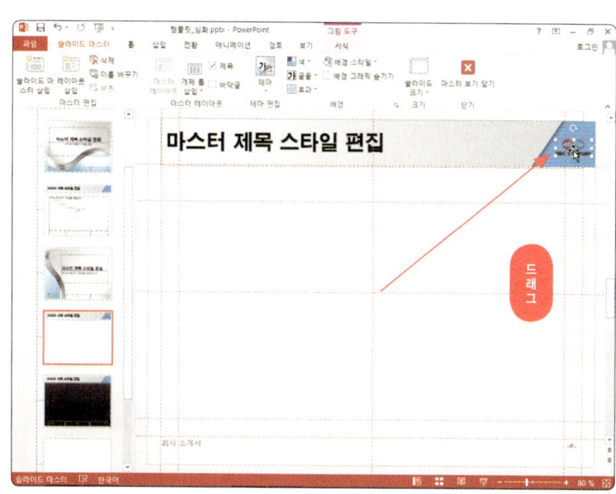

STEP 04 | 다른 레이아웃으로 바닥글 복사하기

01 현재 로고가 선택되어 있는 상태에서 Shift 를 누른 상태에서 슬라이드 하단에 있는 두 텍스트 상자를 클릭하여 선택한 후 Ctrl + C 를 눌러 복사합니다.

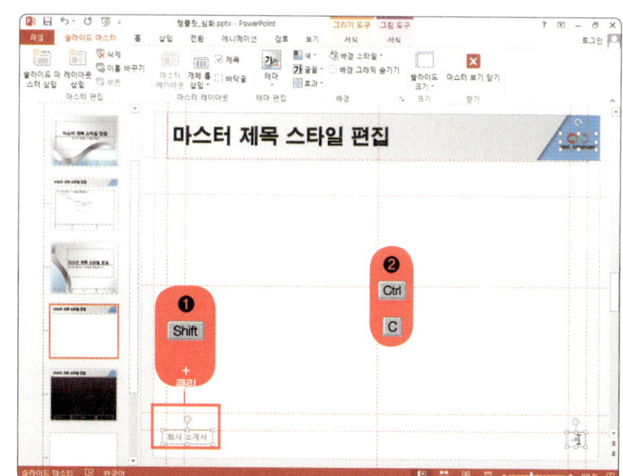

02 [제목만 어두운 배경 레이아웃]을 선택한 후 [슬라이드 마스터] 탭에서 [바닥글]을 선택 해제합니다.

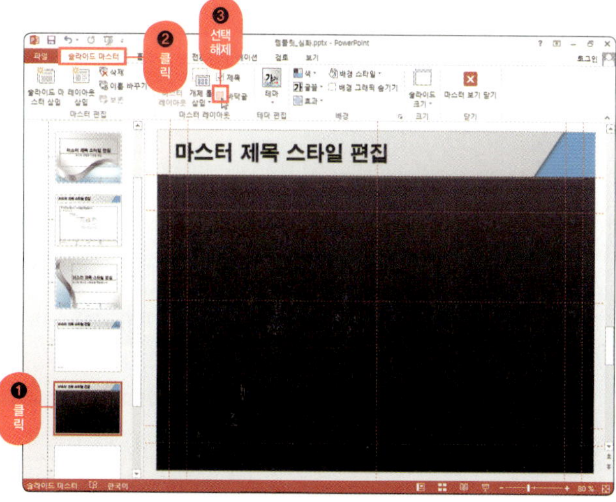

03 Ctrl + V 를 눌러 붙여 넣습니다.

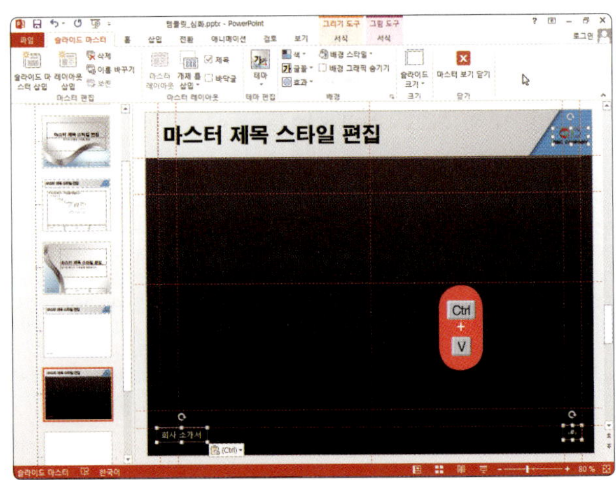

04 [제목 및 내용 레이아웃]을 선택한 후 [슬라이드 마스터] 탭에서 [바닥글]을 선택 해제합니다.

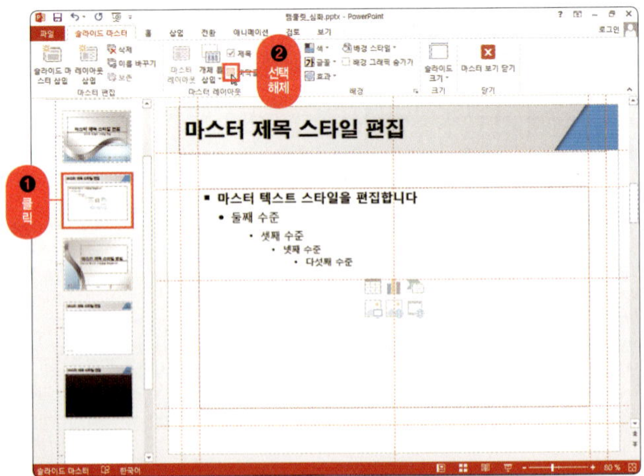

05 Ctrl + V 를 눌러 붙여 넣습니다.

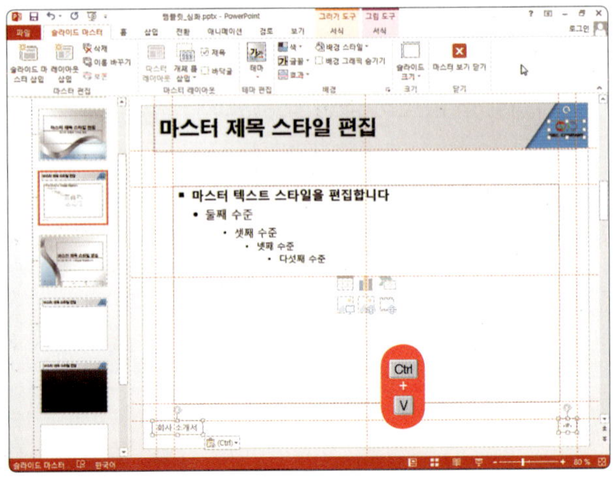

STEP 05 | 슬라이드 마스터 이름 바꾸기

01 맨 위에 있는 [슬라이드 마스터]를 클릭합니다.

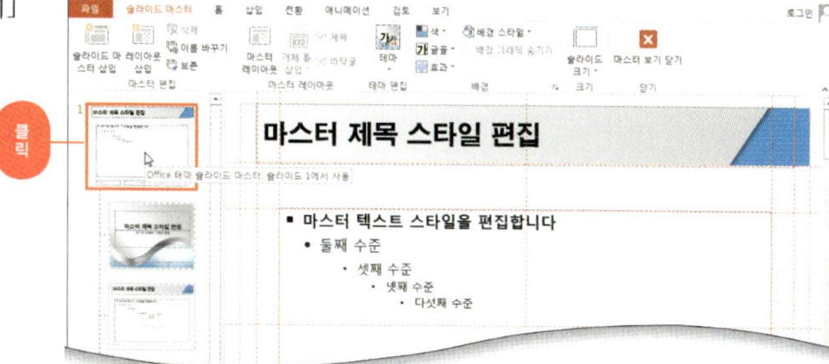

02 [슬라이드 마스터] 탭에서 [이름 바꾸기]를 클릭합니다.

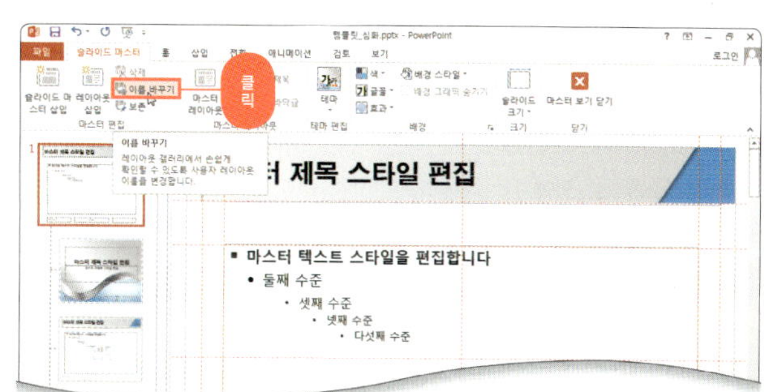

03 [기본]을 입력한 후 [이름 바꾸기] 버튼을 클릭합니다.

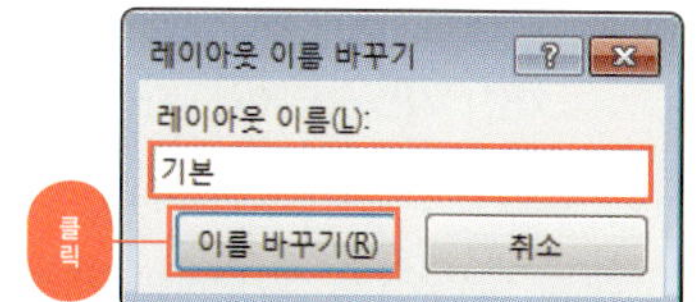

STEP 06 | 기본 보기에서 새 슬라이드 삽입하기

01 [마스터 보기 닫기]를 클릭합니다.

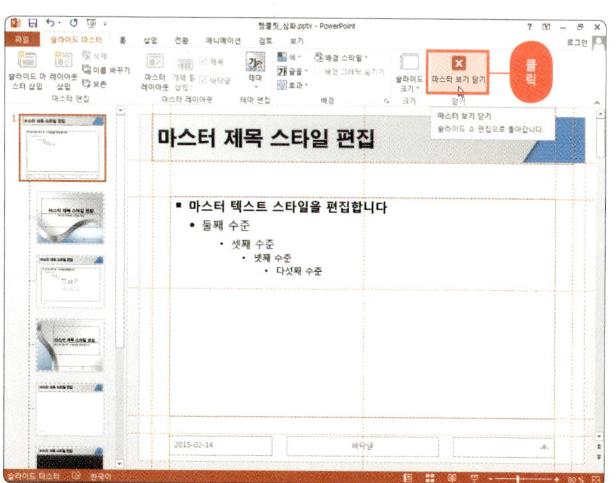

02 기본 보기로 전환되며 슬라이드의 디자인이 슬라이드 마스터에서 [제목만 레이아웃]의 그것과 같아진 것을 확인할 수 있습니다. [홈] 탭에서 [새 슬라이드]를 클릭한 후 [제목 및 내용]을 선택합니다.

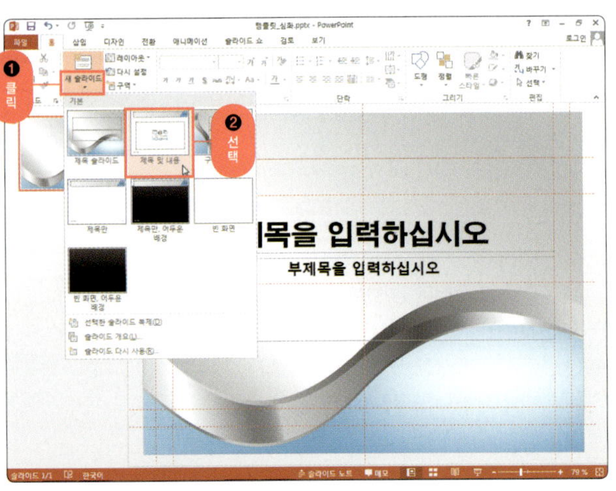

[슬라이드 마스터] 관련 명령

[홈] 탭의 [슬라이드] 영역에서 [새 슬라이드] 명령 외에 슬라이드 마스터와 관련된 명령은 [레이아웃]과 [원래대로]입니다. 각각의 역할은 다음과 같습니다.

- **레이아웃**: 현재 레이아웃을 다른 레이아웃으로 바꿀 수 있습니다.
- **원래대로**: 기본 보기에서 제목 개체 틀의 위치, 크기, 글꼴 속성 등을 변경했는데 다시 원래 상태로 되돌리고 싶을 때 클릭합니다.

03 선택한 '제목 및 내용' 레이아웃을 가진 새 슬라이드가 만들어집니다. [슬라이드 마스터]에서 설정했던 그대로 슬라이드 상단에는 제목이, 가운데에는 본문 개체 틀(글머리 기호 및 텍스트 시작 위치도 설정된 그대로 표시됨)이, 오른쪽 상단 모서리에는 로고, 슬라이드 하단에는 프레젠테이션 제목과 슬라이드 번호가 표시되는 것을 볼 수 있습니다.

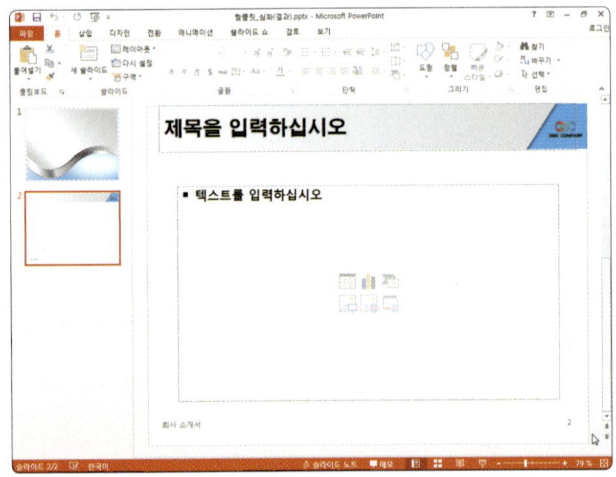

07

P O W E R P O I N T   K N O W H O W

테마를 저장하고
다른 프레젠테이션에 적용해보자!

지금까지 여러분은 새 프레젠테이션에 테마 색과 테마 글꼴을 적용하고, 슬라이드 마스터와 각 레이아웃의 디자인을 변경했고, 필요 없는 레이아웃을 삭제한 후, 새로운 어두운 레이아웃을 만들고, 텍스트 상자에 직접 슬라이드 번호와 바닥글을 삽입했습니다. 이렇게 열심히 만든 디자인을 현재 프레젠테이션에서만 사용한다면 아쉽겠죠? 파워포인트에서는 이런 디자인을 통합해 '테마'라 부르며 이 테마를 파일 형태로 저장해두었다가 다른 프레젠테이션에 적용할 수 있습니다. 그 방법을 알아보겠습니다.

● **실습 파일**: 부록 CD/테마10/템플릿_심화(결과).pptx(또는 앞 레슨에 이어서 계속) | **결과 파일**: 없음

STEP 01 | 현재 테마 저장하기

01 [디자인] 탭의 [테마] 영역에서 [자세히] 버튼 을 클릭합니다.

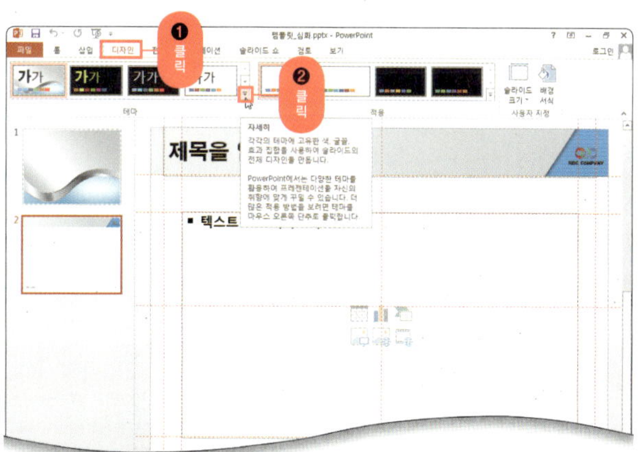

02 [현재 테마 저장]을 선택합니다.

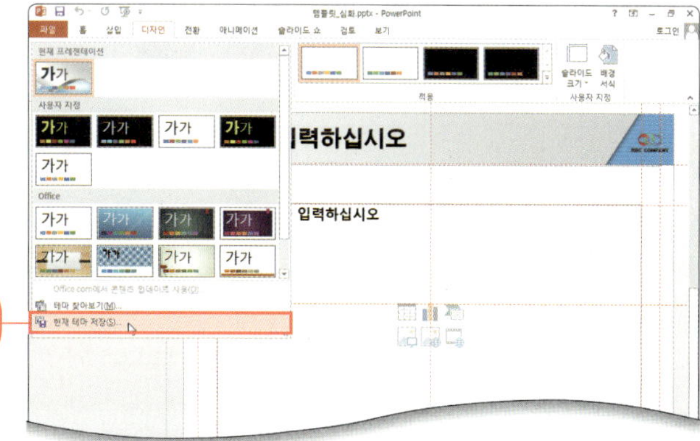

03 [파일 이름]에 [기본]을 입력하고 [저장] 버튼을 클릭합니다. 현재 파워포인트 파일의 슬라이드 마스터, 테마 글꼴, 테마 색이 저장됩니다.

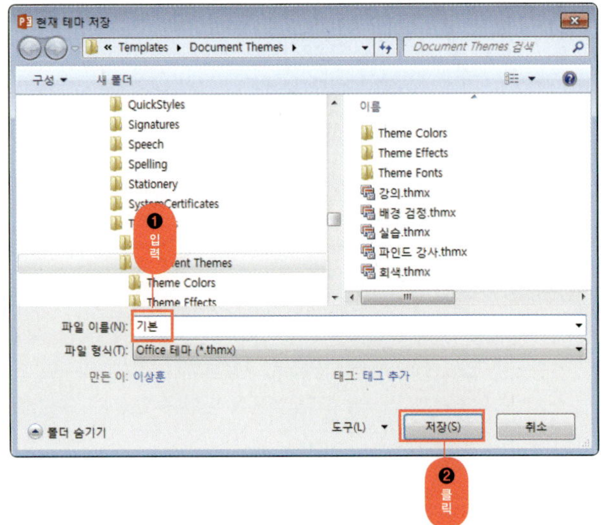

STEP 02 | 저장한 테마를 다른 파워포인트 파일에 적용하기

01 [쿨디자인 회사소개서.pptx] 파일을 연 후 [디자인] 탭의 [테마] 영역에서 [자세히] 버튼 을 클릭합니다.

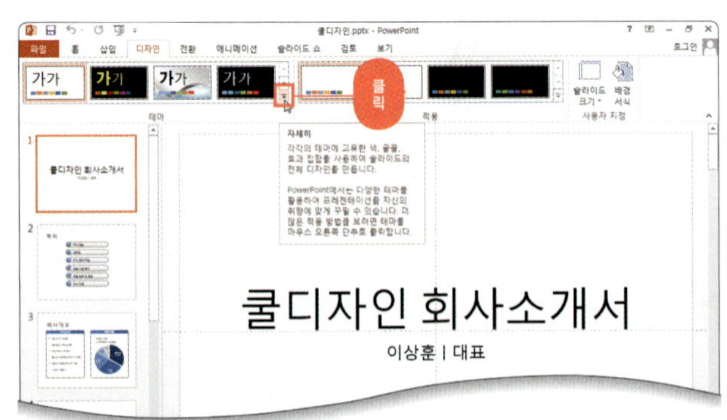

02 [사용자 지정] 중에서 [기본]을 선택합니다. 현재 파워포인트에 클릭한 테마가 적용됩니다.

NOTE

테마 삭제하기

[디자인] 탭에서 [자세히] 버튼 을 클릭한 후 [사용자 지정]에서 지우고 싶은 테마를 마우스 오른쪽 버튼으로 클릭하면 나타나는 컨텍스트 메뉴 중에서 [삭제]를 선택합니다.

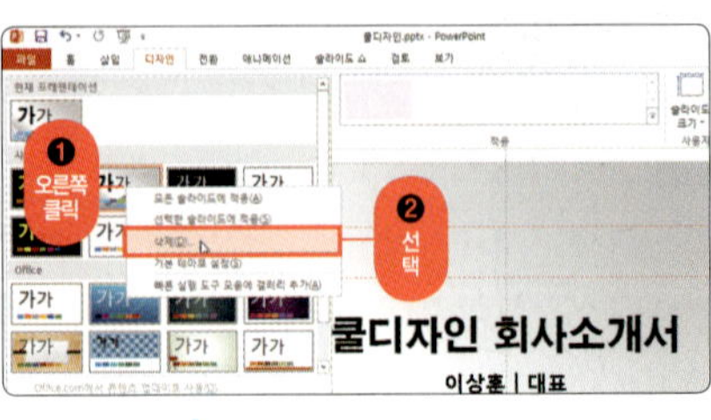

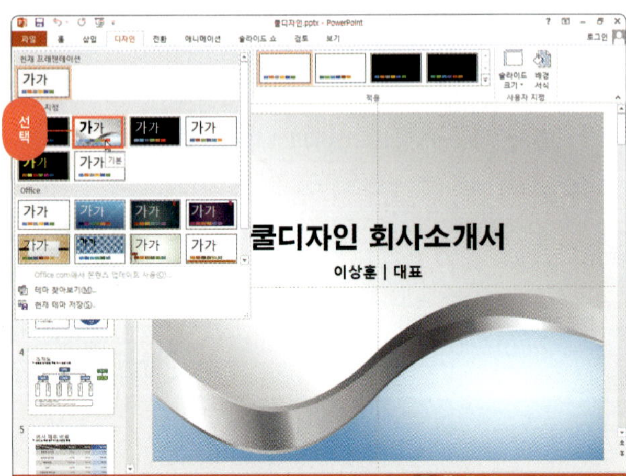